候補の名前をウェブですぐに診断

幸せお名前診断

赤ちゃんの名前に迷っている人、候補名の運勢を確認したい人、
スマートフォンやパソコンですぐに診断できます。

購読者だけの
特典です！

ログイン ID・パスワード

（使用開始から 1 年間有効）

線から開くと、ログイン ID、
および診断方法が印刷されています。

推奨動作環境

▼OS

スマートフォン（タブレット）：iOS（iPhone）／ Android
パソコン：Windows 11 ／ Windows 10 ／ Windows 8.1 ／ Windows 8 ／ Windows 7 ／ Mac OS14 ／ Mac OS X

▼ブラウザ

Google Chrome ／ Safari ／ Mozilla FireFox

姓名判断について

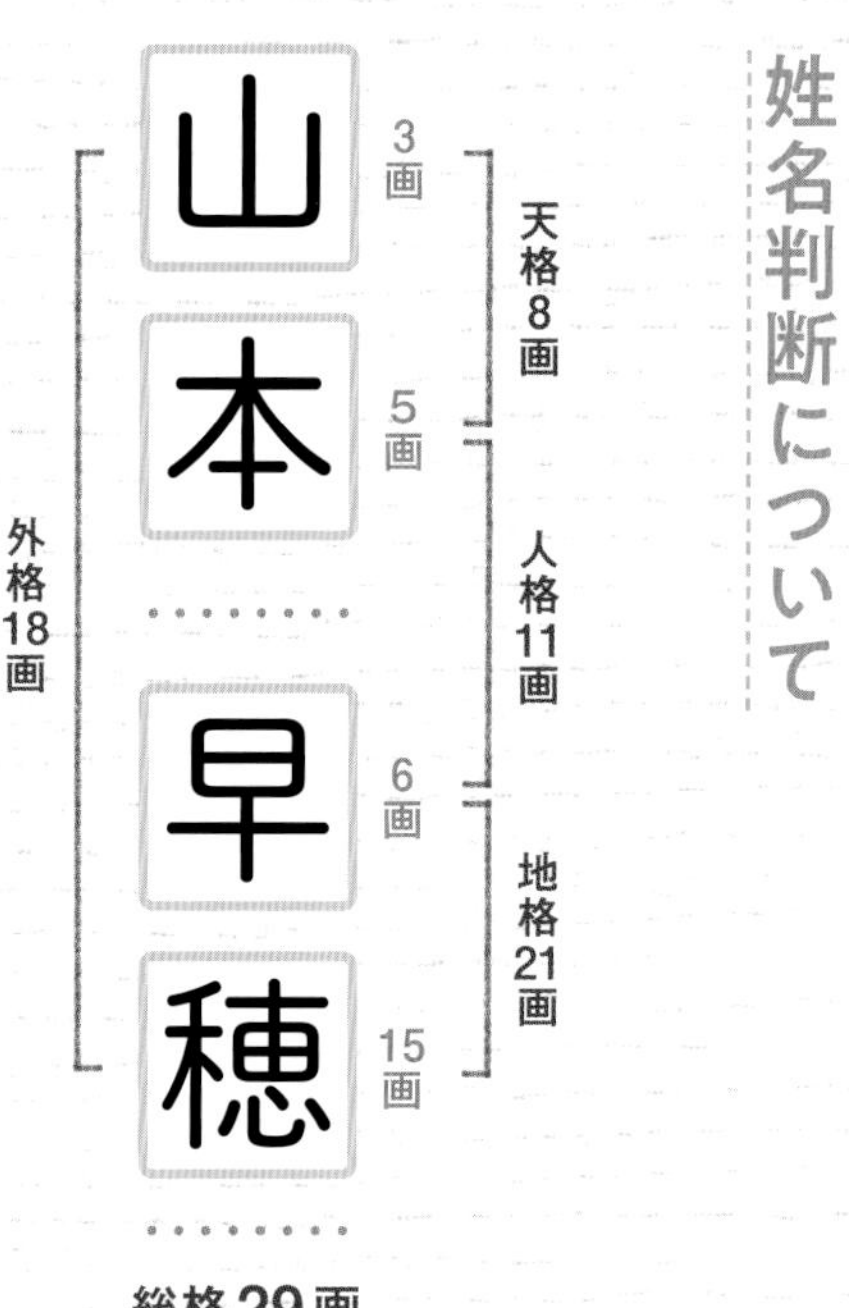

五運とは

- **天格** … 家系の運。基本的に吉凶には無関係
- **人格** … 青年～中年期の運勢
- **地格** … その人の核となる部分。少年～青年期の運勢
- **外格** … 対人関係、職業運など
- **総格** … 中年期以降。生涯を通じて影響

→くわしくは本書のPART5で解説しています。

注意事項

姓に使われていたり、名づけに使える漢字でも、スマートフォンやパソコンで表示できない文字があります。また、お使いの端末によっては入力した文字と異なる字形の文字が表示される場合があります。その場合は漢字の画数を直接入力してご利用ください。
※お客様の接続環境などにより、一部の機能が動作しない場合や画面が正常に表示されない場合があります。
※ウェブサイトでは、Cookie、JavaScript およびスタイルシートを使用しています。ブラウザの設定で Cookie、JavaScript およびスタイルシートを有効にした上でご利用ください。

最高の名前を贈る 幸せ 女の子の名前事典

京都大学名誉教授 阿辻哲次
占法研究家 九燿木秋佳
㈱感性リサーチ代表取締役 黒川伊保子

ナツメ社

はじめに

赤ちゃんの誕生は、人生の中で何ものにもかえがたい喜びです。名前は、大事な赤ちゃんに、パパ、ママが贈るはじめてのプレゼント。赤ちゃんは名前を与えられてはじめて、社会の一員として歩みはじめることができるのです。

思いやりのある子に育ってほしい、○○ちゃんと呼びたい、夏にちなんだ漢字を使おう、人生を切りひらけるような運のいい名前に……。この本を手にされたあなたは、赤ちゃんへのあふれる思いをどうやって名前に託(たく)すか、頭がいっぱいになっているのでは？

その思いをぜひ名づけに活かしてください。子どもは、名前を呼ばれたり書いたりするとき、そして由来を知ったときに、幸せを願う親の深い愛情を感じとることでしょう。

本書は、漢字研究の第一人者である阿辻哲次先生、語感研究のパイオニアである黒川伊保子先生、占法のスペシャリストである九燿木秋佳先生の監修のもと、名前の音、イメージや願い、漢字、開運（画数）の四つの手がかりから名づけを考えてみました。名前の例が満載のうえ、読んでも楽しい一冊です。

名前の音については、データをもとに印象を解説。また、四季や自然、なってほしい性格などのイメージや願いから、名前をさがすこともできます。漢字はすべてに意味を明記し、人気のある漢字は名前の例をふやしています。開運から名づけたい場合は、姓から考えられるように工夫しました。先輩パパ・ママの名づけストーリーや名前にまつわるエピソードも満載。きっと参考になるでしょう。

幸せを願って最高のプレゼントを準備する〝名づけ〟は、赤ちゃんにとっても親にとっても、たった一度きり。その大切な名づけに、本書を活用していただければ幸いです。

書きこみ欄つき

いつから考えはじめる？

名づけカレンダー

名づけは時間的にも気分的にも余裕をもってすすめたいもの。紹介するスケジュールを参考にしてください。

妊娠後期、もうすぐ出産！

性別が判明

胎動を感じるころ

妊娠が判明

10か月　8か月　6か月　4か月　2か月　妊娠

8か月ごろ～出産まで

▶候補名を出す

何にこだわって名づけるか、パートナーと話しあって。臨月には、いくつかの候補名を出しておきたいもの。性別がわかっていても、念のため、男女両方の候補名を考えておくことをおすすめします。

ⓘ他の意見も無視しない

祖父母などから意見が出るかもしれません。言いなりになるのも、拒否するのもNG。いい知恵がもらえるかもしれないので、きちんと聞きましょう。最終的には自分たちで判断します。

妊娠初期～8か月ごろ

▶イメージづくり

イメージをふくらませる時期。お腹の赤ちゃんに呼びかける胎名がヒントになるかもしれません。

ⓘスタートは早めに

少しずつ名前のイメージを考えたり、名づけの基本的な知識を得たりしておきましょう。

ⓘ大きなことは最初に確認

候補名の漢字が名前に使えるかどうかなど、早いうちに確認を。出産後は、最終チェックだけでいいくらいの気持ちで。

候補名をウェブで確認してもいいでしょう（付録参照）

\ 大事な日付を書きこんでおこう /

妊娠判明日	年　月　日
出産予定日	年　月　日
出生届の締切予定日	年　月　日

名づけ完了　14日め　7日め　赤ちゃん誕生

「お七夜」

赤ちゃんが生まれて7日めに、誕生と健やかな成長を願います。名前が決まっていたら命名書を用意して部屋に貼り、名前のおひろめを行います。

出産後8日～提出日まで

▶ 最終確認

漢字の字形や読みなど最終確認を。OKだったら、出生届(しゅっしょうとどけ)に正確に記入して、いよいよ役所に提出です。

！出生届の出し方をチェック

出生届は、誕生した日から数えて14日以内に、赤ちゃんが生まれた地域などの役所に提出します。遅れた場合、過料(かりょう)が必要になることがあるので気をつけましょう。(→P42)

出産後3日～7日

▶ 名前を決定する

姓とのバランスや画数の運勢などを見て、最高の名前をつけましょう。できればお七夜(しちや)までに決定しておきたいところ。

！赤ちゃんの顔を見て決める

準備していた名前がどれもしっくりこないこともあります。最終決定は赤ちゃんと対面してから、がおすすめです。

わが家の

先輩パパ・ママに聞いてみよう！ ネーミングストーリー

先輩パパ・ママはどんなふうにしてわが子に贈る名前を決めたのでしょうか？「音」から、「イメージ・願い」から、「漢字」から、「開運」から……。本書で紹介する４つの手がかり別に、名づけストーリを紹介します。

「音」から命名

好きな音を使ったり、呼びたい愛称や呼んだときの印象から考えていきます。

(→PART 2 ・P47)

希穂（きほ）ちゃん

止め字が「ほ」の名前をさがして

「ほ」のひびきがかわいいと思い、少し古風な雰囲気の名前になるように考えました。秋生まれであることと、私の名前の字が入っていることから「穂」を選び「希穂」に。希望に満ちあふれた、実り（穂）ある人生になることを願っています。(恵里子ママ)

柚芭（ゆずは）ちゃん

やわらかい、ゆったりした音に

やわらかい、ゆうゆう、ゆったりなどの音からイメージをふくらませて考えました。柚子の花のように、健康で美しく、汚れのない心をもった人になってほしいという願いをこめて。寝ているときもやわらかな表情でニンマリ笑っています。(渓一パパ)

仁菜（にな）ちゃん

海外でも親しまれる名前と音に

海外でも通じることと、音を伸ばして呼べる名前がいいなと考えました。「にいな」を提案しましたが、夫は２文字の名前がいいと「にな」に。ひらがなでもかわいかったのですが、漢字に願いをこめようと、健康で思いやりのある子に育ってほしいという意味の字を当てました。(ななみママ)

陽菜（ひな）ちゃん
ハワイの神話の女神から

私も夫もハワイが大好き。ハワイにちなんだ名前にできたらとさまざまさがしてみると、ハワイの神話の女神が「ヒナ」という名前だとわかりました。「な」は入れたいと思っていたのでピッタリ！ 春生まれらしい漢字を当てました。（なつめママ）

「イメージ・願い」から命名

思い出の情景、子どもに託（たく）す願いや想い……。いろいろなイメージや願いをヒントに考えます。（→PART 3・P127）

絵麻（えま）ちゃん
授かる前から憧れていた名前

海外でも通用する「えま」という名前に憧れていましたが、名づけランキングでは常に上位にあるので、かぶってしまうかなと保留に。ところが、生まれたわが子の顔は「えま」そのもの。かぶりを気にするのではなく、いちばん似合う名前にしたいと思い、決めました。（麻里奈ママ）

きょうだい

ひまりちゃん ほのかちゃん
周囲を温かくできる人に

長女にも次女にも、周りの人をホッと温かくできる人になってほしいという願いがあります。温もりを連想できる名前を考えて「ひまり」と「ほのか」に。苗字の画数が多いので、ひらがなにすることでやわらかくかわいらしくなったと思っています。（美和ママ）

心優（こころ）ちゃん
人気アニメの主人公から

妻が妊娠中、6歳上の長女が毎週欠かさずに見ていたアニメがあり、主人公の女の子の名前が「こころちゃん」でした。とてもいい子で性格もよく、心の優しい子だったので、そんなふうに育ってほしいという妻の想いから「心優」にしました。（佑貴パパ）

「漢字」から命名

お気に入りの漢字や、家族にゆかりのある漢字を使って、名前を考えます。
（→PART４・P217）

莉沙（りさ）ちゃん

ママの名前とあわせて「茉莉花」に

私の名前の字とあわせて意味をもつ「莉」の字を使いたいと思っていました。女の子なので、ジャスミンの花のように白くてかわいらしい子になりますように。また、海外へ行っても覚えてもらいやすく、素敵な出会いに恵まれるようにと願って。（茉美ママ）

結菜（ゆな）ちゃん

家族の“絆を結ぶ”存在に

５年ぶりの妊娠ではじめての女の子ということもあり、「この子は家族の絆を結ぶ存在になる」と感じていました。「結」の字を使いたいと思い、名前例を調べていくなか、音がいいなと思い決めました。野菜農家の絆を結ぶ「結菜」ちゃんです。（彩乃ママ）

美南（みなみ）ちゃん

「南」の字に縁を感じて

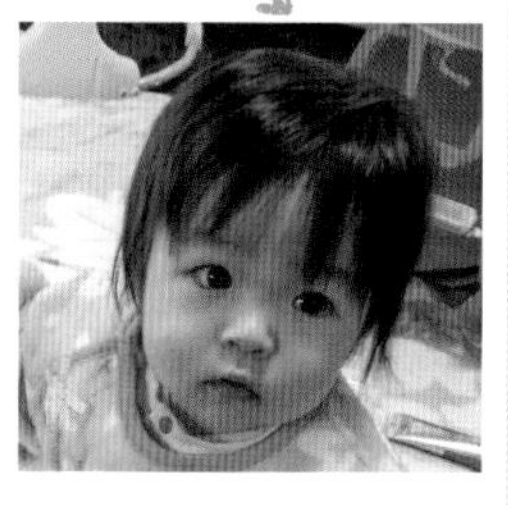

私たち夫婦が出会った場所や新婚旅行の場所など、「南」という字に縁を感じていたため、名前に入れたいと考えました。最近ではあまり聞かない名前ですが、あたたかい人になってほしいという願いにも、よく合っていると思います。（健太郎パパ）

紗那（さな）ちゃん

パパの故郷の地名をとって

第一子、第二子と男の子だったので、次こそは女の子！　と思い「さな」に決めていました。漢字をさがすさい、夫の故郷の地名に使われる「那」の字に、美しいという意味があることを発見。いつまでも美しい心で、家族や故郷を想う気持ちを忘れずにいてほしいと思います。（明子ママ）

「開運」から命名

運のいいラッキーネームを贈るため、画数にこだわって名前を考えます。
（→PART 5 ・P353）

侑依（ゆい）ちゃん

「依」の字をつけて
ラッキーネームに

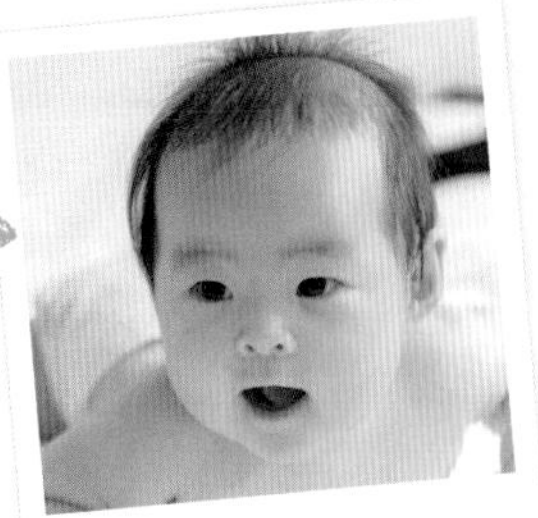

妊娠中には性別がわからなかったので、どちらでも大丈夫な名前を考えて呼びかけていました。姓名判断をフル活用しましたが、苗字が特殊なためなかなかうまくいかず……。しかし、なぜか止め字を「依」にすると超ラッキーネームになりました。（千文ママ）

「8画+8画」の
幸せな名前をさがして

＼きょうだい／

茉歩（まほ）ちゃん

夫の家系では名前の画数がとても大事にされているため、姓名判断から考えることに。わが家は「８画＋８画」の名前にすると吉名になったので、そのなかで漢字をさがして組み合わせました。茉莉花の花ことばから、「朗らかな人生を歩んでほしい」という願いをこめて。

阿弥（あみ）ちゃん

長女同様に画数を前提に、名前の候補を口に出していました。するとある日、「赤ちゃんの名前はあみちゃん」と長女が保育園で発表！　変えられなくなりました……笑。「Ami」にはフランス語で友達という意味が。素敵な友達と出会い、楽しい人生をおくってほしいです。（悠紀子ママ）

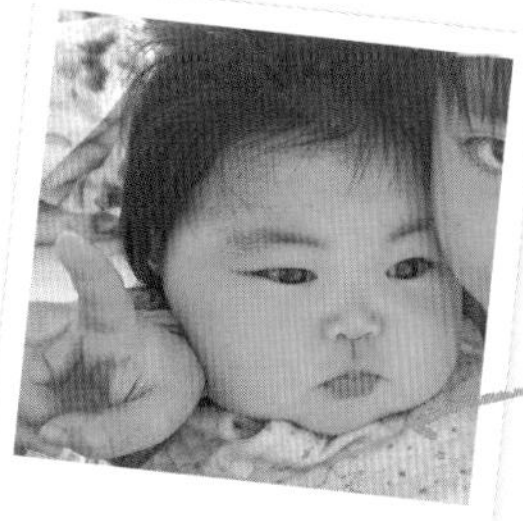

光咲（みさき）ちゃん

「実」も「美」も
凶画で
どうしよう!?

「みっちゃんと呼びたい」という長男の希望から「みさき」に。姓名判断では愛らしい「み」の字がことごとく凶画。悩んだ末、名づけ神社にお願いして「光」を選んでもらいました。娘は生後半年で難病になりましたが、一縷の望み（光）をつかんで奇跡的に完治。最強のラッキーネームのおかげです。（遥佳ママ）

もくじ

PART 1

はじめに知っておこう 名づけの基礎知識

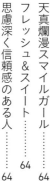

PART 2

音から名づける

印象や生き方を名前にこめて

PART 3

イメージ・願いから

想い、想像力を駆使して

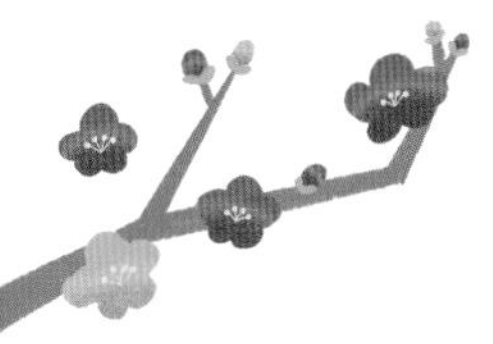

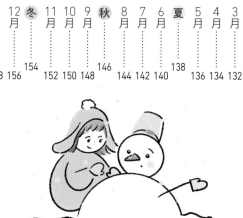

PART 4
こだわりの文字を見つけて漢字から名づける

PART 5

姓名の画数をもとに 開運から名づける

名づけに役立つ 文字資料

ネーミングストーリー

名前エピソード

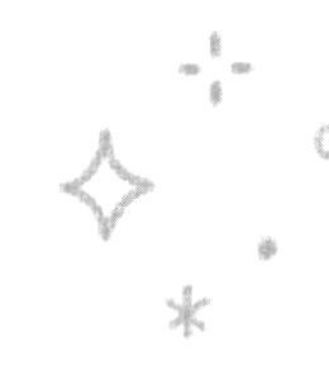

\ はじめに知っておこう /

名づけの基礎知識

名づけのすすめ方

四つの手がかりから最高の名前を贈る

四つの手がかりから名前を考えよう

赤ちゃんが生まれるのは、人生で最上の喜びのひとつです。

明るい子に育ってほしい、将来は社会で活躍するように……。この本を手にしているあなたは、いろいろな期待や願いで頭がいっぱいになっていることでしょう。

うれしさの一方で、悩んでしまうのが、わが子の名づけです。どこから考えたらいいか、見当もつかないかもしれません。あれこれ頭を悩ませている人も多いのではないでしょうか。

本書では、四つの手がかりから、名づけの方法や名前を紹介していきます。

どの方法でも、どの順番からでもかまいません。どの方法がいちばんいいということはありません。自分たちに合った方法で、最高の名前を考えてあげてください。

赤ちゃんは名前が決まることでほかのだれとも違う存在になり、人生を歩きはじめます。名前はその人そのものなのです。

手がかりになることはたくさんある

あふれる想いを４つの手がかりにわけて考えます。

2人にちなんだ漢字もいいね

3文字やひらがなはどう？

誰からも愛される子になってほしいな

思い出の曲や歌詞から名づけようか？

大好きなあの場所からとってもいいかも

本書がすすめる4つの手がかり

どの方法や順番でもかまいません。たとえば4つすべてを満たすなら、『まずは音を決め、イメージや願いを確認し、漢字を当てはめて開運を確認する』というように進めます。

音

・○○な印象の名前にしたい
・「○○ちゃん」と呼びたい

PART2へ
(P47〜126)

イメージ・願い

・○○の思いを子どもに託したい
・○○な子に育ってほしい

PART3へ
(P127〜216)

漢字

・あの漢字を使いたい!
・「○」の漢字に思い入れがある

PART4へ
(P217〜352)

開運

・運のいい名前にしたい
・画数によって運が開けるかも!

PART5へ
(P353〜432)

手がかり1
音から名づける——どんな名前で呼びたい？

STEP 1 呼びたい音を挙げる

愛称や呼んだときの印象から呼びたい音を挙げます。

華のある印象にしたいね

れーちゃんて呼びたいな

「50音のもつ語感」をチェック
→ P56〜68

気になる音のもつ語感を調べ、ぴったりくる音を見つけましょう。

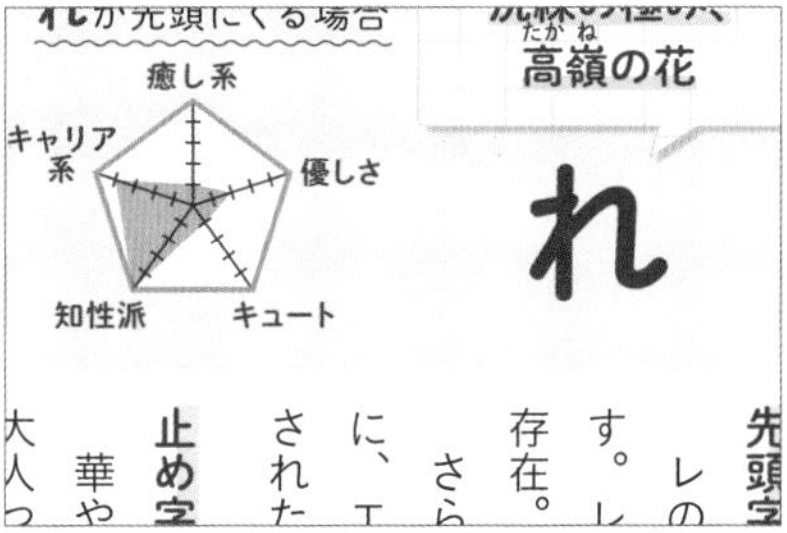

高嶺の花
癒し系
キャリア系
優しさ
知性派
キュート
れ

「れ」を使うことに決定！

音を決めてから漢字やかなを考える

名前を呼ぶときには、口の中に息を通したり空間を広げたりして音をつくり出しています。このとき、音を発した人や聞いた人が感じる感覚を「語感」といいます。語感は脳の奥深くにはたらきかけ、人の印象を左右する力があります。

そこで、語感がもたらす効果を利用して、印象のいい名前にすることができます。また、自分たちが考えた名前の音が、どのような印象になるのかも、本書で確認することができます。

呼び方や愛称など、音を決めてから名前を考えるのは、近年人気が高まっている名づけ法です。音が決まったら名前を考え、漢字やかなでの書き表し方（表記）を決めます。

STEP 2 選んだ音から名前を考える

方法① 「音と名前のリスト」をチェック→P69～113

STEP 1で選んだ音ではじまる名前例をチェック。名前の音を決めます。

方法② 「ひびきから考える名前」をチェック→P114～126

愛称や止め字、音の数、長音などを活かした名前から決める方法もあります。

方法③

「イメージワードから選ぶ名前の音」「将来イメージから選ぶ名前の音」をチェック→P190～197

授けたいイメージと音を組み合わせて考えます。

方法④ 50音を駆使する→P477

ひらがな・カタカナの一覧表を利用して考えます。

STEP 3 表記を決める

方法① 「音と名前のリスト」をチェック→P69～113

ひとつの名前に7つの表記例が載っています。参考にしましょう。

方法② 「漢字一覧」をチェック→P434～476

音に合う漢字をひとつずつ選びます。

漢字を決めたら「漢字と名前のリスト（→P225～347）」で読み方や意味を確認。最後に開運をチェックすれば完璧です（→P353）。

手がかり
2

イメージや願いから名づける
——自由に思いをこめて

思い出や好きなこと、願いなどから考える

自分たちの好きなことや趣味、赤ちゃんが生まれた季節や場所、将来○○な子になってほしいといったイメージや願いから名前をつける方法です。想像力をフルにはたらかせて、パパとママのイメージや願いを一致させましょう。

生まれてきた赤ちゃんの顔を見ると、パッとイメージがわくこともあります。雰囲気や個性がすでに表れているからで、それが名前につながることもあります。

イメージや願いをもとにキーワードを挙げ、それに合う漢字や音から名前を考えます。キーワードが「優しい」「さわやか」などの語感（ごかん）なら、音から決める方法（左記のSTEP2・方法②）を参考にしてください。

STEP 1 キーワードを挙げる

名前にこめたいイメージや願いを挙げていきます。

こんなイメージから

- 好きな動物や草花
- 生まれた季節や時間
- 夫婦の思い出の場所
- 文化や芸術

こんな願いから

- ○○な子になってほしい
- グローバルな活躍を
- 歴史上の人物にあやかる
- 夢や希望を大切に

冬に
生まれるから

優しい子に
育ってほしいな

STEP 2 漢字や名前例をさがす

方法① 「イメージ」「願い」のキーワードをチェック→P130〜189/P198〜216

〔イメージ〕

冬の名前

漢字

正5 冬5 白5 氷5 北5 冴7

柊9 柚9 朔10 凌10 深11 雪11

皓12 聖13 暖13 銀14 澄15 凜15

名前例

白清 あきよ　冬萌 ともえ

晶 あきら　知実 ともみ

「柊」や「雪」の字がいいね

〔願い〕

優しい

どんなときも人の気持ちや立場を思いやれる、心の温かい子に育つように。

漢字

優 寧 想 敦 惇 宥 恢 和 凪 円

諄 暖 寛 温 祐 毘 長 良 心

篤 靖 慈 滋 恵 保 侑 佑 仁

使う漢字を考えたり、名前例を参考にします。

方法②

「イメージワードから選ぶ名前の音」「将来イメージから選ぶ名前の音」をチェック→P190〜197

赤ちゃんのイメージに合う語感から音を決めます。

優しい

人の心を思いやれる、癒(いや)しとやすらぎの人。

名前例

あかね　あやめ　えりな　さえ　せな　なな　ななせ　ひなた

まな　みな　ゆうか　ゆうな　ゆきえ　ゆめ　ゆめか

「ゆう」「ゆき」の音が素敵だな

STEP 3 漢字の意味や音を確認

方法① 「漢字と名前のリスト」をチェック→P225〜347

雪

セツ　ゆき

◎きよ　きよみ

空から雪が舞い落ちる形からできた字で、雪、雪が降るの意味を表す。すすぐ、清めるの意味も。清楚な女性に。

ヒント　純白の美と強さのイメージに、「ゆき」の音で優しさに秘めた強さを、「せつ」の音で気品と優しさを加えて。

雪 きよみ	雪歌 せつか	雪輝 ゆき
亜雪 あゆき	雪子 せつこ	雪映 ゆきえ
雪花 きよか	雪那 せつな	雪華 ゆき…
雪葉 きよは	雪李 せつり	雪路
雪來 きよら	知雪 ちゆき	雪乃
雪莉 きより	奈雪 なゆき	雪羽
心雪 こゆき	華雪 はなゆき	雪穂
紗雪 さゆき	舞雪 まゆき	雪美
詩雪 しゆき	美雪 みゆき	雪芽
白雪 しらゆき	深雪 みゆき	雪夜

これ以後は、「漢字から名づける（→P24〜25）」の手順で進めます。

方法② 「50音のもつ語感」をチェック→P56〜68

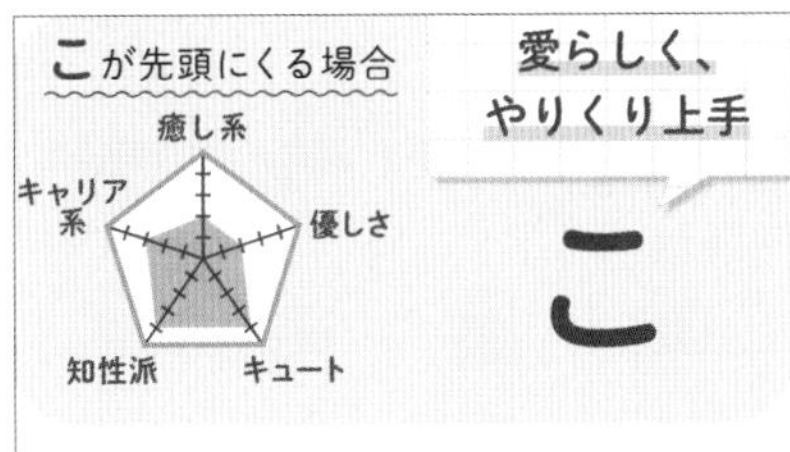

これ以後は、「音から名づける（→P20〜21）」の手順で進めます。

手がかり 3

漢字から名づける

——使いたい漢字はある？

STEP 1 使いたい漢字を挙げる

家族の名前から1字入れたい

印象がいい字にしたいな

STEP 2 漢字の意味と読みを調べる

「漢字と名前のリスト」をチェック

→P225〜347

使いたい漢字を選びます。漢字は画数順に並んでいます。画数がわからないときは「漢字一覧（→P434〜476）」で確認を。

千
セン　ち
名 かず　ゆき

数がた…を表す…千秋(せんしゅう)、千…の用法。長寿とき福を願ってよく使われる字
ヒント　字のもつ縁起のよさに、「ち」の音でパワフルさとキュートさを、「かず」の音で知性と重厚感を加えて

「千」を使うことに決定！

使い方は、「□千」or「千□」？

漢字の意味を知り、読み方を考える

印象のいい漢字や、家族の名前から一文字とるなど、使いたい漢字からアプローチする名づけ法です。漢字には、一文字ずつ意味やなりたちがあります。まして日本は漢字文化の国。表意文字(ひょういもじ)である漢字の特徴を存分に活かしたいものです。

漢字は一文字だけでも名前になります。また、ほかの漢字と組み合わせることでも、豊かなイメージを表現できます。使いたい漢字を先頭字にしたり、止め字（最後の字）にしてもいいでしょう。

読み方は音訓だけでなく、「名乗り(なの)」といって、自由に読ませることもできます。

読みの当て方、漢字の組み合わせ方は、センスの見せどころです。

STEP 3 組み合わせる漢字を決める

「漢字と名前のリスト」の名前例をチェック→P225～347

千	ゆき
千沙	かずさ
千音	かずね
千埜	かずの
千帆	かずほ
胡千	こゆき
沙千	さゆき
千李	せんり
千明	ちあき
千笑	ちえみ
千織	ちおり
千景	ちかげ
千紗	ちさ
千里	ちさと
千菜	ちな
千夏	ちなつ
千早	ちはや
千春	ちはる
千尋	ちひろ
千穂	ちほ

ヒント　字の…のように、…でパワフル…トさを、「か…知性と重厚感を…

「千尋（ちひろ）」の組み合わせがいいね

漢字ひとつに10～30個の名前例が載っているので参考にします。

「漢字一覧」「万葉仮名風の当て字」をチェック→P434～476/350～351

〔漢字一覧〕

ひらく	開12
ひらめく	閃10
ひる	干3 日4 昼9 書11
ひるがえる	翻18 飜21
ひろ	丈3 大3 公4 丑4 央5 玄5 広5 弘5 礼5 光6 先6 托6 完7 宏7 宗8 拓8 宙8 明8 栄9 恢9 厚9 宥9 祐9 洋9 洸9 浩10 紘10 恕10 泰10 展10 容10 祐10 啓11 梧11 都11 野11 埜11

〔万葉仮名風の当て字〕

ば	芭7 杷8 馬10 葉12
ひ	日4 比4 氷5 妃6 彼8 枇8 飛9 桧10 緋14 樋15 檜17
び	枇8 弥8 毘9 美9 琵12 彌17
ふ	不4 夫4 父4 布5 巫7 扶7 芙7 甫7 風9 経11 冨11 富12 普12 輔14 賦15 譜19
ぶ	夫4 文4 巫7 武8 歩8 部11 葡12 撫15
へ	戸4 辺5 平5 部11 経11
べ	弁5 辺5 倍10 部11

「千都（ちひろ）」にしよう

ほかにも「ひろ」と読める漢字がないかさがします。STEP 3 のはじめから、漢字一覧や万葉仮名風の当て字でさがすのもOK。

STEP 4 読み方を決める

「漢字と名前のリスト」で組み合わせる漢字を確認
→P225～347

都　ト ツ　名 いち くに さと ひろ みやこ　旧 都

周囲に垣をめぐ…大きな集落を…の意味になっ…て」の意味もあ…練された（みやび）イメージ…
ヒント　雅やかな和のイメージに、「と」の音で、包みこむような優しさと頼りがいをあわせもつ印象を加えて。

都	みやこ
朝都	あさと
都花	いちか
伊都	いと
絵都	えと
桜都	おと
奏都	かなと
都里	さとり
都和	とわ
都奈	ひろな
愛都	まなつ
巳都	みくに
魅都	みさと
美都	みと

「千都（ちさと）」とも読めるね

漢字の順序を入れかえたり、違う読み方を検討します。

「50音のもつ語感」をチェック
→P56～68

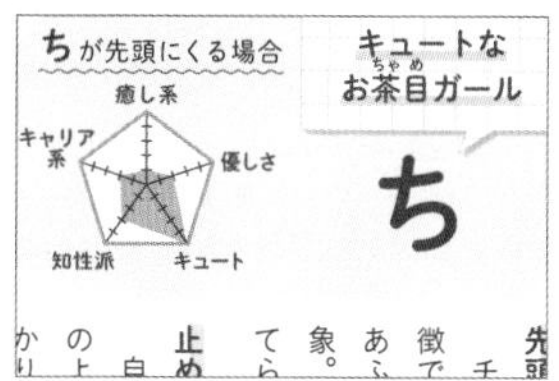

「ちさと」の読みなら、先頭字の「ち」、止め字の「と」の語感を確認します。

手がかり 4

開運から名づける ——画数をもとに幸せな名前を

STEP 1 姓の画数を確認する

「漢字一覧」や漢和辞典で確認する
→P434～476

こ
己3 三3 子3 女3 小3
戸4 公4 心4 木4 去5 乎5 古5 仔5
君7 来7 呼8 固8 虎8 來8 故9 胡9
弧9 個10 庫10 粉10 黄11 教11 袴11 黄12

漢和辞典の使い方はP223を参考にしてください。

STEP 2 姓に合う名前の画数を調べる

「名前の吉数リスト」をチェック→P381～432

姓の画数と例	姓に合う名の画数
3+12 大塚 千葉 大森 大場 小森	1字名：なし 2・3字名：1+(2) 4+(4) 5+(3) 9+(8) 11+(13) 13+(5) 1+(15) 4+(12) 5+(13) 9+(15) 12+(12) 13+(10) 1+(22) 4+(28) 6+(12) 11+(5) 13+(3) 13+(20)

「小森」なら「3＋12」のリストを見て名前の吉数を選びます。色文字は特にバランスがいい画数です。

「小森」だから3画と12画だね

姓の画数を調べて運のいい吉数をチェック

使う文字の画数によって運勢を占う姓名判断は、いまも根強い人気があります。

画数から考える名づけ法は、使える漢字を制限するので、名前の候補を絞ることができ、逆に名前を考えやすい面もあります。画数を気にするかどうかは、人それぞれですが、気にするなら早いうちに確認することをおすすめします。

まず自分の姓の画数を調べ、その数に合う吉数を調べます。そのあとは、画数に合う漢字をまず決めてから読み方を当てたり、音を決めて吉数の漢字をさがしたりします。

ただ、画数にこだわりすぎて、無理のある名前にならないよう、くれぐれも注意してください。

STEP 3 使う漢字を決める

方法① 「名前の吉数リスト」の名前例をチェック→P381～432

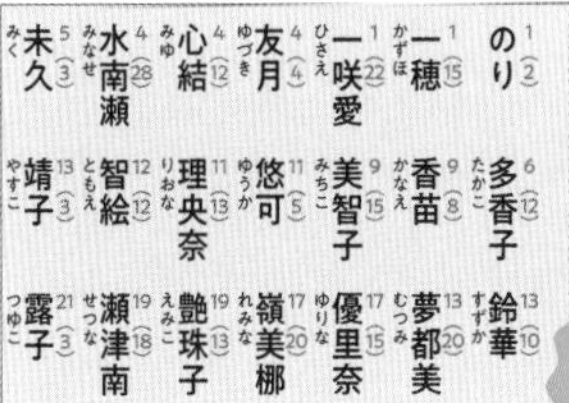

5＋3の例だと「未久」か

特におすすめの名前例から選んだり、参考にします。

方法② 「漢字と名前のリスト」をチェック→P225～347

画数から漢字をさがしていきます。

方法③ 「漢字一覧」で音から考える→P434～476

あまる 全
あみ 天[4] 網
あむ 編[15]
あめ 天[4] 雨[8] 穹[8]
あや 文[4] 史[5] 礼[5] 朱[6] 英[8] 苑[8] 采[8] 郁[9] 恵[10] 純[10] 紋[10] 彩[11] 章[11] 菖[11] 琢[11] 彬[11] 理[11] 絢[12] 順[12] 斐[12] 惠[12] 琢[12] 綾[14] 彰[14] 綺[14] 操[16] 繍[18] 禮[18]
あやうい 殆[9]
あやしい 妖[7]

「あやか」の「あや」で5画は……

呼びたい音からよい画数の漢字を見つけていきます。

STEP 4 姓と名前の組み合わせを確認

「気をつけたいポイント」をチェック→P38～41

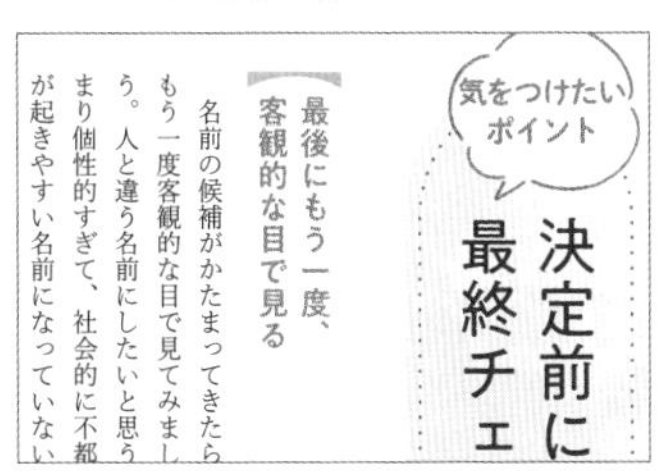

無理な名づけや個性的すぎる名づけをしていないか確認します。

「50音のもつ語感」をチェック→P56～68

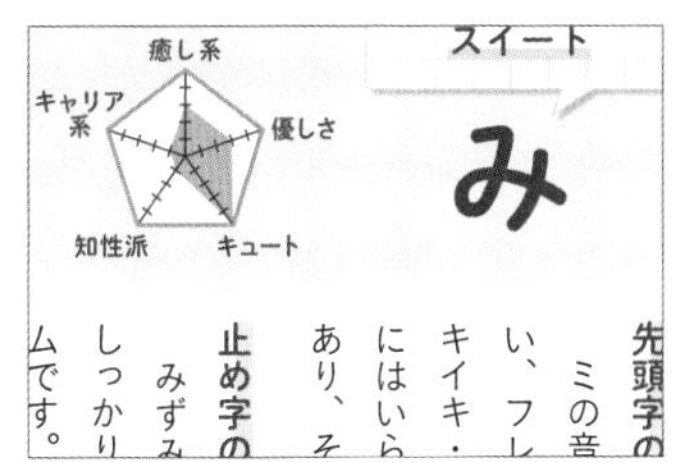

決定する前に、先頭字と止め字の語感を確認します。

名づけのルール

いくつかの「決まり」に気をつける

法律で決まっているルールは二つ

名前に使える文字は法律で決められています（左記の基本1）。漢字は常用漢字と人名用漢字の二種類。そして、ひらがな、カタカナ、一部の記号です。アルファベットなどは使えません。名前を決めたら、使える文字かどうか、必ず確認しましょう。

もうひとつのルールは届け出る期間が決まっていること。赤ちゃんが生まれたら14日以内に、子どもが生まれたことと、赤ちゃんの名前を書いた「出生届（しゅっしょうとどけ）」を役所に提出します（→P42〜45）。この書類が受理（じゅり）されて、ようやく赤ちゃんは社会の一員となります。

今後は、名前の読み方も重要になってくる

令和5年6月に、戸籍（こせき）の姓名に読み方を反映させる「改正戸籍法」が成立しました。これにより今後は、「春子」と書いて「ふゆこ」と読むような、混乱につながりかねない名前は認められない可能性があります。読み方も大事。よく考えましょう。

Column

ミドルネームはつけられる？

欧米の人には、「名・〇〇・姓」のように、姓と名の間に名前が入っていることがあります。これをミドルネームといいます。

欧米の人と結婚した場合などに、ミドルネームをつけたいと考えることもあるでしょう。

日本では、法律上認められるのは姓と名だけです。ミドルネームは登録できません。ですから、ミドルネームは名前に含めて届け出ることになります。

たとえば、田中さんがミドルネームを「リリー」、名前を「加奈」としたいなら、姓を「田中」、名を「リリー加奈」と届け出ます。それが戸籍上の正式な名前になります。

おさえておきたい名づけの基本

使える文字が決まっているほかにも、気をつけたいことがあります。
最初にきちんと確認しておきましょう。

1 使える文字が決まっている

＼ 使える文字 ／

◎ 常用漢字 2136 字
◎ 人名用漢字 863 字
◎ ひらがな、カタカナ
◎ 繰り返し記号（々、ゝ、ゞなど）
◎ 長音記号（ー）

＼ 使えない文字 ／

× アルファベット
× 算用数字
× ローマ数字（Ⅰ、Ⅱなど）
× 記号（！、？、＠など）

名前に使えない文字を使うと、出生届（→P42〜45）を受理されないことも。表記（ひょうき）を決めたら、使える文字かどうか確認しよう。

2 名乗り（なのり）（読み方）は自由

使える範囲の文字なら、基本的に読み方は自由。陽を「ひなた」「あかり」と読ませることもできます。ただし、「いい名前をつけるための３か条」（→P30）を意識して、常識の範囲内で。

名乗りって？

漢字には名前の場合だけに使われる「名乗り」という読み方がある。たとえば「愛」の名乗りには「あ・え・な・のり・まな・めぐ・めぐむ・よし・より・ら」など。

3 長さも自由

使える範囲の文字なら、名前の長さは自由。ただし、上記２と同様、常識の範囲内に。

4 つけた名前は変えられない

幼名（ようめい）や通称（つうしょう）を用いていた江戸時代までの人と違い、現代人の名前は実名ひとつだけ。よほどのことがない限り、改名はできない。心して名づけよう。

いい名前をつけるための３か条

下記の３か条を念頭に置いて名づければ、しぜんにいい名前になるはずです。
最高の名前は、ここから生まれるのです。

1 本人が愛着をもてる名前

自分の好みを伝えられない赤ちゃんのかわりに、赤ちゃんの立場になって考えましょう。からかわれる原因になったり、立派すぎたりする名前は、いずれ本人の負担になりかねません。

2 親が気に入る名前

大事なわが子には、心から愛せる名前をつけましょう。画数や吉凶（きっきょう）、周囲の意見から、いやいや名前をつけるのは、おすすめできません。

3 社会に受けいれられる名前

長い人生をともにする名前は、社会に受けいれられやすいものにしましょう。言いやすく、聞きとりやすく、説明しやすい名前がいちばんです。

本人も親も愛着がもてるように

名づけは、法律さえ守ればいいというものではありません。

名前は一生使うもの。本人が愛着をもてることが大切です。また、子どもの名前をいちばん呼ぶのは親です。名前を呼ぶたびに愛情が深まるような、自分たちが本心から納得できる名前をつけましょう。

親子の絆を深めるネーミングストーリー

子どもに名づけの由来や名前にこめた思いを話してあげてください。劇的だったり変わった経緯（けいい）である必要はありません。一生懸命考えてくれた名前だと伝われば充分です。

人気の名前がわかる！

女の子の名前ベスト10

みんなはどんな名前をつけているのか、まずは最近の傾向をチェックしてみましょう。女の子には、自然を感じられるイメージや明るく愛らしいイメージ、凛とした華のある名前が人気です。

順位	名前	読み方の例
1位	陽葵	ひまり
2位	凛	りん
3位	紬	つむぎ
4位	結愛	ゆい
5位	結菜	ゆな
	澪	みお
	芽依	めい
	心春	こはる
9位	陽菜	ひな
	咲茉	えま
	翠	すい
	結月	ゆづき
	愛	めい
	彩葉	いろは

15位～17位は……

順位	名前	読み方の例
15位	咲良	さくら
	莉子	りこ
17位	杏	あん
	琴葉	ことは
	紬葵	つむぎ
	凪	なぎ
	美月	みつき
	美桜	みお
	風花	ふうか
	柚葉	ゆずは

出典：明治安田生命ホームページ
2023年度データ

・人気の音（読み）ベスト10
…P55へ
・人気の漢字ベスト10
…P224へ

コツとテクニック

よりよい名前のためにさまざまなアプローチを

名前の書き表し方表記を工夫する

考えた名前が、どうもピンとこないとか、悩んでしまって決まらないという場合に役立つ、ちょっとしたコツやテクニックを紹介します。

名前の書き表し方を「表記（ひょうき）」といいます。これがポイント。近年は、気に入った音を考えてから、漢字の組み合わせや読み方を考える方法が人気になっています。「名乗り（なのり）」といって、読み方は基本的には自由に考えられます。

漢字をアレンジしたり歴史上の人物から

音を決めてから表記をアレンジするには、当て字や万葉仮名（まんようがな）を使う方法もあります。漢字の使い方によっては、個性的な名前にすることもできます。逆に、漢字を決めてから読み方を工夫してもいいでしょう。

何もアイデアが出ないときには、人気の名前や、歴史上の人物、好きな有名人の名前をヒントに発展させていくうちに、赤ちゃんにぴったりの名前になることもあります。

大切なのはわが子のもつイメージ

最近は「さら」や「りりい」のような、海外でも通じる名前がふえているようです。逆に「和」の雰囲気が漂う（ただよう）古風な名前も、根強い人気があります。

最も大切なのは「わが家の赤ちゃんにぴったり」の名前であること。赤ちゃんの様子をじっくり観察して。いま風か、ありきたりでないかなどは、そのあとで考えましょう。名づけに正解はないのです。

1 いろいろな表記を試してみる

気に入った音を決めてから、どんなふうに書き表すかを考えます。「はるひ」ならば、「はる」や「ひ」と読める漢字を順々に当てて、しっくりくる字をさがします。

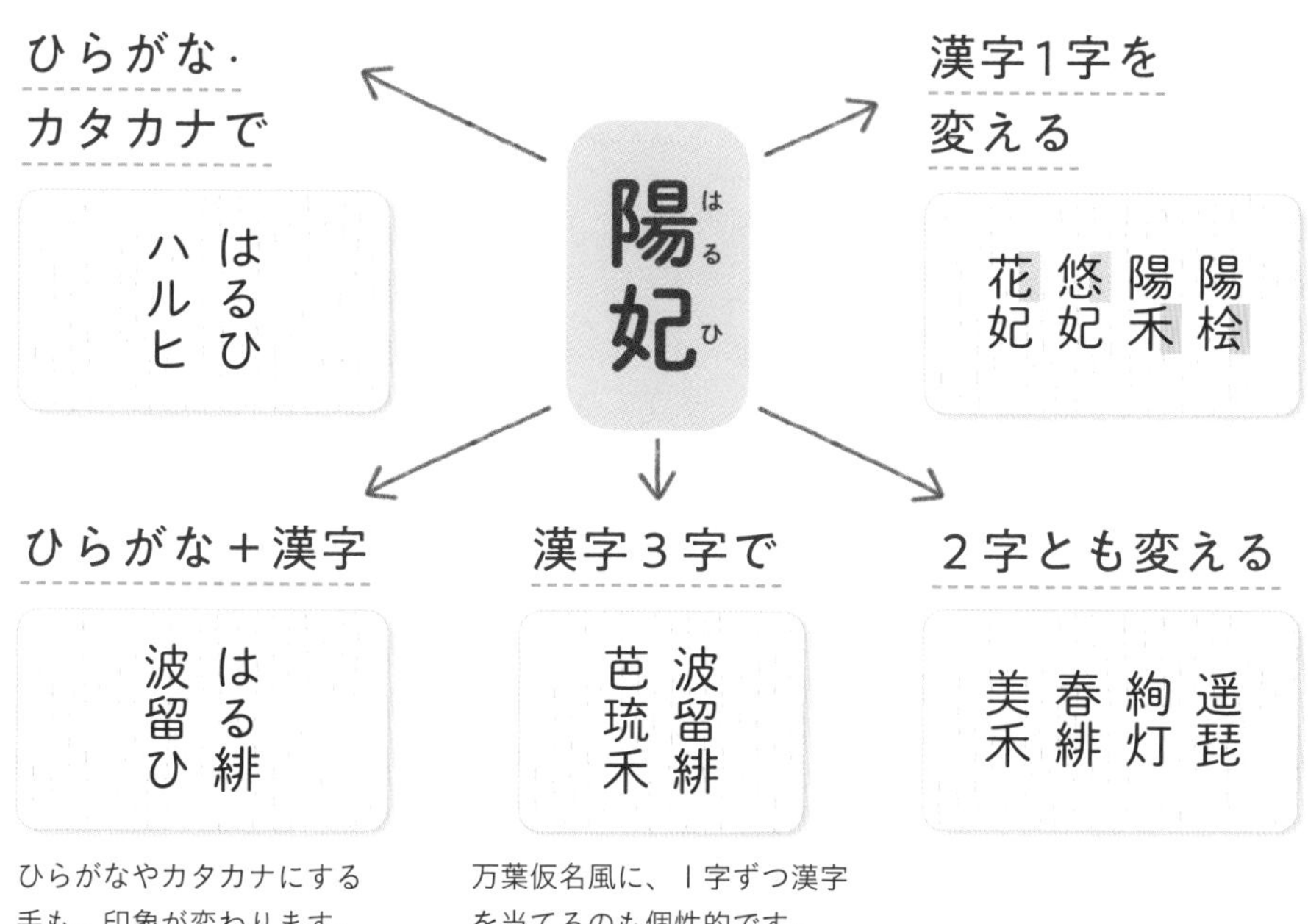

ひらがなやカタカナにする手も。印象が変わります。

万葉仮名風に、１字ずつ漢字を当てるのも個性的です。

2 読み方を変えてみる

使いたい漢字を中心に考えます。「耀」を使いたいなら、まず組み合わせる漢字「華」を決め、この２字の読み方をアレンジしてみます。

耀華
あきか
あきは
てるか
てるは
ひはる
ようか
ようは

名乗りを使えば、「耀」は「あき」「あきら」「てる」「ひかり」とも読めます。

3 旧字、異体字を用いる

漢字には、旧字（きゅうじ）や異体字（いたいじ）をもっている字があります。表記（ひょうき）を考えるうえでアレンジテクニックのひとつになるでしょう。また、開運を考えるとき、旧字や異体字を使うことで、希望の画数に合わせることができる場合もあります。

広

コウ　ひろい
名 お　たけ　ひろ

旧 廣

もとの字は「廣」。広く大きい家から、広い、広めるなどの意味になった。スケールの大きい女性に。
ヒント　「ひろ」と読むと、落ち着きとたくましさが加わる。「こう」の読みは知的で繊細（せんさい）な愛らしさを感じさせる。

PART 4 「漢字と名前のリスト（→P225）」で旧として表しています。「名前に使える旧字（→P337）」も参考にしてください。

4 止め字から決める

人気の漢字（→P224）にランクインしている字の中には「花」や「美」のように、止め字（名前の最後の文字）として使えるものもあります。止め字から先に決めてしまうのもひとつの手です。

名前に使われる止め字

「止め字」は、「優花」の「花」、「由美」の「美」のような名前の最後の文字のことです。名前の印象は止め字で大きく変わります。いろいろ当ててみて検討してください。

あ	あき	あさ	あや
亜 7	礼 5	旭 6	文 4
阿 8	光 6	麻 11	礼 5
愛 13	昌 8	朝 12	紋 10
	秋 9		彩 11
	晶 12		絢 12
	彰 14		綾 14

PART 4 「名前に使われる止め字(→P348)」で紹介しています。「万葉仮名風の当て字(→P350)」も参考にしてください。

夫婦で名づけの方針をきちんとすり合わせる

名づけのヒントは音、イメージ・願い、漢字、開運の四つ。いろいろ考えるうちに、夫婦で名づけの方針がずれていないでしょうか。よい名前をつけるには、夫婦の思いがひとつであること。ここで方針を再確認してみましょう。

思いついた名前はメモに残す

いつもメモをそばに置いて、名前を思いついたらすぐに書きとめておきましょう。

心にとまったことばや、テレビやインターネット、名簿などを見て気になった名前があったら、どんどんメモして。思わぬところでヒントになるかもしれません。

5 当て字をうまく用いて独自の名前に

最近は、漢字の当て字を使うことがふえています。ただし、名前が読めないと困ることが多いので、漢字からある程度推測できるような読み方にしておくのが無難です。当て字でも、意味の悪い字は避けるなど、意味をふまえてセンスよく組み合わせましょう。

● **共通する読みを合体**

玲偉（れい→レイ＋イ）

苺依（まい→まい＋イ）

花苗（はなえ→はな＋なえ）

● **音読みの一部を利用**

南央（なお→ナン＋オウ）

結杏（ゆあ→ユウ＋アン）

凜空（りく→リン＋クウ）

● **意味から連想する当て字**

月（るな→ローマ神話の月の女神の名前）

詩（ぽえむ→詩の英語poemから）

海音（しおん→海の英語seaから）

● **訓・音読みや名乗りの一部を利用**

渚生（なお→なぎさ＋おう）

希空（のあ→のぞむ＋あく）

牧凜（まり→まき＋りん）

生まれるまで候補を残しておく

生まれる前に名前を考えるのなら、ひとつに絞らないほうが無難です。せっかく名前を決めておいても、生まれたわが子を見て、どうもピンとこないということはあるもの。生まれてすぐでも、それぞれ個性があるからです。初めて赤ちゃんを抱いたとき、突然名前が思い浮かんだという人も。

名前の候補を二つか三つ考えておき、わが子に呼びかけてみてもいいでしょう。

6 姓と組み合わせてバランスをチェック

長さをチェック

姓と名の長さのバランスを見ます。紙に書いたり、読んでみたりしてチェックしましょう。

頭でっかち（3字姓＋1字名）

曽我部 文
← 2字の名前に
曽我部 文奈

長すぎる（3字姓＋3字名）

五十嵐 加寿那
← 2字の名前に
五十嵐 和那

短すぎる（1字姓＋1字名）

北 円
← 2、3字の名前に
北 茉戸禾

難易度をチェック

書いてみて、姓と名が簡単すぎないか、難しすぎないかをチェックします。よくある姓の人は凝った名に、珍しい姓の人はシンプルな名に、を基本にするといいでしょう。

平凡（よくある姓＋人気の名前）

山本 心春
← 万葉仮名（まんようがな）などを使って漢字を工夫
山本 胡芭留

難しすぎる（姓も名も難しい）

刀禰 煌羅
← すんなり読める漢字かひらがなの名前に
刀禰 きらら

姓とのバランスで字面を整える

名前を決める前に考えたいのが、姓とのバランスです。決めたと思っても、姓と組み合わせると、どうもしっくりこない場合があるので、要注意です。

名前はフルネームで完成。自分の姓の特徴を念頭に置いてすすめましょう。紙に書いて確認することをおすすめします。

画数をチェック

姓と名の画数が多すぎると重く見え、少なすぎると軽く見えてバランスがとれないことも。よくある姓でも、「齋藤」「渡邊」のように、字面(じづら)の印象が重い場合もあります。名の画数で整えてもいいでしょう。

軽く見える（姓も名も画数が少ない）

小川 一花 ← 小川 逸歌（名前に画数の多い文字を入れる）

重く見える（姓も名も画数が多い）

齋藤 彌優 ← 齋藤 実由（名前に画数の少ない文字を入れる）

意味をチェック

何らかの意味を感じさせる姓なら、名前と合わせたときに、ちぐはぐにならないように注意します。逆に、意味がそろいすぎているのも、違和感があります。

姓と名で矛盾している

冬川 星夏 ← 冬川 聖華（意味がぶつからない漢字に）

意味がそろいすぎ

朝日 昇南 ← 朝日 祥菜（意味を感じさせない漢字に）

漢数字が多い

三宅 三愛 ← 三宅 海愛（漢数字以外の漢字を使う）

タテ割れをチェック

姓名を書いたとき、漢字のへんとつくりが真ん中から割れていないかどうかチェックします。

タテ割れになる

杉林 佐稀 ← 杉林 佐季（タテ割れしない止め字を使う）

部首をチェック

姓名を書いてみて、部首がそろいすぎていると違和感があることが多いようです。

部首がそろいすぎ

渋沢 浬沙 ← 渋沢 莉砂（部首の異なる漢字を使う）

気をつけたいポイント

決定前にあらゆる点から最終チェック

最後にもう一度、客観的な目で見る

名前の候補がかたまってきたら、もう一度客観的な目で見てみましょう。人と違う名前にしたいと思うあまり個性的すぎて、社会的に不都合が起きやすい名前になっていないでしょうか。

難しい漢字を使ったり、当て字や名乗り(なのり)で読ませようとする名前を考えているときは、そのマイナス面もよく考えたうえでつけるようにしましょう。

音、字面、漢字、イメージ。すべてを万全に

出生届(しゅっしょうとどけ)(→P42〜45)を出す前に、音、字面(じづら)、漢字、イメージなど、あらゆる点から慎重にチェックしましょう。姓と名のバランスも見てください。書いて、読んで、パソコンに表示して、わが子の顔を見て、チェックは万全に。名づけにやり直しはききません。

P39〜41にチェックポイントをまとめました。ぜひ参考にしてみてください。

Column

赤ちゃんにいのちを吹きこむ名前

「名前はその人そのものである」といわれます。名前があってはじめて「自分は自分である」と考えられるようになるからです。名前がなければ、その人は存在しないも同じだといっても過言ではありません。

映画『千と千尋の神隠し』の中で、主人公の千尋は魔女に名前を奪われたせいで記憶をなくしかけます。これはまさに、名前がその人の存在そのものであることを表現していたといえるでしょう。

「赤ちゃん」は名前が与えられ、ほかのだれとも違う、たった一人の「○○ちゃん」となり、自分の人生を歩きはじめます。名前は赤ちゃんのいのちそのものなのです。

呼びにくくないか

check 1

同音や濁音が多くなっていない？

「あいだ・あいか」「ささき・きさら」のように、姓の最初や最後の音が名前の最初や最後の音とだぶると、発音しにくくなります。

「柳葉紅佳（やなぎば・べにか）」のように濁音（だくおん）が多いのも発音しにくい原因に。濁音は姓名全体で２音までを目安にしましょう。

check 2

似たひびきが多い名前になっていない？

あ行とや行は聞き間違いやすい名前の筆頭。「みあ」と「みや」、「みなお」と「みなよ」のように、ひびきが似ている名前は、呼び間違いのもとになります。

● **呼び間違い、聞き間違いしやすい名前の例**

みあ・みや・みわ
みう・みゆ
ゆな・ゆうな
りお・りほ・いよ・りょう
あきみ・あけみ
まほ・まお

難しすぎないか

check 3

画数や文字数が多すぎない？

全部が画数の多い漢字や、難しい旧字は、書くのに苦労したり、人に説明するのが大変になります。長すぎる名前も同様です。姓の画数や文字数の多い人は、特に注意を。

check 4

パソコンなどで表示しにくくない？

パソコンなどでの表示のしやすさも考えたほうがいい要素です。難しい旧字や、「辻」「逗」などの２点しんにょう（辶）の字などは、機器によっては正確な字形が表示されないこともあります。

● **表示しにくい漢字の例**

迦　萊　蔣　漣　薰
→P222

● **参考**

「名前に使える旧字」→P337

おかしな意味ではないか

check 5

からかわれやすい名前になっていない？

「便（たより）」は、ひびきはよくても、漢字から排泄物（はいせつぶつ）を連想してしまうでしょう。「羽音（はのん）」は、ひびきはかわいいのですが、昆虫の名前のあだ名をつけられるかも。

逆に、漢字の意味はよくても、ひびきが意味のよくないことばと似ている場合も、からかわれる原因に。

「いさくらなお」のように、反対から読むとへんな意味になる名前にも注意しましょう。凝（こ）りすぎて、読めない、意味もわからない名前は、違和感をもたれることもあります。

check 6

熟語になっていないかをチェック

意味のよさそうな漢字を組み合わせているうちに、いつのまにか熟語になっていることがあります。候補名を決めたら、辞典などで確認しておきましょう。

● 注意したい例

海星（みほ）→ひとで
海月（うづき）→くらげ
早世（さよ）→早死にすること
水子（みずこ）→流産した子
水菜（みな）→みずな（野菜名）
白菜（しらな）→はくさい（野菜名）
信女（のぶな）→〇〇信女（戒名）

姓との組み合わせは大丈夫か

check 7

姓と名の切れ目はわかりにくくない？

「かじ・のりこ」は「かじの・りこ」と聞こえる場合が。「牧・瀬里花」は「牧瀬・里花」と誤解されるかもしれません。

１字姓や３字姓の人は、特に名前の１字めの音や漢字に注意して。

check 8

続けるとへんな意味になっていない？

フルネームは声に出して音をチェックしましょう。姓と続けると問題があることもあるので注意して。たとえば「水田真理（＝みずたまり）」のように、続けて読んでみると、名前としては違和感のある意味になることもあります。

● 注意したい例

安藤奈津→アンドーナツ
小田茉利→おだまり！
大場佳代→おおばかよ
五味広恵→ごみ拾え
原真希→腹巻き
馬場あかね→ババア、金！

＼ その他 ／

check 9

似た字、悪い意味の字では？

漢字には似た字があるので、間違えて出生届（しゅっしょうとどけ）を出さないように注意しましょう(→P245)。凜と凛のように、どちらも名前にふさわしい字もありますが、自分が考えていた字と違っていた、ということにならないように。

また、一見よさそうでも、実は意味を知ると後悔しそうな字もあります。「名前には避けたい漢字」(→P352) も参考にしてください。

● 注意したい例（意味に注意）

寡（か）　徳が少ない王様
矯（きょう）　事実をいつわる
唆（さ）そそのかす
迭（てつ）　犯す、逃げる
批（ひ）　ふれる、おしのける
勃（ぼつ）　にわかに、急に
慄（りつ）　ぞっとする

check 10

ネットで検索してみよう

歴史上の人物など、評価の定まった人ならともかく、現在生きている人の名前からつける場合は、要注意。よもや不祥事など起こしていないか、調べてからのほうが無難です。

名前エピソード

由佳（ゆか）さん

名づけを通じて両親の愛を感じました

娘の名前を考えるさい、自分の名前も気になって姓名判断をしてみたのです。すると、あまりにも画数がよくてビックリ！ 両親がいかに私の幸せを願ってくれていたかがわかりました。わが家は婚姻時に私側の姓を選んだので、結婚後も私がもつ画数のよさは変わっていません。夫も、旧姓より画数がよくなったそうで、喜んでいました。

覚えておきたい

出生届の書き方・出し方

誕生した日から14日以内に提出する

赤ちゃんは「戸籍（こせき）」を取得してはじめて社会の一員となり、憲法でうたわれている基本的な権利を保障されることになります。

赤ちゃんが生まれたら、すんでいる市区町村の役所などに出生届（しゅっしょうとどけ）を提出しましょう。誕生した日から数えて14日以内に提出することが戸籍法で定められています。生後14日めが土日や祝日で役所がお休みの場合は、休み明けが期限となります。

赤ちゃんが生まれた地や住まいのある地で提出する

出生届は、病院・産院、市区町村の役所窓口でもらえます。出生届の右側には、出産に立ち会った医師や助産師が記入する「出生証明書」がついています。出産後なるべく早く記入してもらいましょう。

提出先は、「赤ちゃんが生まれた地」「親の本籍地（ほんせき）」「親が住民登録している地」「親が滞在している地」のいずれかの地域の役所窓口（生活課・戸籍係など）です。

出生届、母子手帳など必要な持ち物をチェック

出生届の提出には、必要事項を記入した出生届と出生証明書、母子健康手帳が必要です。身分証明書、国民健康保険証も忘れずにもっていきましょう。

養育者が外国人の場合は、在留カードまたは特別永住者証明書なども必要です。

届出人は父もしくは母が一般的ですが、役所に用紙を持参するのは、祖父母など代理人でもかまいません。

出生届の疑問を解決！

Q もしも、届け出が遅れたら？

出生届と一緒に、遅延理由を記入した「戸籍届出期間経過通知書」の提出が必要になります。それをもとに簡易裁判所が判断し、自然災害などの正当な理由がない場合は、5万円以下の過料（金銭を徴収する行政上の罰）を支払わなければならないことがあります。

戸籍がないと、住民票への記載、健康保険の加入、パスポートの取得、婚姻届の提出などに、さまざまな支障が出やすくなります。必ず期限内に提出しましょう。

Q 期限までに名前が決まらないときは？

「追完手続き」をしましょう。生後14日以内に出生届の「子の氏名」を書かずに提出し、後日名前が決まってから「追完届」と一緒に、名前だけ届けます。ただし、この場合は、戸籍に空白期間の記録が残ります。

名前が決まってから、「戸籍届出期間経過通知書」とあわせて出生届を提出する方法もありますが、この場合、5万円以下の過料を請求されることがあります（左記参照）。

Q 届けた名前は変更できる？

一度名前が登録されると、原則として改名はできません。改名を希望する場合は、「正当な事由」かどうかを、家庭裁判所によって裁定してもらう必要があります。記入間違いや画数を変えたいなどの理由は、まず却下されてしまいます。名づけと出生届の提出は、くれぐれも慎重に。

改名を認められる正当な事由

- 奇妙な名前や難しすぎる名前
- 周囲に同姓同名がいて不都合
- 異性や外国人とまぎらわしい
- 神官・僧侶になった、またはやめた
- 別の名前を通称として長年使用した
- 性同一性障害のため不都合　など

Q 海外で出産したらどうするの？

その国の日本大使館で出生届の用紙をもらい、生後3か月以内に出生届と出生証明書を大使館や領事館に提出します。

期限内に日本の役所に提出してもかまいません。その場合は、出生証明書に和訳を添えてください。

赤ちゃんが出生国の国籍を取得した場合、日本国籍も保持したければ、出生届の「その他」の欄に「日本の国籍を留保する」と記入して、署名をします。

アメリカなど、出生国がそのまま国籍となるような国では、特に注意しましょう。

出生届の記入例

出生届は出生証明書と一緒に１枚の用紙になっています。

出生証明書

出産に立ち会った医師や助産師が記入する書類。早めに記入してもらっておくと、あとの手続きがスムーズに進みます。

記入の注意

鉛筆や消えやすいインキで書かないでください。

子が生まれた日からかぞえて14日以内に提出してください。

子の本籍地でない市区町村役場に提出するときは、２通提出してください（市区町村役場が相当と認めたときは、１通で足りることもあります。）。２通の場合でも、出生証明書は、原本１通と写し１通でさしつかえありません。

子の名は、常用漢字、人名用漢字、かたかな、ひらがなで書いてください。子が外国人のときは、原則かたかなで書くとともに、住民票の処理上必要ですから、ローマ字を付記してください。

よみかたは、戸籍には記載されません。住民票の処理上必要ですから書いてください。

□には、あてはまるものに☑のようにしるしをつけてください。

筆頭者の氏名には、戸籍のはじめに記載されている人の氏名を書いてください。

子の父または母が、まだ戸籍の筆頭者となっていない場合は、新しい戸籍がつくられますので、この欄に希望する本籍を書いてください。

届け出られた事項は、人口動態調査（統計法に基づく基幹統計調査、厚生労働省所管）にも用いられます。

出生証明書

	子の氏名		男女の別	１男　２女
	生まれたとき	令和　年　月　日	午前 午後	時　分
(10)	出生したところ及びその種別	出生したところの種別		１病院　２診療所　３助産所 ４自宅　５その他
		出生したところ		番地 番　号
		（出生したところの種別１〜３）施設の名称		
(11)	体重及び身長	体重　グラム	身長	センチメートル
(12)	単胎・多胎の別	１単胎　２多胎（　子中第　子）		
(13)	母の氏名		妊娠週数	満　週　日
(14)	この母の出産した子の数	出生子（この出生子及び出生後死亡した子を含む）		人
		死産児（妊娠満22週以後）		胎
(15)	１医師 ２助産師 ３その他	上記のとおり証明する。 令和　年　月　日 (住所) 番地 番　号 (氏名)		

記入の注意

夜の12時は「午前０時」、昼の12時は「午後０時」と書いてください。

体重及び身長は、立会者が医師又は助産師以外の者で、わからなければ書かなくてもかまいません。

この母の出産した子の数は、当該母又は家人などから聞いて書いてください。

この出生証明書の作成者の順序は、この出生の立会者が例えば医師・助産師ともに立ち会った場合には医師が書くように１、２、３の順序に従って書いてください。

※出生届の手続について、悩みや困りごとがあれば、お近くの市区町村又は法務局にご相談ください。
出生届を届け出なければ、その子の戸籍がつくられず、不利益を被るおそれがあります。
詳しくは法務省のホームページをご覧ください。　無戸籍　法務省

最終チェック！

☑ 漢字の思い違いや名前の読みの間違いはないか

名前を記入する前に、勘違いがないか最終確認をしましょう。思いこみで、読みや字形を間違えているケースもあります。
漢和辞典や法務省のホームページの「戸籍統一文字情報」を利用してもいいでしょう（→P219）。

☑ 和暦で記入してあるか

生年月日などの年の記載には、西暦ではなく和暦（令和６年など）を使う決まりになっています。

☑ 楷書で読みやすく書いてあるか

書類に不備があると、受理してもらえない場合があります。わかりやすく丁寧に楷書で書いてください。記入した字が戸籍に登録されるので、似たような字（→P245）や新字・旧字などを間違えないように。

出生届

届出人が記入しなければならない書類。不備がないように、下の見本を参考にしながら丁寧に記入しましょう。

● 続き柄

親と赤ちゃんの関係を記入。「嫡出子（ちゃくしゅつし）」は、婚姻（こんいん）関係にある夫婦に生まれた子のこと。未婚のカップルやシングルマザーの子は、「嫡出でない子」となります。出生届と同時に婚姻届を提出する場合は、「嫡出子」にチェックを入れます。

● 日付

役所への提出日。出生日や記入した日ではない。提出直前に記入するとよい。

● 子の氏名

赤ちゃんの氏名と読み。戸籍法の改正で、今後は読みも戸籍に反映される予定。

● 生まれたところ

赤ちゃんが出生した病院などの施設の所在地。

● 住所・世帯主

現住所と世帯主の氏名を記入。「世帯主との続き柄」は、世帯主が父や母の場合は「子」。世帯主が祖父の場合は「子の子」となる。

● 本籍（ほんせき）

戸籍に記載されている住所を記入。「筆頭者（ひっとうしゃ）」とは、戸籍の最初に記載されている人のこと。本籍地が現住所と異なる場合は、戸籍謄本（とうほん）か戸籍抄本（しょうほん）などで確認を。

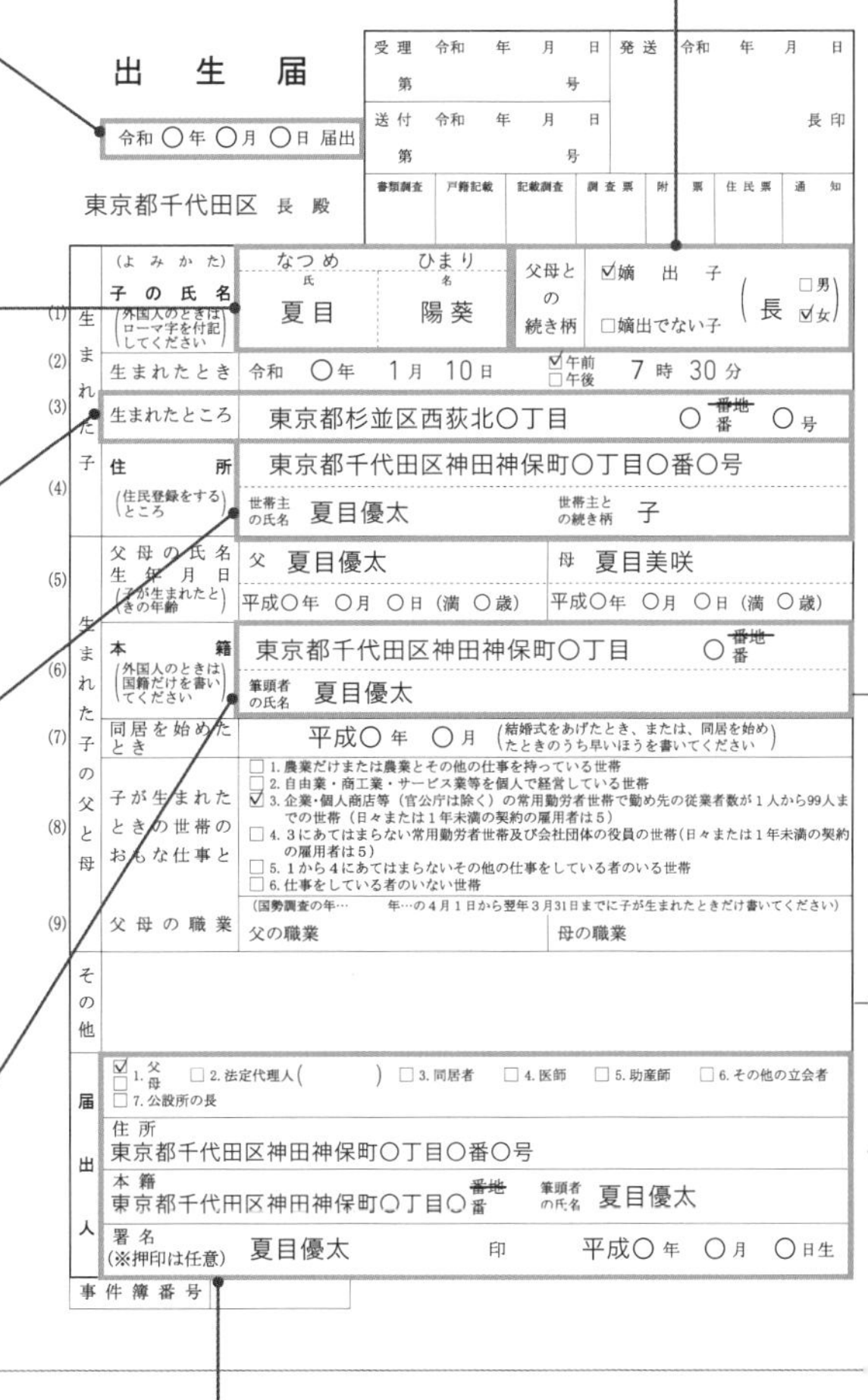

出　生　届

令和 ○年 ○月 ○日 届出

東京都千代田区 長 殿

受理 令和 年 月 日 第 号	発送 令和 年 月 日
送付 令和 年 月 日 第 号	長印

書類調査	戸籍記載	記載調査	調査票	附票	住民票	通知

(1) 生まれた子	(よみかた) 子の氏名 (外国人のときはローマ字を付記してください)	なつめ ひまり 氏 夏目　名 陽葵	父母との続き柄：☑嫡出子 □嫡出でない子（長 □男 ☑女）
(2)	生まれたとき	令和 ○年 1月 10日 ☑午前 □午後 7時 30分	
(3)	生まれたところ	東京都杉並区西荻北○丁目 ○ ~~番地~~ 番 ○号	
(4)	住所 (住民登録をするところ)	東京都千代田区神田神保町○丁目○番○号 世帯主の氏名 夏目優太　世帯主との続き柄 子	
(5) 生まれた子の父と母	父母の氏名 生年月日 (子が生まれたときの年齢)	父 夏目優太 平成○年 ○月 ○日（満 ○歳）	母 夏目美咲 平成○年 ○月 ○日（満 ○歳）
(6)	本籍 (外国人のときは国籍だけを書いてください)	東京都千代田区神田神保町○丁目 ○ ~~番地~~ 番 筆頭者の氏名 夏目優太	
(7)	同居を始めたとき	平成○ 年 ○ 月（結婚式をあげたとき、または、同居を始めたときのうち早いほうを書いてください）	
(8)	子が生まれたときの世帯のおもな仕事と	□ 1. 農業だけまたは農業とその他の仕事を持っている世帯 □ 2. 自由業・商工業・サービス業等を個人で経営している世帯 ☑ 3. 企業・個人商店等（官公庁は除く）の常用勤労者世帯で勤め先の従業者数が1人から99人までの世帯（日々または1年未満の契約の雇用者は5） □ 4. 3にあてはまらない常用勤労者世帯及び会社団体の役員の世帯（日々または1年未満の契約の雇用者は5） □ 5. 1から4にあてはまらないその他の仕事をしている者のいる世帯 □ 6. 仕事をしている者のいない世帯	
(9)	父母の職業	(国勢調査の年…　年…の4月1日から翌年3月31日までに子が生まれたときだけ書いてください) 父の職業	母の職業
その他			
届出人	☑ 1. 父 □ 母　□ 2. 法定代理人（　　）　□ 3. 同居者　□ 4. 医師　□ 5. 助産師　□ 6. その他の立会者　□ 7. 公設所の長		
	住所	東京都千代田区神田神保町○丁目○番○号	
	本籍	東京都千代田区神田神保町○丁目○ ~~番地~~ 番	筆頭者の氏名 夏目優太
	署名 (※押印は任意)	夏目優太　印	平成○ 年 ○月 ○日生

事件簿番号	

● 届出人

出生の届け出の義務がある人のことで、通常は父または母。役所に直接出生届を持参した人ではない。

名づけの疑問、お悩みQ&A

Q なんとなく決めた名前。ちゃんとした由来がないとダメ？

A あとづけでもいいので考えよう

子どもが成長したときに、自分の名前に興味をもつことがあります。どうしてこの名前をつけたのか尋ねたとき「べつに」「特にないよ」では悲しむでしょう。「その名前で呼びかけたら笑ったから」「顔を見たら天からふってきた」でもいいし、あとづけでもかまいません。名づけの理由や思い、いきさつなどを説明できるようにしておきたいものです。

Q 夫婦でつけたい名前が違います……。どうしたら？

A ゆずれないポイント以外はまかせましょう

名づけでこだわる部分が夫婦で違うのでしょう。自分がこだわるポイントはどこでしょうか。ポイントは漢字、音、イメージ・願い、開運。どうしてもこれだけはゆずれないポイントをひとつ、お互いに表明して、そこは受けもち、それ以外のポイントは相手にまかせましょう。たとえば、漢字は夫に、音は妻に、といったように役割を分担するのも一案です。

Q あまりにもかわいい名前やキラキラネームは、おかしい？

A どんな職業についても信頼される名前を

最近は多くの人が同じような考え方で名づけをする傾向ですから、子どもたちが大人になったころには、珍しい名前ではなくなっていると考えられます。年をとっても、おかしいとは感じないでしょう。

ただ、行きすぎたキラキラネームは子どもの将来に悪い影響をもたらすかもしれません。大人になった姿も想像して考えてみましょう。

Q 両親に、代々使っている漢字を入れるように言われ、困っています

A さまざまな根拠を示して相談を

父親か母親の名前にその漢字が使われているのでしょうから、否定はしづらいもの。画数による開運、音による印象、漢字の意味など、さまざまな根拠を示して、自分たちが考えた名前に納得してもらいましょう。

また、子どもの名前をいちばん呼ぶのは親です。最終的には、夫婦がいちばんいいと思える名前に決めるといいでしょう。

\ 印象や生き方を名前にこめて /

音から名づける

基礎知識

名前の音は子どもの印象や生き方を決める

ことばの音には共通のイメージがある

「マルとミルは、ある国のことばで、どちらもテーブルを意味します。片方が大きなテーブル、片方が小さなテーブルを表しますが、あなたはどちらが大きなテーブルを指すことばだと思いますか？」

この質問をすると、たいていの人は「マル」と答えるのだそうです。この質問は、海外の研究者が考え出したもので、マルもミルも架空の単語です。

マルとミル。よく似たことばたちですが、明らかに違うイメージをもっています。マルには開放感があり、ミルには愛らしさがあります。

生まれたばかりの子犬の兄弟にこの名前を与えるとしたら、どちらの子犬にマルを、どちらの子犬にミルの名前を与えるでしょうか？

よりほんわかした雰囲気のほうにマルを、一途に甘えてくるキュートな子のほうにミルを与える人が多いのではないでしょうか。

このように、ことばの音には人類が共通に感じるイメージがあります。

発音体感が潜在的なイメージをつくり出す

ことばのイメージをつくり出しているのは、発音体感です。

発音体感は、小脳経由で潜在意識に届く、ことばの潜在イメージ。このため、通常はあまり意識されませんが、ことばを発音したり、見聞きしたりするたびに、脳に深く届いている印象なのです。

ことばのイメージは発音で決まる

母音 口腔の形で印象が決まる

母音は、口腔の空間のつくり方によって、印象を生み出します。アは開放感、イは前向きの意志、ウは内向する力、エは俯瞰（ふかん）する視点、オは包みこむ閉空間を感じさせます(→P81)。

子音 ことばに質感を与える

子音は、音にさまざまな質感を与えます。S音は口腔内をすべる風で、さわやかな印象を与えます。K音は喉（のど）の筋肉を硬くして強い息で破裂させ、強く、ドライでスピード感のある印象を与えます。

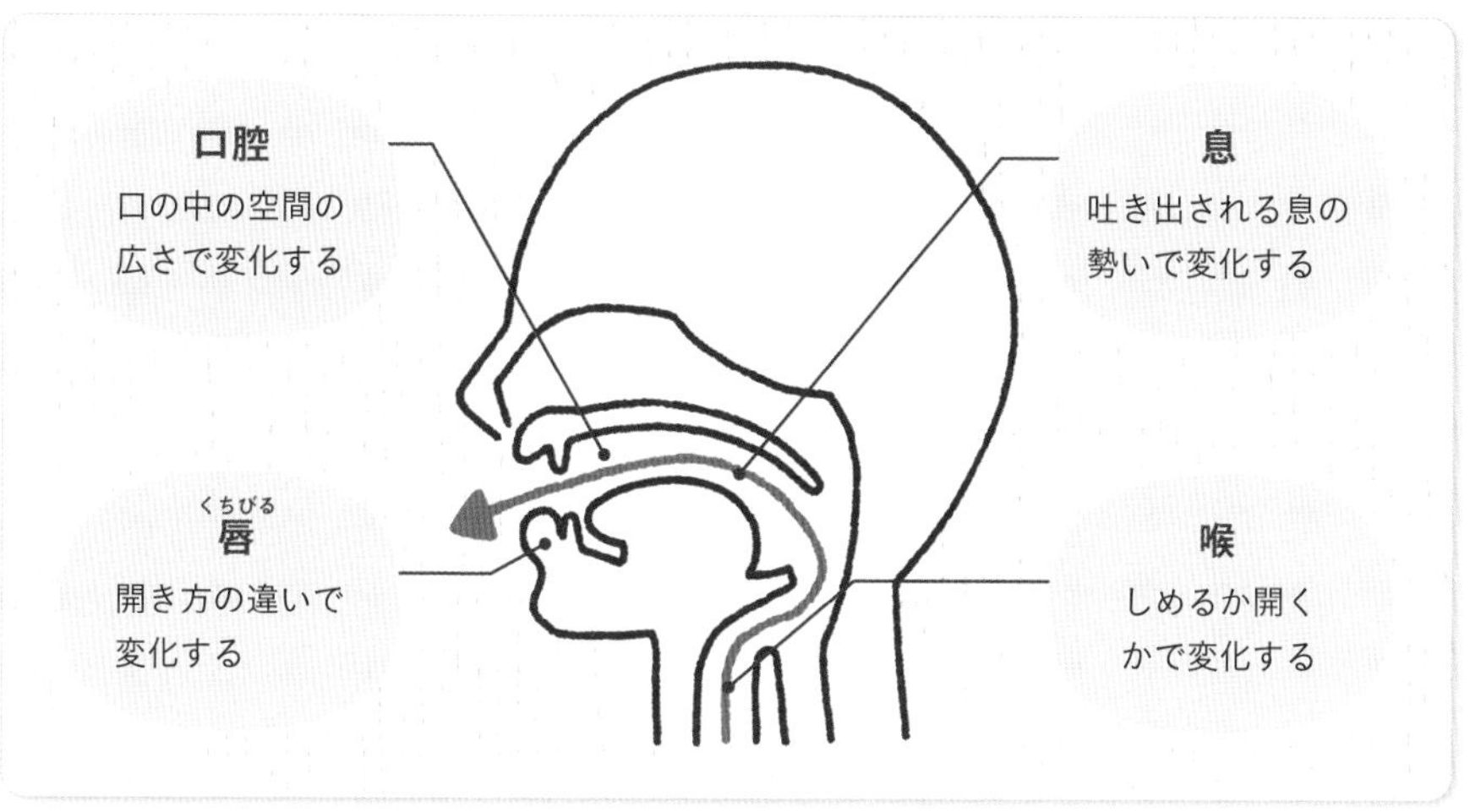

アは、口腔（こうくう）を高く上げて出す開放感の母音。このため、ア段音＝「アカサタナハマヤラワ」には開放感があり、広々としたイメージがあるのです。

これに対しイは、口腔を小さく使い、舌のつけ根から中央に向かって強い前向きの力をつくる母音。このため、イ段音＝「イキシチニヒミリ」は、コンパクトさ（愛らしさ）と一途さを感じさせます。

ア段音マのもつ広々とした開放感が「大きなテーブル」や「ほんわかした子犬」を、イ段音ミのもつ愛らしさと一途さが「小さなテーブル」や「キュートな子犬」をほうふつとさせるのでしょう。

ちなみに、マとミに共通の子音Mは、赤ちゃんがお母さんのおっぱいをくわえたときの口腔形で出す音。口の中にやわらかな息を含み、甘えたように鼻を鳴らすとM音になります。甘く、やわらかく、包容力のある印象をつくります。

まったり、まどろみ、満足、満ちる、ママ、マリア……M音のことばには、甘く満ち足りたイメージを感じさせることばが多く存在します。人類は、太古の昔から、ことばの発音体感を無意識に使いこなして生きてきたのです。

名前とともに人生を授けている

「スイ」は、息の風がさわやかに吹き抜ける音並び。発音したあと背筋がすっと伸びるので、りりしさもイメージさせます。一方、「ユナ」は、舌がしなやかにゆれる音並び。発音したあと力が抜けるので、リラックスします。

人は、スイちゃんにはリーダーシップを、ユナちゃんには癒しを期待します。同じ発言をしても、スイちゃんのそれは爽やかに、ユナちゃんのそれは優しく感じられる傾向に。

どの名前も、その発音体感で「周囲の暗黙の期待感」を自らつくり出しています。人は幼いころから、名前を呼ばれるたびに、その期待感を再確認しているのです。その期待感どおりに振る舞えば、人間関係のストレスが生じなくてすむため、多くの人は名前の期待感どおりに育っていくことになります。

子どもに名前を授けるということは、「周囲の暗黙の期待感」を授けるということにほかなりません。それはとりもなおさず、人生の方向性を授けるということなのです。

あなたは、わが子にどんな人生を授けますか？

先頭字・中字・止め字の見分けかた

名前のイメージの大部分を決めるのは、先頭字と止め字です。「あいこ」なら、先頭字は「あ」、止め字は「こ」となります。中字の拗音（ゃ、ゅ、ょ）と、促音（っ）は省略。止め字の長音（～りいの「い」、～るうの「う」など）も省略します。

先頭字		中字		止め字	
あ	▶	い	▶	こ	
め	▶	あ	▶	り	い（長音省略）
あ	▶	んじ	▶	ゅ	
き	ょ（拗音省略）	う	▶	か	
み		っ（促音省略）		こ	

1文字違うと印象も変わる

イメージの主役	脇役だけど無視できない	強い余韻を残す準主役
先頭字	中字	止め字
か	な	み
「か」を「ま」に変える	「な」を「す」に変える	「み」を「え」に変える
ま な み	か す み	か な え
「かなみ」なら利発で行動力がある、「まなみ」なら天真爛漫でスイートな印象。	「かなみ」ならやわらかくのびやか、「かすみ」なら可憐な雰囲気。	「かなみ」ならみずみずしく愛らしい、「かなえ」ならエレガントな印象。

イメージを決めるのは先頭字と止め字

まずは、つけたい名前をかなで書いてみてください。

先頭字は、発音の体勢を長くとるので、ほかのどの音よりも印象が強くなります。最後の文字である止め字は、最後の口の動きが余韻として脳に残り、先頭字の次に強い印象を残します。

この二つを見ることで、名前の印象の大部分が決定できます。とはいえ、そのほかの文字（中字）の印象も無視はできません。中字で迷ったときは、先頭字のもつ印象との相性がよいものを選びます。

印象を確認したら、何度もその名を呼んでみてください。呼ぶ親たちが、そのイメージを気持ちよいと感じることが大切なのです。

音の決め方

顔を見た瞬間のひらめきを大切に

インスピレーションを信じよう

50音のもつ語感の解説（→P56〜68）を見ていただければわかるように、どの音にも魅力があります。したがって、この音を使えば必ず幸せになるという、絶対的なルールはありません。

いい名前の条件とは、その名前のもち主の個性に合っていることなのです。

赤ちゃんたちは、お腹の中にいるときから、すでにその個性をはなっています。

ママたちは、胎動からも「動きはおっとりしているけど、とても力強いから、いつまでもがんばれる子みたい」とか、「おおらかで優しい子みたい」などと感じているはず。パパも、ママの表情などから、赤ちゃんの意識の波動を感じとっているようです。

そんな二人が「この子はユウカって感じがする」とか「女の子ならサヤだな」と思ったのなら、そのインスピレーションを大事にしてください。

妊娠中はピンとこなかったけれど、生まれてきた顔を見たとたん名前が決まったというケースも多いものです。新生児期はその子の個性がきわだつとき。赤ちゃんのいのちの色合いを感じましょう。

それでもインスピレーションが浮かばなかったら、ご両親の「そうなってほしいイメージ」の名前を選んでください。

名前の音を決めるには

STEP 1 思いつくまま声に出す

生まれる前でも生まれてきて顔を見たときでも、少しでもピンときた名前は必ずメモしておいて、実際に何度も声に出してみてください。直感を大切にしましょう。

STEP 2 候補の名前を分析する

まず、STEP 1で候補に挙がった名前の音を、先頭字・中字・止め字に1音ずつ分解（→P50）。それぞれの音の印象を調べます。特に先頭字の印象に注目してください。

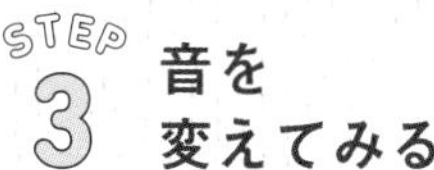

STEP 3 音を変えてみる

候補の名前の先頭字・中字・止め字を、それぞれほかの音に入れかえてみましょう（→P51）。印象が変わります。音を変えた名前も声に出してみると、よりしっくりくる名前が見つかるかもしれません。

遺伝子の配合とは不思議なものです。ほとんどの赤ちゃんが、親の望む性質のうちのいくつかをちゃんともって生まれてきます。したがって、「こういう子になってほしい」という名前をつければ、ほぼ間違いがありません。

発音のしやすさも確認する

注意点もあります。それは、いちじるしく発音しにくい名前は避けること。言いにくい名前や聞きとりにくい名前は、発音体感の恩恵を得られないからです。

また、名前を名乗ったときの口元の形にも気を配ってあげてほしいものです。つばが飛びすぎたり、口が開きっぱなしになったりしていないかどうか、よく確認するようにしてください。

日本語ならではの特徴も活かして

日本語は、文字のない音だけの時代が長かった言語です。先に名前の音（読み）を決め、あとから漢字を当てはめる方法は、現代的であると同時に、昔からの伝統を受けついだ、ことばの本質にのっとった方法ともいえるのです。

また、日本語の表記と音には下記のような特徴があります。名前の音や漢字の読みを決めるときに参考にしてみてください。

日本語の表記と音の関係

「ぢ」「づ」は「じ」「ず」と読まれる。語感（ごかん）も同じ ▶

いづみ＝いずみ
はづき＝はずき

＊本来の発音では「ぢ」「づ」のほうが奥まった音で、しとやかな印象になる。

「はひふへほ」は「あいうえお」と読まれることがある ▶

かほる→かおる／かほる
ゆふな→ゆうな／ゆふな

そのまま読む場合もある

＊先頭字は変わらない。
ふみか→ふみか（×うみか）

「○」＋「おん」が「○のん」となることがある ▶

は（葉）＋おん（音）
→はのん／はおん
り（理）＋おん（恩）
→りのん／りおん

２つの語が結びつくとき、あとの語の最初が濁音（だくおん）になることがある ▶

はな（花）＋ひ（火）→はなび
み（美）＋つき（月）
→みづき／みつき

そのまま読む場合もある

人気の音がわかる！

女の子の名前の音ベスト10

最近人気の女の子の名前の音（読み）と表記の例を紹介します。温かさを感じる「え」、強いパワーのある「い」を先頭字に、おおらかな印象の「お」を止め字に使うのが人気です。

		表記の例
1位	えま	咲茉／笑舞
2位	つむぎ	紬／紡衣
3位	みお	澪／実桜
4位	さな	紗奈／咲凪
5位	めい	芽依／夢結
6位	こはる	心春／湖陽
7位	りお	莉緒／梨央
8位	いちか	一華／唯花
9位	ひまり	陽葵／日茉莉
10位	りん	凛／鈴

11位～20位の音は……

11位	ふうか
12位	すい ゆい
14位	いと
15位	いろは ゆあ
17位	あおい ひな
19位	あかり
20位	のあ

出典：明治安田生命ホームページ　2023年度データ

この音は
どんな
イメージ？

50音のもつ語感

名づけをはじめる前に、50音がどのような語感をもっているのか、知っておきましょう。

各音の語感は、先頭字と止め字に分けて解説しています。中字は先頭字の欄で確認してください。

あが先頭にくる場合

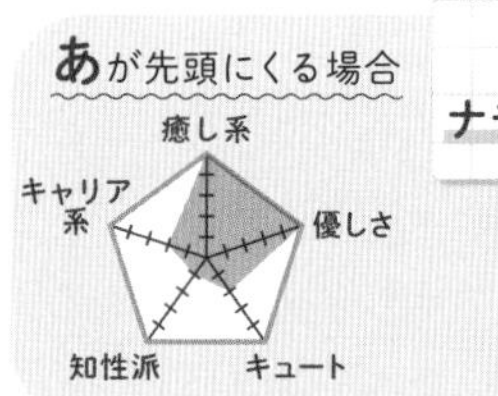

のびやか
ナチュラルガール

あ

先頭字の「あ」 アイ、アスカ、アヤなど

アは、「素の自分」を飾らずにさらけ出すイメージの音。あっけらかんとした、こだわりのない感じです。幼いころから、飾ることなく自然体で、のびやかに自己表現をして、才能を発揮します。

止め字の「あ」 ミア、ユア、リリアなど

過去にこだわらない、未来の希望を感じさせます。開放感があり、多くの友人を得る人生に。

いが先頭にくる場合

癒し系
キャリア系
優しさ
知性派
キュート

キュートな
がんばり屋さん

い

先頭字の「い」 イクコ、イサコ、イズミなど

イは前向きの強いパワーをもつ音。周囲もつい応援したくなる、一途ながんばり屋さんです。しかし、もともと前向きな本人は、意外にのほほんとしている幸せ上手。キュートで憎めないちゃっかりさんです。

止め字の「い」 マイ、リリイ、レイなど

キッパリ潔く言いたいことを言い、迷いや逡巡にとどめを刺します。ヒューマニティーあふれるリーダーとして頼られる存在。

ナイーブなアーティスト

う

うが先頭にくる場合

癒し系　優しさ　キュート　知性派　キャリア系

先頭字の「う」 ウノ、ウミ、ウララなど

ウの音のもつ内向きに集中する強い力から、何かを思いつめて熟成させる傾向が。芸術、科学などの分野で早くから才能を発揮します。内気に見えますが、それも魅力。素朴(そぼく)さと豊かな才能で周囲を魅了します。

止め字の「う」 マウ、ミウ、リウなど

ナイーブな印象。周囲に「雑に扱ってはいけない」と感じさせるため、大切にされるはず。縁を大事にする人に育ちます。

洗練された温かい人

え

えが先頭にくる場合

癒し系　優しさ　キュート　知性派　キャリア系

先頭字の「え」 エイコ、エミ、エリなど

エの音には、遠くはるかな感じがあります。広い心で温かく見守ってくれる、エレガントな人。ものごとを俯瞰(ふかん)して見る知性の持ち主です。一度親しくなるとつきあいも長く、パートナーにも愛されます。

止め字の「え」 サエ、モモエ、リエなど

エレガントで知的な印象。教養を感じさせる、自立した賢い女性に育ちます。人を育てるのがうまく、一目置かれる存在に。

おおらかな居心地のいい人

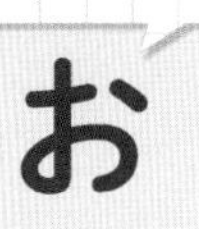

おが先頭にくる場合

先頭字の「お」 オウカ、オトハ、オリエなど

包みこむような母性の優しさを感じさせるオの音。おおらかで包容力があります。居心地がよいので、周りにはしぜんと人の輪ができます。度胸があり、動じないので大舞台に立つ人になるかも。

止め字の「お」 マオ、ミサオ、リオなど

包容力のある母性を感じさせます。面倒見のいい、しっかりした女性に。ゆるがぬ信頼感から、人の上に立つ風格もあります。

利発な都会派ガール

か

かが先頭にくる場合

癒し系　優しさ　キュート　知性派　キャリア系

先頭字の「か」 カオル、カナ、カノンなど

カは、硬く、強く、スピード感があり、軽やかで開放感あふれる音。そのとおりに利発で快活に育った少女は、都会派でクールな印象の女性に。目標に戦略的にアプローチし、確実にキャリアアップします。

止め字の「か」 アスカ、サヤカ、ミカなど

カのもつ強く快活な印象は、リーダーの風格。悶々(もんもん)とした悩みにも、ドライにアドバイスをくれるかっこいい女性!

イケイケ個性派ガール

きが先頭にくる場合

癒し系
優しさ
キュート
知性派
キャリア系

先頭字の「き」 キホ、キミカ、キリなど

キは、息の発射力が最も強い音。この名で呼ばれる人は、生命力にあふれています。また、自己主張が強く、突出(とっしゅつ)した個性のもち主。集団に属さなくても、輝く個性で成功の道を突き進むことも可能な人。

止め字の「き」 マキ、ミサキ、ユキなど

自己主張のキで終わる名前の人は、しっかりと自分をもっています。他人の評価に左右されない、クールビューティです。

魅惑のキュートガール

く

くが先頭にくる場合

癒し系
優しさ
キュート
知性派
キャリア系

先頭字の「く」 クニコ、クミ、クルミなど

息が前に向かうKと、力が後ろに向かうウから成るクは、大人なのに無邪気、清純派なのにちょっとセクシー……。そんな相反する魅力のセットで人の心をつかんで離しません。

止め字の「く」 イク、ミクなど

なんともいじらしく、何かを大事に胸に秘めるようなイメージ。周囲は愛しく感じずにはいられません。

気高きエリート

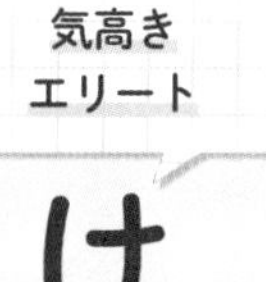

けが先頭にくる場合

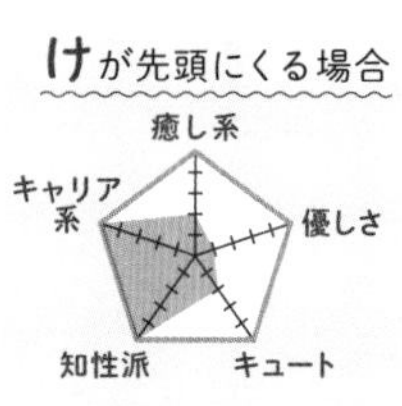

先頭字の「け」 ケイ、ケイコなど

ケは、息を下に噴射(ふんしゃ)する発音体感(はつおんたいかん)をもっています。悶々(もんもん)としたときに「けっ」と声に出すと、何かが吹っ切れる感じ。あのイメージの音です。

息を下に吐くケは、逆に斜め後方への上昇を感じさせます。軽やかに高みに上っていくその感覚は、しがらみや逆境に負けない気高さをもたらします。スピード感とドライさが心地よい気品あるエリートネーム。

愛らしく、やりくり上手

こ

こが先頭にくる場合

癒し系
優しさ
キュート
知性派
キャリア系

先頭字の「こ」 ココミ、コハル、コユキなど

コは、口腔(こうくう)を小さくして出す喉(のど)の破裂音。パワフルなのにコンパクトなので、能力の高さを感じさせます。機敏でやりくり上手。社交上手で、チームや組織をまとめる才覚あふれるイメージをつくり出します。

止め字の「こ」 マコ、ユウコ、リコなど

コで終わる名前は、愛らしく、やりくり上手な印象。周囲からは、頼りにされつつかわいがられ、ちゃっかり出世します。

さ さわやかスマイルガール

さが先頭にくる場合

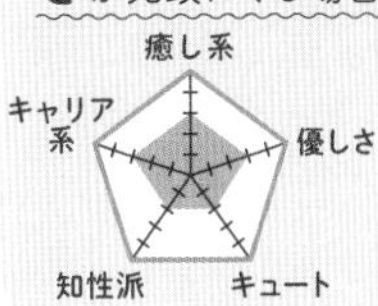

先頭字の「さ」 サエ、サナ、サヤカなど

サは、さわやかな、憧れを誘うスター性をもつ音。人の先頭に立つ、颯爽とした少女に育ちます。幼いころから憧れの存在で、スポーツも勉強もサボらずがんばります。リーダーとして、人の上に立つ人生に。

止め字の「さ」 アリサ、ミサ、リサなど

颯爽として、いつも先頭に立つ人。困難なことに挑戦してもソフトな笑顔を欠かさない姿は、憧れの存在に。

し 憧れのクールビューティ

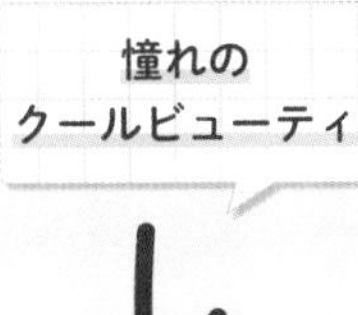

しが先頭にくる場合

癒し系／優しさ／キュート／知性派／キャリア系

先頭字の「し」 シズカ、シノ、シマなど

シは、歯で強くこすられた息がシャワーのように噴射され、まぶしい光を感じさせる音。シではじまる名前で呼ばれる人は、きらきらした生命力にあふれています。

人目をひく、華やかなパフォーマンスが得意。ほしいものを鮮やかに手に入れます。押しが強い勝ち組なのに、周囲の支援を受けられるのは、スター性に輝くこの人ならではです。

す 魅惑のスイートガール

すが先頭にくる場合

癒し系／優しさ／キュート／知性派／キャリア系

先頭字の「す」 スイ、スズ、スミカなど

スを発音する口元は、なんとも可憐な雰囲気なのに、息がまっすぐ遠くまで飛ぶため、りりしいリーダーシップもまた感じさせます。彼女が何か言い出したら、誰も逆らえない魅惑のスイートガール。

止め字の「す」 アリス、クリスなど

涼しげな印象を残す人。幻想的な存在感があり、かなり強い発言にも、押しの強さを感じさせません。

せ エレガントな知性派

せが先頭にくる場合

癒し系／優しさ／キュート／知性派／キャリア系

先頭字の「せ」 セイコ、セイラ、セナなど

セの音が起こす風は、慎重で、あまねく吹き渡るイメージ。繊細な配慮を感じさせる、ソフトな知性派です。全体を見渡し、仲間はずれになっている人や、陰の功労者に気づいてあげられる人。気品と優しさのもち主として、周囲の敬愛を集めます。

止め字の「せ」 ナナセ、リセなど

繊細な優しさをもち、みんなから敬愛されます。科学に強い、理知的なイメージも。

そが先頭にくる場合

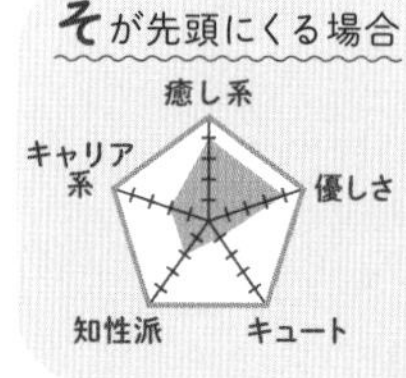

なでるような癒しの魔法

先頭字の「そ」 ソノコ、ソヨカ、ソラなど

ソを発音すると、口腔の内側を、ソフトになでるように風が渡ります。やわらかな手のひらで肌をなでてもらったような、頬をそっと包みこんでもらったような、なんとも心地よい優しさを感じるはず。

このため、ソではじまる名前のもち主には、ソフトな包容力ですべてを包みこむ印象があります。多くの人を癒す魔法のような名前です。

たが先頭にくる場合

癒し系
優しさ
キュート
知性派
キャリア系

誇り高き女性

た

先頭字の「た」 タエ、タカコ、タマキなど

充実感とアグレッシブなパワーあふれるタの音。高みを目指し、着実に成功していくしっかり者です。日々精進する姿は周囲の尊敬を集め、どんな組織にいてもしぜんにリーダーに。誇り高き女性です。

止め字の「た」 ウタ、ヒナタなど

タフで頼りになるがんばり屋さん。ほかの人がダメだと投げ出したことでもやり遂げるような、奇跡を起こすことも。

ちが先頭にくる場合

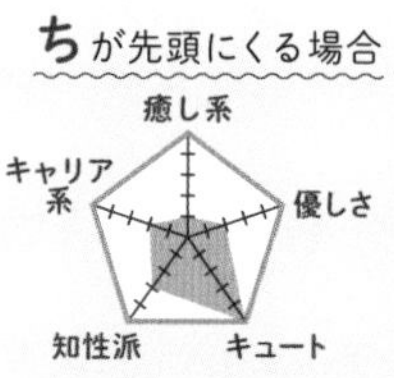

キュートなお茶目ガール

ち

先頭字の「ち」 チエ、チサト、チノなど

チの音は、充実感と躍動するパワーが特徴です。この名で呼ばれる人は、生命力にあふれ、充実し、輝き、しかも愛らしい印象。甘え上手なちゃっかり者です。引き立てられ、かわいがられ、成功を手にします。

止め字の「ち」 サチ、マチ、ミチなど

自分をアピールできる人。初対面でも友のように振る舞えて嫌われない、「ちゃっかりパワー」をもっています。

つが先頭にくる場合

癒し系
優しさ
キュート
知性派
キャリア系

ミステリアスパワー

つ

先頭字の「つ」 ツカサ、ツキコ、ツグミなど

超人的なほどに強い集中力を感じさせる、ツの音。ツではじまる名前のもち主は、内側に満ちるパワーで、月光のように静かなオーラをつくり出します。物静かなのに、とんでもないことをやってのける、ミステリアスパワーの女性です。

止め字の「つ」 セツ、ナツ、ミツなど

他人がとうてい無理と思ったことを、抜群の集中力で乗り越えていきます。

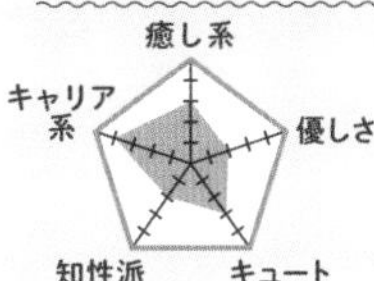

てが先頭にくる場合

ひるまない行動派

て

先頭字の「て」 テイコ、テルミなど

うっとうしさを吹き飛ばす爽快(そうかい)感のあるテの音。リズミカルに話す、はつらつとした行動派です。みんなが迷っていると「まず、やってみようよ」と言える人。ムードメーカーで、頼られる存在に。

止め字の「て」 ハヤテなど

機動力を感じさせます。止め字のテは、かけっこのスタートダッシュのイメージ。決めたら、後ろを振り返らない人です。

とが先頭にくる場合

優しい、しっかり者

先頭字の「と」 トウコ、トモ、トワコなど

包容力があり、おおらかで、しっかりした印象のト。母性的な優しさがあり、小さなときから面倒見のよい優等生。職場に欠かせないマネージメントの天才です。賢人として敬愛を集め、政治家や企業家の器(うつわ)も。

止め字の「と」 オト、コト、ミサトなど

大切な人を包みこんでしっかり守る、器と心の広い女性のイメージ。職場では、なくてはならないアンカーパーソンに。

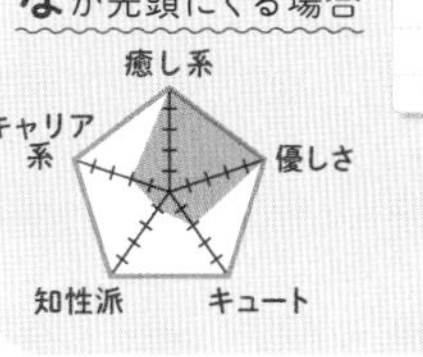

なが先頭にくる場合

しなやか愛されガール

な

先頭字の「な」 ナオ、ナナコ、ナミコなど

手のひらで頭をぽんとされたような、温かい親密感をつくるナの音。やわらかく、のびやかで、初対面でも家族のような親密感があります。呼ぶたびに心地よい親密感が生まれ、幼いころから周囲に愛されていることを実感し、人と人をつなぐ役割に。

止め字の「な」 カナ、マリナ、モナなど

心地よい親密感を感じます。多くの友達に囲まれ、明るく面倒見のいい女性に。

にが先頭にくる場合

癒し系 / 優しさ / キュート / 知性派 / キャリア系

愛(いと)しのハニカミガール

に

先頭字の「に」 ニイナ、ニコなど

ニの音には、秘密主義的な印象があります。恥ずかしがり屋で、人なつっこいのにはにかむ感じが、なんとも愛らしい人。周囲から大切にされます。デザインや工芸など、クリエイティブな才能を発揮します。

止め字の「に」 クニ、ミクニなど

ハニカミ屋で愛らしい印象。人なつっこく、なんとも愛しくなる名前です。友人や恋人と、大切にしあう関係を築く人です。

ぬ 謎めいた魅力

ぬが先頭にくる場合

癒し系 / 優しさ / キュート / 知性派 / キャリア系

先頭字の「ぬ」 ヌイ、ヌノカなど

ヌには、温かくやわらかいものに手を入れたような手触り感があり、心地いいのと同時に、何か謎めいた雰囲気があります。まさに沼のような吸着力を感じさせ、不思議な魅力で、周囲をひきつけます。

止め字の「ぬ」 アンヌ、キヌなど

優しい包容力を感じさせます。感情的にならず穏やか。他人のペースに巻きこまれることなく、着実に社会に貢献する人に。

ね 姉のような優しさ、やすらぎ

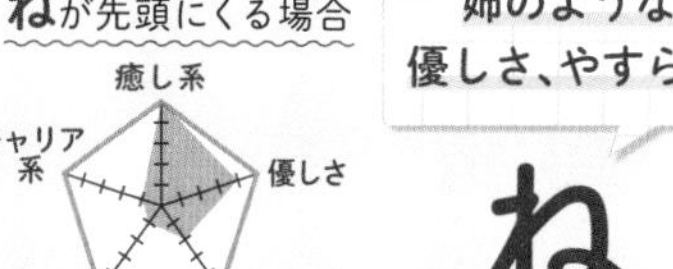
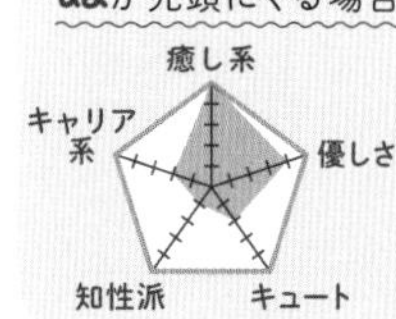

ねが先頭にくる場合

癒し系 / 優しさ / キュート / 知性派 / キャリア系

先頭字の「ね」 ネイカ、ネネなど

ネは、やわらかく温かく、親密。体を覆う毛布のようなやすらぎがあります。その一方で、力強く、ねばり強い統率力も備わっています。物事を自分の思うとおりに動かす術に長け、グループのリーダーに。

止め字の「ね」 アカネ、ミネなど

やすらぎと温かさ、文末に「ね」をつけたときのような親しみがあります。しっかりと念押しする、押しの強い一面も。

の 包みこむような優しさ

のが先頭にくる場合

癒し系 / 優しさ / キュート / 知性派 / キャリア系

先頭字の「の」 ノゾミ、ノドカ、ノノカなど

ノは、やわらかなもので、大切に包まれたような音。大好きな人に、頰を手のひらでそっと包まれたような安心感、優しさがあります。牧歌的なのどかさもあり、何事にもあわてない、感情的にならない人格に。

止め字の「の」 アヤノ、リノなど

包みこむような優しい感じ。のどかで、どこかなつかしい印象です。あわてず騒がず、淡々と自分の責任を果たす人に。

は 気風のいい美女

はが先頭にくる場合

癒し系 / 優しさ / キュート / 知性派 / キャリア系

先頭字の「は」 ハナ、ハルカなど

ハは、肺の中の息があっという間に口元に運ばれる音。「すばやく、温かく、あと腐れのない」印象です。気風がよくて、恩を着せない人情家。魂の潔さが顔に出て、キレイな表情が印象的な人たちです。

止め字の「は」 カズハ、ヤスハなど

フットワークが軽く、ドライ。遺恨を残さず、潔く、働き者で、華があります。事業家、芸事の師匠など表舞台に立つ人に。

ひ カリスマクイーン

ひが先頭にくる場合

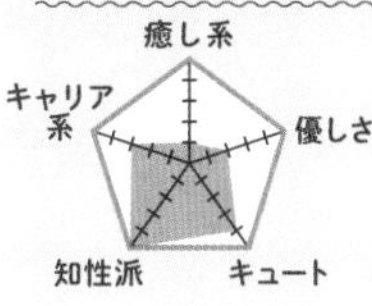

先頭字の「ひ」 ヒカリ、ヒトミ、ヒロなど

ヒは、喉に熱く、唇に冷たい不思議な音。情熱と冷静をあわせもち、カリスマ性を感じさせ、独特の魅力をはなちます。魔法のように周囲を魅了して場を仕切る才覚があり、本人もその立場を望みます。

止め字の「ひ」 アサヒ、ハルヒなど

パワフルでドライ。情熱的で、タフで、物事に執着しないドライさをあわせもっています。事業家や格闘家になったら最強。

ふ ファンタスティックフェアリー

ふが先頭にくる場合

癒し系　優しさ　キュート　知性派　キャリア系

先頭字の「ふ」 フジコ、フミなど

フは、唇の摩擦音。すぼめられ弛緩した唇でこすられた息は、ふわっとしたかたまりになって、口元に出され霧散します。ふんわり浮かび、はかなく消える夢幻のよう。現実感がなく、せつないほど魅力的で、富裕イメージにもつながります。

この名をもつ人は、周囲をとりこにします。人々からこの人には苦労をさせたくないと思わせ、貢がせてしまう不思議な人。

へ 割り切りのいい行動派

へが先頭にくる場合

先頭字の「へ」 ヘイワ、ヘレンなど

へは、息が下向きに噴射され、吹っ切れたような爽快感をともなう音。いやなことがあったとき「へっ」というと吹っ切れることがあるでしょう？　あの感じです。

このため、へではじまる名前の人は、やんわりとしているのに、割り切りのいい人。ぐずぐずしたり、根回ししたり、嘘や秘密は大嫌い。信頼され、グローバルに活躍する人になります。

ほ くつろぎを与える自由人

ほが先頭にくる場合

癒し系　優しさ　キュート　知性派　キャリア系

先頭字の「ほ」 ホナミ、ホノカなど

居心地のよい家庭でほっとくつろぐような、ホの音の印象どおりの名前です。どんな大舞台でも緊張せず、いつも温かい人。小さなときから、自分の好奇心をマイペースに追求し、独自の立場をつくり上げます。

止め字の「ほ」 カホ、ナツホ、ミホなど

温かなくつろぎを感じさせます。ちょっと実体のない感じも。ミステリアスな残り香を感じさせる美人ネームです。

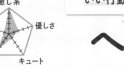

まが先頭にくる場合

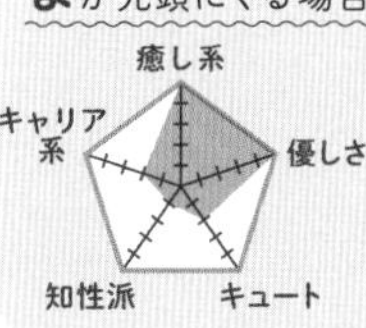

天真爛漫（てんしんらんまん）スマイルガール

ま

先頭字の「ま」 マミ、マリナなど

マは、甘くやわらかく満ち足りたMの印象が最も強い音です。満ち足りた、輝く笑顔のもち主で、天真爛漫。面倒見がよく、家族の役に立ちたがります。生活力があり、経済観念もしっかりしています。

止め字の「ま」 エマ、ユマなど

ふっくらと満ち足りた印象。大きな空間イメージや、宇宙全体を包みこむような幻想感ももちあわせています。

みが先頭にくる場合

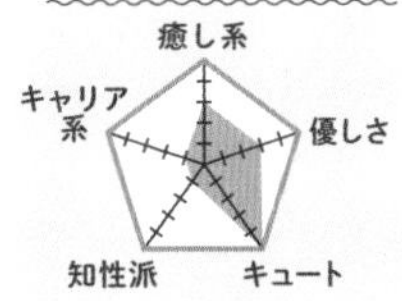

フレッシュ＆スイート

先頭字の「み」 ミカ、ミサキ、ミナミなど

ミの音は、果実のようにみずみずしく甘い、フレッシュ＆スイートな名前です。イキイキ・キラキラしていて、周囲が愛さずにはいられません。自分の意見がしっかりあり、それをうまく表現できる人。

止め字の「み」 アミ、トモミなど

みずみずしく愛らしい印象。「自分」をしっかり表現できる、最強のアイドルネームです。

むが先頭にくる場合

癒し系
優しさ
キュート
知性派
キャリア系

思慮深く信頼感のある人

む

先頭字の「む」 ムツキ、ムツコなど

ムは、思慮深さと圧倒的な潜在力を感じさせる音。想像を超える方法を編み出し、世の中を変えてゆくタフな戦略家をイメージさせる名前です。何かの道を極（きわ）め、その道の第一人者になっていく人でしょう。

止め字の「む」 エム、ライムなど

信頼感があります。語尾のムは、広げたものをすっと結んだ印象。まとめ上手、とりなし上手で、まかせておけば安心です。

めが先頭にくる場合

癒し系
優しさ
キュート
知性派
キャリア系

上品な成功者

め

先頭字の「め」 メイ、メグミなど

メの音は、豊饒（ほうじょう）＝恵み、上流のイメージ。貴族的で、あくせくするのが嫌い。おっとりしていますが、上昇志向があり、自分を高める努力をおこたりません。それをアピールする才覚もあり、品のよい成功者に。

止め字の「め」 オトメ、ユメなど

まさに乙女チック。おっとりしていますが、自分の生き方をつらぬくことで、夢を実現していきます。

もが先頭にくる場合

スイート プリンセス

も

癒し系 / 優しさ / キュート / 知性派 / キャリア系

先頭字の「も」 モエ、モモコなど

モの音は、まさに桃を頬張(ほおば)ったような、甘くまったりした感覚を誘います。この感じのままの名前です。人当たりがよく、おっとりしていますが、ねばり強さで勝ちぬく一面も。ことばにも品がある「できた人」。

止め字の「も」 マリモ、モモなど

まったりして豊か。甘く愛らしい印象と、大きく堂々とした存在感がミックスされ、童話のお姫様のような幻想的な印象も。

やが先頭にくる場合

優しくて 清潔な春の光

や

癒し系 / 優しさ / キュート / 知性派 / キャリア系

先頭字の「や」 ヤスハ、ヤヨイなど

ヤは、優しい開放感に満ちた音。障子越しの春の光のような、優しく清潔な開放感です。この名のもち主は、押しつけがましさは一切ありません。にもかかわらず、周囲がこの人の指示を仰ぎたがるでしょう。

止め字の「や」 アヤ、カヤなど

優しい開放感にあふれ、ウェルカムとむかえ入れるイメージ。ア段のあどけなさがきわだって強く、無邪気な童女の印象も。

ゆが先頭にくる場合

はんなり 優美な女らしさ

ゆ

癒し系 / 優しさ / キュート / 知性派 / キャリア系

先頭字の「ゆ」 ユイ、ユウカ、ユリナなど

ユは、ゆらぎと許容のイメージをあわせもつ音。ユではじまる名前のもち主は、ゆらぎから生じる優美な華やかさと、許しの優しさにあふれています。異性の好感度も抜群。ゆっくりと大成する人です。

止め字の「ゆ」 アユ、マユなど

優美な女らしさにあふれています。ウ段のもつ、内に秘めて熟成する感じが強く、思いつめたような、いじらしい印象も。

よが先頭にくる場合

懐(ふところ)の深さ、妖艶(ようえん)さ

よ

癒し系 / 優しさ / キュート / 知性派 / キャリア系

先頭字の「よ」 ヨウコ、ヨシノなど

容認の印象があるヨの音。「よーし」といわれると、しっかりと認められた感じがしますね。懐深く人を受けいれ、やわらかく包みこみます。妖艶な大人の魅力も。

止め字の「よ」 サヨ、リヨなど

人を懐深く受けいれ、やわらかく包みこみ、「この人のもとへ帰りたい」と思わせます。昔から、女性の名の語尾に多いのもうなずけます。

ら

華やかな バラの戦士

らが先頭にくる場合

癒し系
キャリア系
優しさ
キュート
知性派

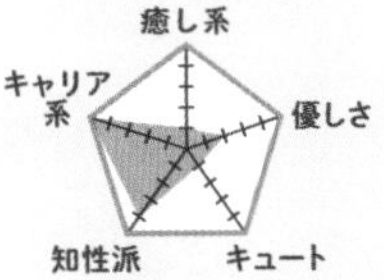

先頭字の「ら」 ライカ、ララなど

ラは、大輪の花のような華やかさと、作為的で合理的、クレバーさをもつ音。華やかな合理派です。感情に流されず、虎視眈々とチャンスをねらう野心家。賢く生きるための棘をもつ、バラのような美戦士です。

止め字の「ら」 サクラ、レイラなど

舞台のレビューのような華やかさ。さばけた開放感があり、女っぽすぎず、宝塚の男役のようなりりしい華やかさです。

り

りりしさ、美しき理知

りが先頭にくる場合

癒し系
キャリア系
優しさ
キュート
知性派

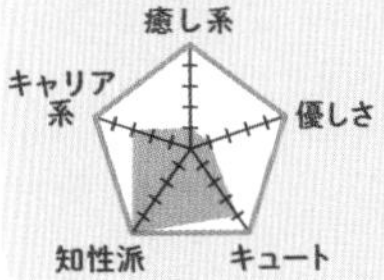

先頭字の「り」 リカ、リサ、リリアなど

リの口腔形は、細長い筒の先に花開くユリの花のよう。花開くまでの努力や、思いの深さを感じさせます。また、ラ行音は作為的で合理的で、クレバー。理知にあふれ、美しく、努力を続ける、りりしい人です。

止め字の「り」 カオリ、サユリなど

りりしさを感じさせます。特に語尾のリは、理知と努力の印象を強くします。社会に役立ちたいという意志も強い人です。

る

可憐な 胸キュンガール

るが先頭にくる場合

癒し系
キャリア系
優しさ
キュート
知性派

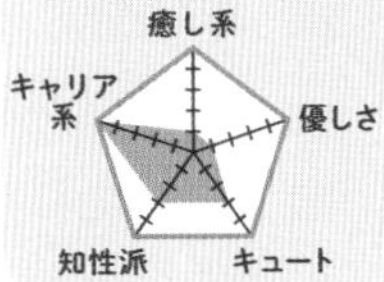

先頭字の「る」 ルナ、ルミナ、ルリなど

ルは、可憐さとセクシーさをもち、力をしっかりとためる印象の音。可憐で、ちょっと思わせぶりな態度の胸キュンガールです。一方で、たゆまぬ努力で資格やキャリア、地位を手に入れる努力家です。

止め字の「る」 カオル、リルなど

華やかで力強い印象。幼いころから、努力して、多くの実りを手に入れます。自分に厳しい人です。

れ

洗練の極み、高嶺の花

れが先頭にくる場合

癒し系
キャリア系
優しさ
キュート
知性派

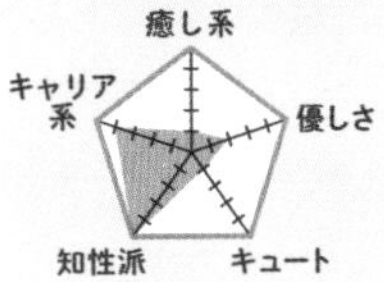

先頭字の「れ」 レイ、レイカ、レナなど

レの音には、遠くはるかな印象があります。レではじまる名前の人は、遠く憧れの存在。憧れの麗人、高嶺の花なのです。

さらに、ラ行音のもつクレバーな雰囲気に、エのもつエレガントさが重なり、洗練されたイメージがあります。

止め字の「れ」 スミレ、ミレなど

華やかで洗練された名前です。可憐で、大人っぽく、オシャレな印象も。

ろが先頭にくる場合

夢見る本格派

ろ

先頭字の「ろ」 ロナ、ロミなど

ロの音は、心に秘めた大きな夢を感じさせます。また、中身の濃い、落ち着いた印象も。華麗さと落ち着きをあわせもち、いぶし銀の魅力をはなつ名前です。ロマンチストなのに、地に足のついた本格派に。

止め字の「ろ」 マヒロ、ミロなど

華やかさと落ち着きを感じさせます。中身のしっかりした、いぶし銀の魅力をはなつ人に。

わが先頭にくる場合

エスプリ満載、楽しい人！

先頭字の「わ」 ワカナ、ワコなど

ワの音は、膨張のイメージ。ワクワク感は、まさに膨張していく期待感です。些細なこともおもしろおかしく表現できる天才で、生まれつきのエンターテイナー。中字でも、同様の効果があります。

止め字の「わ」 サワ、ミワなど

ワクワクする楽しげな気分を残す人。どんなときでも飄々と愉快そうに過ごせます。シャンソンの似合う素敵な大人の女性に。

んが中字にくる場合

朗らか、盛り上げ上手

ん

中字の「ん」 アンナ、レンカなど

ンは、スキップしたときのような弾む気持ちをつくる音。朗らかで快活。幼いころから、人の輪の真ん中でみんなを明るくします。おしゃべり上手で盛り上げ上手、ユーモアもたっぷりです。

止め字の「ん」 カノン、リンなど

甘いイメージ。語尾のンは舌を上あごにつける時間が長く、鼻声に。この密着感と甘え声を、周囲は放っておけません。

が行が先頭にくる場合

ゴージャス＆スイート

が行

先頭字の「が」行 ギンコ、ギンナなど

迫力のあるガ行音。Gの名を呼ぶと、その人が偉大に感じられます。また、息が鼻に抜けるので、甘えん坊な感じもともないます。迫力と愛らしさで周囲をとりこにする、不思議な魅力をはなつ人です。

止め字の「が」行 マギー、メグなど

ゴージャスでスイートな女性らしい印象。Gには、迫力と、甘さの両方がありますが、語末だと甘さのほうがきわだちます。

ざ行

ざ行が先頭にくる場合

上流、お嬢さま育ち

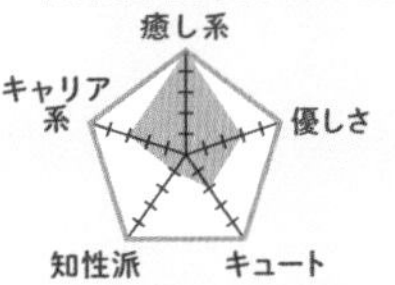

先頭字の「ざ」行　ジュリ、ジュンナなど

ザ行のZ・J音には、何かを大切に育てた印象や、歴史の長さや財を成す印象があります。お金持ちの旧家で、大切に育てられたお嬢さまのイメージ。さばけた言葉使いでも、なぜか品を感じさせます。

止め字の「ざ」行　カズ、シズなど

大切に育てられたお嬢さまのイメージ。立ち居振る舞いに品があり、多少のワガママも魅力的に見える人です。

だ行

だ行が先頭にくる場合

豊かなくつろぎ

癒し系　優しさ　キュート　知性派　キャリア系

先頭字の「だ」行　ダイア、ドレミなど

ダ行をつくるD音は、豊潤(ほうじゅん)な水を思わせる豊かでなめらかな潤(うるお)いと、充分なくつろぎを感じさせます。ダ行ではじまる名前をもつ人は、深いくつろぎと、大人の魅力にあふれています。

止め字の「だ」行　カエデ、シヅなど

堂々としていてセクシーな印象。早くから周囲に一目置かれ、それにふさわしい自分になろうと努力して、一流の女性に。

ば・ぱ行

ば・ぱ行が先頭にくる場合

魅力的なパワフルウーマン

癒し系　優しさ　キュート　知性派　キャリア系

先頭字の「ば・ぱ」行　ベニカ、パリスなど

バ行をつくるB音と、パ行をつくるP音には、割り切りのよさと、強いパワー、人間的アピールが。バ・パ行ではじまる名前の人は、人間的魅力あふれるパワフルウーマンです。割り切りのよさで、ボス役に。

止め字の「ば・ぱ」行　アオバ、フタバなど

元気で割り切りのいい印象。歯に衣(きぬ)着せぬ物言いをしても、遺恨(いこん)を残しません。人間的魅力あふれるパワフルウーマンです。

赤ちゃんにぴったりの音をさがそう

名前にふさわしい
音と名前のリスト

赤ちゃんの名前にふさわしい音と、それぞれの音に漢字やかなを当てた表記の例を挙げました。50音のもつ語感（ごかん）とあわせてイメージを広げたり、候補の名前の表記を考えたりするのに役立ちます。

リストの見方

リストは50音順に並んでいます。

50音のもつ語感

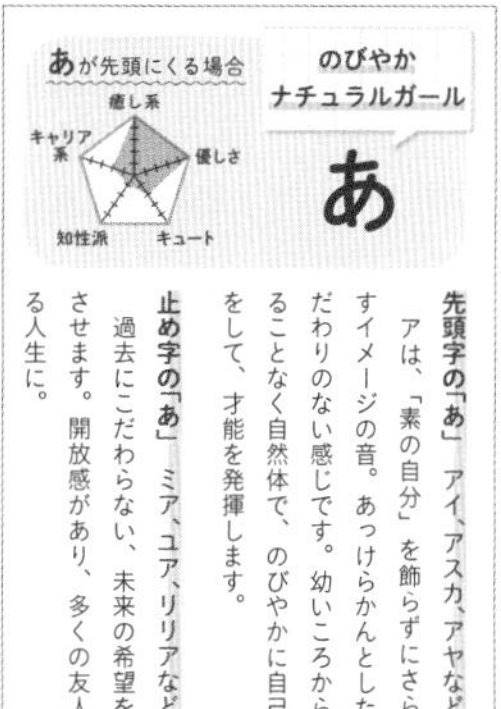

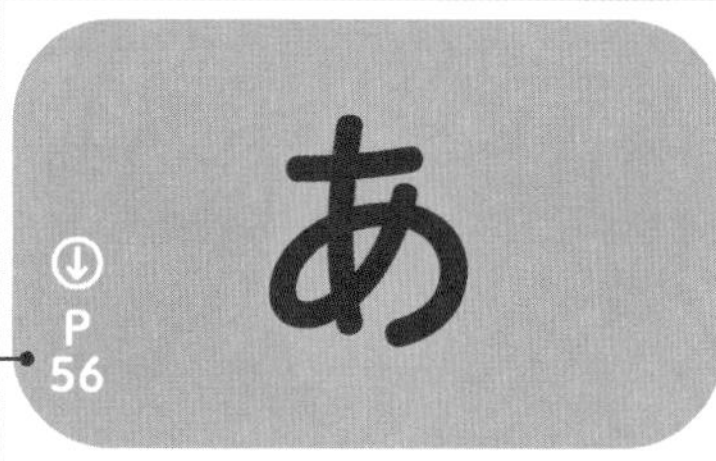

Ai

あい
愛
藍
あい
有生
亜依
愛衣
愛唯

その音の語感の説明が載っているページです。

名前の例

音に漢字やかなを当てた表記の例です。

- **漢字の意味を知りたいとき**：漢字一覧（→P434）で漢字の読みから知りたい漢字の画数を調べてPART 4（→P217）へ。
- **運勢を知りたいとき**：漢字一覧で漢字の画数を調べて、PART 5（→P353）へ。

ローマ字表記

ヘボン式のローマ字表記（→P478）を掲載。

あ

P56

Ai あい
愛 藍 あい 有生 亜依 愛衣 愛唯

Aika あいか
和花 愛佳 愛香 愛夏 藍華 藍嘉 亜唯香

Aiko あいこ
娃子 愛子 藍子 あい子 有衣子 亜依子 亜泉子

Aisa あいさ
和咲 娃沙 愛咲 愛桜 藍紗 藍彩 あい紗

Aina あいな
愛那 愛菜 藍奈 藍菜 あい菜 亜衣名 阿伊奈

Aimi あいみ
和心 娃実 愛海 愛望 藍美 藍海 亜伊美

Aira あいら
和良 娃来 愛良 愛楽 愛羅 藍良 アイラ

Airi あいり
和里 愛莉 愛梨 愛璃 藍里 あいり 亜依莉

Ao あお
青 碧 杏桜 亜緒 愛鳳 碧央 碧緒

Aoi あおい
葵 蒼 青唯 葵伊 碧生 あおい 亜緒衣

Aoba あおば
青葉 葵羽 葵波 蒼巴 碧芳 碧葉 あお葉

Aomi あおみ
青海 葵心 葵美 蒼海 碧未 碧泉 あお美

Akane あかね
茜 朱音 明音 紅音 茜峰 曙音 明佳音

Akari あかり
星 陽 朱吏 朱璃 明莉 茜李 杏花里

Aki あき
瑛 亜希 亜紀 空季 亜樹 阿貴 亞葵

Akiko あきこ
礼子 映子 晃子 瑛子 暁子 晶子 亜紀心

Akina あきな
光奈 映菜 秋那 玲南 晶捺 陽菜 聖菜

Akiho あきほ
礼帆 尭歩 映穂 秋穂 晃帆 暁歩 晶穂

Ako あこ
安子 亜子 亜瑚 阿琴 空湖 愛心 愛湖

Asa あさ
麻 朝 亜沙 亜桜 杏彩 空咲 愛紗

Asaka あさか
旦霞 麻花 麻佳 朝香 朝夏 あさ香 亜沙夏

Asako あさこ
旦子 麻子 朝子 朝湖 亜紗子 亜彩子 阿佐子

Asahi あさひ
旭 旦陽 麻妃 朝陽 あさひ 天咲媛 亜紗妃

Asami あさみ
明咲実 あさ美 朝美 麻深 麻美 旭実 旭未

Asuka あすか
明日奏 明日架 明日香 明日花 あす香 あすか 飛鳥

Azusa あずさ
愛子紗 亜寿紗 亜州佐 あずさ 梓沙 杏紗 梓

Asuna あすな
明日菜 明日奈 明日那 亜朱來 あす菜 あすな 亜砂

Asumi あすみ
明日美 明日実 明日未 亜州美 あすみ 空澄 亜清

Azumi あずみ
あずみ 愛純 空清 空澄 阿純 亜澄 安純

Azuki あづき
亜津希 愛月 逢月 明月 亜槻 杏月 亜月

Atsuko あつこ
愛都子 亜津子 温子 敦子 淳子 純子 厚子

Anon あのん
あのん 愛音 亜恩 杏音 亜音 安遠 朱音

Amane あまね
亜麻祢 あまね 海音 雨音 天峰 天音 周

Ami あみ
愛美 愛海 杏珠 亜海 亜美 杏実 亜未

Amiko あみこ
愛海子 愛光子 亜美子 亜泉子 杏実子 安未子 あみ子

Aya あや
亜耶 亜矢 綾 綺 彩 理 礼

Ayaka あやか
綾華 斐夏 絢香 彩香 彩佳 史花 文佳

Ayako あやこ
亜矢子 綾子 絢子 彩子 理子 礼子 文子

Ayana あやな
亜矢奈 あや奈 綾奈 絢那 彩菜 彩七 礼奈

Ayane あやね
綾峯 絢音 彩音 采祢 礼寧 礼音 文音

Ayano あやの
綾乃 絢乃 彩野 彩乃 紋埜 郁乃 文乃

Ayami あやみ
綾実 絢未 彩心 理水 郁実 礼実 文美

Ayame あやめ
あやめ 綾愛 彩姫 彩女 郁芽 礼芽 菖

Ayari あやり
亜耶里 綾李 絢里 彩里 郁莉 礼梨 文里

Ayu あゆ
愛優 愛結 愛唯 亜優 亜由 有結 鮎

Ayuka あゆか
愛優香 愛結花 亜由香 鮎夏 歩歌 歩果 歩花

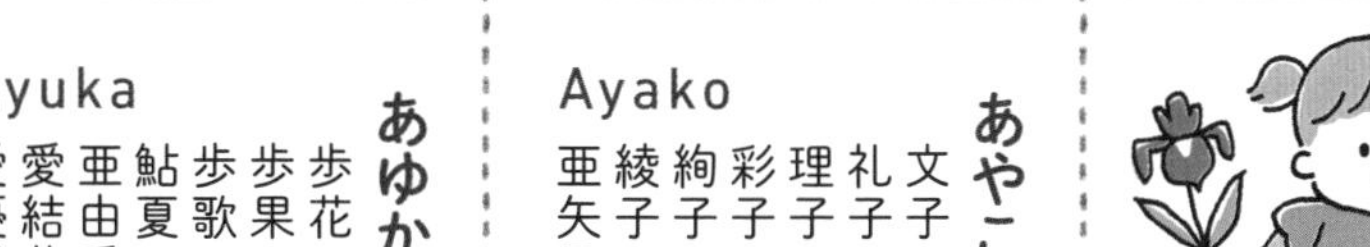

あゆこ Ayuko
歩子 鮎子 有結子 亜友子 亜由子 杏優子 愛有子

あゆな Ayuna
歩那 歩夏 鮎奈 鮎菜 亜弓那 亜佑名 愛友奈

あゆみ Ayumi
歩 亜弓 歩美 鮎美 あゆ実 亜宥美 愛結実

ありか Arika
也香 有華 在夏 有里佳 有李夏 亜梨花 愛里花

ありさ Arisa
可咲 也紗 有彩 あり沙 有里紗 亜里咲 愛理沙

ありす Arisu
有州 有珠 アリス ありす 安里洲 亜李須 亜莉寿

あん An
安 杏 按 晏 庵 あん 杏音

あんじゅ Anju
安寿 安珠 安樹 杏朱 杏寿 杏樹 晏珠

あんな Anna
安那 安奈 行南 杏那 杏奈 杏菜 晏奈

あんり Anri
安里 安梨 杏里 杏梨 杏璃 晏莉 晏凛

い

P56

いお Io
衣央 伊麻 伊緒 衣穂 依保 泉央 唯緒

いおり Iori
庵 衣織 伊織 泉織 伊央莉 衣緒梨 祈乙璃

いく Iku
生 育 郁 伊久 伊玖 衣紅 維久

いくえ Ikue
生恵 育江 侑絵 育愛 郁栄 幾恵 伊来絵

いくこ Ikuko
生子 如子 育子 侑子 郁子 伊久子 衣紅子

いくみ Ikumi
生美 育史 育美 侑海 郁未 郁光 衣久美

いさこ Isako
いさ子 伊沙子 伊佐子 伊紗子 衣紗子 依早子 泉咲子

いすず Isuzu
伊鈴 泉鈴 いすず 五十鈴 五寿々 伊寿々 衣珠洲

いずみ Izumi
泉 出海 衣純 衣澄 和泉 泉水 泉美

いちか Ichika
一花 乙華 一楓 一歌 一千夏 いち香 唯千花

いつき Itsuki
樹 衣月 逸希 逸季 維月 樹輝 いつき

いつこ Itsuko
一子 乙湖 逸子 衣津子 衣紬子 伊都子 維津子

いつみ Itsumi
一美 乙海 伊摘 逸美 逸海 稜美 伊都美

うた Uta
羽多 うた 謡 歌 詩 唱 唄

うたこ Utako
宇多子 謡子 歌子 詩子 詠子 唱子 唄子

うたほ Utaho
歌穂 歌帆 詩穂 詩歩 詠穂 詠帆 唱歩

うの Uno
海乃 雨埜 羽野 宇乃 有乃 羽乃 うの

うみ Umi
海美 海未 羽美 宇海 湖 海 洋

いほこ Ihoko
維保子 依甫子 伊穂子 衣穂子 伊保子 衣帆子 いほ子

いよ Iyo
唯世 唯代 衣代 伊予 伊与 衣与 以世

いろは Iroha
伊呂波 一路羽 いろは 彩葉 彩芭 紅葉 色羽

う

P57

うしお Ushio
羽詩央 雨汐 汐緒 有汐 生潮 潮 汐

いづみ Izumi
依都美 伊津海 衣津美 いづ美 いづみ 伊積 衣積

いと Ito
維都 衣都 伊音 伊杜 いと 絃 糸

いとは Itoha
依斗葉 伊都羽 絃葉 絃羽 弦波 糸羽 糸巴

いのり Inori
衣乃梨 伊ノ莉 祈璃 祈里 一敬 一紀 祈

いぶき Ibuki
伊舞葵 伊舞妃 衣歩輝 いぶき 唯吹 伊吹 生吹

ネーミングストーリー

いちかちゃん

止め字に「か」がつく名前にひかれて

「○○か」というひびきにしたいと思い、そこから名前を考えていきました。やわらかい印象がある「あ行」を取り入れ、止め字の「か」も母音が「あ」で上向いていくので、明るく元気いっぱいなイメージの「いちか」に。漢字の候補も考えましたが、生まれたときの顔の印象から、女性らしく丸みのあるひらがなにしました。(美子ママ)

Urara うらら

麗 春陽 美麗 麗蘭 うらら 宇良々 羽良来

え

P57

Eika えいか

英花 英華 栄佳 映夏 瑛加 詠香 瑛歌

Eiko えいこ

英子 映子 詠子 瑛子 叡子 恵以子 絵衣心

Eina えいな

永那 英菜 栄奈 瑛那 詠奈 瑛南 瑛渚

Eimi えいみ

英実 栄美 映美 瑛光 瑛海 詠美 笑以美

Eko えこ

依子 恵子 恵己 瑛子 絵子 絵湖 慧子

Etsuko えつこ

悦子 越子 えつこ 依津子 英都子 恵都子 詠津子

Ena えな

依奈 英菜 栄奈 映奈 恵那 絵名 瑛菜

Ema えま

英茉 依磨 笑真 恵麻 瑛茉 絵真 絵麻

Emi えみ

咲 笑 江美 映見 恵美 瑛実 絵美

Emika えみか

咲花 笑花 笑香 笑夏 英未佳 栄美歌 愛美花

Emiko えみこ

咲子 笑子 江美子 映見子 恵深子 詠美子 絵海子

Emina えみな

咲名 咲那 笑奈 映見那 恵美菜 絵実奈 瑛美奈

Emiri えみり

咲莉 笑里 笑弥里 恵美莉 瑛美里 絵美里 愛未梨

Emiru えみる

咲琉 咲瑠 笑留 笑瑠 えみる 恵美留 絵見瑠

Emu えむ

笑 依夢 栄眸 栄夢 恵陸 瑛夢 絵夢

Eri えり

衣里 枝利 英里 恵李 絵里 絵莉 愛理

Eri えりい

江利依 英李以 枝里衣 恵梨唯 絵里伊 絵梨衣 愛莉衣

Erika えりか

衿佳 えりか 江里加 恵里香 絵莉香 絵梨花 愛梨佳

Eriko えりこ

えりこ 江里子 枝莉子 英理子 栄利子 恵理子 瑛梨子

Erisa えりさ

えり彩 衣里紗 江李紗 英里紗 恵李咲 絵梨沙 絵理佐

Erina えりな

えり那 江莉南 枝里奈 英李奈 恵里菜 絵梨那 愛利奈

Eru える
える　依留　英瑠　栄琉　恵留　絵瑠　愛留

Erena えれな
えれ奈　英礼奈　英怜奈　栄玲那　恵伶菜　絵令名　絵玲奈

Eren えれん
衣怜　英漣　笑怜　恵蓮　笑蓮　絵恋　瑛漣

お

P57

Oka おうか
央佳　旺夏　桜叶　桜花　桜香　凰華　櫻香

Oto おと
乙　音　おと　小都　於杜　於都　緒十

Otoka おとか
乙香　乙夏　乙華　音佳　律佳　音歌　頌花

Otone おとね
乙祢　乙音　音祢　音寧　音禰　響音　おとね

Otoha おとは
乙羽　乙葉　音羽　音芭　音葉　おと葉　於十芭

Otome おとめ
乙女　乙芽　吟姫　音芽　音姫　於都芽　緒杜女

Orie おりえ
織衣　織恵　織愛　央里恵　於李恵　桜里絵　緒里枝

Oriha おりは
織羽　織芭　織波　小璃羽　央莉羽　桜里巴　緒莉羽

か

P57

Kaira かいら
海来　恢来　櫂良　カイラ　花依良　香伊羅　夏衣楽

Kae かえ
花恵　果栄　佳恵　香絵　華衣　夏瑛　嘉江

Kaera かえら
楓良　還来　カエラ　可瑛楽　花衣楽　佳英良　華恵來

Kao かお
花於　花桜　果生　香緒　夏生　華緒　歌桜

Kaori かおり
香　花織　香里　郁莉　歌織　佳央里　夏緒莉

Kaoru かおる
芳　香　郁　薫　馨　香瑠　華於留

Kaoruko かおるこ
芳子　芳胡　香子　郁子　薫子　薫胡　馨子

Kako かこ
佳子　果子　香子　海虹　華子　夏湖　嘉子

Kasane かさね
佳実　歌実　かさね　花沙音　香紗祢　華佐祢　夏砂音

Kazane かざね
和音　風祢　風音　風寧　かざね　かざ祢　かざ音

Kazu かず
寿　和　数　和州　佳寿　香洲　歌須

かずき Kazuki

一希 一葵 和希 和季 和紀 和貴 倭姫

かずこ Kazuko

一子 和子 紀子 倭子 葛子 加寿子 佳須子

かずさ Kazusa

一彩 寿紗 和佐 和紗 倭早 倭紗 香州沙

かずな Kazuna

一奈 万那 千菜 和奈 和菜 香砂 倭那

かずね Kazune

一祢 一音 万音 和音 和寧 倭音 佳須音

かずほ Kazuho

一帆 一歩 一穂 和帆 和穂 倭保 かず帆

かすみ Kasumi

霞 花清 佳澄 架純 香純 香澄 歌純

かずみ Kazumi

一三 一実 一海 花純 和美 和海 佳須美

かづき Kazuki

加槻 花月 佳月 香月 夏月 華月 花瑞希

かな Kana

加奈 花菜 佳那 香菜 華那 栞那 夏南

かなえ Kanae

叶絵 佳苗 香苗 夏苗 可奈絵 果南枝 香奈恵

かなこ Kanako

叶奈子 花菜子 佳那子 河奈子 佳菜子 香名子 歌南子

かなで Kanade

奏 花奏 佳奏 奏笛 夏奏 歌奏 かなで

かなみ Kanami

花波 果南 香波 奏海 奏美 花奈美 夏那美

かなめ kaname

要 叶芽 叶愛 奏女 奏海 奏姫 かなめ

かなり Kanari

叶梨 果成 奏琳 華成 香名里 華那李 夏奈利

かの Kano

可埜 花乃 花野 佳乃 香乃 華乃 歌乃

かのこ Kanoko

鹿子 かのこ 花乃子 伽之子 佳乃子 香乃子 夏埜子

かのん Kanon

可遠 花音 佳恩 香音 夏苑 椛音 歌音

かほ Kaho

花峰 花穂 佳歩 果保 香穂 夏帆 歌歩

かほり Kahori

可歩里 花保里 佳穂利 果穂莉 香保里 夏帆璃 歌歩莉

かや Kaya

加耶 花也 果也 佳耶 香矢 夏弥 嘉矢

かやこ Kayako

萱子 かやこ 可也子 加哉子 伽耶子 香夜子 夏夜子

かやの Kayano

茅乃 かやの 可弥乃 佳哉乃 香耶乃 華也乃 夏椰乃

かよ
Kayo

加代　佳世　香葉　華与　夏夜　賀代　嘉代

かよこ
Kayoko

加世子　佳代子　香世子　香代子　迦葉子　賀世子　嘉与子

かりな
Karina

日莉南　可里奈　伽吏菜　花里菜　果李那　佳利奈　夏梨名

かりん
Karin

可倫　花凜　果林　香琳　香凛　華鈴　歌鈴

かれん
Karen

可憐　花怜　佳連　果恋　香蓮　華恋　歌恋

かんな
Kanna

柑奈　栞那　莞奈　栞菜　寛奈　カンナ　かんな

き

P58

きえ
Kie

妃恵　希江　季枝　祈恵　紀恵　葵栄　貴瑛

きか
Kika

妃花　希佳　季華　貴香　葵夏　嬉加　輝花

きき
Kiki

きき　希々　祈希　葵紀　輝々　樹希　樹紀

きこ
Kiko

希子　季子　紀子　姫己　貴子　稀子　喜子

きさ
Kisa

希咲　姫早　貴佐　葵紗　綺沙　輝紗　徽咲

きさき
Kisaki

希岬　季咲　紀咲　葵咲　輝咲　妃沙輝　祈早紀

きさら
Kisara

季更　葵更　稀更　貴更　希沙良　紀早来　貴沙羅

きぬか
Kinuka

衣佳　衣香　衣華　絹花　絹佳　絹香　絹嘉

きぬこ
Kinuko

衣己　衣子　絹子　きぬ子　生縫子　希繡子　季繡子

きほ
Kiho

希保　祈穂　季穂　紀甫　紀保　貴帆　輝歩

きみか
Kimika

公佳　君香　淑加　希海　季実花　紀美果　樹美夏

きみこ
Kimiko

公子　仁子　君子　希未子　貴実子　稀弥子　喜美子

きよ
Kiyo

清　聖　静　希世　紀依　喜代　輝世

きょうか
Kyoka

杏果　杏華　京香　恭夏　鏡香　響花　今日香

きょうこ
Kyoko

匡子　杏子　京子　香子　梗子　響子　今日子

きょうの
Kyono

杏乃　京乃　京野　香乃　恭乃　馨乃　響乃

Kiyoka きよか

喜代夏 紀代加 季陽花 希世香 聖夏 清香 清花

Kiyona きよな

輝代菜 紀世南 希代那 静奈 聖那 清菜 清那

Kiyomi きよみ

稀代美 紀世美 潔実 聖美 聖弥 清美 清海

Kira きら

樹来 輝良 綺羅 貴楽 紀來 希良 希来

Kirara きらら

綺羅々 綺良々 希良羅 きらら 輝星 煌来 晄空

Kirari きらり

希良里 吉良利 きらり 煌梨 煌莉 晄璃 晄里

Kiri きり

輝莉 綺里 貴利 姫李 祈莉 希里 桐

Kiriko きりこ

輝莉子 貴璃子 葵莉子 紀李子 希利子 霧子 桐子

く

P 58

Kuniko くにこ

紅丹子 公仁子 久爾子 久仁子 邑子 邦子 州子

Kumi くみ

徠美 紅実 來美 空美 玖深 公美 久実

Kumika くみか

紅美果 空美夏 玖美嘉 公美花 公実佳 久美香 久美加

Kumiko くみこ

駈美子 紅実子 空見子 玖未子 公美子 久美子 綸子

Kumina くみな

紅美七 來未奈 玖美南 公実奈 久美菜 久未奈 綸那

Kurumi くるみ

紅瑠美 久留美 くるみ 胡桃 來美 來未 来海

Kurea くれあ

久礼阿 紅晶 紅亜 紅杏 呉愛 来愛 来亜

Kurena くれな

紅菜 紅奈 紅七 呉菜 呉奈 来南 来那

Kureha くれは

久怜巴 くれ葉 紅葉 紅杷 紅羽 呉葉 来羽

け

P 58

Kei けい

慶 景 蛍 渓 恵 京 佳

Keika けいか

慶香 景佳 蛍夏 渓花 桂香 京佳 圭夏

Keiko けいこ

慶子 慧子 景子 渓子 桂子 恵子 圭子

Keito けいと

慶杜 景乙 渓都 恵橙 恵杜 京乙 佳音

Keina けいな

慶菜 景南 渓名 啓菜 恵奈 京那 佳菜

こ

P58

こう
Ko
紘 虹 香 紅 幸 好 光

こうこ
Koko
皐子 晄子 紘子 香子 紅子 幸子 光子

こうみ
Komi
香深 洸美 虹美 香美 昂美 幸美 小海

ここ
Koko
鼓子 瑚々 琥子 湖子 胡子 小湖 ココ

ここな
Kokona
瑚々南 琥々奈 ここ那 此愛 心渚 心菜 心那

ここね
Kokone
瑚々音 琥々音 小湖音 ここ音 此寧 心祢 心音

ここの
Kokono
湖々乃 香々乃 ここ乃 ここの 此乃 心野 心乃

ここみ
Kokomi
琥湖美 湖々美 ここ実 心瞳 心美 心海 心実

こころ
Kokoro
来々蕗 小湖呂 小々鷺 こころ 此蕗 心路 心

こずえ
Kozue
湖寿恵 木栖恵 小須枝 こずえ 槙 梢 梶

こと
Koto
瑚十 湖都 胡琴 古都 小杜 詞 琴

ことか
Kotoka
古都華 こと香 琴歌 琴香 琴夏 詞果 采花

ことな
Kotona
湖十奈 胡杜名 古都奈 詞奈 琴奈 琴那 言奈

ことね
Kotone
鼓乙音 こと寧 こと音 詞音 琴音 采祢 采音

ことは
Kotoha
湖十巴 小都葉 詞葉 琴葉 琴羽 理葉 采羽

ことみ
Kotomi
古都美 小登美 琴美 琴海 理深 采美 言美

こなつ
Konatsu
胡奈津 小南都 小奈津 湖夏 香夏 来夏 小夏

こなみ
Konami
瑚名美 来南美 小菜実 小奈美 湖波 紅波 小波

このか
Konoka
木乃花 木ノ華 小乃香 この華 喜佳 好香 好花

このは
Konoha
湖乃波 木の葉 この葉 このは 好芳 此芭 小葉

このみ
Konomi
湖之美 琥乃美 木乃実 この実 このみ 好美 此未

こはく
Kohaku
湖羽久 小波紅 小巴久 琥珀 琥白 湖白 小珀

こはる Koharu
小春 小陽 心春 心遙 來温 胡春 湖晴

こゆき Koyuki
小雪 木幸 心幸 心雪 湖雪 小有希 胡友紀

さ

P 59

さあや Saya
早綺 沙彩 咲綾 紗彩 彩綾 小亜弥 紗亜矢

さえ Sae
冴 早絵 沙英 咲枝 紗衣 彩映 彩恵

さえこ Saeko
冴子 小枝子 早依子 佐恵子 沙絵子 咲笑子 紗江子

さえり Saeri
冴利 冴里 冴莉 小枝里 早江利 咲英李 紗衣里

さお Sao
小緒 早緒 沙桜 沙緒 咲央 紗生 彩緒

さおり Saori
小織 早織 沙織 彩織 さおり 佐緒里 紗於里

さき Saki
咲 早紀 沙希 咲喜 紗季 桜姫 彩貴

さきこ Sakiko
岬子 咲子 早紀子 沙希子 佐貴子 咲季子 彩姫子

さきな Sakina
咲那 咲菜 小葵南 早希奈 沙妃夏 桜季奈 彩希那

さきほ Sakiho
咲帆 咲朋 咲穂 祥穂 早希帆 佐紀保 紗祈歩

さくみ Sakumi
咲実 咲美 朔実 朔美 桜美 咲久実 紗久美

さくら Sakura
桜 櫻 咲桜 朔桜 聖良 さくら 紗久來

さち Sachi
幸 倖 祥 早知 咲千 紗智 彩智

さちえ Sachie
幸依 幸絵 祥枝 祥瑛 早知枝 佐千絵 紗智恵

さちこ Sachiko
幸子 祐子 倖子 祥子 早知子 佐智子 紗茅子

さちな Sachina
幸那 幸奈 幸菜 祥南 佐千奈 沙知那 彩智名

さちほ Sachiho
幸歩 幸保 幸穂 祥帆 早千穂 佐智歩 彩知保

さつき Satsuki
五月 冴月 沙月 咲月 彩月 颯希 颯季

さと Sato
知 郷 智 慧 沙登 咲都 紗十

さとこ Satoko
里子 知子 理子 智子 聖子 聡子 紗都子

さとね Satone
里音 怜祢 智峰 聖寧 聡嶺 咲都音 彩斗音

Saya さや
紗紗咲沙早清爽
椰矢耶也弥

Sayaka さやか
彩沙佐爽爽清清
也弥也夏香奏香
香加佳

Sayano さやの
彩紗咲沙早爽清
矢弥也弥椰乃乃
乃乃野乃乃

Saho さほ
彩紗咲沙佐早小
甫保帆穂歩穂帆

Sahoko さほこ
瑳紗咲佐沙早小
保芳歩葡帆穂保
子子子子子子子

Sahori さほり
紗咲砂沙沙佐早
甫穂帆保帆歩穂
利里里李里莉梨

Satomi さとみ
紗聡智理知里里
都美実美珠海美
美

Sana さな
彩桜紗咲采沙沙
菜愛奈椰那南奈

Sanae さなえ
彩紗咲沙咲早小
南名那奈苗苗苗
江依枝絵

Column

語尾母音のもつ印象

「ひろみ」と「ひろか」、「あやか」と「あやこ」。似ているけれど、少し印象が違います。この違いは語尾母音（ごびぼいん）（名前の最後の音の母音）が生み出すもの。名前の最後の音（止め字）の印象を、語尾母音別にまとめてみました。P56〜68の各音の止め字の説明とあわせて、参考にしてください。

＼語尾母音が／

- **ア段** あかさたな はまやらわ → いつでも自然体で無邪気。能力を発揮しやすい。
- **イ段** いきしちに ひみり → キュートで一途（いちず）。アグレッシブで意志が強い。
- **ウ段** うくすつぬ ふむゆる → 潜在（せんざい）能力と集中力、ナイーブな愛らしさがある。
- **エ段** えけせてね へめれ → 広さと遠さを感じさせ、洗練されていてエレガント。
- **オ段** おこそとの ほもよろ → おおらかな存在感、包容力とおさまりのよさがある。

Sayu さゆ

彩紗紗咲采沙佐
優釉有悠侑柚由

Sayuna さゆな

彩紗紗咲沙ささ
優結悠友由ゆゆ
奈奈菜七那菜な

Sayuri さゆり

彩紗咲沙佐早小
有友優由友百百
里里里梨利合合

Sayo さよ

彩紗咲沙佐早小
世世与代世依夜

Sayoko さよこ

瑳紗沙佐早小さ
夜世代与代夜よ
子子子子子子子

Sayori さより

彩紗佐沙早小紗
世夜世代代夜依
理里璃梨莉里

Sara さら

彩紗咲幸沙沙さ
良羅楽来羅良ら

Sari さり

彩紗紗咲沙沙早
莉璃里莉梨李莉

Sarina さりな

彩紗紗咲沙早小
理莉里李莉理梨
奈奈名菜那奈奈

Sawa さわ

紗紗咲砂佐沙早
倭羽羽羽和和和

Sawako さわこ

彩紗佐佐沙早さ
羽和環和和倭わ
子子子子子子子

し

P59

Shika しいか

史詩詩詩椎椎椎
伊歌香花華香佳
夏

Shina しいな

梓詩詩椎椎椎紫
伊菜那菜奈那名
那

Shino しいの

詩紫志詩詩椎椎
衣伊伊之乃埜乃
乃乃乃

Shieri しえり

詩詩紫紫枝志し
絵衣英依恵瑛え
里理理里璃莉り

Shio しお

詩紫梓枝志史汐
緒桜生於央緒

Shioka しおか

詩史潮汐汐汐汐
緒桜花歌夏香佳
香佳

Shione しおね

詩紫梓志史潮汐
央於生緒緒音音
峰音祢祢音

Shiomi しおみ

詩梓枝志潮汐汐
緒於桜生美美実
未実美美

Shiori しおり

志し詩志汐史栞
緒お織織里織
里り

Shion しおん

詩詞紫梓栞思志
音音苑恩苑音穏

Shiki しき

詩紫梓枝志史四
紀貴希輝樹輝季

しゅうか Shuka
萩花 秋華 柊花 柊加 宗花 秀香 秀佳

しゅうこ Shuko
萩子 修子 柊子 洲子 宗子 周子 秀子

しゅり Shuri
珠理 珠莉 殊莉 珠李 朱梨 朱里 守里

しょうこ Shoko
彰子 翔子 晶子 笙子 祥子 尚子 昌子

しょうな Shona
彰菜 晶菜 翔南 翔名 笙那 祥奈 尚奈

す

P59

すぐり Suguri
すぐり 優梨 優理 優李 優里 卓梨 卓莉

すず Suzu
珠洲 寿々 すず 鈴 涼 清 紗

しなこ Shinako
詩奈子 紫菜子 梓名子 志奈子 糸那子 史奈子 品子

しの Shino
詩乃 紫野 梓乃 枝埜 志乃 史乃 しの

しのぶ Shinobu
志乃歩 しのぶ 詩布 偲芙 志寿 偲 忍

しほ Shiho
詩穂 詩歩 紫葡 紫帆 梓朋 志保 史穂

しほこ Shihoko
詩歩子 紫帆子 思穂子 枝芳子 志甫子 志帆子 史穂子

しほり Shihori
詩帆梨 紫穂理 枝甫莉 志穂里 志歩吏 史保里 しほり

しま Shima
詩麻 詩真 紫万 枝真 志摩 志麻 縞

しまこ Shimako
詩茉子 詩万子 紫磨子 志麻子 志真子 縞子 嶋子

しげみ Shigemi
しげ実 繁実 滋美 滋見 重美 茂実 成美

しずか Shizuka
志津香 静夏 静香 雫香 玄花 静 閑

しずく Shizuku
詩州紅 しずく 静紅 静久 閑玖 滴 雫

しずこ Shizuko
詩州子 紫寿子 梓州子 志須子 静子 靖子 倭子

しずな Shizuna
詩都菜 志津奈 しず那 静菜 静奈 静那 雫那

しずね Shizune
紫津音 志寿音 静寧 静祢 閑祢 雫音 玄音

しづ Shizu
詩鶴 紫都 梓津 枝津 志津 司鶴 史都

しづき Shizuki
詩都季 志津紀 しづき 詩月 紫月 志月 史月

すずか Suzuka
涼花 涼香 涼夏 鈴香 鈴歌 すず香 寿々香

すずこ Suzuko
紗子 鈴子 涼子 すず子 寿々子 寿珠子 珠洲子

すずな Suzuna
紗奈 涼名 清那 涼奈 清菜 鈴七 鈴奈

すずね Suzune
紗音 涼音 清音 涼嶺 鈴音 鈴祢 寿々音

すずの Suzuno
紗乃 涼乃 清埜 鈴乃 朱々乃 寿々乃 珠洲乃

すずは Suzuha
紗葉 清芭 清芳 涼波 涼葉 鈴波 寿々羽

すずよ Suzuyo
涼世 涼依 鈴代 鈴世 珠洲世 寿々代 寿珠世

すまこ Sumako
朱真子 寿真子 洲万子 素真子 素麻子 須摩子 須磨子

すみか Sumika
純佳 純華 清花 清香 澄香 澄夏 寿美佳

すみな Sumina
純那 純奈 澄名 澄菜 すみな 寿美那 須実奈

すみれ Sumire
菫 純怜 純麗 清玲 澄恋 すみれ 須美鈴

せ

P 59

せいあ Seia
世愛 青亜 星亜 清愛 晴杏 聖亜 静亜

せいか Seika
成華 青夏 星歌 清華 晴香 聖佳 誓花

せいこ Seiko
成子 星子 清子 晴子 聖子 誠子 世衣子

せいな Seina
世奈 成名 星七 星南 聖那 聖菜 静奈

せいら Seira
青良 青楽 星来 星羅 清良 晴羅 聖良

せつこ Setsuko
雪子 節子 摂子 世柘子 世都子 勢津子 瀬津子

せな Sena
世菜 星那 星奈 惺永 聖南 瀬奈 瀬菜

せり Seri
芹 世李 世莉 世梨 勢理 瀬里 瀬梨

せりか Serika
芹花 芹佳 芹香 世里香 世梨佳 瀬里加 瀬利香

せりな Serina
芹奈 芹菜 世理奈 星里奈 勢利奈 静里菜 瀬利名

せんり Senri
千里 千李 泉里 泉李 茜梨 泉璃 扇莉

そ

P60

そうこ Soko
奏子 草子 荘子 爽子 創子 蒼子 総子

そな Sona
早奈 奏和 素那 蒼名 想奈 颯菜 蘇奈

そのか Sonoka
苑花 苑香 園佳 園華 薗果 奏乃歌 素乃香

そのこ Sonoko
苑子 園子 薗子 そのこ 宙乃子 染野子 曽野子

そのみ Sonomi
苑実 苑美 園美 薗未 そのみ 想乃実 楚乃美

そよか Soyoka
颯佳 颯奏 颯夏 そよ香 そよ楓 素世香 想代歌

そら Sora
天 空 昊 そら 想空 蒼空 想楽

た

P60

たえ Tae
妙 紗 多枝 多恵 妙依 妙英 泰映

たえこ Taeko
妙子 紗子 玉栄子 多重子 多恵子 妙恵子 妙瑛子

たお Tao
才音 大緒 太鳳 玉於 民緒 多緒 泰桜

たかこ Takako
孝子 香子 高子 隆子 貴子 多香子 多賀子

たかね Takane
天音 高嶺 貴音 敬音 嵩祢 手椛音 多賀音

たかほ Takaho
孝穂 香穂 高帆 貴帆 貴穂 尊穂 多香穂

たかみ Takami
孝美 隆美 敬実 貴美 嵩見 多香美 多華実

たかよ Takayo
孝世 尚代 香世 貴代 貴世 敬代 鳳世

たき Taki
滝 瀧 才希 玉紀 多喜 多輝 汰紀

たきこ Takiko
瀧子 才希子 玉祈子 玉紀子 民記子 多貴子 多葵子

たきほ Takiho
滝歩 瀧穂 才祈保 玉希穂 多貴保 多葵穂 多樹歩

たくみ Takumi
匠 拓未 卓弥 拓美 卓美 啄美 多久美

たづ Tazu
たづ 玉津 田鶴 多津 多都 多鶴 汰津

たつき Tatsuki
樹 辰希 達輝 樹希 樹紀 たつき 多津紀

たづこ Tazuko
たづ子 手津子 手鶴子 田津子 多都子 多鶴子 多鶴湖

Chika
ちか
智智知知千千千
香加華香夏佳花

Chikako
ちかこ
智智知知千千誓
歌花夏果香加子
子子子子子子

Chigusa
ちぐさ
ちち智知茅千千
ぐぐ草草草種草
彩さ

Chiko
ちこ
稚智知茅千千ち
子子子子湖子こ

Chisa
ちさ
稚智知知千千千
左紗沙佐彩桜咲

Chisaki
ちさき
智知千智茅知千
佐早紗咲咲咲岬
紀紀季

Chisako
ちさこ
智智茅知知千千
彩咲彩桜沙咲佐
子子子子子子子

Chisato
ちさと
千智知千千千千
沙里里聖智郷里
都

Tami
たみ
汰多多多手黎民
美美実未美

Tayo
たよ
汰多民玉太才頼
与容葉依蓉美

ち

P 60

Chiaki
ちあき
千智茅千千千千
亜明晶晶晃秋明
紀

Chi
ちい
稚智知茅千千千
衣唯伊衣依伊以

Chie
ちえ
智智智知千千千
絵恵栄英瑛絵永

Chiemi
ちえみ
智智知千千千千
笑栄映絵枝江笑
美美見美美美

Chieri
ちえり
智智知茅千千千
絵恵恵衣愛絵枝
莉梨利里理里里

Tatsuno
たつの
汰多た樹達辰立
都津つ乃乃乃乃
乃之の

Tatsumi
たつみ
多樹達達竜辰立
津実海美美美美
美

Tamae
たまえ
多瑞球珠圭玉玉
麻恵絵恵絵恵衣
江

Tamao
たまお
多瑞珠珠玖圭玉
真緒緒央緒央緒
央

Tamaki
たまき
碧瑶瑛珠珠玉環
希季紀姫希輝

Tamana
たまな
環碧瑶瑛珠珠圭
菜南那名奈七那

Tamano
たまの
た碧瑶瑛珠珠圭
ま乃乃埜野乃乃
の

Tamami
たまみ
多碧瑞珠珠玲玉
満海実海美弥美
美

Chizu ちず

智知知茅千千千
洲澄寿州須珠寿

Chise ちせ

智智知知市千千
瀬世星世瀬勢世

Chizuru ちづる

知千智知池千千
都津鶴鶴鶴鶴弦
留留

Chitose ちとせ

智知千千千千千
十都登都杜歳年
瀬世勢世世

China ちな

稚茅知知千千千
南奈奈那愛菜奈

Chinatsu ちなつ

智知千千智知千
奈名南奈夏夏夏
都都都津

Chinami ちなみ

智知千知千千千
那奈奈波浪南波
美美美

Chino ちの

稚智知知茅千ち
乃乃野乃乃乃の

Chihana ちはな

智智知知知千千
華花華英芳英花

Chiharu ちはる

ち茅知千千千千
は春春遥陽晴春
る

Chihaya ちはや

椿智ち知池千千
羽巴は逸隼颯隼
耶弥や

Chihiro ちひろ

知知市千千千千
尋宥優尋裕紘弘

Chiho ちほ

智智茅知千千千
穂歩保歩穂歩帆

Chiya ちや

智知千千千千千
耶弥椰耶夜弥也

Chiyo ちよ

稚智智知知千千
代依世代世世与

Chiyori ちより

智智茅知千知千
代世代与世由依
璃莉理梨里

つ

P60

Tsukasa つかさ

都津つ司典吏司
香加か咲
紗沙さ

Tsukika つきか

都都津槻月月月
姫希祈華歌香花
佳夏香

Tsukiko つきこ

都柘津津つ槻月
貴紀季希き子子
子子子子子

Tsukina つきな

月槻槻月月月月
輝菜奈椰南奈那
奈

Tsukino つきの

鶴都津槻月月月
希希貴乃野之乃
乃乃乃

Tsukiho つきほ

都津つ槻月月月
姫生き穂穂保帆
保帆帆

Toko とうこ
瞳子 橙子 塔子 陶子 透子 桐子 冬子

Toki とき
登紀 都貴 杜貴 杜季 斗樹 斗紀 十輝

Tokiko ときこ
登紀子 桃季子 杜姫子 利紀子 朱鷺子 晨子 時子

Tokuko とくこ
登久子 都紅子 杜久子 篤子 説子 徳子 得子

Toko とこ
澄子 都子 杜瑚 杜心 永心 斗鼓 十湖

Toshie としえ
稔依 淑恵 敏恵 俊絵 季絵 寿瑛 利江

Toshiko としこ
登志子 都史子 淑子 敏子 俊子 季子 寿子

Tomi とみ
澄未 都美 登美 杜実 斗美 十美 富

Tetsuko てつこ
天鶴子 手都子 徹子 徹己 綴子 鉄子 哲子

Teruka てるか
耀花 輝佳 煌夏 照香 瑛歌 映夏 光香

Terumi てるみ
耀未 輝海 煌美 照美 照実 瑛美 光海

Teruyo てるよ
耀代 輝与 皓世 照代 瑛代 晃世 珂代

Tenka てんか
槙香 展佳 展花 典佳 典加 天華 天花

Tenna てんな
槙奈 槇那 展那 典奈 天菜 天南 天奈

と

P 61

Toka とうか
瞳加 桃華 桃香 桐花 東佳 灯花 冬香

Tsugumi つぐみ
つぐみ 静美 継実 柘実 皓美 亜実 更未

Tsuzumi つづみ
都津美 津々美 つづ美 つづみ 鼓珠 津積 鼓

Tsubasa つばさ
つばさ 翼沙 椿彩 椿紗 椿咲 光翼 翼

Tsumugi つむぎ
津夢木 つむぎ 積希 紡芸 津麦 紬 紡

Tsuyuka つゆか
都有花 津悠歌 津由香 露夏 露香 露佳 露花

て

P 61

Teika ていか
禎華 庭歌 庭華 庭果 貞香 貞佳 汀夏

Teiko ていこ
薙子 禎子 悌子 庭子 貞子 汀胡 汀子

とも Tomo
友　知　朋　智　朝　杜萌　杜百

ともえ Tomoe
巴　友永　友恵　知枝　朋絵　朋愛　智栄

ともか Tomoka
友香　知花　朋佳　朋夏　智香　智華　十萌佳

ともこ Tomoko
友子　知子　朋子　倫子　朝子　智子　冬萌子

ともな Tomona
友奈　朋奈　知菜　倫奈　朝奈　智南　杜百奈

ともね Tomone
友音　友寧　朋音　知禰　倫寧　朝音　智祢

ともみ Tomomi
友海　知美　朋美　倫心　倫美　智実　朝海

ともよ Tomoyo
友代　友世　知世　朋依　倫代　朝代　智世

とよこ Toyoko
富子　豊子　十誉子　杜葉子　都世子　登代子　富代子

とよみ Toyomi
晨実　豊海　豊美　十与美　杜世未　都代美　登代美

とわ Towa
十羽　十環　斗和　永和　兎羽　杜和　都和

とわこ Towako
十和子　十和湖　斗和子　永遠子　杜倭子　都巴子　登羽子

な

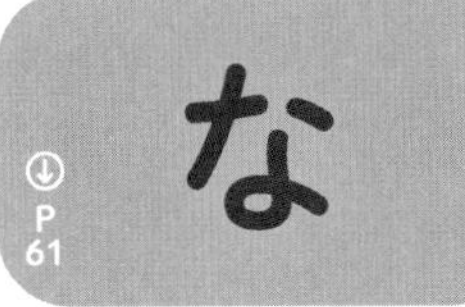

P61

なえ Nae
苗　那枝　奈江　奈絵　南恵　梛衣　菜恵

なお Nao
尚　直　那央　奈桜　奈緒　直緒　菜緒

名前エピソード

芽彩（めい）ちゃん

大好きなジブリ作品から「めい」の名前にしたけれど……

　夫はジブリの名作に登場する「めいちゃん」が大好き。めいちゃんのように、元気いっぱいのびのびと育ってほしいという願いをこめました。ところが、幼いころの娘は繊細な超臆病！　トトロを追いかけたり、おたまじゃくしを触ったりは絶対にしないタイプでした。今はどちらかというと「さつきちゃん」のような頼れるお姉ちゃんです。笑（春菜ママ）

Natsuno なつの
夏乃 夏野 なつの なつ野 那都乃 奈鶴乃 菜津乃

Natsuho なつほ
夏帆 夏歩 夏穂 那津穂 奈都保 南津帆 菜都穂

Natsumi なつみ
夏美 夏海 菜摘 なつ実 名津美 奈津美 南都海

Natsume なつめ
奈積 夏女 夏芽 夏萌 なつ姫 南津芽 菜摘萠

Nana なな
七奈 七菜 那奈 奈々 波奈 菜々 菜名

Nanae ななえ
七愛 那苗 菜苗 奈々絵 南那恵 梛々恵 菜奈恵

Nanao ななお
七生 七央 七緒 那奈緒 奈々緒 南奈央 菜々生

Nanaka ななか
七夏 七楓 七南花 奈々花 奈名花 菜々香 菜奈佳

Nagomi なごみ
和心 和実 和海 七虹海 なごみ なご美 南子美

Nazuna なずな
那沙 凪砂 南砂 なずな なず菜 那寿奈 奈須菜

Nachi なち
名知 那千 那智 奈千 奈智 南茅 梛千

Natsu なつ
夏 なつ 七鶴 名都 那津 奈柘 菜都

Natsue なつえ
夏衣 夏恵 夏絵 なつ絵 奈津江 南都永 菜津栄

Natsuka なつか
夏花 夏香 夏樺 なつ香 奈津佳 奈津歌 愛柘花

Natsuki なつき
七槻 夏月 夏生 夏希 夏輝 菜月 奈津姫

Natsuko なつこ
夏子 七鶴子 名津子 奈柘子 南都子 菜津子 菜摘子

Naoe なおえ
尚江 尚枝 直依 直恵 奈央絵 南緒江 菜生恵

Naoka なおか
如佳 尚花 尚香 直加 直歌 奈央佳 奈緒夏

Naoko なおこ
如子 尚子 奈央子 奈緒子 南於子 渚於子 菜穂子

Naomi なおみ
尚水 直美 名於海 那生美 奈桜美 南央美 南緒未

Naka なか
那加 奈佳 奈夏 南花 夏香 梛香 菜華

Nakako なかこ
中子 仲子 陽子 名香子 奈華子 南夏子 菜花子

Nagisa なぎさ
汀 渚 凪沙 凪紗 渚砂 梛咲 なぎ沙

Nako なこ
七子 凪子 那子 奈子 南子 菜子 梛子

ななこ
Nanako
菜夏奈奈奈永七
々奈愛那々奈子
子子子子子子

ななさ
Nanasa
菜南奈七七七七
奈那々彩紗咲沙
彩沙沙

ななせ
Nanase
南奈那七七七七
々々奈瀬聖星世
星瀬世

ななは
Nanaha
菜奈奈名な七七
々名々菜な葉波
葉杷波羽羽

ななみ
Nanami
愛菜南奈夏那七
々々夏々波南海
未美海海

なのか
Nanoka
菜南奈な名七七
乃野乃の楓風花
花花香香

なのは
Nanoha
菜南奈那な七七
の乃の乃の葉巴
花波葉波葉

なほ
Naho
菜菜奈奈那名七
穂保穂歩帆穂穂

なほこ
Nahoko
菜南奈波名七七
歩穂保帆保穂保
子子子子子子子

なみ
Nami
菜南奈那名七波
美海美見美海

なみか
Namika
南奈那な浪波波
美未美み花夏香
佳佳歌佳

なみこ
Namiko
梛南奈那名な波
美海実深美み子
子子子子子子

なゆ
Nayu
菜梛奈那七七七
友夕結由優結由

なゆこ
Nayuko
愛菜南奈那七七
宥由優有由結夕
子子子子子子子

なりみ
Narimi
名鳴哉斉成功也
莉美未美海美美
美

なるみ
Narumi
南奈響鳴為成成
瑠留水美美美弥
美美

に
P61

にいな
Nina
仁丹仁に新新新
唯伊衣い菜奈那
奈南七奈

にか
Nika
新弐仁仁仁に二
香花夏香佳か華

にこ
Niko
虹日丹仁丹仁に
来瑚湖胡子子こ

にじか
Nijika
丹仁に虹虹虹虹
慈滋じ歌香架佳
花夏夏

にじほ
Nijiho
仁に虹虹虹虹虹
慈じ穂峰保歩帆
保帆

にちか
Nichika
仁丹二二二に日
知千千千千ち樺
佳花嘉華夏香

Nina にな
二奈 仁那 仁奈 丹奈 仁菜 仁愛 爾菜

Niho にほ
仁帆 丹帆 仁保 仁穂 丹穂 新帆 新芳

Nihoko にほこ
二帆子 二穂子 仁甫子 仁歩子 丹保子 丹穂子 新穂子

ぬ
P 62

Nui ぬい
縫 繍 ぬい 野伊 埜衣 縫泉 繍唯

Nunoka ぬのか
布佳 布香 布華 縫花 ぬの香 野乃夏 埜乃華

ね
P 62

Neo ねお
ねお 音央 祢於 祢緒 音緒 峰緒 寧緒

Nene ねね
ねね 音々 祢音 音寧 祢嶺 寧々 嶺々

Neneka ねねか
ねねか ねね佳 ねね香 音々香 音祢佳 峰音佳 寧々花

の
P 62

Noa のあ
のあ 乃亜 乃彩 乃愛 希空 紀愛 望愛

Noe のえ
乃重 乃瑛 乃絵 埜英 埜依 野枝 野絵

Noeru のえる
ノエル のえる 乃枝留 乃依琉 乃英瑠 埜依琉 野絵留

Noko のこ
のこ 乃子 乃湖 乃鼓 埜子 野子 埜胡

Nozomi のぞみ
希 望 希心 希美 望海 望美 のぞ実

Nodoka のどか
和 温 和叶 和花 和果 のどか のど花

Nono のの
のの 希乃 希埜 望乃 埜乃 野乃 埜々

Nonoka ののか
のの歌 乃々花 乃々華 希乃香 希々歌 望乃花 野々花

Nonoko ののこ
のの子 乃野子 希乃子 希々子 希望子 望々子 野々子

Nonoha ののは
のの羽 乃々春 希乃葉 希々葉 野乃羽 望乃波 埜々芭

Nobue のぶえ
伸江 伸栄 信絵 展枝 惟絵 頌恵 暢恵

Nobuko のぶこ
伸子 延子 信子 宣子 悦子 展子 敦子

Nori のり
紀 倫 規 乃李 乃莉 紀里 埜梨

Hanaka はなか

巴は華英英花花
名な加華佳栞香
花花

Hanako はなこ

葉羽巴華華英花
菜南奈子己子子
子子子

Hanana はなな

羽葉華英芳花花
名七奈奈那菜南
菜

Hanano はなの

波椛華華英花芳
奈乃野乃乃埜乃
乃

Hanon はのん

は葉春波羽巴巴
の音暖音恩遠音
ん

Haru はる

羽暖遥陽晴悠春
瑠

Haruka はるか

遼榛遥陽春遥永
花花河佳香

Haruki はるき

暖遥晴陽悠春春
紀輝季希季樹姫

Hatsuka はつか

葉羽は初初初初
津都つ夏香佳花
花香香

Hazuki はづき

芭葉葉華波芳八
津槻月月月月槻
希

Hatsune はつね

波羽はは肇初初
都津つつ音寧音
音祢音ね

Hatsuho はつほ

葉杷波羽逸初初
都津津津穂保帆
穂歩甫保

Hatsumi はつみ

波巴葉逸逸初初
津柘摘美海光生
美実

Hana はな

琶葉花羽は華花
奈名菜菜な

Hanae はなえ

羽華華春英花花
奈絵栄苗絵恵笑
英

Norika のりか

乃憲紀紀律明典
梨佳香花花香佳
歌

Noriko のりこ

範徳理規紀法典
子子子子子子子

Noriho のりほ

範順理規紀法典
穂歩帆穂保穂歩

Norimi のりみ

埜範緑理紀法典
莉未海美実美美
美

Noriyo のりよ

徳啓記則紀典典
世依代代代夜世

Non のん

埜希文乃乃暖恩
暖夢恩恩音

は

↓P62

Hasumi はすみ

蓉蓮蓮葉芭芙羽
美美実澄純美澄

はるこ Haruko
春子 悠子 温子 晴子 陽子 遥子 暖子

はるな Haruna
春菜 悠那 遥南 陽奈 陽菜 晴愛 榛名

はるね Harune
春音 悠音 晴祢 陽峯 暖音 榛音 遙嶺

はるひ Haruhi
春妃 春陽 悠日 晴日 陽妃 遥陽 波留陽

はるほ Haruho
明穂 春帆 春保 美帆 晴歩 遥穂 陽穂

はるみ Harumi
治美 美心 春美 春海 晴心 遥未 陽海

はんな Hanna
帆那 帆南 帆夏 絆那 絆奈 繁奈 はんな

ひ
P 63

ひいな Hina
秀奈 秀梛 柊那 柊菜 日伊南 妃以奈 陽衣菜

ひいろ Hiro
日彩 妃采 秀芦 柊呂 桧紅 陽彩 緋彩

ひおり Hiori
灯織 妃織 柊織 陽織 緋織 妃央梨 陽桜里

ひかり Hikari
光 耀 光梨 晄里 日夏莉 陽加里 緋佳里

ひかる Hikaru
光 晃 皓 輝 光琉 ひかる 妃佳留

ひさ Hisa
寿 尚 悠 妃沙 斐冴 陽紗 緋早

ひさえ Hisae
久絵 寿恵 尚枝 悠恵 比沙恵 日紗絵 陽紗永

ネーミングストーリー

古風なイメージに。でも、ひびきや字面は古くないように

茉子（まこ）ちゃん 璃子（りこ）ちゃん

音のひびきを第一に、2音で私と同じ「子」がつく名前にしたいと思い、考えていきました。古風なイメージがありつつも、ひびきや字面が古くならないことを意識。次女は、長女と呼ぶ音が似ないよう、1音めの母音は違う音にしています。2人とも漢字の候補を2つ考えて、最後は生まれてから顔を見て決めました。（夏子ママ）

ひめ Hime
妃 姫 媛 日愛 妃愛 陽女 陽芽

ひめか Himeka
妃香 姫花 姫佳 姫歌 媛佳 媛香 日芽佳

ひめな Himena
妃奈 姫那 姫菜 媛那 比愛菜 斐女名 陽女奈

ひめの Himeno
妃乃 姫乃 姫之 姫埜 日愛乃 陽女乃 緋萌乃

ひより Hiyori
日和 日頼 陽依 ひより ひよ里 日世梨 妃代里

ひろ Hiro
祐 紘 尋 裕 比呂 妃呂 陽路

ひろか Hiroka
弘香 洋花 紘香 裕佳 尋夏 寛花 妃呂華

ひろこ Hiroko
弘子 宏子 洋子 紘子 浩子 皓子 寛子

ひなた Hinata
日向 陽宥 雛多 ひなた 日那多 日菜汰 陽南多

ひなな Hinana
妃七 雛那 雛奈 雛菜 ひなな 日向菜 陽菜々

ひなの Hinano
雛乃 ひなの 日向埜 日菜乃 妃奈乃 陽菜乃 緋名乃

ひなみ Hinami
陽波 日向美 比奈実 日南美 妃奈美 陽菜美 緋奈実

ひびき Hibiki
響 響妃 響希 響樹 ひびき 日比姫 妃琵来

ひふみ Hifumi
妃史 陽史 一二三 日歩美 比富美 妃芙未 陽芙美

ひまり Himari
日鞠 妃毬 ひまり 日茉莉 向日葵 妃茉里 陽麻里

ひみか Himika
ひみ香 日美香 灯実佳 妃美加 斐美香 陽海夏 緋泉歌

ひさの Hisano
玖乃 弥乃 尚乃 悠乃 喜乃 日紗乃 陽彩乃

ひづる Hizuru
日弦 妃鶴 陽鶴 緋鶴 ひづる 日都留 陽津留

ひでか Hideka
禾花 秀香 秀夏 英佳 英河 英華 栄佳

ひでこ Hideko
秀子 英子 栄子 彬子 日出子 比禰子 陽出子

ひでみ Hidemi
禾実 秀巳 秀美 英海 栄美 彬美 日出美

ひとみ Hitomi
眸 瞳 一実 仁美 倫美 瞳美 ひとみ

ひな Hina
穂 雛 日愛 比奈 比菜 飛奈 陽南

ひなこ Hinako
雛子 比那子 日奈子 日愛子 妃奈子 陽菜子 緋奈子

Fumi ふみ
文 史 郁 芙美 風海 冨水 富泉

Fumie ふみえ
文絵 史恵 郁依 芙水恵 風美枝 富美江 譜未絵

Fumika ふみか
文佳 文香 史華 郁佳 詞佳 芙深花 風美香

Fumiko ふみこ
文子 史子 郁子 二三子 芙泉子 風見子 冨美子

Fumina ふみな
文那 文奈 史奈 史渚 二三七 芙珠菜 富美名

Fumino ふみの
文乃 文野 史乃 史埜 郁乃 詞乃 ふみ乃

Fuyu ふゆ
冬 吹由 芙結 巫由 歩唯 歩優 風宥

Fuyuka ふゆか
冬果 冬香 吹由花 芙優加 芙右香 風遊香 冨由椛

Fukiko ふきこ
吹子 蕗子 ふき子 布希子 芙季子 風樹子 冨紀子

Fukino ふきの
吹乃 吹野 英乃 蕗乃 蕗埜 芙季野 富貴乃

Fuku ふく
吹 福 ふく 芙久 芙紅 風来 富久

Fusako ふさこ
房子 維子 総子 布沙子 芙紗子 風渚子 富佐子

Fujika ふじか
藤花 藤佳 藤香 藤夏 不二佳 不二香 富士香

Fujiko ふじこ
藤子 ふじ子 不二子 布滋子 扶慈子 芙爾子 富士子

Futaba ふたば
二芭 二葉 双葉 ふたば ふた葉 芙多葉 富多葉

Fuzuki ふづき
文月 芙月 歩月 風月 富月 楓月 ふづき

Hirona ひろな
央那 弘菜 宏奈 宙奈 紘南 裕奈 比呂那

Hiromi ひろみ
弘実 広海 宏美 拓未 洋見 洋海 寛美

Hiwako ひわこ
日和子 比和子 日輪子 比環子 妃倭子 陽和子 緋羽子

Fuka ふうか
風香 風夏 風薫 冨椛 富花 楓花 楓香

Fuko ふうこ
風心 富子 楓子 布羽子 芙有子 扶雨子 風優子

Funa ふうな
風奈 風南 風菜 富奈 楓奈 芙宇菜 風有菜

Fuki ふき
蕗 ふき 布姫 扶希 芙季 風記 冨貴

ふゆこ Fuyuko
風侑子 歩由子 芙柚子 芙由子 布悠子 吹結子 冬子

ふゆな Fuyuna
富悠那 風優菜 芙由奈 吹由那 冬菜 冬奈 冬那

ほ

P 63

ほこ Hoko
穂子 葡子 保子 歩子 芳子 秀子 帆子

ほしか Hoshika
穂史佳 帆志嘉 ほし佳 星華 星河 星花 星加

ほしな Hoshina
穂詩名 歩史奈 帆子那 星南 星奈 星那 星七

ほしの Hoshino
穂志乃 保志乃 歩梓野 帆志埜 穂篠 星野 星乃

ほずみ Hozumi
葡寿未 帆州見 穂積 穂澄 保純 歩澄 帆清

ほたる Hotaru
保多留 帆多留 ほたる 穂足 蛍瑠 火垂 蛍

ほなつ Honatsu
穂名津 保奈津 歩南都 穂夏 歩夏 芳夏 帆夏

ほなみ Honami
穂奈美 保名美 歩奈美 帆那海 穂波 蒲波 帆波

ほの Hono
穂埜 穂乃 葡埜 萌乃 帆野 帆乃 ほの

ほのか Honoka
穂野花 穂の香 帆乃風 ほの香 穂夏 穂花 歩花

ほのみ Honomi
穂ノ美 保乃実 歩野美 芳乃美 ほの実 穂美 帆美

ま

P 64

まあこ Mako
磨吾子 摩亜子 満阿子 麻阿子 麻亜子 真愛子 万亜子

まあさ Masa
満亜沙 麻亜紗 茉愛沙 麻朝 眞朝 真麻 茉麻

まあや Maya
摩亜弥 麻阿矢 真亜椰 真彩 真采 万綾 万彩

まい Mai
満衣 麻依 麻衣 真唯 茉以 万衣 舞

まいか Maika
麻以香 万衣華 まい香 舞夏 舞風 舞花 苺香

まいこ Maiko
磨依子 満伊子 麻位子 眞唯子 万伊子 まい子 舞子

まいさ Maisa
麻衣紗 茉伊沙 舞紗 舞咲 舞沙 苺咲 苺沙

まいな Maina
麻衣奈 麻伊那 茉唯名 万衣奈 舞奈 舞那 苺奈

まちこ Machiko
町子 街子 万茅子 万智子 真千子 麻知子 満知子

まどか Madoka
円 圓 円佳 円香 円華 窓香 まどか

まな Mana
愛 万奈 茉奈 真名 真那 真菜 麻那

まなえ Manae
万苗 真苗 麻苗 愛永 愛笑 万奈江 真奈絵

まなか Manaka
学花 愛加 愛佳 愛香 愛華 万那加 真奈香

まなみ Manami
学心 真波 愛美 愛海 愛望 茉名美 麻菜美

まの Mano
万埜 真乃 真野 麻乃 満乃 舞乃 磨乃

まさき Masaki
万咲 真岬 麻咲 雅紀 雅姫 優季 万沙希

まさこ Masako
匡子 昌子 理子 雅子 万砂子 真佐子 麻紗子

まさみ Masami
昌心 政美 真実 理文 雅望 優美 真沙弥

まさよ Masayo
正代 昌世 雅世 優葉 万佐代 真小夜 麻沙美

ましろ Mashiro
茉代 眞白 純白 真城 真皓 麻銀 ましろ

ますみ Masumi
万純 茉純 益美 真澄 真須美 麻寿未 満寿美

まち Machi
万知 万智 茉知 眞千 真知 麻智 満智

まちか Machika
町花 町香 街夏 万知佳 真千花 真智佳 麻千夏

まえ Mae
万江 万重 万絵 真枝 真依 麻江 摩恵

まお Mao
万生 万緒 茉桜 真央 真生 真緒 麻央

まおり Maori
万織 茉織 真織 麻織 舞織 茉於莉 満央里

まき Maki
槙 万輝 真希 眞紀 真樹 麻季 舞姫

まきこ Makiko
牧子 槙子 万紀子 茉規子 真季子 真樹子 麻希子

まきほ Makiho
万季穂 万輝帆 茉紀穂 真紀穂 真姫宝 麻樹帆 磨紀歩

まこ Mako
茉子 茉湖 真子 眞胡 満子 摩子 磨子

まこと Makoto
真 惇 睦 万琴 真理 眞琴 万湖都

まりか Marika
麻李夏 真理加 茉莉香 万里歌 万李佳 鞠佳 毬花

まりこ Mariko
満莉子 麻里子 真理子 真利子 茉莉子 万梨子 鞠子

まりな Marina
麻梨那 麻里名 真璃南 真里奈 茉莉菜 万莉奈 鞠奈

まりの Marino
摩利乃 真理乃 茉梨乃 まりの 万里野 万李乃 鞠乃

まりん Marin
まりん 満鈴 麻鈴 麻琳 真凜 真倫 万凛

み

P64

みあ Mia
海愛 美愛 美亜 弥安 未亜 未有 心愛

みあい Miai
美亜衣 深愛 美娃 泉和 光愛 未藍 心愛

まゆか Mayuka
麻由華 真由香 真夕佳 茉優花 茉悠佳 繭花 眉佳

まゆこ Mayuko
麻唯子 真裕子 真悠子 真友子 万柚子 万由子 繭子

まゆみ Mayumi
麻友美 麻夕実 真有美 万由美 繭美 麻弓 真弓

まゆり Mayuri
麻有里 真悠里 真百合 茉百合 万優莉 万由梨 繭李

まよ Mayo
舞代 麻世 麻代 真夜 真与 茉代 万世

まり Mari
麻里 真梨 真理 茉莉 万璃 万里 毬

まりあ Maria
麻璃亜 麻莉愛 真里愛 茉梨亜 茉李愛 まりあ 万里亜

まりえ Marie
満梨英 麻利恵 真理絵 眞里枝 万理恵 まり恵 毬江

まひろ Mahiro
まひろ 真尋 真紘 茉優 茉央 万尋 万紘

まほ Maho
舞歩 麻帆 真穂 真歩 真帆 万穂 万帆

まほか Mahoka
磨帆香 麻穂日 真保夏 真歩佳 茉穂花 万穂佳 万帆夏

まみ Mami
摩弥 麻珠 麻未 真美 真心 茉美 茉水

まみか Mamika
満弥夏 麻実加 真海夏 真美佳 真未花 茉美華 万実香

まみこ Mamiko
満美子 満未子 麻弥子 真美子 真実子 茉深子 万美子

まや Maya
摩矢 麻耶 麻也 真耶 真夜 茉耶 茉弥

まゆ Mayu
舞優 麻友 真優 真結 真由 茉由 万優

みい Mi
美美実実未未心
依伊泉衣唯伊唯

みいな Mina
美実弥見未み美
衣依以維唯い稲
名菜那奈奈奈

みう Miu
美美美海未心み
海雨羽羽宇有う

みえ Mie
海海美美実未未
愛恵枝衣恵瑛絵

みお Mio
美美海実未心澪
緒桜央緒緒桜

みおな Miona
美美実未未水澪
桜於央緒央緒奈
奈奈那菜奈名

みおり Miori
美実未澪美実弥
緒生緒利織織織
理梨里

みおん Mion
み海海美弥未心
お遠音音恩音温
ん

みか Mika
深珠美美実弥未
香華夏佳果加佳

みかこ Mikako
珠美美実光未未
佳歌花可夏華香
子子子子子子子

みき Miki
美美実実光未未
貴姫輝季希樹来

みきこ Mikiko
美美実未三樹幹
葵祈姫紀樹子子
子子子子子

みく Miku
珠美美実見未未
久紅来紅玖来久

みこ Miko
深珠海美巫未心
子子心子乎胡子

みこと Mikoto
美美深海美美心
虹古琴詞紀采琴
渡都

みさ Misa
美美美海実光未
彩沙佐早紗砂紗

みさえ Misae
深美泉弥実未操
沙彩沙紗佐沙恵
江絵依江絵恵

みさお Misao
美美実実光光操
紗佐沙小彩沙
桜緒緒緒生緒

みさき Misaki
美実美実光心岬
沙早咲咲咲咲
輝季

みさこ Misako
美海美光未三操
紗砂沙冴佐沙子
子子子子子子

みさと Misato
美美美美海未水
聡聖智里里郷郷

みずか Mizuka
みみ瑞瑞瑞泉泉
ずず佳香花華香
佳か

みずき Mizuki
水み瑞瑞瑞泉水
珠ず樹季希妃葵
姫き

みすず Misuzu
美美美未未水三
寿鈴涼鈴涼涼鈴
々

みの Mino
心乃 未乃 弥乃 美乃 美野 珠乃 深埜

みのり Minori
水律 実里 実李 秋里 みのり 美乃莉 美埜利

みはな Mihana
未花 光華 実花 海華 美花 美英 みはな

みはね Mihane
未羽 未跳 海羽 美羽 望羽 美羽祢 海波音

みはる Miharu
三春 心暖 美春 美晴 美陽 美遥 深晴

みひろ Mihiro
心裕 未宙 海央 美紘 美尋 深尋 美比呂

みふゆ Mifuyu
未冬 珠冬 深冬 みふゆ 実布由 美芙柚 美芙結

みほ Miho
三穂 未歩 実保 実穂 海帆 美帆 美穂

みづき Mizuki
光月 実月 実槻 美月 美槻 深月 美津姫

みと Mito
三都 未杜 実杜 美兎 美杜 海都 美都

みどり Midori
緑 碧 翠 未鳥 みどり 実土里 美登利

みな Mina
三奈 未那 弥奈 実菜 美夏 美愛 望奈

みなこ Minako
湊子 三菜子 実那子 弥南子 美名子 美菜子 深奈子

みなみ Minami
南 心波 水美 美南 南望 湊海 みな実

みねこ Mineko
峰子 峯子 嶺子 未音子 弥寧子 美祢子 深音子

みずほ Mizuho
水帆 水穂 泉帆 瑞帆 瑞歩 瑞穂 美寿穂

みそら Misora
心昊 光空 美天 美空 美宙 海空 深空

みち Michi
礼 宝 迪 未知 美千 美智 深知

みちか Michika
倫花 道佳 路夏 三千花 未知佳 美千夏 美知歌

みちこ Michiko
通子 倫子 理子 道子 路子 光知子 美千子

みちよ Michiyo
通代 倫世 理代 道世 路代 みち代 美智代

みちる Michiru
迪琉 倫留 みちる 三千瑠 未知留 実知瑠 美智琉

みつき Mitsuki
水月 光希 充希 光槻 美月 深月 美都乙

Miyo みよ
美葉　美夜　美世　実代　弥代　実予　未世

Mirai みらい
未良唯　みらい　美蕾　美莱　美礼　未來　未来

Miri みり
海浬　美莉　美李　美里　実梨　未莉　水里

Miru みる
深琉　美瑠　海瑠　弥琉　実留　未瑠　未琉

Mire みれ
望令　美麗　海玲　実令　未玲　心礼　みれ

Miyako みやこ
益也子　美弥子　実也子　三弥子　都　洛　京

Miyu みゆ
澪夕　望結　珠唯　美由　弥悠　未優　心結

Miyu みゆう
美結　美侑　美友　実悠　未優　未由　心優

Miyuki みゆき
美優樹　美由紀　見友希　深雪　美雪　美幸　幸

Miyuna みゆな
美裕奈　海由南　美友名　実結菜　未有菜　心悠奈　みゆな

Mihoko みほこ
深甫子　美穂子　美帆子　海帆子　実保子　未歩子　三穂子

Mimi みみ
海望　美海　美々　弥美　未実　心美　三実

Mimika みみか
海美夏　美々香　美々佳　実三花　弥実花　未美香　心美佳

Mimu みむ
満夢　美夢　美睦　海眸　未夢　未陸　水睦

Miya みや
美埜　美弥　美也　実椰　弥矢　未耶　未也

名前エピソード

ひよりちゃん

「漢字がほしかった！」という娘の想いに懐かしさを感じます

ひびきが私の名前に似ていることと、陽だまりのような雰囲気をもった優しい子に育ってほしいという願いから、夫が提案してくれました。小学生になった娘は、「なんで私の名前には漢字がないの？ ほしかった」と言っていますが、実は私にも同じ経験が。ついに来たか！ と懐かしみつつ、誰にも読み間違えられないよとアドバイスしています。（ひとみママ）

みれい Mirei
真洋美実光文心
麗嶺羚怜玲鈴玲

みわ Miwa
美美実実未心三
輪和倭羽羽環和

みわこ Miwako
美美実光未心三
環和和羽和羽環
子子子子子子子

P 64

むつか Mutsuka
む睦睦陸陸六六
つ華果佳加香花
か

むつき Mutsuki
夢睦睦睦睦夢六
津樹姫希月月輝
季

むつこ Mutsuko
陸夢六む睦陸六
奥津都つ子子子
子子子子

むつみ Mutsumi
陸夢睦睦睦六睦
奥都美実未実
美美

め
P 64

めい Mei
愛萌姫芽明芽芽
以生衣愛依衣生

めいか Meika
愛鳴明明芽芽名
衣歌夏花華加佳
佳

めいこ Meiko
愛萌芽芽盟芽明
依生唯生子子子
子子子子

めいさ Meisa
芽メ鳴明明芽芽
衣イ咲紗咲彩沙
紗サ

めいな Meina
愛姫海鳴芽明明
位以衣奈菜奈那
菜名奈

めぐ Megu
愛萌芽芽愛萌恵
玖来紅久

めぐみ Megumi
徳萌萌恵愛萌恵
美美未実

めぐむ Megumu
萌恵芽徳愛萌恵
夢睦夢

めの Meno
愛萌姫海芽芽め
乃乃乃乃埜乃の

めり Meri
瞳愛萌姫梅海芽
梨璃里李理莉里

めりさ Merisa
瞳愛萌萌姫芽め
莉璃梨里梨里り
沙彩佐沙沙佐沙

める Meru
愛萌萌姫芽芽め
琉琉留瑠瑠留る

も
P 65

もあ Moa
望萌望萌茂百モ
愛杏空愛亜安ア

もえ Moe
萌萌望萌萌百萌
愛絵恵咲枝絵

Momose ももせ

萌百桃桃李百百
々望瀬世世瀬世
瀬世

Momona ももな

萌百百桃桃李百
々望々奈凪愛菜
菜奈梛

Momone ももね

萌百百桃桃李百
々萌茂寧祢音嶺
音音祢

Momono ももの

百も桃桃李百百
萌も野乃乃野乃
乃乃

Momoha ももは

望も桃桃百百百
々も葉映葉波羽
巴葉

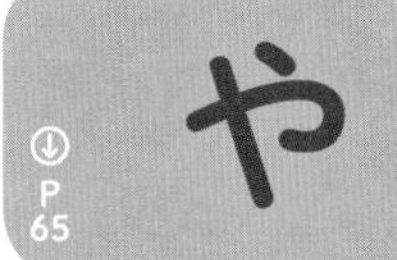

Yae やえ

耶耶弥弥矢八八
恵依絵江絵笑重

Yaeka やえか

耶耶弥弥矢八八
瑛江絵江恵重依
佳加夏香佳花果

Motoko もとこ

望萌茂基朔泉心
都杜都子子子子
子子子

Motona もとな

規基修花心心元
奈那南奈菜那奈

Mona もな

萌望萌茂茂百百
菜南那菜奈奈那

Mone もね

萌望望萌桃百百
寧音祢音音音祢

Momo もも

萌萌百百桃李百
茂々萌茂

Momoe ももえ

萌も桃桃李百百
々も絵恵枝恵枝
絵恵

Momoka ももか

萌百桃桃李李百
々々果花夏香叶
花佳

Momoko ももこ

萌百百も桃李百
々萌々も子子子
子子子子

Moeka もえか

望茂百萌萌萌萌
永絵衣華夏佳花
花香加

Moeko もえこ

萌望望茂茂百萌
絵枝江恵栄瑛子
子子子子子子

Moena もえな

望萌茂茂萠萌萌
恵枝絵依菜奈那
菜名奈菜

Moeno もえの

望望茂百も萌萌
枝英栄映え野乃
乃乃乃埜乃

Moeri もえり

萌萌茂も萌萌萌
愛恵絵え莉李里
理梨里莉

Moka もか

萌望望萌茂百百
樺華叶香香椛花

Moko もこ

望萌萌望望茂百
恋心子己子子湖

Motoka もとか

も楽朔泉志花元
と佳夏華花華香
佳

やすえ Yasue
那恵 泰江 恭恵 康枝 靖英 寧絵 穏栄

やすこ Yasuko
叶子 泰子 恭子 祥子 康子 靖子 寧子

やすは Yasuha
弥羽 泰芭 恭葉 裕葉 靖芭 靖葉 静羽

やちほ Yachiho
八千帆 八千歩 八千穂 やち帆 弥知保 耶智歩 埜千穂

やちよ Yachiyo
八千代 八千夜 八智代 矢知代 弥智世 耶千夜 野知予

やひろ Yahiro
八宙 八洋 八裕 八尋 弥央 弥尋 耶比呂

やや Yaya
八耶 弥々 弥耶 耶々 哉々 哉也 椰也

ややか Yayaka
八野香 也弥加 矢也架 弥々花 耶々華 野耶香 椰々果

ややこ Yayako
八夜子 也哉子 弥哉子 耶々子 埜々子 椰也子 彌々子

やよい Yayoi
三月 弥生 弥宵 彌生 やよい 弥予依 耶夜伊

ゆ

P65

ゆあ Yua
由亜 柚有 唯杏 遊亜 結亜 優有 優亜

ゆい Yui
由 結 由唯 有依 柚乙 悠伊 優衣

ゆいか Yuika
唯花 結佳 結香 唯華 由依佳 有衣華 宥伊加

ゆいこ Yuiko
由子 唯子 結子 友衣子 由依子 柚衣子 結以子

ゆいな Yuina
唯那 唯奈 結菜 友維奈 由唯奈 悠伊名 結依菜

ゆう Yu
友 由 佑 悠 裕 優 柚宇

ゆうあ Yua
友愛 有亜 佑有 祐亜 悠愛 結亜 優亜

ゆうか Yuka
夕夏 有華 侑佳 悠花 悠香 結花 優香

ゆうき Yuki
夕貴 友季 有希 祐希 悠姫 裕紀 優季

ゆうこ Yuko
由子 侑子 悠子 結子 優子 木綿子 由布子

ゆうな Yuna
夕菜 友菜 柚那 祐奈 遊那 優奈 由布奈

ゆうひ Yuhi
夕陽 友陽 有妃 邑日 結禾 結妃 優妃

ゆずか Yuzuka
柚花 柚香 ゆず香 夕鶴歌 友鶴香 柚子果 優寿花

ゆずき Yuzuki
柚妃 柚希 柚季 ゆず紀 由寿貴 柚子樹 悠瑞貴

ゆずな Yuzuna
柚奈 悠沙 優砂 ゆず菜 由須菜 柚子奈 遊子奈

ゆずは Yuzuha
柚芭 柚葉 ゆず葉 友鶴羽 由州葉 柚子葉 優須羽

ゆづき Yuzuki
夕月 弓月 夕槻 悠月 結月 優月 優鶴希

ゆな Yuna
由奈 有菜 柚那 唯名 悠南 結菜 結愛

ゆの Yuno
友乃 由乃 有乃 柚野 裕乃 釉乃 優埜

ゆのか Yunoka
ゆのか 友乃香 由埜花 有乃佳 柚ノ香 宥乃加 悠乃華

ゆきえ Yukie
幸枝 幸恵 透江 透絵 雪絵 有希英 優紀恵

ゆきか Yukika
幸花 幸佳 透香 雪花 友季香 由樹香 優祈佳

ゆきこ Yukiko
幸子 享子 雪子 夕紀子 友樹子 由葵子 有希子

ゆきな Yukina
享奈 幸奈 侑菜 雪菜 由希那 柚季名 悠姫奈

ゆきね Yukine
幸祢 幸音 透音 雪音 雪嶺 夕輝音 由希音

ゆきの Yukino
幸乃 倖乃 透乃 雪乃 雪埜 有紀乃 優妃乃

ゆきほ Yukiho
志帆 幸歩 幸穂 雪穂 順帆 由紀歩 悠希穂

ゆず Yuzu
柚 ゆず 由寿 柚子 悠寿 悠津 優鶴

ゆうみ Yumi
夕美 侑海 祐光 悠水 悠未 裕実 優美

ゆうゆ Yuyu
友有 由結 柚悠 祐優 悠由 結友 優由

ゆうら Yura
友羅 由良 有羅 邑楽 悠良 結良 優来

ゆうり Yuri
夕璃 佑梨 宥理 悠莉 裕里 釉里 優里

ゆか Yuka
友香 由佳 有香 結花 裕夏 優加 優華

ゆかこ Yukako
夕夏子 友佳子 由花子 由香子 柚香子 愉佳子 優香子

ゆかり Yukari
紫 ゆかり 友佳梨 由歌利 有香李 柚香里 悠加莉

ゆき Yuki
幸 雪 友希 由紀 由貴 有季 優貴

ゆめこ Yumeko
夢子 夕海子 友愛子 由萌子 悠女子 結愛子 優芽子

ゆめの Yumeno
夢乃 夢埜 ゆめの 由芽乃 有萌乃 遊海乃 結愛乃

ゆゆ Yuyu
由々 悠由 結友 結由 夢結 優夕 優結

ゆみこ Yumiko
弓子 友海子 由美子 佑見子 悠美子 結水子 優美子

ゆめ Yume
夢 由芽 由萌 有芽 悠愛 結芽 結愛

ゆめか Yumeka
夢加 夢叶 夢香 ゆめか 友萌佳 由芽花 優芽加

ゆま Yuma
友麻 由真 悠茉 唯磨 結真 結麻 優万

ゆみ Yumi
夕実 友美 由美 佑水 祐実 悠未 優心

ゆみか Yumika
弓佳 弓香 友美佳 由実花 侑実香 祐水加 唯未華

Column

呼び名も名前選びの材料に

呼び名も人間関係を左右する

名前と同じように、姓やニックネームも、呼んだり呼ばれたりするときに「周囲の暗黙の期待感」を生み、性格や人間関係を左右します。つまり、人は姓や名前、ニックネーム、「部長」「先生」などの肩書きを使って、自分のイメージを演出できるのです。

大リーグで活躍したイチロー選手が、姓抜きの登録名にしたのは大英断でした。「イチロー」は、せつないほどに一途(いちず)で、キラキラ輝く本格派のスター名だからです。

だれにどの名前を呼んでもらうのかは意外に大事。結婚で姓が変わり、仕事がしづらくなったという話も少なくありません。

親子の関係が呼び方で変わることもあります。「お姉ちゃん」ではなく名前で呼んだり、年齢に応じて呼び方を変えてみたりして、呼び名を上手に利用しましょう。

子ども時代はニックネームで

かわいい名前をつけたいけれど、将来、弁護士や博士になったら違和感があるかも……。そんな心配があるなら、名前は大人向きにして、幼いころは「あっちゃん」「ゆうちゃん」「みいちゃん」のように愛称で呼ぶのもいいでしょう。

呼び名の演出も、名前選びの材料に加えてみては？

よしこ Yoshiko
礼子 芦子 芳子 英子 佳子 美子 嘉子

よしの Yoshino
由乃 礼乃 圭乃 芦乃 芳野 佳乃 美埜

よしみ Yoshimi
好 美 好美 芳実 良美 嘉美 嘉海

よりか Yorika
依佳 依香 順香 頼花 頼香 予里香 世梨香

よりこ Yoriko
依子 順子 頼子 与莉子 世李子 世璃子 依利子

ら
P 66

らいか Raika
礼香 来佳 來華 莱夏 頼花 蕾香 蕾華

らいむ Raimu
礼夢 来夢 來眸 來睦 徠夢 蕾夢 らい夢

ゆりこ Yuriko
ゆり子 夕璃子 友梨子 由里子 百合子 唯李子 悠里子

ゆりな Yurina
ゆり菜 友李菜 由梨奈 百合名 宥里菜 悠莉那 優里那

よ
P 65

よう Yo
洋 葉 遥 陽 瑶 謡 耀

ようか Yoka
洋佳 葉花 遥香 陽夏 瑶華 謡香 耀加

ようこ Yoko
洋子 陽子 葉子 遥子 蓉子 瑶子 耀子

よしえ Yoshie
由依 好恵 芳枝 良恵 佳絵 美恵 喜恵

よしか Yoshika
由加 好香 芳花 芳華 佳歌 美嘉 善花

ゆゆか Yuyuka
夕由佳 友結加 有友香 柚々香 悠有花 結由夏 優々夏

ゆゆな Yuyuna
夕優菜 友由那 有結菜 祐々南 唯由菜 悠結那 優由奈

ゆゆの Yuyuno
有友乃 祐々乃 唯由乃 悠友乃 裕々乃 結唯乃 優由乃

ゆら Yura
夕羅 友楽 由空 祐良 悠礼 悠楽 優楽

ゆり Yuri
由梨 百合 侑梨 侑理 柚里 悠里 優璃

ゆりあ Yuria
ゆりあ 友李阿 由利亜 百合在 有里愛 悠李亜 優梨亜

ゆりえ Yurie
夕梨恵 友里恵 友梨絵 由理絵 百合恵 侑利英 結里依

ゆりか Yurika
友里佳 由利華 百合花 百合香 有璃香 悠里香 優里香

Rikako りかこ
璃香子 梨香子 理加子 莉夏子 利香子 里佳子 李花子

Riku りく
凛空 璃玖 理來 梨久 莉玖 李紅 陸

Riko りこ
璃胡 理心 梨子 莉子 李子 里子 吏子

Risa りさ
梨彩 梨沙 理早 莉沙 莉佐 里彩 里咲

Risako りさこ
理彩子 梨紗子 理佐子 莉紗子 里紗子 李咲子 里沙子

Rise りせ
梨瀬 梨世 理勢 莉世 李瀬 里瀬 利世

Ritsu りつ
璃津 理都 梨津 里紬 李津 栗 律

Ritsuka りつか
梨津夏 里都香 律夏 律香 律花 立歌 立花

Riina りいな
璃衣南 理伊那 梨衣名 里伊奈 李衣菜 りい菜 リイナ

Rie りえ
梨英 理枝 莉愛 莉枝 里絵 利恵 李恵

Rieko りえこ
璃英子 理瑛子 梨枝子 莉恵子 里絵子 李江子 利恵子

Rio りお
璃音 凛央 理緒 梨桜 莉緒 莉生 里乙

Riona りおな
梨生南 梨生奈 理央名 莉於那 里緒奈 里桜名 利央奈

Rion りおん
璃音 凜音 梨遠 浬音 莉音 里恩 里苑

Rika りか
理香 梨香 梨花 莉加 李果 里佳 里花

Rana らな
羅菜 頼奈 楽愛 楽菜 来南 良奈 礼那

Ramu らむ
蘭夢 楽睦 楽夢 來陸 良夢 良眸 ラム

Rara らら
蘭々 羅々 愛楽 楽々 良羅 来空 来々

Ran らん
蘭音 楽杏 ラン 蘭 藍 覧 嵐

Ranka らんか
らん歌 らん香 愛ん加 蘭佳 蘭花 藍華 藍香

Ria りあ
璃亜 理愛 梨阿 莉空 莉杏 里愛 李亜

Riisa りいさ
理衣沙 梨依紗 莉伊彩 里依紗 李依砂 りいさ リイサ

Riri りり
李里 李璃 莉々 莉理 梨里 璃々 凜々

Riria りりあ
李利亜 里李亜 莉々亜 梨々愛 梨里阿 稟々愛 璃々愛

Riri りりい
李々唯 莉々唯 莉里依 梨里衣 凜々依 璃里伊 凜莉衣

Ririka りりか
李々夏 莉々香 莉理香 梨々花 凜々花 璃々華 凜里香

Ririko りりこ
りり子 李璃子 莉々子 梨李子 理利子 稟々子 璃々子

Ririna りりな
李利奈 莉々愛 莉李奈 梨々奈 理莉奈 凜々名 璃里南

Riru りる
りる 李留 里瑠 莉瑠 梨流 理琉 璃瑠

Rin りん
林 倫 琳 鈴 綸 凜 麟

Rima りま
里満 李舞 莉真 理茉 理麻 梨麻 璃万

Rimi りみ
里実 利美 理未 梨実 理美 璃海 凜美

Ryo りょう
凌 椋 綾 諒 遼 瞭 りょう

Ryoka りょうか
亮佳 凌花 涼花 涼香 綾香 遼夏 諒華

Ryoko りょうこ
良子 亮子 涼子 椋子 綾子 諒子 瞭子

Riyoko りよこ
利与子 里代子 李代子 莉葉子 梨代子 理世子 凜世子

Rira りら
李楽 里羅 莉良 莉羅 理良 梨羅 璃空

Ritsuko りつこ
律子 リツコ 利津子 里柘子 李鶴子 梨都子 理都子

Rito りと
吏杜 李杜 里都 莉都 理都 理登 璃都

Rina りな
里奈 里菜 李愛 莉名 莉奈 理那 梨奈

Rino りの
李埜 里埜 莉乃 莉野 梨乃 理乃 璃乃

Rinoa りのあ
りのあ 莉乃愛 倫埜亜 理乃亜 梨乃阿 璃乃亜 凜乃愛

Rinon りのん
里音 莉暖 梨音 理恩 凜音 璃音 璃遠

Riho りほ
吏朋 里歩 里保 里穂 李穂 莉帆 理保

Rihoko りほこ
里帆子 利歩子 里葡子 里穂子 莉鳳子 理帆子 梨穂子

Ruri るり
瑠璃 瑠莉 瑠李 琉理 琉梨 琉里 留利

Rurika るりか
瑠璃花 瑠璃加 琉利夏 流梨香 留莉香 留李佳 るり香

Ruriko るりこ
瑠璃子 瑠利子 琉璃子 琉李子 留理子 流莉子 ルリ子

Ruruka るるか
瑠琉佳 瑠々華 琉留香 琉々華 琉々夏 留々香 るる花

Ruruna るるな
瑠流那 瑠々菜 瑠々奈 琉留梛 琉々南 留々菜 るる菜

れ

P66

Rea れあ
麗安 嶺亜 零空 玲愛 玲空 怜亜 礼亜

Rei れい
麗 嶺 澪 黎 鈴 玲 礼

Ruiko るいこ
瑠偉子 瑠依子 琉葦子 琉伊子 留依子 るい子 類子

Ruka るか
瑠佳 瑠加 琉夏 琉花 留香 流花 月歌

Ruki るき
瑠輝 瑠貴 瑠妃 琉姫 琉紀 琉季 留希

Runa るな
瑠奈 瑠那 瑠名 琉菜 琉南 留那 月

Rumi るみ
瑠美 瑠未 琉海 琉美 琉水 留美 ルミ

Rumika るみか
瑠深加 瑠美佳 琉海香 琉光夏 留望花 留美香 るみ香

Rumiko るみこ
瑠美子 瑠実子 琉海子 琉心子 留見子 留美子 ルミ子

Rumina るみな
瑠望奈 瑠未奈 琉美夏 琉海那 留美名 留水奈 琉南

Rinka りんか
凜華 凜花 鈴歌 鈴夏 稟花 琳佳 倫香

Rinko りんこ
麟子 凜子 綸子 鈴子 稟子 琳子 倫子

Rinna りんな
凜那 稟菜 鈴菜 琳愛 梨那 倫奈 倫名

Rinne りんね
凜嶺 凜音 綸祢 鈴音 琳音 倫寧 林音

Rinno りんの
凜乃 凜乃 綸乃 鈴野 鈴乃 梨乃 倫乃

る

P66

Rua るあ
瑠空 瑠亜 琉愛 琉亜 留愛 留亜 るあ

Rui るい
瑠衣 瑠伊 琉依 留唯 留衣 るい 類

れいあ Reia
礼愛　玲亜　玲杏　鈴亜　黎阿　澪愛　麗亜

れいか Reika
礼佳　伶珂　怜香　玲華　黎夏　嶺花　麗華

れいこ Reiko
令子　礼子　玲子　澪胡　嶺子　麗子　れいこ

れいな Reina
伶奈　怜愛　玲那　黎奈　澪奈　麗名　麗那

れいら Reira
礼羅　伶楽　玲良　零來　黎来　澪良　麗良

れお Reo
令央　礼緒　玲央　玲桜　零於　嶺央　麗桜

れおな Reona
礼央奈　怜緒奈　玲於那　玲音名　零央奈　黎生那　麗央奈

れな Rena
令奈　礼奈　怜菜　玲名　恋菜　蓮那　麗奈

れね Rene
令音　礼音　玲祢　恋寧　蓮音　黎音　麗嶺

れの Reno
れの　怜乃　恋乃　蓮乃　零埜　麗乃　麗埜

れのん Renon
礼音　令穏　伶音　恋音　鈴音　嶺遠　れのん

れみ Remi
令美　礼美　怜心　玲美　恋海　澪未　麗美

れみな Remina
レミナ　令実奈　礼美名　怜美奈　玲三奈　澪未南　麗海奈

れもん Remon
礼文　礼門　令紋　玲文　漣紋　麗文　れもん

れんか Renka
怜歌　恋華　蓮花　蓮香　蓮夏　漣香　憐花

ネーミングストーリー

姓と名前の「濁音」を考えて決めました

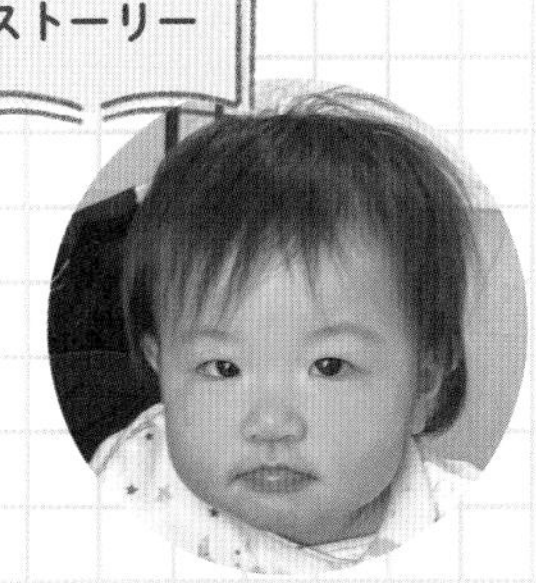

怜加(れいか)ちゃん

最初に考慮したのは画数です。吉になる画数の漢字を調べ、候補を絞っていきました。最終的には、「奈汀（なぎさ）」と「怜加（れいか）」の２択に。決め手になったのは、音です。フルネームで呼びかけているうちに、姓に濁音(だくおん)があるので、名前にも濁音が入ると重くなるように感じたのです。そこで、濁音なしの「怜加」に決めました。（景史郎パパ）

じゅりな Jurina
樹理奈 樹里名 珠利愛 珠里奈 寿利奈 朱莉那 朱里名

じゅん Jun
諄 潤 順 絢 淳 純 旬

じゅんか Junka
潤花 順香 絢歌 絢佳 淳香 純夏 純花

じゅんこ Junko
潤子 諄子 順子 絢子 惇子 純子 旬子

じゅんな Junna
絢奈 絢名 淳奈 淳那 純菜 純名 旬奈

ば・ぱ行

P68

べにか Benika
紅華 紅夏 紅香 紅果 紅佳 紅花 紅加

べには Beniha
紅華 紅春 紅波 紅杷 紅芭 紅羽 紅巴

わかの Wakano
倭華乃 和歌乃 和香乃 和花野 羽栞乃 雀乃 若野

わかば Wakaba
倭可波 和夏葉 和栞巴 わか葉 和樺 若葉 若芭

わき Waki
環妃 倭記 倭姫 和輝 和紀 和希 羽輝

わきこ Wakiko
倭貴子 倭妃子 和葵子 和季子 和希子 羽貴子 羽来子

わこ Wako
環己 環子 倭子 和胡 和子 吾子 八子

ざ行

P68

じゅり Juri
樹莉 樹里 珠梨 珠里 寿李 朱璃 朱里

じゅりあ Juria
樹梨愛 樹里亜 珠璃愛 珠李愛 珠利安 寿莉亜 朱理有

れんじゅ Renju
憐珠 憐寿 蓮樹 蓮珠 恋珠 恋寿 怜樹

ろ

P67

ろか Roka
露香 露花 璐華 璐香 緑夏 路佳 芦花

ろみ Romi
鷺美 鷺未 璐美 路海 路美 芦美 呂実

わ

P67

わか Waka
環佳 倭加 和華 和香 和花 羽華 新

わかこ Wakako
環歌子 倭花子 和香子 和佳子 羽香子 新子 湧子

わかな Wakana
和香奈 和花名 和可奈 若菜 和奏 羽哉 八叶

ひびきから考える名前

音から名前を考える場合でも、止め字の音から考える、呼びたい愛称から考える、女の子ならではのかわいらしい音、優しいひびきから選ぶなど、さまざまな方法があります。

止め字の音から考える

先頭字の音に次いで、最後の音も名前の印象の決め手となります。呼び終わりの口の動きが余韻（よいん）となり、印象を強めるのです。ここでは名前の最後の音に注目して、名前例を紹介。親子で、きょうだいで、止め字の音をそろえたいときにも役立ちます。

あ

こだわらず、開放感がある

いりあ　くれあ　こあ　ここあ　じゅりあ　せいあ　せりあ　とあ　のあ　まりあ　みあ　みりあ　めあ　ゆあ　ゆうあ　ゆりあ　りあ　りのあ　りりあ　るあ　れあ

い

キッパリと潔い正義の人

あい　あおい　きい　けい　まい　みらい　めい　やよい　ゆい　ゆうい　るい

う

ナイーブで大切にされる

まう　みう　りう

え

エレガントで知的な印象

あきえ　あさえ　あやえ　いくえ　いとえ　うたえ　おとえ　おりえ　かえ　かずえ　かなえ　きえ　きぬえ　きみえ　くにえ　くみえ　こずえ　ことえ　さえ　さちえ　さなえ　しずえ　すずえ　そのえ　たえ　たまえ　ちえ　ちづえ　としえ　ともえ　ななえ　のえ　のぶえ　のりえ　はつえ　はなえ　はるえ　ひさえ　ひとえ　ひろえ　ふさえ　ふみえ　まさえ　まりえ　みさえ　みちえ　もえ　ももえ　やえ　やすえ　ゆきえ　ゆりえ　よしえ　りえ　りりえ

お

母性と信頼感を感じる

あお　いお　うしお　かお　きお　しお　すなお　たお　たまお　ちお　なお　ななお　ねお　ふみお　まお　みお　みさお　りお

か

強くて快活なリーダー気質

あいか　あさか　あすか　あみか　あやか　あゆか　ありか　いちか　うみか　えいか　えみか　えりか　おうか　おとか　おりか　きか　きつか　きょうか　きりか　くみか　ことか　このか　さいか　さえか　さきか　さやか　しおか　しづか　しゅうか　じゅんか　すずか　すみか　せいか　せりか

そのか
そよか
たみか
ちか
つきか
てんか
ともか
なおか
なつか
ななか
なみか
にじか
にちか
のどか
ののか
のりか
はなか
はるか
ひめか
ふうか
ふゆか
べにか
ほのか
まいか
まどか
まなか
まゆか
まりか
みか
みずか
めいか
もえか
もか
もとか
ももか
ゆいか
ゆうか
ゆか
ゆきか
ゆずか
ゆみか
ゆめか
ようか
よりか
らんか
りか
りょうか
りりか
りんか
るか
るみか
るりか
れいか
わか

き

クールビューティな雰囲気

あき
あさき
あやき
いつき
いぶき
かずき
かつき
かづき
きき
こゆき
さき
さつき
しき
しづき
たき
たつき
たまき
ちあき
ちさき
つばき
なつき
にしき
はづき
はるき
ひびき
ふき
ふづき
ふぶき
まき
まさき
みき
みさき
みずき
みつき
みづき
みゆき
むつき
ゆうき
ゆき
ゆずき
ゆつき
ゆづき

く

いじらしくて愛される

あいく
いく
きく
こはく
さく
しずく
はるく
みく
めいく
りく

こ

愛らしくてやりくり上手

あいこ
あこ
あさこ
あみこ
あゆこ
いさこ
いずみこ
いちこ
うたこ
えいこ
えりこ
かおるこ
かこ
かなこ
かのこ
きこ
きょうこ
ここ
ことこ
さえこ
さきこ
さくらこ
さやこ
さよこ
しづこ
しほこ
じゅんこ
すずこ
すみれこ
せいこ
そのこ
たえこ
たまこ
ちかこ
ちこ
ちさこ
ちほこ
ちよこ
ちりこ
つきこ
とうこ
ひめこ
ふきこ
ふさこ
ふゆこ
べにこ
まあこ
まこ
まちこ
まみこ
まりこ
みどりこ
みやこ
みよこ
みわこ
めいこ
もこ
ももこ
ゆいこ
ゆずこ
ゆみこ
ゆめこ
ようこ
よりこ
らんこ
りかこ
りこ
りさこ
りょうこ
りよこ
りりこ
りんこ
るりこ
わかこ

さ

颯爽と先頭に立つ

あいさ
あさ
あずさ
ありさ
いりさ
えりさ
えるさ
かずさ
きさ
さやさ
さらさ
ちぐさ
ちさ
つかさ
つばさ
なぎさ
ななさ
ひさ
まあさ
まりさ
みいさ
みかさ
みさ
めいさ
ゆさ
ゆりさ
らいさ
りいさ
りさ
りりさ

せ

繊細な優しさのもち主

あやせ
おとせ
きせ
ちせ
ちとせ
ななせ
はつせ
ひとせ
みなせ
ももせ
りせ

ち

自分をアピールできる

こまち
さち
まち
みち

つ

抜群の集中力がある

あつ
えつ
こなつ
せつ
ちなつ
なつ
はつ
ほなつ
まなつ
みつ
りつ

と

しっかり者の賢い人

いと
えと
おと
かなと
けいと
こさと
こと
さと
ちこと
ちさと
まこと
みこと
みさと
みと
みなと
もと
りと

な

心地よい親密感がある

あいな
あきな
あすな
あずな
あやな
あゆな
ありな
あんな
いおな
えみな
えれな
かずな
かな
かりな
かんな
きずな
きよな
くみな
けいな
ここな
ことな
こはな
こひな
さえな
さきな
さちな
さな
さりな
しいな
しずな
じゅりな
じゅんな
すずな
せいな
せな
せりな
たよな
ちかな
ちな
ちはな
つきな
ともな

なずな なつな なな にいな にな はな はるな はんな ひな ひめな ふみな ふゆな まいな まきな まな みいな みおな みな みはな みゆな ももな やすな ゆいな ゆうな ゆきな ゆずな ゆな ゆみな ゆめな ゆりな よしな らな りいな りおな りな りりな りんな るな るりな るるな れいな れおな れな わかな

に

ハニカミ屋で愛らしい

くに べに ゆに れに

ね

親しみのある印象

あかね あまね あやね おとね かさね かざね かずね ことね こはね ささね しおね しずね じゅね すずね そらね ちかね ともね なつね はつね はなね はるね ひとね まいね みおね みはね ももね ゆきね りおね

の

のどかでなつかしい印象

あおの あきの あつの あやの うたの かの かやの きくの きよの ここの ことの さちの すずの そらの ちよの なつの にの のの はなの はるの ひさの ひなの ひめの ひろの ほしの まの まりの みその ももの ゆうの ゆめの よしの

は

潔く華やかな働き者

あきは あやは あゆは いろは おとは かずは くれは ここは ことは このは すずは つきは てるは ともは なつは ののは みつは もとは ももは やすは

ひ

情熱とドライさをもつ

あさひ なつひ はつひ はるひ ゆうひ

ほ

温かなくつろぎを感じる

あきほ あつほ あやほ いくほ いほ うたほ えつほ かずほ かほ きほ さきほ さちほ さほ しほ すずほ ちほ てるほ なつほ ななほ なほ のりほ はるほ まきほ まほ みきほ みずほ みつほ みほ むつほ やすほ ゆうほ ゆみほ りほ りりほ

ま

ふっくらと満ち足りた印象

えま しま たま ゆま りま れま

み

みずみずしく愛らしい

あさみ あすみ あずみ あみ あやみ あゆみ いづみ うみ えいみ おとみ かすみ かなみ くるみ ここみ こなみ このみ さゆみ しほみ そのみ たまみ ちなみ ちふみ つぐみ つぼみ なおみ なずみ ななみ なみ なるみ のぞみ はすみ はなみ ひとみ ひふみ ふみ ほずみ ほなみ まおみ まなみ まみ みなみ みみ めぐみ もえみ もなみ ゆきみ ゆみ りみ れみ ろみ

む

信頼感あるまとめ上手

あむ あゆむ ねむ ひろむ みむ めぐむ らいむ らむ りむ

め

おっとりして乙女チック

あやめ おとめ かなめ こゆめ ちゆめ なつめ ひめ ひろめ ゆめ

も

まったりした豊かな印象

あも いずも こもも すもも とも みも もも

や

優しい開放感にあふれる

あや かや さや まあや まや まりや みや ゆりや

ゆ

優美な美しさがあふれる

あゆ あんじゅ あんゆ かじゅ さゆ せいじゅ ちふゆ なゆ まじゅ まゆ みじゅ みふゆ みゆ ゆうゆ

よ

やわらかく包みこむ懐深さ

あきよ あつよ いよ かずよ

※「えりい」の「い」のような止め字の長音は省略。「しょう」の「う」なども省略となり、「ょ」が止め字（→P50）。
ただし、長音の最後の母音をはっきり発音する場合は、それぞれ該当の母音の止め字を参照（→P56〜57）。

かなよ かよ きみよ さちよ さよ しょう すみよ そよ たまよ ちよ てるよ ともよ はるよ ふみよ まさよ まよ みさよ みちよ みよ むつよ もとよ ももよ やちよ ゆきよ りよ りょう

ら

りりしい華やかさをもつ

あいら うらら かえら

きよら きらら くらら こそら さくら さら せいら せら そら みそら みら ゆら らいら らら りら れいら

り

りりしく理知と努力の印象

あいり あかり あめり あんり いおり えみり えりい かおり かほり きり こまり さおり さゆり

さりい しおり しほり じゅり せり ちえり のり ひおり ひかり ひじり ひまり ひより ひらり まおり まゆり まりい みおり みどり みのり みり めあり ゆうり ゆかり ゆり ゆりい りり りりい るり

る

華やかで力強いイメージ

あいる

あみる いちる いまる えみる える かおる こはる しずる すばる ちづる ちはる てる のえる のはる はる ひかる ほたる まはる みちる みはる りる るる

れ

華やかで洗練された

しぐれ せれ すみれ ほまれ まれ みれ れれ

ろ

華やかさと落ち着きがある

こころ ちひろ ひいろ ひろ ましろ まはろ まひろ まほろ みひろ みろ

わ

ワクワクと楽しげな気分

さわ ときわ とわ みわ ゆうわ

ん

キュートに甘い印象

あれん あん いおん えのん えりん えれん えん

かのん かりん かれん こりん さらん しおん じゅあん じゅのん じゅん すずらん せいらん のん はのん まのん まりん みおん みらん みりん らん りあん りおん りん れのん れん

が行

ゴージャスで甘い

こかげ こなぎ こはぎ こむぎ しずぎ

ちかげ つむぎ なぎ みかげ むぎ もえぎ

ざ行

上流で品のあるお嬢さま

あず いすず かず しず ちず みすず ゆず

だ行

堂々としていてセクシー

かづ しづ ちづ

ば行

元気で割り切りのいい

あおば ふたば みつば よつば わかば

ネーミングストーリー

愛莉（あいり）ちゃん　咲莉（えみり）ちゃん

止め字、ひびき、読み方で双子感のある名前に

同じ止め字を使い、似たひびきと読み方ができる、双子感のある名前がいいなと考えていきました。最終的にはひびきを優先し、ジャスミンを連想させる「莉」を使うことに。ジャスミンのように美しく愛あふれる人生を願って「愛莉」、ジャスミンのように美しく幸せが咲き誇る人生を願って「咲莉」です。（総一郎パパ）

ひびきから考える名前

3音・2音を1字に当てる

音は3音、2音でも、表記は漢字1字にして、名前の見た目のバランスをすっきりさせることもできます。漢字1字で名づける方法は、ここ数年人気が上昇。音に当てる字を考えるときの候補に加えてみてください。

漢字1字の名前ベスト5

- 1位 凛 りん
- 2位 紬 つむぎ
- 3位 澪 みお／れい
- 4位 翠 すい／みどり
- 5位 愛 めい／あい

出典：明治安田生命ホームページ
2023年度データ

2音の名前

晨 麻 旭 あさ　耀 煌 陽 晶 暁 瑛 秋 映 光 あき　碧 青 あお　藍 愛 娃 和 あい

活 郁 侑 育 いく　庵 晏 杏 安 あん　綺 綾 絢 理 彩 紋 郁 朱 礼 文 あや　諒 朝

笑 咲 えみ　湖 洋 海 うみ　謡 歌 頌 詩 詠 唱 唄 吟 うた　絃 純 弦 糸 文 いと

草 茅 かや　協 奏 哉 叶 乎 かな　麗 紀 和 知 寿 かず　響 律 音 吟 己 乙 おと

圭 けい　澄 碧 静 聖 陽 雪 粋 圭 玉 心 きよ　淑 后 仁 公 きみ　絹 衣 きぬ　萱

紀采 こと 此心 ここ 煌皐虹香紅幸江光 こう 慧慶景渓啓恵京佳

幸 さち 朔咲作 さく 興福埼祥咲岬幸早 さき 朗冴 さえ 詞琴殊信

靖康玄 しず 鞘爽清 さや 諭慧聖智都恵知里邑 さと 福禎祥倖祐

涼紗 すず 潤詢順絢惇淳純旬 じゅん 縞嶋 しま 篠要忍 しの 穏寧静

園苑 その 静誓聖晴清星青世 せい 澄遙遥清淑純恭邑 すみ 鈴清

環碧瑶瑞琥瑛珠玖圭玉 たま 紗妙糸布才 たえ 穹昊宙空天 そら

晄晃映明光央 てる 露 つゆ 槻月 つき 慶誓睦新真恭直知周 ちか

友文巴与丈 とも 睦時信祝怜季 とき 槙展典天 てん 耀燿輝照晴

梛凪 なぎ 董梗眞真斉尚若実 なお 豊富 とよ 朝智倫朋宝知共叶

暢遥敦惟展信延伸更円 のぶ 虹 にじ 漣浪洋南波汎 なみ 七 なな

椛華英芳花 はな 逸初 はつ 暖 のん 遙緑稔愛遥詞倫紀永 のり 薫

はる 花青春美華温晴遥陽暖榛遙

ひさ 央玖寿尚桐悠

ひな 穂雛

ひめ 妃姫媛

ひろ 広洋紘裕寛優

ふう 風富楓

ふみ 文史典迪郁奎記章詞

ふゆ 冬那

ほし 星

まい 苺詣舞

まき 牧蒔槙

まな 愛

まり 球毬鞠

みお 澪

みき 幹樹

めい 芽明

もえ 萌

もも 百李桃

もん 文門紋

ゆい 由唯結

ゆう 夕友右由有佑邑柚祐悠結湧裕優

ゆき 乃千由志幸恭倖雪

ゆず 柚

ゆみ 弓

ゆめ 夢

よう 羊葉遥陽蓉瑶遙謡曜燿耀

らん 藍蘭

りく 陸

りつ 律栗

りょう 良凌涼椋稜綾遼

りん 林厘倫梨琳鈴凛凜麟

るい 類

るな 月

れい 令礼伶玲鈴澪麗

れん 怜恋蓮

ネーミング
ストーリー

秤（しょう）ちゃん

ママの名前に音のひびきが似るように

私の名前とひびきが似るように、また、夫の家系が「平」をいう字を受け継いでいることから、「秤（しょう）」の字にたどり着きました。自分自身で物事を考え、進んでいく人になってほしいという願いもこめています。男の子に間違えられやすいですが、私自身も同じ経験があるので、そのクレームは受けつけようと思います。笑（遼ママ）

3音の名前

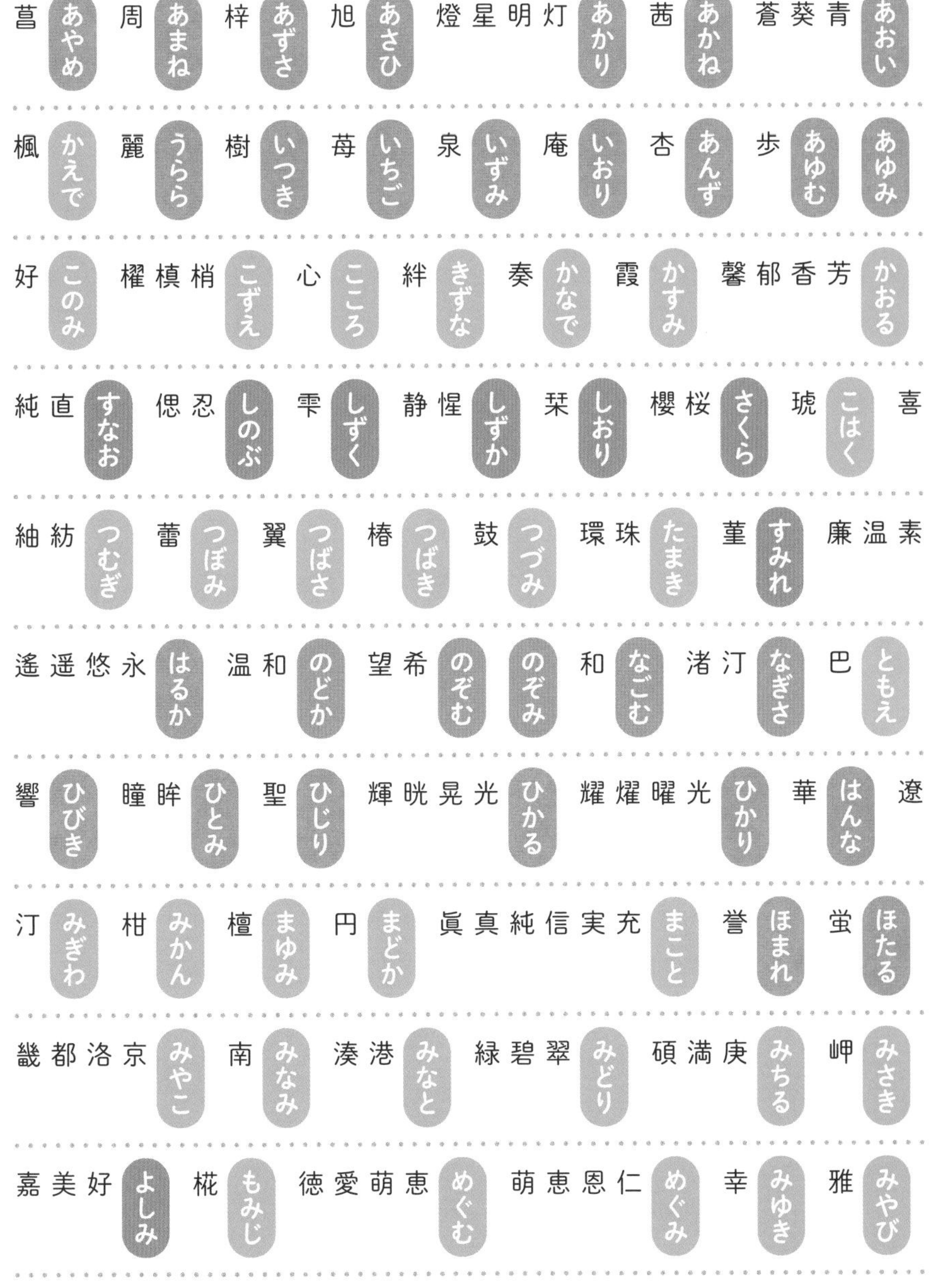

- あおい　蒼 葵 青
- あかね　茜
- あかり　燈 星 明 灯
- あさひ　旭
- あずさ　梓
- あまね　周
- あやめ　菖
- あゆみ
- あゆむ　歩
- あんず　杏
- いおり　庵
- いずみ　泉
- いちご　苺
- いつき　樹
- うらら　麗
- かえで　楓
- かおる　馨 郁 香 芳
- かすみ　霞
- かなで　奏
- きずな　絆
- こころ　心
- こずえ　櫂 槙 梢
- このみ　好 喜
- こはく　琥
- さくら　櫻 桜
- しおり　栞
- しずか　静 惺
- しずく　雫
- しのぶ　偲 忍
- すなお　純 直 廉 温 素
- すみれ　菫
- たまき　環 珠
- つづみ　鼓
- つばき　椿
- つばさ　翼
- つぼみ　蕾
- つむぎ　紬 紡
- ともえ　巴
- なぎさ　渚 汀
- なごむ　和
- のぞみ
- のぞむ　望 希
- のどか　温 和
- はるか　遙 遥 悠 永 遼
- はんな　華
- ひかり　耀 燿 曜 光
- ひかる　輝 晄 晃 光
- ひじり　聖
- ひとみ　瞳 眸
- ひびき　響
- ほたる　蛍
- ほまれ　誉
- まこと　眞 真 純 信 実 充
- まどか　円
- まゆみ　檀
- みかん　柑
- みぎわ　汀
- みさき　岬
- みちる　碩 満 庚
- みどり　緑 碧 翠
- みなと　湊 港
- みなみ　南
- みやこ　畿 都 洛 京
- みやび　雅
- みゆき　幸
- めぐみ　萌 恵 恩 仁
- めぐむ　徳 愛 萌 恵
- もみじ　椛
- よしみ　嘉 美 好

ひびきから考える名前

呼びたい愛称から考える

「あっちゃんと呼びたい！」や「のんちゃんと呼べる名前は？」と、ふだんの呼び名からイメージをふくらませるパパやママもいます。名前と同じように、呼び名も実はとても重要。ふだんから呼ばれる名前は性格や人間関係に影響します（→P107）。

あーちゃん
あかり
あさか
あさみ
あやか

あいあい
あいか
あいさ
あいな
あいり

あっきー
あき
あきな
あきは
ちあき

あっこ
あさこ
あつこ
あゆこ

あっちゃん
あかね
あきか
あきほ

あやや
あや
あやか
あやの
あやみ

あん
あんじゅ
あんな
あんり

いっちゃん
いおり
いずみ
いちか
いつき

えみりん
えみか
えみり
えみる

えりー
えりさ
えりな
ちえり

かな
かなえ
かなで
かなみ

かんちゃん
かなめ
かのん
かんな
みかん

きーちゃん
きい
きえ
きこ
きほ

きょんきょん
きょうか
きょうこ

くーちゃん
くにこ
くみか
くみこ

ここ
ここな
ここね
こころ

さーや
さあや
さやか
さやこ

さく
さくら
さくらこ

さっちー
さち
さちか
さちほ
さつき

さゆ
さゆき
さゆり

さりー
さおり
さりな

しーちゃん
しいな
しおり
しずか
しほ

じゅんじゅん
じゅんこ
じゅんな

すーちゃん
すずこ
すずな
すみか
すみれ

すず
すずか
すずの
みすず

せっちゃん
せつこ
せりか
せりな

ちー
ちあき
ちさと
ちなつ
ちひろ

ちか
ちかげ
ちかこ
ちかぜ
ちかり

ちこ
さちこ
ちえこ
まちこ

ちゃこ
ちさこ
みさこ
りさこ

つーちゃん
つぐみ
つばさ
つぐみ

とも
ともか
ともは
ともみ

なっちゃん
なつお
なつき
なつこ
なつみ

ななっぴ
なな
ななお
ななせ
ななみ

のっち
のどか
ののか
ののこ
まゆの

のんちゃん
かのん
のぞみ
まのん

はーちゃん
はつき
はづき
はなか

はる
こはる
はるか
はるひ
みはる

ひーちゃん
ひいろ
ひかり
ひとみ
ひなた
ひまり
ひめか

ひかりん
ひかる
ひかり

ふーちゃん
ふうこ
ふみ

まーこ
まあこ
まさこ
まゆこ

まーちゃん
まあさ
まな
まみ

まっきー
たまき
まき
まきの
まきほ

まりりん
まりか
まりこ
まりな

みきてぃ
なみき
みき
みきえ

みーたん
みいこ
みく
みな

みっちー
みちか
みちこ

みっちゃん
みづか
みつよ

めーちゃん
あやめ
めいこ
めいさ
めぐ

もこ
もえこ
もとこ
ももこ

やっちゃん
やすえ
やすか
やすこ

ゆう
ゆうか
ゆうな
ゆうり

ゆかにゃん
さゆか
ゆかこ
ゆかり

ゆっきー
ゆきな
ゆきの
ゆきみ

ゆず
ゆずか
ゆずき
ゆずな

ゆっこ
ゆうこ
ゆきこ
ゆみこ

ゆり
ゆりえ
ゆりか
ゆりな

ようちゃん
ようか
ようこ

よっしー
よしえ
よしか
よしの

らんらん
らん
らんこ

りーちゃん
りお
りの
りりか
りりこ

りっちゃん
りつか
りつこ
りな

りんりん
かりん
すずか
まりん
りんか

るーちゃん
るか
るな
るりか

れーちゃん
れいか
れいこ
れいら

れん
かれん
れんか

わか
わかこ
わかな
わかば

ネーミングストーリー

杏（あん）ちゃん

「ちゃん」をつけてひびきのよい呼びやすい名前に

「○○ちゃん」と接尾語をつけて呼びやすい２文字の名前がいいと、候補を挙げていきました。長男の名づけの経験から、どんな名前でも呼んでいるうちに馴染んでくるとわかっていたため、考えすぎず、最後は顔を見て、呼びかけたときの直感で決めました。いまとなっては接尾語がないと呼びにくく、たまに「あんこ」と呼んでいます。笑（あずみママ）

ひびきから考える名前

音を重ねてかわいらしく

「りこ」ちゃんと「りりこ」ちゃん。同じ音を重ねるだけで、雰囲気が変わりますよね。「なな」「りり」のように音を重ねると、リズミカルになって音のもつ語感が弱められ、かわいらしく愛らしい雰囲気の名前になります。

きき	きき	希々、貴姫
くく	くくな	久紅奈、玖々那
	くくみ	久々美、紅久未
	くくる	紅来、玖くる
ここ	ここ	湖々、琥子
	ここあ	心愛、琥々亜
	ここな	心菜、心渚
	ここね	心袮、鼓々音
	ここの	ここ野、鼓々乃
	ここは	心羽、ここ葉
	ここみ	心実、心美
	こころ	心、こころ
すず	いすず	いす寿、五十鈴
	すず	鈴、寿々
	すずか	鈴加、すず花
	すずこ	紗子、涼子
	すずな	清那、寿珠菜
	すずね	紗音、鈴音
	すずの	鈴野、寿々乃
	すずは	寿々羽、珠洲葉
	すずほ	清帆、鈴穂
	みすず	美涼、美鈴
とと	ととか	都々香、登々加
	ととこ	十斗子、音々子
	ととは	とと波、十都葉
なな	かなな	哉那、禾菜々
	なな	那々、菜名
	ななえ	七恵、奈苗
	ななお	七緒、奈々生
	ななか	名菜果、菜々佳
	ななこ	七菜子、奈々子
	ななさ	七彩、なな咲
	ななせ	七勢、那々世
	ななね	七音、夏南音
	ななの	なな野、那奈乃
	ななは	七葉、夏名羽
	ななほ	七穂、凪々帆
	ななみ	奈々美、菜名美
	ななよ	七代、奈那世
	はなな	花那、華奈
	ひなな	雛菜、陽菜々
	まなな	茉菜々、真奈々
ねね	ねね	音々、寧々
	ねねか	ねね香、祢音佳
	ねねこ	音寧子、寧々子
のの	かのの	花乃々、佳野乃
	のの	希々、野乃
	ののあ	のの愛、希野亜
	ののか	野乃夏、野々花
	ののこ	希乃子、望々子
	ののは	希望羽、野々羽
	ののほ	のの穂、埜野帆

- ののみ　希実　野々美
- まのの　真乃々　麻野乃

みみ

- みみ　未海　美々
- みみい　三実衣　美々依
- みみか　弥々佳　美深加
- みみこ　美海子　深々子
- みみな　未海那　望々奈
- みみの　実々野　美海乃

もも

- こもも　小桃　香萌々
- もも　桃　萌々
- ももあ　百杏　桃愛
- ももえ　百恵　李絵
- ももか　桃加　もも花
- ももこ　桃子　もも子
- ももせ　百瀬　萌々世
- ももな　桃南　百々那
- ももね　桃音　もも音
- ももの　桃之　萌々乃
- ももは　李羽　もも葉
- ももみ　桃美　百々実
- ももよ　百世　桃代

やや

- やや　弥々　椰哉
- ややか　やや加　耶々花
- ややこ　八弥子　也哉子

ゆゆ

- ゆゆ　悠友　優結
- ゆゆか　友由佳　優々花
- ゆゆこ　友結子　由々子
- ゆゆな　友優菜　悠々菜
- ゆゆは　ゆゆ葉　悠友羽
- ゆゆほ　友優穂　優々帆

らら

- うらら　麗　うらら
- きらら　煌良　希楽々
- くらら　久良々　紅らら
- さらら　紗楽々　彩良々
- らら　良々　楽羅
- ららか　らら花　楽々花
- ららこ　来空子　愛楽子

りり

- りり　莉々　梨里
- りりあ　李里亜　梨々杏
- りりい　李里依　莉々衣
- りりか　梨里華　凜々花
- りりこ　理利子　璃莉子
- りりさ　りり沙　里々咲
- りりせ　理々瀬　梨里世
- りりな　りり那　里々奈
- りりの　莉里乃　璃々野
- りりは　りり葉　梨里羽
- りりほ　莉々保　理利穂
- りりよ　理々代　梨里世

るる

- るる　琉々　瑠々
- るるか　るる花　琉々佳
- るるこ　ルル子　瑠々子
- るるな　留々那　瑠琉菜

ネーミングストーリー

凛(りん)ちゃん　乃叶(のの)ちゃん

呼びやすい２文字の音から考えて

長女のとき、呼びやすい２文字の名前にしようと決め、妻と私でそれぞれ10個ずつ候補を出しあう方法をとりました。そのなかで、「りん」だけがお互いの候補にあったため、そのまま「凛」に決めました。次女のときも同じ方法をとり、またしても「のの」だけが一致。「叶（の）」は当て字なので、たまに「叶乃」と間違えられます。（聡志パパ）

ひびきから考える名前

長音で優しくおおらかに

包みこむような優しさのある「まあ」、ゆったりとしたやわらかさのある「ゆう」。音を伸ばす「長音」を活かした名前は、広がりがあり、おおらかな印象です。伸ばす音の母音のもつ語感（→P81）が強調され、さまざまな印象を感じさせます。

えいか	英香　詠佳
えいな	栄菜　瑛奈
えいみ	映実　絵伊美
えりい	恵里衣　絵理伊
おうか	央佳　桜花
かあい	佳愛　香亜衣
きい	紀伊　貴衣
きいな	希依奈　季衣那
きょう	京　恭
きょうこ	杏子　今日子
くう	空　紅羽
けい	恵　華衣
けいこ	景子　慧子
こうこ	紅子　香子
さあや	沙彩　咲綾
しい	紫伊　詩衣
しいか	椎歌　志衣香
しいな	椎那　椎菜
しいは	椎葉　紫李羽
しゅうか	柊香　萩花
しゅうこ	祝子　柊子
しょうこ	笑子　翔子
せいあ	星愛　聖亜
せいか	成香　清華
せいこ	晴子　勢以子
せいな	静奈　世衣那
せいら	星羅　聖良
ちい	千依　知衣
とうか	桃華　橙香
とうこ	冬子　桐子
にいな	新菜　仁衣奈
ひいな	秀奈　妃衣那
ひいろ	妃采　陽彩
ふうか	風花　風薫
ふうこ	風子　楓子
まあこ	真阿子　麻亜子
まあさ	真朝　麻亜沙
まあや	真綾　麻彩
まりい	真理衣　麻里伊
みい	実衣　美以
みいな	未唯菜　美伊奈
みおう	実央　美桜
ゆう	優　結羽
ゆうか	悠香　優花
ゆうき	有紀　祐希
ゆうこ	結子　由布子
ゆうな	柚那　悠和
ゆうひ	祐飛　優妃
ゆうら	由楽　結良
ゆうり	夕梨　侑里
よう	遥　耀
ようか	葉香　遥華
ようこ	葉子　謡子
りい	里伊　理衣
りおう	李央　莉桜
るう	琉宇　瑠生
れい	礼　麗
れいか	令花　玲夏
れいな	玲奈　澪那
れいら	礼羅　玲楽

\ 想い、想像力を駆使して /

イメージ・願いから

想像力を豊かにはたらかせて

イメージにぴったりな漢字やひびきを

名前をつけるときに、最も考えつきやすいきっかけが「イメージ」でしょう。夫婦の共通の思い出の場所、赤ちゃんが生まれた季節などを自由にイメージして考えます。

あなたが思い描くイメージから名前の連想を広げていきましょう。

具体的には、まず好きなものや思い出に関することを思いつくだけ挙げてください。思いついたものを書き出してみると、イメージを整理しやすくなります。たとえば、夫婦で行った思い出の場所が海であれば、「海」から連想できる漢字やことばをきっかけにすればよいのです。

イメージは、名づけのヒントになりやすく、親の思いと結びつきやすい名前にもなります。赤ちゃんに対する思いが充分に伝わる名前をつけたいものです。

「名前にふさわしい漢字と名前のリスト」（→P225～347）から意味を調べて、どの漢字を選ぶか、なぜその漢字がよいのかをよく考え、愛情のこもった名前をつけましょう。

未来への願いや希望を名前にこめて

イメージと並んで名づけのヒントになりやすいのが、「こんな人に育ってほしい」「こういう人生を歩んでほしい」という親から赤ちゃんへの「願い」です。

願いから名前を考えるときには、それに合う漢字やひびきをさがすとよいでしょう。将来歩んでほしい道や、尊敬する歴史上の人物、好きな作品の登場人物からもヒントが得られます。

イメージから考える名前

好きなもの、夫婦が出会った季節など、思いつくイメージをいろいろ挙げてみてください。わが子にぴったりのイメージがきっと見つかります。

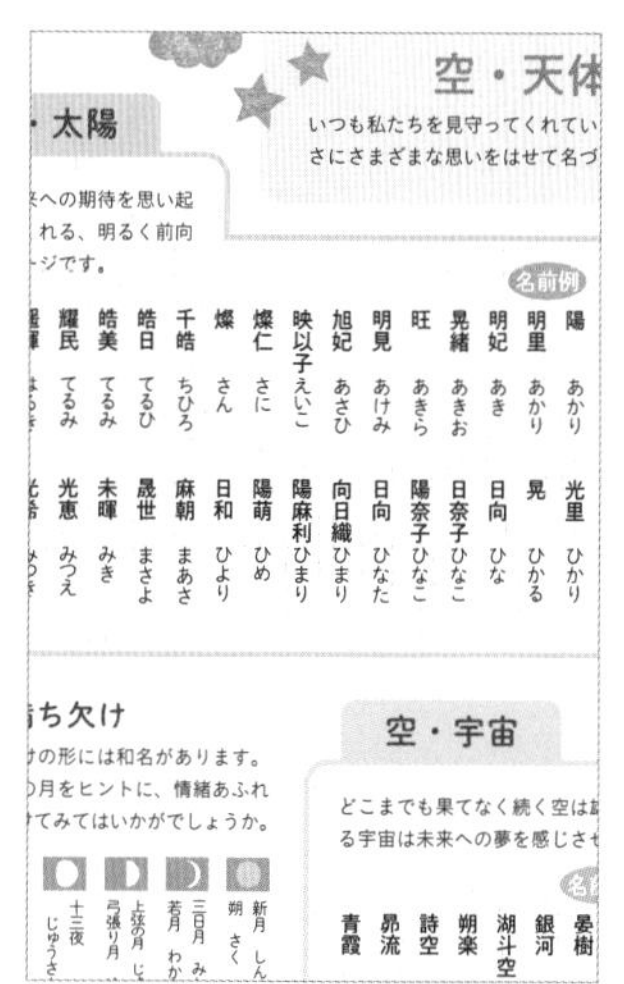

空・天体

いつも私たちを見守ってくれてい
さにさまざまな思いをはせて名づ

・太陽

来への期待を思い起
れる、明るく前向
ージです。

名前例

陽 あかり
明里 あかり
明妃 あき
晃緒 あきお
旺 あきら
明見 あけみ
旭妃 あさひ
映以子 えいこ
燦仁 さに
燦 さん
千晧 ちひろ
晧日 てるひ
晧美 てるみ
耀民 てるみ

光里 ひかり
晃 ひかる
日向 ひな
日奈子 ひなこ
陽奈子 ひなこ
日向 ひなた
向日織 ひまり
陽麻利 ひまり
陽萌 ひめ
日和 ひより
麻朝 まあさ
晟世 まさよ
未暉 みき
光恵 みつえ

ち欠け

けの形には和名があります。
の月をヒントに、情緒あふれ
けてみてはいかがでしょうか。

新月 しん
朔 さく
三日月 み
若月 わか
上弦の月
弓張り月
十三夜 じゅうさ

空・宇宙

どこまでも果てなく続く空は
る宇宙は未来への夢を感じさせ

旻樹
銀河
湖斗空
朔楽
詩空
昂流
青霞

1 キーワードを見つける

イメージの基本となるキーワードです。思い浮かんだイメージに当てはまるものをさがしてみましょう。

2 イメージに合う漢字を調べる

基本となるイメージから連想される漢字の例です。「四季」と「暦」（→P130〜161）では、その季節の自然や行事も紹介しています。

生まれた日は
雪が降っていた
から……

3 音や名前の読み方をチェックする

イメージから連想される名前と読み方の例です。あなたのイメージに合った名前を見つけてください。

願いから考える名前

どんな子になってほしいか、思いつくだけ具体的にキーワードを挙げます。その中で特に重視したいのはどれかを考えましょう。きっと、願いに合った名前と出会えるでしょう。

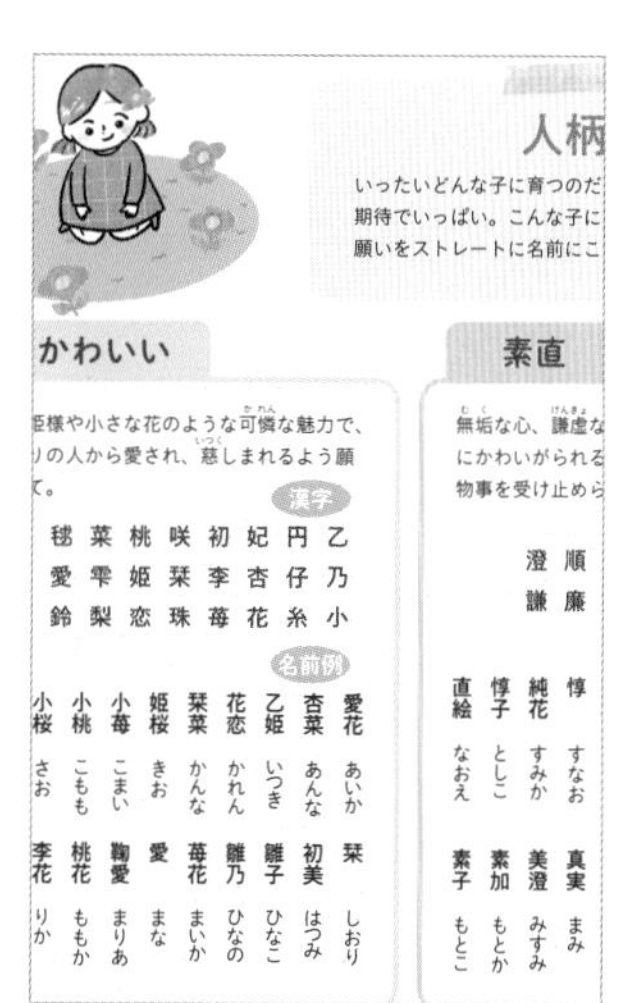

人柄

いったいどんな子に育つのだ
期待でいっぱい。こんな子に
願いをストレートに名前にこ

かわいい

様や小さな花のような可憐な魅力で、
りの人から愛され、慈しまれるよう願
て。

漢字

乙 円 妃 初 咲 桃 菜 毬
乃 仔 杏 李 栞 姫 雫 愛
小 糸 花 苺 珠 恋 梨 鈴

名前例

愛花 あいか
杏菜 あんな
乙姫 いつき
花恋 かれん
栞菜 かんな
姫桜 きお
小苺 こまい
小桃 こもも
小桜 さお

栞 しおり
初美 はつみ
雛子 ひなこ
雛乃 ひなの
苺花 まいか
愛 まな
鞠愛 まりあ
桃花 ももか
李花 りか

素直

無垢な心、謙虚な
にかわいがられる
物事を受け止めら

順 澄
廉 謙

惇 すなお
純花 すみか
惇子 としこ
直絵 なおえ

真実 まみ
美澄 みすみ
素加 もとか
素子 もとこ

1 キーワードを見つける

願いや思いついた項目に合うキーワードをさがしてみましょう。

2 キーワードから漢字を調べる

願いや項目から連想される漢字の例です。PART4の「名前にふさわしい漢字と名前のリスト」（→P225〜347）で、漢字の詳細を確認するのもおすすめです。

賢い子がいいな。
マリ・キュリー
みたいな

3 音や名前の読み方をチェックする

願いや項目から連想される名前と読み方の例です。読み方を変えるなどして検討し、ぴったりの名前を見つけてください。

四季からイメージして

生まれた月や季節にちなんだ名前をつけるのは人気がある方法のひとつ。日本には四季折々、たくさんの美しいことばがあります。キーワードを眺めて想像をふくらませてみて。

春

暖かくなり雪が解け、植物が芽吹き明るく前向きなイメージの春。季節の行事や、色鮮やかな草花などから考えてみては。

春の季語

麗か（うららか）　春愁（しゅんしゅう）　種蒔（たねまき）
おぼろ月（おぼろづき）　春眠（しゅんみん）　茶摘（ちゃつみ）
風車　踏青（とうせい）　摘草（つみくさ）
しゃぼん玉　耕（たがやし）　野遊（のあそび）

草花

あやめ　土筆（つくし）
杏（あんず）　つつじ
かすみ草　椿（つばき）
桜　なずな
シクラメン　藤（ふじ）
すずらん　牡丹（ぼたん）
菫（すみれ）　木蓮（もくれん）
タンポポ　やまぶき

樹木

梓（あずさ）　桐（きり）　椋（むく）
梶（かじ）　杉（すぎ）　柳（やなぎ）
桂（かつら）　榛（はしばみ）
樺（かば）　檜（ひのき）

春の名前

漢字

花7　芽8　青8　若8　咲9　春9
華10　桜10　桃10　梅10　菜11　萌11
菫11　晴12　陽12　蕗16　蕾16　麗19

名前例

陽菜　あきな
梓　あずさ
彩萌　あやめ
苺　いちご
伊予　いよ
初花　ういか
麗　うらら
燕　えん
桐葉　きりは
桂菜　けいな
初実　はつみ
春　はる
如春　はる
春花　はるか
陽花　はるか
春風　はるかぜ
春菜　はるな
陽菜　はるな
春音　はるね
春野　はるの

連想するもの

スタート
フレッシュ
出会いと別れ
ぽかぽかとした陽気
パステルカラー
彩り
初々しさ

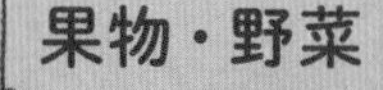

果物・野菜

あさつき
いちご
伊予柑（いよかん）
木の芽（このめ）
菜の花
三つ葉
蓬（よもぎ）
山葵（わさび）

生き物

うぐいす
兎（うさぎ）
鯉（こい）
鯛（たい）
燕（つばめ）
蝶（ちょう）
雲雀（ひばり）
鱒（ます）
繭（まゆ）
雉（きじ）

小梅	こうめ
小陽	こはる
小桃	こもも
彩華	さいか
咲貴	さき
咲楽	さくら
桜子	さくらこ
咲那	さな
始季	しき
鈴蘭	すずらん
菫礼	すみれ
青子	せいこ
千春	ちはる
千晴	ちはる
土筆	つくし
椿	つばき
桃子	とうこ
藤李	とうり
菜央	なお
なずな	なずな
菜々佳	ななか
菜花	なばな
陽日	はるひ
春流	はるる
陽茉莉	ひまり
蒔季	まき
繭禾	まゆか
美桜	みお
三葉	みつは
美春	みはる
みもざ	みもざ
芽衣	めい
萌	めぐみ
梅乃	めの
萌	もえ
萌香	もえか
萌衣花	もえか
桃愛	ももえ
萌々花	ももか
結芽	ゆめ
蕾珂	らいか
蕗愛	ろまな
和歌子	わかこ
若菜	わかな

3月のイメージ

3/3 桃の節句

雛(ひな)祭りや上巳(じょうし)の節句とも呼ばれます。女の子の健やかな成長を祈るお祭りです。ひな人形を飾り、ひし餅(もち)、白酒、桃の花などを供えて祝います。

名前例

桃花	とうか
春巳	はるみ
日奈	ひな
雛胡	ひなこ
雛乃	ひなの
巳紅	みく
桃子	ももこ

〚ひな人形〛

飾り方には地域差があります。関西（おもに京都）では向かって右が雄雛(おびな)、関東では向かって左が雄雛です。

別名

弥生(やよい)、佳月(かげつ)、桜月(さくらづき)、夢見月(ゆめみづき)、早花咲月(さはなさづき)

星座

魚座
（2/19〜3/20）
牡羊座
（3/21〜4/19）

誕生石

アクアマリン
コーラル（珊瑚(さんご)）

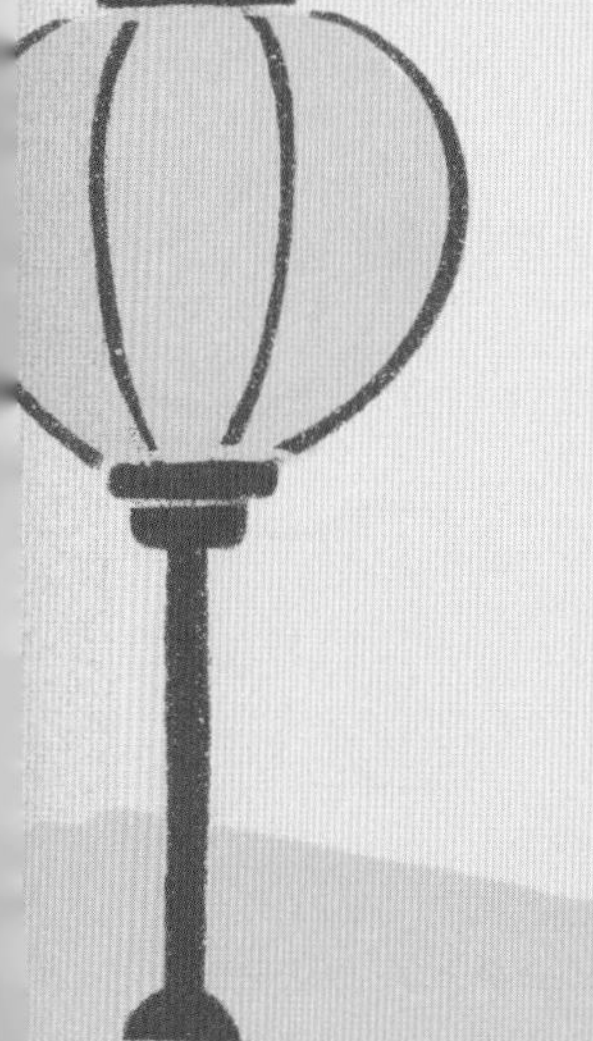

3月の自然

東風(こち)　麗(うらら)か
春光(しゅんこう)　春の野
春雷(しゅんらい)　春疾風(はるはやて)
水温(みずぬる)む　雪間

〚名前例〛

温子	あつこ
桜佳	おうか
珊瑚	さんご
花見	はなみ
雛	ひな
雛子	ひなこ
真知	まち
真凜	まりん
未桜	みお
未芽	みめ
桃花	ももか
弥生	やよい
弥代唯	やよい
夢花	ゆめか
夢見	ゆめみ
佳禾	よしか

72候

桃始笑　ももはじめてさく
蟄虫啓戸　すごもりむしとをひらく
草木萌動　そうもくめばえいずる

24節気

啓蟄(けいちつ)（3/6ごろ）

3月のくらし

ひな人形
ひし餅
ぼた餅
卒業式
ホワイトデー
お彼岸（ひがん）
春場所
春日祭（かすがさい）

〚雪間（ゆきま）〛

雪の晴れ間や、積もった雪のところどころ消えた所を指すことばです。雪解けがはじまり春の訪れを感じさせます。

桜始開
さくらはじめてひらく

雀始巣
すずめはじめてすくう

菜虫化蝶
なむしちょうとなる

春分（しゅんぶん）
（3/21ごろ）

4月のイメージ

花見

平安時代から続く行事で、風に舞う花びらや夜桜を愛(め)でる風流な慣習です。豊作(ほうさく)を祈願(きがん)して、春の農作業の前に宴(うたげ)を催したのがはじまりです。

名前例

彩花	あやか
桜華	おうか
桜	さくら
千花	ちか
舞華	まいか
実桜	みお
美花	みか

別名

卯月(うづき)、清和月(せいわづき)、麦秋(ばくしゅう)、夏端月(なつはづき)、夏半(かはん)

星座

牡羊座
（3/21～4/19）
牡牛座
（4/20～5/20）

誕生石

ダイヤモンド
（金剛石(こんごうせき)）

『名前例』

明水	あきみ
麗	あきら
卯多	うた
卯月	うづき
卯都姫	うづき
卯美	うみ
香澄	かすみ
桜咲	さき
桜良	さくら
清恵	すみえ
清和	せいわ
染野	そめの
奈津葉	なつは
麦穂	むぎほ
初夏	もとか
羊華	ようか

72候

鴻雁北（こうがんかえる）
玄鳥至（つばめきたる）
雷乃発声（かみなりすなわちこえをはっす）

24節気

清明(せいめい)
（4/5ごろ）

4月のくらし

花祭り
入学式
新学期
いちご狩り
潮干狩り
仏生会（ぶっしょうえ）
エイプリルフール

春霞（はるがすみ）

春の大地から微細な水滴がたちのぼり白く曇る様子のことです。「霞」ということばには春の暖かさがあります。

山笑う

草花が芽吹きはじめて、明るく華やかになった春の山。のどかで生命力にあふれた自然の様子を表します。

桜

和歌にも詠（よ）まれ、古くから日本人に愛されています。「しだれ桜」や「染井吉野（そめいよしの）」「八重桜（やえざくら）」などさまざまな品種があります。

4月の自然

曙（あけぼの）
花冷え（はなびえ）
菜種梅雨（なたねづゆ）
清明風（せいめいふう）
桜前線（さくらぜんせん）
長閑（のどか）

霜止出苗
しもやみてなえいずる

葭始生
あしはじめてしょうず

虹始見
にじはじめてあらわる

穀雨（こくう）
（4/20ごろ）

5月のイメージ

5/5 こどもの日

子どもの成長や健康を願う行事で、端午の節句とも。鯉のぼりや五月人形を飾ったり、邪気をはらうために菖蒲湯に入ったりします。

名前例

菖蒲	あやめ
五華	いつか
菖瑚	しょうこ
那蒲	なほ
柏祢	はくね
茉午	まひる
鯉沙	りさ

菖蒲

葉には芳香があり、病気や厄をはらう植物として古くから用いられてきました。読み方が「尚武」「勝負」と同じなので、勇ましさの象徴とされています。

別名

皐月、早苗月、雨月、梅月、橘月

星座

牡牛座
（4/20～5/20）
双子座
（5/21～6/21）

誕生石

エメラルド（翠玉、緑玉）
ヒスイ（翡翠）

名前例

菖芽	あやめ
五季	いつき
薫子	かおるこ
橘皐	きさ
五月	さつき
皐月	さつき
茶奈	さな
早苗	さなえ
瑳菜枝	さなえ
早葉	さよ
翡翠	ひすい
美柏	みかし
翠	みどり
美土里	みどり
明	めい
芽依	めい

72候

蚯蚓出（みみずいずる）
蛙始鳴（かわずはじめてなく）
牡丹華（ぼたんはなさく）

24節気

立夏（5/5ごろ）

5月のくらし

こどもの日　八十八夜
柏餅　鯉のぼり
ちまき　新茶
母の日　みどりの日
ゴールデンウィーク

風薫る

青葉の香りを運ぶ5月のやわらかな風のこと。薫風（くんぷう）とも呼ばれます。

5月の自然

五月晴れ　光風（こうふう）
翠雨（すいう）　凱風（がいふう）
余花（よか）　青風（せいふう）

5/15 葵祭（あおいまつり）

京都の三大祭りのひとつ。古くは賀茂祭（かものまつり）と呼ばれましたが、冠（かんむり）や牛車（ぎっしゃ）などに葵を飾る風習が根づき、葵祭となりました。五穀豊穣（ごこくほうじょう）を祈るお祭りで、平安時代の王朝行列が再現されます。

名前例

- **葵** あおい
- **葵衣** あおい
- **己蔦** きちょう
- **咲葵** さき
- **蔦子** つたこ
- **豊代** ひろよ
- **稔里** みのり

五月晴れ（さつきばれ）

もとは旧暦5月の梅雨（つゆ）の晴れ間のことをいいましたが、現在は5月のよく晴れた日の意味で使われています。

夏

大地を潤(うるお)す恵みの雨と、梅雨(つゆ)明け後の照り輝く太陽に象徴されるように、慈(いつく)しみ深く、元気なイメージです。季節の行事や、太陽の光を浴びて輝くみずみずしい自然の姿から名前を考えてみては。

生き物

カブトムシ
蛍(ほたる)
鳶(とんび)
蝶(ちょう)
鮎(あゆ)
蟬(せみ)
鷗(かもめ)
鷺(さぎ)
鷹(たか)
蛇(へび)
金魚(きんぎょ)

樹木

竹(たけ)
椰子(やし)
椎(しい)
楠(くすのき)
橘(たちばな)
篠(しの)
芭蕉(ばしょう)
榊(さかき)

夏の季語

青田(あおた)
炎昼(えんちゅう)
鹿の子(か)
納涼(すずみ)
盛夏(せいか)
月涼し(つきすずし)
夏草
夏木立(なつこだち)
虹
白夜(はくや)
氷室(ひむろ)
短夜(みじかよ)
夕立
若葉

夏の名前

漢字

帆(6) 麦(7) 青(8) 昊(8) 海(9) 砂(9)
南(9) 虹(9) 夏(10) 蛍(11) 彩(11) 渚(11)
涼(11) 葵(12) 葉(12) 碧(14) 輝(15) 繁(16)

名前例

愛栖 あいす
彩夏 あやか
鮎美 あゆみ
杏 あん
夏帆 かほ
夏鈴 かりん
黄果 きか
輝夏 きか
希帆 きほ
蛍子 けいこ
夏央 なつお
夏希 なつき
夏子 なつこ
夏木 なつこ
奈津奈 なつな
奈都葉 なつは
夏海 なつみ
夏芽 なつめ
夏奈子 ななこ
奈夏 ななつ

草花

朝顔
杜若(かきつばた)
ジャスミン
百日紅(さるすべり)
ダリア
蓮(はす)
牡丹(ぼたん)
向日葵(ひまわり)
マーガレット
松葉牡丹(まつばぼたん)
百合(ゆり)
若竹(わかたけ)

果物・野菜

麦
杏(あんず)
さくらんぼ
スイカ
李(すもも)
パイナップル
夏みかん
バナナ
枇杷(びわ)
桃
きゅうり

連想するもの

海
甲子園
トロピカル
かき氷
うちわ
せんす
照りつける太陽

胡子 ここ
小夏 こなつ
小麦 こむぎ
砂輝 さき
渚希 さき
沙真 さま
燦 さん
椎奈 しいな
志津夏 しづか
潤 じゅん
翠華 すいか
涼奈 すずな
涼美 すずみ
盛夏 せいか
昊楽 そら
碧水 たまみ
ダリア だりあ
千夏 ちなつ
照陽 てるひ
輝海 てるみ
那津 なつ
夏衣 なつえ

南海夏 なみか
波夏 なみな
虹架 にじか
陽季 はるき
陽葵 ひまり
向日葵 ひまわり
帆乃夏 ほのか
真夏 まなつ
茉莉花 まりか
麻琳 まりん
美砂 みさ
瑞樹 みずき
瑞葉 みずは
美青 みはる
美海 みみ
萌葉 もえは
由衣夏 ゆいか
百合 ゆり
李夏 りか
涼子 りょうこ
蓮 れん
若葉 わかば

6月のイメージ

紫陽花

色が白や青、紫やピンクに変化するので、「七変化」とも呼ばれます。

梅雨

梅の実が熟すころに降る雨なので、こう呼ばれます。約1か月にわたって降り続く、稲を育てるための恵みの雨です。

名前例

- 雨祢　あまね
- 湖梅　こうめ
- 露音　つゆね
- 露理　つゆり
- 実雨　みう
- 優雨　ゆう
- 露加　ろか

別名

水無月、風待月、鳴神月、涼暮月、松風月

星座

双子座
（5/21～6/21）
蟹座
（6/22～7/22）

誕生石

パール（真珠）

ムーンストーン
（月長石）

名前例

- 葵　あおい
- 雨　あめ
- 季夏　きか
- 絢　じゅん

- 紫陽　しよう
- 涼鹿　すずか
- 梅雨　つゆ
- 鳴華　なるか
- 鳴海　なるみ
- 真珠　まじゅ

- 待風　まつか
- 水那　みな
- 水奈子　みなこ
- 水無月　みなづき
- 美露　みろ
- 六摘　むつみ

72候

麦秋至（むぎのときいたる）
蟷螂生（かまきりしょうず）
腐草為蛍（ふそうほたるとなる）

24節気

芒種（ぼうしゅ）
（6/6ごろ）

梅雨晴れ（つゆばれ）

もともとは梅雨明け直後の晴れの意味でしたが、梅雨の間に訪れる晴天の意味でも使われます。

五月雨（さみだれ）

旧暦5月に降る雨。「梅雨」が季節を指すことが多いのに対し、「五月雨」は雨そのもののことをいいます。

6月のくらし

衣がえ（6/1）
夏越の祓（なごしのはらえ）（6/30）
ジューンブライド
父の日
青梅（あおうめ）
蛍狩り

6月の自然

送り梅雨
山背風（やませかぜ）
黒南風（くろはえ）
蛍（ほたる）
雨蛙（あまがえる）
夏の川

菖蒲華 あやめはなさく
乃東枯 なつかれくさかるる
梅子黄 うめのみきばむ

夏至（げし）（6/21ごろ）

7月のイメージ

別名

文月（ふみづき）、蘭月（らんげつ）、七夕月（たなばたづき）、七夜月（ななよづき）、秋初月（あきそめづき）

星座

蟹座
（6/22～7/22）
獅子座
（7/23～8/22）

誕生石

ルビー（紅玉（こうぎょく））

『名前例』

- 織姫　おりき
- 織女　おりめ
- 蘭恋　かれん
- 星河　せいか
- 奈奈子　ななこ
- 七世　ななせ
- 七葉　ななは
- 七海　ななみ
- 七夕　なゆ
- 奈侑子　なゆこ
- 文月　ふづき
- 文夏　ふみか
- 文夜　ふみよ
- 紅緒　べにお
- 蘭　らん
- 瑠美　るび

7/7 七夕

年に一度、織姫（おりひめ）と彦星（ひこぼし）が天の川にかかる橋を渡って会える日です。二人の逢瀬（おうせ）を「星合（ほしあい）」や「星の恋」ともいいます。裁縫や書道の上達を願った5色の短冊や七夕飾りを笹（ささ）につるします。

名前例

- 天音　あまね
- 織羽　おるは
- 河埜　かや
- 星恋　せれん
- 天佳　てんか
- 七星　ななせ
- 美織　みおり

7月のくらし

海開き　夏休み
土用の丑（うし）の日　暑中見舞い
天神祭　帰省

72候

- 蓮始開　はすはじめてひらく
- 温風至　おんぷういたる
- 半夏生　はんげしょうず

24節気

小暑（しょうしょ）
（7/7ごろ）

海

すべてを包みこむような優しく力強いイメージをヒントに。

名前例

愛海	あみ
磯波	いそは
来海	くるみ
琴海	ことみ
砂羅	さら
珊瑚	さんご
千帆	ちほ
津加紗	つかさ
凪	なぎ
渚沙	なぎさ
夏海	なつみ
波花	なみか
望海	のぞみ
遥海	はるみ
洋佳	ひろか
広海	ひろみ
帆波	ほなみ
帆那海	ほなみ
万浬	まり
海音	みおん
岬	みさき
海津子	みつこ
湊	みなと
湊都	みなと
海々	みみ
侑海	ゆうみ
浬砂	りさ

7月の自然

半夏雨（はんげあめ）　銀河
白南風（しらはえ）　星映し
入道雲（にゅうどうぐも）　虹

祇園祭（ぎおんまつり）

京都の八坂神社（やさかじんじゃ）で1か月にわたって行われる代表的な夏祭り。32基の山鉾（やまぼこ）が巡行する「山鉾巡行（やまぼこじゅんこう）」が有名です。

海水浴

海辺で水泳や砂遊びを楽しむ、夏のレジャーの代表です。

土潤溽暑
つちうるおうてむしあつし

桐始結花
きりはじめてはなをむすぶ

鷹乃学習
たかすなわちがくしゅうす

大暑（たいしょ）
(7/23ごろ)

8月のイメージ

〚花火〛

夏の夜を鮮やかに彩る打ち上げ花火や、線香花火などの手持ち花火などがあります。

夏祭り

夏の風物詩。伝統芸能でもある阿波(あわ)おどり（徳島）や、七夕を祝うねぶた祭（青森）などが有名です。

名前例

燈	あかり
華夜子	かやこ
花夜	はなよ
祭	まつり
纏李	まつり
御園	みその
踊禾	ようか

別名

葉月(はづき)、木染月(こぞめづき)、清月(せいげつ)、月見月(つきみづき)、桂月(けいげつ)、紅染月(べにぞめづき)

星座

獅子座
（7/23〜8/22）
乙女座
（8/23〜9/22）

誕生石

ペリドット（橄欖石(かんらんせき)）
サードオニクス

〚浴衣(ゆかた)〛

色とりどりの浴衣は、夏祭りや花火大会などに着ると、夏の夜に風情(ふぜい)を添えてくれます。風通しもよいので、納涼にもぴったりです。

『名前例』

灯	あかり
桂夏	けいか
木染	こそめ
朔八	さくや
鈴風	すずか
盛夏	せいか
染埜	そめの
千夏	ちなつ
凪	なぎ
夏輝	なつき
葉月	はづき
葉津希	はづき
花美	はなび
紅夏	べにか
八重	やえ
葉子	ようこ

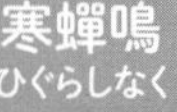

72候

寒蟬鳴	涼風至	大雨ノ時行
ひぐらしなく	すずかぜいたる	たいうときどきにふる

24節気

立秋(りっしゅう)
（8/7ごろ）

8月のくらし

八朔(はっさく)(8/1)
御盆(おぼん)
旅行
海水浴
盆踊り
蟬(せみ)しぐれ
精霊(しょうりょう)流し

8月の自然

雲の峰
青嶺(あおね)
慈雨(じう)
夕凪(ゆうなぎ)
流星
炎天

〖風鈴〗

窓辺や軒につるして、風によって生まれる音に涼しさを感じます。

天地始粛
てんちはじめてさむし

綿柎開
わたのはなしべひらく

蒙霧升降
ふかききりまとう

処暑(しょしょ)
(8/23ごろ)

秋

実り豊かで食欲の湧く季節です。心地よい風や、やわらかい日ざしには、落ち着いた雰囲気も感じられます。季節の行事や山を色づかせる樹木などから、名前を考えてみては。

連想するもの

スポーツの秋　食欲の秋
芸術の秋　センチメンタル
読書の秋　焼き芋

秋の季語

赤とんぼ　桐一葉（きりひとは）
秋麗（あきうらら）　秋思（しゅうし）
稲刈（いねかり）　新涼（しんりょう）
色鳥（いろどり）　水澄む（みずすむ）
霧（きり）　夜長（よなが）

樹木

楓（かえで）　栃（とち）
樫（かし）　銀杏（いちょう）
金木犀（きんもくせい）　竹

生き物

猪　雀
馬　とんぼ
雁（かり）　椋鳥（むくどり）
鹿　きりぎりす
鈴虫　こおろぎ

秋の名前

漢字

月4 禾5 里7 実8 紅9 秋9
昴9 桐10 菊11 涼11 萩12 楓13
豊13 稔13 稲14 穂15 錦16 穣18

名前例

茜　あかね
秋菜　あきな
朱葉　あきは
亜紀葉　あきは
秋穂　あきほ
秋良　あきら
逢月　あづき
安樹　あんじゅ
彩葉　いろは
楓　かえで
千秋　ちあき
千穂　ちほ
月子　つきこ
月乃　つきの
橙樹　とうじゅ
豊美　とよみ
七穂　ななほ
錦季　にしき
萩乃　はぎの
楓花　ふうか

草花

芦（あし）
茜（あかね）
荻（おぎ）
桔梗（ききょう）
菊（きく）
藤袴（ふじばかま）
撫子（なでしこ）
コスモス
蔦（つた）
萩（はぎ）
鬼灯（ほおずき）
蘭（らん）

果物・野菜

イチジク
芋（いも）
柿（かき）
カリン
栗（くり）
胡桃（くるみ）
ざくろ
梨（なし）
葡萄（ぶどう）
きのこ
林檎（りんご）
レンコン

奏　かなで
鹿乃　かの
花梨　かりん
菊乃　きくの
菊花　きっか
桐葉　きりは
栗奈　くりな
来実　くるみ
胡桃　くるみ
紅秋　くれあ
紅葉　くれは
こすも　こすも
好葉　このは
木の実　このみ
里葉　さとは
里実　さとみ
爽子　さわこ
萩花　しゅうか
涼音　すずね
涼乃　すずの
涼世　すずよ
昴　すばる
楓子　ふうこ
紅　べに
穂奈美　ほなみ
穂乃香　ほのか
万穂　まほ
万実　まみ
実来　みく
美栗　みくり
美秋　みしゅう
水澄　みすみ
美月　みつき
実稲　みと
実梨　みのり
稔里　みのり
穣里　みのり
椛　もみじ
夕華　ゆうか
里禾　りか
里椛　りか
梨子　りこ
栗香　りつか
涼子　りょうこ

9月のイメージ

中秋の名月（ちゅうしゅうのめいげつ）

十五夜（じゅうごや）とも呼ばれます。空気が澄んで、美しく見える満月（望月（もちづき））を愛（め）でながら秋の収穫に感謝する行事です。月見団子や里芋、秋の七草などを楽しみます。

名前例

- 秋見　あきみ
- 智里　ちさと
- 月埜　つきの
- 月夜　つきよ
- 望美　のぞみ
- 満月　みつき
- 美十　みと

別名

長月（ながつき）、菊月（きくづき）、色取月（いろどりづき）、涼秋（りょうしゅう）、梢の秋（こずえのあき）

星座

乙女座
（8/23～9/22）
天秤座
（9/23～10/23）

誕生石

サファイア（青玉（せいぎょく））

『名前例』

- 乙女　おとめ
- 菊菜　きくな
- 菊露　きくろ
- 九美　くみ
- 梢永　こずえ
- 咲彩　さあや
- 鈴音　すずね
- 菫　すみれ
- 月　つき
- 露奈　つゆな
- 長月　ながつき
- 名月　なつき
- 白露　はくろ
- 美月　みづき
- 夕月　ゆづき
- 涼　りょう

9月のくらし

味覚狩り　菊酒（きくざけ）
お彼岸（ひがん）　秋社（しゅうしゃ）
おはぎ　流鏑馬（やぶさめ）

9月の自然

初涼（しょりょう）　葉風（はかぜ）
野分（のわき）　秋の長雨（ながあめ）
宵闇（よいやみ）　いわし雲

72候

鶺鴒鳴　せきれいなく
草露白　くさつゆしろし
禾乃登　こくものすなわちみのる

24節気

白露（はくろ）
（9/8ごろ）

9/9 重陽の節句

五節句のひとつで、菊の節句、栗の節句、お九日とも呼ばれます。長寿と無病息災を祈る節句で、菊花を観賞しながら菊酒を飲んだり、栗ごはんを食べたりします。

名前例

亜栗 あぐり
菊乃 きくの
木寿絵 こずえ
千菊 ちあき
陽果 はるか
陽己 ようこ
栗 りつ

〚虫の声〛

秋の季語でもあります。鈴虫やこおろぎ、松虫などが一斉に鳴く声を「虫時雨」といいます。

蟄虫坏戸 むしかくれてとをふさぐ

雷乃収声 かみなりすなわちこえをおさむ

玄鳥去 つばめさる

秋分 (9/23ごろ)

10月のイメージ

スポーツの日

「体育の日」から名前が変わった「スポーツの日」は、運動をして、健やかな心と体をつくる日です。スポーツを行うことで、ルールを守り、相手を大切にする心も育ちます。

名前例

歩夢 あゆむ
健美 きよみ
翔子 しょうこ
球乃 たまの
薙沙 なぎさ
真弓 まゆみ
柔 やわら

別名

神無月(かんなづき)、小春(こはる)、
時雨月(しぐれづき)、陽月(ようげつ)、亥冬(がいとう)

星座

天秤座
（9/23〜10/23）
蠍座
（10/24〜11/21）

誕生石

オパール（蛋白石(たんぱくせき)）
トルマリン（電気石(でんきせき)）

『名前例』

秋生 あきお
秋澄 あすみ
育 いく
緒来 おく

栞奈 かんな
寛和 かんな
秋桜 こすもす
小春 こはる
爽香 さやか
時雨 しぐれ

十湖 とうこ
奈月 なつき
玄禾 はるか
陽月 ひづき
羊架 ようか
陽英 よしえ

『秋晴れ』

秋のよく晴れた日のこと。空高く澄み渡っている秋の心地よさを表しています。

72候

水始涸　みずはじめてかる
鴻雁来　こうがんきたる
菊花開　きっかひらく

24節気

寒露(かんろ)
（10/8ごろ）

10月のくらし

衣がえ（10/1）
えびす講（10/20）
ハロウィン（10/31）
運動会
ぶどう狩り
栗拾い

10月の自然

鱗雲（うろこぐも）
天高し（てんたか）
秋澄む（あきす）
釣瓶落とし（つるべお）
羊雲（ひつじぐも）
風爽か（かぜさや）

霎時施
こさめときどきふる

霜始降
しもはじめてふる

蟋蟀在戸
きりぎりすとにあり

霜降（そうこう）
（10/23ごろ）

11月のイメージ

紅葉狩り

山野に出かけ、赤や黄色に色づく葉の美しさを楽しむこと。もともとは宮廷ではじまった雅(みやび)やかな遊びです。銀杏(いちょう)や蔦漆(つたうるし)、みずきなどが代表的な木です。

名前例

- **色葉** いろは
- **黄樹** きき
- **紅羽** くれは
- **秋椛** しゅうか
- **蔦紅** つたこ
- **みず黄** みずき
- **紅葉** もみじ

別名

霜月(しもつき)、神楽月(かぐらづき)、暢月(ちょうげつ)、露隠の葉月(つゆごもりのはづき)、雪待月(ゆきまちづき)

星座

蠍座
（10/24〜11/21）
射手座
（11/22〜12/21）

誕生石

トパーズ（黄玉(おうぎょく)）

〖小春日和〗

晩秋なのに春のように暖かい日のこと。季節を忘れさせる束の間の暖かさへの喜びがこもっています。

〖霜柱(しもばしら)〗

冬に近づき、気温がぐっと下がった寒い日に、土中の水分が地面から染み出てできる細い氷の柱です。秋に小さな白い花を咲かせる同名の植物があります。

〖名前例〗

- **神楽** かぐら
- **小春** こはる
- **小雪** こゆき
- **朔乃** さくの
- **朔葉** さくは
- **詩採** しとり
- **霜月** しもつき
- **霜芽** しもめ
- **千歳** ちとせ
- **照葉** てりは
- **錦輝** にしき
- **野舞** のぶ
- **暢衣** のぶえ
- **文** ふみ
- **雪花** ゆきか
- **雪美** ゆきみ

11月のくらし

酉(とり)の市
千歳飴(ちとせあめ)
勤労感謝(きんろうかんしゃ)の日
十日夜(とおかんや)
髪置(かみおき)
帯解(おびと)き
文化の日

72候

- **地始凍** ちはじめてこおる
- **山茶始開** つばきはじめてひらく
- **楓蔦黄** もみじつたきばむ

24節気

立冬(りっとう)（11/7ごろ）

11/15 七五三

数え年で3歳と5歳の男児、3歳と7歳の女児が氏神様(うじがみさま)に参詣(さんけい)し、成長と加護(かご)を願うお祝いです。

11月の自然

時雨(しぐれ)　木枯らし(こがらし)
初霜(はつしも)　水澄む(みずすむ)
氷雨(ひさめ)　照葉(てりは)

朔風払葉
さくふうはをはらう

虹蔵不見
にじかくれてみえず

金盞香
きんせんかさく

小雪(しょうせつ)
(11/22ごろ)

冬

美しく雪が舞い、寒さの中で凜（りん）とした空気に身の引きしまる季節。澄みきった清らかなイメージがあります。季節の行事や、銀世界に映える草花などから名前を考えてみては。

連想するもの

- こたつ
- 年末年始
- 鍋料理
- 雪景色
- イルミネーション

冬の季語

- 神楽（かぐら）
- 春隣（はるとなり）
- 寒昴（かんすばる）
- 冬晴（ふゆばれ）
- 垂り（しずり）
- 冬北斗（ふゆほくと）
- 氷柱（つらら）
- 冬芽

生き物

- 兎（うさぎ）
- 鴻（こう）
- 狼（おおかみ）
- 鷺（さぎ）
- 鴨（かも）
- 鶴（つる）
- 白鳥
- 隼（はやぶさ）
- 鯨（くじら）
- 鷲（わし）

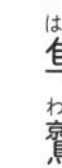

冬の名前

漢字

正5 冬5 白5 氷5 北5 冴7

柊9 柚9 朔10 凌10 深11 雪11

皓12 聖13 暖13 銀14 澄15 凜15

名前例

白清	あきよ
晶	あきら
泉純	いずみ
苺	いちご
神楽	かぐら
花凜	かりん
樺凜	かりん
希氷	きこ
綺冴	きさえ
白珂	きよか
銀雅	きよか
冬萌	ともえ
知実	ともみ
白亜	はくあ
白羽	はくば
暖生	はるき
柊	ひいらぎ
氷奈	ひな
風花	ふうか
冬柚	ふゆ
芙由	ふゆ
冬華	ふゆか

果物・野菜

- 蕪（かぶ）
- 芹（せり）
- ねぎ
- 白菜（はくさい）
- 大根（だいこん）
- 橙（だいだい）
- 蜜柑（みかん）
- 柚（ゆず）
- 酸橘（すだち）
- 林檎（りんご）

草花

- カトレア
- 山茶花（さざんか）
- 水仙（すいせん）
- 寒椿（かんつばき）
- 福寿草（ふくじゅそう）
- 葉牡丹（はぼたん）
- 侘助（わびすけ）
- 蕾（つぼみ）

樹木

- 梅（うめ）
- 欅（けやき）
- 柊（ひいらぎ）
- 松（まつ）
- モミ
- 柳（やなぎ）

聖見	きよみ	冬芽	ふゆめ
聖深	きよみ	北斗	ほくと
小冬	こと	真澄	ますみ
湖白	こはく	茉皓	まひろ
冴	さえ	真冬	まふゆ
冴英	さえ	舞雪	まゆき
冴織	さおり	美晶	みあき
朔水	さくみ	蜜柑	みかん
朔羅	さくら	美冴	みさえ
紗雪	さゆき	蜜香	みつか
冴良	さら	美冬	みふゆ
静雪	しずき	美雪	みゆき
雫	しずく	深雪	みゆき
しづる	しづる	雪	ゆき
柊華	しゅうか	雪花	ゆきか
白音	しろね	雪深	ゆきみ
須乃宇	すのう	柚香	ゆずか
澄礼	すみれ	柚葉	ゆずは
静羅	せいら	柚芽	ゆめ
雪菜	せつな	蕾斗	らいと
冬愛	とあ	凌子	りょうこ
橙子	とうこ	凛	りん

12月のイメージ

〚六花（ろっか）〛

雪のことで、「りっか」と読むこともあります。結晶の六角形を花びらに見立てた名前です。雪はよく花にたとえられ、晴天の日に舞う雪のことを「風花（かざはな）」と呼びます。

クリスマス

キリストの降誕祭（こうたんさい）。クリスマスツリーを飾ったり、プレゼントを交換したりして祝います。

名前例

衣舞	いぶ
栗栖	くりす
小夜子	さよこ
聖奈	せいな
聖來	せいら
乃絵琉	のえる
聖	ひじり

別名

師走（しわす）、春待月（はるまちづき）、暮古月（くれこづき）、極月（ごくづき）、弟月（おとづき）

星座

射手座
（11/22～12/21）
山羊座
（12/22～1/19）

誕生石

ターコイズ（トルコ石）
ラピスラズリ（瑠璃（るり））

12月の自然

山眠る（やまねむる）　小雪（こゆき）
朔風（さくふう）　初雪（はつゆき）
北風（きたかぜ）　樹氷（じゅひょう）

〚名前例〛

晶花	あきか
聖美	きよみ
小春	こはる
鐘胡	しょうこ
師走	しわす
聖子	せいこ
聖夜	せいや
柊瑠	のえる
乃英瑠	のえる
乃絵留	のえる
春待	はるまち
穂極	ほのり
聖美	まさみ
柚季	ゆずき
瑠璃	るり
六花	ろっか

72候
熊蟄穴（くまあなにこもる）
閉塞成冬（そらさむくふゆとなる）
橘始黄（たちばなはじめてきばむ）

24節気
大雪（たいせつ）
（12/7ごろ）

12/31 大晦日（おおみそか）

大晦日は厄（やく）を落とし、心身を清める日です。「大つごもり」ともいいます。

名前例

明鐘	あかね
越子	えつこ
清楽	きよら
瑚末	こずえ
清珂	さやか
鐘子	しょうこ
末莉	まつり

12月のくらし

柚子湯（ゆずゆ）　除夜（じょや）の鐘
餅（もち）つき　年越し
大掃除　鍋料理

〚柊（ひいらぎ）〛

柊には白い花をつけるモクセイ科のものと、赤い実をつける西洋柊（ホーリー）があります。クリスマスの飾りには西洋柊が使われます。

麋角解
さわしかのつのおつる

乃東生
なつかれくさしょうず

鱖魚群
さけのうおむらがる

冬至（とうじ）
（12/22ごろ）

1月のイメージ

別名

睦月（むつき）、初月（はつづき）、泰月（たいげつ）、新春（しんしゅん）、初春（はつはる）

星座

山羊座
（12/22～1/19）
水瓶座
（1/20～2/18）

誕生石

ガーネット（柘榴石（ざくろいし））

1月の自然

初茜（はつあかね）	細雪（ささめゆき）
風花（かざはな）	初日影
氷柱（つらら）	霧氷（むひょう）

1月のくらし

初詣（はつもうで）	かるた
新年会	百人一首
初日の出	鏡開き
おせち料理	人日（じんじつ）の節句（1/7）
年賀	成人式

『七草』

芹（せり）、薺（なずな）、御形（ごぎょう）、繁縷（はこべら）、仏座（ほとけのざ）、菘（すずな）、蘿蔔（すずしろ）の７種の菜のことです。１月７日の人日の節句には、健康と長寿を願ってこれらを粥（かゆ）にした七草粥（ななくさがゆ）を食べます。

『名前例』

旭	あさひ
一子	いちこ
一菜	かずな
ざくろ	ざくろ
鈴菜	すずな
芹	せり
芹奈	せりな
なず菜	なずな
初笑	はつえ
初日	はつひ
初春	はる
風花	ふうか
睦月	むつき
睦	むつみ
睦美	むつみ
泰代	やすよ

72候

水泉動 すいせんうごく	芹乃栄 せりすなわちさかう	雪下出麦 ゆきわたりてむぎいずる

24節気

小寒（しょうかん）
（1/5ごろ）

正月

特に元日から7日までの松の内までのことです。「正」という字には年のはじめの意味があるためです。新年とともにやってくる年神様(としがみさま)を迎えるため、門松(かどまつ)や鏡餅(かがみもち)などを用意します。

名前例

旦徠	あきら
初衣	うい
早新	さちか
松和	ときわ
七美	ななみ
正実	まさみ
元瑚	ゆきこ

〖初詣(はつもうで)〗

新年にはじめて寺社にお参りすることです。氏神様(うじがみさま)のまつられている、またはその年の恵方(えほう)にある寺社に参り、一年の幸福を祈ります。

水沢腹堅
さわみずこおりつめる

款冬華
ふきのはなさく

雉始雊
きじはじめてなく

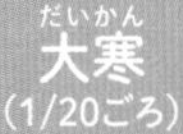

大寒(だいかん)
(1/20ごろ)

2月のイメージ

2/3ごろ　節分

季節の分け目という意味ですが、現在では立春の前日を指します。鬼をはらう豆をまいたり、鰯(いわし)の頭と柊(ひいらぎ)の枝でつくる魔除(まよ)けを用意したりします。

名前例

- **阿豆沙** あずさ
- **恵帆** えほ
- **徠春** きはる
- **福來** さちこ
- **柊古** しゅうこ
- **節季** みずき
- **弥衣香** やいか

別名

如月(きさらぎ)、麗月(れいげつ)、梅見月(うめみづき)、仲春(ちゅうしゅん)、木芽月(このめづき)

星座

水瓶座
（1/20〜2/18）
魚座
（2/19〜3/20）

誕生石

アメジスト（紫水晶(むらさきすいしょう)）

『名前例』

- **梅見** うめみ
- **二稀** かずき
- **希紗** きさ
- **季更** きさら
- **如月** きさらぎ
- **木芽** きのめ
- **四温** しおん
- **節子** せつこ
- **知世子** ちよこ
- **初音** はつね
- **二葉** ふたば
- **水綺** みずき
- **紫** ゆかり
- **如花** ゆきか
- **如彌** よしみ
- **麗香** れいか

『梅見(うめみ)』

平安時代以前は「花」といえば梅のことでした。旧暦2月は別名「梅見月(うめみづき)」とも呼ばれるほど、代表的な行事です。早咲きの梅をさがしに歩くことを「探梅(たんばい)」といいます。

72候

- **黄鶯睍睆** うぐいすなく
- **東風解凍** とうふうこおりをとく
- **鶏始乳** にわとりはじめてとやにつく

24節気

立春(りっしゅん)（2/4ごろ）

初午（はつうま）

２月の最初の午の日に行われる稲荷社の祭日のことです。伏見稲荷大社（ふしみいなりたいしゃ）の神様が伊奈利山（いなりやま）にはじめて降りてきたのが初午の日だったことに由来しています。

名前例

- **稲実** いなみ
- **祇禾** しいね
- **瀬伊奈** せいな
- **奈利子** なりこ
- **荷見** はすみ
- **社呂** やしろ
- **利伊奈** りいな

２月の自然

霰（あられ）
ダイヤモンドダスト
霜夜（しもよ）
雪解け
寒明（かんあけ）
三寒四温（さんかんしおん）
春信（しゅんしん）
春一番

〚稲荷社（いなりしゃ）〛

五穀豊穣（ごこくほうじょう）から諸願成就（しょがんじょうじゅ）まで、あらゆる願いに応じてくれる稲荷神（いなりのかみ）を祭った社のことです。狐（きつね）を神使（しんし）とするため、狛犬（こまいぬ）のかわりに狐が置かれています。

２月のくらし

豆まき
福豆
バレンタインデー
恵方巻き（えほうまき）
うるう年

〚初音（はつね）〛

鳥がはじめてその季節に鳴く声のことですが、春は、声の美しさから特に鶯（うぐいす）の声を指します。鶯は春告鳥（はるつげどり）とも呼ばれ、春の訪れを感じさせます。

霞始靆 かすみはじめてたなびく
土脈潤起 どみゃくうるおいおこる
魚上氷 うおこおりをいずる

雨水（うすい）
(2/19ごろ)

自然からイメージして

生命の源である雄大で美しい自然。そのエネルギーをいただくような気持ちで赤ちゃんにぴったりの名前を考えてみましょう。

山と川

たくましさや荘厳さを感じさせる大地、すべての生命を支えている清らかな水をヒントに考えて。

山・森・大地

しっかりと根を張っている落ち着いた雰囲気があります。緑豊かでさわやかな印象も。

漢字

大 地 邑 里
杜 岳 拓 歩
芽 枝 茂 耕
峰 郷 渓 崇
野 埜 陸 崚
梢 彬 萌 登
森 葉 嵯 嵩
漠 稜 幹 緑
樹 嶺 麓 巌

名前例

碧葉 あおば
彬穂 あきほ
歩 あゆみ
杜栖 ありす
樹 いつき
花稜 かりょう
花麓 かろく
渓奈 けいな
梢 こずえ
嵯都巳 さとみ

嵯埜 さの
茂実 しげみ
樹音 じゅね
森羅 しんら
崇直 すなお
嵩祢 たかね
岳埜 たけの
知郷 ちさと
棲枝 としえ
登詩枝 としえ

杜萌 とも
七峰 なみね
野々果 ののか
拓葉 ひろば
大実 ひろみ
眞大 まひろ
幹 みき
美郷 みさと
美地 みち
緑子 みどりこ

美森 みもり
陸奥子 むつこ
芽生 めい
紅葉 もみじ
百萌 もも
耶漠 やひろ
邑里 ゆうり
葉子 ようこ
巌乃 よしの
嶺栞 れいか

宝石・鉱物

宝石や鉱石など華やかに輝くイメージです。神秘性と未来への可能性を感じさせます。

漢字

玉 圭 玖 珂
珊 玲 珀 珠
琉 瑛 貴 晶
琳 琥 瑚 瑞
瑶 瑳 瑠 翠
銀 輝 璃 錫

名前例

晶水 あきみ
瑛璃 えり
貴宝 きほ
玉珂 きよか
琥珀 こはく
珊瑚 さんご
珠笑瑠 じゅえる

聖珂 せいか
大愛 だいあ
珠輝 たまき
陽翠 ひすい
真珠 まみ
真琳 まりん
美玖 みく

瑞貴 みずき
翠 みどり
美瑶 みよう
璃瑛 りえ
璃魅 りみ
瑠美衣 るびい
瑠璃 るり

水

清らかでみずみずしく、潤(うるお)いのある雰囲気です。清流のように澄んだ心をもった子に。

漢字

水 洸 浩 透 流 雫 清 満 湧 溢 源 瑞 滝 滉 漱 滴 潔 潤 澄 澪 濡 瀬 瀧 露

名前例

杏濡 あんじゅ
溢美 いつみ
和水 かずみ
清水 きよみ
雫 しずく
潤子 じゅんこ
澄絵 すみえ
澄河 すみか
澄礼 すみれ
瀬那 せな
漱琉 そうる
透子 とうこ
浩 ひろ
澪 みお
澪那 みおな
水輝 みずき
瑞樹 みずき
水瀬 みなせ
水都 みなと
澪風 みふう
湧 ゆう
琉水 るみ

海・川・湖

海や川はいのちの生まれる場所です。深い包容力と、清らかで涼しいイメージに。

漢字

汀 江 汐 凪 帆 沙 沢 波 河 岬 泉 海 砂 珊 津 洋 浬 航 浜 浪 舷 渚 港 湖 湘 湊 瑚 漣 潮 澄 櫂 瀬 瀧

名前例

和泉子 いずみこ
羽汐 うしお
映湖 えいこ
英海 えいみ
恵漣 えれん
櫂楽 かいら
紀帆 きほ
心渚 ここな
砂槻 さつき
沙帆 さほ
潮奈 しおな
汐浬 しおり
湘菜 しょうな
瀬里那 せりな
瀧歩 たきほ
智波 ちなみ
波音 なお
渚沙 なぎさ
凪音 なぎね
波奈 なみな
鳴海 なるみ
帆澄 ほずみ
帆由 ほゆ
磨澄 ますみ
真凛 まりん
実佳沙 みかさ
汀環 みぎわ
海砂 みさ
岬 みさき
岬綺 みさき
湊姫 みなき
海凪 みなぎ
港都 みなと
美浜 みはま
泉麗 みれい
羅凪 らな

空・天体

いつも私たちを見守ってくれている空。その壮大さにさまざまな思いをはせて名づけてみては。

光・太陽

希望や未来への期待を思い起こさせてくれる、明るく前向きなイメージです。

漢字

日 旦 旭 光 灯 旺 昊 昌
明 映 昭 晃 晄 閃 晟 晨
暁 景 晴 朝 陽 皓 照 暉
煌 輝 熙 燦 曙 曜 燿 耀

名前例

陽	あかり
明里	あかり
明妃	あき
晃緒	あきお
旺	あきら
明見	あけみ
旭妃	あさひ
映以子	えいこ
燦仁	さに
燦	さん
千皓	ちひろ
皓日	てるひ
皓美	てるみ
耀民	てるみ
遥輝	はるき
晴日	はるひ
陽美	はるみ
光里	ひかり
晃	ひかる
日向	ひな
日奈子	ひなこ
陽奈子	ひなこ
日向	ひなた
向日織	ひまり
陽麻利	ひまり
陽萌	ひめ
日和	ひより
麻朝	まあさ
晟世	まさよ
未暉	みき
光恵	みつえ
光希	みつき
耀子	ようこ
瑠光	るみ

●月の満ち欠け

月の満ち欠けの形には和名があります。生まれた日の月をヒントに、情緒あふれる名前をつけてみてはいかがでしょうか。

- 新月 しんげつ／朔 さく
- 三日月 みかづき／若月 わかづき
- 上弦の月 じょうげんのつき／弓張り月 ゆみはりづき
- 十三夜 じゅうさんや
- 小望月 こもちづき／待宵 まつよい
- 満月 まんげつ／望月 もちづき
- 十六夜 いざよい
- 立待月 たちまちづき
- 居待月 いまちづき
- 下弦の月 かげんのつき／下の弓張 したのゆみはり
- 二十六夜 にじゅうろくや

名前例

衣座夜	いざよ
小望	こもち
朔夜	さくや
望美	のぞみ
待月	まつき
満月	みつき
弓月	ゆづき
結弦	ゆづる
若奈	わかな

空・宇宙

どこまでも果てなく続く空は雄大で自由。未知なる宇宙は未来への夢を感じさせます。

漢字

夕 月 天 斗 広 宇 穹 河 空 昇
青 宙 昊 恒 星 虹 昴 晏 朔 晦
彗 望 雲 晶 蒼 雷 銀 箕 霞 翼

名前例

空澄	あすみ
晏樹	あんじゅ
銀河	ぎんが
湖斗空	ことあ
朔楽	さくら
詩空	しずく
昴流	すばる
青霞	せいか
星羅	せいら
星蘭	せいらん
宙	そら
天音	そらね
千晶	ちあき
翼咲	つばさ
虹羽	ななは
虹香	にじか
望美	のぞみ
美羽空	みうあ
美空	みく
八雲	やくも
夕月	ゆづき
癒月	ゆづき
雷華	らいか
琉宇	るう

天気・気象

晴れた日、雪の日、台風の日など、子どもの生まれたときの情景を切りとって名づけてみては。

天気

青空は明るくさわやかな、大地を潤(うるお)す雨は慈愛に満ちたイメージ。雪の白さは純真さを思わせます。

漢字

霞 雷 暉 晴 雫 晄 雨 白
霧 輝 照 陽 雲 雪 虹 空

風

吹きぬける風はさわやかで心地よいイメージです。力強さや自由さも感じさせます。

漢字

瞬 舞 鳶 翔 渡 隼 飛 迅
翻 薫 颯 楓 揺 爽 風 凪
鷗 翼 撫 鈴 嵐 涼 疾 吹

名前例

- 伊吹 いぶき
- 琥風 こかぜ
- 胡凪 こなぎ
- 颯姫 さつき
- 涼楓 すずか
- 奏風 そうか
- 爽実 そうみ
- そよ花 そよか
- 隼来 としき
- 迅美 としみ
- 凪佐 なぎさ
- 楓 ふう
- 風花 ふうか
- 吹美 ふみ
- 風美奈 ふみな
- 舞香 まいか

晴れ

名前例

- 明李 あかり
- 陽絵 あきえ
- 晃葉 あきは
- 朝日 あさひ
- 希暉 きき
- 虹都 こと
- 燦 さん
- 照美 しょうみ
- 晴奈 せいな
- 照世 てるよ
- 虹羽 ななは
- 虹美 ななみ
- 陽 はる
- 晴妃 はるき
- 晴空 はるく
- 晄莉 ひかり
- 陽菜 ひな
- 日向子 ひなこ
- 美晴 みはる
- 陽花 ようか
- 璃空 りく

雨・曇り

名前例

- 雨音 あまね
- 雨美花 あみか
- 雨凜 あめり
- 雨衣 うい
- 潤雨 うるう
- 絵霧 えむ
- 霧子 きりこ
- 雫花 しずか
- 静空 しずく
- 紫雨 しゅう
- 虹香 にじか
- 美雨 みう
- 八雲 やくも
- 夕立子 ゆりこ

雪

名前例

- 白清 あきよ
- 銀世 かねよ
- 銀乃 かの
- 雪羅 きよら
- 小雪 こゆき
- 咲雪 さゆき
- 眞白 ましろ
- 舞雪 まゆき
- 深雪 みゆき
- 由希 ゆき
- 雪菜 ゆきな
- 雪里 ゆり

生き物

地球上には、数えきれないほどの生き物がいます。
その個性的な姿をヒントにしてみては。

陸の生き物

伝説の動物は尊(とうと)さや勇ましさを、身近な動物は親しみやすさや愛嬌(あいきょう)を感じさせます。

漢字

羊 兎 竜 寅 彪 凰 琥 鳳 龍 鴻 鵬 鷹
辰 馬 鹿 鳥 羚 犀 獅 燕 駿 麒 鶴 麟

名前例

亜麒 あき
飛鳥 あすか
燕 えん
鹿澄 かすみ
鹿乃子 かのこ
麒麟 きりん
琥珀 こはく
瑳耶鹿 さやか
獅万 しま
大河 たいが
太凰 たお
鷹子 たかこ
龍乃 たつの
辰弥 たつみ

子凰 ねお
ひばり ひばり
日世 ひよ
馬奈美 まなみ
美兎 みう
美鶴 みつる
羊 よう
羅美 らび
里栖 りす
麟 りん
麟子 りんこ
羚 れい
羚華 れいか
怜央 れお

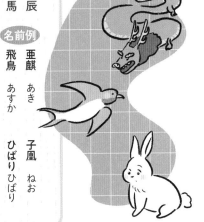

水辺の生き物

海や川、水辺にすむ生き物には、陸上の生き物とはまた違った個性や魅力があります。

漢字

貝 泳 海 蛍 亀 睦 漁
鮎 礁 蟹 鯛 藻 鴎 鱒

名前例

あさり あさり
鮎子 あゆこ
鮎美 あゆみ
入華 いるか
衣和奈 いわな
泳美 えいみ
鴎奈 おうな
久里音 くりね
吾麻 ごま
佐代里 さより

珊瑚 さんご
礁子 しょうこ
辰子 たつこ
蛍 ほたる
蛍月 ほづき
真珠 まじゅ
真理萌 まりも
睦美 むつみ
藻奈美 もなみ
漁果 りょうか

生まれたとき からイメージして

誕生の瞬間や方角を名前に刻むのもおすすめです。十二支を使って日本古来の方角や時間を表すと古風で凜とした印象になります。

方角

方角は陰陽道（いんようどう）などともかかわりが深いため、神秘的な印象もある名前になります。

名前例

西実 あきみ
乾 いぬい
朔実 さくみ
西佳 せいか
辰巳 たつみ
北美子 たみこ
北東 たもと
知西 ちせ
東子 とうこ
南都子 なつこ
南々 なな
東 はじめ
東珂 はるか
真央 まお
真南 まな
美南西 みなせ
南 みなみ
朔花 もとか

時刻

朝焼けや夕焼け、真夜中の静けさなど、共通の情景が浮かびやすく、親しみやすい印象があります。

名前例

昼子 あきこ
曙 あけみ
暁実 あけみ
旭 あさひ
朝里 あさり
五夏 いつか
一菜 かずな
宵子 しょうこ
二穂 つぎほ
波十花 はとか
日暮 ひぐれ
満朝 まあさ
真午 まひる
真夜々 まやや
三咲 みさき
六規 むつみ
八恵 やえ
弥宵 やよい
夕 ゆう
夕貴 ゆうき
佑七 ゆうな
夕映 ゆえ

干支（えと）

生まれ年の干支からヒントをもらい、記念すべき年を印象づけてみてもいいのでは。

漢字

子 巳 午 丑 卯 申 未 亥 羊
兎 辰 酉 虎 馬 竜 猪 寅 龍

名前例

絢子 あやね
亥里 いさと
亥純 いずみ
卯美 うみ
瑛虎 えこ
幸未 こうみ
虎々南 ここな
小酉 ことり
虎南 こなん
志申 しのぶ
千丑 ちひろ
龍姫 たつき
辰乃 たつの
子寧 ねね
申恵 のぶえ
丑美 ひろみ
裕巳 ひろみ
馬禰 まね
午実 まみ
巳希 みき
美菟 みと
巳波 みなみ
酉 みのり
優卯 ゆう
羊子 ようこ
莉兎 りと

生まれた場所からイメージして

はじめて赤ちゃんと出会った場所や、ご自身のルーツである場所など、思い入れのある土地の名前から。

故郷

のどかで優しい雰囲気があります。故郷を大切にする思いやりのある子になることを願って。

漢字

緑 街 恵 祖 国 邦 州 土
穏 惣 郷 荘 和 里 在 古
礎 曾 都 郡 美 町 邑 地

名前例

邦子 くにこ
郷心 さとこ
幸里 さり
汝都 なと
街子 まちこ
美里 みさと
美邑 みゆう
邑姫 ゆうき
里都 りと

●日本の旧国名

９世紀ごろから明治時代までの日本国内の地方行政区分が旧国名です。

名前例

安芸 あき
安房 あわ
出雲 いずも
伊与 いよ
陸奥 むつ

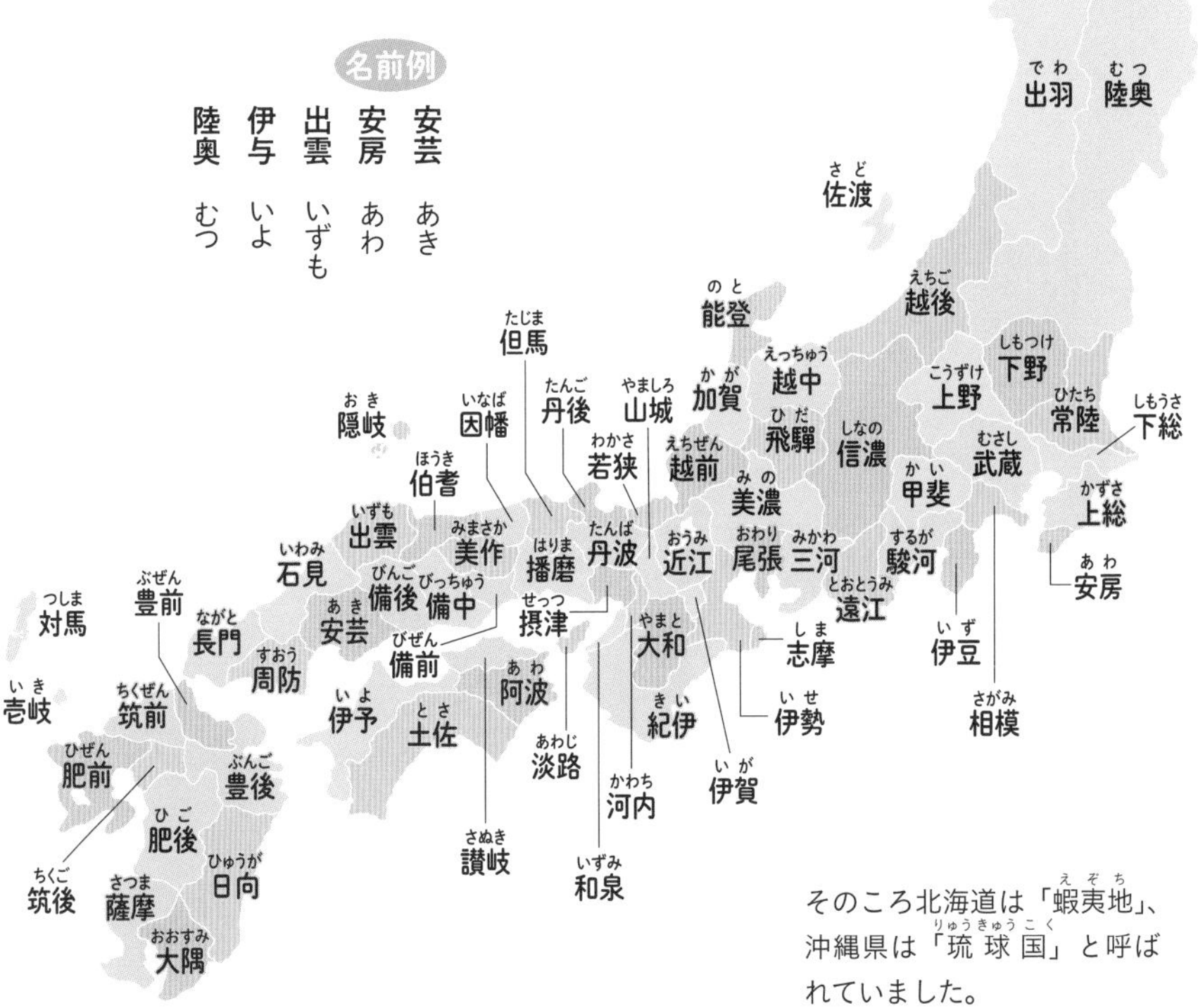

そのころ北海道は「蝦夷地（えぞち）」、沖縄県は「琉球国（りゅうきゅうこく）」と呼ばれていました。

日本の地名

古くからある地名を使えば、古風な印象に。土地のもつ歴史を感じさせる名前になります。

名前例

安芸 あき
飛鳥 あすか
伊吹 いぶき
恵那 えな
緒汐 おしお
嵯野 さの
佐保 さほ
嵯幌 さほろ
朱鞠 しゅまり
鈴鹿 すずか
千歳 ちとせ
穂波 ほなみ
美瑛 みえ
美幌 みほろ
三輪 みわ
吉野 よしの

世界の地名

思い出の海外の地名をヒントにおしゃれで異国情緒のある名前を考えてみては。

名前例

露子 あきこ
天俐 あめり
逸子 いつこ
恢路 かいろ
栞縫 かんぬ
玖璐愛 くろあ
新加 しんか
早瑠 そうる
那伊流 ないる
那保里 なほり
葉乃衣 はのい
英耶 ひでか
紅須 べにす
上海 まさみ
港香 みなか
美羅乃 みらの
揚子 ようこ
羅音 らいん
莉緒 りお

ネーミングストーリー

海外で認知されやすい、かつ日本人らしい名前に

勤務地が海外だったこともあり、どの国でも認知されやすく、日本人であることがわかりやすい名前がいいと考えました。さまざまな候補のなかから「桜」に。春生まれということと、日本語の音そのままで外国人が知っているのが決め手です。海外のお店では、私の名前は必ず聞き返されるのに、娘はスペルも含め必ず1回で覚えてもらえます。（正知パパ）

桜（さくら）ちゃん

文化や文学から イメージして

古今東西さまざまな文化や文学には、名づけのヒントも満載。お気に入りの作品や登場人物などに、わが子の未来を重ね合わせてみて。

神話・宗教

人類誕生の歴史とともに世界で語り継がれている神話。神秘的な魅力をもつ子になるように思いをこめて。

日本の神話

日本古来の神々の名前や地名から。自然を愛し、和の心を尊（とうと）ぶ子に育つように願って。

名前例

- **葦那** あしな【葦原の中つ国（＝日本）から】
- **阿礼** あれい【古事記の語り部 稗田阿礼から】
- **誘実** いざなみ【国生みの女神 伊邪那美から】
- **櫛名** くしな【須佐之男命の妻 櫛名田比売から】
- **佐久夜** さくや【富士山の神 木花之佐久夜比売から】
- **勢里** せり【須佐之男命の娘 須勢里比売から】
- **高天** たかま【天上の国 高天原から】
- **照女** てるめ【天照大御神から】
- **八尋** やひろ【伊邪那岐と伊邪那美が結婚した御殿から】

世界の神話

世界中の神話の女神から。広い世界を愛する美しい女性になるよう思いをこめて。

名前例

- **阿帝那** あてな【ギリシャ神話の知恵の女神から】
- **愛芙露** あふろ【ギリシャ神話の美の女神アフロディテから】
- **有瑠** ある【ギリシャ神話の月の女神アルテミスから】
- **緯史珠** いしす【エジプトの救済の女神から】
- **恵瑠夢** えるむ【アイヌ神話の女神から】
- **凱亜** がいあ【ギリシャ神話の大地の女神から】
- **花蓮** かれん【北欧神話「カレワラ」から】
- **瑳伽** さが【物語を表す北欧語「サーガ」から】
- **朱里** しゅり【インドの幸運や美の女神シュリーから】
- **瀬都奈** せとな【エスキモーの海の女神セドナから】
- **星玲禰** せれね【ギリシャ神話の月の女神から】
- **爾稀** にけ【ギリシャ神話の勝利の女神から】
- **縫杜** ぬと【エジプトの天空の女神から】
- **布礼** ふれい【ゲルマンの豊饒の女神フレイヤから】
- **摩耶** まや【マヤ文明から】
- **伶亜** れいあ【ギリシャ神話の女神から】

宗教

信仰に関することばから。人や自然を慈（いつく）しみ、愛される人間になるように願いをこめて。

名前例

- **阿弥** あみ【阿弥陀如来から】
- **晏樹** あんじゅ【天使を表すフランス語から】
- **伊月** いつき【神に仕える人 斎（いつき）から】
- **伊舞** いぶ【旧約聖書創世記のイブから】
- **瑛葉** えば【ラテン語でイブのこと】
- **迦音** かのん【観音菩薩から】
- **榊** さかき【神にささげる木のこと】
- **祥子** しょうこ【吉祥天女から】
- **埜亜** のあ【旧約聖書ノアの方舟の物語から】
- **摩利** まり【摩利支天から】
- **満里亜** まりあ【イエスの母マリアから】
- **真瑠子** まるこ【福音書の著者マルコから】
- **ミカ** みか【大天使ミカエルから】
- **みろく** みろく【弥勒菩薩から】
- **文殊** もんじゅ【文殊菩薩から】
- **留加** るか【福音書の著者ルカから】

俳句・漢詩・論語

教養の証(あかし)である漢詩文や、恋心を伝える和歌。先人たちの思いがこめられたことばをヒントに。

俳句

肌で感じた季節を、開放的かつユーモラスに表現する俳句から。遊び心のある子になるように。

名前例

梅香	うめか	「梅が香にのつと日の出る山路かな　芭蕉」
木立	こだち	「木啄も庵はやぶらず夏木立　芭蕉」
涼風	すずか	「涼風の曲がりくねって来たりけり　一茶」
天河	てんか	「荒海や佐渡によこたふ天の河　芭蕉」
夏河	なつか	「夏河を越すうれしさよ手に草履　蕪村」
名月	なづき	「名月をとってくれろとなく子かな　一茶」
菜の花	なのか	「菜の花や月は東に日は西に　蕪村」
ねむ	ねむ	「象潟や雨に西施がねぶの花　芭蕉」
八重	やえ	「かさねとは八重撫子の名なるべし　曽良」

＊曽良…芭蕉の弟子

論語

孔子(こうし)の教えを手本にし、親や師を敬い、人を思いやる気持ちが強い子に育つように。

名前例

天命	あめい	「天命＝天から与えられた使命」
君子	きみこ	「君子＝立派な人」
子夏	しか	「孔子の弟子の名から」
知温	ちはる	「温故知新」から
朋	とも	「朋＝友人」
矩子	のりこ	「矩＝道理」
陽花	ようか	「篇名「陽貨第十七」から」
庸子	ようこ	「孔子の教え「中庸」から」
礼	あや	
仁愛	きみな	
知佳	ともか	
信世	のぶよ	
徳郁	のりか	
仁美	めぐみ	
義美	よしみ	
礼那	れな	

漢詩

平安時代、漢詩は教養の象徴でした。知性や含蓄(がんちく)に富んだ賢い子になることを願って。

名前例

貴姫	きき	「白居易「長恨歌」の中の楊貴妃の名から」
湘美	しょうみ	「李白の「洞庭湖に遊ぶ」の一節から」
静夜	せいや	「李白「静夜思」から」
千里	ちさと	「杜牧の「江南の春」の一節から」
陶子	とうこ	「陶淵明から一字」
春望	はるみ	「杜甫「春望」から」
然花	もえか	「杜甫「絶句」から」
雪江	ゆきえ	「柳宗元「江雪」から」
李子	りこ	「李白から一字」
李杜	りと	「李白と杜甫から一字ずつ」

古典文学

洗練されたことばが織りなすさまざまな文学作品から、美しいことばを紡ぐ女性になることを願って。

平安文学

絢爛豪華な王朝文化のもとで花開いた文学をヒントに、艶やかで優雅な女性になるように。

名前例

曙	あけみ	「枕草子」から
和泉	いずみ	「和泉式部日記」から
井筒	いづつ	「伊勢物語」から
香久弥	かぐや	「竹取物語」から
橘花	きつか	「伊勢物語」から
彰子	しょうこ	紫式部が仕えた中宮彰子の名から
月都	つきと	「竹取物語」から
定子	ていこ	清少納言が仕えた中宮定子の名から
羽衣	はごろも	「竹取物語」から

源氏物語

世界中で愛される最高峰の文学作品のように広く深く愛される子に。また、雅な女性になるように願って。

名前例

桐子	きりこ	光源氏の母桐壺の名から
玉葛	たまかずら	美女玉鬘(たまかずら)の名から
藤乃	ふじの	光源氏憧れの人藤壺の名から
葵	あおい	
明石	あかし	
光香	あきか	
梅枝	うめえ	
乙女	おとめ	
薫	かおる	
柏木	かしわぎ	
雲居	くもい	
紅梅	こうめ	
胡蝶	こちょう	
咲葵	さき	
椎名	しいな	
蓬生	しげみ	
紫芳	しほ	
常夏	つねか	
初音	はつね	
花里	はなさと	
蛍	ほたる	
真木	まき	
澪	みお	
美藤	みつ	
行幸	みゆき	
紫	むらさき	
若菜	わかな	

中世文学

「平家物語」や「御伽草子」を参考に。たくましく生き、夢を与える人に。

名前例

扇	おうぎ	平家物語「扇の的」から
かづき	かづき	御伽草子「鉢かづき姫」から
沙羅	さら	平家物語冒頭の一節から
静	しずか	源義経の妻の名
時子	ときこ	平清盛の妻の名
常盤	ときわ	源義経の母の名
徳子	とくこ	平清盛の娘の名
巴	ともえ	木曾義仲の妻の名
万寿姫	まじゅき	御伽草子「唐糸草子」の登場人物

近世文学

義理・人情に厚い人々の世話物や滑稽話が好まれていました。ユーモアがあり、情の深い人に。

名前例

縁	えにし	春雨物語「二世の縁」から
絵蕪	えむ	与謝蕪村から一字
里見	さとみ	「南総里見八犬伝」から
茶埜	さや	小林一茶から一字
信乃	しの	「南総里見八犬伝」の登場人物から
蕉子	しょうこ	松尾芭蕉から一字
杉風	すぎか	芭蕉の弟子杉風(さんぷう)から
春水	はるみ	為永春水(ためながしゅんすい)から
ひさご	ひさご	松尾芭蕉らの俳諧集「ひさご」から
馬琴	まこと	滝沢馬琴から

百人一首

800年もの間、日本人に親しまれてきた百人一首。
多彩な表現にインスピレーションを得て。

春過ぎて夏来にけらし白妙の
衣ほすてふ天の香具山

名前例　香具耶 かぐや　妙衣 たえ

君がため春の野に出でて若菜つむ
わが衣手に雪は降りつつ

名前例　菜摘 なつみ　若菜 わかな

ちはやぶる神代も聞かず竜田川
からくれなゐに水くくるとは

名前例　神代 かみよ　千早 ちはや

小倉山峰のもみぢ葉心あらば
いまひとたびのみゆき待たなむ

名前例　美幸 みゆき　椛 もみじ

久方の光のどけき春の日に
しづ心なく花の散るらむ

名前例　しづ心 しづこ　春日 はるひ

由良のとを渡る舟人かぢを絶え
ゆくへも知らぬ恋の道かな

名前例　由良 ゆら　恋 れん

いにしへの奈良の都の八重桜
けふ九重ににほひぬるかな

名前例　都桜 とお　奈桜 なお

高砂のをのへの桜咲きにけり
外山のかすみ立たずもあらなむ

名前例　咲桜 さくら　かすみ かすみ

秋風にたなびく雲のたえ間より
もれ出づる月のかげのさやけさ

名前例　秋加 あきか　爽 さや

世の中はつねにもがもな渚こぐ
あまの小舟の綱手かなしも

名前例　海乃 あまの　渚 なぎさ

近・現代文学

お気に入りの作家や大好きな作品のように、人々を魅了する人になることを願って名づけてみては。

有川浩（ありかわひろ）

名前例

- 麻子 あさこ
- 郁 いく
- さやか さやか
- 佐和 さわ
- 多紀 たき
- リカ りか

川端康成（かわばたやすなり）

名前例

- 薫 かおる
- 菊子 きくこ
- 駒子 こまこ
- 千恵子 ちえこ
- 苗子 なえこ
- 葉子 ようこ

夏目漱石（なつめそうせき）

名前例

- 鏡子 きょうこ
- 清子 きよこ
- こころ こころ
- 漱加 そうか
- 三千代 みちよ
- 美禰子 みねこ

伊坂幸太郎（いさかこうたろう）

名前例

- 泉水 いずみ
- 詩織 しおり
- 晴子 はるこ
- 比与子 ひよこ
- 満智子 まちこ
- 優子 ゆうこ

森鷗外（もりおうがい）

名前例

- 安寿 あんじゅ
- 恵利寿 えりす
- 鷗 かもめ
- 高瀬 たかせ
- 舞姫 まいき
- 茉莉 まり

山田詠美（やまだえいみ）

名前例

- 胡子 ここ
- 乃里子 のりこ
- 風佳 ふうか
- 真澄 ますみ
- 桃子 ももこ
- 友里 ゆり

三浦しをん（みうらしをん）

名前例

- 香具矢 かぐや
- 直紀 なおき
- 葉菜子 はなこ
- 真秀 まほろ
- みどり みどり
- 麗美 れみ

村上春樹（むらかみはるき）

名前例

- クレタ くれた
- すみれ すみれ
- 直子 なおこ
- ナツメグ なつめぐ
- 春樹 はるき
- 緑 みどり

宮沢賢治（みやざわけんじ）

- 銀河 ぎんが
- 賢美 さとみ
- 世露 せろ
- 杜志 とし
- ネリ ねり
- 風禾 ふうか

江國香織（えくにかおり）

名前例

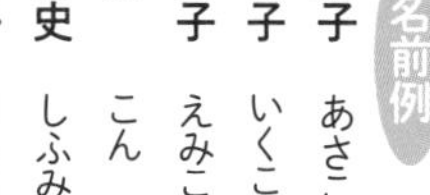

- 麻子 あさこ
- 育子 いくこ
- 笑子 えみこ
- 紺 こん
- 詩史 しふみ
- 治子 はるこ

吉本ばなな（よしもとばなな）

名前例

- つぐみ つぐみ
- 寺子 てらこ
- 人魚 にんぎょ
- 陽菜 ひな
- みかげ みかげ
- 弥生 やよい

井上靖（いのうえやすし）

- あき子 あきこ
- 明日菜 あすな
- 郁子 いくこ
- 美那子 みなこ
- 靖恵 やすえ
- 蘭子 らんこ

児童文学

幼いころ、夢中になって読みふけった物語の主人公のようになるように思いをはせて。

名前例

有梨須 ありす 【キャロル「不思議の国のアリス」のアリスから】
亜芦愛 あろあ 【ウィーダ「フランダースの犬」のアロアから】
杏 あん 【モンゴメリ「赤毛のアン」のアンから】
瑛美 えいみ 【オルコット「若草物語」のエイミーから】
絵瑠麻 えるま 【ガネット「エルマーのぼうけん」から】
緒瑞 おず 【ボーム「オズの魔法使い」から】
可憐琉 かれる 【作家カレル・チャペックの名から】
玖楽々 くらら 【スピリ「アルプスの少女ハイジ」から】
星楽 せいら 【バーネット「小公女」のセーラから】
つう つう 【木下順二「夕鶴」のつうから】
点子 てんこ 【ケストナー「点子ちゃんとアントン」の点子から】
未伊 みい 【ヤンソン〈ムーミン〉のミーから】
満ちる みちる 【メーテルリンク「青い鳥」のミチルから】
美夢楽 みむら 【ヤンソン〈ムーミン〉のミーの姉の名から】
芽理衣 めりい 【トラヴァース「メリー・ポピンズ」のメリーから】
モモ もも 【エンデ「モモ」のモモから】

作家の名前も手がかりに

知的で想像力豊かな人になることを願い、作家の名前から名づけてみては。

名前例

与謝野晶子（よさのあきこ）	**晶子**	あきこ
原阿佐緒（はらあさお）	**阿佐緒**	あさお
須賀敦子（すがあつこ）	**敦子**	あつこ
幸田文（こうだあや）	**文**	あや
山田詠美（やまだえいみ）	**詠美**	えいみ
森絵都（もりえと）	**絵都**	えと
湯本香樹実（ゆもとかずみ）	**香樹実**	かずみ
岡本かの子（おかもとかのこ）	**かの子**	かのこ
梨木香歩（なしきかほ）	**香歩**	かほ
向田邦子（むこうだくにこ）	**邦子**	くにこ
氷室冴子（ひむろさえこ）	**冴子**	さえこ
長谷川時雨（はせがわしぐれ）	**時雨**	しぐれ
桐野夏生（きりのなつお）	**夏生**	なつお
山本文緒（やまもとふみお）	**文緒**	ふみお
金子みすゞ（かねこ）	**みすゞ**	みすず
窪美澄（くぼみすみ）	**美澄**	みすみ
辻村深月（つじむらみづき）	**深月**	みづき
折原みと（おりはら）	**みと**	みと
尾崎翠（おざきみどり）	**翠**	みどり
宮部みゆき（みやべ）	**みゆき**	みゆき

マンガ・アニメ・ゲーム

夢中になったり憧れたりしたマンガやアニメ、ゲームの登場人物のように夢を与え続ける人になるように。

君に届け

名前例

- あやね　あやね
- 梅　うめ
- 胡桃　くるみ
- 爽子　さわこ
- 詩乃　しの
- 千鶴　ちづる

美少女戦士セーラームーン

名前例

- 亜美　あみ
- うさぎ　うさぎ
- 世都奈　せつな
- 真琴　まこと
- 美千留　みちる
- 美奈子　みなこ

ONE PIECE

名前例

- 玖衣菜　くいな
- 紅春　くれは
- 白帆　しらほ
- たしぎ　たしぎ
- 菜海　なみ
- 仁瑚　にこ

花より男子

名前例

- 桜子　さくらこ
- 土筆　つくし
- 椿　つばき
- 麻紀　まき
- 優紀　ゆうき
- 類　るい

名探偵コナン

- 藍　あい
- 歩美　あゆみ
- 英理　えり
- 園子　そのこ
- 美和子　みわこ
- 蘭　らん

矢沢あいの作品

名前例

- 幸子　さちこ
- 奈々　なな
- 実果子　みかこ
- 翠　みどり
- 紫　ゆかり
- 麗良　れいら

藤子不二雄の作品

名前例

- 静香　しずか
- 菫　すみれ
- 燕　つばめ
- 眞魅　まみ
- 美代　みよ
- 美子　よしこ

CLAMPの作品

- 詠心　うたこ
- 桜　さくら
- 奈久留　なくる
- 光　ひかり
- 北都　ほくと
- もこな　もこな

大乱闘スマッシュブラザーズシリーズ

名前例

- 知子　ちこ
- 茉莉　まり
- 桃姫　ももき
- 芳香　よしか
- 瑠依　るい
- 琉希奈　るきな

ファイナルファンタジーシリーズ

名前例

- 衣里奈　いりな
- 絵有　えあり
- 瀬里栖　せりす
- ティナ　ていな
- 侑奈　ゆうな
- 由芙　ゆふ

新世紀エヴァンゲリオン

- アスカ　あすか
- 舞矢　まいや
- 美里　みさと
- 唯　ゆい
- レイ　れい
- 玲子　れい

スタジオジブリ作品

名前例

有絵 ありえ
亜恋 あれん
杏菜 あんな
海 うみ
絵星 えぼし
香具夜 かぐや
加弥 かや
樹希 きき
皐月 さつき
燦 さん
詩衣多 しいた
慈衣奈 じいな

雫 しずく
汐 しほ
紗奈 しゃな
園 その
千尋 ちひろ
梨香 なしか
菜穂子 なほこ
帆美里 ほみり
真仁 まに
美斗 みと
芽生 めい
凛 りん

ディズニー作品

名前例

亜菜 あな
雨璃亜 あめりあ
有栖 ありす
衣世 いよ
絵瑠紗 えるさ
くらら くらら
来絵 くるえ
久連緒 くれお
咲里 さり
詩絵里 しえり
てぃあ てぃあ
菜良 なら

芙蘭 ふらん
ヘレン へれん
真莉衣 まりい
茉莉花 まりか
稀 まれ
未衣子 みいこ
未希 みき
美仁 みに
芽理衣 めりい
雪姫 ゆき
璃蕗 りろ
瑠宇 るう

映画

お気に入りの映画の中でドラマチックに生きる、憧れの登場人物の名前をヒントにしてみては。

ハリー・ポッターシリーズ

名前例

慈仁衣 じにい
蝶宇 ちょう
羽土真 ぱどま
浜依 はまい
莉理 りり
瑠宇奈 るうな

新海誠の作品

名前例

明日菜 あすな
花苗 かなえ
佐由理 さゆり
鈴芽 すずめ
美加子 みかこ
三葉 みつは

STAR WARS

名前例

亜美來 あみら
有瑠 ある
詩美 しみ
澄快 すかい
徠采 らいと
伶亜 れいあ

アメリ

名前例

亜芽里 あめり
慈衣奈 じいな
仁乃 にの
茉土礼 まどれ
夢蘭 むらん
麗文 れいもん

好きな色からイメージして

赤は情熱、青は知性など、色と人の印象は強く結びついています。お気に入りの色や、理想のイメージをヒントにしてみては。

赤

情熱的でエネルギッシュ。燃えるような力強さや大胆さを感じる名前になります。

漢字

緋 椛 梅 桃 紅 茜 赤 朱 丹

名前例

- 茜音 あかね
- 茜里 あかり
- 朱美 あけみ
- 紅美 くみ
- 紅愛 くれあ
- 紗朱 さあや
- 智椛 ちか
- 緋万里 ひまり
- 深紅 みく
- 椛 もみじ

黄・橙（だいだい）

楽しく、元気いっぱいなイメージです。太陽や秋の実りなど、生命力あふれる印象があります。

漢字

曙 橙 萱 琥 菜 黄 柿 珀 柑

名前例

- 愛黄 あいこ
- 柿音 かきね
- 萱湖 かやこ
- 柑菜 かんな
- 黄菜子 きなこ
- 琥珀 こはく
- 千曙 ちあき
- 橙琥 とうこ
- 山吹 やまぶき

白・黒

白や黒は意志が強く、ゆるぎないイメージ。キリリとした印象になります。

漢字

檀 黎 潔 墨 皓 黒 透 玖 白

名前例

- 白璃 あきり
- 白羅 きよら
- 玖々莉 くくり
- 墨瑛 すみえ
- 眞白 ましろ
- 檀未 まゆみ
- 透花 ゆきか
- 黎那 れいな

緑

穏（おだ）やかな癒（いや）しの雰囲気です。木々のやすらぎや若々しさを感じさせてくれます。

漢字

緑 翠 葉 皐 柳 草 芽 苗 竹

名前例

- 皐葉 たかよ
- 奈苗 ななえ
- 妃翠 ひすい
- 翠 みどり
- 緑 みどり
- 緑梨 みどり
- 美緑 みのり
- 芽生 めばえ

色彩

カラフルで鮮やかな色彩を思わせる、情緒豊かな印象に。楽しげな雰囲気もあります。

漢字

鮮 絵 虹 采 色
燦 絢 彩 映 画

名前例

- 彩琉 あやる
- 彩織 いおり
- 色音 いろね
- 彩巴 いろは
- 虹色 こいろ
- 彩友 さゆ
- 虹羽 ななは
- 美色 みしき

日本の伝統色

渋くて繊細(せんさい)な、日本の伝統色の名前からインスピレーションを得てみてはいかがでしょうか。

- 真緋　あけ
- 伽羅色　きゃらいろ
- 支子　くちなし
- 紅梅　こうばい
- 紫苑色　しおんいろ
- 千草色　ちぐさいろ
- 枇杷茶　びわちゃ
- 萌黄　もえぎ
- 桃染　ももぞめ
- 瑠璃色　るりいろ

名前例

真緋美	あけみ
伽羅	きゃら
紅梅	こうめ
紫苑	しおん
千草	ちぐさ
萌黄	もえぎ
瑠璃	るり

金・銀

金や銀は光輝くゴージャスさを感じさせます。おめでたい、特別感のある色です。

漢字

鏡 錦 銀 晄 金

名前例

金多	かなた
鏡香	きょうか
銀河	ぎんが
沙銀里	さぎり
錦	にしき
晄	ひかり

紫

古くから高貴で優雅な色とされてきました。神秘的で、謎めいた印象もあります。

漢字

藤 紫 萩 萄 菖 菫 梗 桔

名前例

紫織	しおり
紫苑	しおん
菖湖	しょうこ
蘇芳	すおう
菫恋	すみれ
萄美	とうみ
萩乃	はぎの
藤香	ふじか
美藤	みつ
紫	ゆかり

青

クールで理知的なイメージです。海や空など、雄大な自然と関連の深い色でもあります。

漢字

藍 璃 瑠 碧 蒼 紺 青 空 水

名前例

藍音	あいね
蒼泉	あおい
蒼葉	あおば
稀藍	きら
青子	せいこ
青良	せいら
碧輝	たまき
青夏	はるか
蒼香	ひろか
藍	らん

趣味からイメージして

あなたの好きなことや夫婦の共通の趣味をヒントに名前をつける手もあります。才能を発揮してほしい分野などもヒントにして。

アウトドア

ハイキングや釣り、園芸など、自然とふれあう趣味から。活動的で自然を愛する人に育つように願って。

漢字

嶺 園 登 野 渚 峻 峰 泉 歩 苑 帆
麓 蒔 道 埜 菜 渓 峯 華 海 河 花

名前例

愛菜	あいな
天峰	あまね
歩美	あゆみ
歩夢	あゆむ
泉見	いずみ
河澄	かすみ
華愛	かな
渓夏	けいか
瑚蒔	こまき
湘海	しょうみ
翔海	しょうみ
園香	そのか
苑実	そのみ
槻野	つきの
登子	とうこ
登詩	とし
渚	なぎさ
菜埜	なの
望海	のぞみ
埜莉子	のりこ
花華	はなか
歩結	ふゆ
帆奈海	ほなみ
蒔乃	まきの
美苑	みその
道	みち
美峻	みちか
美渚	みな
峰祢	みねね
未麓	みろく
埜恵	やえ
流泉	るみ
嶺花	れいか

球技

スポーツが好きなはつらつとした子に。仲間と切磋琢磨（せっさたくま）できる子になるように思いをこめて。

漢字

玉 打 羽 走 投 技 卓 送 珠
庭 球 毬 弾 塁 撞 鞠 蹴 籠

名前例

玖呂須	くろす
小羽	こはね
小鞠	こまり
蹴佳	しゅうか
打一	だいち
塁菜	たかな
卓美	たくみ
玉禾	たまか
球喜	たまき
珠美	たまみ
庭架	ていか
投子	とうこ
翔羽	とわ
乃玖	のく
羽香	はねか
葉玲	ばれい
真籠	まかご
麻蹴	ましゅう
毬奈	まりな
三塁	みつる
來采	らいと
塁	るい

ダンス

リズムに乗って全身で表現をするダンスのように、表現力豊かな子になるように。

漢字 立 音 弾 跳 踊 踏 舞

名前例

維舞 いぶ
黒栖 くろす
栖賓 すぴん
創瑠 そうる
旦瑚 たんご
弾須 だんす
知亜 ちあ
月歩 つきほ
波宇須 はうす
踏美 ふみ
芙來 ふら
歩芙 ほっぷ
舞美 まいみ
舞音 まおん
舞遊 まゆう
美踊 みよ
踊子 ようこ
莉澄 りずむ

陸上競技

走る、跳ぶなど、体力の限界に挑戦する陸上競技から、チャレンジ精神旺盛（おうせい）な子どもになるように。

漢字 走 投 高 疾 速 陸 翔 跳 駆 槍 盤 瞬 競 躍

名前例

晏禾 あんか
希跳 きはね
競架 きょうか
駆美 くみ
瞬果 しゅんか
翔夏 しょうか
翔子 しょうこ
競梨 せり
走菜 そうな
走楽 そら
高翔 たか
跳花 ちょうか
翔環 とわ
速奈 はやな
飛冴 ひさえ
飛奈 ひな
真槍 まや
陸玖 りく

武道

心・技・体が鍛（きた）えられる武道を通し、強靭（きょうじん）な肉体と、研（と）ぎ澄まされた精神をそなえた子になるように。

漢字 刀 弓 手 矢 気 合 究 杖 空 武 柔 剣 拳 射 極 道 槍 薙 磨 鍛 護

名前例

合奈 あいな
恵磨 えま
歌矢 かや
気月 きづき
空宇 くう
心 こころ
志気 しき
薙 なぎ
磨秀 ましゅう
磨究 ますみ
護莉 まもり
真矢 まや
真弓 まゆみ
道智 みち
美矢 みや
柔 やわら
由気 ゆき
弓 ゆみ

インドア

映画や詩作、演劇など落ち着いた雰囲気の趣味にちなんで。文化的で情緒豊かな人になるように。

漢字

文 芸 吟 和 映 栞 陶 釉 詠 硯 詞 詩 綴 踊 舞 繍

名前例

繍華 あやか
詩子 うたこ
芸咲 きさ
吟瑚 ぎんこ
詩空 しずく
硯音 すずね
綴那 せつな
千詠 ちえ
智文 ちふみ
花映 はなえ
舞弥 まいや
珠詩 みうた
踊伽 ようか
陶栄 よしえ
釉輝 ゆうき
栞乙 りお
凛文 りふみ
和佳奈 わかな

音楽

音楽のイメージや楽器、音楽用語をヒントに。豊かな感性と表現力をもつ子になるように。

漢字

曲 伶 呂 吹 弦 拍 音 奏 律 玲 唄 絃 唱 笙 笛 琴 琶 琵 琳 楽 鼓 歌 調 謡 鍵 譜 響

名前例

愛音 あいね
絃祢 いとね
唄子 うたこ
恵琳 えりん
音葉 おとは
鍵乃 かぎの
奏江 かなえ
歌音 かのん
響歌 きょうか
琴嶺 ことね
瑳楽 さら
笙南 しょうな
唱美 しょうみ
調 しらべ
奏 そう
千弦 ちづる
音季 とき
巴亜譜 はあぷ
琶湖 はこ
ぴあの ぴあの
陽呂 ひろ
笛架 ふえか
舞鼓 まこ
曲智 まち
真響 まゆら
百音 ももね
優音 ゆのん
謡 よう
琳音 りおん
律 りつ
玲奈 れいな
伶乃 れの
伶美羽 れみは

絵画・彫刻

積み重ねた努力と豊かな想像力でつくられる絵画や彫刻。クリエイティヴな才能をもつ子になるように。

漢字

巧 世 色 芸 作 画 刻
采 美 造 展 彩 彫 描
絵 創 筆 塑 磨 藝

名前例

彩羽 いろは
絵音 えのん
絵磨 えま
絵凜 えりん
藝絵 きえ
彩加 さいか
作楽 さくら
世絵 せかい
磨禰 まね［フランスの画家マネから］
深水 みみ［美人画家伊東深水（しんすい）から］
塑菜 そな
塑乃 その
巧美 たくみ
采里子 とりこ
展子 のぶこ
彫恵 ほりえ
美采 みさ
里作子 りさこ

着物

艶やかな色彩と技巧を凝らした文様や刺繍のように、日本的な美しさや繊細さをもちあわせた女性に。

漢字

文 衣 花 宝 桜 紗 珠 扇 袖
唐 梅 紡 紋 菊 紬 麻 葵 楓
絹 緋 綿 裳 綾 錦 檀 織 鶴

名前例

桜楓 おうか［春の桜＋秋の楓の桜楓（おうふう）文様から］
菊水 きくみ［菊の花＋流水の、長寿を表す菊水文様から］
紗綾 さあや［卍を斜めに連ねた紗綾形（さやがた）文様から］
早百合 さゆり［百合襲（赤＋朽葉色／夏）から］
更紗 さらさ［エキゾチックな草花模様の木綿布のこと］
椿菜 ちな［椿襲（蘇芳＋赤／冬）から］
奈桜 なお［桜襲（白＋赤／春）から］
七宝 ななほ［円を四方へ重ねる七宝（しっぽう）文様から］
錦希 にしき［帯などに使う豪華な織物の錦織から］
雪花 ゆきか［雪を花のように意匠化した雪花（せっか）文様から］

ファッション

日々まとう服にこだわりをもつ人に。素朴でセンスのある雰囲気の名前になります。

漢字

布 糸 衣 服 衿 紡 紗
紬 麻 絢 結 絹 綿 綸
維 縫 繊 織 繍 纏

名前例

亜衿 あえり
麻生 あさき
絢衣 あやい
衣織 いおり
衣彩 いさ
糸 いと
繍 いと
衣布 いぶ
衿紗 えりさ
織江 おりえ
生成 きなり
絹 きぬ
圭綸 けいと
紗玖來 さくら
繍 しゅう
繊吏 せんり
紬 つむぎ
紡 つむぐ
布 ぬの
絢花 はるか
風吏瑠 ふりる
風礼愛 ふれあ
真麻 まあさ
絹光 まさみ
纏衣 まとい
纏 まとう
茉綸 まりん
魅心 みしん
木綿 もめん
結維 ゆい
結糸 ゆいと
結 ゆう

文字からイメージして

同じひびきでも、漢字ひとつでイメージが大きく変わります。また、気に入った音に対してどうもしっくりくる漢字がないという場合は、ひらがなやカタカナにしてみるという方法もあります。文字のもつイメージにこだわって名前を考えてみましょう。

ひらがなのみの名前

ひらがなのみの名前は、やわらかく、かわいらしいイメージです。みんなに覚えてもらいやすい名前でもあります。ひらがなの音を重ねる名前の例は、P124「音を重ねてかわいらしく」を参考にしてください。

名前例

あい
あおい
あかね
あかり
あさな
あみ
あゆ
あよん
ありす
あれん
あんじゅ

いおり
いちご
いつか
いつき
いづみ
いと
いのり
いぶき
いろは
うた
うてな
うらら
えりい
えりな
えん
かおり
かのり
かのん
かりん
きいな
きずな

きなこ
きらら
くしな
くらし
くらら
くるみ
くるり
くれは
こころ
こづみ
ことり
こなつ
このみ
こまり
さくら
さみ
さゆき
しおん
しずく
しづか
しの

しほり
じゅり
しより
すず
すずらん
すみれ
せと
せれな
そよか
たまき
ちあき
ちかげ
ちなみ
ちはる
ちひろ
つかさ
つむぎ
ともえ
なぎさ
なごみ
なずな

カタカナのみの名前

カタカナのみの名前は、かっこよく、おしゃれなイメージです。海外でも通じるようなひびきの名前をカタカナにするのもよいでしょう。

名前例

アリス　アン　アンナ　エマ　エミリ　エリイ　エリカ　エレナ　カエラ　カオリ　カレン　カンナ　ココ　サラ　セイラ　セシル　セレナ　ティナ

ナオミ　ニコラ　ノエル　ハピ　マリア　マリー　マリエ　メアリ　メグ　モニカ　リサ　リゼ　リナ　リリア　ルカ　ルミ　ルリ　レナ

なつ　なつめ　ななせ　なるみ　ねがい　ねね　ねる　のどか　のの　ののか　のん　はづき　はな　はなの　はのり　ひかり　ひとみ　ひな　ひなな　ひなり　ひまり

ひまわり　ひより　ひらら　ひらり　ふう　ふみ　ほのか　まあや　まいる　ましろ　まどか　まなか　まなつ　まひろ　まりも　まりや　まりん　みいな　みう　みおな　みぎわ

みすず　みずほ　みちる　みつき　みつは　みつめ　みどり　みなみ　みのり　みひな　みも　みもざ　みやこ　みゆ　みらの　みりあ　みれい　めぐ　めぐむ　めみ　もえ

もか　もみじ　ももか　やよい　ゆかり　ゆず　ゆりあ　よしの　よつば　らら　りいな　りおん　りか

りくな　りこと　りじゅ　りょう　りりあ　りんか　るひか　れいな　れおな　れに　れもん　わかば

ひらがなと漢字の名前

漢字とひらがなを交ぜた名前にする方法もあります。こだわりのある、新鮮なイメージの名前になります。

名前例

あい羽（は）
あい理（り）
碧（あお）い
あか音（ね）
あき絵（え）
あき葉（は）
あく愛（あ）
あ子（こ）
あさ希（き）
あさ陽（ひ）
あず季（き）
あや香（か）
あや乃（の）
あゆ夢（む）
あり沙（さ）

あん那（な）
伊（い）お里（り）
いず水（み）
祈（いの）り
いぶ希（き）
いろ葉（は）
うた音（ね）
笑（え）み
えみ莉（り）
えり花（か）
おと羽（は）
薫（かお）る
佳（か）すみ
かず葵（き）
かず沙（さ）
かず葉（は）
かな子（こ）
奏（かな）で
かな海（み）
かの子（こ）
華（か）のん

かや乃（の）
かん奈（な）
きら梨（り）
くる実（み）
くれ葉（は）
ここ実（み）
こず恵（え）
こと絵（え）
こと実（み）
木（こ）の葉（は）
この実（み）
木（こ）の実（み）
さえ歌（か）
さお李（り）
さく楽（ら）
さくら子（こ）
ささ祢（ね）
さと実（み）
さな枝（え）
さや紗（さ）
さゆ李（き）

さら紗（さ）
さり依（い）
しい菜（な）
しお里（り）
詩（し）おり
静（しず）か
偲（し）づき
しの李（り）
すず果（か）
すず音（ね）
澄（す）みれ
せい夏（か）
その香（か）
その子（こ）
そよ花（か）
たま枝（え）
たま季（き）
ちか子（こ）
ちと世（せ）
智（ち）なつ
知（ち）はる

動きや流れのある文字から

漢字の見た目も、名前のイメージをつくる要素です。はらいなどの曲線や斜めの画が目立つ字は、俊敏（しゅんびん）さやすがすがしさ、ソフトでおおらかな印象を感じさせます。

漢字

乃 万 久 夕 心 水 天 文 友 以
史 代 衣 伎 成 汐 希 沙 妙 英
波 夜 侑 來 秋 祐 凌 爽 窓 悠
愛 稔 楓 綴 穂 優

名前例

楓　かえで
稔　みのり
秋穂　あきほ
文乃　あやの
希衣　きえ
沙夜　さや
爽波　さわ
妙英　たえ
悠希　はるき
窓楓　まどか

愛心　まなみ
万夕　まゆ
心綴　みつ
悠以　ゆい

優心　ゆうこ
友來　ゆき
夕水　ゆみ
侑來　ゆら

知(ち)ほり
つか沙(さ)
つぐ実(み)
つば沙(さ)
とも華(か)
なぎ紗(さ)
和(なご)み
なつ季(き)
菜(な)つみ
なつ芽(め)
なな絵(え)
菜(な)なみ
なみ希(き)
のぞ美(み)
望(のぞ)み
のの香(か)
野(の)の花(か)
はつ音(ね)
はな恵(え)
葉(は)なり
羽(は)のり

悠(はる)か
はる希(き)
はる世(よ)
ひか里(り)
光(ひか)り
ひと美(み)
ひな子(こ)
ひな乃(の)
響(ひび)き
陽(ひ)まり
日(ひ)より
陽(ひ)らら
ふた葉(ば)
穂(ほ)ずみ
ほの香(か)
帆(ほ)のか
穂(ほ)の実(み)
舞(ま)い
まお実(み)
まき帆(ほ)
まな美(み)

真(ま)ゆう
まゆ乃(の)
まり愛(あ)
まり絵(え)
美(み)おり
みき穂(ほ)
美(み)さき
実(み)さと
みず穂(ほ)
満(み)ちる
美(み)つき
みつ葉(は)
美(み)どり
みな実(み)
実(み)のり
みり愛(あ)
美(み)れい
めい香(か)
めい玖(く)
恵(めぐ)み
もも香(か)

ゆう花(か)
ゆう李(き)
ゆう子(こ)
ゆき奈(な)
ゆき乃(の)
ゆず季(き)
ゆず葉(は)
ゆに子(こ)
ゆり恵(え)
ゆり葉(は)
よう子(こ)
よつ葉(ば)
りな子(こ)
りょう巴(は)
りり華(か)
りり子(こ)
るり寧(ね)
れい愛(あ)
れみ奈(な)
わか奈(な)
わか葉(ば)

すっきり、きぜんとした文字から

横画や縦画などの直線が多い字は、自立した印象や、清楚(せいそ)で凛(りん)とした印象をかもしだします。強くまっすぐ生きていくよう、願いをこめて。

漢字

王 可 叶 世 由 匡 圭 早 里 旺
昌 直 音 重 記 高 彗 冨 理 皐
喜 皓 詞 閏 晴 博 暉 瑞 嵩 聖
輔 蕾 瞳 曜 藍 臨

名前例

瞳 ひとみ
臨 りん
藍由 あゆ
可音 かのん
暉早 きさ
匡子 きょうこ
皐暉 さき
晴音 はのん
皓重 ひろえ
博叶 ひろか
冨可 ふうか
昌世 まさよ
瑞喜 みずき
王蕾 みらい
里旺 りお
理音 りのん
喜里可 きりか
由記子 ゆきこ

漢字づかいが新鮮な名前

人気の読みでも、ほかの人と違いを出したい、個性をもたせたいというときは、漢字づかいを工夫してみましょう。「音のひびき・読みからひける漢字一覧」（P434〜476）からつけたい音に当てはまる漢字を調べてみても。

名前例

逢	あい
光	あき
麗	あきら
亜瑚	あこ
編	あみ
明奈	あんな
和	いずみ
羽未	うみ
咲莉	えみり
衿	えり
薫里	かおり
叶芽	かなめ
果朋	かほ
雪美	きよみ
果	このみ
好実	このみ
心暖	こはる
青里	さおり
早	さき
紗月	さつき
眞	さな
紫都	しず
詩空	しずく
静湖	せいこ
桃子	とうこ
音羽	とわ
七重	ななえ
乃ゝ子	ののこ
波奈	はな
花重	はなえ
春水	はるな
風奏	ふうか
双羽	ふたば
真伊	まい
苺果	まいか
真崎	まさき
街	まち
茉里	まつり
窓禾	まどか
学未	まなみ
真波	まなみ
鞠	まり
生来	みく
実胡	みこ
心咲	みさ
岬	みさき
迪	みち
道瑠	みちる
美汎	みなみ
未埜	みの
明	めい
恩	めぐみ
芽久未	めぐみ
萌々子	ももこ
優木	ゆうき
柚那	ゆうな
千	ゆき
侑葵	ゆき
潔子	ゆきこ
葉子	ようこ
莉江	りこ
凛女	りこ
璃己	りこ
林佳	りんか
鈴香	れいか

画数の少ない名前

姓の画数が多い人は、画数の少ない名前がおすすめ。シンプルでわかりやすい名前にしたい人も参考にしてください。

漢字

一 乙 七 乃 二 八 弓 久 己 才 子 女 小
夕 千 万 円 月 巴 心 仁 水 天 文 友 央
可 禾 叶 生 冬 白 由 光

名前例

亜生 あき
文乃 あやの
一花 いちか
一子 いちこ
色八 いろは
乙女 おとめ
可央 かお
可奈 かな
叶女 かなめ
心未 ここみ
才花 さいか
才弓 さゆみ
糸乃 しの
千早 ちはや
天禾 てんか
巴 ともえ
七未 ななみ
仁心 ひとみ
二羽 ふたば
円 まどか
万夕 まゆ
水七 みずな
光千 みち
心月 みつき
心夕 みゆ
百乃 ももの
友叶 ゆうか
夕日 ゆうひ
由女 ゆめ
好禾 よしか
礼子 れいこ

画数の多い名前

姓の画数が少ない人には画数の多い名前が合います。重厚感のある名前をつけたい人にもおすすめ。

漢字

嘉 緒 静 聡 遙 綾 綸 輝 穂 蝶 舞 魅 璃
凜 輪 緯 薫 樹 澪 環 燦 瞳 優 翼 繭 織
雛 藍 蘭 麗 響 馨 耀 櫻 鶴 鷗

名前例

藍 あい
綾緯 あやい
晏樹 あんじゅ
歌嘉 うたか
織絵 おりえ
薫瑚 かおるこ
馨菜 けいな
櫻瑚 さくらこ
燦 さん
静嘉 しずか
鈴蘭 すずらん
環 たまき
翼紗 つばさ
瞳璃 とうり
瞳魅 ひとみ
雛野 ひなの
響樹 ひびき
舞寧 まいね
繭埜 まゆの
眞凜 まりん
澪 みお
美鶴 みつる
優菜 ゆうな
遊藍 ゆら
蘭湖 らんこ
蘭樹 らんじゅ
璃緒 りお
瑠璃 るり
麗華 れいか
露魅 ろみ
輪嘉 わか

イメージワードから選ぶ名前の音

名前の語感（ごかん）の分析は、100語以上のイメージワードを使って行います。最近人気のある名前を分析し、よく出てくるワードを選出。そのイメージが強い名前を載せました。同じ名前の人を想像すると、なんとなく納得しませんか？　音と願いを組み合わせて考えてみてはいかがでしょうか。

素直

嘘（うそ）は苦手でいつも自然体、みんなから愛されます。

名前例

あいか　あすか　ありさ　かな　さあや　さくら
さや　さやか　さら　はな　ゆあ　ゆな

優しい

人の心を思いやれる、癒（いや）しとやすらぎの人。

名前例

あかね　あやめ　えりな　さえ　せな　なな　ななせ　ひなた
まな　みな　ゆうか　ゆうな　ゆきえ　ゆめ　ゆめか

温か

人を元気づけ大きな心で包みこむ、母性豊かな存在に。

名前例

えま　かほ　ここな　ななこ　なほ　のあ　はるか
ひな　ひなの　ほのか　まこ　まほ　もえか　ももか

気さくな

明るくみんなを和ませる、友達の多い愛されキャラ。

名前例

あいり
あゆ
かな
かなこ
かほ
きょうか
きょうこ
ここな
さくら
しょうこ
すずか
ゆうか

おおらか

包容力とユーモアで、いつのまにか中心人物に。

名前例

あやの
かほ
きょうこ
ここな
しょうこ
なお
ななこ
のあ
はるか
ほまれ
まほ
ゆきの
よしの

充実した

豊かな愛情と人間性で、どこにいても支援されます。

名前例

ともか
なみ
のぞみ
ほまれ
まい
まなみ
みお
みく
みなみ
めい
ももか
ももこ

ほのぼの

温かい心で、しぜんに人の心を癒す人気者。

名前例

あおい
あずさ
あみ
あやの
あゆみ
かや
さほ
しほ
なぎさ
ななみ
はな
はるか
はるな
ひな
ひなた
ひまり
ほなみ
まいか
まな
まりあ
まりか
みさ
もも
ゆま

積極的

あふれる行動力で華やかな人生を歩みそう。

あやか　あんな　じゅり　ちひろ　なるみ　ひろみ

ゆい　ゆみ　りな　るか　るな　れいな

快活

活発で朗(ほが)らか、いつも無理なく個性を発揮します。

名前例

あいり　ありさ　ありす　いちか　こはる　さくら　しおん　しずか

しの　しほ　ちはる　ふうか　ゆづき　ゆりか　ゆりな　りな

ハキハキ

突き進むパワーと情熱で、カリスマ的なリーダーに。

かなこ　かのん　こはる　のりか　ひかり　ひかる　ひより　ひろみ　りな　るか　れいな　わか

元気

はつらつとしてキュート、どこでもイキイキと活躍しそう。

あすみ　あや　ここな　さとみ　さら　すみれ

なつみ　なるみ　まき　まりん　みく　みゆ

キリリ

りりしい姿と、知性あふれる凛(りん)とした姿は、みんなの憧(あこが)れの的。

名前例

いくみ　かおり　くるみ　けい　こころ　ことみ　こはる　こゆき　しょうこ　なつき　みき　みつき　りん

すっきり

潔い判断力と強さで、先頭に立つ人に。

名前例

かな　けい　こはる　さおり　さき　さくら　さつき　さやか

さゆり　さわ　すみれ　せいら　はづき　ひかり　みさき　みなみ

内に秘めた

着実に力をつけて、ためた力を開花させそう。

名前例

えみ　ことね　さとね　さとみ　つむぎ　なつみ　なるみ　みう

みく　みすず　みゆ　みゆう　ゆきの　ゆめ　ゆり　りの

知的

高い能力とパワーで、どこにいても光る存在に。

名前例

いずみ　えみり　ことみ　さき　ひかり　ひとみ　まき

みお　みき　みさき　みずき　みつき　みゆき　りお

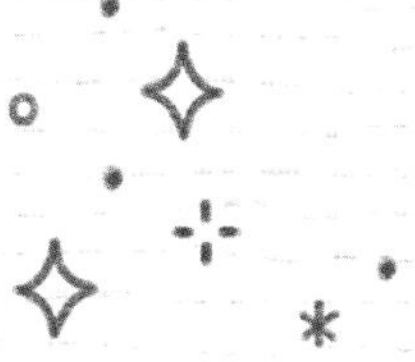

お茶目（ちゃめ）

愛嬌（あいきょう）と生命力で、将来労せずして出世しそう。

あい　たまき　ちあき　ちか　ちさと　ちなみ
ちひろ　ちほ　ちり　はな　ふじこ　まき

カワイイ

キュートでチャーミングな、マスコット的存在。

かなこ　かなみ　かのん　きょうか　きょうこ　ここな　こはる　なつき
なな　のりか　ひかる　ひなの　みく　みゆ　ゆい

キラキラ

宝石のように華やか、セレブな未来の予感も。

あかり　えりか　かな　かなみ　かりな　かれん　きら　くらら　じゅり　たまき
ちあき　なつこ　のりか　まりえ　りかこ　りこ　りりあ　るか　れいか

軽やか

風のように自由に、しなやかにスターになりそう。

きょうか　きら　こはる　さくら　さや　しおん　しゅうこ　ちなつ　ちはる　はな　ふうか　ゆづき　ゆりか　りん

気品

上品さの中に情熱を秘めた、底力のあるお嬢様。

いずみ　えり　かのん　さや　さりな　さわこ　しょうこ　ひとみ　ひろみ　みさき　みずき　みつき　りか　りこ

エレガント

優雅で凜（りん）とした身のこなしで、憧（あこが）れの存在。

いおり　えりな　さや　じゅり　すみれ　はるな　ふじこ　まり

まりえ　ゆり　ゆりえ　りえ　りな　れいな　れな

繊細（せんさい）

個性とナイーブな感性で、一目置かれる存在に。

あや　いずみ　さとみ　さゆみ　とあ　なつき　ひとみ　ひより　まゆ

みく　みゆき　ゆき　ゆきえ　ゆづき　ゆりえ　りあ　りおん

清楚（せいそ）

清らかな美しさと品のよさで、周囲からモテモテ。

あいり　ありす　さおり　さとみ　さゆり　しおり　しょうこ　すず

せいこ　せいら　せりな　みさき　りお　りさ　りみ

将来イメージから選ぶ名前の音

名前を聞くだけで思わず信頼してしまう、名前を口にするだけでなんとなく気に入られてしまう……。名前の音には不思議な力があります。脳科学の理論に基づき、人生をうまく乗り切るパワーをもつ語感(ごかん)の名前を集めました。

癒し系

名前を呼ぶだけで、心が癒され、その場の雰囲気を和ませます。

あや　なお　なほ　のり　はな　ひな　ほのか

みゆ　ゆあ　ゆい　ゆうな　ゆな　ゆめ

マイペースに生きていける

マイペースでも周囲からかわいがられ、温かく見守ってもらえるかも。

名前例

あん　いつき　いぶき　しょうこ　はづき　はな

はるか　ひかる　ふみ　まあさ　りょう

リーダーになれる

周りがなぜか、この人の言うことを聞く……そんな存在に。

かのん　ここみ　こはる　ちなつ　ちほ　ななこ

ななみ　ひな　ひなた　ゆづき　りこ

周りの人に恵まれる

そっと手助けしてくれる人が、しぜんと集まってくれそう。

名前例

さくら　とも　まな　まりあ　まりん

みお　みく　ももこ　りな　りん

クールビューティー

知的でミステリアス、凜(りん)とした美しさにあふれています。

名前例

いおり　けい　さつき　さやか　さら　しおん　みさき　りか　りかこ　りさ　りさこ　れい

目上にかわいがられて出世する

職場の上司や年長者から愛される出世名。

名前例

かな　かなこ　さと　さとみ　なお　なつこ　のりか　はるか　みほ　わか　わかこ　わかな

女子力がある

さりげなくおしゃれ、気づかいができて仕事もできる。憧(あこが)れの女性です。

名前例

かな　かなこ　かほ　さわ　さわこ　のりか　はるな　まき

まなみ　みき　みさこ　ゆうき　ゆき　わか　わかな

エレガントビューティー

優雅で気品のある女性らしさをもつ、美しい人に。

名前例

あや　えりか　さな　さや　しほ　なみ　なみこ　まほ

みな　みなこ　ゆうか　ゆうり　ゆか　ゆな　ゆり　りえ

こんな人になってほしいと願って

人物像

将来しっかりした人間性を身につけて、理想的な、充実した人生を歩んでいけるようにと願いをこめて名前を考えてみましょう。

わが子の将来を思い描いてみて。そこからヒントを得るのもよいでしょう。

自分の道を突き進む

信念を曲げず、信じる道をまっすぐ、着実に進んでいく意志の強い子になるように。

漢字

遂 勝 進 迪 実 克 至 己

徹 達 開 勇 拓 志 成 功

名前例

志希	しき
志乃	しの
志保	しほ
勝子	しょうこ
拓海	たくみ
徹子	てつこ
成世	なるせ
功実	なるみ
開	のぞみ
拓美	ひろみ
勝恵	まさえ
実来	みく
迪知	みち
迪子	みちこ
勇茉	ゆま
結実	ゆみ

リーダーシップがある

周囲の人から一目置かれるカリスマ性のある人。みんなの中心に立って、人を導ける人になるように。

漢字

勲 魁 統 揮 宰 政 治 司

導 総 幹 尊 将 要 律 光

名前例

揮和	きわ
総杜	さと
司姫	しき
司保	しほ
尊奈	たかな
司	つかさ
宰	つかさ
治子	なおこ
統加	のりか
統美	のりみ
治希	はるき
治名	はるな
光瑠	ひかる
政世	まさよ
幹	みき
尊	みこと
導子	みちこ
律	りつ

グローバルな活躍を

グローバルに世界中を飛びまわるパワフルな人に。自分の意見を堂々と表現している姿を想像して。

漢字

世 北 伊 印 亜 邦 英

周 法 活 南 飛 洋 晋

悠 渡 遥 翔 椰 緯 蘭

名前例

亜緯	あい
印南	あきな
周	あまね
亜蘭	あらん
伊飛乃	いとの
緯波	いなみ
伊世	いよ
英莉	えり
花南	かなん
邦実	くにみ
瑚法	このり
翔未	しょうみ
世奈	せな
世羅	せら
飛南	たかな
周英	ちかえ
千洋	ちひろ
渡海	とうみ
遥	はるか
悠海	はるみ
飛椰	ひな
北斗	ほくと
磨伊	まい
真印	まいん
真理亜	まりあ
南都	みなと
悠緯	ゆい
晋乃	ゆきの

幸せな人生をおくる

たくさんの幸せにあふれ、運に恵まれた人生がおくれるようにと願いをこめて。

漢字

七 吉 成 安 寿 佑 欣 幸 栄 祐 悦 華 恵 倖 祥 賀 喜 富 満 禄 福 豊 嘉 徳 嬉 慶 穣 鶴

名前例

安寿 あず
悦子 えつこ
嘉鶴 かず
喜華 きか
倖恵 さちえ
祥保 さちほ
寿利 じゅり
寿美代 すみよ
多恵 たえ
多嘉子 たかこ
慶子 のりこ
深喜 みき
美祥 みよし
恵 めぐみ
幸嘉 ゆきか
悦恵 よしえ
嘉美 よしみ
慶実 よしみ

誠実に生きる

曲がったことはせず、堅実に、地道に嘘（うそ）のない人生を歩んで、人から信頼されるように。

漢字

允 公 正 礼 匡 吏 孝 良 実 斉 忠 直 軌 信 則 律 亮 洵 真 倫 規 淳 惇 理 順 敦 博 堅 義 慎 誠 徳 範 諒 憲 整

名前例

敦己 あつみ
礼可 あやか
宇匡 うきょう
恵理名 えりな
花倫 かりん
洵那 じゅんな
知理子 ちりこ
倫香 のぶか
正美 まさみ
真理 まり
真吏沙 まりさ
真倫 まりん
有義子 ゆぎこ
義瑛 よしえ
理子 りこ
倫子 りんこ
礼子 れいこ
礼実那 れみな

友人に恵まれる

周囲から愛され、信頼される人になるように。一生つきあえる友とめぐりあうことを願って。

漢字

与 双 友 加 共 助 佑 協 朋 和 皆 信 奏 祐 渉 結 湊 睦 親 頼

名前例

愛佑 あゆ
亜佑加 あゆか
皆愛 かいあ
和音 かずね
奏 かなで
香菜与 かなよ
渉実 しょうみ
奏和 そな
多友 たゆ
親笑 ちかえ
友亜 ともあ
友恵 ともえ
朋佳 ともか
朋子 ともこ
信恵 のぶえ
信子 のぶこ
双巴 ふたば
湊 みなと
湊杜 みなと
皆与 みなよ
美朋子 みほこ
美友 みゆ
睦好 むつみ
結愛 ゆあ
友葦加 ゆいか
結花 ゆうか
友那 ゆうな
友来音 ゆきね
佑海 ゆみ
結友 ゆゆ
友梨 ゆり
頼子 よりこ
渉留 わたる

人柄

いったいどんな子に育つのだろうと、わが子には期待でいっぱい。こんな子になってほしいという願いをストレートに名前にこめてみては。

かわいい

お姫様や小さな花のような可憐(かれん)な魅力で、周りの人から愛され、慈(いつく)しまれるよう願って。

漢字

蕾 毬 菜 桃 咲 初 妃 円 乙
鞠 愛 雫 姫 栞 李 杏 仔 乃
雛 鈴 梨 恋 珠 苺 花 糸 小

名前例

愛花	あいか
杏菜	あんな
乙姫	いつき
花恋	かれん
栞菜	かんな
姫桜	きお
小苺	こまい
小桃	こもも
小桜	さお
小蕾	さらい
栞	しおり
初美	はつみ
雛子	ひなこ
雛乃	ひなの
苺花	まいか
愛	まな
鞠愛	まりあ
桃花	ももか
李花	りか
李子	りこ

素直

無垢(むく)な心、謙虚(けんきょ)な心をもち、周りの人にかわいがられるように。まっすぐに物事を受け止められる子に。

漢字

澄 順 淳 粋 純 直 白
謙 廉 惇 素 真 是 忠

名前例

安純	あすみ
亜廉	あれん
唯純	いずみ
順南	かずな
順子	じゅんこ
惇	すなお
純花	すみか
惇子	としこ
直絵	なおえ
直子	なおこ
真央	まお
純白	ましろ
真純	ますみ
真澄美	ますみ
真実	まみ
美澄	みすみ
素加	もとか
素子	もとこ

聡明・賢い

頭の回転が速く、才能や真の知性を身につけ、人生を賢く切りひらいていけるように。

漢字

才 冴 秀 利 伶 学 卓
知 怜 俊 俐 悟 哲 能
敏 凌 逸 啓 理 達 智
聡 慧 叡 賢 優 顕 鏡

名前例

叡子	えいこ
慧菜	けいな
早智	さち
聡子	さとこ
聡美	さとみ
秀加	しゅうか
知英	ちえ
知恵	ちえ
知香	ちか
知慧	ちさと
知世	ちせ
知奈美	ちなみ
知優	ちひろ
知保	ちほ
知俐子	ちりこ
智海	ともみ
知代	ともよ
秀華	ひでか
秀美	ひでみ
万知	まち
深慧	みえ
深慧	みさと
優理	ゆり
俐佳	りか
理伶	りれい
怜郁	れいか

明るい・活発

いつも前向きで元気いっぱい。いるだけで周りを明るくさせる子になるように。

漢字

勢 陽 晴 康 晋 晃 活 希 丈
馳 楽 満 彩 朗 晄 悦 芽 元
輝 照 遊 喜 健 笑 起 明 快

名前例

晃 あき
朗子 あきこ
明生 あきみ
彩海 あみ
彩芽 あやめ
笑緒 えみお
喜恵 きえ
健美 たけみ
千勢 ちせ

陽海 はるみ
満喜 まき
満輝 みき
晄子 みつこ
芽育 めいく
芽吹 めぶき
康希 やすき
遊由 ゆうゆ
遊芽 ゆめ

美しい

大輪の花のような美しく輝く子になるように。内面も外面も磨かれた女性に。

漢字

綾 華 美 英 那 令
璃 蓉 彩 娃 芳 花

名前例

娃輝 あいき
彩珈 あやか
綾音 あやね
英玲奈 えれな
花怜 かれん
綺羅々 きらら
鈴花 すずか
尚美 なおみ
花那 はな

英華 はなか
芙美香 ふみか
美佳 みか
美咲 みさき
美令 みれい
蓉姫 ようき
芳乃 よしの
瑠璃 るり
玲美 れみ

優しい

どんなときも人の気持ちや立場を思いやれる、心の温かい子に育つように。

漢字

優 寧 想 敦 惇 宥 恢 和 凪 円
諄 暖 寛 温 祐 毘 長 良 心
篤 靖 慈 滋 恵 保 侑 佑 仁

名前例

敦子 あつこ
愛宥 あゆ
亜佑花 あゆか
慈木 いつき
寛奈 かんな
仁凪 きみな
心愛 ここな
小暖 こはる
靖果 せいか
和海 なごみ

寧々 ねね
和花 のどか
暖 はる
温姫 はるき
恢南 ひろな
美侑 みゆ
宥子 ゆうこ
優美 ゆみ
慈美 よしみ
和奏 わかな

優雅・上品

優しく、情緒豊かで気品がある。周りから敬愛される人になるよう願って。

漢字

徽 瑠 琳 貴 葵 淑 玲 佳 妃
優 綺 雅 敬 渥 紳 華 郁 芳
艶 綸 瑳 斐 絢 彬 珠 映 妙
麗 凜 爾 媛 瑛 眸 彩 香 旺

名前例

藍貴 あいき
妃花 きか
貴姫 きき
毅凜 きりん
敬子 けいこ
咲貴 さき
珠徽 たまき
淑映 としえ
妃香 ひめか

媛乃 ひめの
雅姫 まさき
京珠 みやび
立香 りっか
凜花 りんか
綸胡 りんこ
麗 れい
嶺華 れいか
麗華 れいか

おもしろい・ユーモアがある

周りの空気を和やかにする、ユーモアとサービス精神のある人になるように。

漢字

明 和 咲 笑 朗 莞 愉 喜 楽 歓 戯 諧

名前例

- 朗恵 あきえ
- 愛愉 あゆ
- 咲 えみ
- 笑加 えみか
- 諧良 かいら
- 莞菜 かんな
- 歓和 かんな
- 喜歌 きか
- 喜子 きこ
- 千笑 ちえみ
- 和 なごみ
- 真喜 まき
- 美楽 みらく
- 明沙 めいさ
- 愉依 ゆい
- 愉宇架 ゆうか
- 愉楽 ゆら
- 喜華 よしか

個性的

人に流されない独自のセンスをもった、才能あふれる人になるように願って。

漢字

一 才 有 我 壱 個 特 唯 逸 道 稀 極 創 感 魅 顕

名前例

- 顕子 あきこ
- 一花 いちか
- 逸禾 いつか
- 一稀 かずき
- 我奈 かな
- 感奈 かんな
- 稀恵 きえ
- 才恵 さえ
- 思唯 しゆい
- 創來 そうら
- 穂稀 ほまれ
- 稀 まれ
- 魅創良 みそら
- 道歩 みちほ
- 道瑠 みちる
- 唯惟 ゆい
- 有 ゆう
- 唯仁 ゆに

スケールが大きい

些細（ささい）なことには動じず、おおらかでゆったりした人。何か大きなことを成し遂げるように。

漢字

久 大 万 天 永 広 世 弘 地 汎 伸 甫 河 空 海 宥 洋 紘 泰 展 悠 裕 遥 寛 遙 遼 環

名前例

- 空 そら
- 天那 たかな
- 環未 たまみ
- 千寛 ちひろ
- 永遠 とわ
- 遼河 はるか
- 遥名 はるな
- 久永 ひさえ
- 展花 ひろか
- 寛子 ひろこ
- 展南 ひろな
- 広海 ひろみ
- 洋海 ひろみ
- 真大 まひろ
- 万悠 まゆう
- 海宥 みゆう
- 泰果 やすか
- 悠果 ゆうか
- 悠河 ゆうが
- 遥子 ようこ
- 遼子 りょうこ
- 環可 わか

大きな可能性を願って

大きな夢を胸に抱き、人々にも希望を与えるような人になるようにと期待をこめて。

平和

世界中の人々がひとつに結びつき、みんなが笑顔で穏やかに暮らせる世界を願って。

漢字

円 平 安 合 祈 協 和 晏 泰 絆 悠 結 愛 鳩 衛 穏

名前例

- 安穏 あのん
- 晏樹 あんじゅ
- 晏那 あんな
- 祈 いのり
- 和愛 かずな
- 花穏 かのん
- 絆 きずな
- 協子 きょうこ
- 祈和 きわ
- 佐百合 さゆり
- 和美 なごみ
- 鳩子 はとこ
- 悠 はるか
- 日和 ひより
- 真絆 まき
- 円 まどか
- 美穏子 みおこ
- 心結 みゆ
- 愛実 めぐみ
- 安美 やすみ
- 泰世 やすよ
- 結愛 ゆあ
- 由絆永 ゆきえ
- 和果 わか

自由・平等

自由で平等に生きられる理想の社会を実現してほしいという願いを託して。

漢字

平 由 羽 自 均 伸 弥 真 逸 翔 等 遊 遥 寛 翼

名前例

- 逸子 いつこ
- 逸見 いつみ
- 寛奈 かんな
- 志伸 しのぶ
- 翔子 しょうこ
- 翼 つばさ
- 津羽佐 つばさ
- 伸子 のぶこ
- 遥空 はるく
- 真大 まひろ
- 真由 まゆ
- 未翔 みしょう
- 美遥 みはる
- 由羽 ゆう
- 遊羽 ゆうわ
- 由起 ゆき
- 由希名 ゆきな
- 自花 よりか

夢・未来

輝かしい夢や希望、前途洋々たる未来の大きな可能性に期待をこめて名づけて。

漢字

可 叶 未 羽 希 志 来 昇 拓 歩 栄 挑 飛 将 進 望 徠 開 暁 創 朝 遥 翔 夢 黎 蕾 翼 瞭

名前例

- あさ希 あさき
- 明日来 あすき
- 叶栄 かなえ
- 叶夢 かのん
- 希和子 きわこ
- 来実 くるみ
- 希美 のぞみ
- 望見 のぞみ
- 拓実 ひろみ
- 大夢 ひろむ
- 未希 みき
- 未結菜 みゆな
- 未来 みらい
- 未蕾 みらい
- 夢女 ゆめ
- 夢叶 ゆめか
- 夢可 ゆめか
- 夢徠 ゆら

歴史上の人物のようになってほしいと願って

歴史上の偉大な人物にあやかるときは、名前をそのままとらずに漢字1字だけもらったり、ひびきだけ同じにするという方法もおすすめです。

戦国時代

群雄割拠の乱世でも、自らの力を信じ、未来を切りひらいていった人物にあやかって。

名前例

- **濃姫** あつき 【織田信長の妻 お濃から】
- **市夏** いちか 【織田信長の妹 お市から】
- **千姫** ちひめ 【豊臣秀頼の妻 千姫から】
- **千代** ちよ 【山内一豊の妻 千代から】
- **寧々** ねね 【豊臣秀吉の妻 ねねから】
- **信菜** のぶな 【尾張の戦国大名 織田信長から】
- **秀美** ひでみ 【豊臣秀吉から】
- **宗恵** ひろえ 【陸奥の戦国大名 伊達政宗から】
- **舞津** まつ 【前田利家の妻 まつから】
- **康子** やすこ 【幕府初代将軍 徳川家康から】

女王・妃

美しさだけでなく、強さも兼ね備えたカリスマ性をもってほしいと願って。

名前例

- **恵理冴** えりざ 【オーストリア皇后 エリザベートから】
- **玖玲緒** くれお 【古代エジプト女王 クレオパトラから】
- **慶李衣** けりい 【モナコ公国公妃 グレース・ケリーから】
- **香妃** こうひ 【ウイグル族の美女 香妃から】
- **天子** てんこ 【唐の女帝 則天武后から】
- **真里亜** まりあ 【オーストリア女帝 マリア・テレジアから】
- **茉莉衣** まりい 【フランス王妃マリー・アントワネットから】
- **楊貴** ようき 【玄宗の妃 楊貴妃から】
- **莉衣菜** りいな 【ロシアの女帝 エカチェリーナから】

幕末

激動の時代をたくましく生きぬいた女性たちのように、荒波を乗り越える力がある子になるように。

名前例

- **乙女** おとめ 【坂本龍馬の姉 乙女から】
- **和乃** かずの 【将軍に降嫁した皇女和宮から】
- **千登勢** ちとせ 【京都の旅館寺田屋のおかみ登勢から】
- **篤子** とくこ 【徳川家定の妻 天璋院篤姫から】
- **松子** まつこ 【木戸孝允の妻 幾松の本名から】
- **文** ふみ 【吉田松陰の妹 杉文から】
- **りょう** りょう 【坂本龍馬の妻 楢崎龍から】

傑人

持ち前のパワフルさで、歴史を動かした女性がいます。だれにも負けない人になれることを願って。

名前例

- **天梨** あめり 【飛行士アメリア・イアハートから】
- **絹江** きぬえ 【日本人女性初五輪選手人見絹枝から】
- **淳子** じゅんこ 【エベレスト女性初登頂田部井淳子から】
- **玉枝** たまえ 【明の女性武将秦良玉から】
- **時子** ときこ 【平清盛の妻平時子から】
- **富子** とみこ 【将軍足利義政の妻日野富子から】
- **巴** ともえ 【木曽義仲の妻巴御前から】
- **福** ふく 【徳川家光の乳母春日局の名前から】
- **茉麻** まあさ 【西部開拓者マーサ・ジェーンから】
- **政子** まさこ 【源頼朝の妻北条政子から】

美女

その美しさから歴史を動かしてきた世界の美女たち。特別な存在になるように願って。

名前例

- **昭嘉** あきか 【中国四大美人の一人王昭君から】
- **衣通** えと 【本朝三美人の一人衣通姫から】
- **小町** こまち 【六歌仙の一人小野小町から】
- **西那** せいな 【中国四大美人の一人西施から】
- **静** しずか 【源義経の妻静御前から】
- **常盤** ときわ 【源義経の母常盤御前から】
- **理玖** りく 【赤穂藩家老大石内蔵助の妻理玖から】
- **亮子** りょうこ 【陸奥宗光の妻陸奥亮子から】

才人

自らの才能を駆使し、社会に影響を与える人になれるように。

名前例

- **あや** あや 【国文学者只野真葛の本名あやから】
- **梅子** うめこ 【女子高等教育につくした津田梅子から】
- **勝子** かつこ 【地球科学者猿橋勝子から】
- **花子** はなこ 【児童文学の翻訳家村岡花子から】
- **真理** まり 【ノーベル物理学賞受賞マリ・キュリーから】
- **万梨亜** まりあ 【幼児教育の先駆者マリア・モンテッソーリから】
- **八重** やえ 【女性教育に尽力した新島八重から】
- **莉衣** りい 【物理学者リーゼ・マイトナーから】
- **鈴杜** りんと 【物理化学者ロザリンド・フランクリンから】

スター

将来活躍することを願って、歌や演技で多くの人を楽しませてくれたスターの名前から考えてみては。

名前例

- **緒土里** おどり 【女優オードリー・ヘプバーンから】
- **絹代** きぬよ 【女優田中絹代から】
- **紗吏** しゃり 【女優シャーリー・テンプルから】
- **須磨子** すまこ 【最初の新劇女優松井須磨子から】
- **環** たまき 【日本初の世界的ソプラノ歌手三浦環から】
- **はるみ** はるみ 【女優花柳はるみから】
- **ひばり** ひばり 【歌手美空ひばりから】
- **麻里凛** まりりん 【女優マリリン・モンローから】
- **貞** みさお 【演劇の発展に貢献した女優川上貞奴から】
- **美津** みつ 【女優森光子の本名村上美津から】
- **璃多** りた 【女優リタ・ヘイワースから】

平和に貢献

平和を願い、信念をもって時代を切りひらけるように。

名前例

恵芽里　えめり　［女性参政権獲得の運動者エメリン・パンクハーストから］
玖良々　くらら　［米国赤十字社の創設者クララ・バートンから］
貞子　さだこ　［難民救助に尽力した緒方貞子から］
野枝　のえ　［女性解放運動家伊藤野枝から］
明　はる　［社会運動家平塚らいてうの本名から］
碧蓮　へれん　［社会福祉事業家ヘレン・ケラーから］
美喜　みき　［戦後に孤児施設を創設した沢田美喜から］
麗知　れいち　［環境活動家レイチェル・カーソンから］

政財界で活躍

多くの人に影響を与え、世の中を大きく変えていける人物になることを願って。

名前例

あさ子　あさこ　［実業家広岡浅子から］
糸　いと　［実業家麻生イトから］
英　えい　［製糸技術の指導家和田英から］
慧都　けいと　［デザイナーケイト・スペードから］
胡瑚　ここ　［デザイナーココ・シャネルから］
惇子　じゅんこ　［実業家坂野惇子から］
たか子　たかこ　［政治家土井たか子から］
房枝　ふさえ　［女性参政権獲得に奔走した市川房枝から］
美齢　みれい　［蔣介石の妻宋美齢から］
よね　よね　［実業家鈴木よねから］

名前エピソード

ひいろ
陽彩ちゃん

読みやすい名前をと思っていたはずが……

娘がお腹にいるとき、友人が娘を「ひーちゃん」と呼んでくれたのがきっかけです。音とひびきにひかれ、「ひ」からはじまる名前を考えていき、最終的に「陽彩」に決めました。ただ、よく考えてみると「きいろ」や「ヒーロー」に聞こえたり、「緋色」と思われることも多く、苦労しそうな名前になっちゃったかなと思っています。(晶代ママ)

先人の教えを大切にするようにと願って

古くから使われてきた美しい日本語があります。赤ちゃんにとっても人生を励ましてくれる大切なことばになるでしょう。

故事成語

蛍雪（けいせつ）の功
名前例　蛍 ほたる　功雪 こゆき

明鏡止水（めいきょうしすい）
名前例　鏡水 あきな　明水 はるみ

千里の道も一歩から
名前例　千里 せんり　里歩 りほ

四字熟語

桜梅桃李（おうばいとうり）
名前例　桃李 とうり　李桜 りお

一期一会（いちごいちえ）
意味　一度きりの出会いだと思って、誠意をつくすこと
名前例　一会 いちえ　一吾 いちご

百花繚乱（ひゃっかりょうらん）
意味　素晴らしい成果が一度にたくさん現れること
名前例　百花 ももか　遼花 りょうか

鏡花水月（きょうかすいげつ）
意味　感じることはできても、表現できない深い趣
名前例　鏡花 きょうか　水月 みつき

有言実行（ゆうげんじっこう）
名前例　実言 みこと　有実 ゆみ

ことわざ

瑠璃の光も磨きがら
名前例　光磨 てるま　瑠璃 るり

鶴は千年、亀は万年
名前例　千鶴 ちづる　万亀 まき

実るほど頭（こうべ）の垂るる稲穂かな
名前例　秋穂 あきほ　実穂 みほ

深い川は静かに流れる

名前例　静流 しずる　深流 みりゅう

明日は明日の風が吹く

名前例　明日風 あすか　風日 ふうか

古風な名前

最近は、あえて古風で伝統的な名前をつける方法が人気。かわいらしくも美しいひびきの名前を考えてみては。

漢字

花 苑 奏 梅 琴 鶴
和 京 桜 都 雅

和の心を大切に と願って

伝統文化や匠の技などから、和の心を大切にする思いをこめましょう。将来国際的に活躍することを見据え、日本らしく美しい名前をつけても。

和のことばから

和の雰囲気を感じさせることばやひびきから考える名前は、雅で風流なイメージです。

名前例

飛鳥 あすか
弥 あまね
菖蒲 あやめ
伊織 いおり
和泉 いずみ
伊吹 いぶき
色羽 いろは
薫子 かおるこ
和葉 かずは
加世 かよ
桔梗 ききょう
菊乃 きくの
小梅 こうめ
琴音 ことね
古都里 ことり
小春 こはる
小雪 こゆき
桜子 さくらこ
小百合 さゆり
小夜 さよ
志乃 しの
菫 すみれ
千鶴 ちづる
手毬 てまり
撫子 なでしこ
七緒 ななお
寧々 ねね
和花 のどか
花重 はなえ
花里 はなり
春日 はるひ
雛乃 ひなの
京伽 ひろか
紅緒 べにお
牡丹 ぼたん
水月 みつき
美鶴 みつる
弥都 みと
美登里 みどり
京 みやこ
雅 みやび
弥生 やよい
紫 ゆかり
弓月 ゆづき
美乃 よしの
六花 りっか
和歌 わか
和奏 わかな

「子」がつく名前

昔ながらの名前でありながら、人気が再燃している「子」がつく名前。「胡」や「瑚」の字を使って工夫することも。

名前例

亜子 あこ
香乃子 かのこ
希子 きこ
きな子 きなこ
苑子 そのこ
菜子 なこ
奈奈子 ななこ
仁子 にこ
実依子 みいこ
萌子 もこ
紫子 ゆかりこ
依子 よりこ
理子 りこ
輪子 わこ

芸術・芸能

人々の生活とともに発展し、洗練されてきた文化から。日本人の誇りや気品、また繊細（せんさい）さをもつ人になることを願って。

芸事

茶道や華道など、古きよき日本の作法や心を大切にする人になるように。道を究（きわ）める一途（いちず）さも。

漢字

心 巧 伎 匠 芸 茶 美 華 扇 紗 紡 紋 紬 陶
絢 筆 絵 創 釉 絹 踊 綺 綾 綸 舞 磨 織

名前例

綾伎	あやき
綺美	あやみ
綺冴	きさえ
茶華	さか
茶伎香	さきか
茶良	さら
詩紋	しもん
千利	せんり
紬	つむぎ
華生	はなお
筆美	ふでみ
磨絢	まあや
舞	まい
磨芸	まき
舞心	まみ
釉	ゆう
釉香	ゆうか
踊花	ようか
綾華	りょうか
一会	いちえ［茶道の心「一期一会」から］
立華	りっか［華道の様式名］

歴史的建造物

木材のみで建てられた寺や城には、匠（たくみ）の技（わざ）が生きています。芯が通ったまじめな人になるように。

漢字

工 巧 伎 寺 匠 社 建 城 神 宮 堂
梁 塔 萱 築

名前例

伊築	いつき
萱乃	かやの
花梁	かりょう
神菜	かんな
社栞	しゃか
匠奈	しょうな
堂祢	たかね
工美	たくみ
建瑠	たつる
塔華	とうか
実沙城	みさき
宮子	みやこ
結伎	ゆき
巧野	よしの
梨巧	りく

伝統芸能

歌舞伎（かぶき）や能（のう）、浄瑠璃（じょうるり）など庶民の文化から。小粋（こいき）でみんなから親しまれる人になることを願って。

漢字

文 伎 花 松 和 浄 能
道 楽 鼓 歌 瑠 舞 謡

名前例

阿弥	あみ［能を完成させた世阿弥（ぜあみ）から］
出雲	いずも［浄瑠璃作家竹田出雲（たけだいずも）から］
阿久	おく［歌舞伎の創始者出雲阿国（おくに）から］
音羽	おとわ［歌舞伎役者尾上菊五郎一門の屋号音羽屋から］
文華	あやか
文璃	あやり
花能	かの
伎世	きよ
浄	きよら
鼓乃	このり
浄雅	じょうが
松鼓	しょうこ
楚楽	そら
能利江	のりえ
舞歌	まいか
舞伎	まき
美伎	みき
道瑠	みちる
謡香	ようか
能華	よしか
瑠歌	るか
瑠璃	るり

きょうだい・ふたごで絆を感じられるように願って

きょうだいやふたごに、家族の絆を感じさせる名前をつけるのも根強い人気。呼んだときの語感（ごかん）をそろえる「音から」、共通の思いをこめる「イメージから」、名前を見たときの印象に関連をもたせる「漢字から」の３つの切り口を紹介します。また、それぞれの方法にはコツやポイントがあります。名前例をヒントに考えてみましょう。

ひびきをそろえる

音から

「ゆうか」と「ようか」のようにひびきをそろえたり、止め字の音をそろえる方法。違いが聞き取りづらくなりがちなので、先頭字の母音は変えたほうがベター。

名前例

止め字が「え」
- 秋絵　あきえ
- 菜恵　なえ
- 芳枝　よしえ

止め字が「か」
- 穂香　ほのか
- 安佳　やすか
- 悠果　ゆうか

止め字が「な」
- 愛奈　あいな
- 加菜　かな
- 麗那　れいな

止め字が「ほ」
- 和歩　かずほ
- 奈穂　なほ
- 美保　みほ

止め字が「み」
- 心実　ここみ
- 七美　ななみ
- 波　なみ

止め字が「り」
- 燈莉　あかり
- 麻里　まり
- 侑李　ゆうり

3音で中字が長音
- 英華　えいか
- 紗彩　さあや
- 萩花　しゅうか
- 未衣奈　みいな
- 玲子　れいこ
- 麗那　れいな
- 蒼太　そうた
- 徹　とおる
- 勇気　ゆうき

末字が長音
- 真優　まゆう
- 真利衣　まりい
- 美有　みゆう
- 由未依　ゆみい
- 建秀　けんしゅう
- 真周　ましゅう

2音で末字が長音
- 希衣　きい
- 玖宇　くう
- 須宇　すう
- 美伊　みい
- 優　ゆう
- 麗衣　れい
- 功　こう
- 翔　しょう

2音で末字が「い」
- 舞　まい
- 芽衣　めい
- 唯　ゆい
- 海　かい
- 類　るい

2音で末字が「ん」
- 杏　あん
- 蘭　らん
- 凛　りん
- 寛　かん
- 慎　しん

2音で末字が「ち」
- 幸　さち
- 那智　なち
- 真知　まち
- 道　みち

濁音
- 樹依　じゅい
- 純　じゅん
- 鈴　すず
- 紅　べに
- 凱　がい
- 暖　だん

拗音
- 愛紗　あいしゃ
- 京子　きょうこ
- 祥瑚　しょうこ
- 美秀　みしゅう
- 秀真　しゅうま
- 譲太郎　じょうたろう

4音
- 綾友　あやとも
- 桜子　さくらこ
- 鈴蘭　すずらん
- 星蘭　せいらん
- 忠智　ただとも
- 春彦　はるひこ

＊青字が男の子に、茶色の字が女の子に多くつけられる名前です。

同じイメージにする

イメージから

自然や色など、共通のイメージから考える方法。つながりをもたせながらも、全く違うひびきの名前にすることができるのもポイントです。

名前例

●自然
海禾 うみか
空良 そら
葉菜 はな
花香 はなか
光李 ひかり
陸玖 りく

●海
汐音 しおね
智波 ちなみ
波奈 ななみ
岬 みさき
湊 みなと

●天気
満虹 まこ
美雨 みう
陽香 ようか
晴吾 せいご
風太 ふうた

●宇宙
月奈 つきな
那紗 なさ
奎香 ふみか
真宙 まひろ
星一 せいいち

●花
秋桜 こすもす
咲來 さくら
向日葵 ひまわり
茉莉花 まりか

●色
紫保 しほ
紅子 べにこ
碧麗 みれい
紫苑 しおん
勇青 ゆうせい

●音楽
音羽 とわ
結音 ゆおん
和音 わおと
奏斗 かなと
弾 だん

●和風
和子 かずこ
琴乃 ことの
小百合 さゆり
都 みやこ
大和 やまと

●季節
秋穂 あきほ
小春 こはる
夏菜 なつな
美冬 みふゆ

●陸・海・空
愛海 まなみ
美空 みく
陸奈 りくな
律空 りく

●右・左
左奈 さな
右希 ゆうき

●数字
一華 いちか
二葉 ふたば
三瑠 みつる

●一・百
一花 いちか
逸美 いつみ
一音 かずね
胡百 こもも
百華 ももか
百音 ももね

Column

きょうだい・ふたごでセットの名前

ひびきや意味がセットになる名前でつながりをもたせる方法も。工夫して、ほかの人とはひと味違う名前を考えてみてはいかがでしょうか。

1.つなげるとひとつのことばに

きょうだいの名前をつなげて読むと熟語や文になる名前。

希美 のぞみ・香苗 かなえ → **望み叶え**／桜 さくら・朔 さく → **桜咲く**
気宇 きう・壮大 そうた → **気宇壮大**／朝日 あさひ・昇 のぼる → **朝日昇る**

2.熟語から1文字ずつ

きょうだいの名前に、熟語から漢字を1文字ずつちりばめます。

正美 まさみ・直人 なおと → **正直**／真 まこと・心 こころ → **真心**
悠 はるか・久志 ひさし → **悠久**／雪菜 ゆきな・美月 みつき・桃花 ももか → **雪月花**

漢字から

同じ漢字を入れる

気に入った共通の漢字を入れる方法。ただし、先頭字の読みが同じだと略称で呼んだときに紛らわしいので、同じ漢字でも違う読みにするなどの工夫をしましょう。部首をそろえても。

名前例

●心
- 心海 ここみ
- 心 こころ
- 心一 しんいち

●光
- 光 ひかり
- 光紀 みつき
- 光輝 こうき

●花
- 花絵 はなえ
- 花成 はなり
- 美花 みか

●希
- 希樹 きき
- 希美 のぞみ
- 希月 きづき

●空
- 空良 そら
- 晴空 はるく
- 空我 くうが

●美
- 加奈美 かなみ
- 美寛 みひろ
- 美佳 よしか

●咲
- 咲奈 えみな
- 咲里 さり
- 真咲 まさき

●海
- 海心 うみ
- 叶海 かなみ
- 海渡 かいと

●紗
- 愛紗 あいしゃ
- 紗くら さくら
- 莉紗 りさ

●真
- 真琴 まこと
- 由真 ゆま
- 橙真 とうま

●莉
- 絵莉花 えりか
- 由莉 ゆり
- 莉理奈 りりな

●彩
- 彩音 あやね
- 彩華 さいか
- 美彩 みさ

●葵
- 葵 あおい
- 優葵 ゆうき
- 由葵 ゆき

●晴
- 晴葉 てるは
- 晴子 はるこ
- 美晴 みはる
- 一晴 いっせい

●結
- 真結 まゆ
- 結衣 ゆい
- 結莉亜 ゆりあ

●陽
- 陽向 ひなた
- 真陽 まひろ
- 陽華 ようか
- 太陽 たいよう

●愛
- 愛実 あいみ
- 愛歌 まなか
- 万理愛 まりあ

●夢
- 夢子 ゆめこ
- 斗夢 とむ
- 広夢 ひろむ

●優
- 美優 みゆう
- 優菜 ゆうな
- 優季 ゆき

文字数をそろえる

文字数をそろえると、全体の雰囲気に統一感が出ます。姓の長さを加味して、長い姓には漢字１文字の名前、短い姓には漢字３文字の名前をつけてみてもよいでしょう。

名前例

●漢字1文字
- 愛 あい
- 中 あたる
- 楓 かえで
- 慧 けい
- 巴 ともえ
- 華 はな
- 光 ひかり
- 鞠 まり
- 澪 みお
- 港 みなと
- 唯 ゆい
- 陸 りく

●漢字3文字
- 亜季葉 あきは
- 恵利奈 えりな
- 加奈子 かなこ
- 香里奈 かりな
- 沙奈恵 さなえ
- 奈那子 ななこ
- 真唯香 まいか
- 真里菜 まりな
- 美紀恵 みきえ
- 由香子 ゆかこ
- 由紀子 ゆきこ
- 百合華 ゆりか

止め字を同じ漢字にする

同じ止め字を使う方法。「名前に使われる止め字」(P348〜349) から好きな止め字をさがして、さまざまなバリエーションを考えてみましょう。

名前例

乃
綾乃 あやの
雪乃 ゆきの
莉乃 りの

々
奈々 なな
寧々 ねね
魅々 みみ

央
那央 なお
未央 みお
礼央 れお

生
真生 まき
麻生 あさき
直生 なおき

衣
亜衣 あい
芽里衣 めりい
璃衣 りい

花
咲花 さきか
羽花 はねか
心花 みか

里
樹菜里 きなり
美里 みり
由里 ゆり

季
瑞季 みずき
直季 なおき
優季 ゆうき

波
香波 かなみ
智波 ちなみ
美波 みなみ

音
花音 かのん
葉音 はおん
美音 みのん

海
羽海 うみ
愛海 まなみ
直海 なおみ

香
季香 きか
虹香 にじか
実香 みか

夏
絵夏 えなつ
菜夏 ななつ
真夏 まなつ

華
七華 ななか
美華 みか
莉理華 りりか

菜
華菜 かな
美菜 みな
優菜 ゆうな

葉
彩葉 あやは
琴葉 ことは
由里葉 ゆりは

瑠
愛瑠 あいる
芽瑠 める
駆瑠 かける

澄
愛澄 あすみ
香澄 かすみ
実澄 みすみ

穂
和穂 かずほ
香穂 かほ
高穂 たかほ

織
伊織 いおり
香織 かおり
美織 みおり

ネーミングストーリー

琴菜(ことな)ちゃん 天音(あまね)ちゃん

長女も次女も3月生まれ。春らしくてかわいい名前に

長女が3月生まれとわかると、春らしくてかわいらしい名前にしたいと思いました。感受性豊かな子にという私の願いから「琴」、自然が好きな子にという夫の願いから「菜」を選びました。このとき、もし男の子だったらと考えていたのが「弥(あまね)」という名前。次女も3月生まれだったので、画数がよいかわいらしい字に変えて名づけました。(由佳ママ)

世界中で親しまれるように願って

国際社会で活躍しやすいようにとふえているのが、外国語、特に英語でも呼びやすい名前。海外の人にも、発音しやすく親しまれやすい名前をつけるヒントを参考にしてみては。

1 外国語の名前や意味から

外国語の名前や意味から名づける方法です。「Emma→恵麻（えま）」、「Marine→茉凜（まりん）」のように外国語の名前や単語をそのまま応用します。ただし、「雪」と書いて「スノー」と読ませるような無理な名づけは避けたいものです。

2 短い愛称にできる名前に

短い名前はそのまま覚えてもらえます。長い名前でも、後ろを略して「けい」「めぐ」などの短い愛称（あいしょう）に変えることもできます。

英語圏

世界の共通言語である英語からの名づけは人気があります。世界中の人から親しみをこめて呼んでもらえるように。

単語		意味	名前例			
エレナ	[Elena]	人名	恵令奈	えれな	絵怜那	えれな
ケイト	[Kate]	人名	圭都	けいと	慧采	けいと
サラ	[Sara]	人名	沙羅	さら	紗來	さら
サン	[sun]	太陽	賛	さん	燦	さん
ジュン	[June]	6月	純	じゅん	潤	じゅん
チアー	[cheer]	元気	知愛	ちあ	智亜	ちあ
チェリー	[cherry]	さくらんぼ	知恵理	ちえり	智衿	ちえり
マーチ	[march]	行進	真亜智	まあち	麻亜知	まあち
マリア	[Maria]	人名	真理亜	まりあ	麻里愛	まりあ
マリー	[Mary]	人名	茉莉	まり	麻李衣	まりい
メイ	[May]	5月	芽生	めい	明衣	めい
ラブリー	[lovely]	愛らしい	來歩李	らぶり	羅舞里	らぶり
リサ	[Lisa]	人名	李紗	りさ	梨沙	りさ
リズム	[rhythm]	リズム	李純	りずむ	里澄	りずむ
ルナ	[Luna]	月の女神	琉南	るな	瑠奈	るな

インド

インドの公用語、ヒンディー語をヒントに、エキゾチックなイメージの名前にしてみては。

単語		意味	名前例	
イトル	[इत्र]	香水	**絃瑠**	いとる
サラク	[सड़क]	道	**佐楽**	さらく
ソーナー	[सोना]	純金	**奏菜**	そな
チーニー	[चीनी]	砂糖	**智仁**	ちに
ラール	[लाल]	赤	**羅亜瑠**	らある

フランス

おしゃれなひびきのフランス語から、センスを感じさせる名前をつけてみては。

単語		意味	名前例	
アンジュ	[ange]	天使	**安樹**	あんじゅ
クララ	[Clara]	人名	**くらら**	くらら
クロエ	[Chloé]	人名	**玖蕗絵**	くろえ
シエル	[ciel]	天	**紫依琉**	しえる
テル	[terre]	地球	**耀**	てる
ノワ	[noix]	くるみ	**乃和**	のわ
マノン	[Manon]	人名	**麻望**	まのん
ラルム	[larme]	涙	**來瑠夢**	らるむ
リアン	[lien]	絆	**理安**	りあん
リヨン	[lion]	ライオン	**李勇**	りよん

韓国

日本語と似たことばも多い韓国語。ほかの人とはひと味違う名前をつけたい人に。

単語		意味	名前例	
アヨン	[아연]	人名	**あよん**	あよん
アラム	[아람]	人名	**新夢**	あらむ
サラン	[사랑]	愛	**紗蘭**	さらん
チョア	[좋아]	好き	**知世亜**	ちよあ
ノラン	[노랑]	黄色	**乃嵐**	のらん
ハナ	[하나]	1つ	**波那**	はな
ハンナ	[한나]	人名	**帆奈**	はんな
マウム	[마음]	心	**舞夢**	まうむ
ミラ	[미라]	人名	**美羅**	みら
ヨルム	[여름]	夏	**依夢**	よるむ

中国

中国には共通の漢字もあり、願いもこめやすいです。美しいひびきの名前に。

単語		意味	名前例	
シィアン	[香]	いい匂い	**志庵**	しあん
シンフー	[幸福]	幸福	**晋芙**	しんふ
タオ	[桃]	桃	**多央**	たお
チアン	[强]	強い	**智晏**	ちあん
ハオ	[好]	よい	**波緒**	はお
フゥレン	[富人]	金持ち	**楓恋**	ふうれん
ホワ	[花]	花	**帆輪**	ほわ
メイリー	[美丽]	美しい	**芽衣里**	めいり
リー	[俪]	人名	**利衣**	りい
リンユー	[铃玉]	人名	**凜由**	りんゆ

スペイン

世界で2番めに多くの人に話されているスペイン語。情熱的な国のイメージをこめて。

単語		意味	名前例	
アオラ	[ahora]	いま	**蒼良**	あおら
アモル	[amor]	愛	**愛萌留**	あもる
エネロ	[Enero]	1月	**絵音呂**	えねろ
カリナ	[Karina]	人名	**香莉奈**	かりな
ノエ	[Noé]	人名	**乃絵**	のえ
モニカ	[Mónica]	人名	**萌二加**	もにか
リオ	[río]	川	**李央**	りお
リサ	[risa]	笑い	**璃紗**	りさ

ハワイ

ひびきがかわいらしく、日本語ともよく似ているハワイ語からの名づけは最近大人気。美しくゆったりした楽園をイメージした名前をつけてみては。

単語		意味	名前例			
アネラ	[anela]	天使	**亜祢羅**	あねら	**愛音來**	あねら
オハナ	[ohana]	家族	**おはな**	おはな	**緒花**	おはな
ナル	[nalu]	波	**那琉**	なる	**奈瑠**	なる
マウ	[mau]	不変の	**茉宇**	まう	**舞**	まう
マオリ	[maoli]	純粋の、本物の	**真央里**	まおり	**真織**	まおり
マカナ	[makana]	プレゼント	**真香奈**	まかな	**麻叶**	まかな
マリエ	[malie]	穏やかな	**万理絵**	まりえ	**茉莉恵**	まりえ
ミリ	[mili]	かわいがる	**美里**	みり	**美利**	みり
ラナ	[lana]	静かな	**來奈**	らな	**羅南**	らな
リノ	[lino]	輝く	**李乃**	りの	**莉埜**	りの
ルアナ	[luana]	くつろいだ	**琉愛奈**	るあな	**瑠亜那**	るあな
レイ	[lei]	花輪、最愛の人	**玲衣**	れい	**麗**	れい

Column

注意したい名前

「あおい」のように母音が続く名前や、「つ」「ひ」「りょう」は日本人以外には発音が難しいといわれます。また、一般的な名前でも、ローマ字で書くと違う意味になったり、外国語で思わぬ意味の単語になることもあるので、要チェックです。

発音が難しい名前の例　**あいか　つたえ　ひいろ　りょうこ**

注意したい意味になる名前の例

エリ→不気味な（英語）
コト→排泄物（はいせつ）（ドイツ語）
コン→女性器（フランス語）
アイ→わたし（英語）
マイ→わたしの（英語）
マリコ→同性愛者（スペイン語）
ミホ→男性器（スペイン語）
ユウ→あなた（英語）

＼こだわりの文字を見つけて／

漢字から名づける

基礎知識

わが子にぴったりの漢字を見つけよう

2999字の漢字から選んでいく

8万字以上あるといわれる漢字のうち、名前に使えるのは2999字です。

人名に使える漢字は、「戸籍法（こせきほう）」という法律によって「子の名には、常用平易な文字を用いなければならない」と決められています。「常用平易な文字」とは、常用漢字と人名用漢字のことです。

常用漢字とは、一般の人が日常生活をおくるために必要な漢字の目安として定められたものです。

一方、人名用漢字は、特に人の名前に用いるために定められたもの。2004年に、この人名用漢字が全面的に見直されました。

2010年には常用漢字が改定され、200字近く追加されたため、現在人名に使える漢字は2999字となりました。

パパ・ママ世代が生まれたころに比べ、名前に使える漢字の選択肢はずっと広がっています。漢字をいろいろ見比べて、赤ちゃんの名前の漢字選びを楽しんでください。

「漢字と名前のリスト」から考えよう

常用漢字は、もともと人名を想定して定められたものではありません。人名用漢字も、一般からの要望に加えて、社会での使用頻度（ひんど）も考慮（こうりょ）して選ばれたものです。

そのため、「死」「病」「貧」などのマイナスの印象が強い字や、「胃」「腰」「尿」などの、実用的でも名前には向かない漢字が含まれています（→P352）。また、難しい旧字もたくさん入っています。

名づけに使える3000字近くの漢字のうち、実際に名前の候補になるのは、その半分程度でしょう。P225からの「漢字と名前のリスト」では、特に名前にふさわしい漢字について解説しています。ぜひ役立ててください。

名前に使える漢字

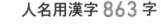

常用漢字 2136 字

新聞や主な出版物をはじめとする、社会生活で使う漢字の目安。大部分は小・中学校で学習する。2010年に196字追加され、人名用漢字に5字移行した。

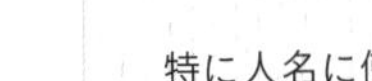

人名用漢字 863 字

特に人名に使用できる漢字として定められている漢字。2004年に大幅に見直され、その後の追加や2010年の常用漢字の改定を経て、現在の863字となった。

これらの漢字のほか、ひらがなとカタカナ、長音記号（ー）と繰り返し記号（々、ゝ、ゞなど）も使用できる。

2999 字

☑ 使える漢字かチェックしよう

戸籍を管轄（かんかつ）する法務省のホームページでは、使いたい漢字が名前に使えるかどうかや、正しい字形を、確実にチェックすることができます。

［法務省戸籍統一文字情報は以下のQRコードでも］

1 ・法務省戸籍統一文字情報にアクセス
・「検索条件入力画面」へ

2 ・「読み」に漢字の読みを入力
・「子の名に使える漢字」の人名用漢字、常用漢字にチェックを入れて 検索

一般的な音（おん）読みや訓（くん）読みを入力するのがコツ

・使える漢字が表示される

画数や部首などでも検索できるが、画数は本書の画数の数え方と違う場合もあるので注意

ヒント

意味、形、字面……。楽しみながらさがそう

視覚的なイメージにも注目しよう

漢字を見て、意味はよく知らないけれど、形がなんとなく好き、と思ったことはありませんか？

漢字は、事物をかたどった絵が図案化されて、意味をもつ文字となったものです。そのため、言語的な意味を表すほか、画像的なイメージを呼び起こしたり、想像力をかきたてたりすることがあるのです。

漢字は、「圭」「容」のような左右対称の字、「鷲」「鑑」のような画数が多く黒っぽい字など、表情もいろいろ。また、「来」「灯」と、旧字の「來」「燈」では、受ける印象がずいぶん違います。

漢字を選ぶときは、意味はもちろん、形や字面（じづら）にも注目して、楽しみながらさがしてください。

部首は漢字の意味の手がかりになる

「山」や「火」「目」などの事物の形がそのまま図案化されたものを除き、ほとんどの漢字は、いくつかの部分が組み合わさってできています。

いちばん多いのは、意味を表す部分と音を表す部分とを組み合わせたものです。意味を表す部分である「部首」からは、漢字のおおよその意味を推測することができます。

たとえば「紗」の部首は「糹（いとへん）」。糸や織物に関する漢字です。ほかにも「木（きへん）」なら植物にかかわる漢字、「氵(さんずい)」

主な部首の意味

部首	意味	漢字の例
日 ひへん	太陽。	晴　暉
木 きへん	木。植物。	樹　柘
王 おうへん	玉。宝石。	珠　琥
禾 のぎへん	稲。穀物。	秋　穂
衤 ころもへん	衣服。	裕　襟
糸 いとへん	糸。織物。	紗　織
言 ごんべん	ことば。	詩　謙
貝 かいへん	金。財産。	財　賑
阝 おおざと	国。地域。	都　郷
隹 ふるとり	鳥。	雅　雄
宀 うかんむり	家。屋根。	宙　実
艹 くさかんむり	草。植物。	英　葉
辶（辶） しんにょう	道。行く。進む。	達　遙

部首	意味	漢字の例
人 ひと／亻 にんべん	人。	佳　伶
心 こころ／忄 りっしんべん	心。精神の作用。	愛　恢
水 みず／氵 さんずい	水。流れ。	泉　汐
彡 さんづくり	模様。飾り。	彩　彰
注意したい部首		
犭 けものへん	犬。動物。	猿　狂
刂 りっとう	刃物。切る。	刑　別
灬 れんが	火。	無　焦
疒 やまいだれ	病気。	疲　痛
月 にくづき	体の部分。	腕　脂

＊つきへん（「服」など）と同じ形なので注意。

なら水に関連する漢字など、部首によって、漢字のだいたいの意味を推測できます。

音を表す部分も、チェックしましょう。

たとえば「苺（ボウ・バイ・マイ・いちご）」は、植物を表す「艹（くさかんむり）」と音を表す「母」の組み合わせ。母親の乳房（ちぶさ）の形をした植物、という意味を表します。かわいいだけでなく、母親の温かさをイメージさせる字でもあるんですね。

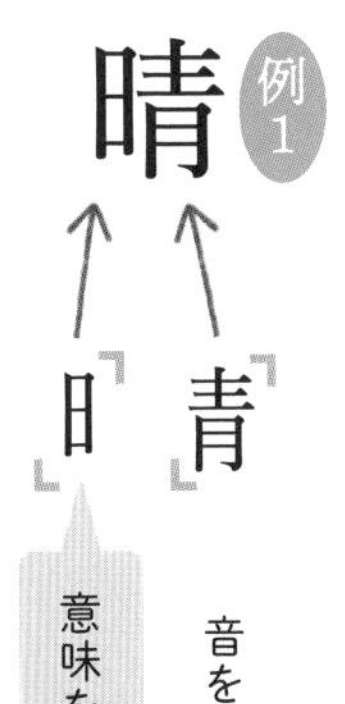

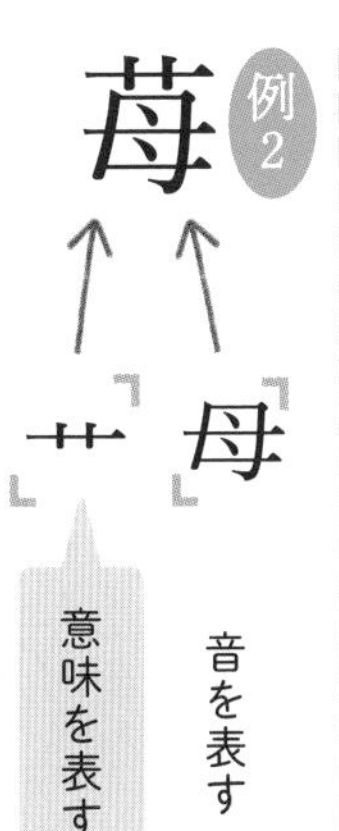

まずは基本の読み方と意味をおさえて

漢字の読み方には、音読みと訓読み、名乗りがあります。「葵夏（きか）」のように音読みを使うと、かっちりとした感じに、「葵（あおい）」のように訓読みを使うと、やわらかい感じになる傾向が。

ストレートに漢字の意味を表したいときや優しい印象にしたいときは、訓読みを使うのもおすすめです。

止め字から決めたり、万葉仮名を使う方法も

人気の漢字（→P224）には、「乃」や「花」など、止め字に使える字が多くランクインしています。止め字から決めてしまうのも手です。

「波留（はる）」「莉玖（りく）」のように、漢字の音のみを利用する万葉仮名のような当て字も、昔から使われている伝統的な手法です。

本書の「名前に使われる止め字」（→P348）、「万葉仮名風の当て字」（→P350）も参考にしてください。

似た漢字や表示しにくい漢字に注意

漢字は、部首が違ったり一画多かったりするだけで、意味がまったく変わってしまうことも。「似ている漢字に注意して！」（→P245）には、間違えやすい字をまとめています。

旧字が使える字もありますが（→P337）、2点しんにょう（⻍）や旧字体のしめすへん（礻）など、画面に表示されにくい場合もあります。

難しい字や旧字を使いたいときは、さまざまな環境で複数の電子機器に入力してみるなど、表示されやすさも確認してから決めましょう。

漢字の読み方は３種類

音読み

中国語の読みをもとにした読み方。「花」では「カ」。

訓読み

中国から伝わった漢字に、同じ意味の日本語（やまとことば）を当てた読み方。「花」では「はな」。

名乗り

人名の場合に使われる読み方。本来の読みからかけ離れたものも多い。「花」では「はる」「みち」など。

例 **花**

カ……………音読み
はな…………訓読み
はる・みち…名乗り

重箱（ジュウばこ）読み・湯桶（ゆトウ）読み

２字以上の熟語で、音＋訓で読む読み方を重箱読み、訓＋音で読む読み方を湯桶読みという。「洵香（ジュンか）」は重箱読み、「春奈（はるナ）」は湯桶読み。

PART 4 漢字から名づける

漢和辞典を味方につけよう

名づけに大活躍するのが漢和辞典。発想が広がったり、思わぬ出会いに導かれたりすることも。最新の人名用漢字、常用漢字に対応した辞典を用意すると便利です。

＊用語や記号、情報の表示のしかたは、辞典ごとに多少違います。各辞典の凡例（辞典の最初にある使い方）にしたがってください。

【祐】 9画 ネ 5 ㊟人 ユウ たすける

【祐】 9画 示 5

字解 形声。「たすける」意味を表す「右」に「示」を加えて、「神のたすけ」の意味を表す。

意味 ❶たすける。たすけ。❷天の与える幸福。

用例 【祐助】ユウジョ 天の助け。【祐筆】ユウヒツ 文を書くこと。貴人に仕えて文書を書く役をした人。

名乗り さち・ち・ひろ・まさ・みち・ゆ・よし

- 総画数。辞典によって数え方が異なる場合がある。
- 部首と、部首を除いた画数。辞典によって分類が異なる場合も。
- 「人名用漢字」を表す印。常用漢字には㊞常の印がある場合が多い。
- 音読みはカタカナ、訓読みはひらがなで示されている。
- 旧字や異体字。人名に使えるかどうかは別に確認が必要。
- 字解：漢字の起源。漢字のなりたちがわかる。
- 意味：漢字の意味。意味が複数ある場合も多い。
- 名乗り：名前特有の読み方。「人名」「名前」などのように示す場合もある。
- 用例：漢字を使った熟語の例。漢字のイメージがより具体的になる。

漢和辞典の3つのさくいん

● 音訓さくいん

漢字の音読みや訓読みからさがす。同じ読みの中は画数順に並んでいる。

● 部首さくいん

読めないが部首がわかるときに使う。部首の画数順に並んでいる。その部首のページを見て、部首を除いた画数からさがす。

● 総画さくいん

読み方も部首もわからないときに使う。見つからないときは、前後１～２画も見る。

人気の漢字がわかる！

女の子の名前の漢字ベスト10

女の子の名前に使われる最近人気の漢字と、その漢字を使った名前の例を紹介します。人との絆やあたたかみをイメージさせる字、未来への希望を感じさせる字が人気です。

名前と読みの例

1位 愛……愛香（あいか）／結愛（ゆな）

2位 花……花（はな）／一花（いちか）

3位 結……結衣（ゆい）／美結（みゆ）

3位 心……心（こころ）／心優（みゆう）

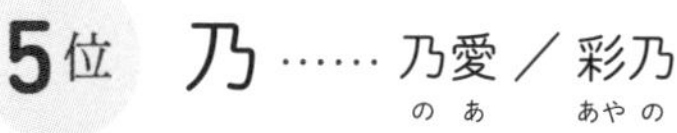

5位 乃……乃愛（のあ）／彩乃（あやの）

6位 美……美桜（みお）／笑美（えみ）

7位 莉……愛莉（あいり）／莉子（りこ）

8位 菜……陽菜（ひな）／菜吏（さいり）

9位 咲……咲良（さくら）／咲凜（えみり）

10位 奈……杏奈（あんな）／未奈（みな）

11位～20位の漢字は……

11位　陽

12位　音

13位　彩

14位　桜

15位　葵

16位　葉

17位　羽

18位　華

19位　月

20位　茉

出典：明治安田生命ホームページ
2023年度データ参考

赤ちゃんにぴったりの漢字をさがそう

名前にふさわしい 漢字と名前のリスト

常用漢字・人名用漢字のうち、赤ちゃんの名前にふさわしい漢字を860字選んで、漢字の読み方と意味、名前の例を載せました。

リストの見方

リストは画数順に並んでいます。漢字の画数がはっきりしないときは、「漢字一覧」（→P434〜476）を利用してください。

名づけのヒント

名づけでの人気度や使い方の傾向、読みの語感、気をつけたい熟語など、漢字を使った名づけのヒントになる情報です。読みの語感は、脳科学の理論に基づいて分析しました。

主な読み方

音読み（カタカナ）と訓読み（ひらがな）、主な名乗り（名前特有の読み方。名のあとに示しています）が順に載っています。

（例）

広

コウ　ひろい　たけ
名 お　ひろ

旧 廣

もとの字は「廣」。広く大きい家から、広い、広めるなどの意味になった。スケールの大きい女性に。

ヒント 「ひろ」と読むと、落ち着きとたくましさが加わる。「こう」の読みは知的で繊細な愛らしさを感じさせる。

広珠　こうじゅ
広美　こうみ
広佳　たけか
千広　ちひろ
広子　ひろこ
広海　ひろみ
広与　ひろよ
真広　まひろ
弥広　みお
美広　みひろ

漢字

同じ画数の中は、原則として、最初にある読みの50音順に並んでいます。旧字や異体字も名づけに使える場合は、左記の旧のあとにその字を示しています。

名前の例

漢字を使った名前と読み方の例です。

意味

漢字のなりたちや主な意味、漢字のもつイメージなどが載っています。

＊リストにない漢字について知りたいときは、漢和辞典を利用してください（漢和辞典の使い方→P223）。

1画

一

イチ　イツ
ひと　ひとつ
名　か　かず
ただ　ひ
もと

ひとつ。また、はじめ、すべての意味もある。はじめての子、長女によく使う。何事も1番になるよう願って。
ヒント　「いち」「いつ（つ）」の音で、前向きな印象をプラス。リーダーを思わせる「かず」の音でも。

愛一	あいか
朝一	あさひ
一咲	いさき
一花	いちか
一歌	いちか
一子	いちこ
一貴	いつき
一瑚	いつこ
一美	いつみ
瑛一	えいか
一衣	かずえ
一葵	かずき
一沙	かずさ
一南	かずな
一音	かずね
一葉	かずは
一澄	かすみ
一那	かな
一苑	かのん
京一	きょうか
一恵	ただえ
知一	ちか
遥一	はるひ
一海	ひとみ
一梛	ひな
満一	みちか
一香	もとか
一奈	もとな
一穂	もとほ
夕一	ゆうひ

2画

乙

オツ
名　いつ　お
おと　きのと
くに　と

十干の二番め、「きのと」。小さく愛らしいという意味ももち、乙姫はこの用例。粋な感じもする字。
ヒント　「いつ」の読みは、まっすぐで力強い印象。「おと」と読むと、おおらかで癒しを感じる名前に。

乙	きのと
乙妃	いつき
乙海	いつみ
乙羽	おとは
乙葉	おとは
乙未	おとみ
乙女	おとめ
乙花	くにか
美乙	みと
莉乙	りお

十

ジュウ　ジッ
とお　と
名　かず　しげ
そ　とみ

数の十のほか、十分、完全、全部の意味もある。多くの才能をもち、なんでも見事にやり遂げる素敵な女性に。
ヒント　先頭字、止め字どちらでも使われる。「と」と読むと優しく頼りがいのある印象の名前に。

十実	かずみ
十葉	しげは
十里	じゅうり
十乃	その
十胡	とおこ
十夢	とむ
美十	みとみ
優十	ゆと
十和子	とわこ
夢十可	むとか

七

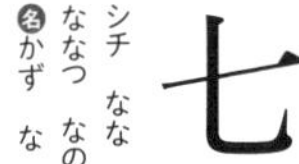

シチ　なな
なつ　なの
名　かず　な

七つ。「ラッキーセブン」ということばもあるように、幸せの象徴。幸福な人生をおくれるよう願いをこめて。
ヒント　多くの幸せに恵まれるイメージに、「なな」「な」の読みで、やわらかく人なつっこい印象を加えて。

七	なな
愛七	あいな
綾七	あやな
恵七	えな
七恵	かずえ
七紗	かずさ
七芭	かずは
慧七	けいな
心七	ここな
咲七	さな
七李	しちり
七虹	なこ
七緒	ななお
七夏	ななか
七輝	ななき
七子	ななこ
七星	ななせ
七葉	ななは
七帆	ななほ
七海	ななみ
七夢	ななむ
七女	ななめ
七世	ななよ
七胡	なのこ
花七	はな
陽七	ひなの
実七	みな
唯七	ゆいな
仁衣七	にいな
美七子	みなこ

人

ジン　ニン
ひと
名　きよ　さね
たみ　と
むと　め

人が立っているのを横から見た形。人間、民、人柄などの意味を表す。優れた立派な人物になるよう願って。
ヒント　男の子定番の字だが、女の子らしい字と組み合わせて使っても。「きよ」の音は潔さと優しさが融合した印象。

彩人	あやめ
貴人	きさね
人凛	きより
胡人	こむと
人菜	じんな
人香	たみか
人美	ひとみ
真人	まと
由人	ゆめ
璃人	りと

二

ニ ふた
ふたつ
名 かず さ
つぐ ふ

二つ。また、再び、並ぶなどの意味もある。二番めの子、次女によく使う。奥ゆかしく、素直に育つよう願って。
ヒント 「無二の親友」のように、何ものにもかえがたい子への思いをこめて。「に」の音は人なつっこいイメージ。

二紗 かずさ
二実 つぐみ
二胡 にこ
二那 にな
二葉 ふたば
美二 みさ
柚二 ゆに
二千華 にちか
一二三 ひふみ
不二子 ふじこ

乃

ダイ ナイ
すなわち の
名 のり ゆき

ひらがなの「の」のもとになった字で、そのままの意味。止め字として人気がある。さらりと小粋(こいき)な女性に。
ヒント 人気の止め字。「の」の音で、優しくのどかな雰囲気の名前に。「のり」と読むとアイドル的なイメージに。

乃 ゆき
彩乃 あやの
郁乃 いくの
衣乃 いのり
歌乃 うたの
叶乃 かのり
橘乃 きつの
琴乃 ことの
咲乃 さきの
紗乃 さゆき

詩乃 しの
鈴乃 すずの
乃耶 だいや
乃琉 ないる
乃亜 のあ
乃愛 のあ
乃香 のりか
乃紗 のりさ
芭乃 はの
羽乃 はのり

春乃 はるの
尋乃 ひろの
柚乃 ゆの
夢乃 ゆめの
嘉乃 よしの
梨乃 りの
恵理乃 えりの
香乃子 かのこ
乃々花 ののか
未乃莉 みのり

八

ハチ や
やつ やっつ
よう
名 かず は
わ わかつ

八つ。また、八重桜、八千代のように数の多いことを表す。優しく、おおらかな女性に育つよう願って。
ヒント 末広がりの字形から、おめでたい印象に。「や」「は」「わ」の読みで万葉仮名風の使い方も。

八恵 かずえ
八華 はな
美八 みよう
八重 やえ
八代 やしろ
八都 わかつ
紗八架 さやか
八寿喜 はずき
八智代 やちよ
八香菜 わかな

3画

丸

ガン まる
まるい
名 ま まろ

丸い様子を表す。丸ごと、全部の意味も。船名や男性名の止め字に使われる。おおらかで包容力豊かな女性に。
ヒント 「ま」の読みで万葉仮名風に使うと新鮮。「ま」の読みは、やわらかく満ち足りたイメージになる。

衣丸 いまる
恵丸 えま
丸央 まお
丸心 まこ
丸奈 まな
丸鈴 まりん
丸稟 まりん
丸実 まるみ
優丸 ゆま
丸朗華 まろか

弓

キュウ ゆみ
名 み ゆ

弓、弓の形をしたものを意味する。弓なりに曲がる意味も。強さとしなやかさを兼ねそなえた人に育つように。
ヒント 柔軟性と強さをあわせもつ字。「ゆみ」の音は、人に夢を与え、充実した世界へといざなうイメージ。

亜弓 あゆみ
愛弓 あゆみ
麻弓 まゆ
真弓 まゆみ
弓絵 ゆみえ
弓子 ゆみこ
弓李 ゆみり
夢弓 ゆめみ
弓美子 ゆみこ
弓理花 ゆりか

久

キュウ ク
ひさしい
名 つね なが

永遠という意味を表す。人は永遠を求めるものなので、よく名前に使われる。変わらぬ美しさや輝きを願って。
ヒント 字の縁起のよいイメージに、「く」で気品とミステリアスさが、「ひさ」でカリスマ性が加わる。

愛久 あいく
久羽 くう
久実 くみ
咲久 さく
滴久 しずく
永久 とわ
久子 ながこ
久恵 ひさえ
久菜 ひさな
久音 ひさね

久埜 ひさの
美久 みつね
悠久 ゆうく
陸久 りく
凛久 りんく
安久里 あぐり
衣久美 いくみ
香久弥 かぐや
久仁子 くにこ
久美代 くみよ

久楽々 くらら
久璃子 くりこ
久琉美 くるみ
久瑠璃 くるり
久怜葉 くれは
沙久美 さくみ
紗久楽 さくら
実久莉 みくり
美久瑠 みくる
芽久実 めぐみ

己

コ キ
おのれ
名 い おと な み

自分のことを表す。十干の六番めの意味も。自分を大切にし、長く幸福な人生を歩めるよう願いをこめて。
ヒント 読みが多く、女の子の止め字にも使いやすい字。「克己」のように、強い心の持ち主になるよう祈って。

亜己 あい
愛己 あいみ
亞己 あき
泉己 いずみ
己斗 いと
依己 えな
己花 おとか
己芭 おとは
香己 かな
己胡 きこ

己杜 こと
紗己 さき
西己 せいな
朋己 ともみ
己美 なみ
己月 なつき
新己 にいな
春己 はるみ
陽己 ひな
真己 まい

麻己 まき
実己 みこ
己友 みゆ
芽己 めい
侑己 ゆうき
世己 よな
理己 りこ
瑠己 るい
令己 れな
夕己美 ゆきみ

才

サイ
名 さ た たえ とし

重要な場所として「ある」というのがもとの意味で、生まれつきの能力を表す。豊かな才能が授かることを願って。
ヒント さわやかなリーダーの印象の「さ」や、古風なしっかり者の印象の「たえ」の音などで使われる。

才彩 さあや
才香 さいか
才弥 さや
才惠 たえ
才子 たえこ
知才 ちさ
美才 みさ
才輝子 さきこ
才歌子 たかこ
梨才湖 りさこ

三

サン み
みつ
名 かず こ さ ざ そ そう

数の三。多くなる、集まるの意味を表す。日本では古来から縁起のよい数とされた。だれからも愛される女性に。
ヒント 颯爽としてさわやかな「さ」、満ち足りた印象の「み」などの読みを活かして、万葉仮名風に。

三沙 かずさ
三羅 さら
三奈 そうな
珠三 たまみ
三羽 みう
三葉 みつば
三夢 みむ
莉三 りこ
稜三 ろうざ
三知香 みちか

士

シ
名 あき お こと さち と のり

さむらい、役人、裁判官などの意味を表す。また、立派な人の意味も。事業家として成功しそうなイメージ。
ヒント 男の子の印象の強い字だが、包みこむような「お」や、はつらつとした「あき」の音で、女の子にも。

士菜 あきな
礼士 あやお
士緒 さちお
士織 しおり
士穂 しほ
士香 のりか
実士 みこと
李士 りと
士寿子 しずこ
美世士 みよし

之

シ ゆく
これ この
の
名 ひさ ひで ゆき よし

足跡の形からできた字で、行く、進むの意味を表す。積極的で、内に強さを秘めた人物をイメージさせる字。
ヒント のどかで包みこむような「の」の音で女の子にも使われる。女性らしい字を組み合わせて。

晶之 あきの
詩之 しの
千之 ちゆき
楓之 ふうの
之奈 ゆきな
柚之 ゆの
香之里 かのり
那之華 なのか
野之花 ののか
美之里 みのり

巳

シ み

蛇の形を表す字で、十二支の六番めの「み」に用いられる。名前としても「み」の読みが多い。情熱的な女性に。
ヒント 止め字のほか、万葉仮名風にも。「み」の音は、イキイキ、キラキラして、周囲から愛されるイメージ。

愛巳 あいみ
巳埜 しの
巳信 しのぶ
直巳 なおみ
巳貴 みき
巳紅 みく
悠巳 ゆうみ
瑠巳 るみ
巳緒奈 しおな
巳実香 みみか

子

シ ス こ
名 ず たか ちか とし ね

もとは王子の意味で、のち、子どもの意味に。十二支の最初の「ね」。長い歴史のある、女性の代表的な止め字。
ヒント 「こ」で終わる名前は、機敏で愛らしい印象。「玉」や「水」など、組み合わせると違和感のある字に注意。

愛子 あいこ
亜子 あこ
朝子 あさこ
惟子 いとし
歌子 うたこ
香子 かおるこ
希子 きこ
栗子 くりこ
琴子 ことこ
櫻子 さくらこ

子季 しき
苑子 そのこ
子奈 たかな
子葉 ちかは
子歌 としか
寧子 ねね
華子 はなこ
舞子 まいね
真子 まこ
路子 みちか

萌子 もこ
桃子 ももこ
莉子 りこ
彩子沙 あずさ
香子乃 かずの
かの子 かのこ
早紀子 さきこ
菜々子 ななこ
未衣子 みいこ
柚子姫 ゆずき

女

ジョ　ニョ
ニョウ
おんな　め
名 こ　たか
よし

女性がひざまずいている形。小さくか弱い意味も表し、止め字にも使う。しとやかで、神秘的な感じにもなる字。
ヒント 「め」と読むと、おっとりした夢見る少女のイメージに。愛らしく社交上手な「こ」と読む字としても。

- **綾女** あやめ
- **桜女** さくらこ
- **女恵** たかえ
- **夏女** なつめ
- **弘女** ひろめ
- **萌女** もえこ
- **柚女** ゆめ
- **女美** よしみ
- **香奈女** かなめ
- **女亜莉** めあり

小

ショウ
ちいさい　こ
お
名 さ　ささ

小さい、少し、若いなどの意味を表す。「小夜」のように語調を整える接頭語にも。かわいく愛らしい女性に。
ヒント 先頭字によく使われる。「こ」の音でさらに社交上手な印象に。「さ」と読むとさわやかさが加わる。

- **小春** こはる
- **小陽** こはる
- **小町** こまち
- **小雪** こゆき
- **小芽** ささめ
- **小夜** さよ
- **佳小里** かおり
- **沙小莉** さおり
- **小夜佳** さやか
- **小百合** さゆり

丈

ジョウ　たけ
名 じょ　とも
ひろ　ます

「杖」のもとの字で、がっちりした、強いなどの意味を表す。長さの単位の意味も。健やかに明るく育つように。
ヒント 人間性豊かな「とも」、情熱的な「ひろ」の読みなどで使われる。女性らしい字と組み合わせて。

- **丈** たけ
- **丈禾** じょうか
- **丈那** じょな
- **丈実** たけみ
- **千丈** ちひろ
- **丈華** ともか
- **丈実** ともみ
- **丈花** ひろか
- **丈恵** ますえ
- **美丈** みひろ

夕

セキ　ゆう
名 ゆ

夕方の月の形からできた字。夕方、日暮れどきの意味を表す。日本的な、芯の強い女性をイメージさせる字。
ヒント 意味も字形も優雅な和の雰囲気。大人気の「ゆ」「ゆう」の音で、さらにゆったりとして優しい印象に。

- **亜夕** あゆ
- **沙夕** さゆ
- **夕那** せきな
- **奈夕** なゆ
- **芙夕** ふゆ
- **麻夕** まゆう
- **澪夕** みゆ
- **美夕** みゆう
- **萌夕** もゆ
- **夕愛** ゆあ

- **夕依** ゆい
- **夕夏** ゆうか
- **夕綺** ゆうき
- **夕子** ゆうこ
- **夕奈** ゆうな
- **夕陽** ゆうひ
- **夕美** ゆうび
- **夕莉** ゆうり
- **夕月** ゆづき
- **夕南** ゆな

- **夕真** ゆま
- **夕実** ゆみ
- **夕芽** ゆめ
- **夕楽** ゆら
- **穂夕里** ほゆり
- **真夕佳** まゆか
- **真夕李** まゆり
- **夕乃華** ゆのか
- **夕未佳** ゆみか
- **夕莉子** ゆりこ

大

ダイ　タイ
おお
おおきい
名 お　た
はる　ひろ

手足を広げて立つ姿を正面から見た形。大きい、優れた、豊かなどの意味。人を包みこむような優しい女性に。
ヒント 女の子には、落ち着きのある「ひろ」の音や、母性を感じさせる「お」、誇り高い「た」の音で。

- **大乃** おおの
- **大央** たお
- **珠大** たまお
- **大香** はるか
- **大実** はるみ
- **大恵** ひろえ
- **大海** ひろみ
- **真大** まお
- **美大** みお
- **魅大** みはる

千

セン　ち
名 かず　ゆき

数がたいへん多いことを表す。千金、千変、千秋、千歳などはこの用法。長寿と幸福を願ってよく使われる字。
ヒント 字のもつ縁起のよさに、「ち」の音でパワフルさとキュートさを、「かず」の音で知性と重厚感を加えて。

- **千** ゆき
- **千沙** かずさ
- **千音** かずね
- **千埜** かずの
- **千帆** かずほ
- **胡千** こゆき
- **沙千** さゆき
- **千李** せんり
- **千明** ちあき
- **千笑** ちえみ

- **千織** ちおり
- **千景** ちかげ
- **千紗** ちさ
- **千里** ちさと
- **千菜** ちな
- **千夏** ちなつ
- **千早** ちはや
- **千春** ちはる
- **千尋** ちひろ
- **千穂** ちほ

- **千乃** ゆきの
- **千実** ゆきみ
- **一千花** いちか
- **千江利** ちえり
- **千香子** ちかこ
- **千鶴子** ちづこ
- **千奈実** ちなみ
- **真千子** まちこ
- **実千加** みちか
- **八千代** やちよ

土

ド　ト　つち
名 ただ　つつ
のり　はに
ひじ

土地の神をまつって盛った形で、つち、大地、ふるさとなどの意味を表す。大地に根ざしてしっかり生きるように。
ヒント 字のもつ広大なイメージに、堂々としてセクシーな「ど」の音で、一流の人に育つ印象を増して。

- **亜土** あど
- **絵土** えと
- **土筆** つくし
- **土箕** つつみ
- **土和** とわ
- **土香** のりか
- **土依** はにい
- **莉土** りと
- **土怜美** どれみ
- **真土花** まどか

万

マン　バン
よろず
名 かず　かつ　たか　つむ　ま
旧 萬 （→P312）

数の万、数が多い意味を表す。もとの字は「萬」。「マ」の読みでよく使われる。さまざまな能力の高い女性に。
ヒント 「ま」の音で万葉仮名風に。「ま」の音を使うと、心優しく満ち足りた雰囲気がプラスされる。

愛万	あたか
綾万	あつむ
有万	ありま
笑万	えま
万絵	かずえ
万南	かずな
万帆	かずほ
万李	かずり
万稀	かつき
万実	かつみ
志万	しま
万恵	たかえ
万沙	たかさ
万美	ばんび
万朝	まあさ
万桜	まお
万叶	まかな
万澄	ますみ
万智	まち
万菜	まな
万尋	まひろ
万穂	まほ
万葉	まよ
柚万	ゆま
里万	りま
志万子	しまこ
多万恵	たまえ
万紗子	まさこ
万由子	まゆこ
万莉奈	まりな

也

ヤ　なり
名 あり　ただ　また

水を入れる器（うつわ）の形からできた字。ひらがなの「や」はこの字から出た。意志の強い、毅然（きぜん）とした女性に。
ヒント 「や」の音は優しさと開放感にあふれる印象、「なり」の音は人なつっこさと理知が融合した印象になる。

也紗	ありしゃ
也栖	ありす
華也	かなり
也花	ただか
也巴	ただは
妃也	ひなり
麻也	まや
恵理也	えりや
香也乃	かやの
紗也夏	さやか

与

ヨ　あたえる
名 あと　くみ　すえ　とも　のぶ　よし
旧 與

もとの字は「與」。ともにする、仲間の意味を表す。親切で友達思いの、人から慕（した）われる人物をイメージさせる字。
ヒント 「よ」と読むと、懐（ふところ）深く、人を包みこむ印象、「くみ」と読むと、賢さとキュートさをあわせもつ印象に。

与栄	あたえ
香与	かよ
与香	くみか
輝与	てるよ
与実	ともみ
与絵	のぶえ
葉与	はあと
真与	まくみ
与乃	よしの
美与莉	みより

4画

允

イン
名 い　ただ　ちか　まこと　まさ　み　みつ　よし

もとは問いただすことを表す字で、そこから、まこと、許すの意味が生まれた。誠実で、おおらかな人に。
ヒント いろいろな読みで先頭字、止め字どちらにも使われる。「みつ」と読むと甘く満ち足りた印象の名前に。

允	まこと
允予	いよ
允絵	ただえ
珠允	たまみ
允美	まさみ
実允	みちか
允華	みつか
允誉	みつよ
允乃	よしの
瑠允	るい

円

エン　まるい
名 つぶら　のぶ　まど　まどか　みつ
旧 圓

まるい、まろやかのほか、角がない、穏（おだ）やかの意味もある。人柄の温かい、みんなに愛される人になるように。
ヒント 欠けたところのないという意味も。「まどか」の音で、満ち足りていて、重厚感あふれる名前に。

円	まどか
衣円	いまる
円麻	えま
枝円	えまる
円加	えんか
円寿	えんじゅ
弧円	こまど
詩円	しのぶ
円羅	つぶら
円絵	のぶえ
円湖	のぶこ
円菜	のぶな
陽円	ひまる
円佳	まどか
円香	まどか
円魅	まどみ
円琉	まる
円夏	まるか
円美	まるみ
円萌	まるも
巳円	みまど
深円	みえ
円都	みつ
円希	みつき
円葉	みつは
円芭	みつば
円実	みつみ
円瑠	みつる
未円	みまる
由円	ゆま

火

カ
ひ　ほ

燃えるほのおをかたどったもの。ほのお、明かり、光のほか、火事や激情の意味も。燃えるような人生を願って。
ヒント 「ひ」の音は、カリスマ性を感じさせる。軽やかな印象の「か」、くつろぎを感じさせる「ほ」の音でも。

旭火	あさひ
彩火	あやか
火那	かな
火漣	かれん
花火	はなび
夕火	ゆうひ
麗火	れいか
火奈子	ひなこ
火茉莉	ひまり
莉理火	りりか

王

オウ
名 お き きみ たか み わ わか

王のシンボルであるまさかりの形からできた字。王のほか、栄える意味も。他人から尊敬される威厳のある人に。
ヒント 「名乗り」の読みを考えて止め字にしても。「お」で終わると包容力のある母性を感じさせる名前に。

秋王 あきみ
泉王 いずみ
王花 おうか
王杜 おと
霞王 かすみ
希王 きき
王雅 きみか
皐王 さつき
沙王 さわ
王湖 たかこ

王羽 たかは
斗王 とわ
那王 なお
七王 ななみ
音王 ねお
華王 はなみ
遥王 はるき
芙王 ふみ
穂王 ほだか
愛王 まなお

深王 みお
美王 みわ
裕王 ゆうわ
璃王 りお
王瑚 わかこ
王菜 わかな
王葉 わかば
美沙王 みさお
優王那 ゆきな
佑王未 ゆきみ

元

ゲン ガン
もと
名 あさ ちか はる まさ ゆき よし

おおもと、はじめ、かしらなどの意味のほか、天や天地の気も表す。スケールの大きい、個性的な女性に。
ヒント やわらかさと強さをあわせもつ「ゆき」や、豊かで包容力のある「もと」など、さまざまな読みで使って。

元美 あさみ
智元 ちはる
椰元 なゆき
元奈 はるな
元菜 まさな
美元 みちか
元華 もとか
元子 もとこ
元乃 ゆきの
元華 よしか

月

ゲツ ガツ
つき
名 つぎ づき

月の形からできた字。皐月(さつき)、葉月(はづき)など陰暦の月の名からとった名前も多い。神秘的なムードの女性に。
ヒント 止め字として使うときは、静かな闘志を感じさせる「つき」、潤(うるお)いと輝きのある「づき」どちらでも。

月 つき
篤月 あつき
杏月 あづき
逸月 いつき
偉月 いつき
香月 かつき
佳月 かづき
如月 きさらぎ
季月 きづき
胡月 こづき

小月 さつき
皐月 さつき
思月 しづき
月華 つきか
月子 つきこ
月菜 つきな
月乃 つきの
月美 つきみ
那月 なつき
葉月 はづき

風月 ふづき
穂月 ほづき
待月 まつき
美月 みつき
心月 みづき
光月 みづき
結月 ゆづき
優月 ゆづき
夏月姫 なつき
夕月香 ゆづか

五

カ ゴ
いつつ
名 い いず かず ゆき

五つ。また、中国の五行（天地を構成する五つの元素＝木、火、土、金、水）にもつながる神秘的な数。
ヒント 「い」や「いつ」と読むと、一途(いちず)でがんばり屋さんの印象に。月の異名「五月(さつき)」から名づけても。

五澄 いずみ
五華 いつか
五希 いつき
五輝 いつき
五乃 いつの
五瑠 いつる
五巴 かずは
五月 さつき
紗五 さゆき
燦五 さんご

公

コウ
おおやけ
名 きみ きん く こ さと たか ひろ

かたよらず、公平で正しいことの意味。いろいろな読み方で使われる。だれからも親しまれ、尊敬される人に。
ヒント 公平で開かれた印象の字。「きみ」の音は知的だがスイートな印象に、「く」の音は魅惑的な印象になる。

公絵 きみえ
公華 きみか
公奈 きんな
公海 くみ
公華 さとか
公子 たかこ
公絵 ひろえ
公実子 くみこ
眞公都 まこと
美和公 みわこ

心

シン こころ
名 きよ こ ここ さね なか み むね もと

心臓の形からできた字で、中心、真ん中の意味もある。「ここ」と読ませて人気。心優しく、愛される女性に。
ヒント ここ数年人気の高い字。「こ」の音は機敏さを、「み」の音はフレッシュさを感じさせる。1字名にも。

心 こころ
愛心 あいみ
亜心 あこ
梓心 あずみ
泉心 いずみ
奏心 かなみ
心絵 きよえ
心葉 きよは
心愛 ここあ
心菜 ここな

心葉 ここは
心美 ここみ
心遙 こはる
心璃 しんり
涼心 すずみ
夏心 なつみ
春心 はるみ
冬心 ふゆみ
穂心 ほのみ
真心 まさね

茉心 まなか
心緒 みお
心奈 みな
心優 みゆう
心玲 みれい
心実 むねみ
心花 もとか
結心 ゆみ
莉心 りこ
茉菜心 まなみ

仁

ジン　ニ
名 きみ　さと　と　ひと　み　めぐみ　よし

二人の間にある親しみがもとの意味。慈しむ、恵むの意味も。思いやりのある、心優しい人に育つように。
ヒント　人なつっこい「に」、カリスマ的な「ひと」、甘いのに知的な「きみ」など、読み方でさまざまな表情に。

仁　めぐみ
愛仁　あきみ
絵仁　えと
仁加　きみか
仁実　さとみ
沙仁　さに
智仁　ちさと
仁希　にき
仁胡　にこ
仁咲　にさき

仁菜　にな
仁絵　ひとえ
仁那　ひとな
仁美　ひとみ
仁女　ひとめ
紅仁　べに
仁岬　みさき
魅仁　みと
実仁　みに
柚仁　ゆに

仁華　よしか
仁埜　よしの
仁実　よしみ
玲仁　れに
亜仁衣　あにい
久仁子　くにこ
仁伊奈　にいな
仁知香　にちか
仁歩子　にほこ
萌仁花　もにか

水

スイ　みず
名 お　な　み　みな　ゆ　ゆく

流れている水の形からできた字。水のほか、潤う、平らなどの意味を表す。みずみずしくさわやかな名前になる。
ヒント　果実のようにみずみずしい「み」の音で。「水子」は、流産または堕胎した胎児のことなので要注意。

晶水　あきな
涼水　すずみ
斐水　ひすい
水姫　みずき
水澄　みずみ
水萌　みなも
水蕾　みらい
水生　ゆき
水莉　ゆくり
瑠水　るみ

双

ソウ　ふた
名 そ　なみ　ふ

もとの字は「雙」で、並ぶ、二つの意味。一対のものを数えるのにも使う。だれとでも仲よくなれるように。
ヒント　ふわっと不思議な魅力の「ふた」、親密感とキュートさのある「なみ」、優しくソフトな「そ」の音などで。

双珠　そうじゅ
双枇　そうび
双恵　なみえ
双香　なみか
双葉　ふたば
双美　ふみ
美双　みなみ
双乃子　そのこ
双埜実　そのみ
双与香　そよか

丹

タン　に　あか
名 あかし　あきら　まこと

赤褐色の丹砂を掘る井戸を表し、赤い色を表す。不老不死の薬や、まごころの意味もある。温かい心をもつ子に。
ヒント　はにかむような「に」の音を使うと、クリエイティブな才能を発揮する名前に。「牡丹」から名づけても。

丹　あきら
丹菜　あかな
丹音　あかね
丹莉　あかり
丹瑚　たんご
丹海　たんみ
丹子　にこ
丹奈　にな
牡丹　ぼたん
丹都　まこと

天

テン　あま　あめ
名 あみ　かみ　そら　たか

空の意味のほか、天運など人の力の及ばないこともいう。小さなことにこだわらない、心の広い人になるように。
ヒント　神々しい雰囲気のある字。「あめ」の音は静かでしっとりした印象、「たか」の音は頂点を極める印象。

天音　あまね
天奈　あみな
天琉　あみる
天李　あめり
天美　そらみ
天音　たかね
多天　たかみ
天華　てんか
天南　てんな
真天　まそら

斗

ト
名 け　ほし　ます

柄のついたひしゃくの形で、容量の単位、十升を表す。北の七星を北斗、南の六星を南斗という。
ヒント　男の子に人気の字だが、おおらかな包容力を感じさせる「と」の音をもつ、女の子にも使いやすい字。

絵斗　えと
緒斗　おと
斗緯　けい
斗愛　とあ
斗萌　とも
斗美　ますみ
美斗　みと
魅斗　みほし
望斗　もと
沙斗子　さとこ

日

ニチ　ジツ　か　ひ
名 あき　はる　ひる

太陽の形からできた字で、太陽、光の意味を表す。また、日にちの意味も。明るく、華やかな雰囲気をもつ女性に。
ヒント　「ひ」「か」の読みのほか、「今日」「明日」「日向」「向日葵」など、熟語や植物名の読みを活かしても。

日南　あきな
日晴　あきは
逸日　いつか
音日　おとか
日瑚　かこ
春日　かすが
日那　かな
瑚日　こはる
日華　にちか
初日　はつひ

日子　はるこ
日妃　はるひ
日菜　ひな
日向　ひなた
日紀　ひのり
日芽　ひめ
茉日　まひる
友日　ゆうひ
陽日　ようか
明日香　あすか

明日菜　あすな
明日美　あすみ
今日子　きょうこ
日出子　ひでこ
日登美　ひとみ
日奈子　ひなこ
向日葵　ひまり
日代里　ひより
実日子　みかこ
夕日子　ゆかこ

巴

ハ　ともえ
名 とも

うずまきの模様を表す。巴御前(ともえごぜん)は武勇に優れた美女として有名。美しさと強さを兼ねそなえた女性に。
ヒント　美人の印象の字に、「とも」の音で安心感が加わる。フットワーク軽く潔い印象の「は」の音でも。

碧巴	あおは
琴巴	ことは
巴江	ともえ
巴海	ともみ
巴月	はづき
巴菜	はな
巴琉	はる
美巴	みは
若巴	わかば
巴奈恵	はなえ

比

ヒ　くらべる
名 い　これ　たか　ちか　とも　なみ　ひさ

人が二人並んだ様子を表す字で、親しむ、並べる、比べるなどの意味を表す。だれからも愛される子に。
ヒント　情熱と冷静さを兼ねそなえたカリスマ性のある印象の「ひ」の読みで、万葉仮名風に使われる。

比乃	たかの
比華	ともか
比恵	ひさえ
比七	ひな
比呂	ひろ
美比	みちか
実比	みなみ
結比	ゆい
比奈子	ひなこ
美比呂	みひろ

木

ボク　モク
き
名 こ　しげ

枝のある木の形からできた字。ありのままの意味も。素朴(そぼく)で飾らない、自然を愛する女性をイメージさせる字。
ヒント　個性的な「き」、若々しくキュートな「こ」の音で。「木綿(ゆう)」は、こうぞの樹皮が原料の糸のこと。

木凛	きりん
木花	このは
咲木	さき
木棚	しげな
美木	みき
木綿	ゆう
優木	ゆうき
希木羅	ききら
木乃葉	このは
木の実	このみ

文

ブン　モン
ふみ
名 あや　いと　とも　のり　み　や

模様の形からできた字で、あや、模様、飾り、彩りなど、外見の美しさを表す。あでやかで美しい女性に。
ヒント　ふっくらと温かい「ふみ」、あどけなくミステリアスで芸術の才を感じさせる「あや」などの音で。

文	ふみ
阿文	あもん
文惟	あやい
文友	あやとも
文菜	あやな
文音	あやね
文埜	あやの
文羽	あやは
文夢	あやむ
文女	あやめ
文莉	あやり
文詩	いとし
奏文	かなみ
慧文	けいと
小文	こいと
詩文	しもん
千文	ちふみ
文葉	ともは
文海	ともみ
文佳	のりか
文観	のりみ
文月	ふづき
文緒	ふみお
文夏	ふみか
文那	ふみな
文乃	ふみの
文夜	ふみよ
麻文	まふみ
文耶	みや
玲文	れもん

予

ヨ
名 たのし　まさ　やす

あらかじめ、かねての意味を表す。また、楽しむ、喜ぶの意味も。のびやかに育ち、楽しい人生をおくるように。
ヒント　懐(ふところ)の深さを感じさせる「よ」の音で万葉仮名風に。「やす」と読むと、優しくさわやかな印象が加わる。

予	たのし
衣予	いよ
紗予	さよ
涼予	すずよ
予輝	まさき
真予	まよ
予奈	やすな
予芳	やすは
莉予	りよ
沙智予	さちよ

友

ユウ　とも
名 すけ　ゆ

友達、仲間のほかに、親しく交わることも表す。「ゆ」という読みもよく使う。人なつっこく、愛らしい子に。
ヒント　「ゆ」「ゆう」は大人気の音。柔和(にゅうわ)で大器晩成(たいきばんせい)型の印象に。優しさと力強さをあわせもつ「とも」も人気。

亜友	あゆ
彩友	さゆ
詩友	しゆ
多友	たすけ
友恵	ともえ
友香	ともか
友子	ともこ
友葉	ともは
友美	ともみ
友世	ともよ
友璃	ともり
麻友	まゆ
実友	みとも
弥友	みゆう
友愛	ゆあ
友依	ゆい
友華	ゆうか
友凪	ゆうな
友梨	ゆうり
友羽	ゆうわ
友香	ゆか
友乃	ゆの
友真	ゆま
友里	ゆり
小友里	こゆり
菜友子	なゆこ
見友希	みゆき
友里愛	ゆりあ
友梨香	ゆりか
友莉子	ゆりこ

六

ロク　む　むつ　むい
名 むつ

家の屋根と壁の形からできた字で、数の六を表す。六は易(えき)の陰(いん)を代表する数。神秘的な魅力のある女性に。
ヒント　数少ない「む」の読みをもつ字。陰暦十六日の夜を指す「十六夜(いざよい)」は、満月の十五夜より奥ゆかしい印象。

奏六	かなむ
六枝	むつえ
六香	むつか
六子	むつこ
六美	むつみ
來六	らいむ
羅六	らむ
六花	ろっか
亜佑六	あゆむ
保絵六	ぽえむ

5画

以

イ
名 これ さね しげ とも もち ゆき

田畑を耕すのに使うすきの形がもとになる。用いる、率いるなどの意味を表す。まじめで責任感の強い人に。
ヒント 前向きのパワーのある「い」の音で使われる。「い」で終わる名前は人気。きっぱりした潔い印象。

彩以 あやい
季以 きもち
以葉 これは
以莉 しげり
以歌 ともか
乃以 のい
茉以 まさね
芽以 めい
以奈 ゆきな
亜以良 あいら

右

ウ ユウ
名 あき これ みぎ たか ゆ

右側のほか、助ける、尊ぶなどの意味もある。左より上位とされることが多い。まじめな努力家にぴったりの字。
ヒント 女の子に大人気の「ゆ」「ゆう」の音をもつ字。優美で優しい印象に。使用例が少なく、個性的。

右実 あきみ
沙右 さゆ
右葉 たかは
麻右 まゆ
珠右 みう
美右 みこれ
右奈 ゆうな
莉右 りう
右以香 ういか
右羅々 うらら

永

エイ ながい
名 え と とう な のり はるか ひら

流れる水の形からできた字で、長いこと、特に時間が長い意味を表す。生まれる子の、長く幸福な人生を祈って。
ヒント 広々とした印象の「え」の音で。「えい」の音は懐深くおおらかな印象。「永久」の読みを活かしても。

永 はるか
永花 えいか
永巳 えいみ
永真 えま
永魅 えみ
永瑠 える
緒永 おと
華永 かえ
慧永 けいな
湖永 こと

紗永 さえ
惺永 せな
永佳 とうか
永子 とうこ
永萌 とも
永和 とわ
永実 なみ
永香 のりか
永帆 のりほ
芭永 はな

波永 はのり
永果 はるか
永那 はるな
永李 ひらり
麻永 まな
愛永 まなえ
弥永 みと
深永 みのり
莉永 りえ
永奈子 ななこ

央

オウ
名 あきら お ちか てる なか ひさ ひろ

真ん中のほか、広い、鮮やかなどの意味もある。「お」と読ませて止め字にも。いつも注目を集める華やいだ人に。
ヒント 「お」で終わると、信頼感と風格が加わる。穏やかさと思いきりのよさを感じさせる「ひろ」の音でも。

央 あきら
央歌 おうか
央都 おと
茅央 ちひろ
央花 てるか
奈央 なお
央絵 ひさえ
茉央 まなか
未央 みちか
詩央莉 しおり

禾

カ いね
名 ひ ひで

イネの形からできた字。稲、穀物の意味を表す。子宝に恵まれ、物質的にも豊かな人生がおくれるよう願って。
ヒント 軽やかな印象の「か」の音や、情熱と冷静をあわせもつ「ひ」の音で使って。新鮮な印象になる。

綾禾 あやか
花禾 はなか
禾実 ひでみ
禾菜 ひな
瑞禾 みずか
萌禾 もえか
柚禾 ゆか
嘉禾 よしか
玲禾 れいか
優里禾 ゆりか

加

カ くわえる
名 ます また

「力」と「口」が合わさってできた字。加える、増すのほか、仲間に入る意味も表す。みんなに愛される女性に。
ヒント 「花」「香」などのかわりに使っても。「か」で終わると、かっこよくさばさばとした印象の女性になる。

愛加 あいか
彩加 あやか
加奈 かな
加波 かなみ
加凛 かりん
加蓮 かれん
君加 きみか
采加 さいか
爽加 さやか
静加 しずか

苑加 そのか
晴加 はるか
加華 ますか
加寿 ますず
加葉 ますは
加美 ますみ
加李 ますり
珠加 みか
素加 もとか
陽加 ようか

瑠加 るか
加緒梨 かおり
加代子 かよこ
沙奈加 さなか
穂乃加 ほのか
万那加 まなか
友加梨 ゆかり
梨里加 りりか
瑠璃加 るりか
怜美加 れみか

可

カ
名 あり とき よし より

「口」と「丁」を組み合わせてできた字で、神が願いを聞き入れることを表す。大きな可能性を秘めた子に。
ヒント 「可憐(かれん)」「可愛い」のようにかわいらしいイメージも。人気の「か」の音は、快活で行動力のある印象。

- 彩可 あやか
- 可沙 ありさ
- 可菜 ありな
- 可凛 かりん
- 沙可 さより
- 可和 ときわ
- 茉可 まより
- 芽可 めあり
- 可乃 よしの
- 奈々可 ななか

叶

キョウ
かなう
名 かな とも やす

かなうという意味で、望みどおりになる、できるなどの意味を表す。大きな夢がかなうように願いをこめて。
ヒント キュートで無邪気な「かな」の音で先頭字に。止め字の「か」として使うと、快活な印象になる。

- 叶 かなえ
- 一叶 いちか
- 笑叶 えみか
- 叶依 かえ
- 叶織 かおる
- 叶奈 かな
- 叶絵 かなえ
- 叶奏 かなで
- 叶美 かなみ
- 叶夢 かなむ
- 叶芽 かなめ
- 叶莉 かなり
- 叶祝 かのり
- 叶華 きょうか
- 叶子 きょうこ
- 椎叶 しいか
- 鈴叶 すずか
- 叶恵 ともえ
- 叶胡 ともこ
- 叶梛 ともな
- 叶魅 ともみ
- 星叶 ほしか
- 愛叶 まなか
- 百叶 ももか
- 叶絵 やすえ
- 叶羽 やすは
- 唯叶 ゆいか
- 夢叶 ゆめか
- 璃叶 りか
- 叶奈子 かなこ

玉

ギョク たま
名 きよ た

美しい石である玉を表し、美しい、優れたなどの意味がある。ゴージャスなイメージがあり、美しく輝く女性に。
ヒント 「たま」と読むと、美しさに加え、優しさとたくましさをあわせもつ人間味あふれる印象に。

- 玉絵 きよえ
- 玉実 きよみ
- 玉羅 きよら
- 玉衣 たまえ
- 玉緒 たまお
- 玉貴 たまき
- 玉音 たまね
- 玉葉 たまは
- 玉美 たまみ
- 玉美子 たみこ

玄

ゲン
名 くろ しず つね とお のり はる ひかる ひろ

糸を束ねた形を表し、黒い糸の意味。奥深い、静か、優れているの意味も。物静かで、才気を内に秘めた女性に。
ヒント 「玄人(くろうと)」になることを願って。情熱と力強さの「ひろ」や、秘めたパワーの「しず」の音を活かして。

- 玄 ひかる
- 玄依 くろえ
- 玄枝 しずえ
- 玄輝 しずき
- 玄音 しずね
- 玄華 つねか
- 玄弥 とおみ
- 玄海 はるみ
- 真玄 まひろ
- 実玄 みのり

乎

コ か かな
や
名 お より

神や人を呼ぶための鳴子板(なるこいた)の形で、呼ぶの意味。疑問や感嘆の気持ちを表すのに使う。友に恵まれるように。
ヒント 「か」「や」「こ」と、使いやすい読みの多い字。使用例が少ないので、ほかの子と差をつけたいときに。

- 乎愛 かな
- 乎春 こはる
- 彩乎 さや
- 紗乎 さより
- 華乎 はなこ
- 真乎 まや
- 美乎 みお
- 乎耶子 かやこ
- 冴乎加 さやか
- 茉由乎 まゆこ

功

コウ ク
名 あつ いさ かつ こと なり なる のり

もとは農作業のことで、そこから仕事、いさお(=手柄)の意味となった。事業家として成功が望めそう。
ヒント 女の子の使用例が少ないので新鮮。ミステリアスな魅力のある「く」の音で、万葉仮名風に使っても。

- 功奈 あつな
- 衣功 いく
- 功姫 いさき
- 功美 かつみ
- 功未 くみ
- 功里 ことり
- 功実 なるみ
- 羽功 はなり
- 美功 みのり
- 功楽羅 くらら

巧

コウ たくみ
名 く たえ よし

たくみな技、たくみ、技が優れているなどの意味を表す。技芸に優れた人になることを願って。
ヒント 「こう」の音は機敏(きびん)かつ思慮深い印象。「たくみ」は、豊かな時間の蓄積と熟成した技を感じさせる音。

- 巧愛 こうあ
- 咲巧 さく
- 巧花 たえか
- 巧子 たえこ
- 巧巴 たくは
- 巧美 たくみ
- 巧夢 たくむ
- 実巧 みよし
- 巧絵 よしえ
- 巧埜 よしの

広

コウ ひろい
名 お たけ ひろ
旧 廣

もとの字は「廣」。広く大きい家から、広い、大きい、広めるなどの意味になった。スケールの大きい女性に。
ヒント 「ひろ」と読むと、落ち着きとたくましさが加わる。「こう」の読みは知的で繊細(せんさい)な愛らしさを感じさせる。

- 広珠 こうじゅ
- 広美 こうみ
- 広佳 たけか
- 千広 ちひろ
- 広子 ひろこ
- 広海 ひろみ
- 広与 ひろよ
- 真広 まひろ
- 弥広 みお
- 美広 みひろ

弘

コウ　グ
名 おひ　ひろ　みつ

もとは強い弓を表し、そこから広い、広める、大きいの意味になった。意志の強い、心の広い人になるように。**ヒント** 意味、読み、画数ともに「広」と共通点が多い。バランスや字面（じづら）によって、どちらを使うか決める手も。

弘絵	ひろえ
弘香	ひろか
弘湖	ひろこ
弘美	ひろみ
弘夢	ひろむ
弘女	ひろめ
茉弘	まひろ
弘希	みつき
沙奈弘	さなお
弘呂那	ひろな

左

サ　ひだり

左側のほか、助けるの意味も。右より下とされることもあるが、左大臣は右大臣より上。有能で進歩的な女性に。**ヒント** 「さ」の音は、颯爽（さっそう）として人の上に立つ印象。字の意味とともに、人を支えつつ引っ張るリーダーに。

杏左	あずさ
季左	きさ
左希	さき
左実	さみ
左羅	さら
知左	ちさ
実左	みさ
璃左	りさ
左耶香	さやか
美左子	みさこ

司

シ
名 かず　つかさ　もと　もり

もとは祈りの儀礼を示す字で、そこから、つかさどるの意味となった。見極（きわ）めるの意味も。責任感が強い人に。**ヒント** 「し」ではじまる名前は、輝くスターの印象。「つかさ」の読みを利用して、中性的な名前にしても。

司音	かずね
司乃	しの
司穂	しほ
司真	しま
司沙	つかさ
美司	みもり
司佳	もとか
司子	もとこ
司緒里	しおり
杜司子	としこ

史

シ
名 あや　ちか　ひと　ふの　ふみ　み

もとは祭りの意味で、やがて祭りをする人やその記録を表すようになった。文才のある、内側から輝く女性に。**ヒント** 「し」の音で華やかなスターの印象を、「ふみ」の音で、ふっくらと温かく豊かな印象をプラスして。

史	ふみ
史華	あやか
佳史	かふみ
小史	こふみ
史杏	しあん
史緒	しお
史織	しおり
史温	しおん
詩史	しふみ
史帆	しほ
史真	しま
史子	ちかこ
知史	ちふみ
奈史	なみ
史恵	ひとえ
史美	ひとみ
妃史	ひふみ
史衣	ふみい
史絵	ふみえ
史緒	ふみお
史華	ふみか
史季	ふみき
真史	まふの
茉史	まふみ
実史	みちか
史花	みはな
史歩	みほ
玲史	れみ
史依奈	しいな
史恵里	しえり

市

シ　いち
名 ち　なが　まち

市場を示す標識の形からできた字。市、売る、買うのほか、町、都市の意味にも使う。積極的で活動的な女性に。**ヒント** 「いち」の音は未来につき進み、困難にも楽しく立ち向かう印象。躍動感があり愛らしい「ち」の音でも。

市絵	いちえ
市花	いちか
市子	いちこ
市瑠	いちる
瑚市	こなが
市乃	しの
茉市	まち
市胡	まちこ
実市	みいち
美市華	みちか

矢

シ　や
名 ただ　なお

矢の形からできた字。矢は神聖なもので、誓う、正しいなどの意味もある。まっすぐで、誠実な人に育つように。**ヒント** 「や」の音で、止め字や万葉仮名風に。「や」で終わる名前は、優しい開放感にあふれる印象。

亜矢	あや
華矢	かや
矢真	しま
矢那	ただな
矢弥	なおみ
矢李	なおり
真矢	まや
弥矢	やや
早矢香	さやか
実矢子	みやこ

世

セイ　セ　よ
名 つぐ　とき　よし

木の枝から新芽が生える形を表し、一生、寿命、世の中などの意味に使う。若々しさと長寿の両方のイメージ。**ヒント** 「せ」で終わると繊細（せんさい）で理知的な印象、「よ」で終わると懐（ふところ）深く人を受けいれ、やわらかく包む印象に。

秋世	あきよ
彩世	あやせ
衣世	いよ
奏世	かなよ
紗世	さよ
世來	せいら
世蘭	せいらん
世愛	せな
世李	せり
尚世	たかせ
珠世	たまよ
知世	ちせ
世実	つぐみ
世絵	ときえ
春世	はるよ
麻世	まよ
道世	みちよ
未世	みよ
世花	よしか
藍世	らんぜ
璃世	りせ
莉世	りよ
加世子	かよこ
詩世李	しより
世衣奈	せいな
世都子	せつこ
世采那	せとな
世莉香	せりか
世理奈	せりな
美世子	みよこ

出

シュツ　スイ
でる　だす
名いず

踏み出すときの足の形からできた字で、出発する、出る、行くの意味を表す。他人から抜きんでることを願って。
ヒント「出雲（いずも）（現在の島根県）」「日出る国（ひいづるくに）（日本のこと）」などのことばのように、和のイメージ漂う名前に。

出穂　いずほ
出泉　いずみ
出美　いずみ
出夢　いずむ
出雲　いずも
出瑠　いずる
出実　すいみ
香恵出　かえで
日出子　ひでこ
陽出美　ひでみ

生

セイ　ショウ
いきる
うまれる
おう　はえる
き
名い　う　お
み

草が生えてきた形からできた字で、生まれる、育つ、生きるなどの意味を表す。すくすくと健康に育つように。
ヒント　さまざまな読みで止め字に。「お」で落ち着きが、「き」で力強さが、「み」で愛らしさが加わる。

愛生　あいみ
碧生　あおい
亜生　あき
秋生　あきみ
朝生　あさき
和生　かずき
奏生　かなお
沙生　さお
生胡　しょうこ
栖生　すう
生來　せいら
夏生　なつき
楓生　ふう
紅生　べにお
真生　まお
生央　みお
魅生　みき
生来　みく
瑞生　みずき
巳生　みせい
生智　みち
愛生　めう
由生　ゆう
釉生　ゆうき
柚生　ゆずき
生縫子　きぬこ
紗那生　さなお
七海生　ななみ
真奈生　まなお
美奈生　みなお

正

セイ　ショウ
ただしい
まさ
名おさ　さだ
なお　よし

城砦（じょうさい）に進撃することからまっすぐ、正しいなどの意味になった。好きな道をひたすら突き進むイメージ。
ヒント　満ち足りていてさわやかな「まさ」、透明な光のイメージの「せい」などの音で、先頭字として。

正予　さだよ
正奈　しょうな
正華　せいか
正羅　せいら
正美　なおみ
正江　まさえ
正姫　まさき
正奈　まさな
実正　みよし
莉正　りおさ

代

ダイ　タイ
かわる　よ
しろ
名とし　のり
より

かわる、入れかわるの意味がもとで、時代、世代、人の一生などの意味も表す。いつまでも若々しい女性に。
ヒント「よ」の読みで止め字や万葉仮名風に。「よ」で終わる名前は、懐（ふところ）深く人を受けいれる印象。

陽代　あきよ
癒代　いとし
哉代　かなよ
代恵　としえ
代華　のりか
眞代　ましろ
未代　みのり
結代　ゆのり
代乃　よりの
美代花　みよか

旦

タン
名あき
あきら　あけ
あさ　かず
た

地平線の上に日が昇る形を表し、朝、夜明け、明日の意味。フレッシュなイメージで、未来の希望を感じさせる。
ヒント「元旦」のイメージから、縁起のいい印象の字。明るく朗（ほが）らかな「あき」の読みを活かすと使いやすい。

旦　あきら
旦菜　あきな
旦葉　あきは
旦美　あけみ
旦陽　あさひ
旦紗　かずさ
旦恵　たえ
千旦　ちあき
満旦　まあさ
旦実子　たみこ

冬

トウ　ふゆ
名かず　と
とし

一年の終わりの季節である冬の意味。冬は寒く厳しいが、清らかなイメージもある。透明感のある人に。
ヒント「ふゆ」の音で、さらに加えて。初雪のような繊細（せんさい）さを「とう」の音は、実直で人から頼られる印象。

冬紗　かずさ
冬未　かずみ
綺冬　きふゆ
景冬　けいと
小冬　こふゆ
咲冬　さと
白冬　しらふゆ
千冬　ちふゆ
冬空　とあ
冬愛　とあ
冬子　とうこ
冬奈　とうな
冬魅　とうみ
冬佳　としか
冬帆　としほ
冬夢　とむ
冬羽　とわ
冬月　ふづき
冬華　ふゆか
冬雪　ふゆき
冬菜　ふゆな
冬楽　ふゆら
真冬　まふゆ
舞冬　まふゆ
湊冬　みなと
美冬　みふゆ
夢冬　むと
柚冬　ゆと
冬実香　とみか
冬萌子　ともこ

汀

テイ　なぎさ
みぎわ

川や海の近くの平らな土地を表し、みぎわ、なぎさの意味に使われる。ロマンチストでおおらかな女性に。
ヒント「てい」と読むとねばりと前進を感じさせる。「なぎさ」「みぎわ」などの読みで、1字名としても。

汀　なぎさ
汀香　ていか
汀子　ていこ
汀奈　ていな
汀瑚　なぎこ
汀沙　なぎさ
汀渚　なぎさ
真汀　まな
汀和　みぎわ
汀輪　みぎわ

白

ハク　ビャク
しろ　しら
しろい
名 あき　きよ　し

白、白いのほか、清い、正しい、優れているなどの意味を表す。飾り気のない、清楚(せいそ)な女性にぴったりの字。
ヒント 「あき」「きよ」「しろ」など、明るく清らかな白をイメージした読みを活かして。

白希　あき
白奈　あきな
白穂　あきほ
白弥　あきみ
白清　あきよ
白來　あきら
白依　きよ
白恵　きよえ
白瑚　きよこ
白梛　きよな

白美　きよみ
白蘭　きよら
白莉　きより
胡白　こはく
白織　しおり
白貴　しき
白乃　しの
白暢　しのぶ
白保　しほ
白麻　しま

白音　しらね
白帆　しらほ
白雪　しらゆき
白那　しろな
白祢　しろね
千白　ちあき
白亜　はくあ
眞白　ましろ
美白　みしろ
白衣奈　しいな

布

フ　ぬの
名 しき　たえ　のぶ　よし

布のほか、敷く、広げる、連ねるなどの意味を表す。おしゃれなイメージもある。心が広く温かい女性にぴったり。
ヒント 温かくマイペースな「ぬ」の音を含む、数少ない字。不思議な魅力の「ふ」の音で使っても。

詩布　しのぶ
布佳　たえか
布芽　ぬのめ
布彌　ふみ
布優　ふゆ
美布　みしき
由布　ゆふ
布花　よしか
布美香　ふみか
真布美　まふみ

民

ミン　たみ
名 た　ひと　み　もと

神に仕える人の意味から、たみ、人を表すようになった。気どりがなく、だれからも愛される子に育つよう願って。
ヒント 「たみ」の音はキュートさと、タフで充実した人間性とをあわせもつ。「み」の音で止め字として使っても。

愛民　あみん
珠民　たまみ
民依　たみい
民香　たみか
民子　たみこ
民世　たみよ
民実　ひとみ
民胡　もとこ
有民　ゆみ
民美華　たみか

未

ミ
名 いま　いや　ひつじ　ひで

枝のついた木の形からできた字。十二支のひつじの意味にも使う。無限の可能性をイメージさせる人気の字。
ヒント 「み」の音はみずみずしくてフレッシュな印象。イキイキして、周囲が愛さずにはいられない人に。

未　ひつじ
綾未　あやみ
未莉　いまり
花未　かいや
空未　くみ
菜未　なみ
未歌　ひでか
未菜　ひでな
未埜　ひでの
愛未　まなみ

未亜　みあ
未羽　みう
未栞　みかん
未紗　みさ
未里　みさと
未智　みち
未弦　みつる
未都　みと
弥未　みみ
未優　みゆう

未来　みらい
未莉　みり
結未　ゆいま
琉未　るいや
紗也未　さやみ
未伊子　みいこ
未衣菜　みいな
未映子　みえこ
未華子　みかこ
悠未花　ゆみか

由

ユ　ユウ
ユイ　よし
名 ただ　ゆき　より

～に基づく、理由、頼るなどの意味を表す。読み方も多く、人気がある字。奥深く、神秘的な感じの女性に。
ヒント 人を和ませのびのび進む「ゆい」、やわらぎと優しさがあふれる「ゆう」など、温かな印象の音で。

亜由　あゆ
沙由　さゆき
詩由　しより
由花　ただか
知由　ちより
陽由　ひより
芙由　ふゆ
真由　まゆ
美由　みゆ
由衣　ゆい

由華　ゆいか
由葉　ゆいは
由瑚　ゆうこ
由歩　ゆうほ
由璃　ゆうり
由実　ゆきみ
由奈　ゆな
由乃　ゆの
由布　ゆふ
由華　よしか

由埜　よしの
由子　よりこ
胡由葵　こゆき
紗由莉　さゆり
奈由佳　なゆか
真由佳　まゆか
由香里　ゆかり
由希奈　ゆきな
由美子　ゆみこ
由莉子　ゆりこ

立

リツ　リュウ
たつ
名 たか　たち　たて　たる　はる

「大」と「一」を組み合わせた字で、一定の場所に立つ人を表す。つくるの意味も。冷静沈着に行動できる人に。
ヒント 凜(りん)としたイメージの字。「たつ」の音でパワフルな行動力を、「りつ」の音でタフなりりしさを加えて。

立琥　たかこ
立己　たつき
立奈　たてな
立海　はるみ
穂立　ほたる
美立　みたち
魅立　みりゅう
立夏　りっか
立希　りつき
立子　りつこ

令

レイ
名 なり のり はる よし れ

もとは神のお告げのことで、命令、決まりなどの意味を表すが、美しいの意味も。気品のある美しさを願って。
ヒント 華やかで洗練された「れ」、きりっと理知的な「れい」の音で、エレガントなイメージがよりアップ。

令未 なりみ
令花 のりか
令佳 はるか
美令 みれい
令美 よしみ
令子 れいこ
令奈 れな
江令菜 えれな
世令奈 せれな
真令愛 まれあ

礼

レイ ライ
名 あき あや ひろ まさ みち よし れ
旧 禮

もとの字は「禮」で、甘酒の意味。酒を使った儀式から、礼儀、敬うの意味に使う。まじめで礼儀正しい人に。
ヒント 「れい」の音で美しさと知性の印象を、「あや」の音であどけなさとミステリアスなイメージをプラス。

礼那 あきな
礼葉 あやは
礼魅 あやみ
礼夢 あやむ
礼芽 あやめ
礼梨 あやり
純礼 すみれ
稚礼 ちあき
麻礼 まあや
礼菜 まさな
真礼 まひろ
眞礼 まれ
礼禾 みちか
礼埜 みちの
実礼 みよし
美礼 みらい
実礼 みれい
礼季 よしき
礼乃 よしの
礼華 らいか
礼霧 らいむ
礼亜 れあ
礼加 れいか
礼子 れいこ
礼南 れいな
礼來 れいら
礼奈 れな
礼乃 れの
礼美 れみ
礼央奈 れおな

6画

安

アン やすい
名 あ さだ やす

やすらかというのがもとの意味。静か、楽しい、満足するなどの意味がある。穏(おだ)やかで落ち着きのある女性に。
ヒント 温かい信頼感のある「あん」の音でよく使われる。自然体でのびやかな「あ」の音を活かしても。

安奈 あんな
安縫 あんぬ
安夕 あんゆ
安里 あんり
安絵 さだえ
詩安 しあん
安禾 やすか
安有香 あゆか
安理沙 ありさ
百合安 ゆりあ

伊

イ これ
名 いさ よし ただ

もとは神降ろしをする者を意味し、これ、かれなどの意味がある。イタリアの略にも使われるので、モダンなイメージも。
ヒント 「い」の音は周囲が応援したくなるキュートながんばり屋の印象。「衣」などのかわりに使っても新鮮。

愛伊 あい
伊織 いおり
伊子 いさこ
伊吹 いぶき
伊予 いよ
真伊 まい
美伊 みよし
亜於伊 あおい
伊織奈 いおな
伊紗美 いさみ

衣

イ ころも
名 え きぬ そ みそ

えりを合わせた衣の形からできた字で、衣の意味。止め字としても人気。ハイセンスでおしゃれな雰囲気の字。
ヒント 「い」で終わる名前はきっぱりとして潔い印象。物事の本質を見抜きそうなイメージの「え」の音でも。

亜衣 あい
葵衣 あおい
衣緒 いお
衣都 いと
衣椰 えな
衣里 えり
歌衣 かい
華衣 かえ
衣愛 きぬあ
衣絵 きぬえ
衣香 きぬか
衣沙 きぬさ
紗衣 さえ
樹衣 じゅい
衣那 そな
知衣 ちえ
那衣 なえ
埜衣 のい
纏衣 まとい
衣楽 みそら
芽衣 めい
萌衣 もえ
優衣 ゆい
瑠衣 るい
安衣來 あいら
衣緒梨 いおり
多香衣 たかえ
乃衣瑠 のえる
麻梨衣 まりい
柚衣香 ゆいか

宇

ウ
名 たか のき

家の軒(のき)の意味を表し、家、屋根などのほか、大きい、天、空などの意味もある。スケールの大きな人になるように。
ヒント 幻想的なイメージもある字。「う」の音は、独自の世界観で、クリエイティブな才能を発揮する印象に。

宇乃 うの
宇海 うみ
詩宇 しう
宇恵 たかえ
宇亜 のきあ
弥宇 みう
柚宇 ゆう
李宇 りう
宇天那 うてな
宇羅々 うらら

羽

ウ　は　はね
名 わ　わね

鳥の羽の形からできた字。翼の意味も表す。大空に自由に羽ばたくイメージがある。のびやかに育つように。

ヒント 止め字として人気。繊細で周りから大切にされる印象の「う」、どんなときも楽しそうな「わ」の音で。

蒼羽 あおば
絢羽 あやは
郁羽 いくは
色羽 いろは
羽生 うい
羽季 うき
音羽 おとは
叶羽 かなは
紅羽 くれは
琴羽 ことは
小羽 こはね
咲羽 さわ
沙羽 さわね
時羽 ときわ
朋羽 ともは
凪羽 なぎは
新羽 にいは
羽奈 はな
羽香 はねか
真羽 まう
美羽 みう
実羽 みわ
夢羽 むう
優羽 ゆう
友羽 ゆうわ
凛羽 りんわ
亜美羽 あみう
羽衣加 ういか
佐羽子 さわこ
美羽音 みはね

会

カイ　エ
あう
名 あい　かず
さだ　はる

もとの字は「會」で、蓋つきの鍋の形。食料を集めることから、集める、会うの意味になった。社交的な女性に。

ヒント エレガントで懐の深い印象の「え」の音で、万葉仮名風に。「かず」や「はる」の名乗りを活かしても。

会架 あいか
会奈 えな
会美 えみ
会菜 かずな
会杷 さだは
知会 ちはる
埜会 のえ
会音 はるね
俐会 りえ
会実莉 えみり

伎

キ　ギ　わざ
名 くれ　し
たくみ

人が舞う姿から、わざ、俳優、芸者などの意味がある。芸能・芸術方面を目指すならぴったりの字。

ヒント 「き」の音で止め字に用いると使いやすい。「き」で終わる名前は、クールビューティーな女性の印象。

伎 たくみ
伎輝 きき
伎菜 きな
伎葉 くれは
紗伎 さき
伎恩 しおん
伎季 しき
珠伎 たまき
真伎 まき
美優伎 みゆき

気

旧 氣

キ　ケ
名 おき

もとの字は「氣」。空気や息、自然現象のほか、すべての生命力の源、心のはたらきも表す。神秘的なイメージもある字。

ヒント 人の目をひく個性派の印象の「き」の音で万葉仮名風に。使用例が少なく、新鮮。

亜気 あき
気枝 きえ
気未 きみ
苑気 そのき
真気 まき
愛気 まなき
美気 みき
柚気 ゆずき
瑠気 るき
気衣奈 けいな

吉

キチ　キツ
名 き　さち
とみ　よ
よし

祈りのことばにまじないを組み合わせた字で、よい、めでたい、幸せなどの意味を表す。幸福な人生を祈って。

ヒント 「よし」の音は明るくさわやかな印象。「さち」と読むと、自由奔放でキュートな愛らしさがあふれる。

吉子 きこ
吉奈 きちな
吉恵 さちえ
吉生 さちお
吉絵 とみえ
美吉 みよし
吉栄 よしえ
吉希 よしき
吉乃 よしの
見吉子 みよこ

共

キョウ　とも
名 たか

ともに、一緒にのほか、つつしむ、うやうやしいの意味も。多くの友達に囲まれ、愛らしい子に育つように。

ヒント 「きょう」の音は、パワフルでありながら優しいイメージ。豊かな人間性をもつ「とも」の音でも。

共歌 きょうか
共瑚 きょうこ
共奈 たかな
共乃 たかの
共絵 ともえ
共佳 ともか
共子 ともこ
共音 ともね
共美 ともみ
共李 ともり

匡

キョウ
すくう
ただす
名 こう
たすく　ただ
まさ

物事を正すこと、正して明らかにすることのほか、助けるという意味も。まっすぐで正直な人に育つことを願って。

ヒント 母性愛とさわやかさをあわせもつ「まさ」、強さと優しさが共存する「きょう」の音で。

匡伽 きょうか
匡子 きょうこ
匡菜 きょうな
匡珠 こうじゅ
匡莉 こうり
匡実 ただみ
匡恵 まさえ
匡姫 まさき
匡菜 まさな
匡乃 まさの

旭

キョク
あさひ
名 あき　あさ
あきら
てる

朝日の昇る様子からできた字で、朝日を意味する。フレッシュなイメージとともに、神々しさも感じさせる。

ヒント キュートで明るく輝きのある「あき」、朝の光のように明るくまぶしい「あさ」の音を活かして。

旭 あさひ
旭音 あきね
旭楽 あきら
旭禾 あさか
旭子 あさこ
旭穂 あさほ
旭美 あさみ
旭世 あさよ
旭奈 てるな
満旭 まあさ

圭

ケイ　かど
名 か　きよ　たま　け　よし

もとは高い身分を証明する玉器(ぎょくき)の形からできた字で、玉を意味する。玉のように美しく成長することを願って。
ヒント 潔く、気品と知性を感じさせる「けい」の音で。優しさとたくましさのある「たま」の音を活かしても。

圭美	きよみ
圭夏	けいか
圭子	けいこ
圭澄	けいと
圭奈	けいな
圭緒	たまお
圭菜	たまな
圭花	よしか
美圭莉	みかり
結茉圭	ゆまか

伍

ゴ　くみ
名 あつむ　いつ　とも　ひとし

人が組になって交わることから、交わる、組、仲間の意味に使う。たくさんの友人に恵まれることを願って。
ヒント 男の子のイメージの字だが、名乗りの「いつ」「とも」の音は、女の子にも使いやすい。

苺伍	いちご
伍花	いつか
伍姫	いつき
伍菜	いつな
伍実	いつみ
伍琉	いつる
伍奈	くみな
伍恵	ともえ
伍禾	ともか
伍未	ともみ

向

コウ　むく
名 ひさ

もとは神をむかえる窓を意味した。向かう、向くのほかに、進む、志すの意味もある。前向きに努力する人に。
ヒント 「日向」と書いて「ひな」「ひなた」と読むのが人気。「ひなた」は、とてもセクシーで温かみのある名前。

向子	こうこ
向幸	ひさ
向枝	ひさえ
向恵	ひさえ
向夜	ひさよ
日向子	ひなこ
日向汰	ひなた
日向乃	ひなの
日向美	ひなみ
向日葵	ひまわり

光

コウ　ひかる　ひかり
名 あき　さかえ　てる　ひろ　み　みつ

人の頭上の火を表し、そこから、光、輝くの意味になった。恵み、栄えの意味も。だれよりも輝く子になるように。
ヒント 「みつ」の音は甘く満ち足りた印象。「ひかり」「ひかる」の読みは、パワフルで熱い情熱を感じさせる。

光	ひかる
藍光	あいみ
光香	あきか
光穂	あきほ
朝光	あさみ
彩光	あやみ
歩光	あゆみ
恵光	えみ
瑚光	こあき
光雅	こうが
虹光	ここ
心光	ここみ
光瑛	さかえ
光禾	てるか
光美	てるみ
光李	ひかり
光衣	ひろえ
光南	ひろな
真光	まひろ
光紗	みさ
光恵	みつえ
光歌	みつか
光希	みつき
光葉	みつは
光瑠	みつる
光優	みゆう
佑光	ゆうみ
夢光	ゆめみ
瑠光	るみ
光沙子	みさこ

后

コウ
名 きみ　み

「人」と「口」を組み合わせた字で、天皇、天子の妻、きさきの意味を表す。高貴な雰囲気をもつ、凛(りん)とした女性に。
ヒント 「きみ」と読むと、人をドキリとさせる魅惑ネームに。みずみずしく甘い印象の「み」の音でも。

后絵	きみえ
后菜	きみな
后芳	きみは
后葵	こうき
后紗	こうさ
后魅	こうみ
后子	みこ
美后	みみ
愛結后	あゆみ
后由祈	みゆき

好

コウ　このむ　すく
名 このみ　たか　み　よし　よしみ

「女」と「子」を組み合わせた字で、母親が子を抱く姿から、美しい、好ましいの意味に。愛される人に。
ヒント 「よし」の音は、やわらぎと清潔感のある印象。「よしみ」「このみ」などの読みで1字名にも。

好希	こうき
好美	このみ
好瑚	たかこ
好奈	たかな
冬好	ふゆみ
好佑	みゆ
美好	みよし
好笑	よしえ
好子	よしこ
好実	よしみ

江

コウ　え
名 きみ　ただ　のぶ

大きな川の意味で、特に中国の長江(ちょうこう)を表す。物事にとらわれず、おおらかに生きる女性に。
ヒント 「え」と読む女の子の止め字の定番。「え」で終わると、知的なイメージで自立した賢い女性に。

彩江	あきみ
江都	えと
奏江	かなえ
江華	きみか
江珠	こうじゅ
江芽	こうめ
詩江	しのぶ
江乃	ただの
江巳	のぶみ
実江利	みえり

考

コウ　かんがえる
名 たか　ちか　とし　なか　なり　のり　よし

子どもが老人に仕える、がもとの意味。考えるのほか、長生きするの意味もある。知的で、落ち着いた雰囲気の女性に。
ヒント 「たか」の音は、艶(つや)と輝きのある格調高い印象。やんちゃで無邪気な印象の「ちか」の音を活かしても。

考子	こうこ
考英	たかえ
考生	たかき
考平	ちかこ
考恵	としえ
考美	なりみ
考加	のりか
真考	まなか
実考	みちか
考恵	よしえ

行

コウ　ギョウ　アン　いく　ゆく　おこなう
名 き　のり　みち　ゆき

十字路の形を表す字で、そこから、行く、行うの意味になった。旅行の意味もある。まっすぐな人になるように。

ヒント「いく」の音はまっすぐ未来に向かってつき進むイメージ。「ゆき」と読むと芯の強さを秘めた印象に。

行奈	あんな
行美	いくみ
行世	いくよ
行香	のりか
真行	まき
行禾	みちか
行子	みちこ
行恵	ゆきえ
行奈	ゆきな
行巳	ゆきみ

亘

旧 亙

コウ　セン　わたる
名 とおる　のぶ

建物の周りの垣の形から、めぐる意味に用い、渡る、述べるなどの意味も表す。信念をもつ誠実な女性に。

ヒント「のぶ」の読みで先頭字にも止め字にも。「のぶ」の音は、甘えん坊で元気で人なつっこい印象。

亘	とおる
亘子	こうこ
志亘	しのぶ
亘莉	せんり
亘栄	のぶえ
亘香	のぶか
亘実	のぶみ
亘奈	わたな
亘海	わたみ
亘瑠	わたる

合

ゴウ　ガッ　カッ　あう
名 あい　かい　はる　り

器（うつわ）と蓋（ふた）が合う形からできた字で、ひとつになる、混じるなどの意味。夫婦になる意味も。出会いに恵まれそう。

ヒント「百合」と書いて「ゆり」と読むのがおすすめ。「ゆり」の音は、美しくたおやかで、エレガントな印象。

合花	あいか
合魅	あいみ
合奈	かいな
合季	はるき
仔百合	こゆり
彩百合	さゆり
百合絵	ゆりえ
百合香	ゆりか
百合子	ゆりこ
百合菜	ゆりな

在

ザイ　ある
名 あ　あき　あり　すみ　たみ　まき

神聖なものとして「ある」のがもとの意味。田舎の意味もあり、素朴（そぼく）で親しみをもたれる人のイメージ。
ヒント　存在の確かさを感じさせる字。「あり」「ある」の音を活かすと自然体で華やかな印象。「あ」の音でも。

在美	あきみ
在愛	ありあ
在桜	ありさ
在寿	ありす
在夢	あるむ
在絵	たみえ
在帆	まきほ
美在	みあ
魅在	みすみ
在里花	ありか

此

シ　かく　ここ　この　これ

これ、この、ここの意味に使われるが、もとは細かく小さいものという意味があった。かわいらしい女性に。
ヒント　生命力を感じさせる「し」の音のほか、小粋（こいき）で勝負強さのある「ここ」の音で使っても新鮮。

此愛	ここあ
此瞳	ここみ
此理	ここり
此羽	このは
此実	このみ
此季	しき
此乃	しの
此宝	しほ
此真	しま
此寿賀	しずか

糸

シ　いと
名 たえ　ため　より

もとの字は「絲」で、糸束を組み合わせた形。糸のほか、細長いものを意味する。可憐（かれん）な女性になるように。
ヒント　1字名「いと」とすると、格調高く品のある名前に。キラキラした生命力にあふれた「し」の音でも。

糸	いと
糸杏	しあん
糸音	しおん
糸茉	しま
糸優	しゆう
糸華	たえか
糸嘉	ためか
糸子	よりこ
糸江莉	しえり
糸於璃	しおり

ネーミングストーリー

愛菜（あいな）ちゃん

家族みんなの愛をもらって無事に出産できました

　切迫早産になってしまい、自宅安静の時期が長くありました。私はほとんど動けなかったので、夫をはじめ両親や親戚、いろんな人に上の子のお世話や家事などを助けていただきました。そのおかげで、無事、予定どおりに出産。みんなの助け、愛があって生まれてきたので「愛」の字を。春生まれなので「菜」に合わせました。（友里恵ママ）

至

シ　いたる
名 ちか　のり　みち　むね　ゆき　よし

矢が目標に届いた形から、至るの意味になった。極(きわ)める、最高の意味もある。つねにトップになれることを願って。
ヒント　物事を極めていくイメージ。イキイキとした生命力と透明感のある「し」の音で、万葉仮名風に使って。

至　いたる
至織　しおり
至苑　しおん
詩至　しのり
至宝　しほ
実至　みちか
至瑠　みちる
美至　みよし
至禾　むねか
至奈　ゆきな

次

ジ　シ　つぐ
名 ちか　なみ　つぎ　ひで

つぎ、次ぐのほか、宿るの意味もある。また、二番め、第二位も表す。欲ばらず、足元の幸福を大切にする人に。
ヒント　「つぐ」と読むと、発想力で豊かさを手にする人に。「ちか」「なみ」「ひで」の名乗りを活かすと個性的。

次子　ちかこ
次恵　つぎえ
次菜　つぐな
次美　つぐみ
次代　ひでよ
美次　みちか
実次　みなみ
雪次　ゆきじ
次伊奈　しいな
次衣羅　しいら

守

シュ　ス　まもる　もり
名 え　かみ　さね　ま

重要な建物を守ることをいい、守る、大切にするなどの意味を表す。家族や友人を大切にする人になるように。
ヒント　エレガントで懐(ふところ)の深い「え」、可憐(かれん)な「す」などの音を活かすと、女の子にも使いやすい。

亜守　あもる
有守　ありす
守亜　しゅあ
守李　しゅり
守李　まもり
美守　みもり
守恵　もりえ
守華　もりか
守奈　もりな
守美　もりみ

朱

シュ
名 あか　あけ　あけみ　あや　じゅ　す

赤い色の意味。鉱物から採った赤で色あせないので、生の色、不死の色と考えられた。太く長い人生を願って。
ヒント　華やかな気品が立ちのぼる「しゅ」、明るくタフな「あけ」、無邪気でミステリアスな「あや」などの音で。

朱　あけみ
朱音　あかね
朱莉　あかり
朱乃　あけの
朱澄　あすみ
朱暖　あのん
朱華　あやか
朱子　あやこ
朱寧　あやね
朱葉　あやは

朱魅　あやみ
有朱　ありす
杏朱　あんじゅ
襟朱　えりす
朱衣　じゅい
朱宇　しゅう
朱奈　じゅな
朱祢　じゅね
朱帆　じゅほ
朱里　しゅり

朱莉　じゅり
朱寿　すず
真朱　まあや
麻朱　まじゅ
美朱　みあけ
実朱　みじゅ
凛朱　りんす
朱吏亜　じゅりあ
朱里奈　じゅりな
朱美礼　すみれ

舟

シュウ　ふね
名 ふな　のり

ふねの形からできた字。小型のふねを表す。「船」よりも古風なイメージ。しっとりと落ち着いた女性に。
ヒント　洗練された美しさのある「しゅう」の音で使うほか、「ふね」「のり」の音で止め字にしても。

舟佳　しゅうか
舟夏　しゅうか
舟湖　しゅうこ
舟華　のりか
舟世　ふなよ
真舟　ましゅう
茉舟　まふね
未舟　みのり
美舟　みふね
海舟　みふね

州

シュウ　す
名 くに

川の中州(なかす)の形からできた字で、陸地の意味を表す。周囲に流されることなく、自分をつらぬくイメージがある字。
ヒント　可憐(かれん)さと凛々しさのある「す」の音で。「くに」と読むと、魅惑的にかわいらしく小粋(こいき)なイメージに。

州栄　くにえ
州香　くにか
州夏　くにか
州子　くにこ
州香　しゅうか
州寿　すず
州海　すみ
杏利州　ありす
千州子　ちずこ
美州々　みすず

充

ジュウ　あてる
名 あつ　まこと　み　みち　みつ　みつる

太った人の形からできた字で、満ちる、満たすの意味。昔は肥満はプラスイメージだった。充実した人生を願って。
ヒント　充実感とピチピチとした生命力を感じさせる「みち」、満ち足りた印象の「みつ」の音が使いやすい。

充　まこと
充奈　あつな
充輝　みき
充瑠　みちる
充禾　みつか
充希　みつき
充琉　みつる
優充　ゆうみ
明日充　あすみ
充美花　みみか

旬

ジュン　シュン
名 ただ　とき　ひら　まさ

十日間の意味。物事の最も生きのいい時期のこともいう。みずみずしく元気あふれる子になるように。
ヒント　字のもつ新鮮な印象に、「じゅん」の音で、人なつっこくてセクシーな印象を加えて。

旬李　しゅり
旬果　しゅんか
旬花　じゅんか
旬己　じゅんこ
旬那　じゅんな
旬奈　ただな
旬栄　ときえ
旬乃　ときの
旬莉　ひらり
旬美　まさみ

如

ジョ　ニョ
名 いく　なお　もと　ゆき　よし

神に祈る巫女を表す字で、ごとし（＝似ている）、したがうなどの意味がある。奥ゆかしく神秘的な女性に。
ヒント 優しく芯の強い「ゆき」、清潔な癒しに満ちた「よし」の音で。「如月」は「きさらぎ」と読み、二月の異名。

如未	いくみ
如月	きさらぎ
如々	じょじょ
如季	なおき
如美	もとみ
如衣	ゆきえ
如奈	ゆきな
如華	よしか
如子	よしこ
如安奈	じょあんな

匠

ショウ
名 たくみ　なる

もとは曲げ物をする人をいい、たくみ、職人、芸能に優れた人などの意味。芸術的才能に恵まれるように。
ヒント 「しょう」の音は、ソフトで温かい光と夢を感じさせる。「なる」の音は、スイートで色っぽい印象。

匠華	しょうか
匠子	しょうこ
匠奈	しょうな
匠莉	しょうり
匠美	たくみ
匠海	たくみ
匠恵	なるえ
匠生	なるき
匠未	なるみ
珠匠	みしょう

庄

ショウ
名 まさ

もとは平らかな地の意味を表す字で、村里、田舎を表す。気どらずに、のびのびと育つことを願って。
ヒント 「しょう」の音は、やわらかく深い光を感じさせる。「まさ」の音を使うと、満ち足りてさわやかな印象に。

庄椰	しょうな
庄穂	しょうほ
庄未	しょうみ
庄瑠	しょうる
庄絵	まさえ
庄桜	まさお
庄季	まさき
庄奈	まさな
庄美	まさみ
美庄	みしょう

色

ショク　シキ
いろ
名 くさ　しな

もとは人が交わることを表し、彩る、容貌、趣、愛情などの意味に使う。情け深い、あでやかな女性に。
ヒント おしゃれな印象にもなる字。発想力や展開力を感じさせる「いろ」の音で、先頭字にも止め字にも。

愛色	あい
色澄	いすみ
色依	いろえ
色夏	いろか
色奈	いろな
色芳	いろは
色葉	いろは
色璃	いろり
玖色	くしな
色華	くさか
色乃	くさの
虹色	こいろ
桜色	さくさ
色希	しき
色瑚	しきこ
色菜	しきな
色禰	しきね
色恵	しなえ
色胡	しなこ
色埜	しなの
色波	しなみ
色莉	しなり
色麻	しま
智色	ちぐさ
音色	ねいろ
陽色	ひいろ
真色	ましな
実色	みくさ
美色	みしき
由色	ゆいろ

迅

ジン
名 とき　とし　はや

「卂」の部分は鳥のハヤブサの飛ぶ形で、そこから速い、激しいの意味になった。てきぱきとした有能な女性に。
ヒント 「とき」と読むとやる気と誠実さが共存する名前に。「とし」の音は確かな信頼感と知性を感じさせる。

迅枝	ときえ
迅瑛	ときえ
迅勢	ときせ
迅保	ときほ
迅架	としか
迅奈	としな
美迅	みとき
迅果	はやか
迅世	はやせ
迅美	はやみ

成

セイ　ジョウ
なる
名 あき　しげ　なり　ひで　みち　よし

でき上がる、完成するの意味を表す。実るという意味も。また、しっかりとした大人に成長することを願って。
ヒント 「なる」の音はみんなに愛される印象、「なり」は甘さとクールさが融合した印象。「せい」などの音でも。

成乃	あきの
成実	しげみ
成南	せいな
成羅	せいら
成瑠	なる
成海	なるみ
成子	ひでこ
成華	みちか
美成	みなり
成美	よしみ

汐

セキ　うしお
しお
名 せ　きよ

夕方のしおの満ち引きの意味。朝の満ち引きは「潮」。ロマンチックな印象があり、神秘的な感じもする字。
ヒント 夕方の海のように、幻想的なイメージの字。「しお」と読むと、イキイキとした生命力と新鮮さが加わる。

汐乃	きよの
汐璃	きより
汐禾	しおか
汐南	しおな
汐音	しおね
汐美	しおみ
汐里	しおり
汐衣	せい
汐夏	せな
海汐	みしお

先

セン　さき
名 ひろ　ゆき

もとは行くの意味で、そこから先、前、昔などの意味になった。ほかに先んじるような感性の鋭い女性に。
ヒント 「さき」の音を活かすと、シャープな輝きのある名前に。人気の「咲」のかわりに使うと新鮮味がある。

先稀	さき
先恵	さきえ
先夏	さきな
先埜	さきの
先奈	ひろな
先巳	ひろみ
麻先	まゆき
美先	みさき
先恵	ゆきえ
先実	ゆきみ

壮 (旧)壯

ソウ
(名)あき　お　たけ　まさ　もり

もとの字は「壯」。士の部分は戦士の意味で、そこから強い、盛んの意味となった。活力に満ちた行動的な人に。
ヒント 「壮健」のように、はつらつとした印象。女の子にはキュートで明るい印象の「あき」の音も使いやすい。

壮菜	あきな
壮芭	あきは
壮圃	あきほ
壮琉	あきる
壮子	そうこ
壮葉	たけは
智壮	ちあき
壮奈	まさな
美壮	みお
未壮	みもり

早

ソウ　サッ
はやい
(名)さ　さき

時間・時刻が早いほかに、若い、朝などの意味もある。若々しくフレッシュな感じで、活発な子にぴったり。
ヒント 「さ」と読んで万葉仮名風に。「さ」の音はさわやかで颯爽とした印象で、スター性を感じさせる。

早	さき
早織	さおり
早玖	さく
早美	そうみ
早楽	そうら
実早	みさ
未早	みはや
理早	りさ
早良香	さらか
美早咲	みさき

多

タ　おおい
(名)かず　とみ　な　なお　まさ

「夕」を二つ重ねて、多いの意味を表す。勝るの意味もある。組み合わせた字の意味を強めるのにも使える。
ヒント しっかり者の印象の「た」の音で万葉仮名風に。「多聞天」は、福をもたらす神、毘沙門天の別名。

宇多	うた
多実	かずみ
奏多	かなた
多栄	たえ
多美	なおみ
陽多	ひとみ
多恵	まさえ
多華来	たから
多未輝	なみき
日那多	ひなた

Column

似ている漢字に注意して！

漢字は、ちょっと形が違うだけでまったく意味が変わってしまうことも。使いたい漢字の意味や形を正確に把握しておきましょう。

[例]

大^{3}－丈^{3}－太^{4}－犬^{4}
巳^{3}－已^{3}－己^{3}
天^{4}－夫^{4}
右^{5}－石^{5}
永^{5}－氷^{5}
史^{5}－央^{5}
功^{5}－巧^{5}
未^{5}－末^{5}
広^{5}－宏^{7}
州^{6}－洲^{9}
杜^{7}－社^{7}
李^{7}－季^{8}
伶^{7}－怜^{8}

亨^{7}－享^{8}
宜^{8}－宣^{9}
昂^{8}－昴^{9}
拓^{8}－柘^{9}
弥^{8}－祢^{9}
昊^{8}－晃^{10}
茉^{8}－茱^{10}
郎^{9}－朗^{10}
祐^{9}－裕^{12}
峻^{10}－崚^{11}
紋^{10}－絞^{12}

菫^{11}－董^{12}
梛^{11}－椰^{13}
菅^{11}－管^{14}
軒^{10}－幹^{13}
惶^{12}－煌^{13}
瑞^{13}－端^{14}
堅^{12}－竪^{14}
綱^{14}－網^{14}
瑠^{14}－璃^{15}
徹^{15}－撤^{15}
諄^{15}－諒^{15}
幡^{15}－播^{15}
摩^{15}－磨^{16}

隠^{14}－穏^{16}
還^{16}－環^{17}
彌^{17}－禰^{19}
擢^{17}－櫂^{18}
麗^{19}－麓^{19}
燿^{18}－耀^{20}
響^{20}－饗^{22}
艦^{21}－鑑^{23}
麟^{24}－鱗^{24}

出生届（しゅっしょうとどけ）を出す前に、もう一度よく確認しよう。

地

チ　ジ
名 くに　ただ

土、大地、場所のほか、ありのまま、生まれつきなどの意味もある。素直にのびのびと育つことを願って。
ヒント 字のもつ着実な印象に、「ち」の音で、パワーと愛らしさを兼ねそなえて成功するイメージをプラス。

心地 ここち
紗地 さち
地愛 ただな
地奈 ちな
地夏 ちなつ
地穂 ちほ
悠地 はるち
美地 みち
雪地 ゆきじ
真地瑠 まちる

竹

チク　たけ
名 たか

竹の葉が垂れている形を表す字で、竹の意味を表す。派手さはないが、しなやかな強さをイメージさせる字。
ヒント 字のもつすくすくとまっすぐ育つイメージに、「たけ」の音で、力強く確かな信頼感を加えて。

竹菜 たかな
竹乃 たかの
竹香 たけか
竹芭 たけは
竹葉 たけは
竹美 たけみ
竹彌 たけみ
竹埜 たけや
竹莉 たけり
竹瑠 たける

灯

トウ　ひ
名 あかり
旧 燈（→P337）

もとの字は「燈」。ともしび、明かりの意味を表す。周囲を明るくするような、チャーミングな女性に。
ヒント 情熱と冷静さをあわせもつ「ひ」や、努力家の印象の「とう」の音で。「あかり」と読んで1字名にも。

灯 あかり
明灯 あきひ
灯子 とうこ
晴灯 はるひ
灯菜 ひな
灯芽 ひめ
灯依 ひより
結灯 ゆうひ
亜冴灯 あさひ
灯香里 ひかり

凪

なぎ
名 な

日本でつくられた字。「風」が「止」まることを表す。自然現象を表す字は人気がある。穏(おだ)やかな優しい人に。
ヒント 「なぎ」の音を活かすと、かわいがられて出世する人に。「な」の音でも。穏やかな海を連想させる字。

凪 なぎ
恵凪 えな
夏凪 かな
絆凪 きずな
慧凪 けいな
紗凪 さな
聖凪 せいな
瀬凪 せな
智凪 ちな
都凪 つなぎ

友凪 ともな
凪生 なお
凪子 なぎこ
凪沙 なぎさ
凪咲 なぎさ
凪月 なつき
南凪 なな
波凪 なみな
凪琉 なる
新凪 にいな

花凪 はな
日凪 ひな
茉凪 まな
美凪 みなぎ
萌凪 もな
由凪 ゆな
優凪 ゆな
瑠凪 るな
明日凪 あすな
香莉凪 かりな

弐

ニ　ジ
名 すけ

数字の改変を防ぐために「二」のかわりに用いる。次女や二番めの子の意味で使われることもある。
ヒント 「に」の音で万葉仮名風に。人なつっこいのにはにかむ感じが何とも愛らしい印象の名前に。

弐稀 にき
弐胡 にこ
弐那 にな
美弐 みに
由弐 ゆに
瑠弐 るに
紗弐衣 さにい
弐伊奈 にいな
弐路子 にじこ
弐千華 にちか

年

ネン　とし
名 かず　ちか　と　とせ　ね

豊かな実りを願う人の形から、実りの意味となり、そこから「とし」の意味もできた。心身ともに豊かな人に。
ヒント 「とし」の音を活かすと、確かな信頼感に裏づけされた、将来性を感じさせる名前に。

年笑 かずえ
叶年 かなと
年絵 ちかえ
千年 ちとせ
年恵 としえ
年華 としか
年実 としみ
年瑠 ねる
実年 みちか
美紗年 みさと

帆

ハン　ほ

風を受けて舟を走らせる布や、その舟を意味する。海好きの人に人気。風をはらんで自由に生きるイメージ。
ヒント 女の子定番の止め字「ほ」でよく使われる。「ほ」で終わる名前は、温かなくつろぎを感じさせる。

晃帆 あきほ
郁帆 いくほ
一帆 かずほ
夏帆 かほ
季帆 きほ
倖帆 さちほ
紗帆 さほ
静帆 しずほ
詩帆 しほ
知帆 ちほ

帆菜 はんな
帆莉 はんり
帆春 ほはる
帆稀 ほまれ
真帆 まほ
麻帆 まほ
美帆 みはん
素帆 もとほ
果帆莉 かほり
茅帆里 ちほり

奈都帆 なつほ
七帆子 なほこ
帆奈美 ほなみ
帆の花 ほのか
帆乃実 ほのみ
みず帆 みずほ
美奈帆 みなほ
美帆奈 みほな
梨帆子 りほこ
瑠璃帆 るりほ

汎

ハン　うかぶ　ひろい
名 なみ

もとは風に流れることで、浮く、漂う（ただよ）の意味から、広い、行き渡るの意味も表す。心が広く、自由に生きる女性に。
ヒント 「ひろ」の音は、周囲にくつろぎを感じさせる。「なみ」と読むと親密感とキュートさがある名前に。

華汎　かなみ
小汎　こなみ
千汎　ちなみ
汎夏　なみか
汎希　なみき
花汎　はなみ
汎菜　はんな
汎海　ひろみ
汎彌　ひろみ
真汎　まなみ

妃

ヒ
名 き　ひめ

天子の妻、きさきの意味を表す。皇族の女性や女神の尊称にも使われる。姫君のような高貴な美しさをもつ女性に。
ヒント 「ひ」と読むと、カリスマ性がさらに増す。「き」の音は自分をしっかりもつクールビューティーの印象。

晃妃　あきひ
温妃　あつき
彩妃　あやき
逸妃　いつき
乙妃　おとひ
一妃　かずき
妃衣　きい
妃華　きか
姫妃　きき
妃月　きづき

沙妃　さき
苑妃　そのき
珠妃　たまき
夏妃　なつき
陽妃　はるき
妃織　ひおり
妃菜　ひな
妃花　ひめか
妃香　ひめか
妃乃　ひめの

真妃　まき
美妃　みき
悠妃　ゆき
柚妃　ゆずき
瑠妃　るき
紗由妃　さゆき
千亜妃　ちあき
妃菜子　ひなこ
妃奈乃　ひなの
優妃絵　ゆきえ

百

ヒャク
名 お　と　も　もも

数の百を表し、すべて、多数の意味にも使う。百合と書いて「ゆり」と読む。「百恵」なら恵みの多い子の意味。
ヒント 「もも」の音は、温かい母性愛に満ちた印象に。甘く優しいイメージの「も」の音で万葉仮名風にも。

奏百　かなお
小百　こもも
咲百　さお
朔百　さくと
李百　すもも
百奈　もな
百音　もね
百萌　もも
百華　ももか
百愛　ももな

百莉　ももり
百合　ゆり
李百　りと
彩百合　あゆり
衣百莉　いおり
胡百合　こゆり
小百合　さゆり
咲百合　さゆり
百萌子　ともこ
真百合　まゆり

美百合　みゆり
百南美　もなみ
桃百花　ももか
百々葉　ももは
百合亜　ゆりあ
百合香　ゆりか
百合子　ゆりこ
百合菜　ゆりな
百合音　ゆりね
百合乃　ゆりの

名

メイ　ミョウ　な
名 あきら　かた　もり

子の成長を報告する儀式から、名、名づけるの意味に。ほまれの意味もある。社会で活躍する人になるように。
ヒント 「な」の音は、のびやかで心地よい親密さを感じさせる。「めい」の音は、穏（おだ）やかで包容力のある印象に。

名來　あきら
真名　まな
美名　みかた
名花　めいか
名魅　めいみ
名実　もりみ
玲名　れな
華名実　かなみ
名津美　なつみ
茉莉名　まりな

有

ユウ　ウ
名 ある　あり　すみ　とも　もち　ゆ　り

肉をもって神に供える形から、もつ、ある、保つなどの意味を表す。恵まれた豊かな人生をおくれるように。
ヒント 優しさにみちた「ゆう」の音のほか、ナチュラルさと華やかさをあわせもつ「あり」「ある」の音などで。

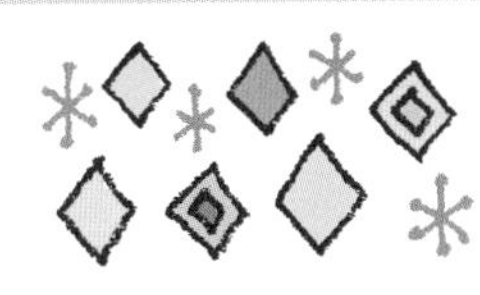

有結　あゆ
有沙　ありさ
有珠　ありす
有菜　ありな
有魅　ありみ
有海　うみ
有麗　うらら
紗有　さゆ
有南　すみな
有瑚　ともこ

真有　まう
茉有　ますみ
未有　みう
実有　みゆう
有架　もちか
有杏　ゆあ
有衣　ゆい
有子　ゆうこ
有那　ゆうな
有李　ゆうり

有羽　ゆうわ
有花　ゆか
有希　ゆき
有奈　ゆな
有乃　りの
亜有美　あゆみ
真有子　まゆこ
美有菜　みゆな
有季子　ゆきこ
有紀奈　ゆきな

吏

リ
名 おさ　さと　つかさ

もとは祭りをつかさどる人を意味し、そこから役人、治めるなどの意味に。平和で堅実な人生がおくれるように。
ヒント 人気の「り」の音で万葉仮名風に。「り」の音は、華やかで理知にあふれ、努力をいとわない印象。

吏　つかさ
吏李　さとり
真吏　まおさ
茉吏　まり
吏音　りお
吏紗　りさ
吏澄　りずむ
恵吏子　えりこ
吏々亜　りりあ
吏々香　りりか

7画

亜

ア
名 つぎ　つぐ
旧 亞

もとの字は「亞」。次ぐ、第二などの意味のほかに、アジア（亜細亜）の略にも使われる。昔なつかしいイメージ。
ヒント 「あ」で始まる名前は飾らずのびやかなイメージ。「あ」で終わると、未来への希望を感じさせる名前に。

亜依　あい
亜樹　あき
亜咲　あさき
亜音　あのん
亜美　あみ
衣亜　いつぐ
智亜　ちあ
亜歌　つぎか
亜葉　つぐは
亜実　つぐみ

夏亜　なつぐ
乃亜　のあ
茉亜　まつぎ
実亜　みあ
望亜　もあ
瑠亜　るあ
亜衣子　あいこ
亜季奈　あきな
亜沙美　あさみ
亜実菜　あみな

亜美瑠　あみる
亜矢羽　あやは
亜弥美　あやみ
亜也夢　あやむ
亜由子　あゆこ
紗亜弥　さあや
真亜弥　まあや
茉莉亜　まりあ
美利亜　みりあ
由利亜　ゆりあ

杏

アン　キョウ
あんず

木の枝に実をつけた形からできた字で、アンズを表す。実はおいしく、花も美しい。見かけも中身も豊かに。
ヒント 「あん」の音で素朴さと親密感、深い癒しをプラス。強さと優しさを兼ねそなえた「きょう」の音でも。

杏　あんず
杏澄　あずみ
杏未　あみ
杏夢　あむ
杏萌　あも
杏弥　あや
杏連　あれん
杏樹　あんじゅ
杏奈　あんな
杏音　あんね

杏由　あんゆ
杏璃　あんり
杏花　きょうか
杏子　きょうこ
杏菜　きょうな
詩杏　しあん
寿杏　じゅあん
如杏　じょあん
乃杏　のあ
蜜杏　みあ

美杏　みあん
唯杏　ゆあ
有杏　ゆあん
梨杏　りあ
莉杏　りあん
瑠杏　るあん
麗杏　れあ
杏花里　あかり
杏芽里　あめり
杏由実　あゆみ

壱

イチ
名 かず　さね　もろ

もとの字は「壹」で、もっぱらの意味。数字の改変を防ぐため「一」のかわりに使われる。一つの事に打ちこむ人に。
ヒント 「一」のかわりに使うと個性的。「いち」の音は難題にも楽しげに挑戦し、成功する印象。

蒼壱　あおい
壱花　いちか
壱夏　いちか
壱子　いちこ
壱希　いつき
壱奈　かずな
壱音　かずね
壱芭　かずは
真壱　まさね
壱美　もろみ

伽

カ　ガ　とぎ

サンスクリット語の音訳語として仏教用語に使われる字。「御伽ばなし」というように、夢をもって育つように。
ヒント 「か」は人気の止め字。「花」や「香」のかわりに止め字に使うと新鮮。先頭字や中字でも。

伽奈　かな
琴伽　ことか
澄伽　すみか
朋伽　ともか
愛伽　まなか
美伽　みか
釉伽　ゆうが
結伽　ゆか
安悠伽　あゆか
伽吏菜　かりな

花

カ　はな
名 はる　みち　もと

草や木の花、また、花のように美しいこと、華やかなことをいう。一字でも、また止め字としても人気のある字。
ヒント 「か」の音でドライでかっこいいイメージをプラス。「はな」と読むと、温かく周りの人を和ませる名前に。

花　はな
彩花　あやか
逸花　いつか
乙花　おとか
花音　かのん
花凛　かりん
花恋　かれん
小花　こはる
滴花　しずか
涼花　すずか

苑花　そのか
花恵　はなえ
花李　はなり
花子　はるこ
郁花　ふみか
穂花　ほのか
萌花　もえか
花瑚　もとこ
花葉　もとは
花未　もとみ

桃花　ももか
陽花　ようか
凛花　りんか
花哉子　かやこ
那由花　なゆか
野の花　ののか
茉莉花　まりか
美花莉　みかり
三千花　みちか
りり花　りりか

快

カイ
こころよい
名 はや やす よし

病気が治ることから、気持ちがいいの意味になった。速い、鋭いの意味もある。健康で賢い子になるように。

ヒント 字の気持ちよいイメージに、「かい」の音でりりしい知性派の、「よし」の音で清潔な癒しの印象をプラス。

快亜	かいあ
快奈	かいな
快李	かいり
快未	はやみ
実快	みよし
快恵	やすえ
快歌	やすか
快世	やすよ
快香	よしか
快乃	よしの

完

カン
名 さだ なる ひろ まさ また みつ ゆたか

廟の中で行われる儀礼に関する字で、まっとうする、守る、保つの意味を表す。物事を立派に成し遂げる人に。

ヒント 「かん」の音は茶目っ気と頼りがいを感じさせる。優しさとさわやかさをもつ「まさ」などの読みでも。

完	ゆたか
完奈	かんな
完絵	さだえ
完実	なるみ
完南	ひろな
完英	まさえ
完己	まさみ
美完	みかん
完希	みつき
完瑠	みつる

岐

キ
名 みち

山の分かれ道を表し、分かれる、分かれ道などを意味する。高いところの意味も。人の上に立つ人に。

ヒント 個性的で生命力にあふれた「き」の音で、止め字や万葉仮名風に使って。「みち」の音を活かしても新鮮。

逸岐	いつき
紗岐	さき
夏岐	なつき
実岐	みき
岐香	みちか
蜜岐	みつき
優岐	ゆき
亜岐菜	あきな
美咲岐	みさき
由岐子	ゆきこ

希

キ のぞむ
名 のぞみ まれ

もとは「まれ」を表し、やがて願う、望むの意味になった。「稀」の書きかえにも。希望に満ちた未来を願って。

ヒント 「き」で終わる名前は、わが道を進むイメージ。「のぞみ」と読むと、情が深く頼りがいのある人に育つ。

宇希	うき
和希	かずき
希依	きい
希恵	きえ
希子	きこ
絆希	きずき
希穂	きほ
希来	きら
早希	さき
咲希	さき
彩希	さき
詩希	しき
波希	なみき
希海	のぞみ
希望	のぞみ
希夢	のぞむ
陽希	はるき
穂希	ほまれ
真希	まき
希空	まれあ
希衣	まれい
美希	みき
瑞希	みずき
光希	みつき
湊希	みなき
佑希	ゆうき
柚希	ゆずき
亜希奈	あきな
美希歩	みきほ
実咲希	みさき

亨

キョウ コウ
とおる にる
名 あき ちか なお みち

煮炊きに使う器の形からできた字で、煮る、とおる、祭る、奉るなどの意味を表す。順風満帆な人生を願って。

ヒント 「きょう」と読むと、強さと優しさをあわせもつ名前に。「享」と字形も読みも似ているので注意。

亨奈	あきな
亨未	あきみ
亨羅	あきら
亨香	きょうか
亨那	きょうな
亨栄	なおえ
亨実	なおみ
亨花	みちか
亨瑠	みちる
実亨	みなお

玖

キュウ ク
名 き たま ひさ

黒く光る玉のように美しい石のこと。また、「九」の代用にも使われる。きらりと輝く美しい女性になるように。

ヒント 字の輝く印象に、「く」の音でキュートさとミステリアスなイメージを加えて。「久」のかわりに使っても。

愛玖	あいく
依玖	いく
玖音	くおん
玖深	くみ
紗玖	さく
詞玖	しき
玖絵	たまえ
玖禾	たまか
珠玖	たまき
玖世	たまよ
玖恵	ひさえ
玖嘉	ひさか
真玖	まき
未玖	みく
実玖	みく
釉玖	ゆうき
李玖	りく
凛玖	りんく
瑠玖	るく
怜玖	れく
安玖里	あぐり
衣玖子	いくこ
玖仁子	くにこ
玖楽々	くらら
玖瑠美	くるみ
沙玖美	さくみ
咲玖良	さくら
美玖里	みくり
未玖瑠	みくる
未琉玖	みるく

芹

キン せり
名 き まさ よし

植物のセリの意味を表す。セリは中国では祭事に使われ、日本では春の七草のひとつ。神秘的な力のある植物。

ヒント 「せり」の読みで使うことのできる唯一の字。清楚でキュートな、華やかさのある名前になる。

芹杏	せりあ
芹衣	せりい
芹奈	せりな
芹菜	せりな
芹葉	せりは
碧芹	たまき
芹美	まさみ
優芹	ゆき
芹花	よしか
美遊芹	みゆき

吟

ギン

名 あき うた おと こえ

詩や歌をうたうこと、また、詩などの趣(おもむき)を味わう意味を表す。文学や芸能方面で活躍できることを願って。

ヒント 「うた」の音は迷ったときに背中をおしてくれる、のびのびと元気な印象。「おと」「ぎん」の音を活かしても。

吟 うた
吟美 あきみ
吟楽 あきら
吟華 うたか
吟禾 おとか
吟芭 おとは
吟女 おとめ
吟歌 ぎんか
智吟 ちあき
美吟 みこえ

君

クン きみ

名 きん こ すえ なお よし

神事をつかさどる人の長から、君主、統治者の意味になった。立派な人の意味も。人から尊敬される人に。

ヒント 「きみ」の音は、無邪気で明るく、キュートな印象。人をドキリとさせる魅惑的なイメージに。

君恵 きみえ
君果 きみか
君子 きみこ
君世 きみよ
君奈 きんな
君未 すえみ
君美 なおみ
祐君 ゆうこ
悠君 ゆきみ
君加 よしか

芸

ゲイ

名 き ぎ のり まさ よし

旧 藝

もとの字は「藝」。草や木を植える意味から、わざ、技芸、学問などの意味になった。才能豊かに育つように。

ヒント 「き」の音で止め字にすると使いやすい。潔くわが道を進む印象の名前に。芸術的なセンスを願って。

晏芸 あき
逸芸 いつき
菜芸 なぎ
芸絵 のりえ
芸胡 のりこ
芸恵 まさえ
美芸 みき
芸乃 よしの
芸実 よしみ
安芸波 あきは

見

ケン みる

名 あき あきら ちか み

大きな目をもった人の形からできた字で、見る意味を表す。会う、悟るの意味も。物事を深く見通す賢い人に。

ヒント みずみずしく愛らしい印象の「み」の音で、止め字に使うことが多い。本質を見通す力をもつ人になるように。

見葉 あきは
見楽 あきら
亜見 あみ
映見 えみ
直見 なおみ
美見 みちか
見怜 みれい
瑠見 るみ
津玖見 つぐみ
見友希 みゆき

冴

ゴ こおる

名 さ さえ

寒さのためにものが凍る意味から、冴える、鋭いなどの意味を表す。クールでスマートなイメージの字。

ヒント 「さえ」と読むと、柔和(にゅうわ)で品のよい、エレガントな印象の名前に。颯爽(さっそう)とした印象の「さ」の音でも。

冴 さえ
冴香 さえか
冴子 さえこ
冴巳 さえみ
冴璃 さえり
冴耶 さや
智冴 ちさ
真冴 まさえ
美冴 みさえ
実冴希 みさき

孝

コウ

名 あつ たか なり のり みち もと ゆき よし

親によく仕える意味を表す。「孝」は、儒教(じゅきょう)では最も大切な徳目(とくもく)だった。親を大切にする優しい子に育つように。

ヒント 「たか」の音は、信頼感と気立てのよさが香り立つイメージ。女性らしい字を組み合わせて。

孝伎 あつき
孝実 あつみ
孝奈 たかな
孝子 なりこ
孝琉 みちる
実孝 みのり
箕孝 みゆき
孝江 もとえ
孝菜 ゆきな
孝絵 よしえ

宏

コウ ひろい

名 あつ ひろ

もとは奥深い建物を表し、そこから、広い、大きいの意味ができた。スケール感がある字。心の広い人に。

ヒント 「ひろ」と読むと、たくましさと包容力のあるカリスマヒロインの印象がさらにプラスされる。

宏生 あつき
宏埜 あつの
宏莉 あつり
宏華 こうか
宏未 こうみ
小宏 こひろ
千宏 ちひろ
宏姫 ひろき
宏夢 ひろむ
柚宏 ゆひろ

更

コウ さら ふける

名 つぐ とお のぶ

変える、改める、まっさらになどの意味を表す。古い物事にこだわらない、時代を切りひらく人に。

ヒント 「さら」と読むと、さわやかな風と華やかさのイメージがあり、スター性も感じさせる人に。

更 さら
依更 いつぐ
稀更 きさら
輝更 きさら
更有 こう
更胡 こうこ
更弥 こうみ
更來 さら
更咲 さらさ
更紗 さらさ

更耶 さらや
更李 さらり
志更 しのぶ
更南 つぐな
更葉 つぐは
更帆 つぐほ
更実 つぐみ
更夢 つぐむ
更莉 つぐり
更胡 とおこ

更未 とおみ
更莉 とおり
那更 なつぐ
更絵 のぶえ
更華 のぶか
更湖 のぶこ
更菜 のぶな
真更 まさら
美更 みさら
巳更 みのぶ

克

コク
名 いそし かつ かつみ たえ なり よし

能力がある、成し遂げる、勝つなどの意味を表す。困難に負けず、運命を切りひらけるような人に。
ヒント 「かつ」の音は積極的で強い印象。「克己(こっき)」のとおり、自身に打ちかつ強い心のもち主になるように。

克絵 かつえ
克揮 かつき
克子 かつこ
克実 かつみ
克花 たえか
克胡 たえこ
克美 なりみ
美克 みよし
克乃 よしの
克穂 よしほ

沙

サ シャ
すな
名 いさ す

水辺の砂の意味を表すが、「砂」より粒の細かい砂である。ロマンチックなイメージで、海好きの人に人気。
ヒント 字のロマンチックなイメージに、「さ」の音で、憧(あこが)れを誘うスターのような印象をさらに増して。

愛沙 あいしゃ
亜沙 あすな
有沙 ありす
沙音 いさね
沙実 いさみ
沙綾 さあや
沙織 さおり
沙々 ささ
沙都 さと
沙奈 さな

沙穂 さほ
沙耶 さや
沙由 さゆ
沙羅 さら
沙那 しゃな
妃沙 ひさ
茉沙 まいさ
弥沙 やすな
梨沙 りさ
亜沙子 あさこ

希沙良 きさら
沙玖楽 さくら
沙千絵 さちえ
沙菜緒 さなお
沙仁衣 さにい
沙耶香 さやか
沙也子 さやこ
沙里香 さりか
真沙恵 まさえ
美沙希 みさき

佐

サ
名 すけ よし

「左」に「イ」を加えた字で、助ける意味を表す。バイプレイヤーとして能力を発揮しそうな字である。
ヒント 「さ」の音で、先頭字、止め字、中字としても使われる。「さ」の音は、颯爽(さっそう)としたスターの印象。

小佐 こよし
佐奈 さな
佐菜 すけな
智佐 ちさ
美佐 みよし
遊佐 ゆさ
佐花 よしか
佐生 よしき
佐玖來 さくら
海佐希 みさき

作

サク サ
つくる
名 あり とも なお なり

あらゆるものをつくる意味から、事を起こす、営む、なすなどの意味に使われる。創造的な仕事につけるように。
ヒント 「さく」の音は、スマートで洗練された印象。さわやかな「さ」の音で万葉仮名風に使っても。

作沙 ありさ
作実 さくみ
作羅 さくら
智作 ちさ
作花 ともか
作美 なおみ
葉作 はなり
弥作 みさ
茅作希 ちさき
理作子 りさこ

志

シ
こころざす こころざし
名 さね むね もと ゆき

心がある方向に向かうことを表し、志すの意味となる。夢や目標に向かって一生懸命努力できる子に。
ヒント キラキラした生命力にあふれた「し」の音で先頭字に。強い信念を抱いて志(こころざし)を果たす人に。

沙志 さゆき
志織 しおり
志音 しおん
志乃 しの
志帆 しほ
志麻 しま
志優 しゆう
真志 まさね
志美 むねみ
志子 もとこ

孜

シ つとめる
名 あつ しげ ます

子を戒め、努力させることを表す字で、努めるの意味に使う。たえまなく努力する子になるように。
ヒント 「し」と読むと自分をしっかりもっている個性派の印象。「あつ」の音を活かすと新鮮味のある名前に。

孜子 あつこ
孜実 あつみ
孜苑 しおん
孜葉 しげは
孜那 しな
孜埜 しの
孜保 しほ
孜歌 ますか
孜寿香 しずか
美代孜 みよし

寿

ジュ
ことぶき
名 かず す ず とし のぶ ひさ よし
旧 壽

もとの字は「壽」。人の長生きを祈ることから、命、久しい、祝うの意味に。長く幸福な人生をおくれるように。
ヒント 「ひさ」は高いカリスマ性を、「とし」は優しさと頼りがいを、「じゅ」は癒(いや)しと気品を感じさせる音。

安寿 あんじゅ
寿希 かずき
寿沙 かずさ
志寿 しのぶ
寿奈 じゅな
寿音 じゅね
寿穂 じゅほ
寿莉 じゅり
寿美 としみ
寿重 ひさえ

寿香 ひさか
寿子 ひさこ
寿未 ひさみ
麻寿 まじゅ
未寿 みよし
由寿 ゆず
明寿香 あすか
小寿恵 こずえ
史寿香 しずか
詩寿子 しずこ

寿里亜 じゅりあ
寿々果 すずか
寿々子 すずこ
寿々祢 すずね
寿々実 すずみ
寿美礼 すみれ
茉寿香 ますか
真寿未 ますみ
美寿香 みずか
美寿々 みすず

秀

シュウ　ひいでる
名 さかえ　しげる　すえ　ひで　ほ　みつ　よし

穀物の穂が垂れて花が咲いている形で、ひいでる、優れる、抜きんでるの意味に使う。優秀な子に育つように。
ヒント「ひで」と読むと、重厚感あるパワーの持ち主に。「しゅう」と読むと、さわやかな風と光を感じさせる。

秀 しげる
秀栄 さかえ
秀加 しゅうか
秀奈 しゅうな
秀華 ひでか
秀葉 ひでは
茉秀 ますえ
真秀 まほ
秀季 みつき
秀実 よしみ

初

ショ　うい　そめる　はじめ　はつ
名 もと

「衣」+「刀」で、布を裁って衣をつくることから、はじめ、はじめての意味を表す。初々しく、愛らしい子に。
ヒント「はつ」の音は、熱い情熱とエネルギーを感じさせる。安定感のある「もと」の読みを活かしても。

初香 ういか
初菜 ういな
初笑 はつえ
初子 はつこ
初音 はつね
初日 はつひ
初美 はつみ
初花 もとか
初奈 もとな
初実 もとみ

伸

シン　のびる
名 ただ　のぶ

人が体をのび縮みさせることを表す字で、のびる、のばすの意味になった。のびのびと育つように。
ヒント「のぶ」の音は、甘えん坊で元気な印象で、みんなにかわいがられながら、出世していくイメージ。

志伸 しのぶ
詩伸 しのぶ
伸枝 ただえ
伸絵 のぶえ
伸花 のぶか
伸子 のぶこ
伸穂 のぶほ
伸未 のぶみ
実伸 みしん
美伸 みのぶ

吹

スイ　ふく
名 かぜ　ふ　ふき　ぶき

「欠」は大きく口を開けた人の形で、「吹」で、吹く、吹きかけるの意味。自由にのびやかに生きるイメージ。
ヒント ロマンチックな印象の「ふき」、どこまでも前向きな「ぶき」の音のほか、「ふ」の音で万葉仮名風に。

衣吹 いぶき
吹奈 すいな
吹夢 すいむ
陽吹 ひすい
吹宇 ふう
吹彌 ふみ
美吹 みかぜ
吹希子 ふきこ
吹由美 ふゆみ
真吹美 まふみ

宋

ソウ
名 おき　くに　すえ

中国の国名や王朝名、また、人名に用いられた字。宋時代は経済や文化が栄えた時代なので、あやかりたい人に。
ヒント「そう」と読むと潔く颯爽(さっそう)としたイメージ、「くに」と読むと頼りがいのあるリーダーの印象に。

宋永 くにえ
宋絵 くにえ
宋香 くにか
宋華 くにか
宋奈 すえな
宋珠 そうじゅ
宋美 そうみ
宋來 そうら
実宋 みおき
宋乃胡 そのこ

汰

タ

もとは米を洗ってとぐことで、悪いものをより分ける意味を表す。選ばれた特別な子であることを願って。
ヒント 男の子に人気の字だが、着実に成功していくイメージの「た」の音で万葉仮名風に使うと女の子にも。

奏汰 かなた
汰恵 たえ
汰絵 たえ
汰桜 たお
汰美 たみ
汰香子 たかこ
汰嘉乃 たかの
汰真恵 たまえ
汰美衣 たみい
日菜汰 ひなた

町

チョウ　まち

もとは田の間を通るあぜ道、さかいの意味で、まち、市街地を表す。「小町」のように、粋(いき)な美人になるように。
ヒント「まち」の音は、満ち足りていてチャーミング、周りの人を楽しくにぎやかな気分にさせる印象。

町 まち
小町 こまち
恋町 こまち
町絵 まちえ
町花 まちか
町子 まちこ
町奈 まちな
町音 まちね
町葉 まちは
町瑠 まちる

兎

ト　うさぎ
名 う

「兔」の俗字。「兎」はウサギの形からできた字で、ウサギの意味。月の別名でもある。ロマンチックでかわいい字。
ヒント 豊かな才能で周囲を魅了する「う」や、母性的な優しさとしっかり者の印象をあわせもつ「と」の音で。

衣兎 いと
兎埜 うの
兎美 うみ
緒兎 おと
兎萌 とも
麻兎 まう
珠兎 みう
夢兎 ゆと
莉兎 りと
兎羅々 うらら

杜

ト　もり
名 あり

植物のヤマナシがもとの意味。神社などの、木の茂る「もり」の意味に使う。自然の豊かな恵みのイメージ。
ヒント「と」の音を活かして。「と」で終わる名前は、大切な人を包みこんで守る、しっかり者のイメージ。

杜沙 ありさ
杜巳 ありみ
美杜 みと
深杜 みと
実杜 みもり
柚杜 ゆと
梨杜 りと
杜希子 ときこ
杜茂香 ともか
杜萌美 ともみ

那

ナ
名 とも ふゆ やす

「なんぞ」などの意味を表す。美しいという意味もあり、「な」の読みの止め字として特に人気が高い。
ヒント　人気の「な」の音で。「奈」「菜」より使用例が少ない。「な」は、やわらかくのびやかで親密感のある音。

音那　おとな
心那　ここな
小那　こふゆ
星那　せな
芹那　せりな
智那　ちな
那絵　ともえ
那羽　ともは
那李　ともり
那智　なち

那菜　なな
那優　なゆ
葉那　はな
那花　ふゆか
真那　まな
茉那　まふゆ
瑞那　みずな
実那　みふゆ
萌那　もえな
那奈　やすな

那葉　やすは
夕那　ゆな
璃那　りな
加那子　かなこ
花那多　かなた
華那里　かなり
那乃花　なのか
那由華　なゆか
日那子　ひなこ
美那子　みなこ

忍

ニン　しのぶ
名 おし　しの　たう

耐える、しのぶ、我慢するなどの意味を表す。芯の強い古風な女性のイメージもあり、名前に使われることも多い。
ヒント　「しのぶ」と読んで1字名にすると、ソフトな優しさと、元気で世話好きな面を兼ねそなえた人に。

忍　しのぶ
羽忍　うたう
忍奈　おしな
忍乃　しの
忍羽　しのは
忍芙　しのぶ
忍未　しのみ
忍李　しのり
美忍　みしの
依忍　よしの

芭

ハ　バ

植物のバショウ(芭蕉)を表す。また、花という意味もある。花のように美しく、また風雅を解する粋(いき)な女性に。
ヒント　「は」の音で万葉仮名風に。「は」の音は、温かくて気風(きっぷ)がよく、潔い印象。「ば」の音を使うのも新鮮。

青芭　あおば
綺芭　あやは
彩芭　いろは
一芭　かずは
芭菜　はな
芭和　はわ
靖芭　やすは
若芭　わかば
木ノ芭　このは
芭奈子　はなこ

麦

バク　むぎ

穀物のムギを表す。小麦色、麦わら帽子など、夏のイメージもある。すくすくと健康的な子に育つように。
ヒント　「むぎ」の音で先頭字にも止め字にも。「むぎ」の音は、生命力と想像力を感じさせる名前に。

麦　むぎ
小麦　こむぎ
津麦　つむぎ
鶴麦　つむぎ
麦香　むぎか
麦夏　むぎか
麦子　むぎこ
麦菜　むぎな
麦穂　むぎほ
麦芽　むぎめ

扶

フ
名 もと

助ける、手を貸す、守るなどの意味を表す。扶桑(ふそう)とは日本の異名でもある。古風で上品なイメージの字。
ヒント　ふんわりと不思議な魅力をもつ「ふ」の音で万葉仮名風に。「もと」と読むと豊かで包容力のある人に。

恵扶　えふ
扶希　ふき
扶美　ふみ
扶華　もとか
扶子　もとこ
扶穂　もとほ
扶実　もとみ
扶宇華　ふうか
扶美香　ふみか
真扶実　まふみ

芙

フ
名 はす

植物のハスを意味する。ハスは清らかで美しいものとされる。ハスの花のように清純な美しさを願って。
ヒント　「芙蓉(ふよう)(ハスの花の別名)」のように美人のイメージ。「ふ」の音で、ファンタジックな魅力をプラス。

芙季　はずき
芙奈　はすな
芙魅　はすみ
芙柚　ふゆ
芙優　ふゆう
芙蓉　ふよう
由芙　ゆふ
芙美風　ふみか
芙美子　ふみこ
芙由美　ふゆみ

巫

フ　ブ　ム
かんなぎ　みこ
名 み

神様をまつる道具を両手にもつ形から、神に仕える女性を意味する。神秘的なイメージのある字。
ヒント　不思議な魅力を感じさせる「ふ」、パワフルな印象の「ぶ」の音で。「む」の音で止め字にしても。

笑巫　えみこ
巫美　ふみ
巫栄　みえ
巫琴　みこと
巫月　みづき
巫凪　みなぎ
巫早　みはや
由巫　ゆふ
小巫優　こふゆ
巫奈美　みなみ

甫

ホ　はじめ
名 とし　のり　ふ　まさ　み　もと　よし

田に苗を植えることを表し、はじめ、大きい、広いなどの意味がある。大きな可能性を秘めている印象の字。
ヒント　温かなくつろぎを感じさせる「ほ」の音で止め字や中字に。「穂」にかえて使っても新鮮。

奏甫　かなみ
知甫　ちほ
甫禾　としか
甫花　のりか
甫美　ふみ
甫奈　まさな
茉甫　まほ
実甫　みよし
甫歌　もとか
美寿甫　みずほ

芳

ホウ　かんばしい
名 か　かおる　は　はな　ふさ　ほ　よし

よい香りの花を意味する字で、かんばしい、香りがよいなどの意味を表す。女性的な魅力にあふれた字。
ヒント　「よし」の音でよく使われる。「よし」と読むと、朗（ほが）らかで、さわやかな癒（いや）しに満ちあふれた名前に。

芳織　かおり
芳菜　かな
志芳　しほ
芳恵　はなえ
芳紀　はのり
芳江　ふさえ
真芳　まほ
芳花　よしか
芳香　よしか
莉芳　りほ

邦

ホウ
名 くに

境界の決められた領土、くにを意味する。わが国の、という意味にも使う。和のテイストが感じられる字。
ヒント　自立心を感じさせる「くに」の音でよく使われる。頼りがいのあるリーダーになれるように。

邦江　くにえ
邦栄　くにえ
邦花　くにか
邦子　くにこ
邦海　くにみ
邦代　くによ
紗邦　さほ
邦奈　ほうな
真邦　まほ
美邦　みくに

妙

ミョウ
名 たえ　ただ　たゆ

このうえなく優れる、このうえなく美しい、このうえなく奥深いなどの意味を表す。神秘的な美しさをもつ人に。
ヒント　「たえ」の音は、古風で奥ゆかしく、信頼感を感じさせる。落ち着いたしっかりさんの印象。

歌妙　うたえ
妙映　たえ
妙華　たえか
妙子　たえこ
妙葉　たえは
妙美　たえみ
妙璃　たえり
妙海　ただみ
妙優　たゆ
妙未　たゆみ

佑

ユウ　たすける
名 すけ　ゆ

助け、助けるの意味を表す。天佑（てんゆう）（＝天の助け）、神佑（しんゆう）（＝神の助け）などのことばがある。幸運を願って。
ヒント　大人気の「ゆう」「ゆ」の音で使える字。「ゆ」は、優美な優しさにあふれる音。「祐」と似ているので注意。

愛佑　あゆ
晏佑　あんゆ
詩佑　しゆ
佑未　すけみ
芙佑　ふゆ
茉佑　まゆう
美佑　みゆう
佑愛　ゆあ
佑衣　ゆい
佑香　ゆうか

佑紀　ゆうき
佑子　ゆうこ
佑奈　ゆうな
佑陽　ゆうひ
佑美　ゆうみ
佑羽　ゆうわ
佑果　ゆか
佑月　ゆづき
佑菜　ゆな
佑芙　ゆふ

佑茉　ゆま
佑海　ゆみ
佑芽　ゆめ
沙佑吏　さゆり
志佑里　しゆり
奈佑美　なゆみ
万佑香　まゆか
萌佑瑠　もゆる
佑紀奈　ゆきな
佑仁子　ゆにこ

邑

ユウ　むら
名 くに　さと　すみ

もとは都の意味で、村、里の意味を表す。素朴（そぼく）でなつかしいイメージがある。素直で心優しい子になるように。
ヒント　人気の「ゆう」の音で使って。使用例が少ないので、「優」や「悠」などのかわりに使うと新鮮。

阿邑　あさと
邑歌　くにか
真邑　ますみ
麻邑　まゆう
美邑　みさと
邑子　ゆうこ
邑愛　ゆうな
邑楽　ゆうら
亜邑花　あゆか
実邑希　みゆき

余

ヨ　あまる

あまる、残すの意味を表し、残り、余分、豊かの意味を表す。自分（予）という意味も。豊かな人生を願って。
ヒント　懐（ふところ）深く人を包みこむ、妖艶（ようえん）な大人の印象のある「よ」の音で。先頭字、止め字、中字どれにも使える。

衣余　いよ
華余　かよ
花余　はなよ
真余　まよ
美余　みよ
余菜　よな
香奈余　かなよ
沙余子　さよこ
奏余凪　そよか
余吏子　よりこ

来

ライ　きたる　くる
名 き　く　こ　な　ゆき　ら

旧 來（→P266）

もとの字は「來」。麦の形からできた字。来るのほか、未来の意味も。止め字としても人気。希望をこめて。
ヒント　「らい」の音は、輝くような華やかさと知性を兼ねそなえた印象。「き」「く」「ら」の音で使っても。

来実　くるみ
紗来　さく
虹来　にこ
真来　まき
実来　みくる
美来　みゆき
未来　みらい
柚来　ゆら
来夢　らいむ
莉来　りな

利

リ　きく
名 と　とし　のり　まさ　みち　よし　より

「禾（＝穀物）」＋「刀」で、穀物を刈り取ることから、利益の意味となった。鋭いの意味も。賢い子になるように。
ヒント　「利発」のように、頭のいい印象。理知的な「り」の音のほか、まじめで信頼感ある「とし」の音でも。

花利　かのり
利子　としこ
利南　まさな
澪利　みおり
利琉　みちる
利歌　よしか
利恵　よりえ
利菜　りな
芽亜利　めあり
祐利奈　ゆりな

里

リ さと
名 さとし のり

「田」+「土」でできた字で、田の神を祭る場所を表す。村里、田舎の意味。止め字としてもよく使われる。
ヒント 理知的で華やかな「り」の音でよく使われる。さわやかさと思いやりを感じさせる「さと」の音でも。

愛里 あいり
亜里 あさと
天里 あめり
彩里 あやり
安里 あんり
祈里 いのり
叶里 かのり
琴里 ことり
里花 さとか
里子 さとこ

里美 さとみ
咲里 さり
汐里 しおり
樹里 じゅり
千里 ちさと
祭里 まつり
美里 みさと
優里 ゆうり
友里 ゆり
里夏 りか

里子 りこ
里沙 りさ
里乃 りの
里実 りみ
莉里 りり
杏花里 あかり
亜里沙 ありさ
衣緒里 いおり
乃里子 のりこ
麻里子 まりこ

李

リ すもも もも
名 き

「木」+「子」で、樹木のスモモを表す。果実は桃に似るが酸味がある。語感も意味もかわいらしい字。
ヒント りりしさと華やかさを感じさせる「り」の音のほか、温かな母性愛に満ちた「もも」の音を活かしても。

李 すもも
咲李 さき
世李 せり
李香 ももか
李菜 ももな
李枝 りえ
李華 りか
李子 りこ
李奈 りな
李々花 りりか

呂

リョ ロ
名 おと とも なが ふえ

銅のかたまりを並べた形で、鐘を表す。背骨の意味も。律呂（りつりょ）とは音階のこと。音楽の才能に恵まれるように。
ヒント 「ろ」の音で万葉仮名風に使って。「ろ」の音は、ロマンチストにして落ち着いた本格派の印象。

呂芽 おとめ
心呂 こころ
呂子 ともこ
呂礼 ながれ
陽呂 ひろ
呂花 ふえか
呂満 ろまん
茅妃呂 ちひろ
比呂子 ひろこ
美比呂 みひろ

良

リョウ よい
名 お なが はる ふみ み よし ら

穀物の中からよいものを選ぶ道具の形で、よい、優れているなどの意味を表す。よい子に育つよう願って。
ヒント 透明感と清涼感にあふれる「りょう」の音のほか、しなやかな強さがある「ら」の読みで使っても。

陽良 あきら
衣良 いら
咲良 さくら
彩良 さら
星良 せいら
良子 ながこ
花良 はなみ
良恵 はるえ
良菜 はるな
良絵 ふみえ

実良 みお
良那 みな
魅良 みよし
悠良 ゆうら
優良 ゆら
良絵 よしえ
良華 よしか
良胡 よしこ
良巳 よしみ
良菜 らな

良芙 らぶ
良夢 らむ
良香 りょうか
良羽 りょうは
莉良 りら
麗良 れいら
亜音良 あねら
麗良々 うらら
稀良々 きらら
美良唯 みらい

励

レイ はげむ
名 つとむ

励む、努める、励ます、勧めるなどの意味を表す。こつこつと努力して、道を究（きわ）めていくような人に。
ヒント 「れい」の音を活かすと、理知的でスマート、一途（いちず）で、凛（りん）とした生き方に憧（あこが）れをもたれる女性に育つ。

真励 まれい
実励 みれい
励亜 れいあ
励香 れいか
励子 れいこ
励那 れいな
励乃 れいの
励美 れいみ
励良 れいら
励美奈 れみな

伶

レイ
名 とし れ

舞楽で神に奉仕した人をいい、楽師、俳優の意味を表す。また、賢いの意味もある。芸能に恵まれるように。
ヒント 洗練されたイメージの「れ」の音で。「れい」と読むと、華やかさと知性、気品のある名前に。

澄伶 すみれ
星伶 せれい
伶華 としか
伶美 としみ
見伶 みれい
伶亜 れいあ
伶子 れいこ
伶菜 れな
穂真伶 ほまれ
伶央奈 れおな

芦

ロ あし
よし

「蘆」の俗字。水辺に生える草のアシ、ヨシを意味する。世界に広く分布する植物。目立たずとも芯の強い人に。
ヒント 華やかさと落ち着きをあわせもつ「ろ」の音で。清潔な癒（いや）しに満ちた「よし」の音も使いやすい。

芦菜 あしな
心芦 こころ
真芦 まろ
美芦 みろ
芦禾 よしか
芦葉 よしは
芦花 ろか
芦子 ろこ
芦美 ろみ
真芦愛 まろあ

8画

阿

ア　おもねる
名 くま　ひさ

川の入りくんだ所、曲がり角の意味がある。「阿Q」のように親しい人の名の上につけることも。お茶目（ちゃめ）な子に。
ヒント 「しなやか」の意味もある字。「あ」の音でのびやかさを加えて。「亜」や「愛」のかわりに使うと新鮮。

- 阿衣　あい
- 阿香　ひさか
- 阿世　ひさよ
- 美阿　みあ
- 悠阿　ゆあ
- 阿香莉　あかり
- 阿寿美　あずみ
- 阿里奈　ありな
- 衣梨阿　いりあ
- 茉莉阿　まりあ

育

イク　そだつ　はぐくむ
名 なり　なる　やす

子どもが生まれる形からできた字で、生む、育てる、育つなどの意味がある。文字どおり、すくすくと育つように。
ヒント 「いく」の音で、キュートさと果敢なチャレンジ精神をあわせもつイメージをプラスして。

- 愛育　あい
- 育恵　いくえ
- 育子　いくこ
- 育羽　いくは
- 育実　いくみ
- 育与　いくよ
- 育美　なるみ
- 陽育　ひなり
- 育花　やすか
- 育未　やすみ

依

イ　エ
名 よ　より

人がよりかかることから、よる、より添うの意味になった。助ける、慈（いつく）しむの意味も。優しい女性に。
ヒント 「い」「え」「よ」の読みで、万葉仮名風に使って。「より」と読むと、静かでゴージャスな印象に。

- 亜依　あい
- 依織　いおり
- 依音　いおん
- 依杜　いと
- 依紀　いのり
- 唯依　いよ
- 依里　えり
- 依琉　える
- 希依　きい
- 咲依　さより
- 智依　ちえ
- 知依　ちより
- 乃依　のえ
- 徳依　のりよ
- 陽依　ひより
- 真依　まい
- 茉依　まよ
- 弥依　みえ
- 芽依　めい
- 萌依　もえ
- 柚依　ゆい
- 依加　よりか
- 依子　よりこ
- 來依　らい
- 璃依　りえ
- 類依　るい
- 依音菜　いおな
- 依美莉　えみり
- 由依夏　ゆいか
- 李依沙　りいさ

雨

ウ　あま
あめ
名 さめ　ふる

空から雨が降る形で、雨、雨降りの意味を表す。しっとりとした感じ、また、ちょっと風流な感じもする字。
ヒント 「う」の音は、クリエイティブな能力を発揮する印象になる。「あま」と読むと素朴（そぼく）で優しい印象に。

- 雨音　あまね
- 雨吏　あめり
- 雨妙　うたえ
- 雨乃　うの
- 雨美　うみ
- 詩雨　しう
- 美雨　みう
- 珠雨　みう
- 夢雨　ゆう
- 雨手那　うてな

延

エン　のびる
名 え　とう
なが　のぶ

まっすぐ延びる道の意味から、延びる、延ばすなどの意味になった。素直にのびのび育つことを願って。
ヒント 「のぶ」の音は、やんちゃな甘えん坊のイメージ。知的な印象の「え」の音で止め字にしても。

- 延花　えんか
- 志延　しのぶ
- 延胡　とうこ
- 延江　ながえ
- 延花　のぶか
- 延子　のぶこ
- 美延　みのぶ
- 萌延　もえ
- 千延子　ちえこ
- 見延子　みえこ

英

エイ
名 あや　え
とし　はな
はなぶさ
ひで　ふき
よし

もとは美しい花のことで、そこから優れるの意味になった。多くの読みをもつ。才能豊かで美しい子に育つように。
ヒント 字のもつ優れた印象に、「えい」と読むと飾らない優しさが、「ひで」と読むと包容力と信頼感が加わる。

- 英羽　あやは
- 英夢　あやむ
- 英芽　あやめ
- 英禾　えいか
- 英巳　えいみ
- 英奈　えな
- 英真　えま
- 小英　こはな
- 紗英　さあや
- 沙英　さえ
- 知英　ちえ
- 英美　としみ
- 英夏　はな
- 英恵　はなえ
- 英華　はなか
- 英莉　はなり
- 英花　ひでか
- 英帆　ひでほ
- 英未　ひでみ
- 英代　ひでよ
- 英絵　ふきえ
- 雅英　まさえ
- 未英　みはな
- 英架　よしか
- 梨英　りえ
- 英未佳　えみか
- 英実梨　えみり
- 英里子　えりこ
- 咲英里　さえり
- 乃英瑠　のえる

苑

エン　オン
その
名 あや　しげ

草原の広がる園、牧場、庭園などの意味を表す。芸術の世界の意味も。のどかで牧歌的なイメージのある字。
ヒント　上質な癒し(いや)を感じさせる「その」の音を活かして。壮大な世界観を感じさせる「おん」の音でも。

苑佳　あやか
苑歌　あやか
苑音　あやね
琹苑　しおん
苑葉　しげは
苑花　そのか
苑季　そのき
苑子　そのこ
葉苑　はおん
美苑　みその

於

オ　おいて
名 うえ　おう
おうい

鳥を追うときの声を表した字で、感動詞の「ああ」に用いる。「～において」の意味にも。感受性の鋭い子に。
ヒント　おおらかで居心地のよい「お」の音で、止め字にしても新鮮。周囲を包みこむ「おう」の音でも。

於　おうい
於澄　おと
太於　たお
羽於　はお
真於　まうえ
美於　みお
璃於　りお
亜於葉　あおば
香於莉　かおり
紗於里　さおり

旺

オウ
名 あき
あきら　お

精気が盛んになるのがもとの意味で、盛んなさまを表す。美しい光の意味もある。輝くように美しい女性に。
ヒント　包容力を感じさせる「おう」や「お」の音で使って。元気で明るい「あき」の音を活かしても。

旺　あきら
旺子　あきこ
旺奈　あきな
旺葉　あきは
旺穂　あきほ
奏旺　かなお
那旺　なお
真旺　まおう
未旺　みおう
志旺利　しおり

果

カ　はたす
はて
名 あきら
まさる

木に実がなる形で、木の実を表す。そこから、果たすの意味も生まれた。みずみずしいイメージの字。
ヒント　みずみずしい果実のイメージがあり、女の子によく使われる。「か」の音は、利発で軽やかなイメージ。

果　あきら
果南　かなん
果琳　かりん
果恋　かれん
春果　はるか
果菜　まさな
愛果　まなか
蜜果　みつか
桃果　ももか
萌々果　ももか

佳

カ
名 けい　よし

美しい玉を表す「圭」に「人」が合わさって、よい、美しいの意味になった。佳人(かじん)は美人のこと。身も心も美しく。
ヒント　まっすぐで快活な「か」、知的でりりしい「けい」、やわらぎと清潔な癒し(いや)に満ちた「よし」の音で。

彩佳　あやか
佳子　かこ
佳純　かすみ
佳紗　けいしゃ
佳奈　けいな
涼佳　すずか
瑞佳　みずか
佳禾　よしか
佳乃　よしの
瑠璃佳　るりか

河

カ　ガ　かわ

「可」は曲がるの意味で、曲がって流れる黄河(こうが)を表す。また、天の川の意味もある。壮大でロマンチックな感じ。
ヒント　字のもつスケールの大きい印象に、「か」の音で、軽やかさとクールさをプラスして。

河織　かおり
銀河　ぎんが
幸河　さちか
千河　ちか
晴河　はるか
悠河　ゆうか
優河　ゆうが
由河　ゆか
河奈子　かなこ
穂乃河　ほのか

芽

ガ　め
名 めい

植物の芽が、地面から出てくるところから、芽、芽ぐむなどの意味に。すくすく成長するように願って。
ヒント　人気の字。「め」の音は豊かで上品な印象。「めい」と読むと、あふれるかわいさで愛される名前に。

芽　めい
彩芽　あやめ
羽芽　うめ
叶芽　かなめ
来芽　くるめ
夏芽　なつめ
妃芽　ひめ
尋芽　ひろめ
冬芽　ふゆめ
未芽　みめい

芽亜　めあ
芽有　めあり
芽衣　めい
芽香　めいか
芽美　めいみ
芽里　めいり
芽玖　めぐ
芽生　めばえ
芽弥　めみ
芽里　めり

芽瑠　める
優芽　ゆうが
結芽　ゆめ
亜芽梨　あめり
陽芽花　ひめか
芽生子　めいこ
芽莉沙　めりさ
芽瑠萌　めるも
柚芽子　ゆめこ
佑芽乃　ゆめの

学

ガク　まなぶ
名 あきら
さと　たか
のり　みち

もとの字は「學」。学ぶための建物の形に「子」が合わさって、学ぶの意味になった。知性に恵まれる子に。
ヒント　女の子には「さと」「のり」「みち」の音が使いやすい。「さと」の音には、聡明さと小粋(こいき)さがある。

学　みち
学恵　さとえ
学子　さとこ
学実　さとみ
学瑚　たかこ
智学　ちさと
学禾　のりか
学果　まなか
美学　みさと
学歌　みちか

季

キ
名 すえ　とき　とし　ひで　みのる

実った稲をもって豊作を祝う子どもの姿から、若い、すえの意味になった。時、季節の意味も。若々しい印象。
ヒント 「き」の音で人気の字。「き」の音は、他人の評価に左右されず自分をしっかりもつイメージ。

愛季	あすえ
逸季	いつき
宇季	うき
季絵	きえ
季夏	きか
季更	きさら
季晴	きはる
季穂	きほ
季和	きわ
颯季	さつき
咲季	さとし
四季	しき
季奈	すえな
季絵	ときえ
季瑚	ときこ
季輪	ときわ
季花	としか
芭季	はすえ
春季	はるき
季奈	ひでな
季乃	ひでの
季未	ひでみ
愛季	まなき
水季	みずき
実季	みとし
佑季	ゆうき
柚季	ゆずき
瑠季	るき
季梨香	きりか
奈都季	なつき

祈

キ　いのる
旧 祈

神に祈り願うことを表し、祈る、求めるなどの意味になった。どこか神秘的な雰囲気を秘めた女性に。
ヒント 生命力にあふれ、個性的なイメージの「き」の音で、先頭字や止め字に使って。使用例が少なく新鮮。

一祈	いつき
祈莉	いのり
祈恵	きえ
祈織	きおり
祈花	きか
颯祈	さつき
碧祈	たまき
真祈	まき
美祈	みき
祈乙璃	きおり

宜

ギ
名 き　すみ　なり　のぶ　のり　まさ　やす　よし

廟（びょう）の中に肉を供えて祖先を祭ることを表し、そこから、よろしいの意味になった。幸福な家庭を築けるように。
ヒント 情熱的な「のぶ」、りりしく気品がある「のり」、突出（とっしゅつ）した個性を感じさせる「き」の音などが使いやすい。

亜宜	あき
珠宜	たまき
宜美	なりみ
宜笑	のぶえ
宜嘉	のぶか
宜子	のりこ
宜未	まさみ
真宜	ますみ
宜歌	やすか
宜美	よしみ

穹

キュウ　ク
コウ　あめ
そら

もとはアーチ型（弓形）の穴の意で、そら、大空のこと。極（きわ）めるの意味も。大空のようにスケールの大きな人に。
ヒント キュートでミステリアスな「く」の音が使いやすい。人気の「そら」の音を活かしても。

穹	そら
穹莉	あめり
穹美	くみ
穹実	こうみ
咲穹	さく
穹音	そらね
実穹	みく
美穹	みそら
莉穹	りく
穹仁子	くにこ

享

キョウ
名 あき　あきら　たか　みち　ゆき

先祖を祭る建物の形で、祭る、受ける、もてなすなどの意味を表す。気配りができて人を喜ばせられる女性に。
ヒント 「きょう」の音は、快活で器（うつわ）が大きい印象。優しさと強さを内包する「ゆき」などの音を活かしても。

享菜	あきな
享香	きょうか
享瑚	きょうこ
享菜	きょうな
小享	こゆき
享乃	たかの
享禾	みちか
享瑠	みちる
美享	みゆき
享子	ゆきこ

京

キョウ　ケイ
名 あつ　ちか　みやこ

アーチ型の門の形から、都の意味を表す。大きい、高いの意味も。古風だが洗練された感じの字。
ヒント 和の印象のある字。「きょう」の音で明るい強さと包容力を、「けい」の音でクールな知性を加えて。

京	みやこ
京恵	あつえ
京瑚	あつこ
京那	あつな
京乃	あつの
京芭	あつは
京未	あつみ
貴京	ききょう
京花	きょうか
京香	きょうか
京華	きょうか
京子	きょうこ
京奈	きょうな
京葉	きょうは
京莉	きょうり
京絵	けいえ
京佳	けいか
京夏	けいか
京紗	けいしゃ
京采	けいと
京奈	けいな
京羽	けいは
沙京	さちか
京恵	ちかえ
京胡	ちかこ
京梛	ちかな
真京	まちか
美京	みちか
京巴	みやは
京雅	みやび

協

キョウ
名 かのう　やす

力を合わせて耕すことから、合わせる、ともにする、かなうの意味になった。だれとでも仲よくなれる子に。
ヒント 「きょう」と読むと、輝きがあり、人の中心で頼られる人に。優しくさわやかな「やす」の音でも。

協子	かのこ
協莉	かのり
協夏	きょうか
協子	きょうこ
協李	きょうり
協佳	やすか
協菜	やすな
協葉	やすは
協穂	やすほ
和協	わきょう

尭

旧 堯

ギョウ たかい
名 あき たか のり

もとの字は「堯」。高い、豊かなどの意味を表す。中国古代の伝説的聖王の名でもある。人から尊敬されるように。
ヒント 元気で明るい「あき」の音で。信頼感と気立てのよさが香る「たか」の読みを活かしても。

尭華 あきか
尭紗 あきさ
尭祢 あきね
尭芽 あきめ
尭羅 あきら
宇尭 うたか
尭乃 たかの
知尭 ちあき
尭香 のりか
未尭 みのり

欣

キン よろこぶ
名 やすし よし

もとは笑い喜ぶことで、喜ぶ、楽しむなどの意味を表す。喜びの多い、幸福な人生をおくれることを願って。
ヒント 「喜」と意味も似ているので、「喜」のかわりに使っても。「よし」の音は清潔感がありさわやかな印象。

亜欣 あき
美欣 みよし
欣禾 やすか
優欣 ゆうき
欣笑 よしえ
欣嘉 よしか
欣姫 よしき
欣菜 よしな
欣芳 よしは
欣実 よしみ

弦

ゲン つる
名 いと お ふさ

弓のつるの意味から、楽器の弦、さらに弓張り月のこともいう。ロマンチックで、芸術的才能に恵まれそうな字。
ヒント 音楽にかかわる字。使用例は少ないが、「いと」「つる」などの音も意味も名前にぴったり。

衣弦 いづる
弦音 いとね
小弦 こいと
志弦 しづる
千弦 ちづる
弦栄 ふさえ
美弦 みつる
弓弦 ゆづる
結弦 ゆづる
真弦子 まおこ

空

クウ そら あく から
名 あ く たか ら

もとは穴の意味で、そこから、空く、から、そらの意味になった。小さなことにこだわらない、心の広い人に。
ヒント 「そら」の音は、華やかで理知的な印象に。「あ」「く」「ら」の音で止め字や万葉仮名風に使っても。

空 そら
空緒 あお
晄空 きらら
空美 くみ
咲空 さくら
沙空 さら
静空 しずく
聖空 せいあ
星空 せいら
蒼空 そら
空子 たかこ
空音 たかね
空深 たかみ
知空 ちあき
乃空 のあ
遥空 はるく
魅空 みあ
実空 みく
美空 みそら
萌空 もあ
由空 ゆあ
優空 ゆうあ
柚空 ゆたか
優空 ゆら
空奈 らな
楽空 らら
璃空 りく
瑠空 るあ
玲空 れいあ
紗空也 さあや

庚

コウ かのえ
名 か みちる みつる やす

きねをもって脱穀する形から、きねでつく意味を表す。十干（じっかん）の第七位かのえの意味も。長寿と幸福を願って。
ヒント 「こう」や「やす」の読みが使いやすい。使用例が少なく、新鮮。「康」と間違われやすいので注意。

庚 みちる
庚紀 こうき
庚朱 こうじゅ
庚妃 こうひ
花庚 はなか
庚瑠 みつる
庚音 やすね
庚羽 やすは
庚保 やすほ
瑠庚 るか

幸

コウ さいわい さち しあわせ みゆき
名 さき とも ゆき よし

幸せの意味のほか、恵み、特に自然の恵みの意味も表す。読み方も多く、子の幸福を祈ってよく使われる字。
ヒント 定番の字。颯爽（さっそう）としてキュートな「さち」、やわらかさと強さをあわせもつ「ゆき」の音などで。

幸 みゆき
亜幸 あこ
幸個 こうこ
幸海 こうみ
幸江 さきえ
幸帆 さきほ
幸智 さち
幸絵 さちえ
幸緒 さちお
幸歌 さちか
幸羽 さちは
幸穂 さちほ
紗幸 さゆき
幸来 さら
幸梨 さり
知幸 ちさき
千幸 ちゆき
幸海 ともみ
菜幸 なこ
茉幸 まさき
真幸 まゆき
深幸 みこ
実幸 みさき
幸花 ゆきか
幸路 ゆきじ
幸菜 ゆきな
幸実 ゆきみ
幸乃 よしの
幸巳 よしみ
幸來 よしら

昂

コウ ゴウ たかい
名 あき たか あきら のぼる

意気が上がる、高いというのがもとの意味で、たかぶる、明らかなどの意味もある。感受性の豊かな子に。
ヒント 「昂然」のように勢いのある印象。「たか」や「あき」の音で。「昴」と似ているので要注意。

昂 あき
昂音 あきね
昂葉 あきは
昂莉 あきり
昂珠 こうじゅ
昂音 たかね
昂良 たから
千昂 ちあき
乃昂 のあき
美昂 みたか

昊

コウ　そら
名 あき　あきら　とお

空、天の意味を表す。特に春の空をいうこともある。空のように広い心をもった子に育つことを願って。
ヒント　スケールが大きいイメージ。「そら」と読むと、ソフトさと華やかさがあり、スター性を感じさせる。

昊 そら
昊桜 あきお
昊紗 あきさ
昊子 あきらこ
絵昊 えそら
昊楽 そら
昊心 そらみ
昊胡 とおこ
昊海 とおみ
美昊 みそら

国 旧國

コク　くに
名 とき

もとの字は「國」で、武装した村を表し、くにの意味に使う。故郷の意味もある。内面の強い女性に。
ヒント　頼りがいのあるリーダーを思わせる「くに」の読みなどで。旧字の「國」と字形や画数で使い分けて。

娃国 あいこ
乙国 おとき
国栄 くにえ
国花 くにか
国子 くにこ
国世 くにせ
国美 くにみ
国香 ときか
国穂 ときほ
美国 みくに

采

サイ　とる
名 あや　いろ　うね　こと

木の実を手で採取することから、とる、さらに色、彩りの意味になった。華やかなイメージをもつ字。
ヒント　「采配」のイメージから、リーダーシップも感じさせる字。「あや」と読んで「彩」のかわりにしても。

采以 あやい
采花 あやか
采葉 いろは
采音 ことね
咲采 さあや
采香 さいか
采紀 さき
舞采 まうね
美采 みこと
莉采 りと

枝

シ　えだ
名 え　しげ　しな

「木」+「支」で、木の枝の意味を表す。「え」の読みで、止め字として多く使われる。しなやかで強い感じ。
ヒント　懐（ふところ）の深い「え」の音は、止め字や万葉仮名風の定番。スター性があり、生命力あふれる「し」の音でも。

枝花 しげか
枝莉 しなり
枝帆 しほ
玉枝 たまえ
理枝 りえ
亜希枝 あきえ
沙奈枝 さなえ
乃枝瑠 のえる
三枝子 みえこ
萌々枝 ももえ

始

シ　はじめる
名 とも　はじめ　はる　もと

出生することをいい、はじめる、はじまる、おこりなどの意味になった。フロンティア精神にあふれる人に。
ヒント　女の子には「はる」「とも」の音が使いやすい。さわやかなスターのような「し」の音で万葉仮名風にも。

始音 しおん
始埜 しの
始帆 しほ
始真 しま
始萌 ともえ
始女 はじめ
美始 みはる
始花 もとか
始子 もとこ
始衣奈 しいな

治

ジ　チ　おさめる
名 さだ　す　なおる　はる　よし

水を治める儀礼を表す字で、そこから、治めるの意味になった。整える、なおすの意味も。平穏な暮らしを願って。
ヒント　「はる」の音は生命力と躍動感のある印象。優しい癒（いや）しの「なお」やパワフルでキュートな「ち」の音でも。

有治 ありす
花治 かなお
治心 さだみ
治菜 ちな
千治 ちはる
治圃 ちほ
羽治 はなお
治香 はるか
治恵 よしえ
美治香 みちか

若

ジャク　ニャク　わかい　もしくは
名 なお　まさ　よし　わく

神に祈る女性の形を表し、神意に「したがう」の意味になった。もちろん若いの意味もある。元気で活発な子に。
ヒント　若葉のようにみずみずしいイメージ。「わか」は、夢と希望を与える太陽のような存在感のある音。

若巳 なおみ
妃若 ひなお
若奈 まさな
真若 まなお
美若 みよし
若佐 わかさ
若菜 わかな
若葉 わかば
若芽 わかめ
若李 わくり

実 旧實

ジツ　み　みのる
名 さね　なお　のり　まこと　みつ

もとの字は「實」で、豊かな供え物を表し、満ちる、実るの意味となった。初々しさと誠実さとをあわせもつ字。
ヒント　みずみずしく愛らしい印象の「み」の音で使える字。甘く満ち足りた印象の「みつ」の音でも。

実 まこと
愛実 あいみ
郁実 いくみ
歌実 かのり
季実 きさね
紅実 くみ
里実 さとみ
咲実 さなお
紗実 さみ
実未 なおみ

葉実 はのり
陽実 ひさね
茉実 まさみ
実海 みう
実果 みか
実柑 みかん
実里 みさと
実花 みつか
実季 みつき
実瑠 みつる

実波 みなみ
美実 みのり
莉実 りみ
香奈実 かなみ
木の実 このみ
穂乃実 ほのみ
実知夏 みちか
みな実 みなみ
実乃里 みのり
実和子 みわこ

周

シュウ まわり めぐる
名 あまね いたる かね ただ ちか なり のり

あまねく行き渡る、めぐる、周りなどの意味。中国古代王朝の周は約800年続いた。スケール感のある字。
ヒント 「あまね」の音は、素朴(そぼく)さと母性的な優しさで深い癒(いや)しを感じさせる。「しゅう」の音を活かしても。

周	あまね
愛周	あかね
周瑠	いたる
胡周	このり
周歌	しゅうか
周胡	しゅうこ
周音	ただね
周栄	のりえ
巴周	はなり
美周	みちか

宗

シュウ ソウ
名 かず とき とし のり ひろ むね もと

「宀」+「示」で、みたまやを表し、祖先、本家、宗教などの意味。尊(とうと)い意味もある。神秘的で高貴なイメージ。
ヒント 「しゅう」の音を活かすとさわやかな風と光を感じさせる名前に。「のり」「かず」などの音も使いやすい。

依宗	いのり
宗姫	かずき
宗羽	かずは
小宗	ことき
宗胡	しゅうこ
宗実	としみ
茉宗	まひろ
未宗	みのり
宗子	むねこ
宗花	もとか

昇

ショウ のぼる
名 かみ のり

日が昇るときに使う字で、のぼる、上がるなどの意味を表す。これからどんどんよくなっていくイメージがある。
ヒント 将来の可能性を感じさせる字。深く優しい光の「しょう」、かわいさと華やかさのある「のり」の音で。

昇佳	しょうか
昇子	しょうこ
昇実	しょうみ
昇莉	しょうり
多昇	たかみ
知昇	ちかみ
昇夏	のりか
昇姫	のりき
羽昇	はのり
美昇	みのり

尚

ショウ
名 さね たか なお ひさ まさ ます よし より

「向」+「八」で、神の気配がすること。尊(とうと)ぶ、高い、久しいの意味を表す。気高く、立派な人になるように。
ヒント 「なお」と読むと、気さくでおっとりとした印象、「ひさ」と読むと、冷静さと情熱が共存した印象に。

尚	なお
亜尚	あたか
紗尚	さなお
尚佳	さねか
尚未	しょうみ
詩尚	しより
尚乃	ひさの
尚椰	まさな
尚視	ますみ
尚歌	よしか

昌

ショウ さかん
名 あき あつ さかえ まさ ます よ よし

「日」+「日」で、太陽の光を表し、明らか、盛んの意味を表す。植物のアヤメの意味も。明朗快活に育つように。
ヒント 満ち足りていてさわやかな印象の「まさ」、キュートで明るい「あき」の音を活かして。

昌	あき
昌菜	あきな
昌季	あつき
昌瑛	さかえ
千昌	ちあき
昌姫	まさき
昌芽	まさめ
昌美	ますみ
昌花	よしか
李昌	りよ

松

ショウ まつ
名 ときわ ます

植物のマツの意味を表す。マツは常緑樹で高く生長し、古来縁起のいいものとされてきた。健康で幸福な人生を願って。
ヒント 「まつ」の音には、この人なら大丈夫という安心感がある。深く優しい光のイメージの「しょう」の音でも。

松	ときわ
恵松	えま
松奈	しょうな
松美	ますみ
松都	まつ
松永	まつえ
松季	まつき
松子	まつこ
松梨	まつり
美松	みまつ

青

セイ ショウ あお
名 きよ はる

もとの字は「靑」。「生」+「丹」で、青い意味になった。「青春」というように、フレッシュなイメージの字。
ヒント 空や海の広がりを感じさせる字。透明感のある「せい」、ソフトな光のような「しょう」の音を活かして。

青	せい
青於	あお
青空	あおぞら
青葉	あおば
青衣	きよえ
青名	しょうな
青湖	せいこ
青楽	せいら
玉青	たまお
青海	はるみ

斉

旧 齊

セイ
名 きよ とき とし なお なり

もとの字は「齊」で、等しい、整う、そろう、つつしむなどの意味を表す。古風で奥ゆかしい感じのする字。
ヒント 「せい」の音には、透明感がある。親しみにあふれる「なお」などの名乗りを活かしても。

斉伽	きよか
斉音	きよね
斉佳	せいか
斉那	せいな
斉羅	せいら
斉乃	ときの
斉姫	としき
斉莉	なおり
斉美	なりみ
真斉	まなお

卓

タク すぐれる
名 たか まこと

高いところにいる鳥をとらえることから、高い、勝るなどの意味になった。抜群の才能をもった子になるように。
ヒント 「たく」の音には緻密(ちみつ)さと気品が、「たか」の音には信頼感と気立てのよさが感じられる。

卓	まこと
亜卓	あたか
卓俐	すぐり
卓奈	たかな
卓埜	たかの
卓英	たくえ
卓乃	たくの
卓実	たくみ
卓美	たくみ
卓夢	たくむ

拓

タク
名 ひら ひろ

未開の地を切りひらくことから、開く、広げるの意味を表す。フロンティア精神をもった、社会で活躍する人に。
ヒント 「ひろ」の音で使うと、たくましさとやすらぎのある名前に。信頼感と充実感のある「たく」の音でも。

拓海	たくみ
拓瑠	たくる
千拓	ちひろ
拓來	ひらら
拓莉	ひらり
拓夏	ひろか
拓奈	ひろな
拓実	ひろみ
拓夢	ひろむ
真拓	まひろ

宙

チュウ
名 おき そら ひろ みち

広い、広いものの意味で、宇宙で果てしなく広がる空間を表す。小さなことにこだわらないスケール感のある人に。
ヒント 字のスケールの大きさに、「ひろ」の音で熱い息吹(いぶき)と風格を、「そら」で華やかさと鮮やかな印象をプラス。

宙	ひろ
蒼宙	あおぞら
恵宙	えそら
宙那	おきな
宙羽	おきは
宙未	おきみ
希宙	きそら
瑚宙	こそら
宇宙	そら
宙瑚	そらこ
宙巳	そらみ
宙乃	そらの
知宙	ちひろ
宙香	ひろか
宙希	ひろき
宙子	ひろこ
宙名	ひろな
宙実	ひろみ
宙夢	ひろむ
菜宙	なおき
麻宙	まおき
真宙	まひろ
深宙	みおき
美宙	みそら
宙智	みち
宙歌	みちか
宙夜	みちよ
宙琉	みちる
未宙	みひろ
李宙	りひろ

知

チ しる
名 あき おき かず さと ちか とも のり

「矢」+「口」で、神に祈る、誓うことから、知る、悟るの意味になった。知人、交友の意味も。知的な女性に。
ヒント 「とも」で温かいやすらぎを、「ち」でキュートさと生命力を、「さと」でさわやかさと聡明さを加えて。

知実	あきみ
知沙	かずさ
沙知	さち
知未	さとみ
知吏	さとり
偲知	しのり
知亜	ちあ
千知	ちあき
知衣	ちい
知恵	ちえ
知子	ちかこ
知芭	ちかは
知瑚	ちこ
知紗	ちさ
知奈	ちな
知早	ちはや
知遙	ちはる
知尋	ちひろ
知郁	ちふみ
知穂	ちほ
知花	ともか
知瑚	ともこ
知菜	ともな
知世	ともよ
那知	なち
知歌	のりか
未知	みおき
魅知	みさと
麻知香	まちか
美知瑠	みちる

忠

チュウ
名 あつ ただ すなお なる なり のり

心をつくす、真心、まこと、正しい、つつしむなどの意味を表す。誠実で、思いやりの深い人に育つように。
ヒント 朗(ほが)らかさとおおらかさを内包(ないほう)した「あつ」、りりしさと気品、華やかさをもつ「のり」の音などで。

忠	すなお
忠笑	あつえ
忠紀	あつき
忠夢	あつむ
忠美	ただみ
忠巳	なるみ
忠花	のりか
忠穂	のりほ
羽忠	はなり
実忠	みのり

長

チョウ ながい
名 たけ つかさ つね のぶ ひさ ます みち

長髪の人の形から、長い、丈の意味に、さらに、かしら、尊(とうと)ぶなどの意味になった。長く、幸福な人生を願って。
ヒント 情熱と冷静をあわせもつ「ひさ」、甘えん坊な印象の「のぶ」、温かさとクールさのある「ます」の音などで。

長	ひさ
詩長	しのぶ
長乃	たけの
長紗	つかさ
長香	つねか
長閑	のどか
長恵	ひさえ
長揮	ひさき
長美	ますみ
長瑠	みちる

直

チョク ジキ ただちに なおる
名 すなお ちか なが まさ

不正を正すことから、正す、直す、まっすぐなどの意味を表すようになった。素直でまっすぐな子に。
ヒント 「なお」の音で、素朴(そぼく)で優しく、人を癒(いや)す印象が増す。キュートで愛される「ちか」の音などでも。

直	すなお
愛直	あまさ
逸直	いちか
慧直	えな
歌直	かな
奏直	かなお
紗直	さなお
瀬直	せな
直乎	ちかこ
直莉	ちかり
智直	ちな
直央	なお
直花	なおか
直海	なおみ
直美	なおみ
直世	ながよ
菜直	ななお
直乃	なの
芭直	はなお
直妃	まさき
直魅	まさみ
直女	まさめ
真直	まな
美直	みちか
三直	みな
実直	みなお
莉直	りな
瑠直	るな
伶直	れな
直由美	なゆみ

迪

テキ　みち
名 ただ　ひら　ふみ

道、道を行くなどの意味を表す。また、教え導くという意味も。自分の信じる道を一直線に進む人にぴったり。ヒント　生命力にあふれた「みち」や、ふっくらと温かい「ふみ」の音を活かして。「道」のかわりにも。

迪 みち
迪江 ただえ
迪莉 ひらり
迪歌 ふみか
真迪 まひら
茉迪 まふみ
迪花 みちか
迪子 みちこ
迪之 みちの
迪瑠 みちる

典

テン
名 おき　つかさ　つね　のり　ふみ　みち　もり　よし

台の上に書物を置く形から、文(ふみ)、書物の意味を表す。雅(みやび)やか、上品の意味も。文学少女にぴったりの字。ヒント　「のり」の音で、りりしさとキュートさ、気品を加えて。独立独歩(どくりつどっぽ)の印象がある「てん」の読みでも。

典菜 おきな
典沙 つかさ
典雅 つねか
典瑚 てんこ
典子 のりこ
真典 まふみ
典香 みちか
実典 みのり
美典 みもり
典花 よしか

東

トウ　ひがし
名 あずま　き　こち　はじめ　はる　ひで　もと

方位の東を表す。中国の思想では、東は四季では春、色では青に配される。日の出る方角で、フレッシュな字。ヒント　朗(ほが)らかな「はる」、格調高い「ひで」など、名乗りの多い字。「とう」の音はしっかり者のイメージ。

東麻 あずま
東子 とうこ
東芽 はじめ
東香 はるか
東陽 はるひ
東美 ひでみ
真東 まき
実東 みこち
東花 もとか
以東子 いとこ

奈

ナ　いかん
名 なに　なん

神事に使われる果樹の意味を表す。いかん、なんぞの意味も。奈良の「奈」でもあり、止め字として人気が高い。ヒント　「な」の音をもつ大人気の字。「な」の音は、温かい親密感を感じさせ、明るく面倒見のよいイメージ。

愛奈 あいな
彩奈 あやな
杏奈 あんな
音奈 おとな
歌奈 かなん
紗奈 さな
瀬奈 せな
知奈 ちな
奈央 なお
奈子 なこ

奈智 なち
奈々 なな
奈海 なみ
奈結 なゆ
奈弓 なゆみ
新奈 にいな
葉奈 はなん
真奈 まな
未奈 みなに
萌奈 もえな

優奈 ゆうな
瑠奈 るな
花奈美 かなみ
樹里奈 じゅりな
奈津子 なつこ
奈穂美 なほみ
奈美恵 なみえ
陽奈子 ひなこ
美奈子 みなこ
玲緒奈 れおな

波

ハ　なみ

波、波立つ、波打つなどの意味を表す。波のように伝わる意味も。海につながるロマンチックなイメージの字。ヒント　気風(きっぷ)のよい人情家のイメージの「は」の音で。親しみやすくキュートな「なみ」の音で使っても。

花波 かなみ
知波 ちなみ
奈波 ななみ
波香 なみか
波名 はな
葉波 はなみ
波瑠 はる
舞波 まなみ
美波 みなみ
波留花 はるか

杷

ハ　バ

穀物を集めたり、地面をならしたりする道具「さらい」の意味。果樹のビワ(枇杷)にも使う。穏(おだ)やかな女性に。ヒント　軽快で温かく、あとくされがない印象の「は」の音で。止め字にすると、潔いイメージの名前に。

蒼杷 あおば
彩杷 あやは
乙杷 おとは
叶杷 かなは
紅杷 くれは
琴杷 ことは
早杷 さわ
杷菜 はな
伊呂杷 いろは
杷琉花 はるか

枇

ビ
名 ひ

果樹のビワ(枇杷)、また、弦楽器の琵琶(びわ)の意味にも使う。音楽、芸術、芸能方面の才能に恵まれることを願って。ヒント　「ひ」の音には情熱と冷静さを兼ねそなえたカリスマ性がある。人間的魅力のあふれる「び」の音でも。

枇織 ひおり
枇咲 ひさ
枇粋 ひすい
枇奈 ひな
枇芽 ひめ
枇杷 びわ
瑠枇 るび
枇香里 ひかり
枇出子 ひでこ
枇菜子 ひなこ

弥

ビ　ミ　いや　いよいよ　や
名 ひさ　ます　み　みつ　やす

旧 彌 (→P340)

もとの字は「彌」。長寿、多幸を祈る儀礼を表し、久しい、行き渡るの意味になった。のびやかな成長を願って。ヒント　優しく清潔感あふれる「や」の音で、止め字や万葉仮名風に。「み」の音を使うとフレッシュなイメージ。

亜弥 あや
咲弥 さや
弥絵 ひさえ
麻弥 ますみ
弥織 みおり
弥季 みつき
弥佳 やすか
弥生 やよい
愛弥紗 あやさ
美弥子 みやこ

苗

ビョウ　なえ
名 え　たね　なわ　なり　みつ

「艸」+「田」で、田に植える苗の意味を表す。生えたばかりの植物の意味もある。初々しくて素朴なイメージ。ヒント「なえ」の音で、女の子の止め字として使われる。逆境に負けないしなやかな印象の名前になる。

- 佳苗　かなえ
- 早苗　さなえ
- 苗花　たねか
- 那苗　ななえ
- 苗美　なりみ
- 羽苗　はなえ
- 苗瑠　みつる
- 美苗　みなえ
- 阿季苗　あきえ
- 苗梨子　えりこ

歩

ホ　ブ　フ
あゆむ
あるく
名 あゆみ　すすむ

旧 步

左右の足跡を連ねた形で、歩く、行くなどの意味を表す。前向きなイメージ。「あゆ」「ほ」の読みで使われる。ヒント「ほ」の音は、温かなくつろぎを感じさせる。「あゆ」の音は、自然体の強さと大胆さをあわせもつ印象に。

- 歩　あゆむ
- 明歩　あきほ
- 歩侑　あゆう
- 歩花　あゆか
- 歩佳　あゆか
- 歩南　あゆな
- 歩美　あゆみ
- 歩來　あゆら
- 歩莉　あゆり
- 郁歩　いくほ
- 果歩　かほ
- 季歩　きほ
- 紗歩　さほ
- 静歩　しずほ
- 志歩　しほ
- 歩夢　すすむ
- 知歩　ちほ
- 夏歩　なつほ
- 歩未　ふみ
- 歩波　ほなみ
- 真歩　まほ
- 瑞歩　みずほ
- 未歩　みほ
- 璃歩　りほ
- 瑠歩　るほ
- 加奈歩　かなほ
- 佳歩莉　かほり
- 菜歩美　なほみ
- 歩乃花　ほのか
- 美奈歩　みなほ

宝

ホウ　たから
名 かね　たか　とみ　とも　ほ　みち　よし

もとの字は「寶」。室内に供え物のある様子から、宝物の意味になった。高貴でありながら皆から敬われる人に。ヒント「たか」の音は、みんなから信頼されるリーダーの印象。「ほ」の音は、温かなくつろぎを感じさせる。

- 愛宝　あかね
- 晶宝　あきほ
- 唯宝　いほ
- 花宝　かほ
- 瑚宝　ことみ
- 沙宝　さとみ
- 紗宝　さほ
- 志宝　しほ
- 宝胡　たかこ
- 宝來　たから
- 智宝　ちほ
- 宝珂　とみか
- 宝美　ともみ
- 奈宝　なほ
- 虹宝　にじほ
- 陽宝　ひとみ
- 宝夏　ほなつ
- 宝埜　ほの
- 真宝　まほ
- 宝千　みち
- 宝加　みちか
- 宝芭　みちは
- 宝瑠　みちる
- 弥宝　みほ
- 美宝　みよし
- 由宝　ゆたか
- 宝依　よしえ
- 宝佳　よしか
- 宝乃　よしの
- 莉宝　りほ

朋

ホウ　とも

もとの字は「朋」で、貝を二列に連ねた形から、友人、仲間の意味を表す。友達がたくさんできるように。ヒント 友に恵まれるイメージ。優しさと力強さをあわせもつ「とも」の読みで、人間性豊かな愛される人に。

- 朋　とも
- 朋佳　ともか
- 朋夏　ともか
- 朋子　ともこ
- 朋菜　ともな
- 朋乃　ともの
- 朋芭　ともは
- 朋美　ともみ
- 朋女　ともめ
- 実朋　みとも

法

ホウ　ハッ
ホッ
名 かず　つね　のり

おきて、決まり、のっとる、方法などの意味を表す。フランスを「法蘭西」と書き、おしゃれなイメージも。ヒント「のり」の音でよく使われる。りりしさと気品、キュートさを兼ねそなえた名前に。

- 法絵　かずえ
- 法紗　かずさ
- 法奈　かずな
- 奏法　かのり
- 法香　つねか
- 法迦　のりか
- 法子　のりこ
- 法未　のりみ
- 羽法　はのり
- 弥法　みのり

茅

ボウ　かや
ち
名 あき

イネ科の植物のカヤを表す。昔ながらの茅ぶき屋根の民家のように、素朴でなつかしい感じの字。ヒント パワーがあるのに愛らしさもある「ち」の音で。「かや」と読むと、知性と情をあわせもつ名前に。

- 茅未　あきみ
- 茅子　かやこ
- 茅乃　かやの
- 茅葉　かやは
- 茅枝　ちえ
- 茅歌　ちか
- 茅穂　ちほ
- 真茅　まち
- 茅唯子　ちいこ
- 茅百合　ちゆり

房

ボウ　ふさ
名 お　のぶ
は

建物の中を区切った部屋を表し、家、住まいの意味を表す。また、ふさの意味も。母性豊かな温かい女性に。ヒント「ふさ」の音はファンタジックな幻想とさわやかさがある。おおらかな包容力をもつ「お」の音でも。

- 陽房　あきは
- 哉房　かなお
- 志房　しのぶ
- 房花　のぶか
- 房江　ふさえ
- 房子　ふさこ
- 房代　ふさよ
- 真房　まお
- 紗那房　さなお
- 紫房利　しおり

苺

ボウ　バイ
いちご
名 まい

果実のイチゴの意味を表す。イチゴの実のように、可憐で甘く、少しだけ酸味がある。そんな子に育つように。
ヒント　キュートで元気、満ち足りた印象のある「まい」の音は名前に使いやすい。春生まれの子にぴったり。

- 苺　いちご
- 苺花　いちか
- 苺子　いちこ
- 苺胡　いちご
- 苺美　いちみ
- 苺愛　まいあ
- 苺香　まいか
- 苺華　まいか
- 苺子　まいこ
- 苺來　まいら

茉

マツ
名 ま

マツリカ（茉莉花）はジャスミンの一種で、茶に入れると芳香を楽しめ、白い花も美しい。香るような女性に。
ヒント　「ま」の音で先頭字にも止め字にも。「ま」の音は、満ち足りた雰囲気で天真爛漫、笑顔あふれる印象。

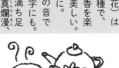

- 絵茉　えま
- 志茉　しま
- 茉麻　まあさ
- 茉綾　まあや
- 茉子　まこ
- 茉希　まつき
- 茉胡　まつこ
- 茉芭　まつは
- 茉葉　まつば
- 茉莉　まつり

- 茉那　まな
- 茉波　まなみ
- 茉尋　まひろ
- 茉穂　まほ
- 茉美　まみ
- 茉耶　まや
- 茉由　まゆ
- 茉弓　まゆみ
- 茉世　まよ
- 柚茉　ゆま

- 小茉莉　こまり
- 多茉実　たまみ
- 陽茉莉　ひまり
- 穂茉里　ほまり
- 茉紗那　まさな
- 茉知子　まちこ
- 茉実果　まみか
- 茉悠佳　まゆか
- 茉莉花　まりか
- 茉利奈　まりな

明

メイ　ミョウ
あかり　あかるい　あきらか
名 てる　のり　はる　ひろ

もとは窓から差しこむ月の光を表し、あかり、明るい、明らかなどの意味になった。いつも朗らかで明るい子に。
ヒント　「あき」は、明るくキュートな、「めい」は優しさと包容力のある印象の音。「明日」の読みを活かしても。

- 明　めい
- 明音　あかね
- 明莉　あかり
- 明葉　あきは
- 明穂　あきほ
- 明乎　あこ
- 叶明　かのり
- 小明　こはる
- 千明　ちあき
- 明季　てるき

- 明羽　てるは
- 明陽　てるひ
- 明花　はるか
- 明那　はるな
- 陽明　ひめ
- 明実　ひろみ
- 明輪　ひろわ
- 真明　まひろ
- 実明　みはる
- 明歌　めいか

- 明胡　めいこ
- 明紗　めいさ
- 明未　めいみ
- 明凛　めいりん
- 莉明　りあ
- 蕗明　ろあ
- 明日香　あすか
- 明日菜　あすな
- 明日美　あすみ
- 李明日　りあす

牧

ボク　まき

牛を放し飼いにすることを表し、牛飼い、養うなどの意味に使う。自然の中でのびやかに育つイメージがある。
ヒント　牧場のように、のんびりとしたイメージ。「まき」の音は充実感とパワフルな輝きにあふれる印象。

- 小牧　こまき
- 汰牧　たまき
- 牧季　まき
- 牧亜　まきあ
- 牧絵　まきえ
- 牧歌　まきか
- 牧子　まきこ
- 牧埜　まきの
- 牧代　まきよ
- 牧莉　まきり

岬

みさき
名 さき

もとは山と山の間を表し、山あいの意味。日本では海の岬の意味に使われる。ドラマチックなイメージの字。
ヒント　「さき」の音を活かすと、シャープな輝きのある名前に。「みさき」と読むと、潔く芯のある印象。

- 岬　みさき
- 亜岬　あさき
- 岬絵　さきえ
- 岬子　さきこ
- 岬葉　さきは
- 真岬　まさき
- 岬江　みさえ
- 岬夏　みさか
- 岬希　みさき
- 岬輝　みさき

侑

ユウ
すすめる　たすける
名 いく　ゆ　ゆき

「人」＋「有」で、勧める、助けるなどの意味を表す。心の優しい、思いやりのある人になることを願って。
ヒント　大人気の「ゆう」の音で使える字。「ゆう」の音は、その場を和ませる優しさに満ちたイメージ。

- 愛侑　あいく
- 亜侑　あゆう
- 侑歩　いくほ
- 侑未　いくみ
- 侑萌　いくも
- 胡侑　こゆき
- 紗侑　さゆき
- 奈侑　なゆ
- 麻侑　まゆ
- 心侑　みゆう

- 未侑　みゆう
- 美侑　みゆう
- 芽侑　めいく
- 侑依　ゆい
- 侑花　ゆうか
- 侑希　ゆうき
- 侑実　ゆうみ
- 侑姫　ゆき
- 侑南　ゆきな
- 侑奈　ゆな

- 侑真　ゆま
- 侑海　ゆみ
- 侑梨　ゆり
- 瑠侑　るう
- 亜侑美　あゆみ
- 小侑李　こゆり
- 佐侑里　さゆり
- 菜侑実　なゆみ
- 茉侑李　まゆり
- 侑紀子　ゆきこ

茂

モ　しげる
名 あり　し　しげみ　たか　とも　とよ　もち

草木が盛んに茂ることで、そこから、優れる、立派な、美しいの意味にも用いる。美しく健康に育つことを願って。
ヒント 「しげ」の音は、人情味があってパワフルな印象。人当たりがよく豊かな「も」の音で使っても新鮮。

茂夏　ありか
茂子　しげこ
茂音　たかね
茂花　ともか
茂葉　とよは
毬茂　まりも
茂美　もちみ
茂菜　もな
茂奈実　もなみ
茂々菜　ももな

來

ライ　きたる　くる
名 き　く　こ　な　ゆき　ら

「来」のもとの字。こちらへ来る意味や将来を表す。明日への期待をこめた名前に使われる、大人気の字。
ヒント 「来」と同じ意味、読みをもつ字。組み合わせる字や姓とのバランス、画数などでどちらか選んで。

愛來　あいら
陽來　あきら
亜來　あこ
綺來　きら
來音　くおん
來美　くみ
來海　くるみ
來芽　くるめ
來璃　くるり
桜來　さくら

沙來　さら
星來　せいら
奏來　そら
夏來　なつき
虹來　にこ
春來　はるき
三來　みくる
美來　みな
未來　みらい
來未　ゆきみ

來亜　らいあ
來花　らいか
來智　らいち
來夢　らいむ
來実　らみ
愛音來　あねら
宇來々　うらら
香絵來　かえら
季亜來　きあら
優亜來　ゆあら

怜

レイ　レン
あわれむ
さとい
名 とき　れ

神のお告げを聞いて悟ることで、賢い、さといの意味。慈しむの意味も。賢く慈愛の深い聖母のような女性に。
ヒント 洗練された印象の「れ」の音で。「れい」の音で1字名にも。理知的なスマートさのある名前になる。

怜　れい
亜怜　あさと
愛怜　あれん
恵怜　えれん
夏怜　かれい
華怜　かれん
澄怜　すみれ
怜希　とき
怜瑚　ときこ
怜巳　ときみ

怜和　ときわ
真怜　まれ
実怜　みれ
未怜　みれい
怜唯　れい
怜亜　れいあ
怜香　れいか
怜名　れいな
怜弥　れいみ
怜羅　れいら

怜緒　れお
怜南　れな
怜音　れね
怜乃　れの
怜深　れみ
怜歌　れんか
依怜那　えれな
玖怜亞　くれあ
穂真怜　ほまれ
怜音奈　れおな

夜

ヤ　よ　よる
名 やす

「大」+「夕」で、人の脇の下から月が見える形。夜の意味を表す。どこか神秘的な雰囲気のある女性に。
ヒント 「よ」「や」の音を活かして。「よ」は懐深く包みこむ印象、「や」は優しく清潔感にあふれる印象。

亜夜　あや
歌夜　かよ
紗夜　さや
沙夜　さよ
真夜　まよ
彌夜　みや
夜歌　やすか
小夜子　さよこ
小夜梨　さより
千夜美　ちよみ

林

リン　はやし
名 き　しげ　な　ふさ　もと　もり　よし

「木」+「木」で林の意味。「はやし」は「生やし」で、物事、人が多く集まる場所の意味も。愛される人に。
ヒント キュートで華やか、スイートな「りん」の読みで。「き」の音で止め字にすると、個性の強い女性に。

明林　あきな
果林　かりん
林菜　しげな
林奈　ふさな
真林　まりん
瑞林　みずき
美林　みもり
林子　もとこ
林夏　よしか
林杜　りんと

和

ワ　オ
やわらぐ　なごむ
名 あい　かず　のどか　やす

戦争をやめて平和にすることを表し、やわらぐ、和むなどの意味になる。日本という意味も。和風で温和な女性に。
ヒント 定番の字。「わ」はワクワクするような楽しいイメージ、「かず」はタフなリーダーのイメージの音。

和　のどか
和珂　あいか
和巳　あいみ
和良　あいら
和泉　いずみ
和季　かずき
和紗　かずさ
和菜　かずな
和音　かずね
和乃　かずの

和葉　かずは
和穂　かずほ
和美　かずみ
和世　かずよ
佐和　さわ
和美　なごみ
和夢　なごむ
羽和　はわ
三和　みわ
和絵　やすえ

和季　やすき
和芽　やすめ
悠和　ゆうわ
里和　りお
和心　わこ
紗和子　さわこ
十和子　とわこ
美和子　みわこ
和歌子　わかこ
和歌奈　わかな

9画

娃

アイ

美しいという意味を表す。また、これ一字で、美人の意味もある。「娃娃」と重ねると中国語で「あかん坊」の意味。
ヒント 「あい」の音は、明るくはつらつとしていて自然体。人気の「愛」の字のかわりに使っても。

娃	あい
娃花	あいか
娃心	あいこ
娃紗	あいしゃ
娃菜	あいな
娃來	あいら
娃李	あいり
乃娃	のあ
美娃	みあ
結娃	ゆあ

按

アン
名ただし

手でおさえてやすらかにすることを表し、おさえる、なでるの意味に使う。堅実で安定感のある女性に。
ヒント 「あん」の音には素朴さと親密感があり、深い癒しを感じさせる名前に。使用例が少ないので、新鮮。

按	あん
按珠	あんじゅ
按寿	あんず
按奈	あんな
按莉	あんり
詩按	しあん
樹按	じゅあん
按那	ただな
莉按	りあん
琉按	るあん

郁

イク
名あや か かおる くに ふみ ゆう

よく香る様子、よく茂る様子を表す。文化が栄える意味もある。才能と教養、美しさを兼ねそなえた女性に。
ヒント まっすぐ未来に向かって突き進むイメージの「いく」、優しく温かなイメージの「ふみ」の音で。

郁	かおる
郁華	あやか
郁芽	あやめ
郁絵	いくえ
郁実	いくみ
郁恵	くにえ
郁花	ふみか
茉郁	まふみ
心郁	みゆう
紗耶郁	さやか

映

エイ うつる はえる
名あき あきら え てる みつ

日に照り映えた光に映し出されることを表し、映る、映えるなどの意味に使う。輝くように美しい女性に。
ヒント 「えい」の音は、心地よい癒しを感じさせる。エレガントで温かい印象の「え」の音で万葉仮名風にも。

映	あきら
映菜	あきな
映埜	あきの
映葉	あきは
映穂	あきほ
映海	あきみ
映華	えいか
映来	えいこ
映奈	えな
映見	えみ
映莉	えり
奏映	かなえ
彩映	さえ
妙映	たえ
映禾	てるか
映緋	てるひ
映帆	てるほ
友映	ともえ
乃映	のえ
美映	みえい
映花	みつか
映季	みつき
湊映	みなえ
萌映	もえ
桃映	ももは
弥映	やえ
利映	りえ
映海夏	えみか
映里佳	えりか
千映美	ちえみ

栄

旧榮

エイ さかえる はえる
名え しげ ひさ ひで ひろ よし

もとの字は「榮」。かがり火の燃え盛る様子を表し、栄える、華やぐなどの意味になった。華やかな生涯を願って。
ヒント 「えい」の音は、飾らない優しさのある印象に。懐の深さを感じさせる「え」の音で万葉仮名風にも。

紗栄	さえ
栄歌	しげか
栄恵	ひさえ
栄実	ひでみ
栄祢	ひろね
瑞栄	みずえ
栄花	よしか
沙知栄	さちえ
真里栄	まりえ
美津栄	みづえ

音

オン イン おと ね
名お と

音、音楽のほかに、ことば、訪れなどの意味がある。芸術、特に音楽、文学方面に才能を発揮する女性に。
ヒント 定番の止め字。やすらぎと温かさを感じさせる「ね」の音、彼方に広がるような「おん」の音などで。

明音	あかね
陽音	あきね
杏音	あのん
綾音	あやね
癒音	いおん
絵音	えと
恵音	えのん
音杜	おと
音歌	おとか
音羽	おとは
音実	おとみ
音芽	おとめ
和音	かずね
椛音	かのん
玖音	くおん
圭音	けいと
琴音	ことね
詞音	しおん
音々	ねね
舞音	まいね
真音	まいん
美音	みと
弥音	みのん
望音	もと
百音	もね
凛音	りお
怜音	れおん
依音那	いおな
実音華	みねか
優希音	ゆきね

珂

カ
名 たま てる

昔の宝である玉の名、特に白めのうを表す。珂声とは、玉のふれあう音。潔白で可憐なイメージの字。

ヒント クールでスピード感のある「か」の音で万葉仮名風に。「花」や「香」のかわりに使うと、個性が出る。

- 絢珂 あやか
- 珂奈 かな
- 珠珂 たまか
- 珂季 たまき
- 珂美 たまみ
- 千珂 ちか
- 珂実 てるみ
- 遙珂 はるか
- 実珂 みか
- 英美珂 えみか

迦

カ

サンスクリット語の仏教用語の音訳によく使われる字。お釈迦様の迦もそれである。神秘的で深遠なイメージ。

ヒント 「か」の音で、万葉仮名風に使って。正義感が強く、快活な印象になる。「お釈迦様」の印象も強い字。

- 迦衣 かい
- 迦那 かな
- 迦埜 かの
- 迦音 かのん
- 清迦 きよか
- 美迦 みか
- 夕迦 ゆか
- 礼迦 れいか
- 迦依子 かよこ
- 沙也迦 さやか

珈

カ

婦人の髪飾りのことを表す。日本では、コーヒーの当て字（珈琲）に使う。よい香りが漂ってきそうな字。

ヒント 「か」の音で使える字。「か」で終わる名前は、強く快活な印象で、かっこいい女性のイメージ。

- 珈澄 かすみ
- 珈圃 かほ
- 柊珈 しゅうか
- 千珈 ちか
- 乃珈 のか
- 萌珈 もか
- 素珈 もとか
- 珈保里 かほり
- 野々珈 ののか
- 美珈莉 みかり

架

カ ケ かける
名 みつ よし

木を加えわたしてできた台、たなを表す。かける、かけわたすの意味も。人と人の架け橋になるような人に。

ヒント 人気の「か」の音で、「加」などのかわりに使うと新鮮。「か」の音は、まっすぐで快活な印象。

- 架子 かこ
- 架純 かすみ
- 架南 かな
- 架恋 かれん
- 架禾 みつか
- 架季 よしき
- 瑠架 るか
- 架乃子 かのこ
- 多架子 たかこ
- 由架梨 ゆかり

海

カイ うみ
名 あま うな み め
旧 海

海のほか、海のように広く大きいものを表す。スケール感とともにロマンチックな感覚があり、人気の高い字。

ヒント みずみずしいイメージの「み」の音で人気。「うみ」と読むと、内に深いものを秘めた印象の名前に。

- 愛海 あいみ
- 碧海 あおみ
- 海音 あまね
- 海礼 あまれ
- 郁海 いくみ
- 海美 うみ
- 海禾 うみか
- 海奈 うみな
- 海璃 うみり
- 海梨 かいり

- 奏海 かなみ
- 空海 くみ
- 澄海 すかい
- 爽海 そうみ
- 拓海 たくみ
- 千海 ちうな
- 夏海 なつみ
- 七海 ななみ
- 海咲 みさき
- 海波 みなみ

- 南海 みなみ
- 海羽 みはね
- 海早 みはや
- 美海 みみ
- 海來 みらい
- 海麗 みれい
- 海瑠 める
- 咲久海 さくみ
- 海奈都 みなと
- 瑠璃海 るりみ

恢

カイ
名 ひろ

広い、大きい、広めるなどの意味を表す。回復はもとは恢復と書いた。癒しにつながるイメージのある字。

ヒント りりしく知性的な「かい」の音、落ち着きと積極性をあわせもつ印象の「ひろ」の音で使って。

- 恢 ひろ
- 恢奈 かいな
- 恢弥 かいや
- 千恢 ちひろ
- 恢佳 ひろか
- 恢子 ひろこ
- 恢南 ひろな
- 恢美 ひろみ
- 真恢 まひろ
- 美恢 みひろ

皆

カイ みな
名 とも み みち

人々が並ぶさまから、皆、ともにの意味を表す。あまねく、広くの意味も。友達がたくさんできるように。

ヒント 「かい」と読むと知性的、行動的な印象、「みな」と読むとふっくらと親密感あふれる印象に。

- 絵皆 えみな
- 皆奈 かいな
- 奏皆 かなみ
- 皆実 ともみ
- 皆架 みちか
- 皆子 みなこ
- 皆都 みなと
- 皆美 みなみ
- 皆世 みなよ
- 瑠皆 るみな

活

カツ
名 いく

イキイキとした生命力を表し、生きる意味に使う。生気にあふれた、元気で活発な子になることを願って。

ヒント 「かつ」の音で積極性と強さを増して。「いく」と読むと、前につき進む強さをもつ名前に。

- 亜活 あいく
- 活恵 いくえ
- 活穂 いくほ
- 活海 いくみ
- 活夢 いくむ
- 活枝 かつえ
- 活子 かつこ
- 活乃 かつの
- 活依 かつよ
- 活來 かつら

柑

カン
名みかん

果樹のミカン類の果実をつけるもの。柑橘系はコロンの代表的な香り。みずみずしく健康的な感じのする字。
ヒント 字のフレッシュなイメージに、「かん」の音で、無邪気でキュートな魅力をプラスして。

柑 みかん
一柑 いちか
柑那 かんな
柑奈 かんな
柑埜 かんの
実柑 みかん
蜜柑 みかん
結柑 ゆか
夢柑 ゆか
凛柑 りんか

紀

キ
名あき　かず　こと　すみ　とし　のり　もと　よし

糸巻きに糸を巻き取ることから、おさめる意味になった。書き記すの意味もある。文学少女にぴったりの字。
ヒント 和のイメージもある字。「き」の音は、個性と生命力を感じさせる。「のり」は、気品が香り立つ印象の音。

紀來 あきら
紀莉 あきり
朝紀 あさき
依紀 いとし
紀紗 かずさ
紀衣 きい
紀夏 きか
紀子 きこ
紀乃 ことの
咲紀 さき
紀礼 すみれ
珠紀 たまき
紀絵 としえ
紀香 のりか
紀夜 のりよ
羽紀 はのり
雅紀 まさき
真紀 ますみ
巳紀 みこと
水紀 みずき
美紀 みのり
紀葉 もとは
萌紀 ももと
友紀 ゆき
紀奈 よしな
都紀奈 つきな
那都紀 なつき
美沙紀 みさき
美優紀 みゆき
有紀奈 ゆきな

祇

ギ　シ　ただ
名き　けさ　のり　まさ　もと　やす

もとは氏族を保護する神のことで、土地の神の意味。また、やすらかの意味もある。神秘的なイメージのある字。
ヒント 名乗りの多い字。使用例は少ないが、工夫しだいで個性的に。「し」「き」の音で万葉仮名風にも。

祇織 きおり
祇奈 けさな
沙祇 さき
祇乃 しの
祇華 のりか
祇絵 まさえ
魅祇 みき
祇胡 もとこ
祇恵 やすえ
万祇子 まきこ

衿

キン　えり

着物のえり、えりもとの意味。えりは喉を覆うことから大事な場所も表す。大切な思いをこめて。
ヒント エレガントで奥行きがあり、華やかな印象の「えり」や、茶目っ気と輝きのある「きん」の音で使って。

衿亜 えりあ
衿子 えりこ
衿紗 えりさ
衿菜 えりな
衿香 きんか
小衿 こえり
咲衿 さえり
智衿 ちえり
真衿 まえり
美衿 みえり

奎

ケイ
名ふみ

「大」+「圭」で玉を表し、美称に使う。また、アンドロメダ座を指し、文章をつかさどる。才色兼備のイメージ。
ヒント 「けい」の音はりりしく知性的な印象。「圭」などのかわりにも。ふっくらと温かい「ふみ」の音でも。

奎 けい
奎子 けいこ
奎都 けいと
奎奈 けいな
千奎 ちふみ
奎絵 ふみえ
奎緒 ふみお
奎花 ふみか
奎那 ふみな
奎音 ふみね

建

ケン　コン
名たけ　たつ　たてる

「聿」+「廴」で、建てる、成し遂げるなどの意味を表す。大きなプロジェクトをやり遂げられそうな字。
ヒント 「たけ」「たつ」の音は、高みを目指すしっかり者の印象がある。着実に成功していく、誇り高き女性に。

建埜 こんの
建緒 たけお
建子 たけこ
建乃 たけの
建帆 たけほ
建海 たけみ
建依 たけよ
建夢 たつむ
建奈 たてな
美建 みたけ

研

ケン　とぐ
名あき　かず　きし　きよ　よし

磨く、研ぐの意味で、しあげる、物事を究める意味にも使う。自分を磨き、道を究めるような人に。
ヒント 「あき」と読むと、キュートで明るく輝きのある名前に。「かず」や「きよ」の音を活かしても。

研菜 あきな
研葉 あきは
研穂 あきほ
研音 かずね
研乃 きしの
研羽 きよは
研実 きよみ
研梨 きより
研禾 よしか
研幾子 ときこ

胡

コ　ゴ　えびす　なんぞ
名ひさ

中国では、西方や北方の異民族を指した。二胡は中国の楽器の名。エキゾチックな雰囲気の字。
ヒント 機敏でキュートな印象の「こ」の読みで。ナッツの「くるみ」を指す「胡桃」の読みを活かしても。

彩胡 あやこ
胡桃 くるみ
胡子 ここ
胡春 こはる
仁胡 にこ
胡絵 ひさえ
胡花 ひさか
胡々愛 ここあ
茉利胡 まりこ
莉々胡 りりこ

恰

コウ　あたかも
名きょう

ねんごろ、あたかも、ちょうどなどの意味を表す。格好は恰好とも書く。気配りのできる優しい人になるように。
ヒント　知性と繊細さをあわせもつ「こう」や、輝くような強さと優しさにあふれる「きょう」の音を活かして。

彩恰 あやこ
恰花 きょうか
恰菜 きょうな
恰乃 きょうの
恰李 きょうり
恰姫 こうき
恰珠 こうじゅ
恰美 こうみ
奈恰 なこ
真恰 まこ

厚

コウ　あつい
名ひろ

もとは祖先を手厚く祭ることをいい、そこから、厚い、丁寧などの意味を表す。礼儀正しく、親切な人に。
ヒント　「あつ」の音は、朗らかでおおらかな印象。「ひろ」の音は、やる気とたくましさに満ちたイメージ。

厚依 あつえ
厚姫 あつき
厚子 あつこ
厚美 あつみ
厚芽 あつめ
千厚 ちひろ
厚奈 ひろな
厚未 ひろみ
真厚 まひろ
美厚 みひろ

恒

コウ
名ちか　つね　のぶ　ひさ
旧恆

弓張り月の様子を表し、常、久しいなどの意味に使う。永遠を感じさせ、ロマンの香りのする字。
ヒント　小柄で愛らしい「こう」、華があり優しい「つね」、冷静と情熱を兼ねそなえた「ひさ」の音などで。

恒亜 こうあ
恒那 こうな
詩恒 しのぶ
恒絵 ちかえ
恒子 つねこ
恒香 のぶか
恒永 ひさえ
恒歌 ひさか
恒弥 ひさみ
夢恒 ゆちか

香

コウ　キョウ
か　かおる
名かおり　かが　たか　よし

かんばしい香りで神に祈ることを表し、香り、かんばしいの意味。高雅なもののたとえにも使う。エレガントな字。
ヒント　女の子の止め字の定番。「か」で終わる名前は、ドライで快活な印象。知的で繊細な「こう」の音でも。

愛香 あいか
香里 かおり
香子 かおるこ
香利 かがり
香澄 かすみ
香波 かなみ
香凛 かりん
香恋 かれん
香胡 きょうこ
香紗 こうさ

香美 こうみ
香女 こうめ
静香 しずか
聖香 せいか
香絵 たかえ
乃香 のか
晴香 はるか
穂香 ほのか
実香 みよし
萌香 もえか

優香 ゆうか
陽香 ようか
香絵 よしえ
梨香 りか
琳香 りんか
香梨奈 かりな
多香子 たかこ
美香莉 みかり
百々香 ももか
由香里 ゆかり

皇

コウ　オウ
名すべ　すめら

もとは輝くの意味で、天子、君主、王のことを表す。大きい、美しいの意味も。おごそかで神々しいイメージの字。
ヒント　字のもつ高貴な印象に、「こう」の音で機敏さと思慮深さを、「おう」の音で包みこむような優しさを加えて。

皇花 おうか
皇美 おうみ
皇洸 こうこ
皇奈 こうな
皇晴 こはる
皇羅 すめら
園皇 そのこ
美皇 みすべ
優皇 ゆうこ
真美皇 まみこ

紅

コウ　ク
べに　くれない
名あか　いろ　くれ　もみ

桃の花のような白みのある赤色を表し、くれない、赤、べにの意味に使う。華やかでおしゃれな女性にぴったり。
ヒント　女性らしい印象の強い字。「く」と読むと、字のもつ赤い色のイメージにミステリアスな印象が加わる。

紅音 あかね
紅芭 いろは
紅美 くみ
紅亜 くれあ
紅羽 くれは
紅緒 べにお
紅華 べにか
未紅 みく
紅葉 もみじ
紅瑠美 くるみ

虹

コウ　にじ

雨上がりに空にかかる虹の意味を表す。虹は、昔は天にすむ竜だと考えられていた。メルヘンチックで美しい字。
ヒント　愛らしく知的で繊細なイメージの「こう」の音で。「にじ」と読むと、甘えん坊ながら出世できる印象。

亜虹 あこ
海虹 かこ
虹見 こうみ
七虹 ななこ
虹来 にこ
虹歌 にじか
虹子 にじこ
虹羽 にじは
美虹 みこ
麗虹 れいこ

洸

コウ
名ひろ

水がゆれ動いて光る様子を表す。ほのか、かすかの意味もある。のどかで、うっとりするようなイメージの字。
ヒント　「こう」の音は機敏さと思慮深さを兼ねそなえた印象、「ひろ」はたくましさとやすらぎを感じさせる。

洸樹 こうじゅ
洸愛 こうな
洸李 こうり
稚洸 ちひろ
洸依 ひろえ
洸華 ひろか
洸名 ひろな
洸乃 ひろの
真洸 まひろ
美洸 みひろ

砂

サ　シャ
すな
名 いさご

貝などがくだけてできた砂を表す。白く広がる砂浜をイメージさせるような、美しくエキゾチックな女性に。
ヒント 「さ」の音を活かして、「沙」や「紗」のかわりに使うと新鮮。颯爽（さっそう）としたリーダーの印象に。

砂	いさご
愛砂	あいしゃ
亜砂	あすな
圭砂	けいしゃ
砂名	さな
千砂	ちさ
美砂	みさ
弥砂	やすな
砂知栄	さちえ
満砂子	まさこ

哉

サイ　か
かな　や
名 えい　ちか
とし　なり

新しい戈（ほこ）をはらい清める儀礼を表し、はじめる、はじめの意味になった。初々しくフレッシュなイメージ。
ヒント 優しく開放感にあふれた「や」の音で、万葉仮名風に。「か」「かな」の音を活かしても。

哉華	えいか
哉美	かなみ
咲哉	さくや
哉子	としこ
哉未	なりみ
茉哉	まかな
真哉	まちか
愛哉菜	あやな
沙亜哉	さあや
美哉子	みかこ

珊

サン
名 さ　たま

装飾品に利用される珊瑚（さんご）の意味を表す。珊瑚礁（しょう）を連想させる、夏や海の好きな人は使ってみたくなる字。
ヒント 「さん」の音と漢字から、さわやかなイメージに。「さ」の音だけを活かして万葉仮名風に使っても。

砂珊	さざん
珊奈	さな
珊水	さみ
珊瑚	さんご
珊夏	たまか
珊姫	たまき
珊南	たまな
珊海	たまみ
珊世	たまよ
美珊	みさ

咲

さく
名 えみ　さ
さき

もとは笑うの意味で、現在では花が開く、咲くの意味に使う。一字でも、組み合わせてもかわいらしい名前ができる。
ヒント 颯爽（さっそう）として先頭に立つ印象の「さ」のほか、「さき」や「えみ」の音で使って。「咲」は「笑」の古い字。

咲	えみ
咲	さき
愛咲	あさき
咲香	えみか
咲奈	えみな
咲莉	えみり
咲彩	さあや
紗咲	さえみ
咲紀	さき
咲絵	さきえ
咲奈	さきな
咲乃	さきの
咲葉	さきは
咲穂	さきほ
咲哉	さくや
咲良	さくら
智咲	ちえみ
千咲	ちさ
知咲	ちさき
真咲	まさき
美咲	みさき
莉咲	りさ
明咲美	あさみ
杏梨咲	ありさ
衣咲奈	いざな
咲紀子	さきこ
咲久美	さくみ
真里咲	まりさ
美香咲	みかさ
芽衣咲	めいさ

柘

シャ　つげ
名 つ

樹木のヤマグワを表す。樹木のツゲの意味もある。どちらも実用的な木。真の価値のわかる、堅実な女性に。
ヒント 「つ」の音で万葉仮名風に使うのがおすすめ。芯が強く、強い集中力を感じさせる名前に。

愛柘	あいしゃ
啓柘	けいしゃ
柘実	つぐみ
奈柘	なつ
実柘	みつ
莉柘	りつ
香柘子	かつこ
咲柘輝	さつき
菜柘子	なつこ
葉柘美	はつみ

柊

シュウ
ひいらぎ
名 ひ

日本では、常緑樹のヒイラギを表す。西洋ヒイラギはクリスマスの装飾にも使われる。ロマンチックさもある字。
ヒント 「しゅう」の音は、俊敏（しゅんびん）さと落ち着きが共存する印象。「ひ」の音を活かすとカリスマ性をもつ名前に。

柊	ひいらぎ
柊花	しゅうか
柊香	しゅうか
柊子	しゅうこ
柊真	しゅま
柊莉	しゅり
柊木	ひいらぎ
柊那	ひな
柊万里	ひまり
柊芽乃	ひめの

秋

シュウ　あき
名 あきら
とき　とし
みのる

もとは豊作を祈る儀礼を表し、実る意味、また儀礼の行われる秋の意味になった。しっとりした魅力のある人に。
ヒント キュートで明るく輝きのある「あき」の音で。「しゅう」と読むと、明るく若々しく、聡明（そうめい）な印象に。

秋	あき
秋英	あきえ
秋緒	あきお
秋果	あきか
秋奈	あきな
秋音	あきね
秋乃	あきの
秋羽	あきは
秋穂	あきほ
秋生	あきみ
秋芽	あきめ
秋羅	あきら
乙秋	おとき
小秋	こあき
秋桜	こすもす
紗秋	さとき
秋香	しゅうか
秋那	しゅうな
秋歩	しゅうほ
知秋	ちあ
千秋	ちあき
秋帆	ときほ
秋和	ときわ
秋佳	としか
秋季	としき
秋未	としみ
乃秋	のあ
茉秋	ましゅう
実秋	みあ
秋莉	みのり

洲

シュウ　す
名 ず　くに

「州」の俗字で、川の中のす、島、大陸の意味に使う。流れる川の中の小さな島は、忍耐強さをイメージさせる。**ヒント**　「しゅう」の音は颯爽とした印象、「す」はスイートガールの印象。自立心を感じさせる「くに」の音でも。

明洲	あず
洲子	くにこ
洲香	しゅうか
洲寿	すず
未洲	みくに
美洲	みしゅう
亜洲香	あすか
亜洲菜	あすな
小珠洲	こすず
真洲美	ますみ

重

ジュウ　チョウ　え
おもい
かさねる
名 あつ　しげ
のぶ　ふさ

袋に入れた荷物を表し、重いの意味になった。大切にするの意味もある。「え」の読みで、止め字にも使われる字。**ヒント**　エレガントな印象の「え」の音で万葉仮名風に。「え」で終わる名前は、教養のある自立した女性に。

重美	あつみ
希重	きえ
幸重	さちえ
重子	しげこ
知重	ちえ
重香	のぶか
重恵	ふさえ
多真重	たまえ
麻紀重	まきえ
八重歌	やえか

祝

シュク
シュウ
いわう
名 い　とき
のり　ほう
よし

旧 祝

「示」＋「兄」で、神を祭ることを表し、祈る、祝うの意味になった。おめでたい意味とともに神聖な感じの字。**ヒント**　使用例は少ないが、名前に使いやすい読みが多い。「のり」の音を活かすと、りりしく気品ある印象に。

祝菜	いわな
叶祝	かのり
祝奈	しゅうな
祝絵	ときえ
祝華	ほうか
実祝	みのり
結祝	ゆい
祝子	よしこ
祝美	よしみ
美祝菜	みいな

俊

シュン
名 たか　とし
よし

人が賢いこと、才知の優れていることを表す。さまざまな分野で抜きんでた才能を発揮する人になるように。**ヒント**　信頼感にあふれ、カリスマ性が感じられる「とし」の音を活かして。「たか」「よし」の読みで使っても。

紗俊	さとし
俊莉	しゅんり
俊恵	たかえ
俊音	たかね
俊香	としか
俊実	としみ
俊世	としよ
美俊	みよし
俊花	よしか
俊芽	よしめ

春

シュン　はる
名 あずま
あつ　かす
かず　す
とき　は

四季の春の意味を表す。若い年ごろの意味もあり、「青春」はこの使い方。活力にあふれた人に育つよう願って。**ヒント**　「はる」の音で、さらに温かく、明るく朗らかな雰囲気に。「しゅん」は、爽快感と愛らしさがある印象。

春未	あずみ
春希	あつき
春南	あつな
有春	ありす
色春	いろは
春日	かすが
春紗	かずさ
春芭	かずは
心春	こはる
春花	しゅんか
春李	しゅんり
千春	ちはる
春祢	ときね
春和	ときわ
春奈	はな
春妃	はるき
春空	はるく
春音	はるね
春乃	はるの
春陽	はるひ
春穂	はるほ
春海	はるみ
春夢	はるむ
春女	はるめ
春代	はるよ
春流	はるる
美春	みはる
明春実	あすみ
胡々春	ここは
菜乃春	なのは

洵

ジュン
まこと
名 のぶ

まこと、まことにの意味を表す。涙が流れるという意味もある。心が澄んだ誠実な人になることを願って。**ヒント**　使用例が少なく、新鮮味のある名前に。「じゅん」と読むと、人なつっこくてセクシーな印象。

洵	まこと
志洵	しのぶ
洵香	じゅんか
洵子	じゅんこ
洵奈	じゅんな
洵枝	のぶえ
洵花	のぶか
洵胡	のぶこ
洵美	のぶみ
洵采	まこと

昭

ショウ
名 あき
あきら　てる
はる

明らか、表す、輝くなどの意味を表す。よく治まるの意味もあり、昭和の年号に使われた。レトロな魅力の字。**ヒント**　明るく輝く印象の「あき」の読みで。「しょう」と読むと、やわらかく温かい光のような印象に。

昭菜	あきな
昭穂	あきほ
昭羅	あきら
昭留	あきる
昭琉	しょうる
千昭	ちあき
昭菜	てるな
昭実	てるみ
昭嘉	はるか
美昭	みはる

信

シン
名 こと　し
ちか　とき
とし　のぶ
まこと　みち

「人」＋「言」で、人との約束を表し、まこと、信じるの意味になった。すくすく伸びる意味も。誠実な女性に。**ヒント**　意味のよい、昔から使われている字。まっすぐで前向きな「しん」、甘えん坊で元気な「のぶ」の音で。

信	まこと
信葉	ことは
信埜	しの
信理	しんり
信胡	ちかこ
智信	ちのぶ
信子	ときこ
信絵	としえ
信花	のぶか
実信	みちか

津

シン　つ
名 す　ず　づ

港、船着き場、渡し場などの意味を表す。また、潤う(うるお)という意味もある。身も心もみずみずしい女性に。
ヒント　芯が強くパワーを秘めた「つ」の読みで万葉仮名風に。「ず(づ)」と読むと、育ちのよい印象に。

花津	かず
津美	すみ
奈津	なつ
莉津	りつ
佳津奈	かずな
紫津香	しづか
多津南	たつみ
菜津那	なずな
奈津美	なつみ
羽津子	はつこ

神

シン　ジン
かみ　かん
こう
名 か　かむ
きよ　しの
み　みわ

「申」はいなびかりで、天の神、かみを表す。たましいや精神、非凡なの意味も。人智を超越する才能をもつ人に。
ヒント　「かみ」の「か」や「み」の音を活かしても新鮮。「神楽」「神代」などの和語から名づけても。

神那	かんな
神縫	かんぬ
神乃	きよの
神羽	きよは
神葉	しのは
神莉	しのり
神南	じんな
神胡	みわこ
神菜美	かなみ
神奈利	かなり

星

セイ　ショウ
ほし
名 とし

空に見える星の意味を表す。また、重要人物や、文字どおりスターの意味にも使う。きらりと輝く女性に。
ヒント　ロマンチックなイメージの字。透明な光のような「せい」の音でさわやかなスターになることを願って。

星衣	せい
星亜	せいあ
星来	せいら
星蘭	せいらん
星那	せな
星美	としみ
星華	ほしか
星見	ほしみ
南星	みなせ
南々星	ななせ

省

セイ　ショウ
かえりみる
はぶく
名 あきら
かみ　み
よし

もとは巡察することを表し、そこから、見る、省みるの意味になった。他人に振り回されず、自分に誠実な人に。
ヒント　「しょう」と読むとやわらかい光のようなイメージ。「せい」の音はひたむきで誠実な印象。

省	あきら
省子	しょうこ
省瑠	しょうる
省那	せいな
省羅	せいら
汰省	たかみ
省輪	みわ
省花	よしか
省希	よしき
麻省子	まみこ

政

セイ　ショウ
まつりごと
名 かず　きよ
つかさ　なり
のぶ　まさ

強制して正すことから、治める、政治の意味になった。正しくするという意味も。心のまっすぐな人に。
ヒント　満ち足りた印象とさわやかさをあわせもつ「まさ」の音や、純粋でひたむきな「せい」の音を活かして。

政栄	かずえ
政実	きよみ
政良	せいら
政紗	つかさ
政美	なりみ
政香	のぶか
政子	まさこ
政那	まさな
政乃	まさの
政美	まさみ

茜

セン　あかね

アカネ、アカネグサの意味を表す。アカネグサの根から採れる染料は紫に近い赤で、素朴(そぼく)な感じがする色。
ヒント　1字名に使われることが多い。「あかね」の音は、気さくで穏(おだ)やかな、やわらかく愛に満ちた人の印象。

茜	あかね
茜菜	あかな
茜音	あかね
茜子	あかねこ
茜里	あかり
茜梨	あかり
茜華	せんか
茜奈	せんな
茜利	せんり
真茜	まあか

Column　組み合わせると決まった読み方をする漢字

２字以上まとまると特定の読みや意味になる漢字も、名づけのいいヒント。「ひなた」と読みたい場合、「日向」のようにそのまま使うほか、「陽向(ひなた)」や、「日向菜(ひなな)」のように一部を借りるのもオススメです。

[例]

飛鳥	あすか
和泉	いずみ
桔梗	ききょう
胡桃	くるみ
時雨	しぐれ
七夕	たなばた
柘植	つげ
朱鷺	とき
撫子	なでしこ
長閑	のどか
日向	ひなた
雲雀	ひばり
日和	ひより
紅葉	もみじ
大和	やまと
百合	ゆり
紫陽花	あじさい
向日葵	ひまわり

宣

セン
名 すみ のぶ のり ひさ ふさ むら よし

述べる、のたまうの意味を表す。また、明らかの意味にも使う。話し上手になるように願いをこめて。
ヒント スイートだが情熱的な「のぶ」、りりしく気品のある「のり」、しなやかで甘い「すみ」の音などで。

宣俐	せんり
宣恵	のぶえ
宣花	のりか
宣香	ひさか
宣絵	ふさえ
真宣	ますみ
美宣	みすみ
実宣	みのり
魅宣	みむら
宣未	よしみ

泉

セン いずみ
名 い みず み もと

がけの下から流れる水の形からできた字で、いずみ、湧き水の意味を表す。澄みきった美しいイメージの字。
ヒント 「いずみ」の音は、まっすぐで深く一途なイメージ。「み」の音で止め字にすると、愛らしい印象に。

泉	いずみ
碧泉	あおい
愛泉	あずみ
亜泉	あみ
泉美	いずみ
泉澄	いずみ
泉玖	みく
泉妃	みずき
泉華	もとか
夕泉	ゆい

草

ソウ くさ
名 かや しげ

草のほか、最初、はじめるの意味もある。下書きやくずし字のことも表す。素朴でリラックスしたイメージ。
ヒント 草原のイメージに、「そう」の音でソフトな優しさを加えて、さらに人を癒す名前に。

草乃	かやの
草芽	かやめ
草子	しげこ
草埜	しげの
草來	そうら
草空	そら
千草	ちぐさ
若草	わかくさ
草乃子	そのこ
草代香	そよか

奏

ソウ かなでる
名 かな そ

物を両手で捧げて献上する形で、勧める、差し上げるの意味。また、音楽を演奏する意味もあり、人気のある字。
ヒント 「かな」の音は、キュートで無邪気、スイートな印象。「そ」の読みで万葉仮名風にも。1字名にも向く。

奏	かな
愛奏	あいか
一奏	いちか
歌奏	うたか
瑛奏	えいか
奏絵	かなえ
奏緒	かなお
奏子	かなこ
奏多	かなた
花奏	かなで
奏乃	かなの
奏美	かなみ
奏夢	かなむ
奏芽	かなめ
奏莉	かなり
奏瑠	かなる
奏音	かのん
奏綸	かりん
奏蓮	かれん
鈴奏	すずか
星奏	せいな
奏美	そうみ
奏來	そうら
奏和	そな
奏羅	そら
美奏	みかな
優奏	ゆかな
和奏	わかな
明日奏	あすか
奏奈汰	そなた

荘

ソウ ショウ
名 これ しげ たか まさ
旧 莊

もとの字は「莊」。おごそか、盛んの意味のほか、別宅の意味もある。他人から敬われる人になるように。
ヒント 「そう」の音でさわやかさをプラス。格調高い「たか」、満ち足りてさわやかな「まさ」の音でも。

荘花	しげか
荘胡	しょうこ
荘未	しょうみ
荘來	そうら
荘那	そな
荘音	たかね
荘帆	たかほ
荘海	たかみ
荘良	たから
荘美	まさみ

則

ソク
名 つね とき のり みつ

法、おきて、手本、手本にするなどの意味。「のり」の読みでよく使われる。清く正しく美しく生きるように。
ヒント 「のり」の読みで先頭字にも止め字にも。「のり」の音は、気品があり、アイドル的な存在になる印象。

華則	かのり
則香	つねか
則恵	ときえ
則英	のりえ
則夏	のりか
則紗	のりさ
則代	のりよ
則花	みつか
則未	みつみ
実則	みのり

茶

チャ サ

茶、茶の葉、茶道などの意味のほか、少女、おどけることの意味もある。お茶目で、皆から愛されることを望んで。
ヒント お茶目な雰囲気をもつ字に、「さ」の音で、さわやかさと素敵な笑顔のイメージをプラスして。

亜茶	あさ
茶恵	さえ
茶織	さおり
茶希	さき
茶槻	さつき
茶奈	さな
茶々	ちゃちゃ
茶南	ちゃな
美茶	みさ
真利茶	まりさ

貞

テイ
名 さだ ただ みさお

もとは鼎を使って神意を問うことで、占う、正しいなどの意味。貞女とはみさおの堅い女性のこと。
ヒント 「さだ」の音は裏表なく一途な印象。「てい」の音はまじめで芯があり、出世しそうな印象。

貞	みさお
貞絵	さだえ
貞香	さだか
貞乃	さだの
貞美	さだみ
貞代	ただよ
貞花	ていか
貞子	ていこ
貞恵	みさえ
貞緒	みさお

南

ナン　ナ
みなみ
名 あけ　なみ　みな　よし

方位の南を表す。暖かい方角なので、よく成長するイメージがある。すくすくと育つよう願って。
ヒント 「な」の音はのびやかで心地よい親密感がある。「みな」と読むと、優しくなでられるような印象に。

南　みなみ
南美　あけみ
南利　あけり
亜南　あみな
杏南　あんな
絵南　えな
花南　かな
香南　かなみ
心南　ここな
小南　こなみ

瀬南　せな
知南　ちなみ
奈南　なな
菜南　ななみ
新南　にいな
葉南　はな
陽南　ひなみ
帆南　ほなみ
真南　まなみ
未南　みあけ

南子　みなこ
南斗　みなと
南世　みなよ
萌南　もな
友南　ゆうな
南依　よしえ
南乃　よしの
瑠南　るな
果南子　かなこ
日南乃　ひなの

祢

(→P344)
旧 禰
ネ　デイ
名 ない

「禰」の俗字。父の霊を祭るみたまやを意味する。神官のことを禰宜(ねぎ)という。神秘的な意味をもつ字。
ヒント やすらぎと温かさを感じさせる「ね」の音で、万葉仮名風に使って。「弥」と字形が似ているので要注意。

明祢　あかね
恵祢　えね
涼祢　すずね
鈴祢　すずね
祢琉　ないる
祢々　ねね
羽祢　はない
美祢　みね
里祢　りね
瑠祢　るね

珀

ハク
名 すい　たま

琥珀(こはく)は、地質時代の樹脂などが地中で固まってできた玉の一種。琥珀のように変わらない美しさを願って。
ヒント 「たま」と読むと、優しくタフで人間性豊かな印象に。リーダーの風格のある「はく」の音でも。

小珀　こはく
琥珀　こはく
珀奈　すいな
珀未　すいみ
珀夢　すいむ
珀香　たまか
珀輝　たまき
珀那　たまな
珀美　たまみ
珀世　たまよ

飛

ヒ　とぶ
名 たか

鳥が飛ぶ形からできた字。飛ぶ、跳ね上がる、飛ぶように速いなどの意味を表す。元気で活発な子になるように。
ヒント カリスマ性を感じさせる「ひ」や、格調高い「たか」の音で。「飛鳥」の「あすか」の読みを活かしても。

飛鳥　あすか
飛瀬　たかせ
飛埜　たかの
陽飛　はるひ
飛奈　ひな
悠飛　ゆうひ
安沙飛　あさひ
飛花里　ひかり
飛南里　ひなり
飛真莉　ひまり

毘

ヒ　ビ
たすける
名 てる　とも　ひで　まさ　やす

助けるの意味。毘沙門天(びしゃもんてん)は仏法守護の四天王のひとつで、七福神にも入っている。慈愛の深い人に。
ヒント 情熱と冷静さをあわせもつ「ひ」の音が使いやすい。「荼毘(だび)」は火葬のことなので注意して。

毘葉　てるは
毘子　ともこ
春毘　はるひ
毘美　ひでみ
毘那　ひな
毘巳　まさみ
毘花　やすか
友毘　ゆうひ
毘香利　ひかり
毘沙美　ひさみ

美

ビ
うつくしい
名 とみ　はる　み　みつ　よ　よし　よしみ

大きな羊から、美しい、うまい、よい、ほめるなどの意味になった。止め字にも使われる、今も昔も人気の字。
ヒント 「み」と読むとみずみずしくて甘く、周囲が愛さずにはいられない名前に。「はる」や「よし」の音でも。

美　よしみ
愛美　あみ
音美　おとみ
胡美　こはる
紗美　さみ
千美　ちはる
美空　はるく
美世　はるよ
冬美　ふゆみ
美愛　みあ

美卯　みう
美笠　みかさ
美苑　みその
美智　みち
美花　みつか
美都　みと
魅美　みとみ
美雅　みやび
美結　みゆう
美莉　みり

美麗　みれい
美歌　よしか
美乃　よしの
瑠美　るみ
美衣奈　みいな
美香那　みかな
美玖里　みくり
美津希　みつき
美登利　みどり
未美子　みよこ

品

ヒン　しな
名 かず　かつ　し　ただ　のり　ひ　ひで

口を三つ合わせた形で、品物、たぐい、値打ち、人柄などの意味を表す。上品でよい人柄に育つよう願って。
ヒント 「ひ」「し」の音で万葉仮名風に用いると使いやすい。名乗りの「かず」の読みを活かしても。

品子　かずこ
品紗　かずさ
品希　かつき
品苑　しおん
品奈　しな
品美　ただみ
品香　のりか
品未　ひでみ
品万莉　ひまり
品美香　ひみか

風

フウ　フ
かぜ　かざ
名 か

天上の竜が起こす風のほかに、習わし、しきたり、上品な味わいなどの意味がある。品のよいさわやかな女性に。
ヒント 「ふう」の音で、温かくふんわりとした雰囲気をプラス。「か」の音だけを活かすと軽やかさが増す。

陽風	あきか
風織	かおり
風音	かざね
風花	かざはな
風帆	かざほ
風見	かざみ
静風	しずか
涼風	すずか
颯風	そよか
七風	ななか
花風	はなか
春風	はるか
風羽	ふう
風香	ふうか
風子	ふうこ
風菜	ふうな
風由	ふゆ
冬風	ふゆか
帆風	ほかぜ
魅風	みかぜ
美風	みふう
萌風	もえか
結風	ゆうか
陽風	ようか
風美香	ふみか
風悠美	ふゆみ
風礼愛	ふれあ
穂乃風	ほのか
優里風	ゆりか
瑠璃風	るりか

昴

ボウ　すばる
名 ほ

星座のすばるを表す。おうし座のプレアデス星団のことで、農耕の星とされた。ロマンチックなイメージの字。
ヒント 自由人を思わせる「ほ」の音が使いやすい。止め字に使うと、温かなくつろぎを感じさせる名前に。

昴	すばる
明昴	あきほ
香昴	かほ
紫昴	しほ
知昴	ちほ
奈昴	なほ
美昴	みほ
莉昴	りほ
花昴璃	かほり
由希昴	ゆきほ

保

ホ　たもつ
名 お　もち　もり　やす　より

赤ちゃんをおんぶする形から、守る、保つ、やすらかにするなどの意味を表す。母性豊かな優しい女性に。
ヒント 「ほ」の音は、温かくくつろげる印象。母性の優しさが増す「お」や、癒（いや）しに満ちた「やす」の音でも。

秋保	あきほ
華保	かお
紀保	きほ
志保	しほ
智保	ちほ
杜保	ともり
菜保	なほ
虹保	にじほ
保波	ほなみ
保稀	ほまれ
真保	まほ
茉保	まもり
瑞保	みずほ
実保	みもり
保花	もちか
保未	もりみ
保希	やすき
保羽	やすは
保美	やすみ
保華	よりか
莉保	りほ
衣保菜	いおな
香保里	かほり
沙保里	さほり
詞保美	しほみ
菜保子	なおこ
保多瑠	ほたる
保乃香	ほのか
真保美	まおみ
美奈保	みなほ

柾

まさ
名 ただ

日本でつくられた字。木の正目のこと。また、常緑樹のマサキを表す。正目のようにまっすぐな人に育つように。
ヒント 母性的な優しさとさわやかな強さをもつ「まさ」の音を活かして。「征」と間違えやすいので要注意。

愛柾	あまさ
柾江	ただえ
多柾	たまさ
柾生	まさき
柾菜	まさな
柾陽	まさひ
柾海	まさみ
柾女	まさめ
柾世	まさよ
柾梨	まさり

耶

ヤ　か

耶蘇（やそ）はキリストのこと。耶馬台国にも使われる。「……であろうか」の意味も。組み合わせ方でしゃれた名前に。
ヒント 優しく開放感にあふれる「や」の音で、止め字や万葉仮名風に。止め字の「や」は、無邪気な童女の印象。

亜耶	あや
彩耶	あやか
耶弥	かや
沙耶	さや
茉耶	まや
美耶	みや
耶乎	やこ
弥耶	やや
梨耶	りか
紗耶香	さやか

柚

ユウ　ゆず
名 ゆ

果樹のユズを表す。果実は酸っぱく、強い香りが料理の味を引き立てる。和風のイメージの字。
ヒント 「ゆう」「ゆ」の読みをもつ字。「ゆう」は、人を和ませる印象。思いやりと風格で慕（した）われる「ゆず」の音でも。

亜柚	あゆ
晏柚	あんゆ
沙柚	さゆ
茉柚	まゆう
心柚	みゆ
美柚	みゆ
柚空	ゆあ
柚衣	ゆい
柚愛	ゆうあ
柚歌	ゆうか
柚生	ゆうき
柚子	ゆうこ
柚那	ゆうな
柚実	ゆうみ
柚果	ゆずか
柚香	ゆずか
柚希	ゆずき
柚姫	ゆずき
柚羽	ゆずは
柚穂	ゆずほ
柚美	ゆずみ
柚琉	ゆずる
柚奈	ゆな
柚乃	ゆの
柚芙	ゆふ
柚真	ゆま
柚実	ゆみ
万柚子	まゆこ
萌柚瑠	もゆる
柚未絵	ゆみえ

祐

ユウ たすける
名 さち ち ひろ まさ みち ゆ よし
旧 祐

神の助けを求めることを表し、助ける意味。祐筆(ゆうひつ)は秘書、書記のことで、仕事の面でも成功できそう。
ヒント 「柚」と同様、大人気の「ゆう」「ゆ」の読みで使える字。「ゆ」と読むと、ゆっくりと大成するイメージに。

- 季祐 きひろ
- 祐恵 さちえ
- 祐緒 さちお
- 祐禾 さちか
- 祐菜 ひろな
- 祐南 まさな
- 祐吏 まさり
- 真祐 まひろ
- 茉祐 まゆ
- 祐禾 みちか
- 祐瑠 みちる
- 美祐 みよし
- 祐衣 ゆい
- 祐花 ゆうか
- 祐飛 ゆうひ
- 祐莉 ゆうり
- 祐奈 ゆな
- 祐楽 ゆら
- 祐里 ゆり
- 祐珂 よしか
- 祐実 よしみ
- 亜祐実 あゆみ
- 愛祐夢 あゆむ
- 千祐梨 ちゆり
- 奈祐花 なゆか
- 菜祐実 なゆみ
- 麻祐子 まちこ
- 祐佳里 ゆかり
- 祐仁子 ゆにこ
- 祐莉子 ゆりこ

宥

ユウ なだめる ゆるす
名 ひろ ゆ

祖先の霊に肉を供えて許しを請うことで、許す、なだめる、寛大などの意味を表す。スケール感のある字。
ヒント 人気の音「ゆう」「ゆ」で使える字。使用例が少なく新鮮。情熱的でドラマチックな「ひろ」の音でも。

- 胡宥 こひろ
- 詩宥 しゆう
- 知宥 ちひろ
- 宥芽 ひろめ
- 万宥 まひろ
- 美宥 みゆう
- 宥海 ゆうみ
- 宥由 ゆうゆ
- 宥理 ゆり
- 宥玖子 ゆくこ

洋

ヨウ
名 うみ きよ なみ ひろ み

大きな海、大きな波、また、広く大きい様子を表す。西洋の意味もある。心の広い、スケール感のある人に。
ヒント 「よう」の音はのびのびしていて安心感を与える。「ひろ」の音はやる気とたくましさに満ちた印象に。

- 洋珂 うみか
- 洋美 きよみ
- 奈洋 なみ
- 洋央 ひろお
- 洋夏 ひろか
- 洋埜 ひろの
- 洋彌 ひろみ
- 美洋 みなみ
- 洋歌 ようか
- 洋陽 ようひ

要

ヨウ いる かなめ
名 しの とし め やす

腰骨の形から、かなめの意味になった。しめくくる、求めるなどの意味を表す。重要人物になれるように。
ヒント 「よう」の音は、おおらかで思いやりのある人に。「とし」「やす」などの名乗りの読みを活かしても。

- 要 かなめ
- 衣要 いとし
- 要夢 かなむ
- 要葉 しのは
- 要希 としき
- 要瑠 める
- 要菜 やすな
- 要実 やすみ
- 要愛 ようあ
- 要花 ようか

洛

ラク
名 みやこ ら

もとは中国の洛水という川の名。また、中国古代の都、洛陽をいい、日本では京都を指す。歴史を感じさせる字。
ヒント 大輪のバラのように華やかな「ら」の音だけを活かして万葉仮名風に。「みやこ」の音で1字名にも。

- 洛 みやこ
- 綺洛 きら
- 咲洛 さくら
- 森洛 しんら
- 星洛 せいら
- 美洛 みら
- 由洛 ゆら
- 洛愛 らくあ
- 洛華 らくか
- 洛菜 らくな

俐

リ さとい

賢い意味を表す。特に弁舌の巧みなことをいう。字の組み合わせ方で、気のきいた感じの名前になる。
ヒント 「り」の音は、りりしく理知的なイメージ。さわやかで温かく聡明(そうめい)な印象の「さと」の読みでも。

- 灯俐 あかり
- 里俐 さとり
- 乃俐 のり
- 光俐 ひかり
- 真俐 まり
- 優俐 ゆり
- 俐美 りみ
- 俐芽 りめ
- 芽俐沙 めりさ
- 俐々亜 りりあ

律

リツ リチ
名 おと たて のり

決まり、定め、法律の意味を表す。また、音楽や詩の調子の意味もある。芸術的な才能を授かることを願って。
ヒント 「りつ」の音は華やかで知的、パワフルで艶(つや)のあるイメージ。美しいのに努力をいとわず出世する人に。

- 律 りつ
- 律音 おとね
- 律巴 おとは
- 律女 おとめ
- 律穂 たてほ
- 律恵 のりえ
- 美律 みのり
- 律花 りつか
- 律季 りつき
- 律子 りつこ

柳

リュウ やなぎ
名 やな

樹木のヤナギを表す。柳腰は美人の細腰、柳眉は美人の細い眉のこと。しなやかな美人になるよう願って。
ヒント 「やな」の音は優しく清潔な開放感にあふれた印象。「りゅう」と読むと、躍動感のある力強い名前に。

- 柳 やなぎ
- 愛柳 あやな
- 歌柳 かやな
- 詩柳 しりゅう
- 美柳 みりゅう
- 柳花 やなか
- 柳美 やなみ
- 柳香 りゅうか
- 柳華 りゅうか
- 柳胡 りゅうこ

亮

リョウ
あきらか
すけ　まこと
名 あきら
かつ　ふさ
よし

明らか、まこと、助けるなどの意味を表す。大宝令では長官を補佐する官のこと。誠実な人になるように。明るく
ヒント 「りょう」は透明感と清涼感をもち、芸術的な雰囲気のある音。「あき」の音はキュートで明るく輝く印象。

亮　まこと
亮葉　あきは
亮穂　あきほ
亮未　かつみ
小亮　こあき
智亮　ちあき
亮英　ふさえ
亮花　よしか
亮歌　りょうか
亮子　りょうこ

玲

レイ
名 あき
あきら　たま
れ

玉のふれあう音、玉のように光り輝く美しさを表す。「長恨歌」の楊貴妃登場では玲瓏という表現が使われた。
ヒント エレガントで洗練された印象の「れ」、理知的で気品あるイメージの「れい」の音で。1字名にしても。

玲　れい
玲名　あきな
玲梛　あきな
玲帆　あきほ
玲未　あきみ
玲楽　あきら
純玲　すみれ
玲歌　たまか
玲輝　たまき
玲南　たまな

玲芭　たまは
知玲　ちあき
誉玲　ほまれ
真玲　まれい
美玲　みれい
玲愛　れあ
玲亜　れいあ
玲子　れいこ
玲奈　れいな
玲來　れいら

玲那　れな
玲仁　れに
玲祢　れね
玲音　れのん
玲実　れみ
絵玲奈　えれな
玖玲愛　くれあ
世玲奈　せれな
真玲亜　まれあ
玲央奈　れおな

晏

アン　おそい
やすい
名 さだ　はる

やすらか、静かの意味を表す。鮮やか、美しいの意味もある。人をほっとさせる静かな美しさをそなえるように。
ヒント 信頼感に満ちた「あん」の音は素朴で親しみやすく、深い癒しを感じさせる。使用例が少なく新鮮。

晏寿　あんじゅ
晏奈　あんな
晏夕　あんゆ
晏莉　あんり
晏美　さだみ
晏香　はるか
晏菜　はるな
美晏　みはる
莉晏　りあん
瑠晏　るあん

益

エキ　ヤク
名 あり　のり
ます　み
よし

皿に水があふれる形がもとになっている字で、増すの意味を表す。役に立つこと、もうけの意味も。起業家に。
ヒント 「ます」と読むと、静かな情熱を内に秘めた印象に。「み」の音で止め字にすると、愛らしい印象に。

益歌　ありか
瑚益　このり
益華　のりか
益寿　ますず
真益　まみ
実益　みのり
益佳　よしか
益乃　よしの
千益子　ちえこ
美益子　みやこ

悦

エツ
名 のぶ　よし

神が乗り移ってうっとりしている心をいい、喜ぶ、楽しむという意味に使う。喜びの多い人生をおくるように。
ヒント タフさを感じさせる「えつ」の音は一気に走り抜けるイメージ。さわやかで癒される「よし」の音でも。

悦禾　えつか
悦奈　えな
嘉悦　かえ
希悦　きえ
悦歌　のぶか
悦実　のぶみ
萌悦　もえ
悦花　よしか
悦葉　よしは
悦美　よしみ

桜

オウ
さくら
名 お　さ

旧 櫻 (→P346)

もとの字は「櫻」で、樹木のサクラの意味。花は可憐で果実は美味。桜のように美しく育つように。
ヒント 1字名はもちろん、「お」「さ」の音で万葉仮名風に。「お」は母性、「さ」はスター性を感じさせる。

桜　さくら
愛桜　あいさ
梓桜　あずさ
有桜　ありさ
衣桜　いお
桜叶　おうか
桜美　おうみ
桜良　おうら
和桜　かずさ
紗桜　さお

桜愛　さくあ
桜奈　さくな
桜乃　さくの
桜実　さくみ
桜子　さくらこ
桜來　さら
桜梨　さり
千桜　ちさ
花桜　はなお
万桜　まお

実桜　みお
莉桜　りお
李桜　りさ
恵瑠桜　えるさ
桜都葉　おとは
香桜里　かおり
桜緒李　さおり
史桜里　しおり
陽桜里　ひおり
美桜莉　みおり

恩

オン　名 おき しだ のん めぐみ

恵み、慈しみ、大切にする、かわいがるなどの意味を表す。慈しみの心をもつ優しい子に育つように。

ヒント 「めぐみ」の音で1字名に。壮大な世界観のある「おん」、自由で楽しそうな「のん」の音で止め字にも。

恩	めぐみ
亜恩	あのん
絵恩	えのん
華恩	かおん
志恩	しおん
恩羽	しだは
葉恩	はおん
真恩	まおき
美恩	みおん
凜恩	りおん

夏

カ ゲ なつ

冠を着けて舞う人の形からできた字。季節の夏を表す。夏は生命活動が最も活発な時期。元気な子に。

ヒント 「か」の音で、利発で快活な都会派の印象、「なつ」の音で、元気で明るい働き者の印象をプラスして。

娃夏	あいか
海夏	うみか
音夏	おとか
夏音	かのん
夏穂	かほ
夏夜	かよ
小夏	こなつ
清夏	せいか
千夏	ちなつ
夏生	なつお
夏歌	なつか
夏希	なつき
夏子	なつこ
夏菜	なつな
夏祢	なつね
夏乃	なつの
夏美	なつみ
夏夢	なつむ
波夏	なみか
晴夏	はるか
愛夏	まなか
真夏	まなつ
夕夏	ゆうか
由夏	ゆか
陽夏	ようか
夏衣良	かいら
夏那子	かなこ
帆乃夏	ほのか
理夏子	りかこ
瑠璃夏	るりか

華

カ ケ はな　名 は はる

美しく咲き乱れる花の形からできた字で、花、華やか、栄えるなどの意味になった。花のように美しい女性に。

ヒント 「はな」の音でほのぼのとしながらセクシーな印象を、「か」の音でまっすぐで快活な印象を加えて。

華	はな
彩華	あやか
乙華	おとは
華夏	かな
華則	かのり
華音	かのん
華帆	かほ
華蘭	からん
小華	こはる
雪華	せつか
知華	ちはる
紀華	のりか
華絵	はなえ
華歌	はなか
華子	はなこ
華美	はなみ
華那	はるな
郁華	ふみか
瑞華	みずか
美華	みはな
魅華	みはる
萌華	もえか
素華	もとか
百華	ももか
夢華	ゆめか
琉華	るか
麗華	れいか
華奈美	かなみ
梨華子	りかこ
瑠璃華	るりか

桧

カイ ひのき　名 ひ　旧 檜

もとの字は「檜」。樹木のヒノキの意味を表す。ヒノキはきめが細かく、耐久性のある建築材。芯の強い女性に。

ヒント 情熱と冷静をあわせもつ「ひ」の音で万葉仮名風に。りりしく知性的な「かい」の音を活かしても。

桧那	かいな
桧弥	かいや
桧良	かいら
桧菜	ひな
桧埜	ひの
桧史	ひふみ
桧女	ひめ
桧緒里	ひおり
桧奈汰	ひなた
桧陽里	ひより

莞

カン いぐさ　名 い

草の名であるイグサの意味を表す。むしろを織るのに使われる。にっこり笑う意味も。素朴で明るい子に。

ヒント 笑顔に満ちあふれたイメージの字。「かん」の読みで、人なつっこく甘い無邪気さで愛される名前に。

亜莞	あい
莞那	かんな
莞乃	かんの
乃莞	のい
真莞	まい
美莞	みかん
瑠莞	るい
美莞南	みいな
友莞香	ゆいか

栞

カン しおり　名 か けん

「幵」+「木」で、木を削ってつくった道標を表す。本にはさむしおり、ガイドの意味もある。文学少女に。

ヒント 「しおり」と読んで清楚で可憐なイメージを、「かん」と読んで愛される無邪気さと知性を加えて。

栞	しおり
綺栞	あやか
歩栞	あゆか
栞南	かな
栞帆	かほ
栞奈	かんな
栞縫	かんぬ
栞乃	かんの
杏栞	きょうか
栞南	けんな
栞名	しいな
栞子	しおこ
栞菜	しおな
栞巴	しおは
栞実	しおみ
朋栞	ともか
花栞	はなか
晴栞	はるか
穂栞	ほのか
愛栞	まなか
美栞	みかん
未栞	みしお
萌栞	もえか
百栞	ももか
優栞	ゆうか
陽栞	ようか
凌栞	りょうか
伶栞	れいか
亜衣栞	あいか
栞央里	しおり

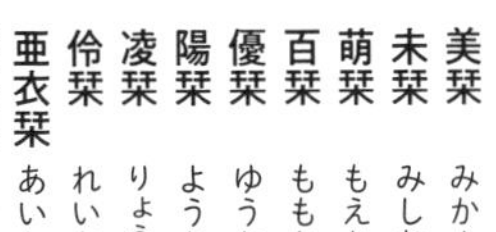

記

キ しるす
名 とし なり のり ふさ ふみ よし

順序よく整理して、書きとめる、記すの意味を表す。覚える、心に刻むの意味も。堅実な人生をおくるように。
ヒント 突出した個性のある「き」の音で止め字や万葉仮名風に。りりしく気品のある「のり」の音でも。

逸記	いつき
碧記	たまき
記英	としえ
記美	なりみ
記歌	のりか
日記	ひふみ
記花	ふさか
記子	ふみこ
記香	よしか
深早記	みさき

姫

キ ひめ
名 め

もとは男子を示す「彦」に対して女性一般を示す字だったが、現在では貴人の娘や女性の美称に使われる。
ヒント 美しい女性のイメージに、「ひめ」の音でセクシーさと温かみを、「き」の音でクールな個性をプラスして。

彩姫	あやき
逸姫	いつき
織姫	おりき
和姫	かずき
奏姫	かなめ
姫実	きみ
姫楽	きら
来姫	くるめ
静姫	しずき
春姫	はるき
姫芽	ひめ
姫花	ひめか
姫夏	ひめか
姫奈	ひめな
姫音	ひめね
姫乃	ひめの
姫李	ひめり
万姫	まき
美姫	みき
姫衣	めい
桃姫	ももき
悠姫	ゆうき
友姫	ゆき
由姫	ゆめ
瑠姫	るき
明日姫	あすき
姫李亜	きりあ
沙津姫	さつき
十姫乃	ときの
光姫子	みきこ

起

キ おきる
名 おこし かず たつ ゆき

起きる、立つ、はじめる、盛んになるなどの意味を表す。積極的、主体的に運命を切りひらいていく人に。
ヒント 前向きなイメージの字に、「き」の音で、生命力にあふれ、自分をしっかりもつ独立独歩の印象をプラス。

亜起	あき
起詩	おこし
起紗	かずさ
起実	たつみ
珠起	たまき
万起	まき
望起	みき
悠起	ゆうき
真起子	まきこ
由起江	ゆきえ

桔

キツ
名 き

草のキキョウ（桔梗）を表す。秋の七草のひとつで、漢方薬の材料にもなる。清楚で芯の強い女性に。
ヒント 「きつ」の音を活かすと、自分をしっかりもった個性派の印象に。「き」の音で止め字にしても。

和桔	かずき
桔梗	ききょう
桔久	きく
桔乃	きつの
咲桔	さき
真桔	まき
瑞桔	みずき
桔代香	きよか
羽津桔	はづき
美奈桔	みなき

恭

キョウ うやうやしい
名 すみ たか ちか みつ やす ゆき よし

神を拝むときの心を表す字で、つつしむ、うやうやしいなどの意味に使う。礼儀正しく奥ゆかしい女性に。
ヒント 輝くほどの強さと包容力のある「きょう」、清潔感のある「やす」、優しく強い「ゆき」などの読みで。

恭花	きょうか
恭子	きょうこ
恭伶	すみれ
恭江	たかえ
美恭	みちか
恭葉	みつば
恭葉	やすは
恭奈	ゆきな
恭実	ゆきみ
恭美	よしみ

恵

ケイ エ めぐむ
名 あや さと しげ とし めぐみ やす よし
旧 惠

もとの字は「惠」。恵む、慈しむのほかに、賢い、素直、美しいなどの意味もある。優しく慈愛に満ちた女性に。
ヒント エレガントで懐深い「え」、潔く気品のある「けい」、力強い印象の「めぐ」などの読みで。1字名にも。

恵	めぐみ
恵葉	あやは
恵奈	えな
恵帆	えほ
恵麻	えま
恵夢	えむ
恵花	けいか
恵子	けいこ
恵紗	けいしゃ
恵都	けいと
彩恵	さえ
恵瑚	さとこ
恵未	しげみ
静恵	しずえ
恵架	としか
華恵	はなえ
春恵	はるえ
文恵	ふみえ
実恵	みよし
恵夢	めぐむ
恵瑠	めぐる
萌恵	もえ
恵乃	やすの
恵羽	やすは
雪恵	ゆきえ
恵実	よしみ
恵美奈	えみな
恵利香	えりか
香奈恵	かなえ
利恵子	りえこ

桂

ケイ かつら
名 かつ よし

樹木のカツラを表す。中国では常緑の香木を指すが、日本では別の木をいう。中国には月に生えるといわれる。
ヒント 潔くりりしい「けい」、やわらぎと清潔な癒しを感じさせる「よし」の音で、先頭字や止め字に。

桂	かつら
桂実	かつみ
桂子	けいこ
桂都	けいと
桂奈	けいな
桂羅	けいら
桂香	よしか
桂葉	よしは
桂美	よしみ
桂里奈	かりな

兼

ケン　かねる

名 かず　かた　かぬ　かね　とも

二本の稲を手にもつ形からできた字で、合わせる、兼ねるの意味を表す。たくさんの友人に恵まれるように。ヒント「とも」と読むと、優しさと力強さをあわせもつ名前に。チャレンジ精神を感じる「かず」の音でも。

亜兼	あかね
兼絵	かずえ
兼紗	かずさ
兼音	かたね
兼礼	かぬれ
兼穂	かねほ
兼恵	ともえ
兼花	ともか
兼葉	ともは
美兼	みかね

悟

ゴ　さとる

名 のり

悟る、はっきりわかる、迷いから覚めるなどの意味を表す。心にかかわる字で、哲学的、宗教的なイメージ。ヒント「さと」の音は、さわやかで温かい印象。「のり」と読むと、りりしさと気品、華やかさをもつ名前に。

亜悟	あさと
悟子	さとこ
悟実	さとみ
燦悟	さんご
智悟	ちさと
悟緒	のりお
悟香	のりか
葉悟	はのり
美悟	みさと
那悟美	なごみ

倖

コウ　こいねがう　さいわい

名 さち　ゆき

「幸」から分化した字で、幸いの意味を表す。特に、思いがけない幸いの意味も。幸運に恵まれることを願って。ヒント「幸」のかわりに使っても。強く優しい「ゆき」、愛らしさあふれる「さち」の音などを活かして。

小倖	こゆき
倖生	さちお
倖香	さちか
倖李	さちり
紗倖	さゆき
千倖	ちゆき
美倖	みさち
倖菜	ゆきな
倖帆	ゆきほ
倖実	ゆきみ

晃

コウ　あきらか

名 あき　きら　てる　ひかる　みつ

旧 晄 （→P281）

「日」+「光」で、太陽の光が輝くこと。明らか、光る、輝くなどの意味を表す。日光のように明るく元気な子に。ヒント「あき」の音は、明るく温かい包容力のあるイメージ。「こう」と読むと、愛らしくキュートな印象に。

晃	ひかる
晃南	あきな
晃葉	あきは
晃帆	あきほ
晃來	きらら
晃亜	こうあ
晃紗	こうさ
千晃	ちあき
晃希	てるき
晃葉	みつは

晄

コウ　あきらか

名 あき　きら　てる　ひかる　みつ

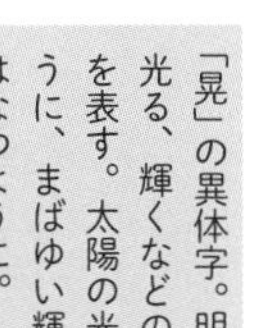

「晃」の異体字。明らか、光る、輝くなどの意味を表す。太陽の光のように、まばゆい輝きをはなつように。ヒント「晃」と意味も読みも同じだが、使用例が少なく新鮮。情熱と知的な輝きに満ちた「ひかる」の音でも。

晄	ひかる
晄生	あき
晄菜	あきな
晄音	あきね
晄乃	あきの
晄帆	あきほ
晄実	あきみ
晄來	あきら
亜晄	あきら
晄李	あきり
晄良	きら
晄楽	きらら
晄莉	きらり
晄宇	こう
晄希	こうき
晄寿	こうじゅ
晄深	こうみ
湖晄	こてる
千晄	ちあき
晄子	てるこ
晄羽	てるは
晄美	てるみ
晄琉	ひかる
晄都	みつ
晄歌	みつか
晄季	みつき
晄波	みつは
晄葉	みつば
晄弥	みつみ
晄瑠	みつる

浩

コウ　ひろい

名 はる　ひろ　ゆたか

もとは水の豊かな様子をいい、豊か、広い、大きい、多いなどの意味を表す。のびのびとおおらかに育つように。ヒント「ひろ」の音で先頭字や止め字に。くつろぎの中にタフさと積極性のある名前に。「はる」の音でも。

小浩	こはる
千浩	ちひろ
浩奈	はるな
浩流	はるる
浩恵	ひろえ
浩香	ひろか
浩美	ひろみ
真浩	まひろ
美浩	みひろ
浩花	ゆたか

紘

コウ

名 ひろ

弓を引きしぼって張る状態から、ひも、綱の意味を表す。広い、大きいの意味も。スケール感のある字。ヒント「ひろ」の音は落ち着いた中にも積極性を感じさせる。止め字に使うと、ロマンチストな本格派の印象。

知紘	ちひろ
紘依	ひろえ
紘夏	ひろか
紘奈	ひろな
紘海	ひろみ
紘美	ひろみ
紘女	ひろめ
真紘	まひろ
美紘	みひろ
耶紘	やひろ

航

コウ

名 かず　つら　わた　わたる

もとは舟で川を渡ることで、舟、渡るの意味になった。現在は空を渡ることもいう。グローバルなイメージの字。ヒント「こう」の音で、機敏さと思慮深さが加わる。圧倒的な存在感のある「わた」の読みを活かしても。

航紗	かずさ
航菜	かずな
珂航	かつら
航愛	こうあ
航子	こうこ
航奈	こうな
美航	みかず
航絵	わたえ
航奈	わたな
航瑠	わたる

高

コウ　たかい
名 あき　あきら　うえ　たけ　ほど

高い意味を表す。高いものは、位置、丈、身分、年齢、人柄、評判などいろいろある。さまざまな願いをこめて。
ヒント　思いやりと信頼感で、リーダーの印象がある「たか」の音で。元気で明るい「あき」の音を活かしても。

高佳	あきか
高羽	あきは
高代	あきよ
高雅	こうが
高良	たから
高芳	たけは
高美	ほどみ
真高	まうえ
美高	みたけ
莉高	りこ

紗

サ　シャ
うすぎぬ　たえ
名 すず

薄絹(うすぎぬ)（薄くて目の粗い織物）のことを表す。エキゾチックなイメージがあり、しゃれた名前がつくれる字。
ヒント　字の美しくやわらかな織物のイメージに、「さ」の音で颯爽(さっそう)と先頭に立つ憧(あこが)れの人の印象をプラスして。

和紗	かずさ
圭紗	けいしゃ
紗彩	さあや
紗愛	さえ
紗希	さき
紗知	さち
紗那	さな
紗帆	さほ
紗美	さみ
紗來	さら
更紗	さらさ
紗菜	しゃな
紗香	すずか
紗奈	すずな
紗恵	たえ
紗花	たえか
千紗	ちさ
茉紗	ますず
実紗	みさ
梨紗	りさ
あり紗	ありさ
亜里紗	ありさ
紗江子	さえこ
紗玖楽	さくら
紗仁衣	さにい
紗也香	さやか
さや紗	さやさ
知紗奈	ちさな
真紗那	まさな
美紗希	みさき

朔

サク
ついたち
名 きた　もと

月のついたちをいい、そこからすべてのはじめの意味に使う。方位の北の意味も。フレッシュなイメージの字。
ヒント　「さく」の音は抜群の集中力で確かな方向性を導き出す印象。安定感と強さを感じる「もと」の音でも。

朔葉	さくは
朔美	さくみ
朔弥	さくや
朔良	さくら
朔来	さくら
千朔	ちさ
真朔	まきた
美朔	みさ
朔子	もとこ
朔羽	もとは

索

サク
名 もと

縄をなう形からできた字で、縄、なうの意味を表す。探す、求めるの意味も。好きなことを突きつめていく人に。
ヒント　「さく」の音は、決断力とさばく力で困難を乗り越える印象。「もと」の音は、包容力とパワーの印象。

和索	かずさ
索葉	さくは
索美	さくみ
索耶	さくや
索來	さくら
索花	もとか
索子	もとこ
索実	もとみ
莉索	りさ
索徠子	さくらこ

時

ジ　とき
名 これ　ちか　はる　もち　ゆき　よし　より

時の意味だが、季節、時の流れ、時代、めぐり合わせ、機会など、多くの意味を含む。深遠なイメージもある字。
ヒント　「とき」の音は、信頼感があり格調高い。「ちか」「ゆき」などの名乗りの読みを活かしても。

時美	これみ
時瑚	ちかこ
時可	ときか
時和	ときわ
時奈	はるな
時実	はるみ
実時	みよし
時菜	もちな
時恵	ゆきえ
時子	よりこ

殊

シュ　こと
名 じゅ　よし

異なる、とりわけなどのほかに、特に優れている、大きいの意味もある。他に抜きんでることを願って。
ヒント　「しゅ」の音はソフトな風と光を感じさせる。「こと」と読むと、知的で信頼感のあついイメージに。

殊音	ことね
殊葉	ことは
殊美	ことみ
殊袮	じゅね
殊里	しゅり
殊莉	じゅり
真殊	まこと
殊恵	よしえ
殊子	よしこ
瑠殊	るうじゅ

珠

シュ
名 じゅ　す　たま　たまき　み

もとは美しい玉のことをいい、特に真珠を指す。美しいもののたとえにも使う。本物の輝きをもつように。
ヒント　さわやかな風と光のような「しゅ」、なぜか品を感じさせる「じゅ」、人間性豊かな「たま」などの音で。

愛珠	あいみ
彩珠	あみ
紋珠	あやみ
有珠	ありす
杏珠	あんじゅ
郁珠	いくみ
海珠	うみ
笑珠	えみ
好珠	このみ
珠衣	じゅい
珠奈	しゅな
珠音	じゅね
珠帆	じゅほ
珠莉	しゅり
珠央	たまお
珠希	たまき
珠姫	たまき
珠芭	たまは
珠水	たまみ
悠珠	はるみ
真珠	まじゅ
茉珠	まみ
珠生	みお
珠佑	みゆ
萌珠	もえみ
麗珠	れいじゅ
亜珠奈	あすな
珠宇香	しゅうか
珠恵里	じゅえり
珠里奈	じゅりな

修

シュウ シュ
おさめる
名 さね のり
ひさ まさ
もと よし

修めるという意味を表す。特に、学問技芸を身につける意味で使われる。文芸、芸術の才を願って。
ヒント 「しゅう」と読むと、俊敏(しゅんびん)さと落ち着きが共生した印象で、深みのある的確な判断力を発揮する人に。

依修	いのり
修奈	しゅうな
修花	のりか
修恵	ひさえ
修菜	まさな
修実	まさみ
真修	ましゅう
美修	みさね
修依	もとえ
修禾	よしか

袖

シュウ そで

衣服のそでを表す字で、そで、そで口の意味。領袖(りょうしゅう)とは統率者のこと。リーダーの才がある人に。
ヒント 「しゅう」の音で先頭字に。明るく若々しい聡明(そうめい)さがあり、夢を感じさせる人になる。

小袖	こそで
袖花	しゅうか
袖夏	しゅうか
袖胡	しゅうこ
袖妃	しゅうひ
袖蘭	しゅうらん
袖香	そでか
袖美	そでみ
真袖	ましゅう
美袖花	みそか

峻

シュン
けわしい
たかい
名 ちか とし
みち みね

もとは山が高く険(けわ)しいことで、そこから、高い、険しい、厳しいなどの意味に使う。他から抜きんでるイメージも。
ヒント 「たか」「ちか」「みち」など、使いやすい読みも多い。女の子らしい字と組み合わせて凜(りん)とした名前に。

貴峻	きみね
早峻	さちか
峻花	しゅんか
峻李	しゅんり
峻恵	ちかえ
峻菜	としな
万峻	まちか
美峻	みちか
峻子	みねこ
峻穂	みねほ

隼

シュン
ジュン
はやぶさ
名 とし はや

鳥が速く飛ぶ形からできた字。鳥のハヤブサの意味を表す。勇猛で敏速なハヤブサのようにスピード感のある字。
ヒント 「じゅん」の音は高級感と人なつこさをあわせもった印象に。「とし」「はや」の読みを活かしても。

隼歌	じゅんか
隼奈	じゅんな
千隼	ちはや
隼英	としえ
隼枝	としえ
隼実	としみ
隼夏	はやか
隼音	はやね
隼芽	はやめ
美隼	みはや

純

ジュン
名 あつ あや
いと すなお
すみ とう
まこと よし

混じり気のないこと、偽りのないこと、美しいなどの意味を表す。自然のままの飾らない美しさを願って。
ヒント 「じゅん」の音は、甘くやわらぎを感じさせる。スマートに生き抜く印象の「すみ」の音を活かしても。

純	じゅん
明純	あずみ
純季	あつき
純実	あつみ
純音	あやね
純乃	あやの
純羽	あやは
純巳	あやみ
惟純	いずみ
純詩	いとし
純那	いとな
架純	かすみ
歌純	かすみ
小純	こいと
純架	じゅんか
純奈	じゅんな
純帆	じゅんほ
純莉	じゅんり
純生	すなお
純香	すみか
純菜	すみな
純乃	すみの
純怜	すみれ
純美	とうみ
真純	まあや
純都	まこと
麻純	ますみ
美純	みすみ
純恵	よしえ
純璃	よしり

恕

ジョ ショ
ゆるす
名 くに
しのぶ のり
ひろ みち
ゆき よし

許す、思いやり、いつくしみ、などの意味を表す。孔子が最も大切とした。心の大きな人に育つように。
ヒント 「くに」の音で小粋(こいき)な印象、「ゆき」で優しくて芯の強い印象、「よし」の音で癒(いや)される印象をプラス。

依恕	いのり
恕香	くにか
恕安	じょあん
恕恵	のぶえ
恕香	のりか
恕奈	ひろな
恕未	ひろみ
恕花	みちか
恕那	ゆきな
恕実	よしみ

祥

ショウ
名 さか さき
さち ただ
なが やす
よし

旧 祥

羊を供えて占い、よい結果を得ることで、幸い、めでたいしるしの意味に使う。縁起のいい字。
ヒント 「しょう」「さち」「よし」の音でよく使われる。「さち」と読むと、キュートな愛らしさがあふれた名前に。

亜祥	あさか
玖祥	くさか
祥笑	さかえ
祥季	さき
祥江	さきえ
祥瑚	さきこ
祥那	さきな
祥野	さきの
祥知	さち
祥加	さちか
祥羽	さちは
祥穂	さちほ
祥胡	しょう
祥香	しょうか
祥子	しょうこ
祥那	しょうな
祥恵	ただえ
祥埜	ただの
祥葉	ただは
祥夢	ただむ
祥絵	ながえ
祥李	ながり
美祥	みさき
未祥	みよし
祥胡	やすこ
祥巳	やすみ
祥栄	よしえ
祥嘉	よしか
祥乃	よしの
祥実	よしみ

将（旧 將）

ショウ

名 のぶ　はた　まさ　もち　ゆき

もとは神に肉を供えて祭る人を表し、将軍、率いるなどの意味に使う。将来の活躍を願って。

ヒント　「まさ」は満ち足りた印象と強さをもつ音。「しょう」の音は、ソフトで温かい光を感じさせる。

小将	こはた
将華	しょうか
将李	しょうり
多将	たまさ
将枝	のぶえ
将奈	まさな
将美	まさみ
将江	もちえ
将希	ゆき
将那	ゆきな

笑

ショウ　わらう　えむ

名 え　えみ

巫女(みこ)が舞い踊る形で、神を楽しませることから笑う意味に。花が咲く意味も。愛される子になるように。

ヒント　「しょう」の音は深くソフトな光を、「えみ」の音は、心の広さと充実した明るさ、癒(いや)しを感じさせる。

笑子	えこ
笑美	えみ
笑香	えみか
笑李	えみり
花笑	かえ
笑胡	しょうこ
多笑	たえ
華笑	はなえ
愛笑	まなえ
笑弥里	えみり

晋

シン　すすむ

名 あき　くに　つき　ゆき

もとの字は「晉」。もとは矢を表したが、進む、進めるの意味に使う。積極的で活発な子になることを願って。

ヒント　明るくキュートな「あき」、自立心を感じさせる「くに」、やわらかさと強さをもつ「ゆき」などの音で。

晋恵	あきえ
晋埜	あきの
晋海	あきみ
晋枝	くにえ
晋花	くにか
晋夏	くにか
晋子	くにこ
紗晋	さつき
菜晋	なつき
晋奈	ゆきな

真（旧 眞）

（→P284）

シン　ま

名 さだ　ちか　なお　まき　まこと　まさ　み

もとの字は「眞」。まこと、真実、本物などの意味を表す。真心を忘れない、誠実な人に育つことを願って。

ヒント　「ま」の音は満ち足りた雰囲気にあふれる印象。「しん」の音は、迷いなくまっすぐつき進むイメージ。

真	まこと
絵真	えま
真絵	さだえ
紗真	さなお
真歌	さなか
詩真	しま
真紅	しんく
真珠	しんじゅ
瑶真	たまき
真未	なおみ
真羽	まう
真瑛	まきえ
真南	まさな
真白	ましろ
茉真	まちか
真帆	まほ
真幌	まほろ
真夜	まや
真由	まゆ
美真	みしん
優真	ゆま
莉真	りみ
明日真	あすま
真亜桜	まあさ
真衣音	まいね
真沙実	まさみ
真知子	まちこ
真奈美	まなみ
真理菜	まりな
由真奈	ゆまな

眞

シン　ま

名 さだ　ちか　なお　まき　まこと　まさ　み

「真」の旧字。まこと、真実、本物、正しいなどの意味を表す。まじめに、ひたむきに、誠実に生きるように。

ヒント　「真」とは読み、意味、画数ともに共通なので、字形の好みで選んで。「ま」の音で天真爛漫(てんしんらんまん)な印象に。

絵眞	えま
眞音	さだね
眞心	なおみ
眞桜	まお
眞帆	まきほ
眞絵	まさえ
眞奈	まな
眞弓	まゆみ
眞凛	まりん
美眞	みちか

粋（旧 粹）

スイ　いき

名 きよ　ただ

もとの字は「粹」。混じりけがないという意味。野暮(やぼ)に対する「いき」の意味も。センスのよい女性に。

ヒント　「きよ」の音は、清潔で柔和(にゅうわ)な、品のあるリーダーを思わせる。「すい」の音は透明感を感じさせる。

粋江	きよえ
粋香	きよか
粋乃	きよの
粋葉	きよは
粋美	きよみ
粋里	きより
小粋	こいき
粋華	すいか
粋夢	すいむ
粋音	ただね

栖

セイ　すむ

名 す　すみ

木の上の鳥の巣を表し、巣、ねぐらの意味に使う。すむ、宿るの意味も。幸福な家庭が築けることを願って。

ヒント　「せい」の音は透明な光を思わせる。「すみ」と読むと人々をキュンとさせるかわいい印象に。

亜栖	あすみ
有栖	ありす
香栖	かすみ
栖礼	すみれ
栖奈	せいな
栖良	せいら
知栖	ちせ
玖蕗栖	くろす
菜々栖	ななせ
真栖美	ますみ

晟

セイ　あきらか

名 あき　てる　まさ

明らか、盛んの意味を表す。日光が満ち満ちていることを表す字で、周囲を明るく照らすような子になりそう。

ヒント　使用例が少ないので、新鮮な印象の名前に。すがすがしく神聖な「せい」や、「あき」「まさ」などの読みで。

晟央	あきお
晟梛	あきな
晟梨	あきり
晟夏	せいか
晟奈	せいな
晟羅	せいら
千晟	ちあき
晟子	てるこ
晟美	まさみ
晟世	まさよ

素

ソ　ス
名 しろ　すなお　もと

糸の染め残った白い部分のことで、白、もとの意味になった。生まれつきの性質の意味も。素直な子に。

ヒント「もと」と読むと、パワーあふれ、たのもしい人生に。包容力のある「そ」、フレッシュな「す」の音も。

有素 ありす
素直 すなお
茉素 ましろ
素絵 もとえ
素花 もとか
素子 もとこ
素菜 もとな
亜素那 あすな
素々夏 すずか
素奈多 そなた

泰

タイ
名 ひろ　や　やす　ゆたか　よし

やすらか、大きい、豊か、はなはだしいなどの意味。泰山（たいざん）は中国皇帝が天を祭る山。のびやかに育つように。

ヒント「やす」の音は初夏の光のような清潔な癒し（いや）の印象。「ひろ」の音を使うと、熱い息吹と風格のある名前に。

泰 ゆたか
泰子 たいこ
知泰 ちひろ
泰乃 ひろの
泰海 ひろみ
真泰 まひろ
泰枝 やすえ
泰奈 やすな
泰羽 やすは
泰子 よしこ

啄

タク　たたく　ついばむ
名 とく

もとの字は「啄」。ついばむ、たたくなどの意味を表す。啄木（たくぼく）はキツツキのこと。文才に恵まれそうな感じ。

ヒント「たく」の音は、人からの信頼があつく、パワフルで自立したイメージ。利発で機転のきく「とく」の音でも。

啄英 たくえ
啄南 たくな
啄音 たくね
啄文 たくみ
啄美 たくみ
啄子 とくこ
啄奈 とくな
啄眞 とくま
啄実 とくみ
啄莉 とくり

通

ツウ　ツ　かよう　とおる
名 なお　みち　みつ　ゆき

通る、行き渡る、通う、あまねくなどの意味を表す。通（つう）はあることに詳しいことをいう。順調な人生を願って。

ヒント 充実感と生命力にあふれる「みち」の音がよく使われる。「みつ」「ゆき」の読みを活かしても。

千通 ちづ
通実 なおみ
通栄 みちえ
通架 みちか
通代 みちよ
通瑠 みちる
通希 みつき
通子 みつこ
美通 みゆき
通音 ゆきね

哲

テツ
名 あき　あきら　さと　のり　よし

神に誓うときの心をいい、賢い、知る、明らかの意味になった。物事を深く考え、本質を見すえる人になるように。

ヒント「てつ」の音は手堅く積み上げるイメージ。「さと」の音は聡明（そうめい）な、「あき」の音は明るく元気な印象。

哲英 あきえ
哲理 あきり
哲菜 さとな
哲羽 さとは
哲美 さとみ
哲子 てつこ
哲花 のりか
実哲 みさと
哲佳 よしか
哲葉 よしは

展

テン
名 のぶ　ひろ

広げる、開く、のび広げるのほか、並べる、見る、調べるなどの意味を表す。のびのびと成長することを願って。

ヒント 甘え上手で秘めた情熱をもつ「のぶ」、熱い息吹と風格あふれる印象の「ひろ」の音を活かして。

志展 しのぶ
千展 ちひろ
展枝 のぶえ
展生 のぶき
展子 のぶこ
展花 ひろか
展菜 ひろな
展埜 ひろの
展海 ひろみ
真展 まひろ

桐

トウ　きり
名 どう　ひさ

樹木のキリを表す。木目が美しく、軽くてやわらかく、家具などの高級資材になる。心身ともしなやかな女性に。

ヒント 理知的な「きり」の音は、華やかで輝かしい印象。「とう」の音はまじめでコツコツ努力するイメージ。

桐亜 きりあ
桐恵 きりえ
桐花 きりか
桐子 きりこ
桐葉 きりは
沙桐 さぎり
桐胡 とうこ
桐恵 ひさえ
桐美 ひさみ
実桐 みどう

桃

トウ　もも

果樹のモモを表す。モモは、古来から邪気をはらう力があるとされた。可憐（かれん）で神秘的なイメージの字。

ヒント「もも」は、ふっくらとやわらかく温かな母性愛とともに、バイタリティあふれた印象もある音。

亜桃 あも
胡桃 くるみ
瑚桃 こもも
珠桃 すもも
桃愛 とあ
桃架 とうか
桃胡 とうこ
桃奈 とうな
桃未 とうみ
桃李 とうり

美桃 みと
桃愛 ももあ
桃那 ももな
桃音 ももね
桃萌 もも
桃依 ももえ
桃香 ももか
桃華 ももか
桃嘉 ももか
桃季 ももき

桃子 ももこ
桃瀬 ももせ
桃菜 ももな
桃寧 ももね
桃乃 ももの
桃羽 ももは
桃実 ももみ
桃代 ももよ
桃奈美 もなみ
桃仁架 もにか

透

トウ　すく
名 ゆき

通る、通り抜ける、透く、透かす、透きとおるなどの意味を表す。ガラスのような美しい透明感のある字。
ヒント 「ゆき」の音は女の子にも使いやすい。止め字に使うと、思慮深さと意志の強さを感じさせる。

湖透	こゆき
沙透	さゆき
透華	とうか
透胡	とうこ
美透	みゆき
哉透	やすき
透花	ゆきか
透奈	ゆきな
透芭	ゆきは
透水	ゆきみ

能

ノウ
名 たか　とう　の　のり　ひさ　やす　よき　よし

よくする、できるのほか、力、才能、才能のある人の意味も表す。さまざまな才能に恵まれることを願って。
ヒント 包みこむように優しい「の」の音で万葉仮名風に。優しい光と清潔な風の印象の「よし」の音でも。

能実	たかみ
智能	ちよき
能子	とうこ
能花	のりか
能乃	ひさの
能葉	やすは
雪能	ゆきの
能美	よしみ
璃能	りの
華能子	かのこ

梅

バイ　うめ
名 め
旧 梅

もとの字は「梅」。果樹のウメの意味を表す。中国では代表的な観賞花で、香りも好まれる。可憐(かれん)な人に。
ヒント 「うめ」の音は、内に秘めた覚悟を感じさせる。夢見る少女のような印象の「め」の音でも。

綾梅	あやめ
梅香	うめか
梅子	うめこ
梅奈	うめな
梅乃	うめの
梅葉	うめは
小梅	こうめ
陽梅	ひめ
梅露	めろ
由梅	ゆめ

敏

ビン
名 さと　と　とし　はる　みぬ　ゆき　よし
旧 敏

もとの字は「敏」。祭事につとめ励むことをいい、つとめる、賢い、すばやいなどの意味。賢く、機敏(きびん)な子に。
ヒント 信頼感あふれる「とし」の音で。さわやかで聡明(そうめい)な「さと」、やわらぎを感じさせる「よし」でも。

恵敏	えと
敏奈	さとな
敏実	さとみ
敏英	としえ
敏禾	としか
敏季	みぬき
美敏	みはる
敏菜	ゆきな
優敏	ゆと
敏乃	よしの

圃

ホ　はたけ

「囗」+「甫」で、畑の意味を表す。また、大きい、広いなどの意味も。のびのびとおおらかに育つように。
ヒント 「ほ」の音で、先頭字、止め字、万葉仮名風に。「ほ」の音は温かくマイペースでくつろいだ雰囲気。

香圃	かほ
沙圃	さほ
圃波	ほなみ
真圃	まほ
美圃	みほ
梨圃	りほ
花圃里	かほり
早知圃	さちほ
志圃子	しほこ
圃乃佳	ほのか

峰

ホウ　みね
名 お　たか　ね　ほ
旧 峯

みね、山の頂、険(けわ)しく高い山などの意味を表す。また、ものの高くなったところの意味も。神秘的な雰囲気の人に。
ヒント 「みね」の音には、充実感と親しみがある。「ほう」「ほ」と読んでくつろぎを感じさせる名前にしても。

花峰	かほ
小峰	こみね
静峰	しずね
峰穂	たかほ
朋峰	ともね
英峰	はなお
峰子	みねこ
美峰	みほう
萌峰	もね
佳峰子	かねこ

紡

ボウ　つむぐ
名 つむ　つむぎ

糸を紡ぐ、また、紡いだ糸の意味を表す。ファッションにかかわる字で、おしゃれな女の子に向く字。
ヒント 「つむぎ」と読んで1字名にすると、優しさとタフさをあわせもつ、人間性豊かな印象の名前に。

紡	つむぎ
亜紡	あつむ
紡重	つむえ
紡香	つむか
紡嬉	つむぎ
紡玖	つむぐ
紡奈	つむな
紡葉	つむは
紡陽	つむひ
菜紡	なつむ

紋

モン
名 あき　あや

もとは、綾織(あやおり)の模様をいい、紋様、家紋などの「もん」の意味を表す。美術的センスに恵まれることを願って。
ヒント 美しく創造性豊かなイメージの字に。「あや」の音で、さらに芸術的な才能を発揮するイメージを増して。

紋南	あきな
紋埜	あきの
紋葉	あきは
紋帆	あきほ
紋海	あきみ
愛紋	あもん
紋衣	あやい
紋香	あやか
紋生	あやき
紋子	あやこ
紋瀬	あやせ
紋菜	あやな
紋愛	あやな
紋乃	あやの
紋羽	あやは
紋心	あやみ
紋夢	あやむ
紋芽	あやめ
紋李	あやり
小紋	こあや
咲紋	さあや
彩紋	さもん
志紋	しもん
千紋	ちあき
麻紋	まあや
紋那	もな
萌紋	もも
紋香	もんか
莉紋	りも
伶紋	れもん

容

ヨウ
名 おさ なり ひろ まさ もり やす よ よし

廟(びょう)の中に現れた神の姿をいい、姿、形の意味を表す。包みこむ、許すの意味もある。心が広く、優しい女性に。
ヒント 「よう」の音で、やわらかく場を和ませる印象。「ひろ」の音で、熱い息吹(いぶき)と風格あふれるイメージに。

容 よう
容海 おさみ
羽容 はなり
容華 ひろか
容栄 まさえ
実容 みもり
美容 みよし
容子 やすこ
容花 ようか
花容子 かよこ

浬

リ かいり ノット

海上の距離の単位「海里」を表す。また、ノットと読んで、船の速度の単位も表す。海好きは使ってみたい字。
ヒント 理知的で華やかな印象の「り」の音で、万葉仮名風に使って。「里」や「莉」のかわりに使っても新鮮。

浬 かいり
茉浬 まり
夕浬 ゆり
浬愛 りあ
浬夏 りか
浬子 りこ
浬帆 りほ
浬海 りみ
美浬花 みりか
浬々華 りりか

哩

リ マイル

語調を整えるのに使われる字。ヤード・ポンド法の距離の単位マイルも表す。組み合わせしだいで粋(いき)な感じに。
ヒント 人気の「り」の音で使える字。「り」の音は、思慮深く理知にあふれた印象。使用例が少なく新鮮。

明哩 あかり
安哩 あんり
哩瑠 まいる
茉哩 まり
実哩 みのり
美哩 みり
友哩 ゆり
哩南 りな
哩乃 りの
茉哩花 まりか

莉

リ

マツリカ（茉莉花）は香草の名で、ジャスミンの一種。白い花は香りが高く、茶にも入れる。癒(いや)しのイメージ。
ヒント 「り」の音で使える人気の字。「り」の音を使った名前は、りりしくて理知的なイメージになる。

愛莉 あいり
叶莉 かのり
瀬莉 せり
茉莉 まり
実莉 みのり
悠莉 ゆうり
莉亜 りあ
莉緒 りお
莉佳 りか
莉玖 りく

莉子 りこ
莉沙 りさ
莉菜 りな
莉乃 りの
莉帆 りほ
莉美 りみ
莉々 りり
亜莉沙 ありさ
絵莉子 えりこ
沙莉衣 さりい

妃茉莉 ひまり
穂真莉 ほまり
茉莉衣 まりい
茉莉花 まりか
芽亜莉 めあり
由香莉 ゆかり
友莉菜 ゆりな
容莉江 よりえ
莉咲子 りさこ
莉々亜 りりあ

栗

リツ くり

木にいがのある実がついている形で、くりを表す。実は食用で、材は強い。芯の強い中身の豊かな人に。
ヒント 「りつ」の音で、華やかな知性と艶(つや)があるイメージをプラス。タフに、りりしく出世していく人に。

愛栗 あぐり
栗花 くりか
栗子 くりこ
栗菜 くりな
栗音 くりね
栗乃 くりの
実栗 みくり
栗果 りつか
栗紀 りつき
栗瑚 りつこ

留

リュウ ル
とめる
名 たね ひさ

田に水がたまることを表し、とまる、とどまるの意味に使う。星座のすばるの意味もある。音を活かしたい字。
ヒント 「る」の音を活かして。「る」の音は、可憐(かれん)な一方、たゆまぬ努力で成功するイメージ。

恵留 える
留花 たねか
葉留 はる
留恵 ひさえ
満留 みちる
璃留 りる
留奈 るな
久留美 くるみ
奈留実 なるみ
留莉子 るりこ

流

リュウ ル
ながれる
名 とも はる

水や空気の流れのほか、広まる、さまよう、仲間などの意味も表す。自由気ままに生きていくイメージ。
ヒント 可憐(かれん)さとセクシーさをもつ「る」の音で。先頭字、止め字、万葉仮名風のいずれにも使われる。

愛流 あいる
雫流 しずる
流水 ともみ
流歌 はるか
流子 りゅうこ
流空 るあ
流那 るな
久々流 くくる
奈流美 なるみ
羽流奈 はるな

凌

リョウ
しのぐ
名 しのぎ

しのぐことをいい、他人にまさる意味や、寒さなどに耐える意味に使う。氷の意味も。クールな感じの字。
ヒント 「りょう」の音で、気品や賢さ、華やかさをプラス。さわやかさと優しさを感じさせる「しの」の音でも。

凌葉 しのは
凌舞 しのぶ
凌理 しのり
凌宇 りょう
凌花 りょうか
凌香 りょうか
凌子 りょうこ
凌瑚 りょうこ
凌沙 りょうさ
凌羽 りょうは

倫

リン
名 つぐ　つね　とし　とも　のり　ひと　みち　もと

仲間、たぐいの意味を表す。また、人の守るべき道、道理の意味もある。生まじめで友人から信頼される人に。
ヒント 「りん」の音は、かわいらしさの中に自立した潔さのある印象。「のり」「とも」「みち」などの音でも。

花倫	かりん
倫美	つぐみ
倫華	つねか
倫子	としこ
倫世	ともよ
羽倫	はのり
倫未	ひとみ
倫香	みちか
倫花	もとか
倫音	りのん

恋

レン　こう
こい

もとの字は「戀」。人に心をひかれることをいい、恋い慕う、恋愛の意味に使う。大いに愛し愛されるように。
ヒント ロマンチックでかわいらしい字。「れん」で終わる名前はうきうきした気分を残す。1字名にも。

亜恋	あれん
恵恋	えれん
椛恋	かこ
果恋	かれん
澄恋	すみれ
世恋	せれん
美恋	みこ
理恋	りこ
恋菜	れな
恋珠	れんじゅ

連

レン
つらなる
つれる
名 つぎ　まさ
やす　れ

連なる、連ねる、続くのほか、つれ、仲間などの意味を表す。友達がたくさんできることを願って。
ヒント 理知的でパワフルな「れん」の音は、華やかで遊び心を感じさせる。「れ」の音を活かして先頭字にも。

瑛連	えれん
花連	かれん
連奈	まさな
実連	みつぎ
連絵	やすえ
連菜	れな
連美	れみ
連華	れんか
連珠	れんじゅ
穂真連	ほまれ

朗

旧 朗

ロウ
ほがらか
名 あき
あきら　お
さえ　とき
ろ

もとの字は「朗」。明るい、明らか、朗らかなどの意味を表す。明るくユーモアに富んだ子にぴったりの字。
ヒント 男の子の名によく使われるが、キュートな「あき」、華麗だが落ち着いた「ろ」の音で女の子にも。

朗奈	あきな
朗野	あきの
朗葉	あきは
朗都	おと
心朗	こころ
朗実	さえみ
朗子	ときこ
巳朗	みさえ
朗美	ろみ
妃朗子	ひろこ

浪

ロウ
名 なみ

水の音を写した字で、波、波立つのほか、さまよう、気ままなどの意味を表す。自由な人生をおくれるように。
ヒント 親しみやすさとキュートさがある「なみ」の音で。「ろう」と読むとたのもしい知的なリーダーの印象。

花浪	かなみ
沙浪	さなみ
奈浪	ななみ
浪香	なみか
浪那	なみな
波浪	はなみ
帆浪	ほなみ
真浪	まなみ
美浪	みなみ
浪紗	ろうざ

倭

ワ　やまと
名 かず　しず
ふさ　まさ
やす

したがう、つつしむの意味。また、中国では昔、日本のことを倭と呼んだので、やまとの意味に使う。
ヒント 「わ」の音で万葉仮名風に使って。「わ」の音には、わくわくするような楽しい雰囲気が感じられる。

倭	やまと
倭沙	かずさ
倭音	かずね
彩倭	さわ
倭香	しずか
倭琉	しずる
倭絵	ふさえ
倭美	まさみ
美倭	みわ
倭香	やすか

名前エピソード

湖虹（こなな）ちゃん

一度聞いたら忘れない名前。なのに、由来の場所を忘れてしまい……

　虹が２本同時にかかる湖があり、願い事をすると叶う、というのをテレビで見ました。そこから漢字を決め、虹が七色なことから読みを「こなな」に。さわやかでかわいらしく、一度聞いたら忘れない名前。それなのに、私が虹の場所を思い出せず、調べても見つからず、娘を困らせた経験があります。のちにニュージーランドとわかりました。（直子ママ）

11画

庵

アン
いお　いおり

草ぶきの小さな家、いおりを表す。粗末だが風流な生活をおくるための家である。文才に恵まれることを願って。
ヒント 「あん」の音には、ずっとそばにいてほしくなる優しい安心感が。「いおり」の読みで1字名にしても。

庵 いおり
庵樹 あんじゅ
庵珠 あんず
庵奈 あんな
庵奈 いおな
庵音 いおん
詩庵 しあん
美庵 みあん
由庵 ゆあん
莉庵 りあん

惟

イ　おもう
これ　ただ
名 あり　のぶ
よし

鳥占いで神意を問うことをいい、思うの意味を表す。「ただ」「これ」などの意味も。物事を深く考える人に。
ヒント 「い」と読む漢字として新鮮。「い」の音は何事にも一生懸命な印象。「よし」と読むと、優しい印象に。

碧惟 あおい
惟菜 ありな
惟兎 いと
詩惟 しのぶ
芽惟 めい
惟花 よしか
惟麗 よしれ
瑠惟 るい
亜美惟 あみい
惟早子 いさこ

逸

旧 逸

イツ
名 とし　はつ
はや　まさ
やす

兎(うさぎ)が走って逃げることから、走る、逃げる、速いなどの意味になった。優れた才能に恵まれることを願って。
ヒント 「逸材」のように、抜きんでた能力とスターとなるイメージ。優しく寛大な印象の「はや」の読みでも。

逸禾 いつか
逸希 いつき
逸子 いつこ
逸乃 いつの
逸枝 としえ
逸美 はつみ
逸花 はやか
逸美 はやみ
逸音 まさね
逸佳 やすか

凰

オウ
おおとり
名 お

想像上の霊鳥の、鳳凰(ほうおう)の雌を表す。雄は「鳳」。幸運に恵まれた気高い王者のイメージ。あやかりたいもの。
ヒント 「おう」と読むと、周囲を包みこむようなおおらかな印象に。止め字の「お」として使っても新鮮。

亜凰 あお
明凰 あきお
依凰 いお
潮凰 うしお
凰華 おうか
凰奈 おうな
凰実 おうみ
凰來 おうら
凰斗 おと
香凰 かお

奏凰 かなお
希凰 きお
紗凰 さお
史凰 しお
沙凰 すなお
太凰 たお
珠凰 たまお
千凰 ちお
夏凰 なお
七凰 ななお

仁凰 にお
音凰 ねお
羽凰 はお
文凰 ふみお
眞凰 まお
実凰 みおう
莉凰 りお
志凰利 しおり
奈凰美 なおみ
美沙凰 みさお

貫

カン
つらぬく
名 やす

貝のお金をひとつに連ねることから、つらぬくの意味に。やり通す意味も。強い意志で物事を成し遂げる人に。
ヒント 一本筋が通っている印象の字。茶目(ちゃめ)っ気(け)と頼りがいのある「かん」の読みで使うことが多い。

歌貫 かつら
貫希 かんき
貫那 かんな
貫南 かんな
貫菜 かんな
貫祢 つらね
美貫 みかん
望貫 やすか
貫花 やすか
貫美 やすみ

菅

カン　ケン
すげ
名 すが

草のカヤの意味を表す。履物や縄、家の屋根の材料になる。日本では草のスゲを指す。素朴(そぼく)だが、芯の強い人に。
ヒント 「かん」の音は、茶目(ちゃめ)っ気(け)と頼りがいを同時に感じさせる。「すが」の音を活かすと、個性的な印象に。

花菅 かすが
菅名 かんな
菅那 かんな
菅江 すがえ
菅子 すがこ
菅菜 すがな
菅音 すがね
菅乃 すがの
菅実 すがみ
菅耶 すがや

基

キ　もと
もとい
名 のり

建物の四角い土台のことをいい、もと、土台、物事のはじめなどの意味になった。しっかり者のイメージ。
ヒント 物事のいしずえのイメージに、「き」の音で人に左右されない強さが、「もと」の音で包容力が加わる。

基 もと
沙基 さき
珠基 たまき
基花 のりか
瑞基 みずき
基伽 もとか
基子 もとこ
基葉 もとは
結基 ゆき
三基穂 みきほ

規

キ
名 ただ　ちか　なり　のり　み　もと

もとは円を描くコンパスを指し、決まり、手本、正す、いましめるの意味を表す。行いの正しい清廉な子に。
ヒント「よりどころ」の意味もあり、信頼されるイメージ。「のり」の音は、気品とりりしさをあわせもつ印象。

規絵 きえ
静規 しずき
規英 ただえ
規佳 なりか
真規 まちか
規花 みか
美規 みのり
規子 もとこ
優規 ゆうき
亜規子 あきこ

埼

キ　さき

水中に突き出た陸地が変化に富むことをいい、さき(埼・崎)、岬の意味に使う。一字でも名前に使える字。
ヒント「さき」の音には、洗練された都会的な印象がある。生命力あふれた個性豊かな「き」の音でも。

埼 さき
彩埼 あき
亜埼 あさき
埼帆 きほ
埼菜 さきな
埼帆 さきほ
悠埼 はるき
美埼 みさき
由埼 ゆき
紗埼里 さぎり

掬

キク　すくう

身をかがめて物を取ることで、すくう、すくい取るの意味になった。掬月ということばもあり、ロマンのある字。
ヒント「きく」の音は、突出した個性と守りの堅さを感じさせる。人の思いや痛みをすくい取れる人に。

亜掬 あき
掬香 きくか
掬菜 きくな
掬乃 きくの
掬美 きくみ
小掬 こぎく
掬心 すくみ
瑠掬 るき
掬実子 きみこ
沙掬名 さきな

菊

キク
名 あき　ひ

花のキク。中国から花と呼び名と字が同時に伝わった。美しく縁起のいい花で、菊花酒は厄をはらうといわれた。
ヒント 菊は、日本の代表的な花。清楚で古風な和のイメージに「きく」の音で、機転のよさをプラス。

菊奈 あきな
菊帆 あきほ
菊恵 きくえ
菊花 きくか
菊乃 きくの
小菊 こぎく
晴菊 はるひ
雛菊 ひなぎく
菊毬 ひまり
菊芽乃 ひめの

球

キュウ　たま
名 まり

丸いものをいう語で、たまの意味を表す。魂にも通じる。球技などのスポーツが好きな、さわやかな子に。
ヒント 自然と周りの注目を集める「きゅう」、人間性豊かな「たま」、満ち足りて愛らしい「まり」などの読みで。

球都 きゅうと
球江 たまえ
球輝 たまき
球羽 たまは
球帆 たまほ
球美 たまみ
球世 たまよ
陽球 ひまり
球歌 まりか
球菜 まりな

毬

キュウ　まり

毛糸などを巻いて固めたものをいい、まり、球を表す。蹴鞠の意味もあり、雅な感じもする字。
ヒント 和のイメージ、かわいらしいイメージの字。「まり」と読むと、まろやかな華やかさのある名前になる。

小毬 こまり
妃毬 ひまり
毬亜 まりあ
毬衣 まりい
毬絵 まりえ
毬緒 まりお
毬香 まりか
毬奈 まりな
毬萌 まりも
友毬 ゆうき

教

キョウ　おしえる
名 かず　こ　たか　なり　のり　みち　ゆき

若者を年長者がみちびき励ますことから、教えるの意味になった。文化や教育の分野で力を発揮する人に。
ヒント「きょう」と読むと、輝く強さで頼られる存在に。「のり」の音にはりりしさと華やかさが感じられる。

教瑚 かずこ
教花 きょうか
教町 こまち
教葉 たかは
教未 なりみ
教香 のりか
教帆 のりほ
教華 みちか
美教 みのり
教英 ゆきえ

郷

キョウ　ゴウ
名 あき　あきら　さと　のり

もとは宴会の様子を表した字で、田舎、ふるさとなどの意味を表す。素直で素朴な子に育つよう願って。
ヒント「きょう」の音で強さとやわらかさが、「さと」の音でさわやかさとたのもしさが加わる。

郷奈 あきな
郷音 あきね
郷花 きょうか
郷子 きょうこ
郷葉 さとは
郷実 さとみ
郷莉 さとり
千郷 ちさと
郷歌 のりか
美郷 みさと

菫

キン　すみれ
名 すみ

草のスミレを表す。スミレは野草の代表的なもので、紫紅色の花は愛らしい。だれからも親近感をもたれる子に。
ヒント 和や文学的なイメージもある字。「すみ」と読むと、ソフトさとスイートさをもちあわせた名前に。

菫 すみれ
愛菫 あすみ
歌菫 かすみ
小菫 こすみ
菫香 すみか
菫子 すみこ
菫奈 すみな
菫伶 すみれ
真菫 ますみ
美菫 みすみ

啓

ケイ
名 さと たか のぶ のり はる ひ ひろ よし

開く、明らかにする、教え導く、申し上げるなどの意味を表す。人を導く力をもつような賢い人になるように。**ヒント** 知的で行動力のある印象の「けい」の音のほか、やすらぎとたくましさのある「ひろ」の音でも。

- **朝啓** あさひ
- **衣啓** いのり
- **啓奈** けいな
- **啓菜** さとな
- **啓栄** たかえ
- **千啓** ちひろ
- **啓代** のぶよ
- **啓禾** はるか
- **啓菜** ひろな
- **実啓** みよし

渓

ケイ

もとの字は「溪」。山間の谷、谷川の意味を表す。清らかな流れのイメージ。山歩きの好きな人に向く字。**ヒント** 「渓流」のように、すがすがしい印象。多くは、知的でクールなイメージの「けい」の読みで使われる。

- **渓花** けいか
- **渓子** けいこ
- **渓紗** けいしゃ
- **渓都** けいと
- **渓登** けいと
- **渓奈** けいな
- **渓葉** けいは
- **渓美** けいみ
- **渓楽** けいら
- **亜渓美** あけみ

経

ケイ キョウ
へる
名 つね のぶ のり ふ ふる へ

もとの字は「經」。織機の縦糸を表し、経る、営む、筋道、経典などの意味も。つねに自分を磨き続けるように。**ヒント** 「きょう」と読むと、個性的な才能で輝く印象、「のぶ」と読むと、元気で甘え上手な人気者に。

- **経香** きょうか
- **経子** けいこ
- **経美** つねみ
- **経英** のぶえ
- **経代** のぶよ
- **経絵** のりえ
- **経花** のりか
- **経恋** へれん
- **美経** みふる
- **由経** ゆふ

Column

左右対称の名前

バランスがとれて落ち着いた印象を与える左右対称の漢字。タテ割れ姓の人は、名に左右対称の字を入れると安定感が増します。止め字だけ使っても。

【漢字の例】

一1 二2 円4 元4 天4
日4 文4 央5 市5 出5
未5 由5 宇6 吉6 圭6
亘6 早6 百6 亜7 杏7
克7 来7 巫7 里7 英8
果8 宜8 京8 尭8 空8
幸8 昊8 実8 尚8 青8
斉8 宙8 典8 東8 奈8
苗8 茉8 來8 林8 栄9
音9 宣9 春9 南9 美9
亮9 華10 栞10 晃10 晋10
真10 泰10 菫11 章11 菖11
爽11 埜11 貴12 喜12 晶12
森12 富12 寛13 嵩13 豊13

【名前の例】

- 爽 さわ
- 菫 すみれ
- 円 まどか
- 昊美 あけみ
- 天音 あまね
- 亜美 あみ
- 文華 あやか
- 杏里 あんり
- 市果 いちか
- 華音 かのん
- 果林 かりん
- 栞奈 かんな
- 来英 きえ
- 京栞 きょうか
- 來未 くみ
- 幸南 さな
- 早苗 さなえ
- 青來 せいら
- 宇宙 そら
- 尚美 なおみ
- 埜英 のえ
- 春未 はるみ
- 寛美 ひろみ
- 真央 まお
- 茉里 まり
- 実日 みか
- 美空 みく
- 美森 みもり
- 未由 みゆ
- 由奈 ゆな
- 里埜 りの
- 早百合 さゆり
- 日出実 ひでみ
- 日南未 ひなみ
- 真奈美 まなみ
- 由日里 ゆかり

蛍

ケイ　ほたる

もとの字は「螢」。虫のホタルを表す。夜間に光をはなち、幻想的な光景をつくる。ロマンチックなイメージ。

ヒント　夏の風物詩の蛍は、日本的な情緒のあふれる字。「けい」の音で潔い気品と知性をプラスして。

蛍	ほたる
蛍佳	けいか
蛍夏	けいか
蛍子	けいこ
蛍光	けいこ
蛍杜	けいと
蛍都	けいと
蛍椰	けいな
蛍徠	けいら
蛍瑠	ほたる

健

ケン　すこやか

名 かつ　きよ　たけ　たつ　たる　とし　やす

「人」+「建」で、健やか、強い、雄々しい、したたかなどの意味を表す。心身とも丈夫に育つように願って。

ヒント　「きよ」と読むと、しっかりした優しさと潔さを感じさせる。「やす」の音を活かすと、さわやかな印象に。

健巳	かつみ
健花	きよか
健良	きよら
健子	たけこ
健羽	たけは
健瑚	たつこ
健美	としみ
帆健	ほたる
健菜	やすな
健愛	やすな

絃

ゲン　いと

名 お　つる　ふさ

糸、弦楽器に張った糸、また、その楽器、楽器を弾くことを表す。音楽的才能に恵まれることを願って。

ヒント　「いと」の音は格調高く品がある。面倒見のよい女性のイメージの「お」と読む字としても新鮮。

絃依	いとえ
絃輝	いとき
絃音	いとね
絃葉	いとは
絃都	おと
胡絃	こいと
絃歌	ふさか
美絃	みつる
梨絃	りお
七絃子	なおこ

梧

ゴ　あおぎり

名 ひろ

樹木のアオギリを表す。樹皮は緑色で、材は家具や琴に使われる。支え柱の意味も。頼りにされるような子に。

ヒント　たくましさとやすらぎの印象のある「ひろ」の読みで、先頭字にも止め字にも使われる。

梧恵	ひろえ
梧央	ひろお
梧花	ひろか
梧子	ひろこ
梧奈	ひろな
梧実	ひろみ
真梧	まひろ
美梧	みひろ
稟梧	りんご
奈梧美	なごみ

康

コウ

名 しず　しずか　みち　やす　よし

「庚」+「米」で、精米を表す。やすらか、丈夫、仲がよい、楽しむの意味も。友人に恵まれ健康に育つように。

ヒント　「やす」と読むとさわやかで優しい癒しのイメージ。「しず」と読むとパワーを秘めた印象が加わる。

康深	こうみ
康栄	しずえ
康伽	しずか
康音	しずね
康葉	しずは
康瑠	しずる
康絵	みちえ
康子	やすこ
康菜	やすな
康埜	よしの

梗

コウ　キョウ　やまにれ

名 なお

樹木のヤマニレを表す。とげのある木。また、桔梗は秋草のキキョウのこと。凜とした強さと美しさをもつ人に。

ヒント　正しい、かたいの意味もある字。「ききょう」で輝く強さと優しさが、「なお」で親しみや温かさが加わる。

桔梗	ききょう
梗香	きょうか
梗子	きょうこ
梗那	きょうな
栖梗	すなお
梗央	なお
梗花	なおか
梗生	なおき
梗美	なおみ
美梗	みなお

皐

コウ

名 さ　たか

もとは白く輝くことで、沢、高いなどの意味を表す。陰暦五月の「さつき」は皐月とも書く。五月生まれに。

ヒント　さわやかな印象の「さ」の音で万葉仮名風に。先頭に立って周囲の人を引っ張っていくリーダーに。

梓皐	あずさ
有皐	ありさ
皐莉	こうり
皐月	さつき
皐美	さみ
皐子	たかこ
千皐	ちさ
日皐	ひさ
璃皐	りさ
真亜皐	まあさ

紺

コン　カン

「糸」+「甘」で、青に赤みをはさみこんだ色、深みのある青、こん色を表す。和のイメージもある字。

ヒント　新鮮味のある字。「かん」の音が使いやすい。無邪気でキュート、だれからも愛される名前に。

愛紺	あいこ
紺奈	かんな
紺愛	こあ
紺菜	こんな
青紺	せいこ
紀紺	のりこ
茉紺	まこ
美紺	みかん
深紺	みこ
瑠璃紺	るりこ

梓

シ　あずさ

名 あず

樹木のアズサを表す。優れた建築材。出版することを上梓という。文化的な雰囲気のする字。

ヒント　「あず」と読むと、信頼感とミステリアスさが共存する。颯爽と個性を発揮する「し」の音で使っても。

梓	あずさ
梓紀	あずき
梓沙	あずさ
梓穂	あずほ
梓美	あずみ
梓織	しおり
梓季	しき
梓帆	しほ
梓伊菜	しいな
真梓呂	ましろ

11画 蛍 健 絃 梧 康 梗 皐 紺 梓 彩 視 菜 偲 雫 雀 脩

彩

サイ　いろどる　名 あや　さ　たみ

彩り、輝き、彩る、美しい、あや(=模様)があるなどの意味を表す。「あや」の読みでよく使われ、人気の高い字。

ヒント ミステリアスな雰囲気の「あや」の音には、無邪気な大胆さもある。「さ」の音で万葉仮名風に使っても。

彩心 あこ
彩惟 あやい
彩香 あやか
彩音 あやね
彩乃 あやの
彩葉 あやは
彩海 あやみ
彩夢 あやむ
彩女 あやめ
彩萌 あやも

彩芭 いろは
彩李 いろり
宇彩 うたみ
小彩 こいろ
彩歌 さいか
彩子 さいこ
彩織 さおり
彩穂 さほ
彩友 さゆ
彩衣 たみい

彩香 たみか
彩瑠 たみる
知彩 ちさ
陽彩 ひいろ
実彩 みさ
莉彩 りさ
有里彩 ありさ
彩恵子 さえこ
彩玖楽 さくら
真亜彩 まあさ

視

シ　みる　名 のり　み

一点に目をとめてじっと見る意味。いたわる、つかさどる、示すなどの意味も。物事の本質を見すえる人に。

ヒント 愛される印象の「み」、りりしくキュートな「のり」の音などで。女の子らしい字と組み合わせて。

絵視 えみ
哉視 かなみ
咲視 さきみ
視真 しま
羽視 はのり
愛視 まなみ
視奈 みな
視莉 みり
優視 ゆみ
里視 りみ

菜

サイ　な

野菜、菜っ葉、おかずのほか、植物のアブラナの意味を表す。愛らしい印象の字で、止め字としても大人気。

ヒント 女の子定番の止め字。字の健康的な美しさに、「な」の音でのびやかで心地よい親密感がプラスされる。

愛菜 あいな
慧菜 えな
千菜 かずな
歌菜 かな
栞菜 かんな
圭菜 けいな
心菜 ここな
菜香 さいか
菜樹 さいじゅ
菜吏 さいり

静菜 しずな
涼菜 すずな
瀬菜 せな
知菜 ちな
友菜 ともな
菜央 なお
波菜 なな
葉菜 はな
陽菜 ひな
美菜 みさい

萌菜 もえな
茂菜 もな
結菜 ゆいな
瑠菜 るな
恵令菜 えれな
佳莉菜 かりな
なず菜 なずな
菜々美 ななみ
真菜実 まなみ
実菜世 みなよ

偲

シ　しのぶ

強い、賢いの意味を表す。「イ(人)」+「思」で、人を思う、しのぶの意味も。ロマンチックなイメージのする字。

ヒント 颯爽(さっそう)として個性的な「し」の音で使える字。「しの」と読むと、やわらかさと優しさをあわせもつ印象。

偲央 しお
偲織 しおり
偲音 しおん
偲月 しづき
偲乃 しの
偲紀 しのり
偲帆 しほ
偲由 しゆ
偲流久 しるく
瀬偲瑠 せしる

雫

しずく

「雨」+「下」で、雨が下に落ちることから、水のしたたり、しずくの意味を表す。涼しげな印象のある字。

ヒント 雨だれのように、落ち着いたイメージの字。秘めた力を感じさせる「しず」の音は、静かな迫力がある。

雫 しずく
雫香 しずか
雫季 しずき
雫子 しずこ
雫奈 しずな
雫音 しずね
雫乃 しずの
雫保 しずほ
雫夜 しずよ
雫琉 しずる

雀

ジャク　すずめ　名 す　わか

鳥のスズメを表す。日本では最も身近で親しみ深い小鳥。「わか」の読みで名前に組みこむこともある。

ヒント 歌舞伎俳優や噺家(はなしか)の名前にも使われ、和のイメージも。「わか」の音には圧倒的な存在感とパワーがある。

有雀 ありす
孔雀 くじゃく
雀歌 すずか
雀音 すずね
雀美 すずみ
雲雀 ひばり
雀仔 わかこ
雀沙 わかさ
雀夏 わかな
雀羽 わかば

脩

シュウ　おさめる　名 なお　なが　のぶ　はる

ほし肉のことで、長いの意味もある。「修」と通じて、修める、飾るの意味にも使う。勉強熱心になるように。

ヒント 「しゅう」の音は、颯爽(さっそう)と物事を極(きわ)める印象。「はる」と読むと、朗(ほが)らかさと人間味あふれる名前に。

小脩 こはる
脩花 しゅうか
脩奈 しゅうな
素脩 すなお
脩花 なおか
脩美 なおみ
脩恋 ながれ
脩絵 のぶえ
脩佳 はるか
万脩 まなお

淑

シュク

名 きみ　きよ　すえ　すみ　とし　ひで　よ　よし

人柄がよい、しとやか、美しいなどの意味を表す。淑女は上品な婦人のこと。落ち着いた品のいい女性に。

ヒント 「とし」と読むと、華やかで信頼感と知性ある印象、「よし」と読むと、清潔な癒(いや)しにあふれる印象に。

歌淑　かすみ
淑子　きみこ
淑未　きよみ
淑菜　すえな
淑花　としか
淑美　としみ
淑世　ひでよ
美淑　みよし
淑香　よしか
淑乃　よしの

淳

ジュン

あつい

名 あき　きよ　しゅん　すなお　とし　まこと　よし

もとは、こして清めることで、あつい、濃い、まこと、素直などの意味を表す。情が深く、誠実な人に。

ヒント 「じゅん」と読むと育ちがよく人なつっこい印象、「あつ」と読むと自然体でオープンなイメージに。

淳　じゅん
淳　まこと
淳奈　あきな
淳音　あきね
淳穂　あきほ
淳來　あきら
淳生　あつき
淳奈　あつな
淳芳　あつは
淳美　あつみ

衣淳　いとし
淳依　きよえ
淳椰　きよな
淳乃　きよの
淳羽　きよは
淳巳　きよみ
淳徠　きよら
紗淳　さとし
淳果　しゅんか
淳華　じゅんか

淳子　じゅんこ
淳菜　じゅんな
淳莉　じゅんり
淳緒　すなお
淳代　としよ
淳李　としり
実淳　みよし
淳江　よしえ
淳花　よしか
淳瑚　よしこ

惇

ジュン　トン

あつい

名 すなお　とし　まこと　よし

神に酒食を供えるときの気持ちを表し、あつい、まことなどの意味を表す。情のあつい、心優しい人に。

ヒント 「じゅん」と読むと高級感がありつつも愛される印象、「あつ」と読むと自然体でおおらかな印象に。

惇音　あつね
惇葉　あつは
惇実　あつみ
惇子　じゅんこ
惇奈　じゅんな
惇里　じゅんり
惇生　すなお
惇奈　としな
惇都　まこと
惇花　よしか

渚

ショ　なぎさ

名 お　さ

旧 渚

なぎさ、みぎわの意味を表す。ロマンチックなイメージで、ひびきも美しく、海好きには特に人気の字。

ヒント 「なぎさ」の音は、甘えん坊のいたずらっ子の印象。おおらかな「お」、さわやかな「さ」の音でも。

渚　なぎさ
奏渚　かなお
小渚　こなぎ
渚織　さおり
渚南　さな
渚仁　さに
渚帆　さほ
渚楽　さら
渚里　さり
知渚　ちさ

月渚　つきな
渚緒　なぎお
渚子　なぎこ
渚紗　なぎさ
渚音　なぎね
渚乃　なぎの
渚波　なぎは
渚帆　なぎほ
陽渚　ひさ
万渚　まお

心渚　みお
美渚　みお
実渚　みなぎ
璃渚　りお
梨渚　りさ
理渚　りさ
愛莉渚　ありさ
妃渚乃　ひさの
真渚美　まさみ
美奈渚　みなお

梢

ショウ

こずえ

名 すえ　たか

木の幹や枝の先端をいい、こずえ、末、端の意味になる。可憐(かれん)な印象の字で、一字でもかわいい名前になる。

ヒント 「こずえ」と読むと奥深さと慈愛を感じさせる。深く優しい「しょう」、信頼感のある「たか」の音でも。

梢　こずえ
梢子　しょうこ
梢瑚　しょうこ
梢那　しょうな
梢美　すえみ
梢江　たかえ
梢奈　たかな
梢音　たかね
梢乃　たかの
梢葉　たかは

唱

ショウ

となえる

名 うた

歌、歌う、唱える、高く読み上げるなどの意味を表す。音楽、芸術方面の才能を授かるように願って。

ヒント 「しょう」の音は温かい光と夢を感じさせる印象。「うた」と読むと、元気でたのもしいイメージに。

唱　うた
唱絵　うたえ
唱歌　うたか
唱子　うたこ
唱羽　うたは
唱美　うたみ
小唱　こうた
唱花　しょうか
唱夏　しょうか
唱子　しょうこ

渉

ショウ

わたる

名 さだ　たか　ただ

旧 涉

「水」+「歩」で、渡る意味を表す。広く見聞きする、かかわるの意味も。コミュニケーションが上手な子に。

ヒント たくましい印象の字。深くやわらかい光のような「しょう」のほか、「さだ」「たか」の読みを活かしても。

渉枝　さだえ
渉香　しょうか
渉子　しょうこ
渉奈　しょうな
渉乃　しょうの
渉絵　たかえ
渉穂　ただほ
渉世　わたせ
渉名　わたな
渉留　わたる

章

ショウ
名 あき　あや　き　たか　とし　のり　ふみ　ゆき

美しい模様、明らか、しるし、手本などの意味を表す。詩文の一節の意味もある。頭の冴えた、美しい女性に。

ヒント「あき」の音はクリアで明るい印象、「ふみ」の音はふっくらとして温かい印象がある。

章穂	あきほ
章緒	あやお
章李	しょうり
章巴	たかは
知章	ちあき
章恵	としえ
章佳	のりか
章菜	ふみな
真章	まき
章歌	ゆきか

紹

ショウ
名 あき　つぎ

糸をつなぐことを表し、継ぐ、受け継ぐの意味を表す。引き合わせる意味もある。社交的な子になるように。
ヒント　縁に恵まれるイメージ。「あき」と読むと明るく輝く印象。「しょう」と読むとソフトな印象が加わる。

紹芭	あきは
紹穂	あきほ
紹夢	あきむ
紹羅	あきら
惟紹	いつぎ
胡紹	こあき
紹華	しょうか
紹子	しょうこ
知紹	ちあき
紹奈	つぎな

菖

ショウ
名 あや　あやめ

草のショウブを表す。香気があるので、邪気をはらうものと信じられた。神秘的な力を感じさせる字。

ヒント「あや」と読む字として新鮮。ミステリアスな中に、あどけなさと優しさを共存させた名前に。

菖	あやめ
菖香	あやか
菖姫	あやき
菖菜	あやな
菖葉	あやは
菖芽	あやめ
彩菖	さあや
菖子	しょうこ
菖蒲	しょうぶ
万菖	まあや

笙

ショウ

管楽器の笙（しょう）を表す。奈良時代に中国から伝わった。小さい、細いの意味も。笙の音色のような優美な女性に。
ヒント　字の高貴さに、ソフトで深い光のイメージの「しょう」の音で、新鮮なひらめきのある印象をプラス。

笙	しょう
笙歌	しょうか
笙子	しょうこ
笙那	しょうな
笙乃	しょうの
笙芭	しょうは
笙美	しょうみ
笙莉	しょうり
笙流	しょうる
美笙	みしょう

常

ジョウ　つね　とこ
名 とき　ときわ　のぶ　ひさ

つね日ごろ、かつてのほか、おきての意味も表す。「とこ」には永遠不滅の意味も。変わらない幸福を願って。

ヒント「つね」と読むと、華があって優しくあきらめない印象に。「ひさ」や「とき」の音を活かしても。

常歌	じょうか
常美	つねみ
常絵	ときえ
常穂	ときほ
常盤	ときわ
常夏	とこな
常香	のぶか
常恵	ひさえ
常花	ひさか
常海	ひさみ

深

シン　ふかい
名 とお　み

水中の物をさがすことから、深いの意味になった。奥深い、優れるなどの意味もある。思慮深く、賢い女性に。
ヒント　みずみずしくイキイキした印象の「み」の音で、先頭字にも止め字にも万葉仮名風にも使われる。

理深	さとみ
輝深	てるみ
深莉	とおり
深香	みか
深月	みつき
深奈	みな
美深	みみ
深埜	みや
深幸	みゆき
真深子	まみこ

ネーミングストーリー

陽菜（ひな）ちゃん

「陽」の字がもつ明るさ、温かさにひかれて

まずは音から決め、「ひいろ」「ひまり」など候補を考えるなか、呼びやすさから「ひな」に。漢字もさまざま考えましたが、最終的には「陽」の字にひかれ決めました。太陽のように明るく、菜の花のように美しい子になってほしいです。ほとんど私の希望で進みましたが、妻も「かわいい雰囲気があっていいね」と言ってくれました。（一貴パパ）

進

シン　すすむ
名 す　のぶ　みち　ゆき

もとは進軍することで、進む、人にすすめるの意味を表す。よくなる、優れるの意味も。積極的な子に。
ヒント 「しん」の音で一途に道をつらぬく印象、「ゆき」の音でやわらかさとパワーをあわせもつ印象をプラス。

進來	しんら
進美	すすみ
進花	のぶか
進帆	のぶほ
進代	のぶよ
真進	まゆき
進歌	みちか
進瑠	みちる
三進	みゆき
進英	ゆきえ

晨

シン　あさ
あした
名 あき　とき　とよ

日の出をむかえる儀礼を表し、朝、明日の意味に使う。フレッシュなイメージ。元気で活発な子になるように。
ヒント 「あさ」と読むと清潔な朝の光のようなさわやかさが、「あき」と読むと明るさとキュートさ、輝きが加わる。

晨	あした
晨菜	あきな
晨葉	あきは
晨歌	あさか
晨音	あさね
晨日	あさひ
乙晨	おとき
千晨	ちあき
晨華	とよか
晨美	とよみ

彗

スイ　ケイ
名 え

もとは、ほうきの意味を表し、現在ではほうき星＝彗星の意味に使われる。神秘的でロマンの香りのする字。
ヒント 「すい」の音はさわやかで透明な光を思わせる。エレガントな「え」の音で万葉仮名風にしても。

彗菜	えな
彗真	えま
彗莉	えり
希彗	きえ
彗華	けいか
彗奈	けいな
彩彗	さえ
妃彗	ひすい
彗美利	えみり
千彗莉	ちえり

清

セイ　ショウ
きよい
名 さや　すが　すみ　すず

水が澄む意味を人の性質に当てはめ、清らか、明らかの意味に使う。物静かで清楚なイメージの字。
ヒント 「せい」の音で透きとおった光のイメージの、「きよ」の音で柔和で品のあるリーダーの印象の名前に。

愛清	あきよ
亜清	あすみ
花清	かすが
歌清	かすみ
清瑚	きよこ
清乃	きよの
清葉	きよは
清海	きよみ
清羅	きよら
胡清	こすず
小清	こすみ
清花	さやか
清瑚	さやこ
清音	さやね
清羽	さやは
清穂	さやほ
清美	さやみ
清李	さやり
清子	しょうこ
清未	しょうみ
清禾	すずか
清実	すずみ
清華	せいか
清子	せいこ
清南	せいな
清良	せいら
清藍	せいらん
真清	ますみ
深清	みすず
水清	みすみ

曽

ソウ　ソ
かつて
すなわち
名 つね　なり　ます
旧 曾

「曾」の異体字。こしき（米などを蒸す道具）の形からできた字で、重ねる、ふえるの意味を表す。
ヒント おおらかな優しさのある「そ」の音で万葉仮名風に。たおやかな印象の「ます」の音などを使っても。

曽來	そうら
曽乃	その
曽楽	そら
曽花	つねか
曽未	なりみ
曽美	ますみ
曽霧	ますむ
曽奈多	そなた
曽由莉	そゆり
曽代子	そよこ

雪

セツ　ゆき
名 きよ　きよみ

空から雪が舞い落ちる形からできた字で、雪、すすぐ、清めるの意味を表す。清楚な女性に。
ヒント 純白の美と強さのイメージに、「ゆき」の音で優しさに秘めた強さを、「せつ」の音で気品と優しさを加えて。

雪	きよみ
亜雪	あゆき
雪花	きよか
雪葉	きよは
雪來	きよら
雪莉	きより
心雪	こゆき
紗雪	さゆき
詩雪	しゆき
白雪	しらゆき
雪歌	せつか
雪子	せつこ
雪那	せつな
雪李	せつり
知雪	ちゆき
奈雪	なゆき
華雪	はなゆき
舞雪	まゆき
美雪	みゆき
深雪	みゆき
雪輝	ゆき
雪映	ゆきえ
雪華	ゆきか
雪路	ゆきじ
雪乃	ゆきの
雪羽	ゆきは
雪穂	ゆきほ
雪美	ゆきみ
雪芽	ゆきめ
雪夜	ゆきよ

爽

ソウ
さわやか
名 あき　あきら　さ
さや　さやか

明らか、美しい、すがすがしいなどの意味を表す。まさにさわやかなイメージ。一字でも、組み合わせても。
ヒント 吹き抜ける風のイメージに、「そう」の音で透明な光の清涼感を、「さ」の音で颯爽とした印象を足して。

爽	さや
爽來	あきら
爽姫	さき
爽奈	さな
爽香	さやか
爽音	さやね
爽楽	さら
爽美	そうみ
理爽	りさ
爽和子	さわこ

窓

ソウ　まど

もとは天窓をいい、窓の意味に使う。光や空気が入ってくるところで、新鮮で開放的なイメージ。社交的な子に。
ヒント 「そう」の音で透きとおるさわやかさが、「まど」の音で、満ち足りた重厚感がプラスされる。

心窓	こまど
窓美	そうみ
窓來	そうら
窓菜	そな
窓加	まどか
窓花	まどか
窓未	まどみ
窓莉	まどり
窓乃佳	そのか
美窓良	みそら

梛

ダ　ナ　なぎ

樹木の名だが、もとの木は不明。日本では樹木のナギをいう。ナギは神木とされ、神社の境内に植えられる。
ヒント 「な」と読む字として新鮮。温かく親密感のある印象に。「なぎ」と読むと、温かくてスイートな印象に。

可梛	かな
梛子	なぎこ
梛沙	なぎさ
梛美	なみ
日梛	ひな
麻梛	まな
柚梛	ゆな
李梛	りな
梛々子	ななこ
梛穂子	なほこ

琢

タク　みがく
名 あや　たか　たつ
旧 琢

もとの字は「琢」。玉を磨くことから、技や徳を磨く意味になった。夢に向かって努力する人になるように。
ヒント 「切磋琢磨（せっさたくま）」のように、絶え間なく努力し続けるイメージ。「たく」の音で、タフで自立した女性に。

琢花	あやか
琢子	あやこ
琢愛	あやな
琢羽	あやは
琢芽	あやめ
紗琢	さあや
琢音	たかね
琢寧	たくね
琢美	たくみ
琢李	たつり

紬

チュウ　つむぎ
名 つ

紬（つむぎ）、紬織を表す。紬は、くず繭（まゆ）を紡いだ糸で織った丈夫な絹織物。健康的な美しさを願って。
ヒント 「つむぎ」と読むと、優しくタフで、人間性豊かに。「つ」の音は、芯の強さと神秘的なパワーの印象。

紬	つむぎ
愛紬	あつむ
紬祈	つむぎ
紬倶	つむぐ
紬葉	つむは
紬優	つゆ
美紬	みつ
紬希奈	つきな
菜紬子	なつこ
光紬衣	みつえ

鳥

チョウ　とり
名 と

鳥の形からできた字で、文字どおり鳥の意味。大空を飛ぶ鳥には自由なイメージがある。のびのびと育つように。
ヒント 風水では、鳥は人の縁をもたらすシンボル。頼りがいのある印象の「と」と読む字として新鮮。

飛鳥	あすか
杏鳥	あとり
惟鳥	いと
胡鳥	こと
沙鳥	さとり
千鳥	ちどり
鳥瑚	とりこ
鳥羽	とわ
鳥弥花	とみか
美鳥里	みどり

笛

テキ　ふえ

中が空洞の竹製の楽器をいい、笛の意味に使う。音楽、芸能方面の才能に恵まれるよう願いをこめて。
ヒント 優雅な和のイメージの字。優しくはるかな印象の「ふえ」の音で、伝統や神話を感じさせる名前に。

笛吹	うすい
小笛	こぶえ
乃笛	のぶえ
笛花	ふえか
笛子	ふえこ
笛菜	ふえな
笛音	ふえね
笛李	ふえり
美笛	みふえ
笛悠美	ふゆみ

都

ト　ツ　みやこ
名 いち　くに　さと　ひろ
旧 都

周囲に垣をめぐらした大きな集落をいい、都の意味になった。「すべて」の意味もある。洗練されたイメージの字。
ヒント 雅（みやび）やかな和のイメージに、「と」の音で、包みこむような優しさと頼りがいをあわせもつ印象を加えて。

都	みやこ
朝都	あさと
都花	いちか
伊都	いと
絵都	えと
桜都	おと
奏都	かなと
都絵	くにえ
圭都	けいと
都花	さとか
都里	さとり
都和	とわ
都奈	ひろな
愛都	まなつ
巳都	みくに
魅都	みさと
美都	みと
望都	もと
里都	りと
亜都季	あつき
衣都季	いつき
緒都芽	おとめ
佳都世	かつよ
胡都羽	ことは
小都美	ことみ
千紗都	ちさと
都美香	とみか
都百子	ともこ
奈都季	なつき
実子都	みこと

逗

トウ　ズ　とどまる
名 すみ

とどまる、とどめるの意味を表す。地名の逗子は「ずし」と読む。安定した生活が営めるよう願って。
ヒント 「すみ」と読むと、強さと甘さをあわせもつ名前に。育ちのよい印象の「ず」の音で万葉仮名風にも。

亜逗	あすみ
逗夏	すみか
逗怜	すみれ
逗海	とうみ
逗希	とき
由逗	ゆず
李逗	りと
歌逗沙	かずさ
逗桃香	ともか
那逗菜	なずな

陶

トウ
名 すえ　よし

神への供え物を入れる焼き物の意味からすべての焼き物を表す。養う、うっとりするの意味も。技芸の才を願って。
ヒント　芸術的な印象の字。「とう」の音で自然体の大物感が、「よし」の音でやわらかさが加わる。

陶季　すえき
陶那　すえな
陶子　とうこ
陶吏　とうり
陶輝　とき
美陶　みよし
哉陶　やすえ
優陶　ゆと
陶花　よしか
陶音　よしね

祷

トウ　いのる
まつる

「禱」の俗字。「禱」は、神に願いを告げて幸福を求める、いのる意味を表す。幸せな人生を祈って。
ヒント　二〇〇九年から使えるようになった字。「とう」の音を活かすと、優しくしっかりした大物の印象に。

祷　いのり
愛祷　あいの
祷葉　いのは
祷李　いのり
祷美　とうみ
舞祷　まいの
祷那　まつな
祷音　まつね
祷穂　まつほ
祷梨　まつり

萄

ドウ　トウ

果樹のブドウを表す。ブドウは中央アジア原産で、葡萄、蒲萄と書く。豊かな恵みを得られるように。
ヒント　芳醇（ほうじゅん）さを感じさせる字。「とう」の音は格調高い印象。「どう」と読むとおおらかな大物の印象に。

萄子　とうこ
萄夢　どうむ
萄貴　とき
萄詩　とし
萄萌　ともえ
萄和　とわ
李萄　りと
小萄実　ことみ
萄萌香　ともか
実萄里　みどり

捺

ナツ　ダツ
おす
名 とし　な

おす、手でおさえつける意味。「捺印」の「捺」。名前には「なつ」の音を活かして使われる。
ヒント　「なつ」と読むと、明るい働き者の印象に。「な」の音を活かして万葉仮名風に使っても新鮮。

捺恵　としえ
捺衣　なつい
捺生　なつお
捺希　なつき
捺子　なつこ
捺葉　なつは
捺美　なつみ
捺夢　なつむ
捺李　なつり
真捺　まな

絆

ハン　きずな
ほだし
名 き

馬をつなぐ綱をいい、きずな、つなぐなどの意味に使う。離れがたい思いのこともいう。友達に恵まれるように。
ヒント　スピード感があり、侮（あなど）れない感じのする「はん」、個性的な印象の「き」の音を活かすと使いやすい。

絆　きずな
愛絆　あき
夏絆　なつき
絆名　はんな
真絆　まき
美絆　みき
友絆　ゆき
瑠絆　るき
未遊絆　みゆき

梶

ビ　かじ
名 こずえ
すえ　み

もとはこずえのことで、船の方向をとるかじの意味。和紙の原料になる樹木、カジノキの意味も。リーダーに。
ヒント　みずみずしく満ち足りた印象のある「み」の音で。「こずえ」と読むと、重厚で落ち着いた印象が増す。

梶　こずえ
愛梶　あいみ
梶葉　かじは
来梶　くるみ
梶笑　こずえ
南梶　なみ
茉梶　ますえ
梶夏　みか
梶帆　みほ
真奈梶　まなみ

彬

ヒン
名 あき
あきら　あや
ひで　もり
よし

「林」＋「彡」。木立が美しいことから、明らか、美しいなどの意味になる。自然を愛する人になるよう願って。
ヒント　先駆者のイメージの「あき」や、あどけなさとミステリアスな雰囲気が共存する「あや」の音で。

彬音　あきね
彬穂　あきほ
彬來　あきら
彬李　あきり
彬葉　あやは
彩彬　さあや
千彬　ちあき
彬乃　ひでの
麻彬　まもり
彬美　よしみ

冨

フ　フウ
とみ　とむ
名 さかえ
とよ　ひさ
よし

「富」の俗字。富む、財産、多い、豊か、盛んなどの意味がある。不自由なく暮らせるよう願いをこめて。
ヒント　「ふ」の音で万葉仮名風に。「とみ」「とよ」の音を使うと、まじめでしっかり者のイメージに。

恵冨　えふ
冨花　とみか
冨実　とよみ
冨栄　ひさえ
冨花　ふうか
冨胡　ふうこ
冨華　ふみか
冨恵　よしえ
冨悠花　ふゆか
美冨由　みふゆ

逢

ホウ　あう

不思議なものに出会うことをいい、会う、出会いの意味を表す。大きいの意味も。機会に恵まれるように。
ヒント　穏（おだ）やかなくつろぎを感じさせる「ほ」、明るく自然体ではつらつとした印象の「あ」の読みで万葉仮名風に。

逢花　あいか
逢紗　あいしゃ
逢菜　あいな
逢良　あいら
逢凛　あいりん
逢琉　あいる
逢月　あづき
逢珠　ほうじゅ
柚逢　ゆずほ
逢日菜　あすな

眸

ボウ　ひとみ
名 む

目のひとみ、また、目の意味を表す。明眸（めいぼう）（澄んだ美しいひとみ。美人のこと）などのことばもある。

ヒント「む」と読むと、信頼感と安心感あふれる印象。熱い情熱とあふれるパワーのある「ひとみ」の音でも。

眸　ひとみ
亜眸　あむ
奏眸　かなむ
花眸　はなむ
眸絵　ひとえ
仁眸　ひとみ
眸美　ひとみ
美眸　みむ
莉眸　りむ
眸通美　むつみ

萌

ホウ　きざす
めぐむ
もえる
名 め　めぐみ
も　もえ
もゆ
旧 萠

草の芽の出はじめをいい、萌える、きざす、芽が出る、芽生えなどの意味に使われる。生命の息吹を感じさせる字。

ヒント「もえ」と読むと豊かで母性的な優しさに、「めぐ」と読むと幸福感と生命力に満ちた印象の名前になる。

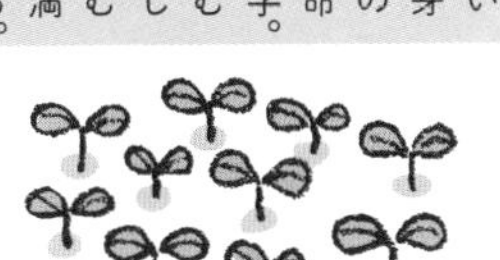

萌　めぐ
亜萌　あも
叶萌　かなめ
萌志　きざし
杜萌　ともえ
妃萌　ひめ
洋萌　ひろめ
魅萌　みもゆ
萌依　めい
萌実　めぐみ

萌里　めぐり
萌琉　めぐる
萌絵　もえ
萌果　もえか
萌菜　もえな
萌乃　もえの
萌葉　もえは
萌美　もえみ
萌夢　もえむ
萌歌　もか

萌瑚　もこ
萌奈　もな
萌音　もね
百萌　もも
桃萌　ももえ
萌瑠　もゆる
由萌　ゆめ
萌乃香　ほのか
萌里沙　めりさ
萌々華　ももか

望

ボウ　モウ
のぞむ
名 のぞみ　み
も　もち

望む、望み見る、待ち望む、願うなどの意味を表す。望月は満月のこと。多くの望みがかなうよう願って。
ヒント ほのぼのとした「も」、愛らしい「み」の音で。「のぞみ」と読むと、充実感と包容力あふれる名前に。

亜望　あみ
彩望　あやも
奏望　かなみ
来望　くるみ
心望　ここみ
沙望　さみ
園望　そのみ
拓望　たくみ
希望　のぞみ
望美　のぞみ

愛望　まなみ
望愛　みあ
望羽　みう
望恵　みえ
望月　みつき
望夜　みや
望結　みゆ
望里　みり
望恵　もえ
望花　もか

望華　もか
望歌　もちか
望那　もな
望音　もね
雪望　ゆきみ
優望　ゆみ
明日望　あすみ
衣澄望　いずも
望衣奈　みいな
望都子　もとこ

椛

もみじ　かば
名 か　はな

日本でつくられた字で、樹木のモミジを表す。また、カバ（樺）の略字にも使う。風雅なイメージがある字。

ヒント「か」と読むと、利発で快活な印象。「はな」と読むと、陽だまりのような温かさのある名前に。

椛　もみじ
礼椛　あやか
椛織　かおり
椛澄　かすみ
椛音　かのん
乃椛　のか
椛奈　はな
椛歌　はなか
萌椛　もえか
万里椛　まりか

麻

マ　あさ
名 お　ぬさ

植物のアサを表す。皮の繊維（せんい）から採った糸で丈夫な布が織られる。素朴（そぼく）な美のイメージで、人気のある字。

ヒント「あさ」の音はさわやかでフレッシュな印象。「ま」の音は、満ち足りた優しさと天真爛漫（てんしんらんまん）さを感じさせる。

麻華　あさか
麻季　あさき
麻胡　あさこ
麻羽　あさは
麻妃　あさひ
麻美　あさみ
麻莉　あさり
恵麻　えま
奏麻　かなお
季麻　きぬさ

万麻　まあさ
真麻　まあさ
麻惟　まい
麻揮　まき
麻知　まち
麻冬　まふゆ
麻穂　まほ
麻弥　まや
麻由　まゆ
麻夜　まよ

麻凜　まりん
美麻　みお
優麻　ゆま
李麻　りお
紗那麻　さなお
麻衣子　まいこ
麻沙美　まさみ
麻奈歌　まなか
麻理絵　まりえ
麻里華　まりか

野

ヤ　の
名 とお　なお
ぬ　ひろ
旧 埜 （→P300）

社（やしろ）のある林・田畑をいい、のちに野原、田舎、里などの意味になった。飾らず自然のまま育つように。
ヒント 素朴（そぼく）さ、素直さを感じさせる字。「や」の音で止め字に使うと、優しい開放感にあふれた印象に。

歌野　かや
環野　かんぬ
想野　その
野子　とおこ
野美　なおみ
実野　みひろ
莉野　りの
野々花　ののか
日菜野　ひなの
美野里　みのり

埜

ヤ ショ の
名 とお ぬ ひろ

「野」の旧字。「林」+「土」で、野、野原、田舎などの意味を表す。素朴（そぼく）で活発な子に育つことを願って。
ヒント ナチュラルな印象の字。「の」の音で温かさと優しさを、「ひろ」で落ち着きとたのもしさを加えて。

秋埜 あきの
希埜 きの
桧埜 ひの
埜美 ひろみ
心埜 みひろ
埜洋 やひろ
季埜葉 きぬは
埜々華 ののか
穂埜香 ほのか
莉埜巴 りのは

唯

ユイ イ
名 ただ ゆ

ただ、それだけの意味のほかに、丁寧に返事をすることを表す。素直な子に育つよう願って。
ヒント 字の一途（いちず）なイメージに、「い」の音でキュートで憎めない印象、「ゆい」の音で場を和ませる印象を加えて。

絢唯 あやい
彩唯 あゆ
杏唯 あんゆ
唯玖 いく
希唯 きい
恋唯 こい
琴唯 ことい
紗唯 さゆ
唯帆 ただほ
唯心 ただみ

真唯 まい
珠唯 みゆ
唯愛 ゆあ
由唯 ゆい
唯花 ゆいか
唯葉 ゆいは
唯穂 ゆいほ
唯姫 ゆき
唯紗 ゆさ
唯菜 ゆな

唯茉 ゆま
唯愛 ゆめ
唯李 ゆり
琉唯 るい
唯央菜 いおな
奈唯花 なゆか
麻唯子 まゆこ
未唯奈 みいな
唯佳里 ゆかり
李唯奈 りいな

悠

ユウ
名 ちか はる はるか ひさ ゆ

みそぎによって落ち着いた心をいい、ゆったりしている様子を表す。はるか、遠いの意味も。のびやかな人生を。
ヒント 優しく思いやりにあふれた「ゆう」の読みで人気の字。フレッシュな息吹（いぶき）のような「はる」の音も人気。

悠 はるか
晏悠 あんゆ
惟悠 いちか
小悠 こはる
彩悠 さちか
偲悠 しゆ
知悠 ちはる
仁悠 にちか
悠香 はるか
悠陽 はるひ

悠瑠 はるる
悠音 ひさね
悠乃 ひさの
悠世 ひさよ
茉悠 まちか
未悠 みゆ
悠愛 ゆあ
悠杏 ゆあん
悠雅 ゆうが
悠姫 ゆうき

悠美 ゆうび
悠來 ゆうら
悠里 ゆうり
悠羽 ゆうわ
悠乃 ゆの
悠芽 ゆめ
沙悠梨 さゆり
奈悠香 なゆか
真悠子 まゆこ
悠香梨 ゆかり

庸

ヨウ
名 つね のぶ のり もち やす

用いる、雇う、常、普通、並などの意味を表す。中庸（ちゅうよう）はかたよらないこと。平凡でも幸福な人生を願って。
ヒント 思いやりにあふれた「よう」、りりしく華やかな「のり」、初夏の光のようにさわやかな「やす」の音で。

詩庸 しのぶ
志庸 しのり
庸穂 つねほ
庸花 のりか
芙庸 ふよう
美庸 みよう
庸絵 もちえ
庸菜 やすな
庸葉 やすは
庸亜 ようあ

萊

ライ あかざ
名 しげる ら

草のアカザを表す。アカザの若葉は食用、茎は強く杖などに使う。丈夫で健康な子に育つよう願いをこめて。
ヒント 「らい」の音はバイタリティと豪華さのある印象。華麗で魅惑的な「ら」の音を活かしても。

萊 しげる
愛萊 あいら
咲萊 さら
星萊 せいら
美萊 みら
優萊 ゆうら
萊夏 らいか
萊夢 らいむ
梨萊 りら
陽萊里 ひらり

徠

ライ くる
名 とめ

来るの意味のほかに、ねぎらう、いたわるなどの意味を表す。字形、音ともしゃれた感じ。心の優しい子に。
ヒント 華やかで輝きをはなつ「らい」のほか、キュートでミステリアスな「く」と読む字としても新鮮。

音徠 おとめ
徠実 くるみ
徠芽 くるめ
朔徠 さくら
早徠 さら
美徠 みく
魅徠 みくる
未徠 みらい
徠羅 らいら
徠霧 らむ

陸

リク
名 あつ たか みち む むつ

陸地のほかに、丘、道などの意味を表す。まっすぐ、きちんとしているの意味もある。心が広く、正直な人に。
ヒント 「りく」と読むと、シックな気品のある名前に。「むつ」と読むと豊かさと力を秘めた印象に。

陸 りく
陸生 あつき
亜陸 あむ
愛陸 あむ
陸羽 たかは
陸花 みちか
未陸 みむ
陸美 むつみ
陸奈 りくな
莉陸 りむ

梨

リ　なし　名 りん

果樹のナシ。果実は甘美で花は可憐(かれん)、古来から愛された。芝居の世界を梨園(りえん)という。美しく育つように。

ヒント　字のみずみずしく甘いイメージに、「り」の音で、知性とりりしさを感じさせる努力家の印象をプラス。

愛梨 あいり
安梨 あんり
花梨 かりん
小梨 こなし
樹梨 じゅり
世梨 せり
梨果 なしか
茉梨 まりん
美梨 みりん
釉梨 ゆうり

悠梨 ゆうりん
梨杏 りあん
梨子 りこ
梨沙 りさ
梨世 りせ
梨乃 りの
梨香 りんか
梨玖 りんく
梨奈 りんな
梨帆 りんほ

衣梨奈 えりな
歌梨菜 かりな
葉乃梨 はのり
穂未梨 ほみり
真梨子 まりこ
友梨香 ゆりか
梨衣音 りいね
梨央奈 りおな
梨花子 りかこ
梨々華 りりか

笠

リュウ　かさ

頭にかぶるかさの意味を表す。かさは、雨や日光を避けるためにかぶるもの。心優しい、人のためにつくす人に。

ヒント　「かさ」の音で先頭字や止め字に。「かさ」のつく名前は、清潔感があってさわやかでなめらかな印象。

笠南 かさな
笠音 かさね
笠乃 かさの
笠葉 かさは
笠美 かさみ
都笠 つかさ
美笠 みかさ
笠花 りゅうか
笠瑚 りゅうこ
和笠 わかさ

隆

リュウ　名 お　おき　しげ　たか　とき　なが　もり　ゆたか

高い、盛ん、豊か、大きい、尊(とうと)いなどの意味を表す。社会的に成功することを願うならぴったりの字。

ヒント　豊かで思いやりのある「たか」の音は頂点を極(きわ)める印象。落ち着きや信頼感を感じさせる「お」の音で。

隆羽 おきは
貴隆 きりゅう
隆葉 しげは
隆芭 たかは
隆絵 ときえ
隆芽 ながめ
万隆 まお
美隆 みもり
莉隆 りお
隆歌 りゅうか

理

リ　おさめる　ことわり　名 あや　おさ　さと　とし　のり　まさ　みち　よし

玉を磨いて筋目を現すことをいい、筋、きめ、磨く、おさめるの意味を表す。物事の道理の意味も。賢い子に。

ヒント　「り」の音でよく使われる。思慮深く理知的な印象に。「あや」と読むと優しく大胆な印象の名前に。

理奈 あやな
理乃 あやの
理葉 あやは
理未 あやみ
祈理 いのり
絵理 えり
哉理 かなり
理吏 さとり
佐理 さり
理禾 としか

葉理 はのり
理枝 まさえ
理姫 まさき
未理 みこと
美理 みさと
理花 みちか
理瑠 みちる
祐理 ゆうり
理花 よしか
理絵 りえ

莉理 りおさ
理子 りこ
理都 りと
麻理香 まりか
美登理 みどり
優理亜 ゆりあ
理衣咲 りいさ
理夏子 りかこ
理玖奈 りくな
理世子 りよこ

琉

リュウ　ル

琉璃(るり)(＝瑠璃)は古代インドで珍重された宝玉。琉球は沖縄の別称である。南国のイメージのある字。

ヒント　女の子には「る」の音でよく使われる。華やかだが、たゆまぬ努力で多くの実りを手にするイメージ。

逢琉 あいる
絵琉 える
心琉 こころ
昴琉 すばる
奈琉 なる
波琉 はる
春琉 はるる
蛍琉 ほたる
実琉 みりゅう
恵琉 めぐる

琉華 りゅうか
莉琉 りる
琉愛 るあ
琉衣 るい
琉花 るか
琉希 るき
琉菜 るな
琉禰 るね
琉美 るみ
琉梨 るり

亜美琉 あみる
恵美琉 えみる
依琉沙 えるさ
世詞流 せしる
乃絵琉 のえる
羽琉歌 はるか
陽香琉 ひかる
未来琉 みくる
琉海佳 るみか
琉々花 るるか

菱

リョウ　ひし

水草のヒシを表す。池や沼に自生し、白い花をつけ、菱形(ひしがた)の実は食用にされる。花も実もある堅実な女性に。

ヒント　賢く気品のある印象の「りょう」と読める漢字。使用例が少なく、新鮮味がある。

菱乃 ひしの
菱夏 りょうか
菱歌 りょうか
菱子 りょうこ
菱湖 りょうこ
菱奈 りょうな
菱芭 りょうは
菱葉 りょうは
菱穂 りょうほ
菱芽花 ひめか

涼

リョウ　すずしい
名 あつ
旧 涼

涼しい、すがすがしいのほかに、物寂しい、悲しむなどの意味も。クールな雰囲気の女性にぴったりの字。
ヒント「りょう」と読むと、さわやかさと明晰さを感じさせる名前に。高級感あふれる「すず」の音でも。

涼　りょう
涼禾　あつか
涼姫　あつき
涼菜　あつな
涼羽　あつは
涼深　あつみ
涼夢　あつむ
涼芽　あつめ
小涼　こすず
涼果　すずか

涼風　すずかぜ
涼心　すずこ
涼詩　すずし
涼凪　すずな
涼音　すずね
涼寧　すずね
涼乃　すずの
涼葉　すずは
涼穂　すずほ
涼水　すずみ

涼蘭　すずらん
美涼　みすず
実涼　みりょう
涼南　りな
涼茉　りま
涼佳　りょうか
涼香　りょうか
涼風　りょうか
涼子　りょうこ
涼埜　りょうの

羚

レイ　かもしか
名 れ

ウシ科の哺乳類であるカモシカを表す。カモシカには俊敏でしなやかなイメージがある。健康美人に。
ヒント「れい」の音で、凜とした美しさと知性をプラス。洗練された印象の「れ」の音を活かしても。

亜羚　あれい
星羚　せれい
美羚　みれい
羚花　れいか
羚子　れいこ
羚奈　れいな
羚來　れいら
羚埜　れの
羚美　れみ
世羚奈　せれな

12画

渥

アク　あつい

水中に深くつけることから、ひたす、潤う、厚い、恵み、美しいなどの意味がある。潤いのある美しさを願って。
ヒント「あつ」の音で先頭字に。「あつ」の音は、朗らかさとおおらかさを内包し、自然体でオープンな印象。

渥亜　あくあ
渥花　あつか
渥姫　あつき
渥子　あつこ
渥奈　あつな
渥乃　あつの
渥葉　あつは
渥帆　あつほ
渥美　あつみ
渥夢　あつむ

偉

イ　えらい

偉い、優れている、大きくて立派であるなどの意味を表す。周囲から尊敬を集めるような人になることを願って。
ヒント　前向きで一途に努力を重ねる印象の「い」の音で。止め字にするときっぱりした潔さを感じさせる。

偉緒　いお
偉久　いく
偉誉　いよ
愛偉　めい
瑠偉　るい
玲偉　れい
亜偉來　あいら
偉早子　いさこ
真偉子　まいこ
実偉奈　みいな

椅

イ
名 あづさ　よし

樹木のイイギリのこと。桐に似た木で、琴などの材料。椅子、腰掛けの意味もある。癒しを与えるような人に。
ヒント「い」の音で前向きのパワーをもつがんばり屋に。さわやかさを感じさせる「よし」の音を活かしても。

椅　あづさ
椅美　あづみ
椅恩　いおん
椅楽　いら
海椅　かい
希椅　きい
美椅　みよし
友椅　ゆい
椅李　よしり
椅沙貴　いさき

雲

ウン　くも
名 も　ゆく

雲。また、雲のように盛ん、高い、多い、遠い、優れている、美しいなどの意味を表す。のびのびと育つように。
ヒント　豊かな優しさと甘い愛らしさをあわせもつ「も」の音を活かすと使いやすい。先頭字にも止め字にも。

彩雲　あやも
雲雀　ひばり
美雲　みくも
雲恵　もえ
雲花　もか
雲瑚　もこ
雲奈　もな
雲音　もね
雲萌　ゆくも
莉雲　りくも

詠

エイ　よむ
名 うた　え　かぬ　かね　なが

声を長くのばして詩歌をうたうことをいう。また、詩歌をつくる意味もある。文芸の才能に恵まれるように。
ヒント「えい」と読むと広い心で飾らない優しさがあふれる印象、「うた」と読んで1字名にしても。

詠子　うたこ
詠華　えいか
詠美　えいみ
詠菜　えな
詠莉　かぬり
多詠　たかね
珠詠　たまえ
詠女　ながめ
千詠里　ちえり
梨詠子　りえこ

瑛

エイ
名 あき あきら え たま てる

水晶のような透明な玉、美しい玉の光をいう。幻想的なイメージがある字で、字形もしゃれている。人気のある字。
ヒント エレガントな「え」、飾らない優しさと癒しのある「えい」、明るくパワフルな「あき」の音などで。

瑛夏 あきか
瑛乃 あきの
瑛巴 あきは
瑛胡 あきらこ
瑛子 えいこ
瑛心 えいみ
瑛菜 えな
瑛音 えのん
瑛帆 えほ
瑛真 えま

瑛里 えり
瑛恋 えれん
歌瑛 かえ
小瑛 こてる
琴瑛 ことえ
妙瑛 たえ
瑛緒 たまお
瑛歌 たまか
瑛未 たまみ
知瑛 ちあき

千瑛 ちえ
瑛芭 てるは
瑛泉 てるみ
華瑛 はなえ
美瑛 みえ
瑛美里 えみり
瑛伶奈 えれな
彩瑛子 さえこ
樹里瑛 じゅりえ
乃瑛瑠 のえる

媛

エン ひめ
名 よし

姫、優美な女性、美しい、たおやかなどの意味。「才媛」のように、容姿も知性も兼ねそなえるよう願って。
ヒント 「ひめ」の音はセクシーさと温かみをあわせもつ。「よし」の音は優しい光と清らかな風の印象。

媛 ひめ
媛女 ひめ
媛愛 ひめぐ
媛音 ひめね
媛埜 ひめの
媛歌 よしか
媛乃 よしの
媛芳 よしは
媛美 よしみ
亜咲媛 あさひ

温

旧 溫
オン あたたかい
名 あつ すなお なが のどか はる やす よし

もとの字は「溫」。温かい、穏やか、優しい、大切にするなどの意味がある。温和で優しい人になるように。
ヒント ぬくもりのある字。フレッシュで躍動感のある「はる」、度量の深さを感じさせる「あつ」などの読みで。

温 すなお
温姫 あつき
温美 あつみ
小温 こなが
詩温 しおん
温花 のどか
温架 はるか
温音 やすね
温乃 よしの
莉温 りおん

賀

ガ
名 か しげ のり ます よし より

ものを贈って祝うこと。喜ぶ、ねぎらうなどの意味を表す。年賀、慶賀などのことばのように、縁起のいい字。
ヒント 迫力と愛らしさをあわせもつ「が」、快活な「か」の音で。さわやかな癒しに満ちた「よし」の音でも。

海賀 うみか
賀羽 しげは
賀歌 のりか
賀未 ますみ
未賀 みより
結賀 ゆうか
賀乃 よしの
美羽賀 みうか
梨々賀 りりか
和賀菜 わかな

開

カイ ひらく あく
名 さく はる ひら

両手で門を開く意味から、開く、開ける、切りひらくなどの意味を表す。フロンティア精神あふれる子に。
ヒント 広い世界や未来を感じさせる字。「はる」の音で、朗らかさと人間味あふれる温かさをプラス。

開菜 あきな
胡開 こはる
開羽 さくは
開來 さくら
知開 ちはる
開花 はるか
開希 はるき
開祢 はるね
開楽 ひらら
美開 みはる

絵

カイ エ

もとの字は「繪」。もとは織物の模様をいい、絵、描く、彩る、模様などの意味になった。美術の才能を願って。
ヒント 芸術的な香りの字に、「え」の音で、観察眼があり、エレガントで懐が深い印象をプラスして。

秋絵 あきえ
絵子 えこ
絵都 えと
絵那 えな
絵音 えのん
絵芙 えふ
絵帆 えほ
絵真 えま
絵未 えみ
絵里 えり

絵蓮 えれん
織絵 おりえ
絵來 かいら
琴絵 ことえ
早絵 さえ
友絵 ともえ
美絵 みえ
萌絵 もえ
璃絵 りえ
絵美奈 えみな

絵美里 えみり
絵梨香 えりか
絵李奈 えりな
絵玲菜 えれな
香奈絵 かなえ
季沙絵 きさえ
紗那絵 さなえ
智絵里 ちえり
実絵佳 みえか
也絵子 やえこ

覚

カク おぼえる さます
名 あき あきら さだ さと よし

もとの字は「覺」。悟る、目覚める、覚える、現れるなどの意味がある。頭の切れる子になるよう願って。
ヒント 確かな知性を感じさせる字。「さと」の音には聡明さと温かさが。「あき」の音は明るいリーダーの印象。

覚南 あきな
覚乃 あきの
覚帆 あきほ
覚枝 さだえ
覚英 さとえ
覚子 さとこ
道覚 ちあき
千覚 ちさと
覚禾 よしか
理覚 りさ

葛

カツ　くず
名 かず　つづら　かつら　かど　さち

つる草のクズを表す。茎の繊維で布を織り、根からくず粉を採る。草木のつるの意味も。すくすくと育つように。
ヒント　利発で快活な印象の「かつ」、自ら切りひらいて財を成すイメージの「かず」の音が使いやすい。

葛	かつら
葛子	かずこ
葛沙	かずさ
葛江	かつえ
葛乃	かつの
葛美	かつみ
葛絵	さちえ
葛歌	さちか
葛穂	さちほ
美葛	みかど

雁

ガン　かり
名 か

鳥のカリ、ガンを表す。秋に日本に来て春に去る渡り鳥である。のびのびと育つよう願いをこめて。
ヒント　「かり」の音には、輝く宝石のようなエリート感と華やかさがある。正義感の強い「か」の音でも。

愛雁	あかり
雁奈	かりな
智雁	ちか
朋雁	ともか
飛雁	ひかり
未雁	みかり
夕雁	ゆかり
友雁	ゆかり
由雁	ゆかり
怜雁	れいか

幾

キ　いく
名 おき　ちか　のり　ふさ

きざし、かすか、近いなどのほか、いくら、いく〜などの意味を表す。幾何は図形を研究する数学。
ヒント　生命力にあふれる「き」、未来へ突き進む「いく」、りりしさと華やかさをもつ「のり」の音などで。

亜幾	あき
幾保	いくほ
幾世	いくよ
早幾	さき
幾花	のりか
幾絵	ふさえ
麻幾	まちか
美幾	みおき
侑幾	ゆき
真幾子	まきこ

葵

キ　あおい
名 まもる

観賞用の草花のアオイ類の総称。夏、太陽に向かって花が回ることも知られる。華やかな和のイメージで大人気。
ヒント　「あおい」と読むと、天真爛漫に才能を発揮する印象。「き」と読むと、突出した個性を感じさせる名前に。

葵	あおい
葵衣	あおい
葵羽	あおば
彩葵	あやき
宇葵	うき
葵衣	きい
葵絵	きえ
葵香	きか
葵希	きき
葵子	きこ
葵更	きさら
葵空	きそら
葵帆	きほ
葵來	きら
咲葵	さき
詩葵	しき
苑葵	そのき
夏葵	なつき
春葵	はるき
陽葵	ひまり
真葵	まき
葵莉	まもり
美葵	みき
優葵	ゆうき
瑠葵	るき
葵未子	きみこ
葵楽々	きらら
葵莉愛	きりあ
皐都葵	さつき
向日葵	ひまわり

揮

キ

手を振るう、振り回す、指図するなどの意味を表す。リーダーになる人にぴったりの字。
ヒント　「発揮」のとおり、能力を十二分に活かす人に。「き」の音で、個性的で生命力あふれるスターに。

揮乃	きの
揮和	きわ
沙揮	さき
珠揮	たまき
優揮	まさき
瑞揮	みずき
由揮	ゆき
柚揮	ゆずき
揮与良	きよら
美悠揮	みゆき

喜

キ　よろこぶ
名 このむ　たのし　のぶ　はる　ひさ　ゆき　よし

太鼓を打って神を楽しませる意味から、喜ぶ、楽しむ、好むなどの意味になった。喜びの多い人生を願って。
ヒント　「き」の音には人に左右されずに自分をつらぬく印象がある。「よし」の音は、自然体でさわやかな印象。

宇喜	うき
喜巴	このは
偲喜	しのぶ
喜詩	たのし
喜歌	のぶか
喜花	はるか
喜笑	ひさえ
喜奈	ゆきな
喜乃	よしの
喜久子	きくこ

喬

キョウ　たかい
名 ただ　のぶ　もと

目印の木を立てた城門をいい、高いの意味に使う。自信に満ちあふれた、セレブな女性にぴったりの字。
ヒント　優しくパワフルな「きょう」の音、温かくやる気いっぱいの「たか」の音などで使われる。

佳喬	かきょう
希喬	ききょう
喬花	きょうか
喬子	きょうこ
喬埜	きょうの
喬実	きょうみ
志喬	しのぶ
喬胡	たかこ
喬世	たかせ
喬音	たかね
喬保	たかほ
喬美	たかみ
喬魅	たかみ
喬來	たから
喬恵	ただえ
喬乃	ただの
喬夜	ただよ
喬枝	のぶえ
喬歌	のぶか
喬瑚	のぶこ
喬奈	のぶな
喬代	のぶよ
帆喬	ほたか
美喬	みのぶ
喬佳	もとか
喬菜	もとな
喬羽	もとは
喬穂	もとほ
喬未	もとみ
由喬	ゆたか

稀

キ ケ まれ

もとは苗がまばらなことをいい、少ない、まれ、薄いなどの意味になった。個性がきらりと光る子に。
ヒント オンリーワンのイメージ。自分らしさを発揮する「き」、豊かなものがあふれ出すような「まれ」の音で。

朝稀 あさき
一稀 いつき
稀花 きか
稀輝 きき
稀子 きこ
稀月 きづき
稀陽 きはる
稀星 きほし
稀衣 けい
稀有 けう

咲稀 さき
夏稀 なつき
響稀 ひびき
帆稀 ほまれ
万稀 まき
稀愛 まれあ
稀以 まれい
稀香 まれか
稀乃 まれの
稀羽 まれは

未稀 みき
光稀 みつき
唯稀 ゆいき
結稀 ゆうき
亜稀來 あきら
稀世莉 きより
稀里禾 きりか
沙友稀 さゆき
実優稀 みゆき
理沙稀 りさき

暁

ギョウ あかつき
名 あき あきら あけ さと さとし とき とし
旧 曉

もとの字は「曉」。夜明け、明け方を表す。物の形が明らかになるので悟るという意味も。明るい将来を願って。
ヒント 「あき」の音は未来に駆けていく印象。「さと」の音はさわやかな印象。「あけ」「とし」の音でも。

暁栄 あきえ
暁菜 あきな
暁音 あきね
暁芭 あきは
暁美 あけび
暁吏 あけり
暁海 さとみ
知暁 ちあき
暁恵 ときえ
暁花 としか

貴

キ たっとい とうとい
名 あつ あて たか たけ よし

物がとうといという意味から、身分や地位が高い意味も表すようになった。気品のある賢い女性に。
ヒント 「き」の音は潔く自らの道を進み成功する印象、「たか」の音はやる気と思いやりのあるリーダーの印象。

貴芽 あつめ
貴音 あてね
貴更 きさら
貴宝 きほ
貴依 たかえ
貴穂 たかほ
貴乃 たけの
瑞貴 みずき
貴瑠 よしる
美貴子 みきこ

琴

キン こと
名 こ

弦楽器の「こと」を表す。琴は神聖な楽器で、材料も最高のものが使われた。音楽や和のイメージが豊かな字。
ヒント 「こと」の音は知性と信頼感を感じさせ、しっかり人生を歩んでいく印象。「こ」の音で止め字にしても。

彩琴 あやこ
歌琴 うたこ
加琴 かこ
瑚琴 ここ
琴杜 こと
琴江 ことえ
琴香 ことか
琴子 ことこ
琴奈 ことな
琴音 ことね

琴乃 ことの
琴羽 ことは
琴歩 ことほ
琴美 ことみ
里琴 さとこ
鈴琴 すずこ
妙琴 たえこ
千琴 ちこと
月琴 つきこ
照琴 てるこ

直琴 なおこ
丹琴 にこ
紀琴 のりこ
陽琴 はるこ
風琴 ふうこ
真琴 まこと
美琴 みこと
優琴 ゆうこ
莉琴 りこ
玲琴 れいこ

卿

ケイ キョウ
名 あきら きみ のり

饗宴（きょうえん）に招かれる者をいい、君、大臣、高位の臣などの意味を表す。実社会で成功することを願って。
ヒント 「けい」と読むとドライなエリートの印象、「きょう」と読むと強さと優しさが加わる。

卿奈 あきな
卿江 きみえ
卿花 きみか
卿菜 きみな
卿華 きょうか
卿子 きょうこ
卿都 けいと
卿菜 けいな
卿來 けいら
卿美 のりみ

敬

ケイ うやまう
名 たか とし のり はや ひろ よし

敬う、つつしむ、かしこまる、うやうやしいなどの意味を表す。礼儀正しく、誠実な人になるよう願って。
ヒント 「けい」「たか」「のり」などの読みで使われる。「けい」と読むと、エレガントな都会派のイメージに。

敬華 けいか
敬采 けいと
敬奈 けいな
敬穂 たかほ
知敬 ちはや
千敬 ちひろ
敬美 としみ
敬子 のりこ
敬奈 ひろな
敬美 よしみ

景

ケイ
名 あき あきら かげ ひろ

光の意味を表し、そこから、影、景色、ありさま、風情などの意味に使う。すがすがしい感じの女性に。
ヒント 「風景」のように穏（おだ）やかなイメージ。「けい」の音で気品と知性、「あき」の音で明るさと輝きが加わる。

景夜 あきよ
景羅 あきら
景花 けいか
景輝 けいき
景都 けいと
景那 けいな
木景 こかげ
千景 ちかげ
景乃 ひろの
美景 みかげ

結

ケツ　むすぶ
名 かた　ゆ　ゆう　ゆい

結ぶ、つなぎ合わせる、集まる、約束する、固めるなどの意味を表す。日本的なイメージもある。人気の字。
ヒント 人気の「ゆ」「ゆい」「ゆう」の音で使える字。「ゆい」は、おおらかで、のびのびと能力を発揮する印象。

結 ゆい
杏結 あんゆ
結音 かたね
結葉 かたは
彩結 さゆ
芙結 ふゆ
真結 まゆ
心結 みゆ
美結 みゆう
結愛 ゆあ
結花 ゆいか
結子 ゆいこ
結紗 ゆいさ
結奈 ゆいな
結乃 ゆいの
結帆 ゆいほ
結菜 ゆうな
結璃 ゆうり
結羽 ゆうわ
結香 ゆか
結葵 ゆき
結真 ゆま
結良 ゆら
結莉 ゆり
愛結花 あゆか
佐結梨 さゆり
知結未 ちゆみ
奈結美 なゆみ
万結美 まゆみ
結花子 ゆかこ

萱

ケン　かや　わすれぐさ
名 ただ　まさ

草のワスレグサのこと。食べれば憂いを忘れるという。また、屋根をふく草、カヤを指す。さっぱりした人に。
ヒント 「かや」の音は無邪気さと公平さで人を魅了する印象。豊潤で深く満たされた印象の「まさ」の音でも。

萱奈 かな
萱音 かやね
萱乃 かやの
萱葉 かやは
萱帆 ただほ
萱心 まさこ
萱奈 まさな
萱埜 まさの
美萱 みか
萱穂梨 かほり

絢

ケン　あや
名 じゅん　はる

目がくらむほど美しい織物の模様、綾糸のことで、あや（＝模様）、美しいの意味に使う。字形も音も美しい字。
ヒント 字のたおやかさに、「あや」の音で優雅さと落ち着きを、「じゅん」の音でやわらぎとお茶目さをプラス。

絢衣 あやい
絢香 あやか
絢瑚 あやこ
絢祢 あやね
絢乃 あやの
絢羽 あやは
絢帆 あやほ
絢未 あやみ
絢夢 あやむ
絢里 あやり
杏絢 あんじゅ
小絢 こはる
彩絢 さあや
絢花 じゅんか
絢乎 じゅんこ
絢菜 じゅんな
絢魅 じゅんみ
絢李 じゅんり
千絢 ちはる
絢香 はるか
絢生 はるき
絢子 はるこ
絢名 はるな
絢埜 はるの
絢日 はるひ
絢美 はるみ
絢霧 はるむ
麻絢 まあや
美絢 みはる
莉絢 りあ

湖

コ　みずうみ
名 うみ　ひろし

湖、湖水の意味を表す。湖は、池や沼よりも大きく、水も澄んでいて、どことなく幻想的なイメージがある。
ヒント 「こ」の音で止め字にすると使いやすい。愛らしさで、周囲から頼りにされつつかわいがられる人に。

亜湖 あこ
湖禾 うみか
青湖 せいこ
透湖 とうこ
湖佳 ひろか
真湖 まこ
結湖 ゆうみ
美湖 よしこ
莉湖 りこ
湖乃美 このみ

琥

コ　こはく
名 く　たま

虎の文様のある玉、虎の形をした祭祀用の玉器。また、琥珀を表す。レトロなイメージのある字。
ヒント 愛らしく社交的な「こ」、タフでおおらかな「たま」の音を活かして。「く」の音で止め字にしても。

香琥 かこ
琥実 くみ
琥子 ここ
琥珀 こはく
琥姫 たまき
琥葉 たまは
琥美 たまみ
美琥 みく
凛琥 りんこ
琥々菜 ここな

港

コウ　みなと
名 みな

川の水が分かれるところの意味から、みなとを表す。人の集まる場所の意味も。人を優しく癒す女性に。
ヒント 充実感と親密感のある「みな」の音で。「こう」の音を活かすと、知的で繊細な印象に。

港子 こうこ
港朱 こうじゅ
港美 こうみ
港夏 みなか
港凪 みなぎ
港瀬 みなせ
港都 みなと
港波 みなは
港南 みなみ
港萌 みなも

皓

コウ　しろい
名 あき　あきら　つぐ　てる　ひかる　ひろ

白い、光る、清い、明らかなどの意味を表す。皓歯とは白い歯のことだが、美人の意味もある。美しい女性に。
ヒント 「ひろ」と読むと穏やかだがたくましい印象、「あき」と読むと明るさとキュートさをあわせもつ印象。

皓枝 あきえ
皓奈 あきな
皓穂 あきほ
皓実 つぐみ
皓葉 てるは
皓琉 ひかる
皓夏 ひろか
皓未 ひろみ
美皓 みひろ
由皓 ゆひろ

紫

シ　むらさき
名 むら

色の名の紫を表す。ムラサキという草の染料で染めて出した色。昔は高貴な色とされていた。雅(みやび)な女性に。
ヒント 字のもつ優美で気品のあるイメージに、「し」の音で颯爽(さっそう)としたスターのような印象をさらに増して。

瑚紫	こむら
紫晏	しあん
紫依	しい
紫緒	しお
紫臣	しおみ
紫織	しおり
紫苑	しおん
紫季	しき
紫水	しすい
紫寿	しず
紫月	しづき
紫波	しなみ
紫乃	しの
紫円	しのぶ
紫帆	しほ
紫麻	しま
紫紋	しもん
紫代	しよ
帆紫	ほむら
玖紫那	くしな
紫衣奈	しいな
紫絵里	しえり
紫枝琉	しえる
紫於梨	しおり
紫津久	しずく
紫埜羽	しのは
紫保理	しほり
紫依莉	しより
世紫琉	せしる
斗紫子	としこ

詞

シ
名 こと　なり　のり　ふみ

神に祈ることばを表し、ことば、文章、いう、説くなどの意味に使う。文学的才能に恵まれるよう願って。
ヒント 文学的なイメージに、「し」の音できらきらした生命力を、「こと」の音で信頼感と知性をプラス。

詞音	ことね
詞葉	ことは
詞美	ことみ
詞織	しおり
詞穂	しほ
詞茉	しま
詞代	のりよ
羽詞	はなり
詞乃	ふみの
留詞愛	るしあ

滋

ジ
名 あさ　しく　しげ　ふさ　ます

ふえる、増すの意味から、草木が茂る、潤(うるお)す、養うなどの意味になった。おいしい味の意味もある。優しい人に。
ヒント 「しげ」と読むと、人情味があり、パワフルな印象、「じ」と読むと、育ちがよく品のよい印象になる。

滋乃	あさの
滋陽	あさひ
滋実	あさみ
滋香	しげか
滋葉	しげは
滋絵	ふさえ
真滋	ましく
滋美	ますみ
幸滋	ゆきじ
富滋代	ふじよ

萩

シュウ　はぎ

草のカワラヨモギを表す。日本では、秋の七草のひとつ、ハギのことをいう。風流なイメージのある字。
ヒント 「しゅう」の音は俊敏(しゅんびん)さと落ち着きをあわせもつ。「はぎ」の音は笑顔がステキながんばり屋の印象。

萩	はぎ
小萩	こはぎ
萩禾	しゅうか
萩那	しゅうな
萩絵	はぎえ
萩花	はぎか
萩乃	はぎの
萩弥	はぎや
実萩	みしゅう
美萩	みはぎ

竣

シュン　おえる
名 たか

神聖な儀礼の場が完成することを表し、終わる、仕事をなし終えるの意味に使う。まじめでねばり強い人に。
ヒント 何事かを成し遂げるイメージ。しっかり者の印象がある「たか」の音で、リーダーシップを感じさせる。

竣李	しゅり
竣果	しゅんか
竣奈	しゅんな
竣子	たかこ
竣音	たかね
竣羽	たかは
竣歩	たかほ
竣実	たかみ
竣夢	たかむ
美竣	みたか

閏

ジュン　うるう
名 うる

「うるう」の意味。うるうとは、日数や月数を普通より多くすること。閏年(うるうどし)生まれの子にぴったりの字。
ヒント 「じゅん」の音はチャーミングな印象。内に秘めた才覚を感じさせる「うる」の音を使っても個性的。

安閏	あんじゅ
閏奈	うるな
閏葉	うるは
閏杏	じゅあん
閏音	じゅね
閏花	じゅんか
閏那	じゅんな
閏音	じゅんね
閏乃	じゅんの
想閏	そうる

順

ジュン
名 あや　かず　なお　のり　まさ　やす　ゆき　より

もとは神意にしたがうことで、そこからしたがう、素直、正しい、愛するなどの意味になった。愛情深い女性に。
ヒント 育ちがよく人なつっこい「じゅん」、重厚感と信頼感のある「のり」、優しくタフな「ゆき」の音などで。

順芽	あやめ
順沙	かずさ
順心	じゅんこ
順菜	じゅんな
順美	なおみ
順可	のりか
順絵	まさえ
順埜	やすの
順未	ゆきみ
順江	よりえ

勝

ショウ　かつ　まさる

勝つ、まさる、優れる、盛んのほか、耐える、ことごとくの意味もある。人生の勝利者になれるよう願いをこめて。
ヒント 「かつ」と読むと強いリーダーシップの印象が増す。「まさ」の音は、満足感とさわやかさを感じさせる。

愛勝	あまさ
勝栄	かつえ
勝生	かつき
勝帆	かつほ
勝実	かつみ
勝代	かつよ
勝來	かつら
勝瑚	しょうこ
多勝	たまさ
勝那	まさな

晶

ショウ
名 あき あきら てる まさ

星の光を三つ組み合わせた形で、明らか、輝くの意味になった。水晶の意味もある。クールな輝きをもつ女性に。
ヒント 「あき」の読みで時代を切りひらく先駆者の印象が、「しょう」の読みでいつまでも新鮮な印象が加わる。

晶 あきら
晶瑛 あきえ
晶生 あきお
晶陽 あきひ
晶琉 あきる
晶果 しょうか
晶美 しょうみ
千晶 ちあき
晶穂 てるほ
晶吏 まさり

湘

ショウ

中国にある湘水（しょうすい）という川のことをさす字。日本では、湘南のきらめくビーチ、海、夕日のイメージ。
ヒント 「しょう」の音には、やわらかく優しい光に満ちあふれた印象がある。使用例が少なく、新鮮。

湘果 しょうか
湘歌 しょうか
湘子 しょうこ
湘虹 しょうこ
湘波 しょうな
湘夏 しょうな
湘帆 しょうほ
湘莉 しょうり
湘音 しょおん
美湘 みしょう

翔

ショウ
かける とぶ
名 か と

鳥が羽を広げてゆっくり飛ぶことで、飛ぶ、翔ける、めぐる、さまようなどの意味に使う。のびのびと育つように。
ヒント 深い優しさと新鮮な英知をあわせもつ「しょう」の音のほか、「か」や「と」の音で万葉仮名風にしても。

翔恵 かえ
翔音 かのん
翔代 かよ
翔夏 しょうか
翔子 しょうこ
美翔 みと
萌翔 もえか
由翔 ゆうか
陽翔里 ひかり
三千翔 みちか

森

シン もり
名 しげ

木を三つ組み合わせた形で、森、茂るの意味になる。静か、おごそかの意味も。生命の源（みなもと）のイメージのある字。
ヒント 「もり」の音で豊潤（ほうじゅん）なイメージが加わる。人情味がありパワフルな「しげ」の音を活かしても。

森那 しげな
森美 しげみ
森珠 しんじゅ
森羅 しんら
美森 みしげ
三森 みもり
芽森 めもり
森奈 もりな
森音 もりね
森葉 もりは

尋

ジン
たずねる
名 ちか つね のり ひろ みつ

左と右を上下に組み合わせた形で、尋ねる、探るなどの意味。水深を表す単位「ひろ」の意味もある。
ヒント 広がりを感じさせる字。穏（おだ）やかさとたくましさをあわせもつ印象の「ひろ」の音が使いやすい。

胡尋 このり
尋奈 じんな
千尋 ちひろ
芭尋 はつね
尋花 ひろか
尋菜 ひろな
尋美 ひろみ
茉尋 まひろ
美尋 みちか
尋季 みつき

須

ス シュ
名 もち もとむ

待つ、用いる、願うなどの意味を表す。必要とするという意味も。有望な将来を願って。
ヒント 「必須」のようになくてはならないもののイメージ。「す」の音で可憐（かれん）な雰囲気をもちながらリーダーシップをとれる人に。

須利 しゅり
須寿 すず
須万 すま
須美 すみ
須菜 もちな
須実 もとみ
明須華 あすか
阿須奈 あすな
亜梨須 ありす
美須瑞 みすず

晴

セイ はれる
名 てる なり はる

「日」＋「青」で、晴れる、晴れなどの意味を表す。晴れ渡る空のように、のびのびとした明るい子に育つように。
ヒント 「はる」の音で、華やかさと活気がある印象を増して。透明なしずくを思わせる「せい」の音でも。

色晴 いろは
叶晴 かなは
希晴 きはる
紅晴 くれは
心晴 ここは
瑚晴 こなり
小晴 こはる
晴愛 せいあ
晴夏 せいか
晴瑚 せいこ

晴奈 せいな
晴羅 せいら
晴恋 せれん
千晴 ちはる
晴日 てるひ
晴実 てるみ
凪晴 なぎは
晴未 なりみ
晴月 はづき
晴笑 はるえ

晴香 はるか
晴生 はるき
晴空 はるく
晴子 はるこ
晴音 はるね
晴乃 はるの
晴陽 はるひ
晴海 はるみ
晴花 はれか
美晴 みはる

善

ゼン よい
名 さ たる よし

神の意思にかなうことを表し、善い、正しいの意味。うまく、たくみに、仲よくするの意味も。善良な人に。
ヒント 「よし」と読むとさわやかで癒（いや）される風のよう。スター性を感じさせる「さ」の音で使っても。

愛善 あたる
和善 かずさ
善希 さき
弥善 みよし
善笑 よしえ
善花 よしか
善乃 よしの
善穂 よしほ
善美 よしみ
美善希 みさき

然

ゼン ネン
名 しか つれ なり のり

肉を火で焼くことから、もえる意味を表す。そのとおりだと是認する意味も。飾らずしぜんに生きるように。
ヒント 「なり」の音は、甘い笑顔でクールな発言をする印象。「のり」と読むと、りりしく気品のある印象に。

然葉 つれは
菜然 なつれ
然羽 なりは
然美 なりみ
然夢 ねむ
然瑠 ねる
然恵 のりえ
然歌 のりか
実然 みつれ
萌然 もね

惺

セイ さとい
名 あきら しずか

さとい、悟るのほか、静かの意味を表す。「星」は澄みきった星を表す。物静かで聡明（そうめい）な人になるように。
ヒント 「せい」の音はすがすがしさと透明感、「さと」の音はさわやかさと思いやりのある印象。

惺 あきら
惺來 あきら
惺子 あきらこ
惺依 さとい
惺枝 さとえ
惺胡 さとこ
惺祢 さとね
惺美 さとみ
惺夢 さとむ
惺李 さとり
惺花 しずか
惺玖 しずく
惺那 しずな
惺音 しずね
惺里 しずり
惺琉 しずる
惺衣 せい
惺愛 せいあ
惺華 せいか
惺湖 せいこ
惺寿 せいじゅ
惺奈 せいな
惺良 せいら
惺蘭 せいらん
惺永 せな
千惺 ちあき
実惺 みさと
未惺 みしず
理惺 りせ
惺李那 せりな

創

ソウ つくる
名 はじむ

もとは槍による傷のことだが、はじめる、はじめてつくるの意味を表すようになった。創造的な才能を願って。
ヒント 潔く、颯爽（さっそう）とした「そう」の「そ」の音だけを活かしても。優しくソフトなイメージが加わる。

創子 そうこ
創朱 そうじゅ
創奈 そうな
創瑠 そうる
創乃 その
創來 そら
創芽 はじめ
創芽菜 そめな
創代香 そよか
美創奈 みそな

湊

ソウ みなと
名 みな

水上の人の集まるところを表し、みなと、船着き場、集まるなどの意味を表す。友達がたくさんできるように。
ヒント 「みな」は、満ち足りていて親密感のある印象。清涼感があり、パワーを秘めた印象の「そう」の音で使っても。

湊 みなと
湊花 そうか
湊楽 そうら
湊留 そうる
湊愛 みな
湊絵 みなえ
湊瑚 みなこ
湊都 みなと
湊海 みなみ
瑠湊 るみな

尊

ソン たっとい とうとい
名 たか

もとの字は「尊」。酒樽の意味から、たっとぶ、とうとい、敬うなどの意味になった。尊敬される人に。
ヒント 日本武尊（やまとたけるのみこと）のように、英雄のイメージのある字。思いやりとやる気をあわせもった「たか」の音で。

愛尊 あたか
尊良 そら
尊音 たかえ
尊子 たかこ
尊那 たかな
尊乃 たかの
尊芳 たかは
尊穂 たかほ
尊美 たかみ
尊夢 たかむ

巽

ソン たつみ
名 ゆく よし

神前で二人並んで舞う形で、供える意味。南東の方角「たつみ」、敬う、つつしむの意味も。神秘的な印象の字。
ヒント 風水で巽（たつみ）（南東）は人の縁をつかさどる方角。「よし」の音は清潔な癒（いや）しを感じさせる。

巽子 たつこ
巽実 たつみ
巽霧 たつむ
巽莉 ゆくり
巽枝 よしえ
巽華 よしか
巽菜 よしな
巽乃 よしの
巽羽 よしは
巽海 よしみ

達

タツ
名 さと しげ ただ と とお のぶ ひろ みち

通る、つらぬく、至るの意味。また、悟る、物事に通じる意味も。「達人」はこの用法。卓越した人になれるように。
ヒント 何事かを成し遂げるイメージに、「たつ」の音で理知と意志の強さをプラス。「ひろ」などの音でも。

達海 さとみ
達奈 しげな
達絵 ただえ
達伎 たつき
達帆 たつほ
達弥 とおみ
達歌 のぶか
達乃 ひろの
達花 みちか
美達 みひろ

智

チ さとい
名 あきら さと じ とし とも のり もと

神に祈り誓うことをいい、知恵、知識、知恵のある人などの意味を表す。賢い子になるよう願いをこめて。
ヒント 優しさと力強さをあわせもつ「とも」、さわやかで包容力のある「さと」、躍動感のある「ち」の音などで。

智 あきら
智心 さとみ
智愛 ちあ
千智 ちさと
智禾 としか
智乃 ともの
智歌 のりか
智枝 もとえ
雪智 ゆきじ
真智花 まちか

朝

チョウ　あさ
名 あした　かた　さ　つと　とき　とも　のり

草の間に日が出ている形を表し、朝の意味になった。政治を行うところの意味も。フレッシュなイメージの字。**ヒント** 温かい癒し(いや)の力に満ちた「あさ」の音のほか、優しさと力強さを兼ねそなえた「とも」の音でも新鮮。

朝咲 あさ
朝桜 あさお
朝花 あさか
朝葵 あさき
朝子 あさこ
朝日 あさひ
朝陽 あさひ
朝帆 あさほ
朝美 あさみ
朝乃 かたの

咲朝 さあさ
朝依 さえ
爽朝 さやさ
知朝 ちあさ
朝瑚 ちょうこ
朝恵 ときえ
朝和 ときわ
朝香 ともか
朝葉 ともは
朝実 ともみ

朝海 ともみ
朝世 ともよ
朝歌 のりか
麻朝 まあさ
光朝 みつと
美朝 みのり
明朝 めいさ
莉朝 りさ
今朝子 けさこ
真朝子 まさこ

椎

ツイ　しい
名 し

つち(＝ものを打つ道具)、打つ、背骨の意味のほか、樹木のシイを表す。シイの実は食用。のびのびと育つように。**ヒント** 「しい」の音は、透明感のあるイメージ。スター性のある「し」の音を活かして先頭字にしても。

椎歌 しいか
椎南 しいな
椎菜 しいな
椎音 しいね
椎乃 しいの
椎葉 しいは
椎帆 しいほ
椎良 しいら
椎帆 しほ
椎澄子 しずこ

渡

ト　わたる
名 ただ

渡る、渡す、過ぎるなどの意味を表す。川や海のほか、世間を渡る意味も。上手に世渡りできることを願って。**ヒント** 自由なイメージもある字。「と」の音で万葉仮名風に。しっかりとした包容力がプラスされる。

絵渡 えと
小渡 こわた
渡希 ただき
渡萌 とも
実渡 みと
莉渡 りと
渡葉 わたは
知渡世 ちとせ
渡美加 とみか
日渡美 ひとみ

塔

トウ

もとはサンスクリット語のことばの音訳で、仏塔を指すが、高くそびえる建物のこともいう。気品のある人に。**ヒント** 塔のように、気高くすらっとした美しさを感じさせる字。「とう」の音は、コツコツ努力する人の印象。

塔愛 とあ
塔華 とうか
塔子 とうこ
塔光 とうこ
塔海 とうみ
塔美 とみ
塔代 とよ
塔萌絵 ともえ
塔和子 とわこ
妃塔美 ひとみ

統

トウ　すべる
名 すみ　つね　のり　むね　もと

統率する、ひとつにまとめる、治めるなどの意味を表す。大筋、つながりの意味も。リーダーシップのある人に。**ヒント** 「とう」の音には格調の高さとバイタリティの、「のり」の音にはりりしさと気品、華やかさの印象が。

明統 あすみ
歌統 かすみ
統禾 すみか
統帆 つねほ
統子 とうこ
統花 のりか
統虹 のりこ
真統 ますみ
実統 みのり
統海 もとみ

登

トウ　ト　のぼる
名 たか　とみ　とも　のり　み

登る、高いところに上がる、高い地位につくのほか、なる、実るの意味もある。尊敬される人になるように。**ヒント** 頼りがいがあっておおらかな印象の「と」の音で、先頭字にも止め字にも万葉仮名風にも。

衣登 いと
圭登 けいと
登乃 たかの
登子 ともこ
登巴 とわ
登未 のりみ
登央 みお
千沙登 ちさと
登実子 とみこ
日登美 ひとみ

菫

トウ
名 なお　のぶ　まこと　まさ　よし

正す、見張るなどのほかに、骨董(こっとう)のように、希少な古道具の意味もある。古風で誠実な女性にぴったりの字。**ヒント** 高級感のある字。「とう」の音は力強い大物の印象。「よし」の音は、清潔感と朗(ほが)らかさを感じさせる。

菫 まこと
加菫 かなお
詩菫 しのぶ
朱菫 すなお
菫香 とうか
菫子 とうこ
菫深 とうみ
菫緒 なお
菫季 なおき
菫子 なおこ

菫未 なおみ
奈菫 ななお
菫恵 のぶえ
菫佳 のぶか
菫希 のぶき
帆菫 ほのぶ
菫斗 まこと
菫貴 まさき
菫胡 まさこ
菫那 まさな

菫美 まさみ
麻菫 まなお
美菫 みと
実菫 みのぶ
弥菫 みよし
菫枝 よしえ
菫瑚 よしこ
菫乃 よしの
小菫美 ことみ
沙菫子 さとこ

道

ドウ　トウ
名 じ　ち　みち　つね　ね　のり

邪霊をはらい清めたところをいい、道の意味に使う。人が進むべき道、芸などの意味も。ひとつの道を究める人に。
ヒント 力強く人生を歩むイメージ。「みち」の音は、充実感と、ぴちぴちとした生命力があふれる印象。

道歩	ちほ
道花	つねか
道架	のりか
春道	はるね
道絵	みちえ
道桜	みちお
道歌	みちか
道瑠	みちる
幸道	ゆきじ
友里道	ゆりね

敦

トン
名 あつ　あつい　つる　とし　のぶ

神に供える酒食を盛る器を表し、人情にあつい、尊ぶ、まことなどの意味を表す。誠実で心優しい人に。
ヒント 「あつ」の音には、自然で素朴な心地よい開放感がある。「のぶ」の音は、甘えん坊で元気な印象。

敦葵	あつき
敦那	あつな
敦菜	あつな
敦乃	あつの
敦実	あつみ
詩敦	しのぶ
敦音	つるね
敦笑	としえ
敦子	のぶこ
美敦	みつる

琶

ハ

弦楽器の琵琶を表す。インド、西域から中国を経て伝えられたものである。シルクロードのロマンが香る字。
ヒント 音楽や和のイメージに、オープンで人情味のあふれる「は」の音で、潔さや華やかさを加えて。

明琶	あきは
絢琶	あやは
咲琶	さきは
涼琶	すずは
友琶	ともは
琶奈	はな
琶瑠	はる
優琶	ゆうは
柚琶	ゆずは
璃々琶	りりは

博

ハク　バク
名 はか　ひろ

広い、行き渡っている、広く通じているなどの意味を表す。広い視野で物事を見通せる人になるように。
ヒント 「ひろ」の音で、先頭字にも止め字にも使われる。落ち着きの中にたくましさと情熱をもつ印象に。

知博	ちひろ
博菜	はかな
博英	ひろえ
博花	ひろか
博希	ひろき
博乃	ひろの
博夢	ひろむ
博女	ひろめ
博代	ひろよ
真博	まひろ

斐

ヒ
名 あきら　あや　なが　よし

あや（＝模様）のある美しさのことで、美しい、明らか、なびくなどの意味を表す。才色兼備の女性に。
ヒント 「ひ」と読むと、パワフルでドライな印象が、「あや」と読むと、あどけなさと大胆さが加わる。

斐	あきら
斐來	あきら
朝斐	あさひ
斐加	あやか
斐貴	あやき
斐子	あやこ
斐乃	あやの
斐巴	あやは
斐実	あやみ
斐耶	あやや
沙斐	さあや
斐梨	ながり
春斐	はるひ
斐彩	ひいろ
斐織	ひおり
斐紗	ひさ
斐弦	ひづる
斐翠	ひすい
斐奈	ひな
斐史	ひふみ
斐鞠	ひまり
斐女	ひめ
斐依	ひより
斐呂	ひろ
斐花	よしか
夕斐	ゆうひ
千斐路	ちひろ
斐香吏	ひかり
斐沙那	ひさな
斐南汰	ひなた

名前エピソード

愛子（あいこ）ちゃん

外国人の夫が考えた日本人らしい名前

外国人の夫は、日本人らしい名前をつけたかったようで、「子」がいいと熱く語っていました。日本人らしい名前の裏には、ハーフとして生まれた娘に苦労がないように、という思いも隠れています。夫いわく、「子」の字の上は「愛」だね！　と……。愛情深い子に育ちますように、また人からたくさん愛されますように、という願いをこめて。（典子ママ）

琵

ビ
名 ひ

弦楽器の琵琶（びわ）のこと。ペルシャ、アラビア起源で奈良時代に伝わった。音楽的才能のあるエキゾチックな女性に。
ヒント 「ひ」と読む字として新鮮。「ひ」の音は、情熱と冷静さを兼ねそなえた、カリスマのイメージ。

朝琵 あさひ
琵奈 ひな
琵毬 ひまり
琵色 ひろ
優琵 ゆうひ
琵桜李 ひおり
琵奈希 ひなき
琵弥子 ひみこ
琵芽歌 ひめか
琵來々 ひらら

富

フ フウ とむ とみ
名 さかえ とよ ひさ よし
旧 冨 （→P298）

富む、財産、豊か、満ち足りる、多いなどの意味を表す。物心ともに恵まれ、安楽に暮らせることを願って。
ヒント 温かくふんわりとした雰囲気の「ふう」「ふ」、優しくて力強い「とみ」の音などを使って。

富瑛 さかえ
富花 とみか
富江 とよえ
富絵 ひさえ
富歌 ふうか
富希 ふき
由富 ゆふ
富禾 よしか
知富有 ちふゆ
富士乃 ふじの

葡

ブ
名 ほ

果樹のブドウ（葡萄）を表す。古くから伝来し、葡萄酒も珍重された。異国情緒もある。実り豊かなイメージ。
ヒント 豊潤（ほうじゅん）な甘さを感じさせる。温かくくつろいだ印象の「ほ」の音で。好奇心旺盛（おうせい）でマイペースな人に。

秋葡 あきほ
輝葡 きほ
早葡 さほ
詩葡 しほ
葡乃 ほの
美葡 みほ
野葡子 のぶこ
葡南美 ほなみ
葡乃香 ほのか
麻紀葡 まきほ

満

マン みちる みたす
名 あり ま ます まろ みつ

もとの字は「滿」。水が満ちあふれることをいい、満ちる、足りるなどの意味になる。満ち足りた人生を願って。
ヒント 「みつ」の音でりりしく気品のある印象を、「ま」の音で満ち足りていて優しい印象をプラス。

満 みちる
満 みつ
満紗 ありさ
満須 ありす
満南 ありな
笑満 えま
満鈴 ますず
満泉 ますみ
満智 まち
満那 まな
満穂 まほ
満莉 まり
茉満 まろ
満美 まろみ
満瑠 みちる
満花 みつか
満貴 みつき
満葉 みつは
満帆 みつほ
満瑠 みつる
心満 みま
光満 みまろ
芽満 めあり
由満 ゆま
悠満 ゆま
亜満祢 あまね
多満希 たまき
満貴子 まきこ
満千花 まちか
満奈美 まなみ

萬

マン バン よろず
名 かず かつ たか つむ ま

もとの字は「萬」で、その常用漢字が「万」。数の万、数の多いことを表す。何事にも秀でることを願って。
ヒント 「万」と意味も読みも同じなので、字形や画数で選ぶとよい。天真爛漫（てんしんらんまん）な印象の「ま」の音でも。

萬紗 かずさ
萬希 かつき
萬恵 たかえ
菜萬 なつむ
萬愛 まな
萬穂 まほ
萬美 まみ
萬利 まり
萬希穂 まきほ
萬悠花 まゆか

湧

ユウ ヨウ わく
名 いさむ わか

桶形の井戸から水がわき出ることから、わく、あふれるの意味に使う。あふれるような才能に恵まれるように。
ヒント クリエイティブな印象の字。「ゆう」の音は思慮深く繊細（せんさい）な印象。「わか」の音で夢と希望に満ちた印象に。

湧 ゆう
湧美 いさみ
知湧 ちゆう
実湧 みゆう
湧香 ゆうか
湧奈 ゆうな
湧由 ゆうゆ
湧禾 ようか
湧菜 わかな
湧芭 わかば

裕

ユウ
名 ひろ まさ みち やす ゆ ゆたか

衣服がゆったりしていることから、豊か、ゆったりなどの意味に使うようになった。物心両面の豊かさを望んで。
ヒント 「ゆう」の音で人を和ませる印象、「ひろ」の音でくつろぎの中に積極性やたくましさをもつ印象に。

裕珂 ひろか
裕紗 ひろさ
裕海 ひろみ
裕吏 ひろり
裕菜 まさな
裕未 まさみ
茉裕 まゆ
裕子 みちこ
裕瑠 みちる
未裕 みひろ
美裕 みゆ
裕恵 やすえ
裕奈 やすな
裕愛 ゆあ
裕花 ゆうか
裕紀 ゆうき
裕陽 ゆうひ
裕穂 ゆうほ
裕凛 ゆうりん
裕華 ゆたか
裕菜 ゆな
裕乃 ゆの
裕美 ゆふ
裕真 ゆま
裕芽 ゆめ
裕來 ゆら
亜裕奈 あゆな
沙裕里 さゆり
知裕梨 ちゆり
菜裕香 なゆか

遊

ユウ ウ
名 ゆ

気ままに行動することをいい、遊ぶ、楽しむ、旅する、などの意味を表す。友人の意味も。のびのび育つように。
ヒント 豊かな人生や視野の広さのイメージもある字。「ゆ」の音で思慮深さや優しさが加わる。

茉遊	まゆ
遊亜	ゆうあ
遊花	ゆうか
遊由	ゆうゆ
遊李	ゆうり
遊季	ゆき
遊奈	ゆな
千遊梨	ちゆり
未遊姫	みゆき
遊美子	ゆみこ

葉

ヨウ は
名 くに すえ のぶ ば ふさ よ

草の葉、木の葉のほか、薄いものを数えることばにも使う。フレッシュで可憐(かれん)なイメージのある字。
ヒント 「よう」と読むと温かくくつろいだ雰囲気が、「は」と読むと気風(きっぷ)のよい人情家のイメージが加わる。

蒼葉	あおば
綾葉	あやは
彩葉	いろは
乙葉	おとは
奏葉	かなよ
歌葉	かよ
葉乎	くにこ
朔葉	さくは
詩葉	しのぶ
葉生	のぶき
葉月	はづき
葉摘	はつみ
葉成	はなり
葉絵	ふさえ
双葉	ふたば
万葉	ますえ
麻葉	まよ
魅葉	みくに
美葉	みよう
紅葉	もみじ
哉葉	やすえ
葉花	ようか
葉子	ようこ
四葉	よつば
梨葉	りよ
若葉	わかば
愛結葉	あゆは
絵美葉	えみは
葉菜子	はなこ
莉乃葉	りのは

釉

ユウ
うわぐすり
名 つや てる

焼き物のうわぐすりを表す。素焼きの陶磁器の表面に塗って艶(つや)を出す薬。つや、光の意味も。技芸に優れた子に。
ヒント 素朴(そぼく)な美しさを感じさせる字。人気の「ゆう」と読む字として新鮮。人の心を優しく和ませる名前に。

釉輝	つやき
釉羽	てるは
釉未	てるみ
茉釉	まゆう
美釉	みゆう
釉榎	ゆうか
釉貴	ゆうき
釉名	ゆうな
釉美	ゆうみ
釉月	ゆづき

陽

ヨウ
名 あき お おき きよ たか なか はる ひ

日、太陽、日なたのほか、暖かい、明るい、南などを表す。陰(かげ)に対する陽の意味も。積極的でイキイキした子に。
ヒント 朗(ほが)らかで温かい「はる」の音のほか、明るさと強さをあわせもつ「ひ」、ロマンチックな「よう」の音でも。

陽栄	あきえ
陽奈	あきな
陽葉	あきは
陽帆	あきほ
朝陽	あさひ
陽巳	きよみ
心陽	こはる
陽実	たかみ
千陽	ちあき
知陽	ちひろ
菜陽	なおき
陽絵	はるえ
陽姫	はるき
陽菜	はるな
陽音	はるね
春陽	はるひ
陽美	はるみ
陽愛	ひな
陽向	ひなた
陽芽	ひめ
真陽	まなか
美陽	みはる
夕陽	ゆうひ
陽花	ようか
陽子	ようこ
里陽	りよう
紗那陽	さなお
陽桜里	ひおり
陽歌莉	ひかり
陽菜子	ひなこ

遥

ヨウ はるか
名 すみ とお のぶ のり はる みち
旧 遙 (→P329)

もとの字は「遙」。ゆらゆら歩くことをいい、さまよう意味に使う。はるか、遠いの意味もある。
ヒント 「はる」の読みで、生命力とワクワク感を、「よう」の読みで悠々とした優しさを加えて。1字名にも。

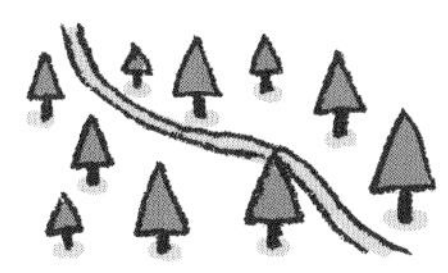

遥	はるか
愛遥	あすみ
歌遥	かのり
希遥	きはる
小遥	こはる
志遥	しのり
千遥	ちはる
遥海	とおみ
遥吏	とおり
菜遥	なすみ
遥禾	のぶか
遥音	はのん
遥絵	はるえ
遥風	はるか
遥歌	はるか
遥姫	はるき
遥空	はるく
遥菜	はるな
遥乃	はるの
遥陽	はるひ
遥世	はるよ
遥琉	はるる
真遥	ますみ
遥花	みちか
遥瑠	みちる
三遥	みのり
美遥	みはる
実遥	みよ
遥華	ようか
遥子	ようこ

揚

ヨウ あげる
名 あき あきら たか のぶ

高く揚げる、高く揚がる、盛んになるのほか、明らかにするの意味もある。向上心の旺盛(おうせい)な子に育つように。
ヒント 「揚子江(ようすこう)」から雄大なイメージも。「よう」の音でおおらかさを、「あき」の音で明るい印象をプラス。

揚奈	あきな
揚葉	あきは
揚帆	あきほ
揚海	あきみ
揚羽	あげは
志揚	しよう
揚生	たかき
知揚	ちあき
揚未	のぶみ
揚子	ようこ

椋

リョウ　むくのき
名 くら

樹木のムクノキを表す。実は食用になり、材は堅く車輪などに使われる。社会のために役立つ人になるように。
ヒント 「りょう」の音は透明感のある気品を、「くら」の音は奥行きを感じさせる。「涼」と間違わないよう注意。

椋 りょう
緒椋 おぐら
椋菜 くらな
椋楽 くらら
沙椋 さくら
実椋 みくら
椋香 りょうか
椋華 りょうか
椋子 りょうこ
椋葉 りょうは

琳

リン
名 たま

美しい玉の名。また、玉がふれ合って鳴る音を表す。玉のように美しく輝く女性になることを願って。
ヒント 高貴さを感じさせる字。華やかな印象の「りん」の音で、さらにキラキラと輝く透明感をプラス。

愛琳 あいりん
香琳 かりん
瑚琳 こりん
琳絵 たまえ
琳未 たまみ
真琳 まりん
琳花 りんか
琳空 りんく
琳子 りんこ
琳音 りんね

禄

ロク
名 きち　とし　とみ　よし
旧 祿

もとの字は「祿」。幸い、よいの意味を表す。また、給与、利益、財産の意味も。特に金運に恵まれるよう願って。
ヒント 「とし」と読むと、確かな信頼感と知性を、「よし」と読むと、やわらかい光を感じさせる名前に。

禄乃 きちの
禄花 としか
禄実 としみ
禄禾 とみか
美禄 みよし
未禄 みろく
禄恵 よしえ
禄花 よしか
禄乃 よしの
禄穂 よしほ

13画

愛

アイ　めでる
名 あ　え　な　のり　まな　めぐ　めぐむ　よし　より　ら

去ろうとして後ろに残る心をいい、慈（いつく）しむの意味。好き、大切にする、惜しむなどの意味も。大人気の漢字。
ヒント 明るく親しみを感じさせる「あい」、生命力のある「めぐ」、充実感に満ちた「まな」などの音で。

愛 あい
愛玖 あいく
愛紗 あいしゃ
愛心 あいみ
愛來 あいら
愛梨 あいり
愛瑠 あいる
愛夢 あむ
愛結 あゆ
愛菜 えな

愛理 えり
叶愛 かのり
心愛 ここあ
聖愛 せいら
愛未 なみ
乃愛 のあ
愛葉 のりは
陽愛 ひより
愛菜 まな
愛香 まなか

愛美 まなみ
未愛 みよし
愛実 めぐみ
愛琉 めぐる
由愛 ゆあ
愛姫 よしき
愛乎 よりこ
莉愛 りあ
愛美花 えみか
万里愛 まりあ

葦

イ　あし
よし

水草のアシ、ヨシを表す。「人間は考える葦である」ということばでも知られる。素朴（そぼく）に強く生きるように。
ヒント 「よし」の音は、清潔な癒（いや）しに満ちた印象。一途（いちず）ながんばり屋さんを思わせる「い」の音でも。

亜葦 あい
葦菜 あしな
葦玖 いく
葦依 いよ
芽葦 めい
結葦 ゆい
葦加 よしか
葦乃 よしの
瑠葦 るい
美葦南 みいな

意

イ
名 おき　おさ　のり　むね　もと

神意を推し量ることがもとの意味で、心中の思い、心のはたらきを表す。意志の意味も。思いを遂げるように。
ヒント 「い」の音はキュートで憎めないいたずらっ子の印象。止め字に使うときっぱりした潔さを感じさせる。

意帆 いほ
意菜 おきな
意歌 のりか
真意 まおさ
意歌 むねか
意未 もとみ
優意 ゆい
梨意 りお
茉里意 まりい
莉意奈 りいな

園

エン　その
名 え
（→P334）
旧 薗

庭園、庭のほか、野菜、果樹、花などの畑の意味を表す。草花が咲き乱れる、美しいイメージがある字。
ヒント さわやかで温かい印象の「その」の音で。「えん」の「え」の音を活かして、万葉仮名風に使っても。

園菜 えな
園夢 えむ
園恵 そのえ
園香 そのか
園希 そのき
園子 そのこ
園芭 そのは
園未 そのみ
美園 みその
知園美 ちえみ

遠

エン　オン
とおい

遠くへ行くという意味から、距離や時間がへだたる、遠いの意味を表す。奥深いの意味も。人間性豊かな人に。
ヒント 「おん」の音を使うと、彼方に広がる印象がさらに増す。「永遠(とわ)」などのことばから名づけても。

癒遠 いおん
久遠 くおん
詩遠 しおん
遠愛 とあ
遠子 とおこ
永遠 とわ
音遠 ねおん
羽遠 はおん
梨遠 りおん
永遠子 とわこ

雅

ガ
名 ただ　のり　まさ　みやび　もと

もとはカラスのことで、雅(みやび)やか、風流な様子を表す。文字どおり気品のある女性にぴったりの字。
ヒント 「まさ」の読みには、優しさとさわやかさがある。包容力とやわらぎを感じさせる「みやび」の音でも。

雅 みやび
愛雅 あいみ
衣雅 いのり
栄雅 えいか
桜雅 おうが
華雅 かのり
光雅 こうが
雅依 ただえ
雅歌 のりか
風雅 ふうが

雅緒 まさお
雅姫 まさき
雅音 まさね
雅葉 まさは
雅帆 まさほ
雅美 まさみ
雅夢 まさむ
雅女 まさめ
美雅 みのり
雅佳 みやか

雅湖 みやこ
雅埜 みやの
雅羽 みやは
雅妃 みやび
雅子 もとこ
雅菜 もとな
雅芽 もとめ
優雅 ゆうが
來雅 らいが
雅由子 まゆこ

楽

旧 樂
ガク　ラク
たのしい
名 ささ　もと　よし　ら

もとの字は「樂」。手鈴の形で、音楽の意味。のちに、楽しい、たやすいの意味に。楽しさいっぱいの人生を。
ヒント 理知にあふれ、強く華やかな印象の「ら」の音で、止め字や万葉仮名風にすると使いやすい。

娃楽 あいら
楽音 ささね
咲楽 さら
奏楽 そうら
美楽 みよし
楽美 もとみ
侑楽 ゆら
楽夏 らくな
喜代楽 きよら
玖楽々 くらら

寛

旧 寬
カン
名 お　ちか　とみ　とも　のり　ひろ　もと　よし

廟(びょう)の中で巫女(みこ)が祈る形からできた字で、ゆるやか、ゆったり、広いの意味を表す。のびのびと育つように。
ヒント 「ひろ」の音でやる気とたくましさを増して。茶目(ちゃめ)っ気(け)と頼りがいをあわせもつ「かん」の音でも。

寛那 かんな
寛絵 ちかえ
千寛 ちひろ
寛花 とみか
寛実 ともみ
寛瑛 ひろえ
美寛 みのり
実寛 みよし
寛子 もとこ
莉寛 りお

幹

カン　みき
名 えだ　き　つね　とも　まさ　み　もと

木の幹のほか、物事の大事な部分の意味がある。強い、優れているの意味も。グループの中心になるような人に。
ヒント 茶目(ちゃめ)っ気(け)と頼りがいのある「かん」、前向きでイキイキした印象の「みき」の音などで使って。

亜幹 あき
幹菜 かんな
小幹 こえだ
心幹 ここみ
幹美 つねみ
幹音 まさね
美幹 みかん
幹帆 みきほ
幹花 もとか
未遊幹 みゆき

暉

キ　かがやく
名 あき　あきら

日の光のことをいい、輝く、光る、照るなどの意味を表す。日光のように明るく輝かしい将来を願って。
ヒント 「き」の音は独立独歩(どくりつどっぽ)の冒険者の印象。「あき」の音は、キュートで明るさと輝きを感じさせる。

暉南 あきな
暉來 あきら
暉帆 きほ
紗暉 さき
珠暉 たまき
波暉 なみき
真暉 まき
未暉 みき
悠暉 ゆうき
美咲暉 みさき

義

ギ
名 あき　しげ　たけ　ちか　とも　のり　みち　よし

正しい、よい、道にかなっているのほか、わけ、意味、仮のなどの意味を表す。行いの正しい人になるように。
ヒント 「よし」の音には朗(ほが)らかでさわやかな癒(いや)しの印象がある。「とも」「のり」「みち」などの音を活かしても。

義乃 あきの
義葉 しげは
義子 ちかこ
義江 ともえ
義絵 のりえ
弥義 みたけ
義花 みちか
義美 よしみ
早義梨 さぎり
奈義沙 なぎさ

鳩

キュウ
あつめる
はと
名 く　やす

鳥のハトを表す。また、集める、集まる、やすんずるの意味も。ハトは平和のシンボル。優しく穏(おだ)やかな女性に。
ヒント 「はと」の音は包容力を感じさせる。「やす」と読むと清潔な癒(いや)しに満ちた名前に。「く」の音でも。

衣鳩 いく
鳩都 きゅうと
小鳩 こばと
鳩子 はとこ
未鳩 みく
美鳩 みはと
鳩江 やすえ
鳩禾 やすか
鳩和 やすな
梨鳩 りく

継

ケイ　つぐ
名 つね　ひで

もとの字は「繼」。糸に糸を加える形で、つなぐ、継ぐ、受け継ぐの意味を表す。友達がたくさんできるように。
ヒント　潔い気品と、ドライな知性をあわせもった「けい」、豊かな発想力を感じさせる「つぐ」の音などで。

継花　けいか
継紗　けいしゃ
継登　けいと
継奈　けいな
継葉　つぐは
継帆　つぐほ
継弓　つぐみ
継実　つねみ
継禾　ひでか
継代　ひでよ

詣

ケイ
もうでる
名 まい　ゆき

天から神霊が降りる形で、至るの意味に使う。寺社に詣でる、学問などが進む意味もある。探究心の強い子に。
ヒント　「けい」の音はりりしく知的な印象。「ゆき」の音は奥ゆかしく上品ながら、芯の強さも感じさせる。

詣子　けいこ
詣登　けいと
詣奈　けいな
知詣　ちゆき
詣花　まいか
詣沙　まいさ
詣未　まいみ
美詣　みゆき
詣奈　ゆきな
詣乃　ゆきの

絹

ケン　きぬ
名 まさ

蚕の繭から採った糸、それで織った布の意味。絹は美しく高価で、ゴージャスなイメージがある。
ヒント　「きぬ」の音は、なめらかさと照りを感じさせる、独特な光沢がある真珠のような上品なイメージ。

絹江　きぬえ
絹佳　きぬか
絹子　きぬこ
絹葉　きぬは
絹帆　きぬほ
絹代　きぬよ
絹李　きぬり
真絹　まきぬ
絹希　まさき
絹美　まさみ

源

ゲン
みなもと
名 もと　よし

水の流れ出るもと、源泉の意味から、物事のはじまるもと、根本の意味になった。源氏の姓でもある。
ヒント　典雅なイメージに「よし」の音でやわらぎと清らかさ、「もと」の音で安定感と生きる強さをプラス。

源羽　みなは
美源　みよし
源衣　もとい
源香　もとか
源葉　もとは
源穂　もとほ
源花　よしか
源子　よしこ
源乃　よしの
源未　よしみ

鼓

コ　つづみ

打楽器の鼓、太鼓を表す。また、鼓を打つ、打つ、ふるい立たせる意味もある。情熱的な女性に。
ヒント　成熟した成功者の風格がある「つづみ」の音で1字名に。「こ」の音を使うと、若々しく機敏な印象。

鼓　つづみ
愛鼓　あいこ
鼓音　こおと
鼓登　こと
鼓夏　こなつ
鼓春　こはる
鼓町　こまち
莉鼓　りこ
鼓々美　ここみ
真由鼓　まゆこ

瑚

ゴ　コ

珊瑚の意味を表す。サンゴ虫の骨格が集積したもので、装飾品になる。南の海、島のイメージ。活動的な女性に。
ヒント　「こ」の音で先頭字、止め字、万葉仮名風に。「こ」の音は、機敏で愛らしくやりくり上手な印象。

亜瑚　あこ
季瑚　きこ
瑚海　こうみ
瑚子　ここ
瑚波　こなみ
瑚桃　こもも
珊瑚　さんご
南瑚　みなこ
瑚々奈　ここな
瑚乃香　このか

ネーミングストーリー

灯茉里（ひまり）ちゃん

パパの想いのつまった「灯」の字から考えて

夫には、どうしても「灯」の字を使いたいという希望がありました。なので、「灯（ひ）」がつく名前を考えていくことに。私には、笑顔でみんなに優しくできる子に育ってほしいという願いがあったため、こうした意味のある漢字をさがしたところ、「茉」を見つけました。灯台の明かりのようにみんなを照らす、優しい子に育ってほしいです。（萌夏ママ）

幌

コウ　ほろ
名 あき　あきら

雨や日光を防ぐ車のほろ、とばりなどの意味を表す。北海道の地名でも見られる字。心が広く、献身的な人に。
ヒント 「ほろ」の音はなつかしさと愛しさを感じさせる。元気はつらつで明るいイメージの「あき」の音でも。

幌桜 あきお
幌加 あきか
幌奈 あきな
幌乃 あきの
幌海 あきみ
季幌 きほろ
幌雅 こうが
幌美 こうみ
麻幌 まほろ
美幌 みほろ

滉

コウ
名 あき　あきら　ひろ

水が深く広い様子、水がきらめき動く様子を表す。水以外に使われることも。明るく健康であることを願って。
ヒント 明るく元気なイメージの「あき」、たくましさとやすらぎを感じさせる「ひろ」などの音で。

滉 あきら
滉菜 あきな
滉葉 あきは
滉帆 あきほ
滉李 あきり
滉未 こうみ
知滉 ちあき
滉花 ひろか
滉美 ひろみ
真滉 まひろ

煌

コウ
かがやく
きらめく
名 あき
あきら　てる

火の輝くことをいい、輝く、きらめくの意味に使う。盛ん、明らかの意味もある。神々しく、華麗な印象の字。
ヒント 「きら」の音で輝く宝石のイメージがさらに増す。鮮やかに未来を切りひらく印象の「あき」の音でも。

煌南 あきな
煌乃 あきの
愛煌 あきら
煌星 きらほ
煌羅 きらら
煌梨 きらり
煌珠 こうみ
煌依 てるえ
煌子 てるこ
煌葉 てるは

嗣

シ　つぐ
名 さね　つぎ
ひで

位を継ぐ、あとを継ぐ、あと継ぎ、世継ぎなどの意味を表す。将来子宝に恵まれるように願いをこめて。
ヒント 颯爽（さっそう）と活躍する印象の「し」の音で万葉仮名風に。豊かな発想力を感じさせる「つぐ」の音を使っても。

依嗣 いつぐ
嗣織 しおり
嗣乃 しの
嗣宝 しほ
嗣美 つぐみ
嗣李 つぐり
嗣月 つづき
嗣花 ひでか
真嗣 まさね
嗣永梨 しえり

詩

シ
名 うた

心にあることをことばにしたもの。詩や歌のほか、漢詩を指すこともある。詩情の感じられる名前をつくれる字。
ヒント 「し」の音は、颯爽（さっそう）としていて個性的な印象。「うた」の音は、ほのぼのと明るい自然体を感じさせる。

詩 うた
詩歌 うたか
詩子 うたこ
詩音 うたね
詩穂 うたほ
詩安 しあん
詩華 しいか
詩衿 しえり
詩央 しお
詩織 しおり

詩音 しおん
詩姫 しき
詩澄 しず
詩月 しづき
詩摘 しづみ
詩弦 しづる
詩波 しなみ
詩乃 しの
詩伸 しのぶ
詩紀 しのり

詩帆 しほ
詩麻 しま
詩紋 しもん
美詩 みうた
詩衣奈 しいな
詩桜里 しおり
詩乃葉 しのは
詩帆里 しほり
詩葉李 しより
美詩緒 みしお

資

シ
名 ただ　とし
もと　やす
よし　より

財貨、もとで、生まれつきの性質や才能の意味を表す。また、助けるの意味もある。才能豊かで親切な人に。
ヒント 「し」の音のほか頼りがいのある「もと」、清潔で優しい「やす」、知的好奇心あふれる「よし」の音も。

資輝 しき
資夕 しゆう
資花 ただか
資美 としみ
資花 もとか
資生 やすき
資恵 よしえ
資央 よりお
資衣菜 しいな
資英里 しえり

慈

ジ
いつくしむ
名 しげ　ちか
なり　やす
よし

子を養う心をいい、慈（いつく）しむ、かわいがるの意味になった。情け、あわれみの意味も。愛情深い女性に。
ヒント 「しげ」の音は人情味がありパワフル。「ちか」と読むと、やんちゃで無邪気な印象に。

慈 ちか
慈香 しげか
慈姫 しげき
慈子 ちかこ
慈未 なりみ
万慈 まちか
美慈 みちか
慈子 やすこ
慈美 よしみ
富慈心 ふじこ

蒔

ジ　まく
名 まき

苗などを植えかえることを表し、植える、種をまくの意味になった。蒔絵（まきえ）は華麗な装飾品で、豪華な印象も。
ヒント 「まき」と読むと、充実感があり、パワフルな輝きを感じさせる名前に。使用例が少ないので新鮮味がある。

胡蒔 こまき
多蒔 たまき
蒔希 まき
蒔貴 まき
蒔愛 まきあ
蒔香 まきか
蒔世 まきせ
蒔乃 まきの
蒔穂 まきほ
仁蒔穂 にじほ

準

ジュン
名 とし　のり

水平を測る器をいい、平らな意味になった。目安、手本、よりどころにする意味も。手本になるような人に。
ヒント 「じゅん」の音は、高級感と人なつっこさをあわせもつ。「のり」の音はかわいくてキレイな印象。

準愛	じゅんあ
準子	じゅんこ
準奈	じゅんな
準莉	じゅんり
準瑚	としこ
準栄	のりえ
準花	のりか
準代	のりよ
羽準	はのり
実準	みのり

詢

ジュン
名 はかる　まこと

神々にはかることから、はかる、相談するの意味。また、まこと、等しいの意味もある。誠実な人になるように。
ヒント 「じゅん」の音は、人なつっこくてセクシーな印象。やすらぎとパワーを感じさせる「まこと」の音でも。

詢	まこと
杏詢	あんじゅ
詢音	じゅね
詢穂	じゅほ
詢磨	じゅま
詢楽	じゅら
詢花	じゅんか
詢子	じゅんこ
詢奈	じゅんな
蘭詢	らんじゅ

照

ショウ　てる
名 あき　あきら　あり　とし　のぶ　みつ

四方を照らすことをいい、照る、照らす、照らし合わせるなどの意味を表す。周囲に元気を与える明るい女性に。
ヒント 優しく温かい光を感じさせる「しょう」、艶があり、上質で成熟した世界観をもつ「てる」の音で。

照奈	あきな
詩照	しのぶ
照菜	しょうな
千照	ちあき
照葉	てるは
照与	としよ
照花	みつか
照季	みつき
芽照	めあり
照希代	あきよ

頌

ショウ
名 うた　おと　つぐ　のぶ　よし

祖先の徳をほめたたえることをいい、ほめる、たたえるなどの意味に使う。ゆとりの意味も。文才を願って。
ヒント ソフトな光を感じさせる「しょう」の音は、華を秘めたイメージも。使用例が少ないので、個性的。

頌花	うたか
頌葉	おとは
頌芽	おとめ
詩頌	しのぶ
頌子	しょうこ
頌吏	しょうり
頌海	つぐみ
頌佳	のぶか
美頌	みよし
頌歌	よしか

慎

シン　つつしむ
名 ちか　のり　まこと　みつ　よし
旧 愼

もとの字は「愼」。つつしむ、控えめにする、注意深くするなどの意味。まことの意味も。つつしみ深く誠実な人に。
ヒント 無邪気な自然体の強さを感じる「ちか」、満ち足りた印象の「みつ」、さわやかで公平な「よし」の音などで。

慎	ちか
慎子	しんこ
慎來	しんら
慎葉	のりは
万慎	まちか
未慎	みしん
美慎	みちか
慎花	みつか
慎英	よしえ
慎乃	よしの

新

シン　あたらしい　あらた　にい
名 ちか　よし　わか

木を新しく切り出すことで、新しい、新しくする、はじめてなどの意味を表す。初々しくフレッシュな女性に。
ヒント 「にい」と読むとキュートで一途な印象。やんちゃで小粋な「ちか」、圧倒的な存在感の「わか」の音でも。

沙新	さにい
新子	しんこ
新湖	ちかこ
新奈	にいな
新葉	にいは
美新	みちか
新埜	よしの
新紗	わかさ
新菜	わかな
新羽	わかば

瑞

ズイ　みず
名 ず　たま

めでたい玉を表し、めでたい、めでたいしるしの意味。「みず」と読んでみずみずしいの意味も。フレッシュな印象。
ヒント 「みず」の音には充実感、重厚感がある。「たま」の音は、優しさとたくましさを兼ねそなえたイメージ。

亜瑞	あず
晏瑞	あんず
加瑞	かず
果瑞	かずい
詩瑞	しず
朱瑞	すず
瑞麻	たま
瑞枝	たまえ
瑞緒	たまお
瑞季	たまき
瑞瑚	たまこ
瑞未	たまみ
瑞世	たまよ
千瑞	ちず
魅瑞	みずい
瑞夏	みずか
瑞希	みずき
瑞穂	みずほ
瑞世	みずよ
杏瑞咲	あずさ
亜瑞実	あずみ
依瑞南	いずな
衣瑞弥	いずみ
華瑞葉	かずは
香瑞美	かずみ
生瑞那	きずな
珠瑞乃	すずの
志瑞玖	しずく
巳須瑞	みすず
由瑞香	ゆずか

嵩

スウ　かさ
名 たか　たけ

「山」+「高い」で、高い、かさむの意味を表す。また、中国の名山、嵩山のこと。グループの中心になる人に。
ヒント 「たか」の音には、艶と輝きがある。頂点を極める印象。「高」と間違われやすいので要注意。

嵩羽	すうは
嵩子	たかこ
嵩那	たかな
嵩祢	たかね
嵩甫	たかほ
嵩美	たかみ
嵩良	たから
嵩未	たけみ
未嵩	みかさ
美嵩	みかさ

数

スウ ス
かず
かぞえる
名 のり ひら
や

もとの字は「數」。数、数えるの意味。数え方に法則があることから運命、筋道などの意味も。神秘的な字。
ヒント 高級感の中に愛らしさを感じさせる「かず」の音で。「一」や「和」に比べ新鮮。「す」の音でも。

愛数 あや
数沙 かずさ
数葉 かずは
数穂 かずほ
数美 かずみ
数菜 すうな
数莉 ひらり
美数 みのり
未数 みや
数美那 すみな

聖

セイ
名 あき
あきら きよ
さと たから
とし ひじり
まさ

神の声を聞くことのできる人をいい、聖人、知恵に優れた人を表す。賢い、清らかの意味も。賢く清廉な人に。
ヒント すがすがしく透明感あふれる「せい」の音のほか、多くの人に頼られる印象の「きよ」の音を活かしても。

聖菜 あきな
聖絵 きよえ
聖花 きよか
聖葉 きよは
聖未 きよみ
聖來 きよら
聖瑚 さとこ
聖美 さとみ
聖李 さとり
聖愛 せいあ

聖華 せいか
聖子 せいこ
聖南 せいな
聖空 せいら
聖蘭 せいらん
聖奈 せな
聖莉 せり
聖恋 せれん
聖羅 たから
茅聖 ちあき

千聖 ちさと
聖恵 としえ
聖伽 としか
聖生 まさき
聖那 まさな
美聖 みさと
莉聖 りせ
聖志留 せしる
聖李亜 せりあ
聖理奈 せりな

勢

セイ
いきおい
名 せ なり

勢い、活動する力の意味を表す。また、ありさま、成り行きの意味も。活発で元気のいい子になるように。
ヒント 「せい」の音は、さわやかで透明な光を思わせる。気品のある知性派を思わせる「せ」の音でも。

伊勢 いせ
勢香 せいか
勢子 せいこ
勢菜 せいな
勢來 せいら
知勢 ちせ
羽勢 はなり
利勢 りせ
勢理奈 せりな
千登勢 ちとせ

誠

セイ まこと
名 あき すみ
とも まさ
み もと
よし

神に誓うときの心をいい、まこと、真心、まことにするなどの意味を表す。嘘のない誠実な人になるように。
ヒント 「せい」の音は、透明感があり、神聖なイメージ。「まさ」と読むと、さわやかさと優しさのある名前に。

誠 まこと
誠子 あきこ
愛誠 あすみ
誠夏 せいか
誠菜 せいな
誠葉 ともは
誠実 まさみ
愛誠 まなみ
誠禾 もとか
誠乃 よしの

靖

セイ やすい
名 しず のぶ
やす

儀礼の場を清めることで、やすらかにする、静かの意味に使う。落ち着いた平安な人生をおくることを願って。
ヒント 清らかな癒しに満ちた「やす」、秘めたパワーを感じる「しず」、甘えん坊で元気な「のぶ」の音で。

靖空 しずく
靖李 しずり
靖瑠 しずる
靖來 せいら
靖花 のぶか
靖子 やすこ
靖和 やすな
靖葉 やすは
靖実 やすみ
靖代 やすよ

節

旧 節

セツ セチ
ふし
名 たか とき
とも のり
みさ みね

区切り、音楽の調子、時、気候の変わり目、祝日など、幅広い意味をもつ字。礼儀正しく品格のある人に。
ヒント 「せつ」の音には、洗練された強い美しさがある。「のり」「みさ」など、名乗りの読みを活かしても。

湖節 こみね
節華 せつか
節音 たかね
節穂 たかほ
節絵 ときえ
節季 ともき
節香 のりか
節栄 みさえ
節緒 みさお
実節 みのり

楚

ソ いばら
名 うばら
たか

樹木のニンジンボクやイバラの意味を表す。中国古代の国の名にも。「楚々とした」は、美しく清らかな様子。
ヒント 優しさと癒しを感じさせる「そ」の音で。やる気と思いやり、信頼感のある「たか」の音でも。

楚奈 そな
楚來 そら
楚蘭 そらん
楚胡 たかこ
楚奈 たかな
楚音 たかね
楚穂 たかほ
楚実 たかみ
楚乃香 そのか
美楚野 みその

想

ソウ ソ
おもう

思う、思いめぐらす、推し量る、思いやる、思い、イメージなどの意味を表す。想像力豊かで思いやりのある子に。
ヒント ファンタスティックなイメージに、「そ」の音で、ソフトにすべてを包みこむイメージをプラス。

想愛 そあ
想美 そうび
想楽 そうら
想菜 そな
想良 そら
想奈多 そなた
想乃花 そのか
想乃美 そのみ
想代香 そよか
美想乃 みその

蒼

ソウ　あおい
名 しげる　ひろ

草の青い色をいい、青、青いの意味に使う。また、青く茂る様子を表す。草が茂るようにすくすく育つことを願って。
ヒント　潔く颯爽とした印象のある「そう」の音や、おおらかで人に愛される「あお」の音などで。

蒼　あおい
蒼生　あおい
蒼依　あおい
蒼瑚　あおこ
蒼乃　あおの
蒼波　あおば
蒼葉　あおば
蒼海　あおみ
蒼李　あおり
蒼月　あつき

蒼芭　しげは
蒼華　そうか
蒼子　そうこ
蒼菜　そうな
蒼弥　そうび
蒼未　そうみ
蒼奈　そな
蒼埜　その
蒼來　そら
知蒼　ちひろ

乃蒼　のあ
蒼絵　ひろえ
蒼花　ひろか
蒼希　ひろき
蒼那　ひろな
蒼美　ひろみ
蒼夢　ひろむ
茉蒼　まひろ
美蒼　みひろ
莉蒼　りあ

滝

たき
名 よし
(→P344)
旧 瀧

もとの字は「瀧」。雨が降る様子や、急流、滝の意味を表す。すがすがしいイメージのある字。
ヒント　きりっとしていて潔く、輝きのある「たき」の音で、やる気と思いやりを兼ねそなえたリーダーに。

羽滝　うたき
滝恵　たきえ
滝乃　たきの
滝代　たきよ
滝李　たきり
美滝　みよし
滝花　よしか
滝平　よしこ
滝埜　よしの
滝巴　よしは

暖

ダン　ノン
あたたかい
名 あつ　はる
やす

暖かい、暖める、暖まるのほか、愛情が深い、また経済状態がいい意味にも。愛情にも金銭にも恵まれるように。
ヒント　「はる」の音は、男女ともに人気の音。「のん」の音で止め字にすると、楽しげで甘え上手な印象に。

暖花　あつか
愛暖　あのん
歌暖　かのん
千暖　ちはる
暖子　はるこ
暖美　はるみ
万暖　まのん
心暖　みはる
暖野　やすの
結暖　ゆのん

稚

チ
名 のり　わか
わく

まだ生長していない稲の意味から、幼い、若い、遅いなどの意味を表す。わが子の豊かな将来性を願って。
ヒント　躍動感と愛らしさのある「ち」の音を活かして。「ち」で終わると、自分をアピールできる人に。

稚栄　ちえ
稚沙　ちさ
稚菜　ちな
稚穂　ちほ
奈稚　なのり
美稚　みち
稚子　わかこ
稚愛　わかな
稚葉　わかば
稚美　わくみ

椿

チン　つばき
名 ち

チャンという樹木。日本では「春」の「木」からツバキを表す。美しい花とともに実から油を採ることも知られる。
ヒント　「つばき」と読むと、あでやかな印象の名前に。イキイキと機敏な印象の「ち」の音を活かしても。

椿　つばき
椿明　ちあき
椿瑛　ちえ
椿花　ちか
椿奈　ちな
椿乃　ちの
椿宝　ちほ
椿希　つばき
美椿　みち
万椿花　まちか

禎

テイ
名 さだ　さち
ただ　つぐ
とも　よし
旧 禎

めでたいしるし、幸いの意味を表す。また、正しい、よいなどの意味もある。幸福な人生を願って。
ヒント　裏表がなく一途な「さだ」、さわやかな癒しに満ちた「よし」の音で。「さち」「とも」の音でも。

禎絵　さだえ
禎子　さだこ
禎海　さだみ
禎禾　さちか
禎女　ただめ
禎未　つぐみ
禎菜　ていな
禎美　ともみ
禎夏　よしか
禎留美　てるみ

楠

ナン　ダン
くすのき
名 くす　な

クスノキ科の常緑高木の総称。南方産。くすのきは堅くしっかりした材。木肌の細かい文様や独特の香りが特徴。
ヒント　「なん」と読むと、心地よい親密感があり快活なイメージが加わる。「な」の音のみを活かしても新鮮。

愛楠　あいな
亜楠　あくす
杏楠　あんな
織楠　おりな
楠葉　くすは
心楠　ここな
新楠　にいな
真楠　まな
美楠　みくす
夕楠　ゆうな

稔

ネン　みのる
名 とし　なり
なる　のり
ゆたか

穀物が実る意味を表す。積もる、年の意味もある。物心ともに豊かな生活をおくれるよう願いをこめて。
ヒント　「のり」の音ははかわいくてキレイな印象。「とし」の音は確かな信頼感と充実した知性を感じさせる。

稔　みのり
奏稔　かのり
稔恵　としえ
稔夏　なりか
稔実　なるみ
稔絵　のりえ
稔花　のりか
葉稔　はのり
稔里　みのり
稔歌　ゆたか

稟

ヒン リン
うける
名 り

穀物倉に穀物があることをいい、受ける、授かるの意味。生まれながらの性格の意味も。幸運を授かるように。ヒント「りん」と読むと、澄んだ透明な印象で、自立した潔さが感じられる。「り」の音を活かしても。

愛稟 あいりん
絵稟 えりん
花稟 かりん
茉稟 まりん
稟聖 りせ
稟菜 りな
稟果 りんか
稟子 りんこ
稟音 りんね
稟々子 りりこ

楓

フウ かえで
名 か

オカツラという樹木。日本ではカエデを指す。秋には鮮やかな赤や黄色に紅葉する。カエデのように美しく。ヒント「かえで」の音を活かすほか、親しみやすい「ふう」、軽やかな「か」の音が使いやすい。

楓 かえで
綾楓 あやか
乙楓 おとか
楓音 かのん
楓耶 かや
苑楓 そのか
智楓 ちか
友楓 ともか
乃楓 のか
花楓 はなか

晴楓 はるか
楓花 ふうか
楓歌 ふうか
楓子 ふうこ
楓奈 ふうな
楓莉 ふうり
楓和 ふうわ
紅楓 べにか
穂楓 ほのか
瑞楓 みずか

美楓 みふう
萌楓 もえか
夕楓 ゆうか
由楓 ゆふ
楓七子 かなこ
紗那楓 さなか
菜々楓 ななか
奈由楓 なゆか
野々楓 ののか
友里楓 ゆりか

睦

ボク むつむ
名 ちか とき
とも のぶ む
まこと
よし

親しく和やかな目で人を見ることをいい、仲よくする、親しむの意味。うやうやしい、手厚いの意味も。ヒント「むつ」の音は秘めた力を感じさせる。「む」の音で止め字に使うと、信頼感があり安心なイメージに。

睦 むつみ
愛睦 あむ
敦睦 あつむ
歩睦 あゆむ
叶睦 かなむ
紗睦 さちか
詩睦 しのぶ
紬睦 つぐむ
睦巳 ときみ
睦和 ときわ

睦加 ともか
睦奈 ともな
睦葉 ともは
睦美 ともみ
睦枝 のぶえ
睦加 のぶか
睦菜 のぶな
宏睦 ひろむ
帆睦 ほのぶ
美睦 みちか

実睦 みのぶ
睦季 むつき
睦未 むつみ
恵睦 めぐむ
睦花 よしか
睦乃 よしの
睦未 よしみ
莉睦 りむ
帆睦来 ほむら
理亜睦 りあむ

福

フク
名 さき さち
とし とみ
ね もと よ
よし
旧 福

神に酒樽を供え、幸いを祈ることをいい、幸い、天の助けの意味に使う。多くの幸運に恵まれることを願って。ヒント 幸福に満ちあふれた人生を歩むことを祈って。「ふく」と読むと、豊かなものを内にもつ印象の名前に。

福音 さきね
福華 さちか
珠福 たまよ
福実 としみ
福子 とみこ
福与 ふくよ
実福 みさき
心福 みふく
深福 みもと
福花 よしか

豊

ホウ ゆたか
名 て と
とよ ひろ
ぶん みのる
よし

もとの字は「豐」。たかつきに多くの供物を盛る形から、豊か、多いの意味になった。物心ともに豊かな人生を。ヒント 大胆にして繊細なイメージの「とよ」の音は、現実を理解しながら夢を描く、豊かな精神力をもつ印象。

豊香 とよか
豊心 とよこ
豊海 とよみ
南豊 なゆた
豊英 ひろえ
麻豊 まほ
豊莉 みのり
豊乃 よしの
里豊 りほ
彩豊美 さとみ

夢

ム ゆめ

夢、夢を見るなどの意味を表す。また、はかないこと、幻の意味も。ロマンチックで、豊かな将来を感じさせる字。ヒント「ゆめ」の音でやわらかく甘い印象がさらに増す。思慮深く信頼感あふれた「む」の音を活かしても。

愛夢 あいむ
亜夢 あむ
彩夢 あやむ
阿夢 あゆ
歩夢 あゆむ
叶夢 かなむ
七夢 ななむ
奈夢 なゆ
大夢 ひろむ
茉夢 まゆ

美夢 みむ
望夢 みむ
心夢 みゆ
夢摘 むつみ
恵夢 めぐむ
夢瑠 める
夢麻 ゆま
夢佳 ゆめか
夢子 ゆめこ
夢奈 ゆめな

夢乃 ゆめの
夢葉 ゆめは
夢穂 ゆめほ
夢実 ゆめみ
夢結 ゆゆ
礼夢 らいむ
來夢 らむ
明日夢 あすむ
紗夢生 さゆき
莉愛夢 りあむ

盟
メイ　ちかう

神に供えるいけにえの血をすすりあってあかしを立てることで、ちかう、約束の意味を表す。信頼される人に。
ヒント 大人気の「めい」の音で使うと新鮮。「めい」の音は、穏(おだ)やかでやわらかく、優しさと包容力がある印象。

- **盟瑚** ちかこ
- **仁盟** にちか
- **妃盟** ひめ
- **真盟** まちか
- **盟花** めいか
- **盟子** めいこ
- **盟紗** めいさ
- **盟実** めいみ
- **盟莉** めいり
- **由盟** ゆめ

椰
ヤ　やし

樹木のヤシを表す。南国を象徴する木で、実はさまざまに利用される。トロピカルなイメージ。健康美人に。
ヒント 春の光のような清潔感にあふれた「や」の音には、明るく開放的な印象も。止め字や万葉仮名風に。

- **阿椰** あや
- **朔椰** さくや
- **咲椰** さや
- **紗椰** さや
- **真椰** まや
- **海椰** みや
- **椰子** やこ
- **椰々** やや
- **香椰野** かやの
- **彩亜椰** さあや

楢
ユウ　なら
名 しゅ　しゅう　ゆ

樹木のナラを表す。どんぐりのなる木で、材は家具や建材に、樹皮は染料に使用される。なつかしいイメージ。
ヒント 思いやりと優しさに満ちた「ゆう」の音を活かして。使用例が少ないので、新鮮な印象に。

- **楢花** しゅうか
- **楢李** しゅり
- **楢葉** ならは
- **真楢** まゆう
- **美楢** みゆう
- **楢香** ゆうか
- **楢季** ゆうき
- **楢夕** ゆうゆ
- **楢楽** ゆうら
- **千楢里** ちゆり

誉
ヨ　ほまれ

もとの字は「譽」。みんなでほめることをいい、ほめる、たたえる、ほまれなどの意味になる。称賛される人に。
ヒント 大人の魅力を感じさせる「よ」の音で万葉仮名風に。止め字に使うと、懐(ふところ)深く人を受けいれる人に。

- **誉** ほまれ
- **衣誉** いよ
- **歌誉** かよ
- **輝誉** きよ
- **幸誉** さちよ
- **沙誉** さよ
- **誉奈** ほまな
- **万誉** まよ
- **希誉華** きよか
- **八千誉** やちよ

楊
ヨウ　やなぎ
名 やす

樹木のヤナギの仲間を表す。ヤナギを楊柳(ようりゅう)ともいい、悪霊をはらう力があるともいわれた。神秘的なイメージ。
ヒント 「よう」と読むと、おおらかで思いやりあふれる印象に。「やす」の音は清潔な癒(いや)しを感じさせる。

- **楊** やなぎ
- **美楊** みよう
- **楊恵** やすえ
- **楊奈** やすな
- **楊乃** やすの
- **楊葉** やすは
- **楊羽** やなは
- **楊花** ようか
- **楊子** ようこ
- **楊虹** ようこ

蓉
ヨウ
名 はす　よ

芙蓉(ふよう)は観賞用の樹木で、美人の代名詞。また、ハスの意味も。「芙蓉の顔(かんばせ)」とは、美しい顔のこと。
ヒント 「よう」の音はおおらかな印象。「はす」と読むと、すばやさとはかなさを感じさせる幻想的な名前に。

- **歌蓉** かよ
- **紗蓉** さよ
- **蓉南** はすな
- **蓉音** はすね
- **花蓉** はなよ
- **芙蓉** ふよう
- **美蓉** みよう
- **蓉子** ようこ
- **蓉奈** ような
- **李蓉** りよ

瑶
ヨウ　たま

もとの字は「瑤」。玉、美しい玉をいい、玉のように美しい様子も表す。音も字形も優美で、女の子にぴったり。
ヒント 「よう」の音で親近感とロマンチックな印象をプラス。「たま」の音は優しく豊かな人間性を感じさせる。

- **瑶** よう
- **鈴瑶** すずよ
- **瑶花** たまか
- **瑶貴** たまき
- **瑶音** たまね
- **瑶美** たまみ
- **美瑶** みよう
- **紗瑶里** さより
- **日瑶里** ひより
- **未瑶李** みより

稜
リョウ　かど
名 いず　いつ　たか　ろう

かどのあるもののことをいい、かど、すみの意味に使う。権勢、威光などの意味もある。毅然(きぜん)とした女性に。
ヒント 気品にあふれる「りょう」の音で、賢く華やかな印象に。「陵」や「凌」と間違われやすいので注意。

- **稜生** いずき
- **稜紗** いずさ
- **稜泉** いずみ
- **稜睦** いずむ
- **稜瑠** いずる
- **稜歌** いつか
- **稜季** いつき
- **稜奈** いつな
- **稜未** いつみ
- **稜夢** いつむ

- **稜音** かどね
- **稜里** かどり
- **稜希** たかき
- **稜子** たかこ
- **稜世** たかせ
- **稜帆** たかほ
- **稜未** たかみ
- **稜來** たから
- **保稜** ほたか
- **真稜** まかど

- **美稜** みたか
- **弥稜** みりょう
- **由稜** ゆたか
- **稜宇** りょう
- **稜花** りょうか
- **稜瑚** りょうこ
- **稜菜** りょうな
- **稜芭** りょうは
- **稜己** ろうみ
- **稜空** ろうら

鈴

レイ　リン
すず

鈴の意味を表し、鈴の鳴る音の形容にも使う。呼び鈴、ベルの意味もある。美声を授かるよう願って。
ヒント「すず」の音は甘え上手で出世する印象。視野が広く冷静な「れい」、透明感のある「りん」の音でも。

愛鈴	あいりん
華鈴	かりん
鈴花	すずか
鈴子	すずこ
鈴奈	すずね
鈴美	すずみ
鈴蘭	すずらん
茉鈴	まりん
美鈴	みすず
未鈴	みれい

零

レイ

雨が静かに降ることをいい、落ちる、ごくわずか、ゼロの意味にも使う。ゼロから人生を切りひらけるように。
ヒント 理知的なスマートさが印象的な「れい」の音で、人々の尊敬を集める人に。「澪」と間違えないように。

星零	せれい
未零	みれい
零亜	れいあ
零禾	れいか
零子	れいこ
零菜	れいな
零良	れいら
零央	れお
零乃	れの
零美	れみ

廉

レン
名 おさ　きよ　すが　すなお　やす　ゆき

潔い、欲やけがれがないのほかに、見極める（みきわ）の意味もある。欲ばらない意味にも使われる。清潔感のある字。
ヒント 几帳面（きちょうめん）さと根性をあわせもった「れん」の音で。止め字にすると、華やかで、遊び心を感じさせる。

亜廉	あれん
英廉	えれん
花廉	かすが
廉南	きよな
廉緒	すなお
廉子	やすこ
廉梛	やすな
廉未	ゆきみ
李廉	りおさ
廉珠	れんじゅ

蓮

レン
はす

水草のハスの実のことを表す。ハスは極楽浄土に咲く花で、楚々（そそ）とした美しいことのたとえにもなる。
ヒント「れん」の音で1字名にするのが大人気。「れん」の音は、格調高く、理知的でパワフルなイメージ。

蓮	れん
愛蓮	あれん
英蓮	えれん
花蓮	かれん
歌蓮	かれん
紗蓮	しゃれん
水蓮	すいれん
純蓮	すみれ
世蓮	せれん
蓮花	はすか
蓮奈	はすな
蓮音	はすね
蓮埜	はすの
蓮澄	はすみ
誉蓮	ほまれ
真蓮	まれ
美蓮	みれ
蓮恩	れおん
蓮南	れな
蓮仁	れに
蓮音	れね
蓮乃	れの
蓮水	れみ
蓮夏	れんか
蓮華	れんげ
蓮珠	れんじゅ
蓮野	れんの
蕗蓮	ろれん
玖蓮亜	くれあ
蓮美葉	れみは

路

ロ　じ
名 のり　みち　ゆく

神が天からくだる道を表し、道の意味に使う。筋道、大切な地位、旅などの意味もある。着実に人生を歩むように。
ヒント 華やかだが落ち着いた印象の「ろ」の音で。「みち」の音は、充実感と生命力をあわせもつ印象。

心路	こころ
小路	こゆく
路禾	のりか
陽路	ひろ
路花	みちか
路瑠	みちる
幸路	ゆきじ
路歌	ろか
路愛	ろまな
以路芭	いろは

14画

斡

アツ

めぐる、回るの意味を表す。また、つかさどるの意味もある。運命を感じさせる字。多くの幸運を願って。
ヒント「あつ」の音は何事も受けいれるおおらかさから、人から慕（した）われるたのもしさを感じさせる。

斡希	あつき
斡子	あつこ
斡奈	あつな
斡音	あつね
斡乃	あつの
斡葉	あつは
斡美	あつみ
斡代	あつよ
斡瑠	あつる
実斡	みあ

維

イ
名 しげ　すみ　ただ　つな　ふき　ふさ　まさ　ゆき

綱、筋、つなぐ、結ぶなどの意味。次の語を強める「これ」の意味もあり、「維新」はこの用法。友情にあつい子に。
ヒント 目標に向かって懸命にがんばる印象の「い」の音で。名乗りも多く、先頭字にも止め字にも使いやすい。

架維	かすみ
維葉	しげは
維袮	ただね
維莉	つなり
維美	まさみ
毬維	まりい
芽維	めぶき
維乃	ゆきの
瑠維	るい
美維奈	みいな

榎

カ えのき
名 え

樹木のエノキを表す。初夏に薄い黄色の花を咲かせ、材は器具や薪(たきぎ)に使う。のびのびと育つよう願って。
ヒント 正義感が強く、かっこいい「か」の音や、上品さと包容力を感じさせる「え」の音で万葉仮名風に。

榎音 えのん
榎奈 かな
紗榎 さえ
和榎 のどか
紀榎 のりか
洋榎 ひろえ
由榎 ゆうか
里榎 りえ
萌々榎 ももか
友美榎 ゆみえ

嘉

カ よい
名 ひろ よし よしみ

豊作を祈る農耕儀礼をいい、よい、よいとしてほめる意味を表す。めでたい、喜ぶの意味も。喜びの多い人生を。
ヒント 「か」の読みが使いやすい。行動力がありクールな印象。温かさと癒(いや)しを感じさせる「よし」の音でも。

嘉 よしみ
愛嘉 あいか
朝嘉 あさか
彩嘉 あやか
一嘉 いちか
海嘉 うみか
笑嘉 えみか
音嘉 おとか
京嘉 きょうか
琴嘉 ことか

采嘉 さいか
鈴嘉 すずか
芹嘉 せりか
千嘉 ちひろ
月嘉 つきか
虹嘉 にじか
紀嘉 のりか
姫嘉 ひめか
嘉恵 ひろえ
風嘉 ふうか

麻嘉 まひろ
実嘉 みひろ
桃嘉 ももか
嘉胡 よしこ
嘉乃 よしの
留嘉 るか
麗嘉 れいか
嘉央莉 かおり
嘉七子 かなこ
穂乃嘉 ほのか

歌

カ うた

神に祈る声の調子をいい、歌う、歌の意味に使う。和歌を指すこともある。音楽や文学の好きな子になるように。
ヒント 「か」の音はクールに人を引っ張るイメージ。「うた」の音は自然体のまま大舞台で活躍する印象。

歌華 うたか
歌子 うたこ
歌乃 うたの
歌織 かおり
歌音 かのん
歌穂 かほ
月歌 つきか
晴歌 はるか
萌歌 もえか
菜々歌 ななか

樺

カ かば
名 から かんば

樹木のカバ、カンバを表す。樹皮の白いものが白樺で、さわやかな高原や湖のほとりのイメージがある。
ヒント 万葉仮名風に「か」の音を使うと、スピード感のある快活な行動派の印象の名前に。

樺純 かすみ
樺菜 かな
樺音 かのん
樺里 からり
樺恋 かれん
花樺 はなか
百樺 ももか
結樺 ゆいか
令樺 れいか
莉々樺 りりか

旗

キ はた
名 たか

四角の形の軍旗をいい、旗の意味を表す。特に大将の立てる旗を指すこともある。人々を統率するような人に。
ヒント 生命力にあふれ、個性的な「き」の音で。「たか」の音を使うと、思いやりの深いリーダーの印象に。

亜旗 あき
旗衣 きい
旗紀 きのり
紗旗 さき
詩旗 しき
旗絵 はたえ
真旗 まき
美旗 みたか
悠旗 ゆうき
由旗奈 ゆきな

箕

キ み

穀物を入れてごみをふるい分ける農具の箕(み)のこと。また、星の箕宿(みぼし)を表す。本物を見極(みきわ)められる人に。
ヒント 強い生命力と、豊かな個性を感じさせる「き」、みずみずしく愛らしい印象の「み」の音で。

絢箕 あやみ
箕乃 きの
七箕 ななみ
箕来 みく
箕礼 みれい
箕和 みわ
萌箕 もえみ
怜箕 れみ
香奈箕 かなみ
箕々花 みみか

綺

キ あや
名 はた

綾絹、あや(=模様)、光、美しい、きらびやかなどの意味を表す。綺麗、綺羅星などのことばもある。美しい字。
ヒント 強い個性と生命力を感じさせる「き」の音で。「あや」の音を使うとあどけなくミステリアスなイメージ。

綺 あや
綺夏 あやか
綺夢 あやむ
宇綺 うき
彩綺 さき
茉綺 まはた
美綺 みき
由綺 ゆき
瑠綺 るき
綺良々 きらら

銀

ギン
名 かね しろがね

金属の銀のことを表す。また、銀色、銀のように白くて美しいものの意味も。高貴でしっとりとした美人に。
ヒント 「ぎん」の音は茶目(ちゃめ)っ気と凄(すご)みを同時に感じさせる。「かね」の音は愛嬌(あいきょう)たっぷりながんばり屋の印象。

愛銀 あかね
彩銀 あやか
銀杏 いちょう
銀羽 かねは
銀実 かねみ
銀花 ぎんか
銀河 ぎんが
真銀 ましろ
萌銀 もえか
璃銀 りか

駆

ク　かける

旧 駈 （→P330）

もとの字は「驅」。駆る、駆り立てる、速く走る、追う、追い払うなどの意味がある。アスリートにぴったり。
ヒント 「く」の音は意志の強さと繊細さをあわせもつミステリアスな印象。不思議な魅力で愛される人に。

駆菜	かな
駆音	かのん
駆仁	くに
咲駆	さく
美駆	みく
莉駆	りく
凛駆	りんく
駆楽々	くらら
駆留里	くるり
駆礼亜	くれあ

瑳

サ　みがく
名 てる　よし

玉色の鮮やかな美しさをいい、鮮やか、磨くの意味に使う。愛らしく笑う様子の意味も。玉のように美しい子に。
ヒント 人の先頭に立ち、颯爽とスター性を発揮する「さ」の音で。「てる」の音は上質な艶を感じさせる。

瑳彩	さあや
瑳笑	さえ
瑳桜	さお
瑳希	てるき
瑳葉	てるは
弥瑳	みさ
瑳絵	よしえ
瑳利奈	さりな
真亜瑳	まあさ
莉衣瑳	りいさ

榊

さかき
名 さ

日本でつくられた字で、神の宿る木とされるサカキを表す。神事に用いる木の総称でもある。神秘的なイメージ。
ヒント 万葉仮名風に「さ」の音を活かして、字のもつ神秘的な雰囲気に、リーダー性とさわやかさをプラス。

榊	さかき
愛榊	あいさ
榊希	さかき
榊姫	さかき
榊貴	さかき
榊輝	さかき
榊奈	さな
知榊	ちさ
美榊	みさか
悠榊	ゆさ

颯

サツ
名 そう　はや

風の吹く音を表す。はやて、疾風の意味も。颯爽ということばのように、きりっとして、周囲から憧れられる人に。
ヒント 「そう」の音は透きとおる光のようなさわやかなイメージ。「さつ」の音は静かな闘志を感じさせる。

愛颯	あいさ
有颯	ありさ
和颯	かずさ
希颯	きさ
颯絵	さえ
颯玖	さく
颯希	さつき
颯貴	さつき
颯祢	さつね
颯保	さほ
颯來	さら
颯和	さわ
颯菜	そうな
颯美	そうみ
颯楽	そうら
颯瑠	そうる
颯音	そね
颯野	その
颯陽	そよ
知颯	ちはや
颯華	はやか
颯芽	はやめ
颯李	はやり
美颯	みはや
遊颯	ゆさ
莉颯	りさ
颯希子	さきこ
颯乃花	そのか
颯世歌	そよか
茉莉颯	まりさ

爾

ジ　ニ
なんじ　のみ
名 しか　ちか
みつる

もとは美しいという意味。漢文では、なんじ、のみ、しかりなどの意味に使われる。格調高くおごそかな印象の字。
ヒント 「ちか」の音は、無邪気でみんなに愛されるイメージ。人なつっこい印象の「に」の音で万葉仮名風に。

爾	みつる
爾子	ちかこ
爾乎	にこ
美爾	みちか
爾流	みつる
夜爾	よしか
玲爾	れに
爾衣奈	にいな
万爾子	まちこ
哉爾代	やちよ

種

シュ　たね
名 おさ　かず
くさ　しげ
ふさ　み

もとはおくてのイネの意味で、たねを表す。物事のもと、種類、仲間などの意味も。人の輪をつくるような人に。
ヒント 「しゅ」の読みで使うと新鮮。さわやかな風と光のような印象に。「くさ」や「み」の名乗りも使いやすい。

歌種	うたね
瑚種	こたね
種音	しゅね
種莉	しゅり
種花	たねか
種穂	たねほ
千種	ちぐさ
菜種	なたね
美種	みたね
種宇奈	しゅうな

緒

ショ　チョ
お
名 つぐ

旧 緖

結びとめた糸の端をいい、物事のはじまり、糸口の意味。情緒など心の状態の意味も。しっとりとした優しい人に。
ヒント 「お」の音で止め字や万葉仮名風に。「お」の音は、なつかしい故郷のようにしみじみと愛される印象。

伊緒	いお
緒都	おと
叶緒	かなお
妃緒	きお
彩緒	さお
澄緒	すみお
玉緒	たまお
珠緒	たまお
緒実	つぐみ
緒夢	つぐむ
緒李	つぐり
奈緒	なお
七緒	ななお
仁緒	におお
寧緒	ねお
花緒	はなお
紅緒	べにお
美緒	みお
莉緒	りお
亜緒衣	あおい
惟緒奈	いおな
緒里絵	おりえ
花緒留	かおる
沙奈緒	さなお
志緒莉	しおり
知緒里	ちおり
菜緒実	なおみ
妃緒李	ひおり
真里緒	まりお
里緒奈	りおな

彰

ショウ
名 あき　あきら　あや　ただ　てる

「章」+「彡」。模様や飾りをいい、明らかにする、世間に知らせるの意味に使う。ジャーナリストにぴったり。
ヒント　明るく未来を切りひらく印象の「あき」、ソフトで深い光を感じさせる「しょう」の音で。1字名にも。

彰 あや
彰恵 あきえ
彰楓 あきか
彰奈 あきな
彰帆 あきほ
彰芽 あやめ
彰子 しょうこ
彰菜 ただな
知彰 ちあき
彰美 てるみ

榛

シン
はしばみ　はんのき
名 はる

樹木のハシバミをいう。茂るの意味もある。日本では、樹木のハリ、ハンノキを表す。果実を染料に使った。
ヒント　朗らかさと人間味あふれる温かさをあわせもつ「はる」の音を活かすと使いやすい。

小榛 こはる
榛來 しんら
知榛 ちはる
榛花 はるか
榛子 はるこ
榛名 はるな
榛陽 はるひ
榛実 はるみ
榛世 はるよ
美榛 みしん

翠

スイ
かわせみ　みどり
名 あきら

鳥のカワセミをいう。羽の色が美しく、水辺にすみ、魚を捕る鳥。色のみどりの意味も。字形が美しく人気の字。
ヒント　充実感と重量感、華やかさを感じさせる「みどり」の音で1字名に。「すい」の音は透明感を感じさせる。

翠 みどり
翠菜 あきな
紫翠 しすい
翠菜 すいな
翠蓮 すいれん
千翠 ちあき
妃翠 ひすい
陽翠 ひすい
翠莉 みどり
翠子 みどりこ

誓

セイ　ちかう
名 ちか

神に誓うの意味から、誓う、誓いの意味を表す。つつしむの意味にも使う。つつしみ深く誠実な人になるように。
ヒント　朝露のようにすがすがしく神聖な印象の「せい」、無邪気でキュートなイメージの「ちか」の音を使って。

沙誓 さちか
誓花 せいか
誓瑚 せいこ
誓良 せいら
誓蘭 せいらん
誓音 せね
誓子 ちかこ
美誓 みちか
誓志留 せしる
誓里菜 せりな

静

セイ　ジョウ
しず　しずか
名 きよ　ちか　つぐ　ひで　やす　よし
旧 靜

静か、やすらか、静まる、静めるなどの意味を表す。正しい、清いの意味もある。しとやかな女性に。
ヒント　「しず」の音はもの静かだが迫力とパワーを感じさせる。優しいしっかり者の印象の「きよ」の音でも。

静 しずか
唯静 いちか
依静 いつぐ
静那 きよな
静乃 きよの
静來 きよら
静華 しずか
静空 しずく
静瑚 しずこ
静音 しずね

静李 しずり
静南 せいな
静良 せいら
静蘭 せいらん
静枝 ちかえ
静心 ちかこ
千静 ちせ
静帆 つぐほ
静実 つぐみ
静夢 つぐむ

那静 なつぐ
静加 ひでか
静葉 ひでは
静深 ひでみ
真静 まきよ
万静 まちか
美静 みしず
弥静 みちか
静子 やすこ
静香 やすか

碩

セキ
名 おお　ひろ　みち　みちる　ゆたか

大きい、優れている、立派だなどの意味。偉大な学者を碩学（せきがく）という。人から尊敬される人になるように。
ヒント　一途（いちず）でりりしい印象の「みちる」の音で1字名に。「ひろ」の音は情熱的でやる気に満ちあふれた印象。

碩 みちる
碩禾 おおか
碩英 ひろえ
碩奈 ひろな
碩海 ひろみ
真碩 まひろ
碩花 みちか
碩子 みちこ
美碩 みひろ
碩華 ゆたか

総

ソウ
名 おさ　さ　のぶ　ふさ　みち

ひとまとめにする、集める、しめくくる、すべてなどの意味を表す。優れたリーダーに適した字。
ヒント　「そう」の音はのびやかさと秘めたパワーを感じさせる。「さ」の音はさわやかなスターの印象に。

和総 かずさ
総輝 さき
総來 そうら
総流 そうる
総禾 のぶか
羽総 はおさ
総栄 ふさえ
総子 みちこ
莉総 りさ
万総子 まさこ

聡

ソウ　さとい
名 あき　あきら　さ　と　とし　とみ　のぶ

もとの字は「聰」。神の声をよく理解することをいい、さとい、賢いの意味になる。聡明（そうめい）な女性になるように。
ヒント　「さと」の音で、洗練された聡明さと小粋（こいき）さがさらに増す。「さ」の音を活かして万葉仮名風に使っても。

聡世 さよ
聡來 そうら
知聡 ちあき
千聡 ちさと
聡子 としこ
聡英 とみえ
聡実 のぶみ
実聡 みさと
利聡 りさ
亜李聡 ありさ

漱

ソウ
くちすすぐ
名 すすぐ そそぐ

口をすすぐ、洗うなどの意味を表す。よごれを清めるという意味も。きよらかな子になるように願って。
ヒント 万葉仮名風に「そ」と読むと使いやすい。優しい包容力で人を癒(いや)す印象の名前に。

漱愛 そあ
漱花 そうか
漱胡 そうこ
漱海 そうみ
漱羅 そうら
漱琉 そうる
漱奈 そな
漱乃 その
漱良 そら
漱世花 そよか

暢

チョウ
のばす
名 かど なが のぶ まさ みつ みつる よう

のびる、のびやか、やわらぐの意味を表す。行き渡る、広げるの意味もある。のびのびと育つことを願って。
ヒント やんちゃで甘え上手な人気者の「のぶ」、おおらかで思いやりのある「よう」の音がよく使われる。

暢 みつる
暢莉 かどり
詩暢 しのぶ
史暢 しよう
暢愛 ながえ
暢李 ながり
暢花 のぶか
暢未 のぶみ
芙暢 ふよう
真暢 まかど

暢紗 まさ
暢瑛 まさえ
暢生 まさき
暢胡 まさこ
暢那 まさな
暢乃 まさの
暢音 まさね
暢未 まさみ
暢來 まさら
暢都 みつ

暢季 みつき
暢葉 みつは
暢芭 みつは
暢実 みつみ
暢代 みつよ
暢瑠 みつる
美暢 みのぶ
暢羽 よう
暢華 ようか
暢子 ようこ

蔦

チョウ つた

植物のツタをいう。ツタは、寄生性のつる草で、山野に自生し、秋に美しく紅葉する。強い生命力を願って。
ヒント 「つた」の音は、たゆまぬ向上心で豊かさを手にするイメージ。ビジネスの才覚を感じさせる名前に。

蔦香 ちょうか
蔦奈 ちょうな
蔦映 つたえ
蔦絵 つたえ
蔦子 つたこ
蔦乃 つたの
蔦実 つたみ
愛蔦子 あつこ
実蔦季 みつき
莉蔦花 りつか

綴

テイ テツ
つづる とじる
名 せつ

つづる、つなぎ合わせる、つくろう、とじるのほか、文章をつくるという意味もある。文才に恵まれるように。
ヒント 「てい」の音はねばり強いがんばり屋さんのイメージ。「てつ」の音は手堅く積み上げていくイメージ。

沙綴 さと
綴花 せつか
綴帆 つづほ
綴李 つづり
綴愛 ていあ
綴香 ていか
綴南 ていな
綴子 てつこ
美綴 みつ
理綴 りつ

槙

テン まき
名 こずえ しん
旧 槇

こずえ、木の頂の意味。日本では庭木に植えられるマキの木を表す。優れた木の意味も。すくすくと育つように。
ヒント 「まき」の音には充実感とパワフルな輝きがある。奥深さと慈愛を感じさせる「こずえ」の音でも。

槙 こずえ
小槙 こまき
槙羅 しんら
珠槙 たまき
槙亜 まきあ
槙江 まきえ
槙花 まきか
槙葉 まきは
槙代 まきよ
実槙 みまき

摘

テキ つむ
名 つみ

花の実を摘み取ることを表し、摘む、選び取るの意味。また、あばくの意味も。真実、真の価値を見極(みきわ)められる人に。
ヒント 艶(つや)と愛らしさを感じさせる「つみ」の音で止め字に。万葉仮名風に「つ」と読むと芯の強い印象に。

愛摘 あつみ
逸摘 いつみ
香摘 かつみ
摘穂 つむほ
菜摘 なつみ
葉摘 はつみ
霧摘 むつみ
律摘 りつみ
花摘美 かつみ
実摘子 みつこ

嶋

トウ しま

「島」の異体字。渡り鳥が休む海中の山を表し、島の意味になった。人に癒(いや)しを与えるような優しい人に。
ヒント 「しま」の音は快活さと優しさをあわせもつイメージ。まじめで几帳面(きちょうめん)な「とう」の音を活かしても。

嶋 しま
絵嶋 えと
嶋舞 しま
嶋花 しまか
嶋乎 しまこ
嶋子 とうこ
嶋実 とみ
真嶋 ましま
早嶋美 さとみ
嶋希子 ときこ

徳

トク
名 え かつ さと とみ のり めぐむ やす よし
旧 德

人としての正しい行いを表し、正しい、よい、恵みの意味を表す。人の正道を歩む、立派な人になるように。
ヒント 「のり」と読むと、気品とりりしさ、華やかさが、「とく」と読むと、利発でちゃっかりした印象が加わる。

亜徳 あさと
徳菜 えな
徳栄 かつえ
徳子 とくこ
徳架 とみか
徳花 のりか
徳美 めぐみ
徳夢 めぐむ
徳絵 やすえ
徳乃 よしの

寧

ネイ ね やす
名 さだ しず

廟の中で神に供え物をする形からできた字で、やすらか、穏やかな様子を表す。慈愛の深い優しい人に。
ヒント やすらぎと温かさを感じさせる「ね」の音のほか、優しく温かい癒しに満ちた「やす」の音などで。

天寧 あまね
絢寧 あやね
歩寧 あゆね
糸寧 いとね
和寧 かずね
琴寧 ことね
寧枝 さだえ
寧香 しずか
寧季 しずき
寧玖 しずく

寧心 しずこ
寧葉 しずは
寧陽 しずひ
寧世 しずよ
寧瑠 しずる
澄寧 すみね
寧緒 ねお
寧音 ねおん
寧々 ねね
寧夢 ねむ

春寧 はるね
舞寧 まいね
瑞寧 みずね
百寧 ももね
寧江 やすえ
寧架 やすか
寧子 やすこ
寧琶 やすは
梨寧 りね
亜花寧 あかね

緋

ヒ あか
名 あけ

赤色、明るく燃えるような赤を表す。赤色の絹の意味もある。情熱的で、周囲の注目を集めるような女性に。
ヒント 「あか」の音で開放的な印象の名前に。情熱と冷静さをあわせもつ「ひ」の音で、万葉仮名風に使っても。

蒼緋 あおい
緋梨 あかり
緋乃 あけの
緋菜 ひな
緋依 ひより
緋紹 ひろ
緋沙子 ひさこ
緋奈乃 ひなの
緋麻里 ひまり
緋芽乃 ひめの

碧

ヘキ あお みどり
名 きよ たま

青い玉に似た石を表し、あお、みどりの意味。碧玉は石英のこと。エキゾチックなイメージ。
ヒント 「あお」の音はおおらかで愛される印象。充実感と重量感、華やかさを感じさせる「みどり」の音でも。

碧 みどり
碧生 あお
碧衣 あおい
碧子 あおこ
碧世 あおせ
碧空 あおぞら
碧音 あおね
碧埜 あおの
碧葉 あおば
碧日 あおひ

碧心 あおみ
碧加 きよか
碧瑚 きよこ
碧那 きよな
碧祢 きよね
碧乃 きよの
碧羽 きよは
碧美 きよみ
碧羅 きよら
碧麻 たま

碧緒 たまお
碧花 たまか
碧生 たまき
碧希 たまき
碧禰 たまね
碧野 たまの
碧海 たまみ
実碧 みきよ
碧莉 みどり
碧子 みどりこ

輔

ホ たすける
名 すけ ふ

車輪を補強する添え木の意味から、助ける、助けの意味に使う。補佐役、友人の意味も。友達に恵まれるように。
ヒント 男の子の名の止め字の定番だが、マイペースで温かなくつろぎのイメージの「ほ」の音で女の子にも。

明輔 あきほ
佳輔 かほ
輔奈 すけな
輔由 ふゆ
輔波 ほなみ
輔稀 ほまれ
実輔 みほ
友輔 ゆうほ
可輔莉 かほり
輔美絵 ふみえ

蓬

ホウ よもぎ
名 しげ ほ

草のヨモギを表す。ヨモギでつくる矢には邪気をはらう力があるといわれる。神秘的な力が感じられる字。
ヒント 人情味があり、パワフルな印象の「しげ」の音で。温かなくつろぎを感じさせる「ほ」の音でも。

蓬 しげ
夏蓬 かほ
蓬香 しげか
蓬乃 しげの
蓬世 しげよ
知蓬 ちほ
春蓬 はるほ
実蓬 みほ
結蓬 ゆいほ
理蓬 りほ

鳳

ホウ おおとり
名 たか ほ

想像上の鳥の鳳凰の雄を表す。めでたい鳥として尊ばれた。雌は「凰」。神秘的なイメージがある字。
ヒント 「ほう」の音で、優しさと、自由でのびのびしたイメージに。「ほ」の音で止め字にしても。

花鳳 かほ
香鳳 かほ
輝鳳 きほう
沙鳳 さほ
太鳳 たお
鳳奈 たかな
鳳音 たかね
鳳羽 たかは
万鳳 まほ
莉鳳 りほ

蜜

ミツ

みつ、はちみつを表す。栄養価が高く、食用、薬用に用いられる。だれとでも仲よくなれる子に。
ヒント はちみつのように甘いイメージの字に、「みつ」のパワフルで満ち足りた印象をプラスして。

七蜜 ななみ
晴蜜 はるみ
蜜柑 みかん
蜜花 みつか
蜜紀 みつき
蜜胡 みつこ
蜜乃 みつの
蜜葉 みつば
蜜瑠 みつる
友蜜 ゆうみ

遙

ヨウ　はるか
名 すみ　とお
のぶ　のり
はる　みち

「遥」の旧字。そぞろ歩きをすることをいい、さまよう意味を表す。はるか、遠いの意味も。スケール感のある字。**ヒント** 「はる」の音は健やかな生命力を感じさせる。「よう」の音はおおらかで思いやりのある印象。

衣遙	いすみ
依遙	いちか
惟遙	いのり
香遙	かすみ
心遙	こはる
詩遙	しのぶ
志遙	しよう
遙玲	すみれ
千遙	ちはる
遙海	とおみ
遙莉	とおり
羽遙	はのり
遙琉	はる
遙香	はるか
遙生	はるき
遙空	はるく
遙胡	はるこ
遙奈	はるな
遙陽	はるひ
遙巳	はるみ
遙瑠	はるる
歩遙	ふよう
帆遙	ほのぶ
真遙	ますみ
遙知	みち
遙花	みちか
未遙	みのり
美遙	みはる
遙華	ようか
遙子	ようこ

緑

リョク　ロク
みどり
名 つか　つな
のり

旧 綠

黄と青の中間の色の緑色をいう。緑は植物、自然を象徴する色でもある。森の木々のようにのびのびと育つように。**ヒント** 「みどり」の音は充実感と重量感、華やかさを感じさせる。「のり」の音はりりしさと気品ある印象。

緑	みどり
依緑	いつか
緑紗	つかさ
緑枝	のりえ
緑香	のりか
緑夏	のりか
緑葡	のりほ
葉緑	はつな
緑子	みどりこ
実緑	みのり

綸

リン　いと
名 お　くみ

糸、釣り糸、組みひもの意味を表す。治めるの意味も。綸子(りんず)は光沢のある絹織物。字形、音ともに人気のある字。**ヒント** 「りん」の音は、華やかさと透明感がある、愛らしい印象。「凜」や「凛」のかわりに使っても。

綸	りん
伽綸	かりん
綸花	くみか
菜綸	なお
麻綸	まりん
美綸	みお
柚綸	ゆりん
綸音	りのん
綸花	りんか
綸奈	りんな

綾

リョウ　あや

菱形(ひしがた)の模様を織り出した絹をいい、綾絹(あやぎぬ)、あやの意味に使う。字形、音、意味ともに美しく、人気のある字。**ヒント** 「あや」の音は、あどけなくミステリアスな印象。クリエイティブな才能が漂う(ただよう)「りょう」の音でも。

綾	あや
綾未	あみ
綾萌	あも
綾耶	あや
綾以	あやい
綾花	あやか
綾姫	あやき
綾星	あやせ
綾菜	あやな
綾音	あやね
綾乃	あやの
綾葉	あやは
綾帆	あやほ
綾実	あやみ
綾夢	あやむ
綾愛	あやめ
綾莉	あやり
沙綾	さあや
紗綾	さあや
詩綾	しりょう
乃綾	のあ
真綾	まあや
美綾	みあや
莉綾	りあ
綾香	りょうか
綾瑚	りょうこ
綾巴	りょうは
綾紀子	あきこ
世綾來	せあら
李綾夢	りあむ

瑠

ル

瑠璃(るり)は玉の名で、紺青色の美しい宝石を表す。また、ガラスの古称でもある。神秘的な魅力のある女性に。**ヒント** 字のもつ透明感に、「る」の音で、もくもくと努力して、多くの実りを手に入れる可能性をプラスして。

愛瑠	あいる
天瑠	あまる
香瑠	かおる
奏瑠	かなる
心瑠	こころ
創瑠	そうる
菜瑠	なる
芭瑠	はる
春瑠	はるる
道瑠	みちる
海瑠	みる
芽瑠	める
瑠亜	るあ
瑠椅	るい
瑠花	るか
瑠季	るき
瑠奈	るな
瑠音	るね
瑠美	るみ
瑠璃	るり
瑠々	るる
羽瑠花	うるか
絵美瑠	えみる
久瑠実	くるみ
奈瑠子	なるこ
乃絵瑠	のえる
瑠美衣	るびい
瑠水奈	るみな
瑠璃香	るりか
瑠璃子	るりこ

漣

レン　さざなみ
名 なみ

さざなみ、波立つ、また、涙の流れる様子を表す。透明感のある美しいイメージで、人気の出そうな字。**ヒント** 「れん」の音は格調高く、理知的でパワフルな印象。「なみ」の音は信頼感と愛らしさのある名前に。

漣	れん
映漣	えれん
香漣	かれん
歌漣	かれん
漣花	なみか
漣音	なみね
帆漣	ほなみ
真漣	まなみ
壬漣	みなみ
漣李	れんり

15画

嬉
キ うれしい
名 よし

楽しむ、喜ぶ、うれしいのほか、遊ぶ、たわむれる、美しいの意味もある。よく遊び、のびやかに育つように。
ヒント 喜びに満ちた字に「き」の音で突出(とっしゅつ)した個性をプラス。「よし」と読めば優しさと清潔感あふれる印象。

亜嬉 あき
嬉恵 きえ
嬉子 きこ
嬉実 きみ
彩嬉 さき
万嬉 まき
瑞嬉 みずき
嬉花 よしか
琉嬉 るき
十嬉子 ときこ

槻
キ つき
名 けや

樹木のケヤキの一種。材は弓をつくるのに適している。日本ではツキと読む。きりっとした女性になるように。
ヒント 「つき」の音は、緻密(ちみつ)で隙のない知性を感じさせる。潔くわが道を突き進む「き」の音を止め字にしても。

槻菜 きな
槻季 けやき
咲槻 さき
槻子 つきこ
槻音 つきね
菜槻 なつき
真槻 まつき
美槻 みつき
満槻 みつき
結槻 ゆづき

輝
キ かがやく
名 あきら てる ひかる

輝く、光る、光などの意味を表す。輝かしい、名が上がるの意味もある。キラキラと輝く将来を願って。
ヒント 「き」は、思いをつらぬいて成功するイメージの音。「てる」と読むと、匠(たくみ)の世界でじっくり技を磨く印象。

輝 あきら
輝楽 あきら
雫輝 しずき
輝乃 てるの
輝芭 てるは
輝李 ひかり
輝琉 ひかる
心輝 みき
輝來々 きらら
輝里愛 きりあ

駈
ク かける

「駆」の別字。駆ける、駆り立てる、追うなどの意味がある。活発で、運動好きな子になるように。
ヒント スピード感のある字に、「く」の音がもつ、抜群のバランス感覚と気品あふれる印象をプラスして。

希駈 きく
駈海 くみ
紗駈 さく
未駈 みく
莉駈 りく
凛駈 りんく
駈仁子 くにこ
駈瑠実 くるみ
駈留莉 くるり
志留駈 しるく

駒
ク こま

小さな馬、若い元気な馬の意味を表す。また、若者、子どもの意味も。元気で活発な子になるよう願って。
ヒント ミステリアスな魅力のある「く」の音で。「こま」の音を活かすと愛らしさと賢さを感じさせる名前に。

伊駒 いく
輝駒 きく
駒子 こまこ
駒知 こまち
駒音 こまね
駒由 こまゆ
駒莉 こまり
美駒 みく
駒留美 くるみ
咲駒乃 さくの

慶
ケイ
名 ちか のり みち やす よし

もとは裁判による勝訴を表し、喜び、賜物(たまもの)、幸い、縁起がいいなどの意味がある。多くの喜びと幸せを願って。
ヒント 「けい」の音は、りりしくエレガントなイメージ。「よし」の音は、清潔でやわらかい光のような印象。

慶 けい
慶香 けいか
慶奈 けいな
慶恵 ちかえ
慶可 のりか
弥慶 みちか
慶世 みちよ
美慶 みよし
慶子 やすこ
慶帆 よしほ

憬
ケイ

さとる、はっきりとわかるの意味を表す。遠く行くさまの意味もある。夢を忘れず広い視野をもつ人に。
ヒント 2010年の改定で常用漢字に加わった字。使用例が少なく新鮮。「けい」の音は知的でりりしいイメージ。

憬 けい
華憬 かけい
憬花 けいか
憬子 けいこ
憬紗 けいしゃ
憬都 けいと
憬菜 けいな
憬乃 けいの
憬葉 けいは
憬來 けいら

慧
ケイ エ さとい
名 あきら さと とし よし

さとい、賢いなどの意味を表す。知恵(ちえ)は智慧とも書く。仏教の悟りの意味もある。賢い子になるよう願って。
ヒント 気品があり知的な「けい」、さわやかさと頼りがいのある「さと」の音で。「え」の音で万葉仮名風にも。

慧 あきら
依慧 いとし
慧菜 えな
慧瑠 える
慧都 けいと
采慧 ことえ
慧吏 さとり
涼慧 すずえ
千慧 ちさと
慧奈 よしな

潔

ケツ いさぎよい
名 きよ ゆき よし

水を使ってはらい清めることをいい、清らか、潔い、けがれがないなどの意味を表す。身も心も清潔な女性に。

ヒント「きよ」の音は清潔で柔和な品のあるリーダーのイメージ。「ゆき」の音で優しさと潔さのある名前に。

潔音	きよね
潔芭	きよは
潔泉	きよみ
潔良	きよら
潔莉	きより
紗潔	さきよ
千潔	ちゆき
美潔	みよし
潔奈	ゆきな
潔花	よしか

諏

シュ
名 す

もとは神意を問うことをいい、はかる、問う、相談するなどの意味になった。友達に恵まれることを願って。
ヒント フレッシュで愛らしい印象の「す」の音で、万葉仮名風に。「しゅ」の音を使うと個性的な名前に。

有諏	ありす
杏諏	あんず
諏奈	しゅな
諏莉	しゅり
諏未	すみ
亜諏奈	あすな
亜莉諏	ありす
諏々菜	すずな
諏三玲	すみれ
真諏美	ますみ

潤

ジュン うるおう
名 さかえ ます みつ

水がしみて広がる状態をいい、潤す（うるおす）の意味になった。艶（つや）やか、艶の意味もある。物心ともに豊かな人生を願って。
ヒント 人なつっこくてセクシーな「じゅん」の音で。「うる」の音は内に秘めた才覚を感じさせる。

潤	じゅん
潤音	うるね
潤葉	うるは
潤心	うるみ
潤栄	さかえ
潤奈	じゅんな
潤莉	じゅんり
潤美	ますみ
潤波	みつは
潤穂	みつほ

諄

ジュン
名 あつ さね しげ とも のぶ ふさ まこと

供物を供えて神に祈るときの心をいい、ねんごろ、心があついの意味に使う。助けるの意味も。優しい人に。

ヒント「じゅん」の音は、人なつっこいチャーミングな印象。「あつ」の音で、温かく包容力がある名前に。

諄心	あつこ
諄海	あつみ
諄乃	しげの
諄菜	じゅんな
諄花	ともか
諄祈	ともき
諄絵	のぶえ
諄子	ふさこ
諄都	まこと
真諄	まさね

樟

ショウ くすのき
名 くす

樹木のクス、クスノキの意味に使う。幹に香気があり、樟脳（しょうのう）の原料になる。他人の役に立つような人に。

ヒント「しょう」の音は、ソフトで深い光を感じさせる。人気の「翔」のかわりに使えば、新鮮な印象に。

樟奈	くすな
樟乃	くすの
樟葉	くすは
樟穂	くすほ
樟香	しょうか
樟子	しょうこ
樟南	しょうな
樟美	しょうみ
樟莉	しょうり
実樟	みしょう

憧

ショウ ドウ あこがれる

心が動いて定まらないという意味から、あこがれる、慕（した）うの意味を表す。いつまでも夢を忘れない人に。

ヒント「あこ」の音を活かしても。気さくで朗（ほが）らかな印象に。「しょう」の音は、ソフトで温かい光のイメージ。

憧	あこ
憧夢	あむ
憧子	しょうこ
憧美	しょうみ
冬憧	とあ
乃憧	のあ
未憧	みあ
莉憧	りあ
真憧子	まあこ
美利憧	みりあ

穂

スイ ほ
名 お ひで ひな みのる
旧 穗

穀物の茎の実のつく部分、穂先などの意味を表す。止め字としても人気で、実り豊かなイメージ。

ヒント「ほ」の音は、どんなときも緊張せず、マイペースで温かい印象。最近は先頭字や中字でも使われる。

秋穂	あきほ
郁穂	いくほ
恵穂	えみの
和穂	かずほ
歌穂	かほ
希穂	きほ
志穂	しほ
涼穂	すずほ
菜穂	なほ
穂架	ひでか
穂乃	ひなの
穂積	ほづみ
穂波	ほなみ
穂香	ほのか
穂紀	ほのり
穂希	ほまれ
万穂	まほ
瑞穂	みずほ
穂舞	みのぶ
穂里	みのり
靖穂	やすほ
雪穂	ゆきほ
莉穂	りほ
衣穂里	いおり
花穂里	かおり
詩穂子	しほこ
奈穂子	なおこ
菜穂美	なほみ
穂乃香	ほのか
穂乃実	ほのみ

澄

チョウ すむ
名 きよ すみ と

澄む、澄ませる、清い、透きとおっているなどの意味を表す。水にも心にも使う。透明感のあるさわやかな人に。
ヒント 清らかな心をもつイメージに、「すみ」の音の、やわらかさと甘さのある、キュートな印象をプラスして。

有澄	あすみ
架澄	かすみ
澄芭	きよは
澄香	すみか
澄奈	すみな
澄葉	すみよ
澄礼	すみれ
澄萌	とも
真澄	ますみ
心澄	みすみ

蝶

チョウ

昆虫のチョウをいう。チョウは、青虫、毛虫から色彩の美しい成虫になる。美しく成長することを願って。
ヒント　美しく可憐（かれん）に飛び回るイメージ。元気で闊達（かったつ）な、高い自己アピール力をもつ「ちょう」の音を使って。

希蝶　きちょう
蝶花　ちょうか
蝶子　ちょうこ
蝶良　ちょうら
蝶和　ちょうわ
蝶胡　ちよこ
蝶小　ちょこ
蝶美　ちよみ
蝶莉　ちより
美蝶　みちょう

潮

チョウ　しお
うしお

しお、うしおを表し、特に朝の満ち引きをいう。夕方の満ち引きは「汐」。時、時勢の意味も。未来を思って。
ヒント　夜明けの光のようなはじまりの印象の「うしお」の音で1字名も。「しお」の音は清潔で颯爽（さっそう）とした印象。

潮　うしお
潮香　しおか
潮子　しおこ
潮奈　しおな
潮音　しおね
潮乃　しおの
潮美　しおみ
潮梨　しおり
真潮　ましお
美潮　みしお

調

チョウ
しらべる
ととのえる
名しげ　つき
つぎ　つぐ
なり　のり
みつぐ

もとはことばを行き渡らせることで、ととのう、しらべるという意味を表す。音楽を奏でる、音色の意味も。
ヒント　情感豊かなイメージもある字。「つぐ」の音は、発想力豊かなイメージ。「しらべ」などの読みで1字名にも。

愛調　あつき
叶調　かのり
調葉　しげは
調子　つきこ
調音　つきね
調美　つぐみ
調未　なりみ
羽調　はなり
帆調　ほのり
実調　みつき

徹

テツ
名あきら
とおる　みち
ゆき

通る、通す、突き通すのほか、達する、明らかなどの意味がある。困難に負けずやり抜く、意志が強い人に。
ヒント　着実に物事を手堅く積み上げる印象の「てつ」の音のほか、「みち」や「ゆき」の音も使いやすい。

徹奈　あきな
徹楽　あきら
紗徹　さゆき
千徹　ちあき
徹花　てつか
徹子　てつこ
徹瑠　とおる
徹栄　みちえ
徹佳　みちか
徹乃　ゆきの

範

ハン
名のり

のり、手本、決まり、型などの意味を表す。また、区切り、境の意味もある。人の手本になるような人に。
ヒント　規範を守るきっちりした人のイメージ。「のり」の音で、りりしさと気品あふれる印象をプラス。

衣範　いのり
叶範　かのり
詩範　しのり
範愛　のりあ
範枝　のりえ
範花　のりか
範子　のりこ
葉範　はのり
範奈　はんな
実範　みのり

播

ハ　バン
まく
名かし　ひろ

まく、種をまくの意味を表す。うつる、動く、広く及ぼすなどの意味もある。コツコツと努力する人に。
ヒント　気風（きっぷ）のよい人情家で、華のある「は」の音や、情熱的でたくましい「ひろ」の音を活かして。

明播　あきは
播葉　かしは
奏播　かなは
来播　くれは
播奈　はな
播花　ひろか
播夢　ひろむ
康播　やすは
菜津播　なつは
莉々播　りりは

幡

ハン　のぼり
はた

ひらひらと動くきれを表し、旗、のぼりをいう。ひるがえす、ひるがえるの意味も。リーダーにふさわしい字。
ヒント　「はん」の音は、すばやく動き、跳ねるような侮（あなど）れないイメージ。「はた」の音を活かしても。

紅幡　くれは
幡花　はたか
幡乃　はたの
幡美　はたみ
幡奈　はな
幡波　はなみ
幡瑠　はる
幡菜　はんな
小幡音　こはね
実幡音　みはね

舞

ブ　まう
まい
名ま

舞う、舞、踊るなどの意味を表す。心を弾（はず）ませるの意味も。字形も音も美しく、女の子に人気のある字。
ヒント　「まい」と読むと充実感にあふれたイメージ、「ま」と読むと、面倒見がよく天真爛漫（てんしんらんまん）な印象に。

舞　まい
衣舞　いぶ
笑舞　えま
小舞　こまい
偲舞　しのぶ
詩舞　しま
舞佳　まいか
舞子　まいこ
舞紗　まいさ
舞奈　まいな

舞音　まいね
舞乃　まいの
舞美　まいみ
舞也　まいや
舞羽　まう
舞惟　まうい
舞央　まお
舞姫　まき
舞仔　まこ
舞白　ましろ

舞那　まな
舞埜　まの
舞紘　まひろ
舞歩　まほ
舞美　まみ
佑舞　ゆま
莉舞　りま
陽舞莉　ひまり
舞知子　まちこ
舞菜香　まなか

撫

ブ　なでる
名 ただ　もち　やす　よし　より

なでる、慰める、かわいがるなどの意味を表す。優しく愛情深い女性になることを願って。

ヒント「大和撫子」のように清楚で美しいイメージ。「よし」の音でやわらぎと清潔感あふれる印象の名前に。

詩撫	しより
撫絵	ただえ
撫子	なでしこ
実撫	みよし
萌撫	ももち
撫葉	やすは
撫花	よしか
撫乃	よしの
衣撫希	いぶき
撫々美	ななみ

編

ヘン　あむ
名 あみ　つら　よし

文字を書いた竹のふだを並べて糸でとじたもの。組み合わせる、まとめる意味を表す。文学的な香りのする字。
ヒント　名前の使用例が少なく、新鮮。「あみ」と読むと、自然体で前向き、イキイキしたイメージが加わる。

編美	あみ
編花	あみか
編那	あみな
編音	あみね
編帆	あみほ
編莉	あみり
編瑠	あみる
小編	こあみ
編架	よしか
編子	よしこ

摩

マ
名 きよ　なず

両手をすり合わせることをいい、こする、磨く、なでるの意味を表す。近づくの意味も。神秘的な感じのする字。

ヒント「ま」の音で万葉仮名風にすると使いやすい。満ち足りた雰囲気の、天真爛漫な印象の女性に。

恵摩	えま
摩李	きより
摩奈	なずな
摩那	まな
摩佑	まゆ
摩哩	まり
摩鈴	まりん
由摩	ゆま
摩莉亜	まりあ
摩李乃	まりの

魅

ミ

人知を越えた不思議な力で魅入る、まどわす、心をひきつけるなどの意味を表す。魅力的な女性に。

ヒント「み」の音を万葉仮名風に使って。みずみずしい愛らしさで、魅力あふれるイメージの名前に。

茉魅	まみ
魅亜	みあ
魅花	みか
魅玖	みく
魅咲	みさき
魅知	みち
魅々	みみ
魅羅	みら
瑠魅	るみ
魅衣奈	みいな

璃

リ
名 あき

瑠璃は玉の名で、青色の宝石である。玻璃は現代のガラスのことをいう。宝石のように美しい女性に。
ヒント　人気の「り」の音は、りりしく理知にあふれ、華やかさを感じさせる。「莉」などのかわりに使っても。

愛璃	あいり
朱璃	あかり
璃奈	あきな
璃妃	あきひ
璃保	あきほ
杏璃	あんり
祈璃	いのり
恵璃	えり
小璃	こあき
琴璃	ことり
咲璃	さり
汐璃	しおり
千璃	ちあき
茉璃	まり
碧璃	みどり
美璃	みり
璃子	りこ
璃紗	りさ
璃美	りみ
璃葉	りよ
瑠璃	るり
亜璃沙	ありさ
希璃恵	きりえ
知恵璃	ちえり
優璃香	ゆりか
璃香子	りかこ
璃奈子	りなこ
璃埜葉	りのは
瑠璃子	るりこ
瑠璃那	るりな

遼

リョウ　はるか
名 とお

はるか、遠い、めぐるなどの意味を表す。中国の王朝名でもある。歴史のロマンが感じられる、スケール感のある字。
ヒント　人気の「はる」の音は、朗らかで人間味にあふれ元気な印象。「りょう」の音は、パワフルで頼れる印象。

希遼	きはる
胡遼	こはる
千遼	ちはる
遼海	とおみ
遼香	はるか
実遼	みはる
遼佳	りょうか
遼河	りょうが
遼子	りょうこ
遼菜	りょうな

諒

リョウ　まこと
名 あき　あさ　まさ　みち

まこと、信じる、偽りのない人の意味を表す。明らかにする、思いやるの意味もある。誠実で思いやりのある人に。

ヒント「りょう」の音は賢く華やかで気品と頼りがいのある印象。「あき」「まさ」などの読みも使いやすい。

諒南	あきな
諒音	あきね
諒帆	あきほ
諒乃	あさの
諒陽	あさひ
麻諒	まあさ
諒恵	まさえ
諒実	まさみ
諒羽	みちは
諒子	りょうこ

凜

リン
旧 凛 （→P334）

寒さが厳しい様子、心が引きしまる様子を表す。「凜とする」などと使う。字形、音とも美しく人気の字。

ヒント「凛」の正字で、こちらの字も男女ともに人気がある。字形の違いで、どちらの字を選ぶか検討して。

花凜	かりん
茉凜	まりん
由凜	ゆりん
凜桜	りお
凜未	りみ
凜華	りんか
凜胡	りんこ
凜愛	りんな
凜寧	りんね
李凜子	りりこ

凛

リン　名 り

「凜」の俗字。厳しい寒さ、心が引きしまる様子。毅然（きぜん）としてりりしい感じの名前になる。人気のある字。
ヒント「りん」の音で、透明感と甘くかわいらしい印象がプラスされる。「り」の音だけを活かしても。

凛 りん
愛凛 あいりん
雨凛 あめり
咲凛 えみり
恵凛 えりん
香凛 かりん
友凛 ともり
真凛 まりん
澪凛 みおり
明凛 めいりん
萌凛 もえり
悠凛 ゆりん
凛央 りお
凛澄 りずむ
凛花 りんか
凛空 りんく
凛子 りんこ
凛世 りんぜ
凛都 りんと
凛那 りんな
凛音 りんね
凛乃 りんの
凛葉 りんは
凛夢 りんむ
杏凛咲 ありさ
華凛奈 かりな
紗凛衣 さりい
陽茉凛 ひまり
凛々花 りりか
凛々瑚 りりこ

輪

リン　わ　名 もと

車の矢が放射状に並ぶ様子で、わ、丸いものを表す。まわるの意味も。大輪の花のように美しい女性に。
ヒント「日輪（にちりん）」のように華やかな印象もある字。透明感のある「りん」、ワクワク感のある「わ」の音で。

華輪 かりん
采輪 とわ
茉輪 まりん
実輪 みわ
輪恵 もとえ
輪花 りんか
輪音 りんね
輪子 わこ
紗輪子 さわこ
輪歌奈 わかな

黎

レイ　くろ　名 たみ

多い、もろもろ、黒、黒いなどの意味を表す。黎明（れいめい）とは夜明けの意味。希望に満ちた未来を願って。
ヒント「れい」の音は、理知的でスマート、一途（いちず）で凛（りん）としたイメージ。「たみ」の音を活かしても。

黎 れい
黎絵 くろえ
黎依 たみい
黎世 たみよ
望黎 みれい
黎香 れいか
黎子 れいこ
黎奈 れいな
黎美 れいみ
黎央奈 れおな

緯

イ　名 つかね

織物の横糸を表す。縦糸は「経」。地球の東西の方向を表す。予言書の意味もあり、神秘的なイメージの字。
ヒント「い」の音は一途（いちず）ながんばり屋の印象。止め字にすれば、きっぱりとした潔さを感じさせる。

彩緯 あやい
緯玖 いく
緯夜 いよ
希緯 きい
緯音 つかね
麻緯 まい
芽緯 めい
瑠緯 るい
咲緯花 さいか
美緯南 みいな

叡

エイ　あきらか　さとい　名 え　ただ　とし　まさ　よし

奥深く見える顔をいい、奥深い様子、賢い、明らかなどの意味を表す。物事の本質を見通す、思慮深い子に。
ヒント「えい」の音は広い心を感じさせ、飾らない優しさのイメージ。「え」の音でエレガントで知的な印象に。

叡華 えいか
叡魅 えいみ
叡奈 えな
希叡 きえ
叡実 さとみ
叡祢 ただね
知叡 ちさと
叡花 としか
叡泉 まさみ
叡子 よしこ

燕

エン　つばめ　名 てる　なり　なる　やす　よし

鳥のツバメの意味。渡り鳥で、大切にされる益鳥（えきちょう）。くつろぐ、楽しむ意味のほか、女性の美しい様子も表す。
ヒント 艶（つや）があり、上質な印象の「てる」の音が使いやすい。清潔でさわやかな「やす」の音を活かしても。

燕 えん
燕楓 てるか
燕子 てるこ
燕羽 てるは
燕美 なるみ
羽燕 はなり
美燕 みよし
燕歌 やすか
燕那 やすな
燕江 よしえ

薗

エン　その　名 え

「園」の異体字。草花、果樹、野菜などの畑、また庭や庭園の意味を表す。字形、音とも美しい字。
ヒント「その」の音は優しい包容力を感じさせる。「え」の音だけを活かしても。自立した賢い印象に。

奏薗 かなえ
偲薗 しえん
薗香 そのか
薗希 そのき
薗子 そのこ
薗美 そのみ
美薗 みその
百薗 ももえ
亜季薗 あきえ
詩薗李 しえり

穏

オン おだやか
名 しず とし やす

穏やか、やすらか、静かで落ち着いている様子などの意味を表す。おっとりとした優しい人になるように。ヒント 宇宙のような壮大な世界観を感じさせる「おん」の音を使って。人気の「音」のかわりに使っても。

衣穏 いおん
紫穏 しおん
穏花 しずか
穏音 しずね
穏歌 としか
穏子 やすこ
穏菜 やすな
由穏 ゆおん
莉穏 りおん
美穏子 みおこ

橘

キツ たちばな
名 き

樹木の名で、ミカンに似た果実をつける。文学作品に多く描かれる。日本では「たちばな」と読み、ミカン類の総称。ヒント 「き」「きつ」の音を活かして、生命力にあふれ、人目をひく突出した個性を感じさせる名前に。

橘花 きっか
橘子 きっこ
橘奈 きつな
橘帆 きほ
紗橘 さき
真橘 まき
雅橘 まさき
美橘 みき
橘莉禾 きりか
友橘保 ゆきほ

錦

キン にしき
名 かね

にしき、綾織を表す。5色の糸で美しい模様を織り出した織物。美しいの意味も。ゴージャスなイメージの字。ヒント 美しく立派なイメージに、「かね」の音でねばり強いがんばり屋の印象をプラス。「にしき」の音でも。

彩錦 あかね
錦音 かね
錦子 かねこ
錦葉 かねは
錦美 かねみ
千錦 ちかね
錦希 にしき
錦輝 にしき
錦奈 にしな
美錦 みしき

憩

ケイ いこう いこい
名 やす

「息」に音を表す「舌(活)」を合わせた字で、活力を回復するためにいこう、休むという意味を表す。ヒント 「けい」の音で、潔く気品にあふれるイメージをプラス。「いこい」の音で1字名にしても新鮮。

憩 いこい
愛憩 あいこ
憩子 けいこ
憩紗 けいしゃ
憩都 けいと
憩奈 けいな
憩羽 けいは
舞憩 まいこ
美憩 みいこ
憩葉 やすは

薫

クン かおる
名 か しげ にお のぶ ひで まさ ゆき

旧 薰

香草をいい、よい香りがする、香りの意味を表す。人をよいほうに導く意味もある。さわやかな女性に。ヒント 「かおる」の音で、洗練された知性と華やかさを兼ねそなえた印象が増す。「か」の音を活かしても。

薫 かおる
愛薫 あいか
薫里 かおり
薫子 かおるこ
薫音 かのん
薫恋 かれん
小薫 こゆき
紗薫 さゆき
汐薫 しおか
薫花 しげか

詩薫 しのぶ
千薫 ちか
知薫 ちゆき
薫於 にお
和薫 のどか
薫恵 のぶえ
花薫 はなか
薫紗 ひでさ
薫美 ひでみ
楓薫 ふうか

薫南 まさな
薫利 まさり
美薫 みゆき
萌薫 もえか
桃薫 ももか
薫路 ゆきじ
薫乃 ゆきの
柚薫 ゆずか
芳薫 よしか
莉薫 りか

憲

ケン
名 あき あきら かず さだ とし のり

刑罰で事を正す法、おきてを表し、手本、模範、賢いの意味もある。まじめで行いの正しい人になるように。ヒント りりしさと気品、華やかさをもつ「のり」の音が使いやすい。「あき」の音で明るく輝きのある名前に。

憲奈 あきな
憲紗 かずさ
憲音 かずね
憲代 さだよ
知憲 ちあき
憲永 としえ
憲花 のりか
憲子 のりこ
羽憲 はのり
深憲 みのり

賢

ケン かしこい
名 かた さと たか とし のり やす よし

賢い、勝る、優れているのほかに、賢人として尊敬する意味を表す。周囲から尊ばれる、真の知恵をもつ人に。ヒント さわやかで頼りがいのある「さと」、やる気と思いやりの「たか」、知性と信頼感の「とし」の音で。

賢理 さとり
賢子 たかこ
賢美 たかみ
知賢 ちさと
賢英 としえ
賢恵 のりえ
未賢 みかた
美賢 みさと
賢花 やすか
賢乃 よしの

興

コウ キョウ おこる
名 き さかり さき とも ふさ

台をかつぎ上げることから、おこす、はじまる、盛んになる、喜ぶ、楽しむの意味を表す。喜びの多い人生を願って。ヒント 万葉仮名風に「き」の音を使って。突出した個性で成功の道を進むイメージ。

逸興 いつき
興帆 きほ
興花 きょうか
興子 きょうこ
興莉 さかり
興恵 さきえ
興花 ともか
興歌 ふさか
実興 みさき
瑠興 るき

縞

コウ　しま

絹、白絹、白いの意味を表す。また、「しま」と読み、縞模様の意味で使う。将来を楽しみにしてつけたい字。
ヒント「しま」の音はソフトな快活さと優しさがある印象。「こう」の音は知的で繊細(せんさい)な愛らしさを感じさせる。

- **瑛縞** えいこ
- **縞菜** こうな
- **縞美** こうみ
- **縞真** しま
- **縞子** しまこ
- **縞乃** しまの
- **縞代** しまよ
- **真縞** ましま
- **美縞** みしま
- **莉縞** りこ

樹

ジュ　き
名 いつき　しげ　たつ　たつき　な　みき　むら

木、立ち木、さらに植物の総称にも使う。植えるのほか、打ち立てるの意味も表す。森のイメージで人気のある字。
ヒント「き」の音は、独立独歩(どくりつどっぽ)の冒険者のイメージの名前に。「じゅ」の音は、深い癒し(いや)と気品を感じさせる。

- **樹** いつき
- **杏樹** あんじゅ
- **樹咲** きさき
- **樹葉** しげは
- **樹瑠** たつる
- **樹月** なつき
- **奈樹** なみき
- **歩樹** ほむら
- **樹穂** みきほ
- **美樹** みむら

鞘

ショウ　さや

さや（刀などの刀身の部分を収めておくための筒）のこと。包みこむような優しさ、温かさのある女性に。
ヒント「さや」の音はソフトさとやわらぎの、「しょう」の音は、温かい光と夢、自由を感じさせる。

- **鞘衣** さやえ
- **鞘花** さやか
- **鞘香** さやか
- **鞘紗** さやさ
- **鞘祢** さやね
- **鞘乃** さやの
- **鞘巴** さやは
- **鞘美** さやみ
- **鞘菜** しょうな
- **美鞘** みさや

親

シン　おや
したしい
名 ちか　なる　み　もと　よし　より

親、身内の意味から、親しい、親しむの意味になった。自らの意味もある。多くの人から親しまれる優しい子に。
ヒント「ちか」の音はやんちゃさいっぱいの無邪気な印象。「み」の音を活かせばみずみずしく愛らしい名前に。

- **娃親** あいみ
- **親美** なるみ
- **真親** まちか
- **愛親** まなみ
- **美親** みちか
- **親未** もとみ
- **親花** よしか
- **親乃** よしの
- **親胡** よりこ
- **安悠親** あゆみ

整

セイ
ととのえる
名 なり　のぶ　まさ　よし

不ぞろいのものをそろえることをいい、整える、正すの意味を表す。折り目正しい品格のある人になるように。
ヒント 母性的な優しさとたおやかさをもつ「まさ」、清潔な癒し(いや)とやわらかい光の印象の「よし」の音で。

- **整子** せいこ
- **整那** せいな
- **整蘭** せいらん
- **整未** なりみ
- **整花** のぶか
- **整絵** まさえ
- **整乃** まさの
- **美整** みよし
- **整夏** よしか
- **整奈** よしな

醒

セイ　さます
名 せ

酒の酔いがさめることをいい、覚める、目覚めるの意味を表す。また、悟るの意味もある。聡明な女性に。
ヒント「せい」の音は、すがすがしい朝露のような印象。「せ」の音だけを使って、止め字にしても。

- **醒愛** せいあ
- **醒花** せいか
- **醒子** せいこ
- **醒菜** せいな
- **醒良** せいら
- **醒藍** せいらん
- **醒奈** せな
- **醒梨** せり
- **知醒** ちせ
- **莉醒** りせ

錫

セキ　シャク
すず
名 ます　やす

金属の錫(すず)を表す。僧のもつ錫杖(しゃくじょう)は、邪気をはらうという。神秘的な力が感じられる字。
ヒント 美しく、上品なイメージの字。「すず」の音でスイートなさわやかさと高級感あふれる印象をプラス。

- **小錫** こすず
- **錫風** すずか
- **錫菜** すずな
- **錫祢** すずね
- **錫芭** すずは
- **錫未** すずみ
- **錫莉** すずり
- **錫弥** ますみ
- **美錫** みすず
- **錫花** やすか

操

ソウ　みさお
あやつる
名 あや　さお
もち

もつ、握る、操る意味のほかに、固く守る、心身をけがれなく保つ意味もある。清楚(せいそ)、かつ意志の強い女性に。
ヒント あどけなく、ミステリアスな「あや」の音を活かして。「みさお」の読みで1字名にも。

- **操香** あやか
- **操乃** あやの
- **操芭** あやは
- **操芽** あやめ
- **操李** さおり
- **操恵** みさえ
- **操緒** みさお
- **操花** みさか
- **操貴** みさき
- **操菜** もちな

薙

テイ　なぐ
名 な

草をなぐ、刈るのほか、髪の毛をそる、除くの意味も。草薙(くさなぎ)の剣は三種の神器のひとつ。神秘的なイメージも。
ヒント 万葉仮名風に「な」と読むと心地よい親密感がある。「てい」の音はねばりと前進を感じさせる。

- **絢薙** あやな
- **禾薙** かな
- **薙子** ていこ
- **薙南** ていな
- **薙永** なぎえ
- **薙沙** なぎさ
- **薙葉** なぎは
- **薙波** ななみ
- **帆薙** はんな
- **夕薙** ゆうな

鮎

デン　あゆ
なまず

淡水魚のナマズをいう。日本では、淡水魚のアユを表す。アユのもつ夏のさわやかなイメージで人気がある。

ヒント　自然体で大胆さのある「あゆ」の音は、芸術系の才能を発揮しやすいイメージ。熟考している印象も。

鮎由 あゆ
鮎佳 あゆか
鮎子 あゆこ
鮎奈 あゆな
鮎音 あゆね
鮎葉 あゆは
鮎美 あゆみ
鮎夢 あゆむ
鮎里 あゆり
鮎利 あゆり

橙

トウ
だいだい
名 と

樹木のダイダイをいう。ミカンの一種で、実は食用、薬用として使われる。「代々」に通じる、縁起のいい字。

ヒント　「とう」の音はまじめで信頼感のある印象。止め字にして「と」と読めば優等生で面倒見のよい印象。

絵橙 えと
奏橙 かなと
慧橙 けいと
橙愛 とあ
橙子 とうこ
橙名 とうな
橙愛 とうな
美橙 みと
莉橙 りと
橙美恵 とみえ

燈

トウ　ひ
ともしび
名 あかり

「灯」の旧字。ともしび、明かり、火をともす道具の意味を表す。周囲を明るく照らすような人に。

ヒント　字面(じづら)や組み合わせる字とのバランスで「灯」と使い分けて。「とう」の音は、努力家で信頼感のある印象。

燈 あかり
燈里 あかり
燈子 とうこ
燈美 とうみ
燈奈 ひな
燈芽 ひめ
夕燈 ゆうひ
燈菜子 ひなこ
燈奈乃 ひなの
燈女花 ひめか

Column

名前に使える旧字

旧字や異体字の中にも名前に使える漢字があります。漢字のもとの意味に近い字形も多く、うまく使えば、しゃれた雰囲気をかもし出すことができます。画数を調整して、運のいい名前に変えたいときにも役立ちます。

「漢字と名前のリスト」(P225〜347)では、旧字・異体字も使えるものを、旧マークでその字を載せています。人気のある字は、個別に載せています。漢字や開運にこだわりたいときは、チェックしてみましょう。

難しくなりすぎないよう、センスよく使ってください。

[例]
主に下段の字が旧字または異体字です。

読み	上段	画数	下段	画数
ア	亜	7	亞	8
イツ	逸	11	逸	12
エイ	栄	9	榮	14
エン	円	4	圓	13
オウ	桜	10	櫻	21
オン	温	12	溫	13
カイ	海	9	海	10
ガク	楽	13	樂	15
キ	気	6	氣	10
キョウ	響	20	響	22
ギョウ	暁	12	曉	16
クン	薫	16	薰	17
ケイ	恵	10	惠	12
ケン	剣	10	劍	15
コウ	広	5	廣	15
	晃	10	晄	10
ジツ	実	8	實	14
ジュ	寿	7	壽	14
ショ	渚	11	渚	12
ショウ	将	10	將	11
シン	真	10	眞	10
タク	琢	11	琢	12
トウ	灯	6	燈	16
ビ	弥	8	彌	17
フ	富	12	冨	11
ホウ	萌	11	萠	11
マン	万	3	萬	12
ヤ	野	11	埜	11
ユウ	祐	9	祐	10
ヨ	与	3	與	14
ヨウ	遥	12	遙	14
ライ	来	7	來	8
リュウ	竜	10	龍	16
リョウ	涼	11	凉	10
リョク	緑	14	綠	14
リン	凜	15	凛	15

篤

トク　名あつ　しげ　すみ

手厚い、情愛が深いことを表し、素朴(そぼく)で誠実なイメージの字。親切で優しく、人から慕(した)われる人に。
ヒント　自然体で、おおらかな包容力を感じさせる「あつ」、スマートで甘い印象のある「すみ」の音で。

愛篤　あすみ
篤絵　あつえ
篤花　あつか
篤季　あつき
篤子　あつこ
篤美　あつみ
花篤　かすみ
篤羽　しげは
篤礼　すみれ
真篤　ますみ

繁

ハン　名えだ　しげ　とし
旧繁

草木が茂る、多くなる、盛んになる、忙しいなどの意味を表す。子孫繁栄や商売繁盛につながる字。
ヒント　「しげ」の音は人情味があり、パワフルな印象。「とし」の音で、信頼感と知性を感じさせる名前に。

乎繁　こえだ
繁夏　しげか
繁乃　しげの
繁葉　しげは
繁帆　しげほ
繁美　しげみ
繁代　しげよ
繁花　としか
繁瑚　としこ
繁奈　はんな

縫

ホウ　ぬう　名ぬい　ほ

「逢」は両方から出合う意味で、「縫」は糸でぬい合わせるという意味。とりつくろう、縫い目の意味も。
ヒント　いじらしいイメージもある字。「ぬい」の音を使うと奥ゆかしく品のよい印象に。「ほ」の音を活かしても。

天縫　あまぬ
杏縫　あんぬ
夏縫　かほ
絹縫　きぬ
空縫　そらぬ
縫衣　ぬい
羽縫　はぬい
芳縫　よしぬ
莉縫　りほ
里衣縫　りいぬ

磨

マ　みがく　名きよ

磨く、研ぐ、こする、すり減るなどの意味を表す。物事に励む意味もある。努力を惜しまぬ人になるよう願って。
ヒント　万葉仮名風に「ま」の音を使って。満ち足りた雰囲気があり、天真爛漫(てんしんらんまん)な印象の名前に。

磨未　きよみ
志磨　しま
磨衣　まい
磨輝　まき
磨奈　まな
磨也　まや
磨瑠　まる
須磨子　すまこ
多磨美　たまみ
磨美子　まみこ

諭

ユ　さとす　名さと　つぐ

人の誤りをことばで注意して直すことで、さとす、いさめる、教え導くなどの意味。人を導く力と勇気のある人に。
ヒント　「さと」の音はさわやかさと頼りがいのあるイメージ。思慮深さを感じさせる「ゆ」の音を活かしても。

愛諭　あさと
諭子　さとこ
諭未　さとみ
諭奈　つぐな
諭実　つぐみ
真諭　まゆ
美諭　みさと
諭真　ゆま
諭理　ゆり
諭実子　ゆみこ

謡

ヨウ　うたい　うたう　名うた
旧謠

もとの字は「謠」。神に祈ることばをいい、うた、うたうの意味になる。芸能の才に恵まれるよう願って。
ヒント　明るく自然体で、のびのび元気な印象の「うた」、おおらかで思いやりのある「よう」の音を使って。

謡　うた
謡恵　うたえ
謡歌　うたか
謡乃　うたの
佳謡　かよ
美謡　みよう
謡花　ようか
謡子　ようこ
花謡子　かよこ
希謡恵　きよえ

頼

ライ　たのむ　たよる　名のり　よ　よし　より
旧賴

功績があり財貨もあることから、たのもしい、頼む、頼るの意味になった。幸いの意味も。信頼される人に。
ヒント　「より」の音は暗く艶(つや)やかなイメージ。「らい」の音は輝くような華やかさと知性を感じさせる。

沙頼　さより
知頼　ちより
頼絵　のりえ
春頼　はるよ
美頼　みらい
頼英　よしえ
頼花　よりか
頼子　よりこ
頼夢　らいむ
頼良　らいら

蕾

ライ　つぼみ

つぼみの意味を表す。前途有望だが、まだ成長途上の年ごろのたとえにもなる。語感がかわいらしく、人気の字。
ヒント　未来への希望を感じさせる字に、凜(りん)とした華やかさのある「らい」の音で、天真(てんしん)爛漫(らんまん)さと賢さをプラス。

蕾　つぼみ
彩蕾　さら
蕾美　つぼみ
未蕾　みらい
蕾香　らいか
蕾奈　らいな
蕾良　らいら
蕾楽　らいら
蕾音　らいん
蕾々　らら

燎

リョウ

「尞」はかがり火、庭で燃やす火を表し、そこから、めぐる、はるか、遠いの意味に。周囲を明るく照らす人に。
ヒント　気品があり、賢く華やかな印象の「りょう」の音で。情熱や愛らしさを感じさせる。「遼」のかわりにも。

燎　りょう
花燎　かりょう
魅燎　みりょう
燎央　りょう
燎可　りょうか
燎姫　りょうき
燎子　りょうこ
燎菜　りょうな
燎乃　りょうの
燎芭　りょうは

澪

レイ　みお

みお（＝水脈。川や海の船の航路）のこと。澪標（みおつくし）は、水路を知らせる目印の杭。人が集まる魅力のある人に。
ヒント　「みお」の音で、周囲に活力を与え、信頼感のある印象に。「れい」は、スマートで高潔な人間性をもつ。

澪	みお
彩澪	あやみ
希澪	きれい
澄澪	すみお
澪羽	みう
澪禾	みおか
澪子	みおこ
澪奈	みおな
澪乃	みおの
澪葉	みおは
澪里	みおり
澪莉	みおり
澪音	みおん
澪月	みづき
澪晴	みはる
澪優	みゆう
澪菜	みら
美澪	みれい
瑠澪	るみ
澪亜	れいあ
澪花	れいか
澪瑚	れいこ
澪南	れいな
澪美	れいみ
澪良	れいら
絵澪奈	えれな
世澪奈	せれな
澪玖瑠	みくる
澪奈緒	みなお
澪世子	みよこ

蕗

ロ　ふき

草のフキをいう。山野に自生し、茎と花茎は食用。ふきのとうは春のはじめのシンボル。ほのぼのとした字。
ヒント　華やかさと落ち着きをあわせもった「ろ」の音で。「ふき」と読むと熱い情熱と強いパワーが漂う（ただよ）名前に。

心蕗	こころ
春蕗	はろ
蕗瑚	ふきこ
蕗菜	ふきな
蕗奈	ろな
蕗愛	ろまな
蕗美	ろみ
妃蕗美	ひろみ
茉穂蕗	まほろ
万蕗香	まろか

17画

曖

アイ　かける

日がかげって薄暗いことをいい、暗い、ほの暗い、かげるの意味に使う。曖昧（あいまい）の曖。のほほんとした子に。
ヒント　「愛」と同じ「あい」の音をもつ。「あい」の音を活かすと、自然体で明るく、はつらつとした印象に。

曖香	あいか
曖心	あいこ
曖沙	あいさ
曖奈	あいな
曖音	あいね
曖実	あいみ
曖瑠	あいる
知曖	ちあ
未曖	みあ
李曖	りあ

霞

カ　かすみ

かすみ（＝細かい水滴で空がぼやける現象）、朝焼け、夕焼けの意味。はるか遠くの意味も。幻想的なイメージの字。
ヒント　利発で快活な印象の「か」の音で。知的でカリスマ性のある「かすみ」の音で1字名にも。

霞純	かすみ
霞奈	かな
霞音	かのん
霞凛	かりん
乃霞	のか
和霞	のどか
風霞	ふうか
美霞	みか
夕霞	ゆうか
望々霞	ももか

環

カン　たま　たまき　わ

再生を願う儀礼に使う玉（＝たまき）の意味を表す。輪やめぐるという意味もある。穏（おだ）やかで心の広い人に。
ヒント　人間性豊かな「たまき」、茶目（ちゃめ）っ気（け）と頼りがいのある「かん」、ワクワク感あふれる「わ」の音で。

環	たまき
愛環	あいか
彩環	あやか
音環	おとわ
環奈	かんな
喜環	きわ
沙環	さわ
環絵	たまえ
環緒	たまお
環希	たまき
環未	たまみ
環予	たまよ
知環	ちか
千環	ちわ
七環	ななか
乃環	のわ
花環	はなか
穂環	ほのか
実環	みかん
美環	みわ
悠環	ゆうわ
凛環	りんか
麗環	れいか
環子	わこ
環月	わづき
紗環子	さわこ
都環子	とわこ
真奈環	まなか
三環子	みわこ
環華奈	わかな

鞠

キク　まり　名つぐ　ます　みつ

鹿革からつくったまりをいい、まり、蹴鞠（けまり）、かがむの意味。調べる、育てるの意味も。雅（みやび）なイメージの字。
ヒント　まろやかな華やかさと凛（りん）とした雰囲気の「まり」、機転のよさと守りの堅さを感じる「きく」の音で。

鞠奈	きくな
鞠巴	きくは
小鞠	こまり
鞠美	つぐみ
陽鞠	ひまり
鞠江	ますえ
鞠佳	まりか
鞠沙	まりさ
鞠希	みつき
美鞠	みまり

檎

キン　ゴ

林檎は、果実は美味のうえ、「医者いらず」というほど栄養価も高い。リンゴの色や形から、かわいい印象が強い字。

ヒント　ゴージャスで愛らしい印象のある「ご」の音で、止め字に。中字に使うと個性的。

亜檎	あき
一檎	いちご
苺檎	いちご
紗檎	さき
燦檎	さんご
林檎	りんご
鈴檎	りんご
凛檎	りんご
奈檎美	なごみ
実優檎	みゆき

謙

ケン

名 あき　かた　かね　しず　のり　よし

へりくだる、人にゆずる、控えめにする意味を表す。満ち足りる、快いの意味も。静かに、賢く人生を歩む人に。

ヒント　「あき」と読めば未来を切りひらく、輝きのある印象。「のり」の音はりりしさと気品、華やかさの印象。

謙江	あきえ
謙菜	あきな
謙羽	あきは
謙歩	しずほ
謙莉	しずり
多謙	たかね
謙花	のりか
実謙	みかた
美謙	みのり
謙華	よしか

曙

ショ　あけぼの

名 あき　あけ　あきら

空が明るくなりはじめる時刻、あけぼの、明けるの意味を表す。夜明けの光のように希望をもたらす子に。

ヒント　夜明けのほのぼのしたイメージに、「あき」の音であとくされのない潔さと一途さをプラスして。

曙恵	あきえ
曙菜	あきな
曙音	あきね
曙葉	あきは
曙陽	あきひ
曙來	あきら
曙里	あきり
曙乃	あけの
曙美	あけみ
千曙	ちあき

燦

サン　きらめく

名 あき　きよ　よし

明るく輝くことをいい、輝く、きらめく、明らか、鮮やかなどの意味を表す。ゴージャスなイメージのある字。

ヒント　潔さと優しさを感じさせる「きよ」、キュートで明るい「あき」、清潔な癒しに満ちた「よし」の音で。

燦	さん
燦希	あき
燦映	あきえ
燦緒	あきお
燦加	あきか
燦胡	あきこ
燦菜	あきな
燦埜	あきの
燦芭	あきは
燦帆	あきほ
燦深	あきみ
愛燦	あきら
燦加	きよか
燦子	きよこ
燦南	きよな
燦実	きよみ
燦夢	きよむ
燦良	きよら
燦羅	きらら
燦李	きらり
紗燦	さきよ
沙燦	さきら
燦美	さんび
知燦	ちあき
未燦	みよし
燦栄	よしえ
燦華	よしか
燦子	よしこ
燦乃	よしの
燦美	よしみ

篠

ショウ　しの

名 ささ

矢をつくるのに用いる細い竹のしの竹、ササを表す。しっとりとした和風のイメージ。「しの」の読みで人気。

ヒント　「しょう」の音は、ソフトで深い光の印象。「しの」の音は、さわやかさと、優しさを感じさせる。

篠	しの
篠音	ささね
沙篠	さしの
篠香	しのか
篠葉	しのは
篠舞	しのぶ
篠里	しのり
篠子	しょうこ
篠美	しょうみ
与篠	よしの

檀

ダン　まゆみ

名 せん　まゆ

樹木の名で、車の材料になった。また日本では、弓、こけしの材料になる樹木のマユミを表す。

ヒント　母性愛と満ち足りた幸福感を感じさせる「まゆみ」の音で、1字名に。「まゆ」の音だけを使っても。

檀	まゆみ
瑚檀	こまゆ
檀李	せんり
檀宇	まゆう
檀花	まゆか
檀奈	まゆな
檀乃	まゆの
檀美	まゆみ
檀來	まゆら
檀李	まゆり

瞳

トウ　ドウ　ひとみ

名 あきら　め

澄んだひとみの意味から、無心に見つめる様子の意味も表すようになった。ひとみも心も美しい女性になるように。

ヒント　熱い情熱とあふれるパワーを感じさせる「ひとみ」の音で1字名に。「め」の音で止め字にしても。

瞳	ひとみ
瞳楽	あきら
彩瞳	あやめ
来瞳	くるめ
心瞳	ここみ
瞳子	とうこ
瞳慧	ひとえ
瞳美	ひとみ
妃瞳	ひめ
夢瞳	ゆめ

彌

ビ　ミ　いや　いよいよ　や

名 ひろ　ます　みつ　やす

「弥」のもとの字。久しい、遠い、大きい、行き渡るなどの意味を表す。スケール感のある字。

ヒント　みずみずしく、愛らしい印象の「み」、親切で清潔感にあふれた「や」の音で、止め字や万葉仮名風に。

愛彌	あいみ
紗彌	さみ
天彌	そらみ
彌紗	みさ
彌希	みつき
美彌	みひろ
彌羽	やすは
彌生	やよい
悠彌	ゆみ
明日彌	あすみ

優

ユウ　やさしい　すぐれる
名 かつ　ひろ　まさ　ゆ　ゆたか

優しい、上品、優れる、手厚い、ゆったりの意味のほか、「女優」のように、役者の意味もある。大人気の字。
ヒント　定番の「ゆう」の音は思慮深く繊細（せんさい）でロマンチックなイメージ。おおらかで優しい「まさ」の音などでも。

優 ゆう
亜優 あゆう
晏優 あんゆ
優未 かつみ
優楽 かつら
彩優 さゆ
優梨 すぐり
千優 ちひろ
優埜 ひろの
芙優 ふゆ
優紀 まさき
優菜 まさな
優芭 まさは
真優 まひろ
萬優 まゆ
美優 みゆう
耶優 やひろ
優愛 ゆあ
優花 ゆうか
優輝 ゆうき
優南 ゆうな
優來 ゆうら
優李 ゆうり
優歌 ゆたか
優奈 ゆな
優真 ゆま
小優里 さゆり
知優希 ちゆき
奈優実 なゆみ
優樹菜 ゆきな

輿

ヨ　こし
名 お

乗り物の「こし」を表し、のせる、かつぐなどの意味にも使う。大地、地球の意味もある。心が広く、優しい人に。
ヒント　やわらかく包みこむような「よ」、面倒見がよく、しっかりした印象の「お」の音が使いやすい。

晄輿 あきよ
香輿 かよ
紗輿 さよ
珠輿 たまよ
万輿 まお
輿菜 よな
李輿 りよ
貴輿乃 きよの
沙奈輿 さなお
美輿子 みよこ

翼

ヨク　つばさ
名 たすく

左右に張り出した翼のほか、助ける意味も表す。大空を自由に飛ぶイメージ。のびのびと育つように願って。
ヒント　開放的な力強さと、さわやかなスター性を感じる「つばさ」の音で1字名に。「よ」の音だけを使っても。

翼 つばさ
暉翼 きよ
紗翼 さよ
翼玖 たすく
千翼 ちよ
翼咲 つばさ
翼女 つばめ
真翼 まよ
陽翼利 ひより
美奈翼 みなよ

瞭

リョウ　あきらか
名 あき　あきら

明らか、ひとみが明るく澄んでいる意味。また、はるか彼方の意味も。目を輝かせて未来を夢見るような子に。
ヒント　「あき」の音は、明るく輝きを感じさせる。「りょう」の音で、透明感と清涼感のあふれる名前に。

瞭希 あき
瞭歌 あきか
瞭菜 あきな
瞭乃 あきの
瞭見 あきみ
瞭來 あきら
知瞭 ちあき
瞭花 りょうか
瞭子 りょうこ
瞭芭 りょうは

嶺

レイ　みね
名 ね

みね、山の頂のほか、山なみ、山道、坂などの意味を表す。そびえる山々のように毅然（きぜん）とした女性に。
ヒント　理知的でスマートな印象の「れい」、やすらぎと温かさを感じさせる「ね」の音で。「みね」の音でも。

娃嶺 あいね
央嶺 おね
湖嶺 こみね
美嶺 みね
嶺花 みねか
嶺子 みねこ
凛嶺 りんね
嶺香 れいか
嶺南 れいな
友里嶺 ゆりね

観

カン
名 あき　まろ　み　みる

あたりを見まわすことを表し、よく見るの意味。ものの見方、考え方の意味も。物事の本質を見抜く人に。
ヒント　名乗りの「み」が使いやすい。止め字にすると、みずみずしくて愛らしく、フレッシュな印象の名前に。

観恵 あきえ
観佳 あきか
観奈 かんな
観縫 かんぬ
真観 まみ
観禾 まろか
観玲 みれい
雪観 ゆきみ
歌菜観 かなみ
観菜子 みなこ

襟

キン　えり

衣服のえり、首の周りの意味を表す。胸のうち、心、思いの意味もある。友達がたくさんいる、気さくな子に。
ヒント　「えり」の音で先頭字にも止め字にも。「えり」の音は、奥行きと華やかさがあり、エレガントな印象に。

亜襟 あえり
襟架 えりか
襟子 えりこ
襟紗 えりさ
襟名 えりな
襟芭 えりは
華襟 かえり
紗襟 さえり
知襟 ちえり
萌襟 もえり

顕

ケン
名 あき あきら たか てる
旧 顯

神霊の現れることをいい、明らか、明らかにする、いちじるしいの意味を表す。きわだつ女性に。
ヒント「あき」の音を活かすと、キュートで明るく、輝きのある名前になり、新たな未来を切りひらく人に。

顕栄 あきえ
顕子 あきこ
顕奈 あきな
顕乃 あきの
顕帆 あきほ
顕未 あきみ
顕音 たかね
千顕 ちあき
顕葉 てるは
顕美 てるみ

繭

ケン まゆ

蚕(かいこ)が糸をはき出して身をおおう、まゆの意味を表す。蚕のまゆは生糸(きいと)の原料になる。人を包みこむような女性に。
ヒント 和の手仕事のイメージに、「まゆ」の音で、満ち足りた充実感と優しさにあふれる印象をプラス。

繭 まゆ
繭花 まゆか
繭子 まゆこ
繭音 まゆね
繭乃 まゆの
繭美 まゆみ
繭霧 まゆむ
繭由 まゆゆ
繭來 まゆら
繭莉 まゆり

繍

シュウ
名 あや ぬい

織物に細かい模様を入れることをいい、刺繍(ししゅう)、縫い取りした布を表す。字形、音、意味、ともに美しい字。
ヒント「あや」の音はあどけなくミステリアス。大胆さももちあわせているので、芸術系の才能を発揮しやすい人に。

繍香 あやか
繍音 あやね
繍乃 あやの
繍羽 あやは
繍芽 あやめ
繍耶 あやや
繍璃 あやり
季繍 きぬい
咲繍 さあや
繍奈 しゅうな

瞬

シュン またたく

またたく、まばたくの意味から、極(きわ)めて短い時間を表す。行動的な人やアスリートに向いている字。
ヒント「しゅん」の音には、フレッシュな風のような気持ちよさと、やわらかく弾(はず)むような愛らしさがある。

瞬 しゅん
瞬理 しゅり
瞬加 しゅんか
瞬可 しゅんか
瞬子 しゅんこ
瞬名 しゅんな
瞬奈 しゅんな
瞬音 しゅんね
瞬莉 しゅんり
瞬羽果 しゅうか

織

ショク シキ おる
名 おり はとり り

布を織る、はた織り、綾絹、織物の意味のほかに、組み立てるの意味も。手仕事の風合いや温かみを感じさせる字。
ヒント「おり」で終わる名前は、包容力と知性を感じさせ、物事の本質を見抜く、鋭い洞察力のある人に。

織 はとり
朱織 あかり
伊織 いおり
祈織 いおり
絵織 えり
織衣 おりえ
織華 おりか
織沙 おりざ
織葉 おるは
香織 かおり

叶織 かのり
沙織 さおり
詩織 しおり
珠織 たまお
知織 ちおり
奈織 なおり
仁織 にしき
織璃 はとり
妃織 ひおり
茉織 まおり

美織 みおり
巳織 みしき
由織 ゆり
織奈 りな
織乃 りの
恵織花 えりか
香織子 かおるこ
真織絵 まりえ
織依紗 りいさ
里織奈 りおな

雛

スウ ひな

ひな、ひよこのほか、雛(ひな)人形の意味も表す。かわいらしいだけでなく、将来性を感じさせる字。
ヒント ふっくらとした印象の「ひな」の音で、謎めいた魅力とやわらかい存在感をプラスして。

雛 ひな
雛菜 ひな
雛生 ひなお
雛希 ひなき
雛子 ひなこ
雛汰 ひなた
雛乃 ひなの
雛美 ひなみ
雛世 ひなよ
雛梨 ひなり

藤

トウ ふじ
名 かつら つ ひさ

つる草の名で、フジを表す。薄紫色の花が房になって垂れる。カズラ類の総称。控えめな美しさを感じさせる字。
ヒント 落ち着いた和のイメージ。「ふじ」の音は、幻想的でほのかな気品が漂う印象。独特の存在感をもつ人に。

藤 ふじ
藤來 かつら
藤絵 ひさえ
藤歌 ひさか
藤花 ふじか
藤子 ふじこ
藤奈 ふじな
藤乃 ふじの
藤魅 ふじみ
美藤 みつ

櫂

トウ かい
名 こずえ たく

船をこぐ道具で、かい、さおをいう。また、船自体のこともいう。しっかりと人生のかじ取りができるように願って。
ヒント「こずえ」と読んで1字名にすると、重厚感のある、落ち着きを感じさせる名前に。

櫂 こずえ
櫂愛 かいあ
櫂采 かいと
櫂奈 かいな
櫂來 かいら
櫂莉 かいり
櫂実 たくみ
櫂海 たくみ
櫂世 たくよ
櫂子 とうこ

曜

ヨウ
かがやく
名あき
あきら　てる
ひかり

一週間のそれぞれの日を表す語のほか、輝き、光、明らかなどの意味を表す。明るい子に。特に日の光をいう。
ヒント 「よう」の音は、やわらかく素朴(そぼく)で場を和ませる。元気でキュートな「あき」の読みで使うと新鮮。

曜　よう
曜絵　あきえ
曜菜　あきな
曜葉　あきは
曜帆　あきほ
曜江　てるえ
曜美　てるみ
曜莉　ひかり
曜花　ようか
曜子　ようこ

燿

ヨウ
かがやく
名あき
あきら　てる
ひかり

「曜」のもとの字。輝く、光、明らかなどの意味。普通は日光を曜、火の光を燿・耀で表す。あでやかな女性に。
ヒント 明るく輝きのある「あき」、おおらかで思いやりのある「よう」の音で。「曜」や「櫂」と間違えないよう注意。

燿　ひかり
燿希　あき
燿緒　あきお
燿香　あきか
燿那　あきな
燿乃　あきの
燿羽　あきは
燿穂　あきほ
燿未　あきみ
燿來　あきら

詩燿　しよう
千燿　ちあき
燿留　てる
燿花　てるか
燿子　てるこ
燿奈　てるな
燿葉　てるは
燿歩　てるほ
燿海　てるみ
燿美　てるみ

燿夢　てるむ
燿萌　てるも
燿良　てるら
燿莉　ひかり
燿琉　ひかる
芙燿　ふよう
美燿　みよう
燿加　ようか
燿子　ようこ
香燿子　かよこ

臨

リン　のぞむ
名み

上からのぞきこんで見る、のぞむの意味。おさめる、目の前にする、そのときになる、の意味も。視野の広い人に。
ヒント 華やかで輝きをはなつ印象の「りん」の音で。はつらつとしてみずみずしい「み」の音も使いやすい。

愛臨　あいり
海臨　かりん
灯臨　ともり
臨美　のぞみ
臨夢　のぞむ
真臨　まりん
友臨　ゆうみ
臨歌　りんか
臨子　りんこ
臨奈　りんな

藍

ラン　あい

青色の染料をつくるのに使われる草のアイを表す。藍色の意味も。字形、音がかわいく、古風な感じもあり、人気。
ヒント 「あい」と読むと、元気で明るくはつらつとした名前に。1字名にも。「らん」の読みを活かしても。

藍　あい
藍華　あいか
藍空　あいく
藍沙　あいさ
藍紗　あいしゃ
藍奈　あいな
藍枇　あいび
藍美　あいみ
藍夢　あいむ
藍良　あいら

愛藍　あいらん
藍璃　あいり
藍瑠　あいる
藍月　あつき
藍結　あゆ
香藍　からん
姫藍　きらん
洸藍　こうらん
紗藍　さら
星藍　せいらん

風藍　ふうらん
心藍　みあ
弥藍　みらん
友藍　ゆうらん
由藍　ゆらん
藍菜　らな
藍瑚　らんこ
藍寿　らんじゅ
藍世　らんぜ
莉藍　りあ

類

ルイ　たぐい
名とも　なお
なし　よし
旧類

たぐい、似たものの集まり、仲間、似る、似ているなどの意味を表す。たくさんの友達に恵まれるように。
ヒント 「るい」の音は、理知的で小粋(こいき)な印象。可憐(かれん)な努力家のイメージの「る」の音で万葉仮名風にも。

類　るい
恵類　える
栖類　すなお
類花　ともか
類美　ともみ
類実　なおみ
類絵　よしえ
類亜　るあ
類名　るいな
類利香　るりか

艶

エン
あでやか
つや
名おお　もろ
よし

もとの字は「艷」。つや、あでやか、なまめかしい、艶(つや)っぽく美しいなどの意味を表す。魅力たっぷりの女性に。
ヒント 艶やかで、美しい印象の字。「つや」の音で、あでやかさにミステリアスな雰囲気をプラスして。

艶花　えんか
艶河　おおが
艶子　つやこ
艶音　つやね
美艶　みよし
艶実　もろみ
艶香　よしか
艶胡　よしこ
艶奈　よしな
艶乃　よしの

麒

キ

名 あきら

麒麟(きりん)は中国の伝説上の動物。古代には、鳳凰(ほうおう)、亀、竜とともにめでたい動物とされた。縁起のいい字。

ヒント 突出(とっしゅつ)した個性を感じさせる「き」の音で。画数の少ない字と組み合わせて。

阿麒	あき
麒奈	あきな
麒恵	きえ
麒那	きな
早麒	さき
詩麒	しき
万麒	まき
弥麒	みき
麒美子	きみこ
由麒子	ゆきこ

鏡

キョウ　かがみ

名 あき　あきら　かね　とし　み

鏡、レンズ、眼鏡のほか、手本、手本にするなどの意味を表す。心が澄んでいて、真実を見通す力のある人に。

ヒント 「きょう」の音を使うと、目をひく個性派の印象。「明鏡止水(めいきょうしすい)」のように、澄んだ静かな心をもつ人に。

彩鏡	あかね
鏡奈	あきな
鏡花	きょうか
鏡子	きょうこ
珠鏡	たまみ
鏡恵	としえ
鏡花	としか
鏡香	みか
鏡空	みく
瑠鏡	るみ

識

シキ

名 さと　つね　のり

しるし、しるすの意味から、知る、見分ける、知識、知り合いの意味になった。教養豊かな人になるように。

ヒント 字の知的なイメージに、「さと」の読みでさわやかさと温かさをプラス。字形の似た「織」と区別して。

識花	さとか
識未	さとみ
識音	しおん
識奈	しきな
識陽	しきひ
識子	つねこ
仁識	にしき
葉識	はのり
美識	みしき
実識	みのり

瀬

せ

旧 瀨

浅瀬、川などの浅いところや急流をいう。時、折、立場の意味も。川の流れのごとく順調に人生をおくるように。

ヒント 水のように流れるイメージのある字。万葉仮名風に「せ」の音で、繊細(せんさい)な気配りができる知的な印象に。

琴瀬	ことせ
瀬奈	せな
知瀬	ちせ
七瀬	ななせ
水瀬	みなせ
里瀬	りせ
瀬亜良	せあら
瀬伊花	せいか
瀬莉那	せりな
茉利瀬	まりせ

瀧

たき

名 よし　ろう

「滝」のもとの字。雨の降る様子や、滝の意味を表す。潤(うるお)すの意味もある。エネルギッシュな女性に。

ヒント 「たき」の音はきりっとして潔く、輝きをはなつ格調高い印象。「よし」と読むとやわらかい印象に。

瀧	たき
瀧季	たき
瀧子	たきこ
瀧奈	たきな
瀧乃	たきの
瀧葉	たきは
瀧恵	よしえ
瀧花	よしか
瀧美	よしみ
瀧良	ろうら

禰

ネ　デイ

名 ない

父の霊を祭るみたまやを表す。神主・宮司に次ぐ神官を禰宜(ねぎ)という。神秘的なイメージの字。「祢」は俗字。

ヒント 親密感のある「ね」の音が使いやすい。「ね」で終わる名前は、やすらぎと温かさを感じさせる。

絢禰	あやね
歌禰	かない
琴禰	ことね
咲禰	さきね
鈴禰	すずね
禰々	ねね
禰瑠	ねる
舞禰	まいね
琳禰	りんね
佳禰子	かねこ

譜

フ

名 つぐ

物事を順序だてて書きならべたものの意味。記す、楽譜の意味もある。音楽好きな人にも向く字。

ヒント 「ふ」の音で、ふわりとした不思議な魅力を加えて。「つぐ」と読むと、豊かな発想力のある印象の名前に。

愛譜	あいふ
恵譜	えふ
譜葉	つぐは
譜美	つぐみ
譜世	つぐよ
春譜	はるふ
譜未	ふみ
譜由	ふゆ
優譜	ゆふ
譜羽禾	ふうか

霧

ム　きり

自然現象の霧、また霧のようなもののたとえにも使う。美しくミステリアスなイメージを感じさせる字。

ヒント 「む」の音で、物静かで信頼できる印象を、「きり」の音でエリート感と華やかさをプラスして。

愛霧	あむ
霧花	きりか
霧子	きりこ
霧葉	きりは
沙霧	さぎり
未霧	みむ
美霧	みむ
來霧	らいむ
璃霧	りむ
霧津実	むつみ

羅

ラ

名 つら

網、網にかけてとるの意味。また、並べるのほか、薄絹、綾絹の意味も表す。おしゃれな女性にぴったりの字。

ヒント 颯爽(さっそう)としていて華やかでクレバーな雰囲気の「ら」の音で。「羅馬」はイタリアのローマのこと。

愛羅	あいら
佳羅	かつら
雅羅	がら
伽羅	きゃら
紗羅	さら
聖羅	せいら
由羅	ゆら
來羅	らいら
希羅々	きらら
玖羅々	くらら

蘭

ラン
名 か

香草のランを表す。また、秋の七草のフジバカマの意味もある。香るような美しさを感じさせる字。
ヒント 「らん」の音は、美しく可憐で華やかな一方、大胆で鮮やかな行動をとる一面も。利発で快活な「か」の読みでも。

蘭 らん
亜蘭 あらん
星蘭 せいら
美蘭 みか
蘭夢 らむ
蘭香 らんか
蘭子 らんこ
蘭世 らんぜ
蘭々 らんらん
怜蘭 れいら

麗

レイ
うるわしい
名 あきら うらら かず つぐ よし より れ

並んだ鹿の角の形で、うるわしい、美しい、鮮やかなどの意味を表す。並ぶ意味もある。華やかで美しい女性に。
ヒント 「れい」と読むと、華やかさと知性が加わり、より美しい名前に。「れ」の音を活かして万葉仮名風にも。

麗 うらら
麗來 あきら
天麗 あまれ
依麗 いつぐ
麗紗 かずさ
麗芭 かずは
綺麗 きらら
紗麗 さより
詩麗 しより
澄麗 すみれ

麗帆 つぐほ
羽麗 はれい
誉麗 ほまれ
真麗 まれい
美麗 みれい
麗恵 よしえ
麗姫 よしき
麗歌 よりか
麗愛 れいあ
麗華 れいか

麗子 れいこ
麗葉 れいは
麗良 れいら
麗緒 れお
麗音 れおん
麗愛 れな
麗寧 れね
麗乃 れの
恵麗奈 えれな
世麗奈 せれな

麓

ロク ふもと
名 ろ

山のふもと、すそ野をいう。大きな林の意味もある。多くのいのちを育む山すその自然のように、心豊かな人に。
ヒント 「ろく」の音は長い歴史や秘密を感じさせ、ミステリアスな印象。落ち着いた「ろ」の音を活かしても。

麓 ろく
心麓 こころ
音麓 ねろ
日麓 ひろ
美麓 みろく
麓亜 ろあ
麓花 ろくか
麓奈 ろくな
麓夏 ろな
真麓可 まろか

20画

馨

ケイ キョウ
かおる かぐわしい
名 か かおり きよ よし

もとは黍酒の香りをいい、香り、香るの意味。よい影響や評判の意味もある。人をひきつける魅力ある人に。
ヒント りりしい知性と華やかさのある「かおる」「かおり」の音で1字名に。「けい」や「きょう」の読みでも。

馨 かおる
馨子 かおるこ
馨子 きょうこ
馨葉 きよは
馨都 けいと
馨菜 けいな
美馨 みか
結馨 ゆうか
馨花 よしか
亜馨莉 あかり

響

キョウ
ひびく
名 おと なり
旧 響

向かいあって共鳴する音を表したことから、ひびく、ひびき、音などの意味に。打てばひびくような利発な子に。
ヒント 「きょう」と読むと、いつも人の中心にいる印象。包容力と頼りがいを感じさせる「おと」の音でも。

響 ひびき
亜響 あき
響維 おとい
響瑛 おとえ
響歌 おとか
響乃 おとの
響巴 おとは
響羽 おとは
響芽 おとめ
響世 おとよ

佳響 かきょう
季響 ききょう
希響 きなり
響花 きょうか
響華 きょうか
響己 きょうこ
響交 きょうこ
響菜 きょうな
響埜 きょうの
響美 きょうみ

紗響 さなり
響光 なりみ
羽響 はなり
陽響 ひなり
響佳 ひびか
響希 ひびき
響空 ひびく
響音 ひびね
美響 みなり
由響 ゆき

耀

ヨウ
かがやく
名 あき あきら てる ひかり

「燿」と同じ字。輝く、照る、光などの意味。明らかの意味も。輝くように美しく、朗らかな女性になるように。
ヒント 「あきら」「ひかり」の音で1字名にも。「よう」の音で、おおらかで思いやりのある印象の名前に。

耀奈 あきな
耀葉 あきは
耀帆 あきほ
知耀 ちあき
耀貴 てるき
耀美 てるみ
耀李 ひかり
美耀 みよう
耀子 ようこ
紗耀里 さより

21画

櫻

オウ　さくら
名 お　さ

「桜」のもとの字。樹木のユスラウメをいうが、日本ではサクラを表す。サクラは日本を象徴する花で、字も人気。

ヒント「さくら」の音で1字名はもちろん、おおらかで包容力のある「お」の音で止め字にしても使いやすい。

- 櫻　さくら
- 櫻美　おうみ
- 香櫻　かお
- 櫻菜　さくな
- 櫻子　さくらこ
- 詩櫻　しお
- 奈櫻　なお
- 美櫻　みお
- 莉櫻　りさ
- 陽櫻里　ひおり

鶴

カク　つる
名 ず　たず　つ

鳥のツルを表す。古来鳴き声の気高さで人気があり、長寿のシンボルでもある。長く幸福な人生をおくるように。

ヒント「つる」の音で飄々（ひょうひょう）と信じた道を進む人に。上品な印象の「ず」、芯の強さを感じさせる「つ」の音でも。

- 亜鶴　あず
- 鶴子　たずこ
- 千鶴　ちづる
- 妃鶴　ひづる
- 由鶴　ゆづる
- 莉鶴　りつ
- 阿鶴美　あずみ
- 世鶴子　せつこ
- 千鶴子　ちづこ
- 美鶴輝　みつき

22画

露

ロ　ロウ
つゆ
名 あきら

つゆのほか、あらわす、あらわれるの意味に使う。また潤（うるお）す、恵むの意味もある。心優しい人になるように。
ヒント 可憐（かれん）さと落ち着きをあわせもった、ロマンチストな印象の「ろ」の音を、止め字や万葉仮名風に使って。

- 露菜　あきな
- 花露　かろ
- 心露　こころ
- 露香　つゆか
- 露穂　つゆほ
- 陽露　ひろ
- 露來　ろうら
- 露名　ろな
- 露満　ろまん
- 露美　ろみ

鷗

オウ　かもめ

海鳥のカモメを表す。カモメは、海、港を象徴する鳥で、鳥好きでなくても、海が好きなら使ってみたくなる字。

ヒント「おう」の読みで包みこむようなおおらかさと気品を感じさせて。「鴎」は名づけに使えないので注意。

- 鷗　かもめ
- 鷗香　おうか
- 鷗美　おうみ
- 那鷗　なお
- 真鷗　まお
- 海鷗　みおう
- 凛鷗　りお
- 彩鷗莉　さおり
- 志鷗里　しおり
- 妃鷗梨　ひおり

23画

讃

サン
たたえる
名 あき　さ

ほめる、たたえるの意味を表す。助けるという意味もある。人から賞讃されることを成すよう願って。
ヒント 女の子には、キュートで明るい「あき」の音が使いやすい。「さ」の音を活かして万葉仮名風にしても。

- 讃絵　あきえ
- 讃花　あきか
- 讃子　あきこ
- 讃菜　あきな
- 讃羽　あきは
- 讃帆　あきほ
- 讃未　あきみ
- 讃夢　あきむ
- 讃來　さら
- 讃那　さんな

鑑

カン
かんがみる
名 あき
あきら
しげ　のり
み　みる

「監」はもと鏡のこと、見るの意味から手本、見極（みきわ）めるの意味になった。物事の本質を見極められる人に。

ヒント「あき」の音で、知的で明るくのびやかな印象をプラス。みずみずしい印象の「み」の音で使っても。

- 鑑音　あきね
- 鑑來　あきら
- 叶鑑　かのり
- 鑑葉　しげは
- 鑑世　しげよ
- 鑑恵　のりえ
- 鑑子　のりこ
- 羽鑑　はのり
- 鑑花　みか
- 実鑑　みのり

24画

麟

リン　名り

伝説上の動物の麒麟(きりん)を表す。吉兆として現れる霊獣。麒麟児は才知の優れた子のこと。あやかれるように。
ヒント　キラキラとした透明感と甘く愛らしい印象の「りん」の音で。「り」の読みだけを活かしても。

麟　りん
華麟　かりん
希麟　きりん
茉麟　まりん
悠麟　ゆうりん
麟菜　りな
梨麟　りり
麟花　りんか
麟玖　りんく
麟世　りんせ

鷺

ロ　さぎ

水鳥のサギ、シラサギを表す。真っ白い色が尊(とうと)ばれ、雪客(せっかく)などの異名もある。可憐(かれん)な印象の字。
ヒント　透きとおるような白さを感じさせる字。可憐さと落ち着きをあわせもつ「ろ」の音で万葉仮名風に。

宇鷺　うさぎ
花鷺　かろ
鷺音　さぎね
鷺華　ろか
鷺子　ろこ
鷺美　ろみ
知比鷺　ちひろ
朱鷺子　ときこ
陽鷺子　ひろこ
鷺未菜　ろみな

Column

字源より語のイメージを大切に

● 字源(じげん)＝漢字の意味とは限らない

漢字の由来、もともとの意味を「字源」といいます。

「負」の字源は、「財宝を背にする人」です。しかし「負美奈」「負貴子」などの名前は一般的ではありません。「負債」「負傷」「負ける」といった語のイメージが強いためでしょう。漢字のもともとの意味が薄れてしまったのです。

一方、字源よりプラスの意味に変化したため、名前によく使われるようになった字もあります。

「優」は喪に服した人が悲しむ姿をかたどった字ですが、転じて「やさしい」とか「すぐれる」という意味を表すようになり、男女を問わず人気の字になりました。

● 現代の名づけでは語のイメージを重視して

名前にはできるだけ字源のいい字を使いたいもの。でも、「字源のいい字＝名前にふさわしい字」とは限りません。字源にとらわれすぎず、漢字を使った用語の意味やイメージを思い浮かべながら、楽しく漢字を選びましょう。

漢字が名前向きかどうかは、歴史・文化や慣習による地域差や個人の感覚の差が大きく、いちがいにはいえません。しかし、子ども本人や社会に抵抗のない名前にすることは、忘れず心がけたいものです。

【漢字の例】

正　他国へ進軍して攻撃する ← 正しい

美　成熟した大きい羊 ← 美しい・よい

益　鉢(はち)から水があふれる様子 ← ふえる

魅　物の怪(もののけ) ← 人の心をひきつける

若　巫女(みこ)が祈る姿 ← 若い

不　花のめしべをかたどったもの ← ～ではない（否定）

名前に使われる
止め字

「止め字」は、「優花」の「花」、「由美」の「美」のような名前の最後の文字のことです。名前の印象は止め字で大きく変わります。いろいろ当ててみて検討してください。

あ　亜7　阿8　愛13

あき　礼5　光6　昌8　秋9　晶12　彰14

あさ　旭6　麻11　朝12

あや　文4　礼5　紋10　彩11　絢12　綾14

あん　安6　杏7　按9　晏10

い　以5　伊6　衣6　依8　委8　為9　惟11　唯11　維14

う　宇6　羽6　兎7　雨8

え　永5　衣6　江6　依8　英8　枝8　映9　栄9　重9　恵10　笑10　瑛12　絵12　慧15

えい　永5　英8　映9　栄9　瑛12　詠12　叡16

お　央5　生5　於8　桜10　緒14

おう　央5　旺8　皇9　桜10　凰11　櫻21　鷗22

おり　織18

おん（のん）　苑8　音9　恩10　温12　穏16

か　日4　加5　可5　禾5　伽7　花7　果8　佳8　河8　珂9　迦9　香9　耶9　珈9　夏10　華10　栞10　椛11　賀12　楓13　嘉14　歌14　樺14　馨20

き　己3　生5　伎6　妃6　希7　芸7　芹7　来7　祈8　季8　紀9　姫10　記10　桔10　規11　葵12　喜12　幾12　稀12　貴12　暉13　箕14　綺14　嬉15　輝15　畿15　槻15　樹16　徽17

く　久3　玖7　来7　來8　空8　紅9

こ　己3　子3　古5　乎5　胡9　湖12　瑚13

こと　采8　紀9　殊10　琴12　詞12

さ　左5　早6　沙7　佐7　冴7　砂9　茶9　咲9　紗10　彩11　皐11　朝12　嵯13　瑳14

さき　早6　幸8　咲9　祥10　福13

し　司5　史5　糸6　枝8　祇9　詞12　紫12　誌14

じゅ　寿7　殊10　珠10　儒16　樹16

す　朱6　寿7　春9　珠10　須12

ず　州6　寿7　洲9　逗11　瑞13

すみ（ずみ）　純10　澄15

せ　世5　畝10　勢13　瀬19

ち　千3　市5　地6　池6　茅8　知8　智12

ちか　京8　知8　恭10　真10　誓14　親16

つ（づ）　津9　通10　都11　鶴21

つき(づき) 月(4) 槻(15)

と 乙(1) 十(2) 土(3) 冬(5) 兎(7) 杜(7) 音(9) 都(11) 登(12) 渡(12) 翔(12) 澄(15) 橙(16)

とき 旬(6) 迅(6) 季(8) 時(10) 睦(13)

な 七(2) 水(4) 永(5) 名(6) 凪(6) 那(7) 奈(8) 南(9) 菜(11) 椰(11) 愛(13)

なみ 波(8) 浪(10)

ね 音(9) 祢(9) 根(10) 寧(14) 稲(14) 嶺(17) 禰(19)

の 乃(2) 之(3) 能(10) 野(11) 埜(11) 濃(16)

のり 芸(7) 里(7) 典(8) 法(8) 明(8) 祝(9) 紀(9) 道(12) 徳(14) 範(15)

は(ば) 巴(4) 羽(6) 芭(7) 芳(7) 杷(8) 波(8) 房(8) 琶(12) 葉(12) 播(15) 幡(15)

はや 迅(6) 早(6) 逸(11)

ひ 日(4) 比(4) 妃(6) 枇(8) 飛(9) 桧(10) 陽(12) 斐(12) 緋(14)

ひろ 明(8) 祐(9) 紘(10) 尋(12) 豊(13) 嘉(14)

ふ 二(2) 布(5) 芙(7) 風(9) 富(12)

ふみ 文(4) 史(5) 記(10) 章(11) 詞(12)

ほ 帆(6) 甫(7) 歩(8) 宝(8) 保(9) 圃(10) 葡(12) 穂(15)

ま 万(3) 茉(8) 真(10) 眞(10) 麻(11) 満(12) 舞(15) 摩(15) 磨(16)

み 己(3) 三(3) 巳(3) 水(4) 允(4) 心(4) 未(5) 光(6) 見(7) 実(8) 弥(8) 海(9) 美(9) 泉(9) 珠(10) 深(11) 望(11) 箕(14) 魅(15) 親(16) 彌(17)

む 夢(13) 霧(19)

め 女(3) 芽(8) 海(9)

も 百(6) 茂(8) 萌(11) 裳(14)

や 也(3) 乎(5) 矢(5) 夜(8) 弥(8) 哉(9) 耶(9) 野(11) 埜(11) 椰(13) 彌(17)

ゆ 弓(3) 夕(3) 友(4) 右(5) 由(5) 有(6) 佑(7) 侑(8) 宥(9) 柚(9) 祐(9) 唯(11) 悠(11) 結(12) 裕(12) 遊(12) 優(17)

ゆう 夕(3) 友(4) 由(5) 佑(7) 侑(8) 柚(9) 祐(9) 結(12) 遊(12) 釉(12) 優(17)

ゆき 乃(2) 由(5) 幸(8) 侑(8) 恭(10) 雪(11) 喜(12)

よ 与(3) 予(4) 世(5) 代(5) 依(8) 夜(8) 誉(13)

よう 要(9) 容(10) 湧(12) 蓉(13) 遥(14) 謡(16)

ら 良(7) 来(7) 空(8) 萊(11) 楽(13) 羅(19)

り 吏(6) 利(7) 李(7) 里(7) 俐(9) 浬(10) 莉(10) 梨(11) 理(11) 璃(15)

りん 倫(10) 梨(11) 琳(12) 鈴(13) 綸(14) 凛(15)

る 流(10) 留(10) 琉(11) 瑠(14)

れい 令(5) 礼(5) 伶(7) 怜(8) 玲(9) 嶺(17) 麗(19)

れん 怜(8) 恋(10) 連(10) 蓮(13) 漣(14)

ろ 呂(7) 路(13) 蕗(16) 露(21) 鷺(24)

わ 和(8) 倭(10) 輪(15) 環(17)

万葉仮名風の当て字

「波留（＝春）」のように、意味と無関係に漢字の読みを借りた当て字を、「万葉仮名（まんようがな）」といいます。印象を変えたいときや漢字にひと工夫したいときに利用してみては？

あ 安6 亜7 吾7 阿8 愛13

い 已3 井4 以5 伊6 夷6 衣6 位7 依8 易8 威9 為9 惟11 唯11 偉12 葦13 維14

う 右5 卯5 宇6 羽6 有6 烏10 得11 雲12 鵜18

え 永5 衣6 江6 依8 英8 枝8 映9 栄9 重9 恵10 笑10 瑛12 絵12 愛13 榎14 叡16

お 乙1 王4 央5 生5 応7 尾7 於8 旺8 桜10 緒14

か 甲5 加5 可5 伽7 花7 佳8 果8 河8 架9 珂9 迦9 香9 耶9 珈9 夏10 華10 賀12 嘉14 歌14 霞17

が 牙4 何7 我7 芽8 賀12 雅13 駕15

き 己3 木4 生5 気6 伎6 吉6 妃6 岐7 希7 芸7 来7 季8 城9 紀9 帰10 記10 起10 姫10 葵12 喜12 幾12 稀12 貴12 暉13 綺14 毅15 輝15 樹16 徽17 麒19

ぎ 伎6 技7 岐7 芸7 宜8 祇9 義13

く 九2 久3 丘5 功5 玖7 来7 紅9 倶10 鳩13 駆14 駈15

ぐ 具8 倶10

け 気6 圭6 啓11 袈11 稀12 結12

げ 芸7 夏10 樺14

こ 己3 子3 小3 木4 古5 児7 胡9 湖12 琥12 瑚13

ご 五4 伍6 吾7 冴7 胡9 悟10 梧11 御12 檎17 護20

さ 左5 早6 佐7 沙7 冴7 作7 草9 砂9 咲9 柴10 紗10 皐11 彩11 渚11 瑳14

ざ 三3 座10

し 士3 子3 之3 矢5 司5 史5 四5 市5 此6 旨6 至6 芝6 志7 枝8 思9 信9 梓11 視11 偲11 斯12 紫12 詞12 嗣13 資13 詩13 誌14

じ 二2 士3 司5 寺6 次6 而6 耳6 自6 地6 弐6 児7 治8 時10 滋12 慈13 蒔13 路13 爾14

す 寸3 守6 州6 寿7 周8 洲9 栖10 素10 珠10 須12 数13 諏15

ず 図7 寿7 豆7 受8 津9 殊10 逗11 瑞13 儒16 頭16

せ 世5 西6 斉8 施9 畝10 栖10 勢13 瀬19

ぜ 是9

そ 十2 三3 壮6 苑8 宗8 所8 祖9 素10 曽11 曾12 楚13 想13 蘇19

た 大3 太4 他5 田5 多6 汰7

だ 打[5] 陀[8] 舵[11] 梛[11]

ち 千[3] 地[6] 池[6] 茅[8] 治[8] 知[8] 致[10] 智[12] 馳[13] 稚[13]

つ 津[9] 通[10] 都[11] 藤[18] 鶴[21]

て 天[4] 手[4] 帝[9] 堤[12]

で 出[5]

と 刀[2] 十[2] 人[2] 土[3] 戸[4] 仁[4] 斗[4] 兎[7] 杜[7] 利[7] 途[10] 鳥[11] 都[11] 渡[12] 登[12] 翔[12] 澄[15]

ど 土[3] 努[7] 度[9] 渡[12]

な 七[2] 名[6] 那[7] 奈[8] 南[9] 魚[11] 菜[11] 渚[11] 梛[11]

に 二[2] 仁[4] 丹[4] 弐[6] 児[7] 爾[14]

ぬ 奴[5] 野[11] 埜[11]

ね 子[3] 年[6] 念[8] 音[9] 祢[9] 根[10] 峰[10] 峯[10] 稲[14] 嶺[17] 禰[19]

の 乃[2] 之[3] 能[10] 野[11] 埜[11] 農[13] 濃[16]

は 八[2] 巴[4] 羽[6] 芭[7] 芳[7] 杷[8] 波[8] 房[8] 琶[12] 葉[12]

ば 芭[7] 杷[8] 馬[10] 葉[12]

ひ 日[4] 比[4] 氷[5] 妃[6] 彼[8] 枇[8] 飛[9] 桧[10] 斐[12] 陽[12] 緋[14] 樋[15] 檜[17]

び 枇[8] 弥[8] 毘[9] 美[9] 琵[12] 彌[17]

ふ 不[4] 夫[4] 父[4] 布[5] 巫[7] 扶[7] 芙[7] 甫[7] 阜[8] 歩[8] 風[9] 経[11] 冨[11] 富[12] 普[12] 輔[14] 賦[15] 譜[19]

ぶ 夫[4] 文[4] 巫[7] 武[8] 歩[8] 部[11] 葡[12] 撫[15] 舞[15] 蕪[15]

へ 戸[4] 辺[5] 平[5] 部[11] 経[11]

べ 弁[5] 辺[5] 倍[10] 部[11]

ほ 方[4] 帆[6] 甫[7] 歩[8] 宝[8] 朋[8] 保[9] 圃[10] 葡[12] 輔[14] 穂[15]

ぼ 菩[11]

ま 万[3] 茉[8] 真[10] 眞[10] 馬[10] 麻[11] 間[12] 満[12] 摩[15] 磨[16]

み 己[3] 三[3] 巳[3] 水[4] 壬[4] 未[5] 民[5] 巫[7] 見[7] 実[8] 弥[8] 海[9] 美[9] 視[11] 望[11] 御[12] 箕[14] 澪[16] 彌[17]

む 六[4] 牟[6] 武[8] 務[11] 陸[11] 眸[11] 夢[13] 睦[13] 蕪[15] 霧[19]

め 女[3] 妹[8] 芽[8] 明[8] 海[9] 要[9] 梅[10]

も 文[4] 母[5] 百[6] 茂[8] 猛[11] 雲[12] 裳[14] 藻[19]

や 八[2] 也[3] 文[4] 乎[5] 矢[5] 夜[8] 弥[8] 屋[9] 哉[9] 耶[9] 野[11] 埜[11] 椰[13] 彌[17]

ゆ 弓[3] 夕[3] 友[4] 右[5] 由[5] 有[6] 佑[7] 侑[8] 勇[9] 宥[9] 柚[9] 祐[9] 唯[11] 悠[11] 結[12] 裕[12] 雄[12] 遊[12] 諭[16] 優[17]

よ 与[3] 予[4] 四[5] 世[5] 代[5] 依[8] 夜[8] 容[10] 蓉[13] 輿[17]

ら 良[7] 来[7] 來[8] 郎[9] 等[12] 楽[13] 頼[16] 羅[19]

り 吏[6] 利[7] 李[7] 里[7] 俐[9] 浬[10] 哩[10] 莉[10] 梨[11] 理[11] 裡[12] 琳[12] 璃[15] 隣[16]

る 光[6] 流[10] 留[10] 琉[11] 塁[12] 瑠[14] 類[18]

れ 令[5] 礼[5] 列[6] 伶[7] 怜[8] 玲[9] 連[10] 羚[11] 麗[19]

ろ 呂[7] 侶[9] 楼[13] 路[13] 魯[15] 蕗[16] 露[21] 鷺[24]

わ 吾[7] 我[7] 和[8] 倭[10] 輪[15] 環[17]

名前には
避けたい漢字

人名に使える漢字の中には、マイナスの印象が強い漢字や、体の名称を表す漢字なども含まれています。法律上は使えても、赤ちゃんの名づけでは避けたい漢字を一覧にしました。

あ行

あ哀悪圧暗い胃萎違芋
咽淫陰隠う鬱え疫液怨
お汚凹殴虞

か行

か苛蚊過禍寡餓戒怪拐
悔潰壊劾害骸隔嚇喝渇
陥患棺き危忌飢棄毀偽
欺疑擬犠却虐逆朽泣糾
嗅窮拒虚凶叫狂狭恐胸
脅矯菌禁禽く苦惧愚屈
け刑傾撃欠穴血倦嫌限
減こ孤股枯錮誤抗拘降
控喉慌絞腔膏乞拷傲酷
獄骨困昏恨痕

さ行

さ唆詐鎖挫災砕債罪削
搾錯殺擦惨散喰酸残し
死弛刺肢脂歯辞餌叱失
嫉捨遮邪蛇借弱寂腫呪
囚臭終羞醜襲獣殉除消
症焼傷障衝償冗拭触辱
尻侵唇娠浸腎す衰せ性
牲逝斥切折窃舌絶戦腺
そ阻粗疎訴争喪葬痩騒
憎臓俗賊損

た行

た妥唾堕惰駄怠胎退逮
滞濁脱奪嘆歎断ち恥遅
痴畜窒肘弔脹腸嘲懲沈
朕賃つ墜痛て低抵諦泥
敵溺迭と吐妬怒逃倒討
悼盗痘胴毒凸豚貪鈍

な行

な難に尼肉乳尿妊の悩
脳

は行

は破婆罵背肺排敗廃剝
縛爆曝肌伐抜罰閥犯煩
蛮ひ否批肥非卑疲被悲
費罷避鼻匹泌病貧ふ怖
訃負腐膚侮腹覆払吻紛
墳憤へ閉弊癖蔑変偏便
娩鞭ほ捕姥墓泡胞崩飽
亡乏忙妨忘肪剖暴膨謀
撲没勃

ま行

ま魔埋膜抹慢め迷滅免
も毛妄盲耗

や行

や厄闇ゆ油幽憂よ腰瘍
抑

ら行

ら拉裸落乱り痢離慄虜
淋る涙れ戻隷劣裂ろ賂
老弄漏肋

わ行

わ賄脇惑

姓名の画数をもとに

開運から名づける

基礎知識

姓名判断で運気の高い幸せな名前に

画数の上手な組み合わせで幸運度アップ

赤ちゃんが一生つきあっていく名前。せっかくなら運気を高める名前を贈りたいと考える人もいます。

姓名判断では、画数・陰陽・字義・読み（音韻）など、さまざまな要素の吉凶を見ます。なかでも重要視されているのが画数です。

姓名を構成する画数そのものに吉凶があり、さらにそれをうまく組み合わせることで、子どもがもって生まれた運気を改善したり、これからの幸福な人生のガイドラインづくりをしたりできるとされています。

占いなんて時代遅れだと感じる方もいるかもしれませんが、姓名判断に基づいて名づけをすることは、根強い人気があります。子どもが成長して自ら姓名判断をして、凶名だった、なんてことはたまたまであっても避けたいですね。

姓名判断に基づく名づけのポイントは、欲張らないこと。大吉数ばかり並べた大げさな姓名より、凶の要素の少ない組み立てのほうが、幸福な人生をおくることが多いようです。

姓名判断のすすめ方

STEP 1 「五運」をチェック

まずは、「五運」と呼ばれる画数の組み合わせを知りましょう。これらを吉数に整えれば、運勢のよい名前になります。

→

STEP 2 「陰陽・五行」をチェック

「五運」にこだわるだけでも充分ですが、さらに念入りに吉名をつけたい場合は、陰陽五行説の観点からも名前の画数を整えてみましょう。

＊[例] 高原綾香（たかはらあやか）→すべての音が「あ」段、
池沢波江（いけざわなみえ）→すべての漢字がさんずい、など。

命名の極意はシンプル・イズ・ベスト

かわいいわが子の名前に個性を求める親心は理解できますが、珍名・奇名は考えものです。

奇なるものは凶に通じるといわれるように、画数やひびきがどれほどいいものでも、珍名・奇名は決して吉名とはなりません。姓名判断でも、古来「最良の名前は普通の名前の中にこそある」とされています。

名づけのさいは、次のような名前はできるだけ避けましょう。

▼難しすぎる名前
▼不吉な印象の名前
▼不自然に偏った名前＊
▼性別が逆転した名前
▼神仏そのままの名前

珍名・奇名は、ほとんどが親の自己満足の産物。思いこみや一時の気まぐれ、流行に流された名づけをして、あとで子どもに悲しい思いをさせないよう、充分に気をつけてください。

ラッキーネームが簡単に見つかる

本書では、自分の姓に合った運のよい名前の画数がすぐに見つかる「姓の画数でわかる　名前の吉数リスト」を用意しています。日本の姓の多様さは世界一ですが、本書は全国に5000世帯以上ある姓をほぼカバーしました。8割以上の方に使っていただけます。

まずはリストを使って、赤ちゃんにぴったりのラッキーネームを見つけてみてください。

せっかくなら運のいい名前にしたいけど……
難しそうだよね
そんなことないニャ!!
リストを見ればすぐにラッキーネームが見つかるニャ！
2＋4
ほー
やってみるか

※P381〜432の「姓の画数でわかる　名前の吉数リスト」に自分の姓の画数が載っていない場合は、P366〜367の「自分で一から名づける手順」を読んでください。

すぐに名づけにとりかかる……P381
姓名判断のしくみを知る……P356

五運

「五運」を吉数で組み立てるのがラッキーネームの基本

姓名判断の基本となる五つの要素

姓名の運気を表す五つの要素を「五運」と呼びます。

姓名を構成するすべての文字の画数の合計が総格、姓の部分の合計が天格、名の部分の合計が地格、姓の最後の1字と名の最初の1字の合計が人格、総格から人格を引いた画数が外格です（霊数を使わない場合）。それぞれ、人生のある時期や対人関係などの運をつかさどっています。

候補名をフルネームで書いて、五運を計算してみましょう。「姓名字数別　五運早見表」（→P359）を参考にしてください。

現在使われている新字体で計算する

画数の数え方には諸説ありますが、本書では今日一般的に使われている新字体を基本にします。

文字は生き物であり、時代とともに変化する存在。現代に生きているわたしたちは、自分自身が普段実際に使っている字体を用いるのが自然だと考えます。

五運全部をできるだけ吉数に

名づけでは、できるだけ五運の数全部を吉数で構成するようにします。ただし、天格（＝姓の総画数）は凶数でも問題ありません。

五運はいずれも人生に大きくかかわる要素ですが、音や文字を優先すると、すべてを吉数にするのは難しいかもしれません。その場合は、総格と人格を優先します。数の吉凶は、「画数別の運勢」（→P368〜379）を見てください。

数にはさまざまな側面があり、長い人生では、凶数がよいはたらきを見せるケースもあります。しかし、生涯を通じて見ると、やはり悪影響のほうが強くなるものです。

赤ちゃんの名前は、できるだけ吉数で組み立てましょう。

姓名判断の基本「五運」を知ろう

姓名を構成するさまざまな文字。その画数の組み合わせが生み出す５つの画数が「五運」です。五運のそれぞれが表す運気や特徴をおさえておきましょう。

特に大事なのは「総格」と「人格」ニャ

山 3画
本 5画
早 6画
穂 15画

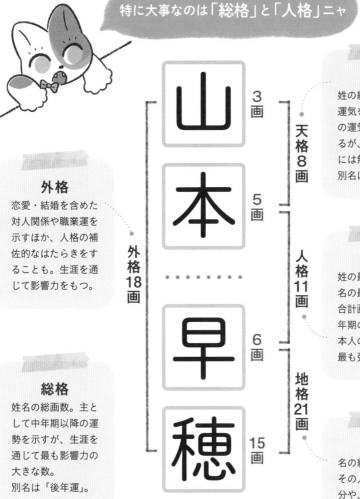

天格8画
人格11画
地格21画
外格18画
総格29画

天格
姓の総画数。家系の運気を表す。最晩年の運気に影響を与えるが、基本的に吉凶には無関係。

別名は「祖運（そうん）」。

外格
恋愛・結婚を含めた対人関係や職業運を示すほか、人格の補佐的なはたらきをすることも。生涯を通じて影響力をもつ。

人格
姓の最後の文字と、名の最初の文字との合計画数。青年～中年期の運勢を示し、本人の性格や行動が最も強く表れる。

総格
姓名の総画数。主として中年期以降の運勢を示すが、生涯を通じて最も影響力の大きな数。

別名は「後年運」。

地格
名の総画数。

その人の核となる部分や、幼児～青年期の運勢・性向を示す。

別名は「前運」。

※２字姓＋２字名以外の五運の計算のしかたは、P358～359を参照してください。

姓名字数別の「五運」の数え方

五運の計算は2字姓2字名が基本。それ以外の人もそれに準じますが、いくつか留意点があります。

● 1字姓や1字名の場合

1字姓や1字名の場合は「霊数」と呼ばれる補助数を用いて算出します。たとえば木戸環さんや城久美花さんの五運は、例A・例Bのように計算します。霊数は仮の数なので、総格には含めません。

霊数は原則として1を補います。ただ、10歳くらいまでの子どもは、霊数なしで計算したほうが実態に即した鑑定結果が出ることもあります。このため、幼少年期の運勢を特に気にする場合は、霊数を補っても霊数なしでも吉数になるように組み立ててもよいでしょう。成人したあとの運勢は、霊数1を補って見たほうが正確です。

なお、1字姓で1字名だと、外格が2で固定してしまいます。2は不安定な数なので（→P369）、避けたほうが無難でしょう。

● 3字姓や3字名の場合

3字姓や3字名では、姓の最初の2字と名の最後の2字をまとめて考えます。たとえば小久保佑希那さんの五運は、例Cのように計算します。人格や外格の計算で迷うかもしれませんが、人格はつねに姓の最後の文字と名の最初の文字の画数の合計です。

外格は、霊数を用いる場合（姓または名が1字のとき）は総格－人格＋1、それ以外の場合は総格－人格です。

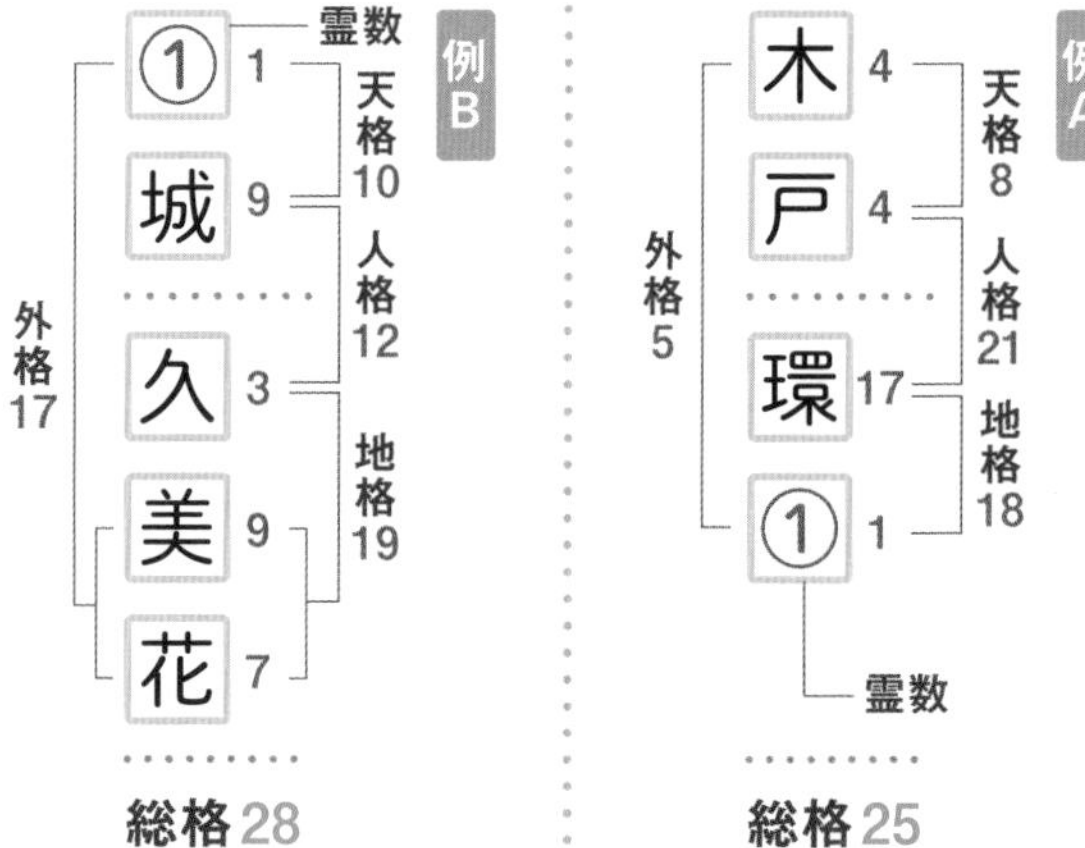

姓名字数別　五運早見表

● 姓が1字／名が1字

① A B ①（霊数）

天格 ①＋A　人格 A＋B
地格 B＋①　外格 ①＋①
総格 A＋B

● 姓が1字／名が2字

① A B C

天格 ①＋A　人格 A＋B
地格 B＋C　外格 ①＋C
総格 A＋B＋C

● 姓が1字／名が3字

① A B C D

天格 ①＋A　人格 A＋B
地格 B＋C＋D
外格 ①＋（C＋D）
総格 A＋B＋C＋D

● 姓が2字／名が1字

A B C ①

天格 A＋B　人格 B＋C
地格 C＋①　外格 A＋①
総格 A＋B＋C

● 姓が2字／名が2字

A B C D

天格 A＋B　人格 B＋C
地格 C＋D　外格 A＋D
総格 A＋B＋C＋D

● 姓が2字／名が3字

A B C D E

天格 A＋B　人格 B＋C
地格 C＋D＋E
外格 A＋（D＋E）
総格 A＋B＋C＋D＋E

● 姓が3字／名が1字

A B C D ①

天格 A＋B＋C　人格 C＋D
地格 D＋①　外格（A＋B）＋①
総格 A＋B＋C＋D

● 姓が3字／名が2字

A B C D E

天格 A＋B＋C　人格 C＋D
地格 D＋E　外格（A＋B）＋E
総格 A＋B＋C＋D＋E

● 姓が3字／名が3字

A B C D E F

天格 A＋B＋C　人格 C＋D
地格 D＋E＋F
外格（A＋B）＋（E＋F）
総格 A＋B＋C＋D＋E＋F

● 姓または名が４字以上（霊数を用いる場合を除く）

天格…姓の総画数　　人格…姓の最後の文字の画数＋名の最初の文字の画数
地格…名の総画数　　外格…総格－（マイナス）人格　　総格…すべての文字の合計画数

陰陽・五行

画数に加えると さらに幸運な名前に

東洋の占いの基礎は中国の陰陽五行説

陰陽説、五行説と呼ばれる二大思想が生まれたのは古代の中国。はるか数千年前のことです。

陰陽説は、あらゆるものは単独で存在するのではなく、陰と陽のような、相反する2つの要素（天地・吉凶・男女・精神と肉体など）によって成立すると説きます。陰が極まれば陽が生じ、陽が極まれば陰がきざし、それぞれが盛衰を繰り返すとされます。

五行説は、万物が「木・火・土・金・水」の5つの要素によって成り立っているとする考え方です。それらの消長、結合、循環によって、すべての現象を説明します。

陰陽説と五行説は歴史の流れの中で統合され、陰陽五行説が成立しました。完成度の高いこの思想は、後世にひじょうに大きな影響を与えたのです。

東洋の占いは、ほぼすべてにこの思想が根底にあります。姓名判断も、基本的にこの陰陽五行説に基づいています。

陰陽説

奇数と偶数の配分で心身の健康を保つ

姓名判断で「陰陽」と呼ばれるのは、姓名を構成する文字の奇数（陽）と偶数（陰）の配分のこと。

ほかの構成要素に問題がなくても、陰陽がかたよっていたり、気の流れを止める配置だったりすると、バランスがくずれ、心身の健康に影響するとされます。

名づけはできるだけ「安全良格」となる配分を心がけましょう。良格にできなくても「凶格」である、単一・分裂・双挟・中折にならないように注意しましょう。「分裂」以外は、姓名の切れ目は関係なく判断します。

なお、P381〜432「姓の画数でわかる 名前の吉数リスト」は、1〜2字姓、1〜2字名を基準にしています。姓や名が3字以上の場合は、左記の「陰陽の安全良格と凶格の例」を参考にして陰陽もチェックしてください。

☑ **陰陽の見方をチェック**

姓名を構成する漢字そのものの画数を見ます。五運(ごうん)の数は関係ありません。

［奇数の画数の文字（陽）＝○
偶数の画数の文字（陰）＝●］

安全良格の例

高 10●
橋 16●
夕 3○
貴 12●
総格41

凶格の例（中折）

小 3○
椋 12●
都 11○
百 6●
香 9○
総格41

吉凶なしの例

安 6●
藤 18●
リ 2●
サ 3○
総格29

陰陽の安全良格と凶格の例

『陰陽の安全良格』

中央で対称にならず、陰陽が適度に混合した形が安全良格です。

姓名の合計が2字

○●
●○

姓名の合計が3字

○○●　○●●
●○○　●●○

姓名の合計が4字

○●○●　●○●○
○○●○　●●○●
○●○○　●○●●

姓名の合計が5字

○●○●●　●○●○○
○●○○●　●○●●○
○●●○●　●○○●○
○●●○○　●○○○●
○○●○●　●●○●○
○○●●○　●●○○●

＊姓名の合計が6字以上の場合もこれに準じます。

『陰陽の凶格』

単一(たんいつ)…文字が全部奇数か偶数

［例］○○　●●●　○○○○

＊4字以上続く組み立ても避けましょう。

分裂(ぶんれつ)…姓と名で陰陽が二分される（計4字以上の姓名の場合）

［例］
姓　名
○○—●●
●●●—○○
○○○—●●●

双挟(そうきょう)…最初と最後の陰陽が同じで、ほかの陰陽をはさむ形（計4字以上の姓名の場合）

［例］
●○○●　○●●○
●○○○●　○●●●○
●○○○○●　○●●●●○

中折(なかおれ)…双挟以外で上下が対称の形（計5字以上の姓名の場合）

［例］
●●○●●　○○●○○
●○●○●　○●○●○
●●○○●●　○○●●○○
●○●●○●　○●○○●○

五行説

五つの要素の関係で運勢が変わる

木・火・土・金・水の五行には相関関係があり、相手を活かす組み合わせを「相生」、損なう組み合わせを「相剋」と呼びます。

相生…木→火→土→金→水（→木）

相剋…木→土→水→火→金（→木）

比和…木と木、火と火など同じ気が重なること。吉凶いずれもその度合いが増す。

五運（→P357）もそれぞれが五行に分類され、相互の関係が運気に大きな影響を与えるとされています。

五運が吉数なら「三才」もプラス

姓名判断では、五運のうち、天格・人格・地格の五行の関係を「三才」として特に重要視します。

五行とその関係

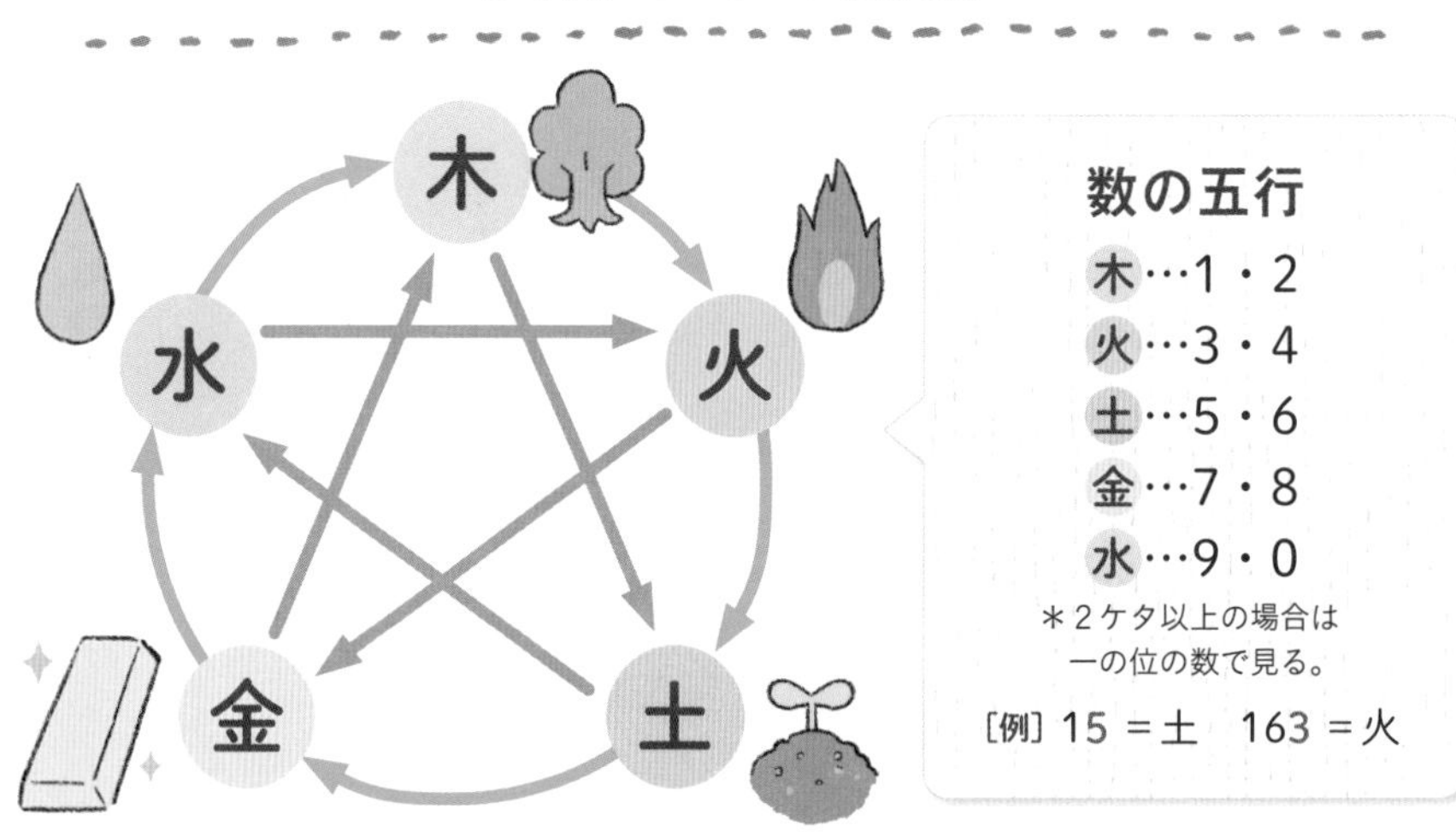

木
火
土
金
水
数の五行
木…1・2
火…3・4
土…5・6
金…7・8
水…9・0
＊2ケタ以上の場合は
一の位の数で見る。
［例］15＝土　163＝火

→…**相生関係**

木生火…木を燃料として火が燃える
火生土…火が燃えて土（灰）が残る
土生金…土中から金属や鉱物が出る
金生水…金属の表面に水滴が生じる
水生木…水によって植物が生育する

→…**相剋関係**

木剋土…木の根が土を損なう
土剋水…土が水をせき止める
水剋火…水をかけて火を消す
火剋金…火は熱で金属を溶かす
金剋木…金属の刃物で木を切る

比和　木と木、火と火のように、同じ気の組み合わせが比和。
吉凶にかかわらず増幅する作用がある。姓名判断では、比和は中吉と考える。

五運は、画数によって木・火・土・金・水の五行のいずれかに分類されます（数の五行）。このうちの天格・人格・地格の五行の組み合わせが「三才」です。三才には、総格や外格は関係ありません。

三才は、相性のよい組み合わせなら幸運を増幅してくれますが、相性が悪い組み合わせだと、運気の流れを止め、不運な状態を長びかせてしまいます。

特に吉凶の度合いが大きい三才を下の表にまとめました。表にない場合は「吉凶なし」で、特に問題はありません。下の例Aでは、天格が金、人格が土、地格が火となっていて、三才は「金－土－火」の大吉格です。例Bでは、天格が木、人格が土、地格が木となっていて、三才は「木－土－木」の凶格です。

なお、三才は大きな影響力をもつ要素ですが、五運よりも優先すべきではありません。三才を吉格にすることにこだわって、五運を損なわないでください。まずは、五運が凶格にならないよう、吉数で組み立てることが先決です。三才は、そのうえでの補助的な役割と考えます。

例A

文字	画数	
西	6	天格18（金）
森	12	人格16（土）
公	4	地格13（火）
香	9	

外格15
総格31

例B

文字	画数	
①	1	天格12（木）
梶	11	人格15（土）
水	4	地格11（木）
希	7	

霊数 （→P358）
外格8
総格22

☑ 三才早見表でチェック（天格－人格－地格）

大吉格

木-木-土／木-火-土／木-水-金
火-木-土／火-木-火／火-土-金
土-火-木／土-金-水／金-土-火
金-水-木／水-木-火／水-木-土
水-金-土

吉格

木-木-水／木-火-木／木-火-火
火-火-木／火-土-火／火-土-土
土-土-火／土-金-土／土-金-金
金-金-土／金-水-金／金-水-水
水-木-木／水-木-水／水-水-金

凶格

木-土-木／木-土-水／火-金-火
火-金-水／土-火-水／土-水-火
土-水-土／土-水-水／金-木-金
金-木-水／金-火-金／金-火-水
金-土-水／金-水-火／水-火-水
水-水-土

同格を避けて災いから身を守る

「同格（どうかく）」とは、姓名を構成する文字の画数や五運（ごうん）に同じ数字が出ることです。

同格をもつ人は、事故や災難に遭（あ）ったり、人間関係で失敗したりしやすくなるとされています。同格と似たはたらきをする「天地（てんち）衝突（しょうとつ）」とあわせて、名づけでは避けるようにしましょう。

同格・天地衝突の例

天地同格

天格（姓）と地格（名）の画数が同じ。

例A

河	8
西	6
雅	13
①	1

天格 **14**　人格 19　地格 **14**　外格 9　総格 27

霊数（→P358）

例B

赤	7
松	8
由	5
華	10

天格 **15**　人格 13　地格 **15**　外格 17　総格 30

横同格

人格と外格の画数か、地格と外格の画数、または人格・地格・外格の画数がすべて同じ。

例A 人格と外格が同じ

川	3
崎	11
沙	7
輝	15

天格 14　人格 **18**　地格 22　外格 **18**　総格 36

例B 地格と外格が同じ

杉	7
之	3
内	4
桜	10
胡	9

天格 14　人格 14　地格 **19**　外格 **19**　総格 33

天地衝突

姓と名の最初の文字の画数が同じ。霊数は入れないで考える。

例A

①（霊数）	1
桂	**10**
恵	**10**
美	9

天格 11　人格 20　地格 19　外格 10　総格 29

例B

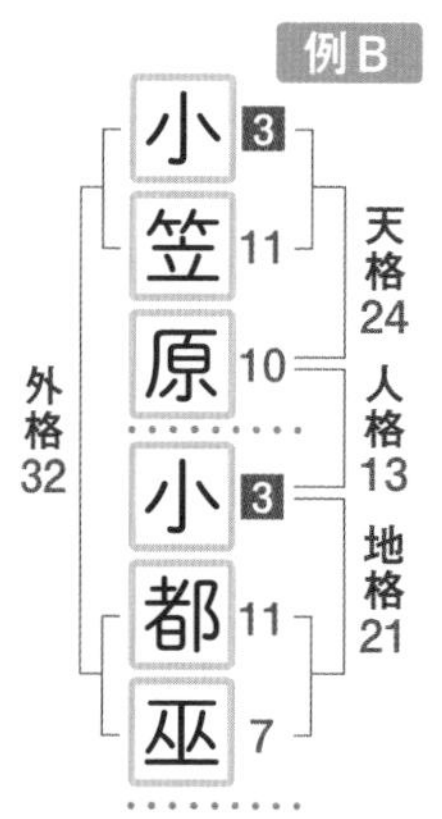

姓名判断のQ&A

Q 気に入った名前の運勢がよくなければ、変えたほうがいい？

A 変えることをおすすめします

結論から言うと、どんなに気に入った名前でも、運勢が悪いとわかったら変えることをおすすめします。

凶名であることを知らなかったり、姓名判断をまったく信じなかったりするのならともかく、凶名と知りながら名づけてしまうのは後悔のもとです。

こだわりのある部分と、画数や字義などをすり合わせて、バランスのよい名づけをしてあげてください。

Q 同じ名前なのに、本によって吉凶（きっきょう）が違うのはなぜですか？

A 占法の流派による違いです

名前を使う占法には多くの流派や種類があります。主流は明治時代に確立された画数を用いた方法ですが、多くの占者や研究者が、独自の工夫や改良を重ねるうち、互いに矛盾が生まれ、現在では、すべての流派で吉名となる名前は存在しなくなっています。

本書は主要流派のノウハウを用いて、占いの精度を高めています。どうぞ安心してご利用ください。

Q 戸籍上は「齋藤」ですが、普段使うのは「斎藤」です。どちらで考えるべきですか？

A よく使う名前を優先します

微妙な問題です。いずれにも影響力があるので、できれば両方とも吉名となるようにしたいところですね。

あえてどちらかを選ぶなら、よく使う名前を優先しましょう。

ただし、ご質問のようなケースであれば、普段使う名の表記を戸籍と同じ「齋藤」で統一されることをおすすめします。運気の揺らぎが減って、より安定感が増すでしょう。

Q 結婚後、姓が変わってしまうことは考慮すべきですか？

A いまはそこまで考えなくても

将来、どのような姓になるかは予想がつかないこと。また、将来、法律が改正されて、夫婦別姓になる可能性もあります。ですから、考える必要はないといってよいでしょう。

ちなみに、結婚して姓が変わったあとも、旧姓の影響がある程度残るとされます。私たちにできることは、現時点でできるだけよい名前になるよう、きちんと整えてあげることです。

自分で一（いち）から名づける手順

「姓の画数でわかる名前の吉数リスト」に自分の姓が載っていない人や、しっかり納得して自分で運のよい名づけをしたい人は、次の手順にしたがってください。ここでは、「新多」さん夫妻を例にとって説明します。

1 姓の画数を確認する

姓名判断による名づけは、まず、姓の画数の確認からスタート。「新」は13画、「多」は6画なので、天格（＝姓の画数の合計）は19画です。

2 五運を吉数にするⒶ

新多さんの天格は19画なので、P368〜379「画数別の運勢」をもとに、20画以上で（吉）（大吉）になっている数をチェック。23−19＝4、というように、総格がよくなる地格の数を出します。

2 4 5 10 12 13 14 16 18
19 20 22 26 28 29 33 38

ここから半吉数・凶数（＝2・4・10・12・14・19・20・22・26・28）を削除すると、この時点の地格の候補は次の7個です。

5 13 16 18 29 33 38

3 五運を吉数にするⒷ

❷で残った地格の候補と、新多さんの天格・19画との組み合わせでできる総格は次のとおり。

24 32 35 37 48 52 57

P368〜379「画数別の運勢」で画数の特徴を見ながら、総格の画数候補を決めます。やはり最も影響が大きいのは総格。たとえば、とにかく幸運にと願うなら32画、堅実に成功してほしいなら37画、リーダーとして活躍してほしいなら48画など、画数の特徴から候補を絞ります。

4 五運を吉数にするⒸ

新多さんは自分なりに成功してほしいと考え、総画数を37画に決定。よって地格は18画になります。この地格を2つに分けて書き出しましょう。

1+17　2+16　3+15　4+14　5+13
6+12　7+11　8+10　9+9　10+8
11+7　12+6　13+5　14+4　15+3
16+2　17+1　18+①霊数

5 五運を吉数にするⒹ

❹で書き出した数字をもとに、人格と外格とが吉数になる組み合わせを出します。

これらの数字を次々に地格の部分に当てはめていきましょう。

●2+16の場合

新 13
多 6
□ 2
□ 16
人格8
外格29
総格37
吉数

2字以上で外格・人格ともに吉数になる組み合わせは次の4通り。

2+16（人格8・外格29）
7+11（人格13・外格24）
10+8（人格16・外格21）
15+3（人格21・外格16）

3字名にするには、最後の数を2つに分けます。

6 陰陽を整える

P361の「陰陽の安全良格と凶格の例」を見て文字の陰陽を整えます。凶格でなければ、無理して安全良格に変えなくても問題はありません。

「新多」は奇数○＋偶数●の組み合わせ。2字名の場合は「陰陽の安全良格」の「姓名の合計が4字」のところを見てください。名が○●・○○なら安全良格、●●は吉凶なし。●○は「双挟」で凶格になります。

5の4つの候補では、

7＋11、15＋3 → ○●○○で安全良格
2＋16、10＋8 → ○●●●で吉凶なし

となり、どれも大丈夫です。3字名の場合も同様にチェックしましょう。

7 三才を整える

P362の「五行とその関係」やP363「三才早見表」を見て、三才を整えます。

これも凶格でなければよしとします。

「新多」は19画で、五行は水。5の候補のうち7＋11だと、三才は「水ー火ー金」になります。

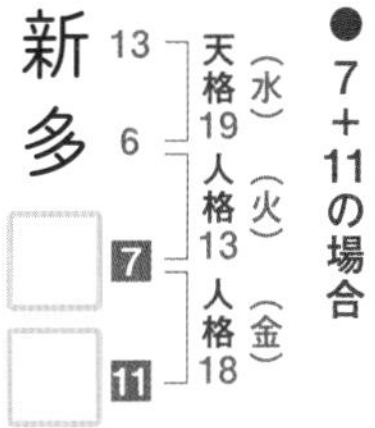

●7＋11の場合

新 13
多 6
□ 7
□ 11
天格19（水）
人格13（火）
人格18（金）

ほかの候補も2＋16…「水ー金ー金」、10＋8…「水ー土ー金」、15＋3…「水ー木ー金」で、いずれもP363の早見表には載っていない「吉凶なし」です。どれも特に問題はありませんが、五行の相互関係で見ると、相生と比和で成立する2＋16の「水ー金ー金」が最も良好だといえます。

8 同格や天地衝突を確認

P364を参照して、同格や天地衝突が含まれないか確認。5の4つの候補は下記となります。いずれにも、同格や天地衝突はありませんので、すべて命名の候補にすることができます。

これで名前の画数候補のリストアップが完了です。

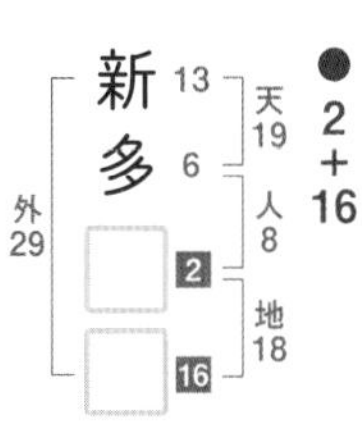

●2＋16
新 13 / 多 6 / □ 2 / □ 16
天19 人8 地18 外29

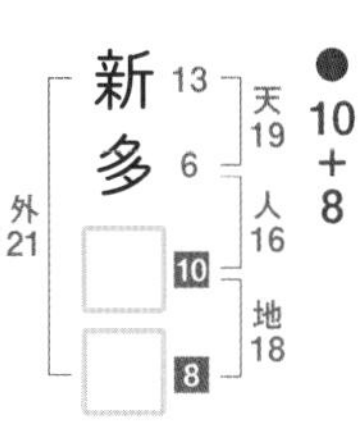

●7＋11
新 13 / 多 6 / □ 7 / □ 11
天19 人13 地18 外24

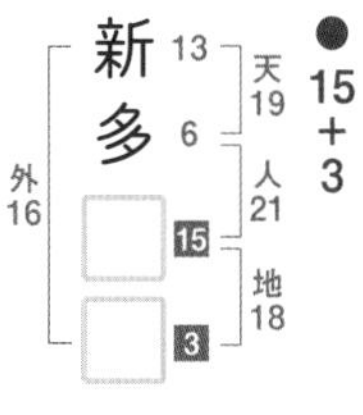

●10＋8
新 13 / 多 6 / □ 10 / □ 8
天19 人16 地18 外21

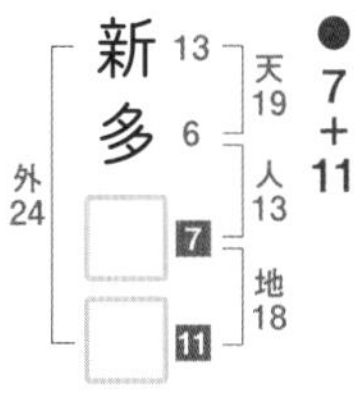

●15＋3
新 13 / 多 6 / □ 15 / □ 3
天19 人21 地18 外16

9 文字や音を整える

最後に、漢字や音を決めます。無理のある名前になっていないかよく注意しながら検討しましょう。新多さん夫妻は、植物にちなんだ名前にしたいと思っていたため、PART2やPART4を見て試行錯誤した結果、「李都」（7＋11）か「莉奈」（10＋8）にしようと決めました。

いろいろと悩むのも、名づけの醍醐味のひとつ。愛情をこめて素敵な名前をプレゼントしましょう。

画数別の運勢

画数にはそれぞれ個性があります。P356～359の説明にしたがって候補の名前の五運の数を出したら、その画数がどのような特徴をもっているかを確かめておきましょう。天格以外の総格、人格、地格、外格の４か所を見て判断してください。

マークの見方

……超幸運数。運気が強すぎることも。

……大吉数。安定した運気をもたらす安心・安全な数。

……吉数。 に準じる運気のバランスのよい数。

……半吉数。吉凶両面の作用がある数。

……凶数。名づけではできれば避けたい数。

五運の意味

総格 生涯、特に50代以降の運勢や幸福感をつかさどる。特に重要。

人格 中心的な性格や才能、20～50代の運勢をつかさどる。特に重要。

地格 幼児期の性格や基本的な個性、20代までの運勢をつかさどる。

外格 恋愛・結婚運を含めた対人関係や職業適性をつかさどる。

16 生まれながらのラッキースター

判定は…

総格 生まれながらの幸運児。ピンチをチャンスに変える才能がある。

人格 親切で愛情豊か。反面、自分の価値観を押しつけて迷惑がられることも。

地格 人を喜ばせることに喜びを見いだすタイプ。自分の価値観を重視。

外格 適職は社会に貢献する仕事。恋愛でも献身的な面を見せる。

1 すべてのはじまり。最大ラッキー数！

判定は…

総格 自分のもつ運命以上の幸運に恵まれる大吉数。

1画の総格の説明は、企業や組織の名称、芸名・ペンネームなどの参考として掲載しています。

地格 明るく生命力に満ちているが、わがままで周囲が振りまわされるかも。

10歳ごろまでは霊数の影響が少ないので、加算せずに見ています。

2 別れや対立、矛盾の多い人生

判定は… 

総格 気力に乏しく、流されるまま、人にしたがって生きることが多い。

人格 精神的に不安定。気力に乏しそうでいて、内面は激しい。

地格 幼少時に病気がちだと、心身の発育が不充分になる場合も……。

外格 依存心が強く、人から悪い影響を受けやすい。裏方的な仕事が合う。

3 ポジティブで明るく楽しい毎日

判定は… 

総格 明るくて包容力があり、周囲の人から慕われる癒し系。

人格 素直で機転のきく人気者。早くから頭角を現すが、あせりは禁物。

地格 明るく積極的。ちょっと軽めで早熟な面もあるが、しだいに落ち着く。

外格 親しみやすいキャラで周囲から愛される。どんな仕事でもＯＫ。

4 不安と不満を抱えた打ち解け下手の魂

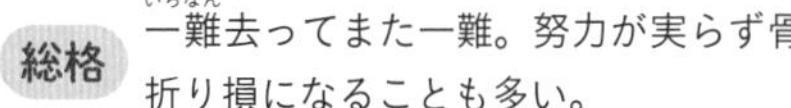

判定は… 

総格 一難去ってまた一難。努力が実らず骨折り損になることも多い。

人格 内面に矛盾や悩みを抱えがちで、なかなか打ち解けられない。

地格 落ち着きのない難しいキャラ。つい、その場しのぎの言い訳をしがち。

外格 人と距離を置くタイプ。手に職をつけると吉。恋愛は苦手。

5 手広く活躍するパワフルガール

判定は… 

総格 バイタリティと、ここいちばんの集中力で、大きな成功をつかみとる。

人格 好奇心旺盛で、いつでもどこでもエネルギッシュに活動できる。

地格 感情表現が素直で、周囲からかわいがられるが、束縛されるのは嫌い。

外格 熱しやすく冷めやすい。職を変えたり、副業で成功したりする人も。

6 信頼する人とともに生きる幸せ

判定は… 

総格 恵まれた天分があり、幸福な人生を過ごせる。

人格 独善的になることもあるが、生来のおおらかさに救われる。

地格 手のかからない子どもで、どこか大人びた雰囲気がある。

外格 人を助ける仕事が天職。境遇の似た人と恋愛することが多い。

7 クールなモテキャラは敵も多い

判定は… 

総格 とても強い運気だが、人と衝突して消耗する恐れもある。

人格 実力派だが、何かと争いがち。強情さや強い個性をおさえて吉。

地格 ちやほやされやすく、わがままな部分が目立つ。事故やケガに注意。

外格 特に異性にモテるタイプ。職業は何かのスペシャリストが最適。

8 根性で難関を突破するタフネス

判定は… 

総格 強い意志と実行力で、困難もバネにして目的を達成していく。

人格 かなりの自信家で、強い意欲をもち、積極的に行動する。

地格 少女時代はけっこう大人しい。体の成長とともに精神も発達していく。

外格 マッチョ好きで、本人も体育会系。弱い男性には目もくれない。

9 報われにくいデリケートな頭脳派

判定は… 

総格 労多くして益の少ない損な役回りになりがち。

人格 繊細さや頭のよさが仇になり、逆に不本意な結果になることが多い。

地格 病弱になりやすく、家族との縁も薄いので、周囲の注意が必要。

外格 周囲から誤解されて、能力に見合った報酬を得られないことも。

10 打率は低くても当たれば大きい

判定は… 

総格 吉凶とも極端に走りやすく、波乱に富んだ人生になりがち。

人格 喜びより苦しみに目が行くタイプ。失敗から立ち直るのに時間がかかる。

地格 自分に対しても素直でなく、一般家庭では幸薄く孤独運をもつことが多い。

外格 特殊な世界（スポーツや宗教など）で一流をねらえる一匹狼キャラ。

11 堅調な運気と努力で充実の人生

判定は… 

総格 大ブレークはないが、日々の努力と強運で、着実にステップアップ。

人格 温厚な人柄と堅実な努力で、安定した幸せをつかむ。

地格 派手さはないが、堅実に一歩ずつ進む長女気質。

外格 家や会社を、大黒柱となって盛り立てる役割。恋愛はオクテの傾向。

12 見た目はいいが中身がともなわず

判定は… 

総格 外見ばかり飾り立て、内容がともなわない。経済面も実情は火の車。

人格 怠けぐせがあり、ないものねだりをするので、いつも欲求不満。

地格 見栄っ張りで、地道な努力が嫌い。つい楽なほうに流れてしまう。

外格 口先だけで誠意がなく、配偶者や家族を含め、人間関係が浅くなりがち。

13 才能&センスのラブリーキャラ

判定は… 

総格 みんなに愛され、楽しく、活気に満ちた人生をおくる。晩年運も大吉。

人格 明るく開放的な性格。何事にも器用だが、飽きっぽいのが玉にキズ。

地格 子どものころから明るく利発な人気者。文科系に優れた才能を見せる。

外格 クリエイティブな仕事や接客業がおすすめ。若いうちは恋愛も派手。

14 不安の中で自分に厳しく生きる

判定は… 

総格 運気の波が激しく、何事も急変しやすい。労多く益の少ない人生の暗示。

人格 精神的に不安定で、自分で自分を責め、孤独感にさいなまれがち。

地格 口数が少なく、恵まれた才能を活かせない。内にこもるタイプ。

外格 家族や配偶者と縁が薄い。公務員など、堅い職業がおすすめ。

15 人の和の中で公私ともに大満足

判定は… 

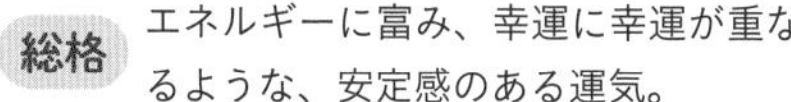

総格 エネルギーに富み、幸運に幸運が重なるような、安定感のある運気。

人格 人の和を重視し、周囲と協調しながら成功するタイプ。

地格 負けず嫌いで正義感の強い子。幼いころから人望がある。

外格 適応力が高く、どんな環境でも頭角を現す。家庭運もよい。

16 生まれながらのラッキースター

判定は… 

総格 生まれながらの幸運児。ピンチをチャンスに変える才能がある。

人格 親切で愛情豊か。反面、自分の価値観を押しつけて迷惑がられることも。

地格 人を喜ばせることに喜びを見いだすタイプ。自分の価値観を重視。

外格 適職は社会に貢献する仕事。恋愛でも献身的な面を見せる。

17 モテキャラはトラブルメーカー

判定は… 

総格 自分に自信があり、強い意志で目的を達成していくタイプ。

人格 能力が高いぶんプライドも高く、人と衝突することが少なくない。

地格 容姿に恵まれることが多いが、わがままな面も……。事故や病気に注意。

外格 とにかくモテる。自分を見失わないよう、打ちこめるものをさがしたい。

21 大活躍の 一流キャリアウーマン

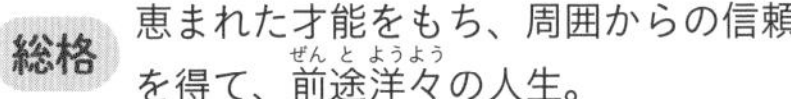

判定は… 

総格 恵まれた才能をもち、周囲からの信頼を得て、前途洋々（ぜんとようよう）の人生。

人格 強い意志と優れた手腕で、自分の目標を実現していく。

地格 大人びた子どもで、かなり生意気。勉強もスポーツも男子顔負け。

外格 運気盛んで、さまざまな世界で活躍できる。結婚には向かないかも。

22 気力不足で 尻すぼみになりがち

判定は… 

総格 何事も最初は順調だが、途中で挫折（ざせつ）したり、発展が滞る（とどこおる）暗示。

人格 ロマンチストで夢見がち。依存心が強く、持続力に欠ける。

地格 悪い影響を受けやすく、調子がいいわりに、実行がともなわない怠け者（なまけもの）。

外格 責任を背負うのは苦手。恋愛も相手に流されてしまうことが多い。

23 強すぎるほどの 上昇運で大成功

判定は… 

総格 一代で大業をなすほど強い運気をもつが、晩年の落ちこみが心配。

人格 敢闘（かんとう）精神に満ち、何事にも前向きに取り組んで、目的を達成する。

地格 明るくはきはきした子。好きなことに集中力をもって取り組む。

外格 個性や才能を活かして成功する。並みの男性では対抗できない。

18 トップを目指して まっしぐら！

判定は… 

総格 停滞を嫌い、行動力とバイタリティで着実に階段を上っていく。

人格 負けず嫌いで、ライバルがいると実力以上の力が出る。

地格 感情の表出が素直なので、わがままなわりに意外と嫌われない。

外格 好きになったら積極的に行動する。仕事に熱中したら恋愛は二の次。

19 ツキには縁遠い 孤高の才女

判定は… 

総格 人物は優秀なのに世に受けいれられず、なかなか幸せになれない。

人格 才能があるだけにプライドが高く、周囲から孤立しがち。

地格 インドア派の優等生のイメージ。家族との縁が薄いことが多い。

外格 医療や福祉、法律関係の仕事に適性あり。晩婚になるケースが多い。

20 気まぐれな ジェットコースター

判定は… 

総格 苦労して積み上げたものを、一瞬で失ってしまう暗示がある。

人格 心中が穏（おだ）やかでなく、周囲の人たちを疑ったり争ったりすることも多い。

地格 元気なときと沈んだときの反応が両極端（りょうきょくたん）。気まぐれな印象の子ども。

外格 恋愛は優柔不断。ないものねだりをして、チャンスを逃しがち。

26 波乱含みの人生 職業選択がカギ

判定は… 

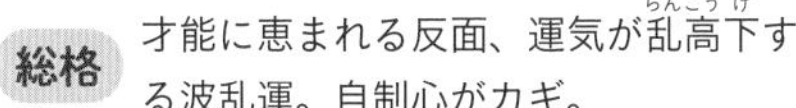

総格 才能に恵まれる反面、運気が乱高下する波乱運。自制心がカギ。

人格 精神面を重視する義の人だが、しばしばそのために苦しむことも。

地格 幼少時は素直でおとなしい子ども。思春期に大きく変わるタイプ。

外格 公務員など地道な方法で社会に貢献すれば吉。家庭運はいまひとつ。

27 星に向かって 歩き続ける求道者

判定は… 

総格 基本的に幸運度は高いものの、強引すぎて孤立しないよう注意。

人格 根は善人でも、自信過剰と歯に衣着せぬ発言で敵をつくりがち。

地格 一本筋が通っている反面、協調性に乏しく、親兄弟と争うことも。

外格 知識や能力を活かすスペシャリストが適職。人の好き嫌いが激しい。

28 笑顔をつくっても 心の中は修羅場

判定は… 

総格 物質的に潤っても、人とのつながりに欠け、精神的には貧しい。

人格 強引な言動が目立ち、しばしば非難や中傷で苦しむ。

地格 幼いころから誤解されがちで、悩みを抱えながら育つことが多い。

外格 仕事運・金運は上々だが、家庭運が弱く、離婚や別居の可能性も。

24 才知と財運を 兼ねそなえた努力家

判定は… 

総格 努力を重ねて幸せを積み上げ、ゆとりのある毎日をおくる暗示。

人格 穏やかで勤勉。人と協調しながら実力をたくわえていくタイプ。

地格 利発で、一を聞いて十を知るタイプ。ただし、運動神経はいまひとつ。

外格 職人気質で専門職や研究職が天職。家庭運もよいが、恋愛はオクテ。

25 個性の強さが 諸刃の剣の実力派

判定は… 

総格 本来大きな成功を収める運気。人との和を築ければ安定する。

人格 高い能力をもつ自信家だが、時としてトラブルメーカーとなる。

地格 幼いころから主張がはっきりしている。まっすぐすぎて誤解されやすい。

外格 束縛を嫌い、自由奔放さを求める傾向。自分をおさえることも必要。

31 スーパーガールの充実した人生

判定は…

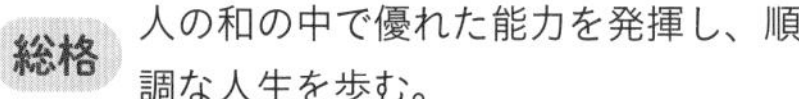

総格 人の和の中で優れた能力を発揮し、順調な人生を歩む。

人格 能力が高いだけでなく、優しい心配りもできるので、人望が集まる。

地格 健全な肉体に健全な精神を宿す子ども。大人びていて安心感がある。

外格 仕事運、家庭運ともに安定した運気。主婦としても幸せになれる。

32 運も味方にするラッキーガール

判定は…

総格 多少の波はあるが、幸運に恵まれ、苦労知らずで成功できる。

人格 優れた能力と高い親和性で、どこにいても中心となる人物。

地格 周囲から愛され、引き立ててもらえる幸運児だが、わがままな面も。

外格 運も味方につけて成功するタイプ。協力者がいればさらに発展。

29 優れた知恵と決断力をもつ事業家

判定は…

総格 大きな成功運をもつが、手を広げすぎると足をすくわれることも。

人格 勢いがあり、高い能力と開拓者精神をもつ。

地格 若くして頭角を現す文武両道の切れ者。幼いころから生意気。

外格 仕事はオールマイティだが、恋愛や結婚には運がない。

30 天国から地獄までの振り子人生

判定は…

総格 運気の変動が激しく、よいときと悪いときの落差がひじょうに大きい。

人格 ノっているときは天下無敵、ツキのないときは大ヘタレ。

地格 表情の喜怒哀楽に乏しく、つかみどころがない反面、妙に愛嬌のある子。

外格 勝負勘が鋭いぶん、ギャンブルで失敗しそう。異性を見る目はない。

Column

女の子には強すぎる数？

姓名判断には、女の子に社会的な成功運が強すぎる吉数を使うと、結婚運や家族の運気に悪影響が出るとする考え方があります。パワフルで魅力的な女性の多い現代、こうした考え方はそぐわなくなっていますし、本書でも重視しません。

しかし、女の子には結婚と家庭がいちばんの幸せだ、と考える場合は、総格と人格には次の画数を避けましょう。

女の子に要注意の画数 21・23・29・33・39 画

36 義理堅くて損な役回りの人情家

判定は… 

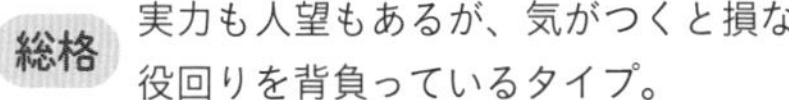

総格 実力も人望もあるが、気がつくと損な役回りを背負っているタイプ。

人格 細かいことによく気がつく苦労人。頼まれたら断れない。

地格 弟や妹の面倒をよく見る長女気質。手のかからない子。

外格 教師や看護師など、社会に貢献（こうけん）する仕事が天職。家族を大切にする。

37 高い能力と細やかさをもつ才女

判定は… 

総格 強い信念と抜群の集中力をもち、堅実に成功の階段を上っていく。

人格 ひとつのことに集中するため、ほかのことがおろそかになりがち。

地格 早くから自分なりの価値観をもつ子。一芸に秀でることも多い。

外格 技術や知識を究（きわ）めるスペシャリストがおすすめ。家庭運は弱い。

38 学問や文芸で豊かな才能を発揮

判定は… 

総格 高望みをせず、自分の分に合った幸せをつかむタイプ。

人格 弱気だがまじめな努力家。豊富な知識と優れたセンスをもつ。

地格 素直で手のかからない子。時として内にこもることも。

外格 精神面の豊かさを活かしたい。逆境に弱いが、家庭に入れば大吉。

33 高い能力と上昇志向は天下一品

判定は… 

総格 大きな成功運があるが、突っ張るばかりでなく、柔軟性も身につけたい。

人格 勇気と度胸は天下一品だが、忍耐力や持続力に欠けるところも。

地格 一本筋の通った優等生。親や教師に反抗することも。

外格 個性や才能を活かすのがベスト。恋愛や家庭には恵まれないことが多い。

34 縁の下の力持ちだが挫折（ざせつ）しがち

判定は… 

総格 自分から望んで沈んでいくタイプ。努力が水の泡になることも多い。

人格 いつもはおとなしいのに、突然不機嫌になるなど、気まぐれなタイプ。

地格 意外に強気な部分もあるが、不安定で内に閉じこもりがち。

外格 仕事に打ちこむ気力がなく、家庭に入ってもなんとなくだらだらしてしまう。

35 文化芸術を楽しむ穏（おだ）やかな幸せ

判定は… 

総格 学問や文芸の成功運が高い才人。高望みは失敗のもと。

人格 温厚篤実（おんこうとくじつ）で欲のない人。人と争ったり競ったりするのは苦手。

地格 おとなしくて目立たない子。けっこう泣き虫かも。

外格 クリエイティブな自由業がおすすめ。結婚生活は安定する。

39 強力な成功運で大きく飛躍する

判定は… 

総格 実力にも運にも恵まれ、つねに場の中心で活躍する成功者の人生。

人格 快活でポジティブなリーダータイプ。自信過剰で失敗することも。

地格 幼いころはおとなしいが、めきめきと実力を発揮する、末が楽しみな子。

外格 社会に貢献する仕事が天職。家庭的には恵まれないことも多い。

40 成功と失敗、裏と表、波乱含みの人生

判定は… 

総格 低い運気のわりには成功者が多いが、波乱含みでなかなか長続きしない。

人格 決断力のあるリーダーだが、しばしば独りよがりになる。

地格 裏表があり、調子のよいときとおとなしいときの差が極端なタイプ。

外格 恋愛は自分本位。異性を見る目がなく、結婚運もいまいち。

41 オールマイティなセレブの幸福

判定は… 

総格 社会的にも家庭的にも、長く安定した運気が続く。

人格 実力者で、周囲から信頼されるが、大物になると傲慢な面も。

地格 明るくて、勉強もスポーツもできるクラスのリーダータイプ。

外格 プライドは高いが、公私ともに信頼できるパートナーとなる。

42 なんでもできるが大物にはなれず

判定は… 

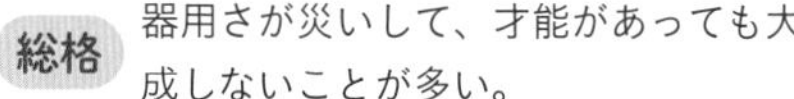

総格 器用さが災いして、才能があっても大成しないことが多い。

人格 よく気がついて人当たりもよいが、決断力に欠け、チャンスを逃しがち。

地格 利発で器用な反面、何事にも消極的な態度が目立つのんびり屋。

外格 成功するには周囲のサポートが不可欠。結婚生活は安定感あり。

43 強情と弱気の間をゆれ動く才女

判定は… 

総格 成功運はあるが、経済観念の欠如や異性問題でいざこざがありそう。

人格 勝てば傲慢、負ければいじける両極端。人との和がカギ。

地格 外ではおとなしいが、家ではわがままな内弁慶タイプ。

外格 モテ運があるがトラブルになりやすい。クリエイティブな仕事が吉。

44 多くを望まなければ安定できる

判定は… 

総格 幸運度は低いが、高望みしなければそれなりに安定した人生。

人格 温和で地味なタイプと、奇人変人タイプに分かれる。

地格 つかみどころのない子。一人で遊んでいることが多い。

外格 公務員などが適職だが、経済的に安定すると婚期を逃しがち。

45 順風満帆(じゅんぷうまんぱん)で人生を旅する自信家

判定は… 

総格 実力があり、着実に実績を積み上げて成功するタイプ。

人格 能力に恵まれるタフなキャラクターだが、自信過剰になると孤立する。

地格 根拠のない自信に満ちた行動派で、見ていてハラハラすることも。

外格 環境の変化にもうまく適応し、結婚後も仕事と家庭を両立できる。

46 デリケートな神経をもつ一発屋

判定は… 

総格 吉凶(きっきょう)とも極端に走る傾向あり。最終的には凶に転ぶ可能性が高い。

人格 普段は地味だが、ひじょうに繊細(せんさい)な面と大胆すぎる面が同居する。

地格 おとなしくて手がかからない子だが、どこか意外な面をもっている。

外格 教師や医者など、人に奉仕する仕事が適職。けっこうつくすタイプ。

47 地道な努力が実って夢をかなえる

判定は… 

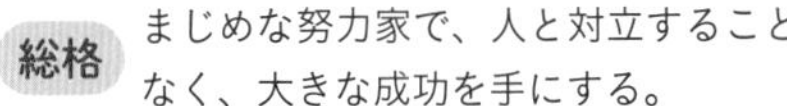

総格 まじめな努力家で、人と対立することなく、大きな成功を手にする。

人格 目立たないが、たゆまぬ努力と人の和で希望を実現する。

地格 よく遊び、よく笑い、よく寝てよく食べる健康優良児。

外格 組織に入るより、独立独歩(どくりつどっぽ)がベター。信頼感のあるタイプ。

48 包容力の豊かな癒(いや)しキャラ

判定は… 

総格 人から信頼され、またそれに充分こたえる能力と気質をもつ。

人格 勝ち気な面もあるが、懐(ふところ)が深く、周囲に信頼感を与える。

地格 子どものころから、穏(おだ)やかで人を包みこむ癒(いや)しオーラがある。

外格 人と接する仕事が得意。家庭や職場のまとめ役として頼りにされる。

49 悩み苦しむ欲のない完全主義者

判定は… 

総格 善人だが、運気が前ぶれなく変動し、その波に翻弄(ほんろう)されがちな人生。

人格 迷いが多く、世界の不幸を一人で背負いこむイメージがある。

地格 いろいろな事情で親の愛情を実感できず、疎外感を抱きがちな子。

外格 仕事も恋愛も受け身になりがち。宗教にのめりこむこともある。

50 ここ一番で勝ちきれない勝負師

判定は…

総格 実力はあるのに、勝負どころに弱くて、結局負け越してしまうことが多い。

人格 好調時はいいが、負けが続くと周囲まで暗くするほど落ちこんでしまう。

地格 子どもらしくかわいいキャラ。思春期に転換期がある。

外格 家族との縁は薄く、恋人がかわるたびに運気が下がっていきがち。

51 運気の波を乗りこなせれば安泰

判定は… 

総格 人生で何度か襲ってくる荒波を、うまくかわせるかどうかがカギ。

人格 地味キャラで、天災や詐欺に遭うなど、運命に翻弄されがち。

地格 子どものころのわがままさを引っ張ると、失敗につながるので注意。

外格 自力で人生を切りひらくより、人との和を保ちながら地道に進むべき。

52 夢を実現していくロマンチスト

判定は… 

総格 強い意志と実行力で、困難に打ち勝って成功を手にする。

人格 積極的でポジティブ。エネルギーにあふれたタイプ。

地格 おとなしく物静かな子が多い。思春期から急にたくましくなる。

外格 トップでもサポート役でも有能な人。ただし、恋愛問題には優柔不断。

53 大失敗はないが成功もそこそこ

判定は…

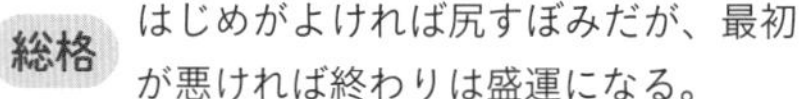

総格 はじめがよければ尻すぼみだが、最初が悪ければ終わりは盛運になる。

人格 よくも悪くも平均的な印象。本人もバランス感覚を重視する。

地格 一歩離れたスタンスで、大人びた物言いをする子。

外格 クリエイティブな仕事が適職。根はまじめだが、異性関係は派手なほう。

54 先見の明が裏目に出がちな才人

判定は… 

総格 多彩な才能をもちながら、それをなかなか活かせないことが多い。

人格 頭はいいが、周囲との折りあいが悪く、人間関係で悩みがち。

地格 一人遊びや読書が好きな子ども。物思いにふけることもある。

外格 相手の気持ちを先読みして悪くとってしまう。信頼することが大切。

55 知恵はあるのにツキに恵まれぬ賢者

判定は… 

総格 抜群の頭のよさが人生のプラスにならず、失意の人生をおくりがち。

人格 口八丁手八丁の才人だが、移り気で優柔不断なうえ、かなり短気。

地格 神経質な子。気に入らないことがあると、口もきかなくなる。

外格 知性を活かせる職場がおすすめ。恋愛は高望みで失敗しがち。

56 理想は高いが行動がともなわない

判定は… 

総格 意志が弱く、中途で挫折したり、やむをえず方針変更させられたりしがち。

人格 親切で面倒見のよい人。反面、正義感が強く、それを押しつける傾向あり。

地格 友達思いの優しい子。堅苦しい委員長タイプになることも。

外格 教職や医療関係がおすすめ。恋愛では独占欲が強い。

57 トップでもサポート役でもＯＫ

判定は… 

総格 知勇に優れ、自分に厳しい。つねに指導的な役割を果たす人格者。

人格 周囲に信頼され、逆境さえもバネにして目的を達成する。

地格 大物の風格を漂わせる子。大人に一目置かせることもしばしば。

外格 特技や知識を使う仕事が天職。モテるが、相手を選り好みしがち。

58 苦労して成功をつかむ大器晩成型

判定は… 

総格 若いうちは不安定だが、しだいに運気が上昇し、努力が実を結ぶ。

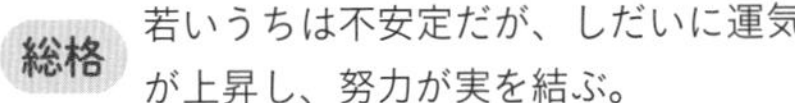

人格 優柔不断な性格から、経験や年齢によってしだいに深みを増していく。

地格 親しみやすいお調子者だが、気が弱く、目立たないタイプ。

外格 恋愛や結婚も、同じ経験を共有するうちに、安定感を増していく。

59 自分自身を愛せない内向きキャラ

判定は… 

総格 何事にも消極的で逃げ腰になりがち。なかなか運気が好転しない。

人格 中途半端で迷いの多い小心者。そんな自分のことが大嫌い。

地格 弱気な子だが、家の中ではけっこうわがままな内弁慶。

外格 医療や福祉の技術を身につければ安定する。恋愛は受け身専門。

60 ツキが消えたら努力まで水の泡

判定は… 

総格 努力や苦労を重ねても、それが実を結ばないことが多い。

人格 自分の境遇に不平不満が多く、それを人にぶつけがち。

地格 ちょっと斜に構えた感じの子。言うことも批評家的。

外格 機を見るに敏で、投機に才能を見せる。異性にだまされやすい面も。

Column

特定の職業に適した画数

将来ついてほしい具体的な職業などがある場合は、それに適した画数を用いてみましょう。外格もしくは人格に組みこむのがいちばん強力ですが、それ以外の部分でも一定の効果があります。

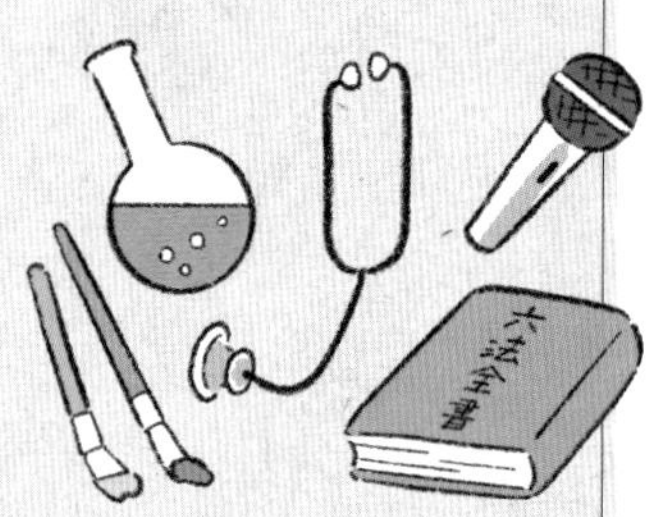

商売・貿易関連

11 13 15 18
23 31 32 33
37 41 45 48

学者・研究者

9 12 19 22
25 28 35 36
37 38 42 47

経営者

5 11 15 16
18 31 32 33
39 41 45 48

歌手・タレント

7 13 17 23
24 27 31 32
37 42 43 47

公務員・官僚

4 14 21 24
25 26 33 34
36 39 41 44 47

小説家・芸術家

13 22 24
35 37 38

スポーツ選手

5 8 10 15
18 20 30 33
37 40 45 48

教育関連

6 7 16
17 36 41
46

医療関連

6 16 31
32 36 39

家業を継ぐ

5 6 11 15
16 21 23 29
31 32 41 45

幸せな結婚生活

3 5 11 13
15 24 31 35
37 38 41 45

法律・警察関連

10 11 21
30 31 41

ラッキーネームを見つけよう

姓の画数でわかる
名前の吉数リスト

姓名判断の理論やしくみがわからなくても、自分の姓の画数を調べてリストを使えば、かんたんにラッキーネームを見つけることができます。

リストの見方とラッキーネームの見つけ方

リストは姓の画数順に並んでいます。姓の画数は、巻末の「漢字一覧」（→P434〜476）、漢字一覧に載っていないときには漢和辞典で確認してください。

1 名前の吉数リストから自分の姓のリストをさがす（P382〜432）

2 吉数を調べる（姓に合う名の画数）

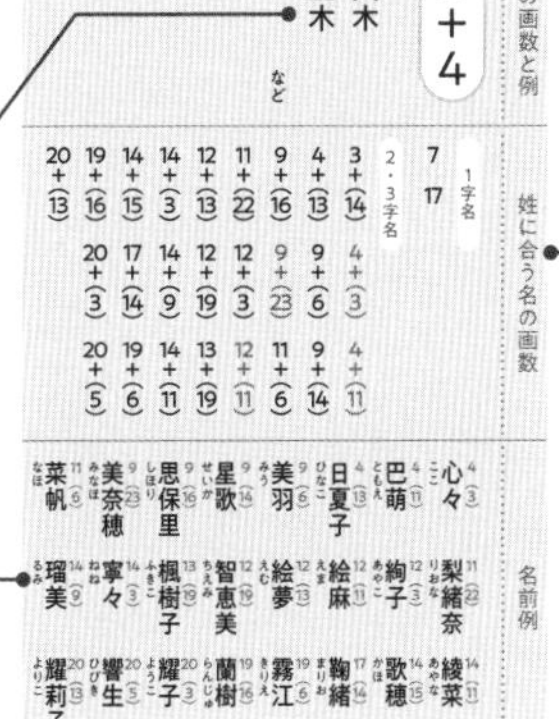

姓の画数

3字姓の場合は、（1字め＋2字め）＋3字めの画数になっています（3字姓の人のための早見表→P432）。

姓の例

代表的な姓の例を示しています。画数が合っていれば自分の姓が載っていなくてもOK。

姓に合う名の画数

この画数で名前を考えます。色文字は特にバランスのいいもの。3字名の場合は1字め＋（2字め＋3字め）の画数。3字姓や3字名は陰陽のバランスにも注意して（→P360〜361）。

名前の例

特におすすめの名前例が載っています。

3 吉数に合わせて名前を考える

吉数をもとに、好みの音や漢字で名づけます。PART 4の「名前にふさわしい漢字と名前のリスト」（→P225〜347）から画数に合う漢字をさがしたり、巻末の「漢字一覧」（→P434〜476）で、音の読みから漢字をさがしたりします。

姓の画数でわかる 名前の吉数リスト

姓の画数ごとに、
吉数（姓に合う名の画数）を
並べています。
色文字は特にバランスの
いい画数です。

・リストの見方と
ラッキーネームの見つけ方
→P381

2+4

姓の画数と例　八木　二木　など

姓に合う名の画数

1字名：7　17

2・3字名：3+⑭　4+③　4+⑪　4+⑬　9+⑥　9+⑭　9+⑯　9+㉓　11+⑥　11+㉒　12+③　12+⑪　12+⑬　12+⑲　13+⑲　14+③　14+⑨　14+⑪　14+⑮　17+⑭　19+⑥　19+⑯　20+③　20+⑤　20+⑬

名前例

心々（ここ）4③　巴萌（ともえ）4⑪　日夏子（ひなこ）4⑬　美羽（みう）9⑥　星歌（せいか）9⑭　思保里（しほり）9⑯　美奈穂（みなほ）9㉓　菜帆（なほ）11⑥

梨緒奈（りおな）11㉒　絢子（あやこ）12③　絵麻（えま）12⑪　絵夢（えむ）12⑬　智恵美（ちえみ）12⑲　楓樹子（ふきこ）13⑲　寧々（ねね）14③　瑠美（るみ）14⑨

綾菜（あやな）14⑪　歌穂（かほ）14⑮　鞠緒（まりお）17⑭　霧江（きりえ）19⑥　蘭樹（らんじゅ）19⑯　耀子（ようこ）20③　響生（ひびき）20⑤　耀莉子（よりこ）20⑬

2+5

姓の画数と例　八田　八代　など

姓に合う名の画数

1字名：なし

2・3字名：3+⑤　3+⑬　3+㉑　6+⑲　8+③　8+⑯　10+⑥　10+⑭　10+㉒　11+⑤　11+㉑　12+⑥　12+⑲　13+⑤　16+⑮　16+⑯　18+⑥　18+㉗　19+⑤　20+④　20+㉑　24+⑭

名前例

みれい 3⑤　千聖（ちさと）3⑬　三園（みその）3⑬　夕鶴（ゆづる）3㉑　有実菜（ゆみな）6⑲　奈々（なな）8③　和佳奈（わかな）8⑯　夏妃（なつき）10⑥

珠緒（たまお）10⑭　真綾（まあや）10⑭　紗理菜（さりな）10㉒　梨央（りお）11⑤　麻理恵（まりえ）11㉑　陽向（ひなた）12⑥　瑛美莉（えみり）12⑲　夢加（ゆめか）13⑤

磨貴子（まきこ）16⑮　樹玖香（きくか）16⑯　藍名（あいな）18⑥　顕徽恵（あきえ）18㉗　麗生（れいみ）19⑤　耀水（あきみ）20④　懸緒里（かおり）20㉑　麟歌（りんか）24⑭

2+7

姓の画数と例　二村　人見　二見　など

姓に合う名の画数

1字名：4　14

2・3字名：1+⑮　1+㉓　4+③　6+⑨　8+⑮　8+⑯　9+⑥　10+⑤　10+⑭　10+㉒　16+㉒　18+⑤　18+⑥　22+⑯

名前例

円（まどか）4　綺（あや）14　滴（しずく）14　碧（みどり）14　一澄（かすみ）1⑮　一愛恵（ひなえ）1㉓　月子（つきこ）4③　まよ 4③

百香（ももか）6⑨　有紀（ゆき）6⑨　帆乃花（ほのか）6⑨　実摩（みま）8⑮　明日菜（あすな）8⑮　実於奈（みおな）8⑯　奏衣（かなえ）9⑥　真央（まお）10⑤

真冬（まふゆ）10⑤　桃可（ももか）10⑤　珠緒（たまお）10⑭　真悠理（まゆり）10㉒　樹理菜（じゅりな）16㉒　繭未（まゆみ）18⑤　織江（おりえ）18⑥　讃樹（さき）22⑯

2+10

姓の画数と例
二宮 八島 など

姓に合う名の画数

1字名：なし

2・3字名：1+④ 1+⑤ 3+㉒ 6+⑲ 7+④ 7+⑭ 8+③ 8+⑤ 8+⑨ 8+⑬ 8+⑮ 8+㉑ 11+⑥ 13+⑯ 13+㉒ 14+③ 14+⑨ 14+⑪ 14+⑮ 14+⑲ 19+④ 22+⑪ 22+⑬ 22+㉓ 23+㉒

名前例

- 乙水（いつみ）1④
- 雨音（あまね）8⑨
- 静音（しずね）14⑨
- しほ 1⑤
- 実鈴（みすず）8⑬
- 綾由名（あゆな）14⑪
- 千穂里（ちほり）3㉒
- 奈穂（なほ）8⑮
- 瑠璃（るり）14⑮
- 早羅（さら）6⑲
- 果南絵（かなえ）8㉑
- 綺麗（きらら）14⑲
- 那友（なゆ）7④
- 萌名（もな）11⑥
- 霧巴（きりは）19④
- 佑歌（ゆうか）7⑭
- 瑞樹（みずき）13⑯
- 鷗椛（おうか）22⑪
- 苑子（そのこ）8③
- 愛讃（あいさ）13㉒
- 讃帆里（さほり）22⑬
- 弥生（やよい）8⑤
- 綾子（あやこ）14③
- 讃輝佳（あきか）22㉓

3+3

姓の画数と例
山口 山下 小川 丸山 小山 川口 川上 など

姓に合う名の画数

1字名：なし

2・3字名：2+㉑ 4+⑬ 4+㉑ 5+② 5+⑩ 5+⑫ 10+⑤ 10+⑬ 10+⑮ 12+⑤ 12+㉑ 13+② 13+⑩ 13+⑫ 13+⑳ 14+㉑ 15+② 15+⑧ 15+⑩ 15+⑭ 18+⑬ 20+⑮ 21+④ 21+⑫ 21+⑳

名前例

- 乃衣璃（のえり）2㉑
- 真凜（まりん）10⑮
- 璃乃（りの）15②
- 心愛（ここあ）4⑬
- 晴代（はるよ）12⑤
- 舞歩（まほ）15⑧
- 友梨恵（ゆりえ）4㉑
- 智鶴（ちづる）12㉑
- 穂夏（ほのか）15⑩
- 史乃（しの）5②
- 詩乃（しの）13②
- 舞由美（まゆみ）15⑭
- なつ美（なつみ）5⑩
- 愛華（あいか）13⑩
- 織夢（おりむ）18⑬
- 可南子（かなこ）5⑫
- 鈴葉（すずは）13⑫
- 響輝（ひびき）20⑮
- 紗世（さよ）10⑤
- 詩保理（しほり）13⑳
- 櫻心（さくらこ）21④
- 桜楽（さくら）10⑬
- 嘉南絵（かなえ）14㉑
- 露葉（つゆは）21⑫

3+4

姓の画数と例
山内 山中 土井 三木 大木 大内 大井 など

姓に合う名の画数

1字名：なし

2・3字名：1+⑤ 1+⑩ 1+⑮ 4+④ 4+⑫ 4+⑳ 7+⑱ 9+② 9+⑮ 11+⑤ 11+⑬ 11+㉑ 12+④ 12+⑳ 13+⑤ 13+⑱ 13+㉘ 14+④ 17+⑭ 17+⑮ 20+④ 21+③ 21+⑳

名前例

- 一永（かずえ）1⑤
- 海十（みと）9②
- 詩保美（しほみ）13⑱
- 一華（いちか）1⑩
- 美穂（みほ）9⑮
- 愛意凛（あいり）13㉘
- 乙澄（いずみ）1⑮
- 菜生（なお）11⑤
- 瑠水（るみ）14④
- 文月（ふづき）4④
- 彩楽（さら）11⑬
- 鞠歌（まりか）17⑭
- 友湖（ともこ）4⑫
- 麻理恵（まりえ）11㉑
- 優穂（ゆうほ）17⑮
- 双葉（ふたば）4⑫
- 葉月（はづき）12④
- 耀巴（あきは）20④
- 巴奈絵（はなえ）4⑳
- 絵理香（えりか）12⑳
- 櫻子（さくらこ）21③
- 志織（しおり）7⑱
- 詩可（うたか）13⑤
- 露祐梨（つゆり）21⑳

3+5

姓の画数と例
山本 山田 上田 大石 小田 川田 土田 など

姓に合う名の画数

1字名：なし

2・3字名：1+④ 2+⑮ 6+⑮ 8+⑮ 10+③ 10+⑬ 11+② 11+④ 11+⑩ 11+⑫ 11+⑭ 11+㉒ 12+③ 13+④ 13+⑧ 13+⑩ 13+⑫ 16+⑮ 19+④ 20+③ 20+⑬ 24+⑤

名前例

- レイナ（れいな）1④
- 萌乃（もえの）11②
- 詩歩（しほ）13⑧
- 乃璃（のり）2⑮
- 菜月（なつき）11④
- 聖夏（きよか）13⑩
- 早穂（さほ）6⑮
- 蛍夏（けいか）11⑩
- 愛結（あゆ）13⑫
- 明穂（あきほ）8⑮
- 唯葉（ゆいは）11⑫
- 鮎輝（あゆき）16⑮
- 夏己（なつき）10③
- 彩歌（あやか）11⑭
- 鏡水（あきみ）19④
- 莉子（りこ）10③
- 悠理菜（ゆりな）11㉒
- 響子（きょうこ）20③
- 真鈴（まりん）10⑬
- 葉子（ようこ）12③
- 護愛（もりな）20⑬
- 紗恵子（さえこ）10⑬
- 愛友（あゆ）13④
- 麟禾（りんか）24⑤

3+6

姓の画数と例

大西　小池　小西　三宅　三好　大竹　川合　など

姓に合う名の画数

1字名：なし

2・3字名：
1+⑤　2+⑭　7+⑧　10+⑤　11+⑬　19+④　23+⑮
1+⑮　2+㉒　9+⑭　10+㉒　11+㉑　19+⑤
1+㉘　5+②　9+⑮　11+④　17+㉑　19+⑬

名前例

画数	名前	読み
1⑤	一禾	いちか
1⑤	しず	
1⑮	一魅	ひとみ
1㉘	一路穂	ひろほ
2⑭	七緒	ななお
2㉒	七南聖	ななせ
5②	由乃	ゆの
7⑧	杏奈	あんな
7⑧	志歩	しほ
7⑧	佑奈	ゆうな
9⑭	美緒	みお
9⑮	香澄	かすみ
10⑤	真由	まゆ
10㉒	華穂里	かほり
11④	彩月	さつき
11④	菜月	なつき
11⑬	萌々華	ももか
11㉑	菜美瑛	なみえ
17㉑	優鶴	ゆづる
17㉑	優樹世	ゆきよ
19④	麗水	れみ
19⑤	蘭禾	らんか
19⑬	瀬里名	せりな
23⑮	鑑穂	あきほ

3+7

姓の画数と例

川村　大谷　小沢　上村　大沢　大村　小谷　など

姓に合う名の画数

1字名：なし

2・3字名：
1+②　1+⑭　8+⑤　9+④　9+⑳　11+②　11+⑭　17+⑧
1+④　4+③　8+⑬　9+⑫　10+⑤　11+⑩　11+⑱　18+⑤
1+⑫　6+⑤　8+⑮　9+⑭　10+㉑　11+⑫　17+④　22+⑮

名前例

画数	名前	読み
1②	レナ	れな
1④	一巴	かずは
1⑫	乙絵	おとえ
1⑭	一歌	いちか
4③	文子	ふみこ
6⑤	光世	みつよ
8⑤	朋未	ともみ
8⑬	波留子	はるこ
8⑮	明日菜	あすな
9④	美月	みつき
9⑫	美琴	みこと
9⑭	風歌	ふうか
9⑳	保菜美	ほなみ
10⑤	真白	ましろ
10㉑	紗緒里	さおり
11②	梨乃	りの
11⑩	雪恵	ゆきえ
11⑫	麻朝	まあさ
11⑭	麻綾	まあや
11⑱	彩織	さおり
17④	優月	ゆづき
17⑧	環奈	かんな
18⑤	襟可	えりか
22⑮	讃穂	あきほ

3+8

姓の画数と例

山岸　山岡　大坪　大沼　土居　小沼　三枝　など

姓に合う名の画数

1字名：なし

2・3字名：
5+⑬　10+⑧　15+㉖　21+③
9+⑫　13+⑤　16+⑤　23+⑭
9+⑮　15+③　16+⑧

名前例

画数	名前	読み
5⑬	広愛	ひろな
5⑬	由実加	ゆみか
9⑫	紅満	くみ
9⑫	春陽	はるひ
9⑮	香澄	かすみ
9⑮	美潮	みしお
9⑮	美穂	みほ
9⑮	海奈希	みなき
10⑧	栞奈	かんな
10⑧	紗英	さえ
13⑤	園禾	そのか
13⑤	愛生	まなみ
15③	舞子	まいこ
15③	凜子	りんこ
15㉖	摩優美	まゆみ
16⑤	鮎生	あゆみ
16⑤	澪央	みお
16⑤	操生	みさお
16⑧	鮎実	あゆみ
16⑧	懐実	なつみ
16⑧	諭可子	ゆかこ
21③	櫻子	さくらこ
21③	顧夕	みゆ
23⑭	鑑玖里	あぐり

3+9

姓の画数と例

久保　土屋　小泉　大城　小柳　川畑　大津　など

姓に合う名の画数

1字名：なし

2・3字名：
2+③　4+㉑　8+⑬　9+⑧　12+⑤　15+⑧　15+⑱　23+⑩　24+㉑
2+④　7+⑱　9+②　9+⑫　14+⑮　15+⑩　22+⑬　23+⑫
2+⑮　8+③　9+④　9+⑭　14+㉑　15+⑭　23+②　23+㉒

名前例

画数	名前	読み
2③	七子	ななこ
2③	いのり	
2④	二月	きさら
2④	りお	
7⑱	花織	かおり
8③	尚子	なおこ
8⑬	明日美	あすみ
9②	柚乃	ゆの
9④	泉水	いずみ
9⑧	美空	みく
9⑫	美晴	みはる
9⑭	香菜子	かなこ
12⑤	智世	ちせ
14⑮	歌凜	かりん
14㉑	瑠璃江	るりえ
15⑧	穂果	ほのか
15⑩	璃紗	りさ
15⑭	舞歌	まいか
15⑱	穂南美	ほなみ
22⑬	讃愛	あきえ
23②	鑑乃	あきの
23⑩	鱒沙子	まさこ
23⑫	鑑絵	あきえ
24㉑	麟緒那	りおな

3＋10

姓の画数と例

三浦　小島　大島　上原　川島　小倉　小原　など

姓に合う名の画数

1字名：なし

2・3字名：
1+④　6+㉖　8+⑩　11+㉑　13+⑫　19+⑤　21+⑭　23+㉒
5+③　7+④　11+⑤　13+③　13+㉒　19+⑬　23+②
6+②　7+㉘　11+⑬　13+⑤　15+③　19+⑳　23+⑫

名前例

乙巴（おとは）1④　糸乃（しの）6②　帆鶴未（ほづみ）6㉖　芳水（よしみ）7④　那南瀬（ななせ）7㉘　果純（かすみ）8⑩　菊代（きくよ）11⑤　梨加（りか）11⑤
雪路（ゆきじ）11⑬　彩里名（さりな）11⑬　彩緒里（さおり）11㉑　愛己（まなき）13③　詩央（しお）13⑤　雅絵（まさえ）13⑫　稚穂里（ちほり）13㉒　舞千（まち）15③
撫子（よりこ）15③　凜子（りんこ）15③　麗加（れいか）19⑤　霧里衣（きりえ）19⑬　瀬里愛（せりあ）19⑳　櫻歌（おうか）21⑭　鱒乃（ますの）23②　鑑己美（あきみ）23⑫

3＋11

姓の画数と例

山崎　小野　大野　上野　川崎　川野　大崎　など

姓に合う名の画数

1字名：なし

2・3字名：
2+⑬　5+⑩　5+㉖　7+④　7+⑱　12+③　13+⑧　21+④　22+③
4+⑬　5+⑱　6+⑤　7+⑩　10+⑤　13+②　13+⑫　21+⑩
5+②　5+⑳　6+⑮　7+⑭　10+㉑　13+④　18+⑤　21+⑫

名前例

七楓（ななか）2⑬　友愛（ゆうな）4⑬　令乃（あやの）5②　加純（かすみ）5⑩　史織（しおり）5⑱　由紀菜（ゆきな）5⑳　由梨穂（ゆりほ）5㉖　伊代（いよ）6⑤
光輪（みわ）6⑮　亜友（あゆ）7④　杏莉（あんり）7⑩　沙綺（さき）7⑭　亜花梨（あかり）7⑱　桃代（ももよ）10⑤　真輝衣（まきえ）10㉑　景子（けいこ）12③
想乃（その）13②　詩友（しゆ）13④　想奈（そな）13⑧　夢葉（ゆめは）13⑫　雛央（ひなお）18⑤　鶴水（つるみ）21④　露恋（ろれん）21⑩　櫻久美（さくみ）21⑫

3＋12

姓の画数と例

大塚　千葉　大森　大場　小森　小椋　川越　など

姓に合う名の画数

1字名：なし

2・3字名：
1+②　4+④　5+③　9+⑧　11+⑬　13+⑤　17+⑮　19+⑱　23+⑩
1+⑮　4+⑫　5+⑬　9+⑮　12+⑫　13+⑩　17+⑳　21+③
1+㉒　4+㉘　6+⑫　11+⑤　13+③　13+⑳　19+⑬　21+⑫

名前例

のり 1②　一穂（かずほ）1⑮　一咲愛（ひさえ）1㉒　友月（ゆづき）4④　心結（みゆ）4⑫　水南瀬（みなせ）4㉘　未久（みく）5③　広愛（ひろな）5⑬
多香子（たかこ）6⑫　香苗（かなえ）9⑧　美智子（みちこ）9⑮　悠可（ゆうか）11⑤　理央奈（りおな）11⑬　智絵（ともえ）12⑫　靖子（やすこ）13③　雅世（まさよ）13⑤
鈴華（すずか）13⑩　夢都美（むつみ）13⑳　優里奈（ゆりな）17⑮　嶺美椰（れみな）17⑳　艶珠子（えみこ）19⑬　瀬津南（せつな）19⑱　露子（つゆこ）21③　鱒恵（ますえ）23⑩

3＋13

姓の画数と例

大滝　山路　小滝　小路　など

姓に合う名の画数

1字名：なし

2・3字名：
2+⑮　5+②　5+⑱　10+③　11+②　11+⑫　19+②　19+㉒
2+㉑　5+⑧　5+⑳　10+⑤　11+④　11+⑭　19+⑩　20+⑤
4+③　5+⑫　5+㉖　10+⑮　11+⑩　18+③　19+⑫

名前例

二嬉（にき）2⑮　七鶴（なつ）2㉑　文女（ふみな）4③　まゆ 4③　冬乃（ふゆの）5②　礼七（れな）5②　由稀（ゆき）5⑫　可織（かおり）5⑱
永美梨（えみり）5⑳　未優紀（みゆき）5㉖　夏女（なつめ）10③　倫代（ともよ）10⑤　紗里奈（さりな）10⑮　萌乃（もえの）11②　望月（みつき）11④　雪華（ゆきか）11⑩
理絵（りえ）11⑫　菜緒（なお）11⑭　藍子（あいこ）18③　羅七（らな）19②　麗華（れいか）19⑩　霧絵（きりえ）19⑫　霧穂里（きほり）19㉒　耀加（ようか）20⑤

3+14

姓の画数と例

川端　小嶋　小関　大熊　大嶋　大関　川嶋　など

姓に合う名の画数

1字名　なし

2・3字名

1+⑤　2+⑭　7+⑧　10+⑭　15+③　19+⑤　23+⑧
1+⑮　4+②　9+⑮　11+⑤　17+④　21+⑩　23+⑱
1+⑳　4+⑭　9+㉖　11+⑬　17+⑱　21+⑳

名前例

しほ 1⑤　一嬉（かずき）1⑮　一冨美（ひふみ）1⑳　乃梨子（のりこ）2⑭　月乃（つきの）4②　はこ 4②　文緒（ふみお）4⑭　芹奈（せりな）7⑧
海奈希（みなき）9⑮　美都穂（みつほ）9㉖　恵瑠（える）10⑭　梨加（りか）11⑤　唯愛（ゆな）11⑬　萊夢（らいむ）11⑬　理央奈（りおな）11⑬　澄子（すみこ）15③
舞夕（まゆ）15③　璃万（りま）15③　環予（たまよ）17④　鞠観（まりみ）17⑱　譜未（ふみ）19⑤　櫻莉（さり）21⑩　露結実（つゆみ）21⑳　鑑奈（あきな）23⑧

3+15

姓の画数と例

三輪　大槻　小幡　など

姓に合う名の画数

1字名　なし

2・3字名

1+④　1+⑳　2+⑬　9+②　9+⑭　14+⑮　20+③
1+⑫　1+㉒　6+⑤　9+④　10+③　16+⑤　24+⑤
1+⑭　2+⑤　8+⑤　9+⑫　10+⑬　17+④　24+⑮

名前例

レイコ（れいこ）1④　一絵（かずえ）1⑫　一樺（いちか）1⑭　乙美菜（おみな）1⑳　一理菜（かりな）1㉒　りりか 2⑤　二誉（かずよ）2⑬　七都乃（なつの）2⑬
帆禾（ほのか）6⑤　奈央（なお）8⑤　咲乃（さくの）9②　海友（みゆ）9④　香琳（かりん）9⑫　紀歌（のりか）9⑭　晃子（あきこ）10③　紗也（さや）10③
桜楽（さくら）10⑬　真意（まい）10⑬　歌穂（かほ）14⑮　操生（みさお）16⑤　優水（ゆみ）17④　馨子（かおるこ）20③　鷺加（ろか）24⑤　麟穂（りほ）24⑮

3+16

姓の画数と例

大橋　小澤　三橋　大澤　土橋　小橋　など

姓に合う名の画数

1字名　なし

2・3字名

1+⑤　9+④　15+③　21+⑧
2+④　13+③　17+㉑　21+⑱
5+⑬　13+⑤　19+⑭　23+⑮

名前例

一禾（いちか）1⑤　いお 2④　こころ 2④　可鈴（かりん）5⑬　未聖（みさと）5⑬　由実加（ゆみか）5⑬　美友（みゆ）9④　柚月（ゆづき）9④
楓子（ふうこ）13③　夢女（ゆめ）13③　詩可（うたか）13⑤　鈴代（すずよ）13⑤　睦生（むつみ）13⑤　慧子（けいこ）15③　舞夕（まゆ）15③　諒子（りょうこ）15③
凜子（りんこ）15③　優樹世（ゆきよ）17㉑　麗歌（れいか）19⑭　櫻奈（おうな）21⑧　露佳（ろか）21⑧　露祐美（つゆみ）21⑱　鱒穂（ますほ）23⑮　鑑州香（あすか）23⑮

3+18

姓の画数と例

工藤　大藤　など

姓に合う名の画数

1字名　なし

2・3字名

5+③　6+⑱　13+③　14+②　21+③
5+⑬　11+⑤　13+④　19+⑤　23+⑭
6+②　11+⑬　13+⑤　19+⑫

名前例

冬弓（ふみ）5③　由女（ゆめ）5③　永夢（えいむ）5⑬　未由季（みゆき）5⑬　朱乃（あけの）6②　光乃（みつの）6②　伊織（いおり）6⑱　安遊帆（あゆほ）6⑱
多津美（たつみ）6⑱　清未（きよみ）11⑤　菜央（なお）11⑤　清楽（せいら）11⑬　愛弓（あゆみ）13③　詢子（じゅんこ）13③　楓子（ふうこ）13③　鈴心（すずこ）13④
愛生（まなみ）13⑤　綾乃（あやの）14②　嘉乃（よしの）14②　瑠七（るな）14②　瀬央（せお）19⑤　麗葉（れいは）19⑫　鶴夕（つゆ）21③　鑑裕乃（あゆの）23⑭

3＋19

姓の画数と例：川瀬 など

姓に合う名の画数

- 1字名：なし
- 2・3字名：2＋5、2＋13、2＋15、4＋21、5＋2、5＋8、5＋10、5＋12、5＋18、5＋20、10＋13、12＋5、13＋2、13＋4、13＋12、13＋22、14＋2、14＋21、19＋4、22＋3、22＋13

名前例

名前	よみ	画数
ひとみ		2(5)
由姫	ゆき	5(10)
園巴	そのは	13(4)
乃愛	のあ	2(13)
由真	ゆま	5(10)
詩瑛	うたえ	13(12)
二三恵	ふみえ	2(13)
加葉	かよ	5(12)
詩穂里	しほり	13(22)
十輪	とわ	2(15)
未彩希	みさき	5(18)
聡十	さと	14(2)
日登美	ひとみ	4(21)
永美梨	えみり	5(20)
綺理恵	きりえ	14(21)
水沙緒	みさお	4(21)
夏鈴	かりん	10(13)
霧月	むつき	19(4)
可七	かな	5(2)
紫由	しゆ	12(5)
讃己	あき	22(3)
史苑	しおん	5(8)
夢乃	ゆめの	13(2)
讃愛	あきな	22(13)

4

姓の画数と例：今 中 など

姓に合う名の画数

- 1字名：なし
- 2・3字名：1＋2、1＋10、1＋12、2＋15、3＋14、3＋22、7＋6、7＋14、9＋2、9＋16、11＋2、11＋6、11＋10、11＋22、12＋17、13＋22、14＋7、14＋15、17＋14、19＋6、19＋16、20＋5、21＋12

名前例

名前	よみ	画数
レイ	れい	1(2)
郁乃	いくの	9(2)
愛遊華	あゆか	13(22)
一紗	かずさ	1(10)
香乃	かの	9(2)
瑠李	るり	14(7)
乙葵	いつき	1(12)
南津希	なつき	9(16)
颯穂	さほ	14(15)
乃凛	のりん	2(15)
梨乃	りの	11(2)
碧璃	みどり	14(15)
千嘉	ちか	3(14)
麻有	まゆ	11(6)
霞菜子	かなこ	17(14)
小艶子	さえこ	3(22)
渚紗	なぎさ	11(10)
瀬吏	せり	19(6)
佐妃	さき	7(6)
埜絵留	のえる	11(22)
麗以菜	れいな	19(16)
里緒	りお	7(14)
貴玖恵	きくえ	12(17)
耀世	あきよ	20(5)

4＋3

姓の画数と例：中山 井上 中川 木下 片山 内山 井口 など

姓に合う名の画数

- 1字名：10、14、22
- 2・3字名：2＋4、2＋9、2＋14、5＋3、5＋11、5＋19、8＋17、10＋1、10＋14、12＋4、12＋12、12＋20、13＋3、13＋19、14＋4、14＋17、14＋27、15＋3、18＋13、18＋14、20＋4、20＋25、21＋3、22＋2、22＋19

名前例

名前	よみ	画数
颯	そよ	14
奈緒子	なおこ	8(17)
翠嶺	すいれい	14(17)
鷗	かもめ	22
真亜沙	まあさ	10(14)
瑠璃絵	るりえ	14(27)
アリス	ありす	2(4)
詠日	うたひ	12(4)
憧子	とうこ	15(3)
八重	やえ	2(9)
朝陽	あさひ	12(12)
襟愛	えりあ	18(13)
七央海	なおみ	2(14)
絵梨香	えりか	12(20)
雛菜子	ひなこ	18(14)
冬子	とうこ	5(3)
夢女	ゆめ	13(3)
耀心	てるみ	20(4)
加奈子	かなこ	5(11)
意純美	いずみ	13(19)
櫻子	さくらこ	21(3)
未樹子	みきこ	5(19)
歌月	かづき	14(4)
讃都季	さつき	22(19)

4＋4

姓の画数と例：今井 中井 井手 木戸 井戸 元木 日比 など

姓に合う名の画数

- 1字名：17
- 2・3字名：1＋2、1＋12、2＋3、2＋13、3＋14、7＋14、9＋14、11＋2、11＋12、12＋1、12＋3、12＋9、12＋11、12＋13、12＋21、13＋2、14＋3、14＋7、14＋9、14＋11、14＋17、17＋14、20＋3、20＋13、21＋12

名前例

名前	よみ	画数
瞳	ひとみ	17
萌絵	もえ	11(12)
誓子	せいこ	14(3)
しん		1(2)
葵乙	あおい	12(1)
綺花	あやか	14(7)
一瑛	かずえ	1(12)
裕子	ゆうこ	12(3)
颯香	そうか	14(9)
いのり		2(3)
智咲	ちさ	12(9)
緋菜	ひな	14(11)
二三恵	ふみえ	2(13)
絵理	えり	12(11)
歌奈美	かなみ	14(17)
志緒	しお	7(14)
紫帆里	しほり	12(13)
響女	おとめ	20(3)
柚嘉	ゆか	9(14)
結鶴	ゆづる	12(21)
響楓	きょうか	20(13)
彩乃	あやの	11(2)
暖乃	はるの	13(2)
顧葉	みよ	21(12)

4＋5

姓の画数と例

太田　内田　中田　戸田　中本　井出　今田　など

姓に合う名の画数

1字名：6　12

2・3字名：2＋(4)　2＋(14)　2＋(27)　3＋(12)　3＋(13)　3＋(21)　6＋(1)　8＋(7)　10＋(13)　10＋(14)　10＋(28)　11＋(21)　12＋(3)　12＋(12)　12＋(20)　18＋(20)　20＋(3)　20＋(4)　20＋(12)　20＋(28)　24＋(14)

名前例

光（ひかり）6　葵（あおい）12　アリス（ありす）2(4)　こころ 2(4)　七歌（ななか）2(14)　八詩緒（やしお）2(27)　千尋（ちひろ）3(12)　小鈴（こすず）3(13)

万梨紗（まりさ）3(21)　衣乙（いお）6(1)　和沙（かずさ）8(7)　紗暉（さき）10(13)　恭歌（きょうか）10(14)　莉鶴希（りつき）10(28)　麻利裳（まりも）11(21)　瑛子（えいこ）12(3)

琴絵（ことえ）12(12)　葉瑞希（はづき）12(20)　雛奈絵（ひなえ）18(20)　鐘子（しょうこ）20(3)　耀水（あきみ）20(4)　響稀（ひびき）20(12)　耀優梨（あゆり）20(28)　鷺綾（さあや）24(14)

4＋6

姓の画数と例

中西　丹羽　今西　日向　中江　引地　日吉　など

姓に合う名の画数

1字名：5　15　23

2・3字名：2＋(1)　2＋(3)　2＋(11)　2＋(13)　5＋(2)　5＋(20)　7＋(4)　9＋(4)　9＋(12)　9＋(14)　10＋(3)　10＋(11)　10＋(13)　10＋(19)　10＋(21)　11＋(4)　11＋(20)　12＋(9)　12＋(11)　12＋(13)　12＋(17)　18＋(3)　18＋(7)　19＋(4)　23＋(14)

名前例

司（つかさ）5　舞（まい）15　りく 2(1)　七夕（ななせ）2(3)　七菜（なな）2(11)　乃瑚（のこ）2(13)　市乃（いちの）5(2)　那月（なつき）7(4)

南斗（みなと）9(4)　美結（みゆ）9(12)　桃子（ももこ）10(3)　桔梗（ききょう）10(11)　紗楽（さら）10(13)　恵梨奈（えりな）10(19)　栞緒里（しおり）10(21)　麻友（まゆ）11(4)

菜都美（なつみ）11(20)　朝香（あさか）12(9)　椎菜（しいな）12(11)　詠夢（えいむ）12(13)　裕梨衣（ゆりえ）12(17)　雛子（ひなこ）18(3)　織花（おりか）18(7)　瀬月（せづき）19(4)

4＋7

姓の画数と例

中村　木村　今村　中尾　水谷　中谷　中沢　など

姓に合う名の画数

1字名：14

2・3字名：6＋(12)　10＋(11)　10＋(14)　11＋(7)　14＋(4)　16＋(2)　17＋(7)　22＋(2)　24＋(13)

名前例

綴（つづり）14　遙（はるか）14　緑（みどり）14　光瑛（みつえ）6(12)　百葉（ももは）6(12)　夏奈子（かなこ）10(11)　真知子（まちこ）10(11)　紘歌（ひろか）10(14)

真綾（まあや）10(14)　彩那（あやな）11(7)　清花（きよか）11(7)　理沙（りさ）11(7)　渚友子（なゆこ）11(7)　綺水（きみ）14(4)　鳴月（なつき）14(4)　樹十（きと）16(2)

澪乃（みおの）16(2)　翼沙（つばさ）17(7)　優希（ゆき）17(7)　嶺花（れいか）17(7)　讃乃（あきの）22(2)　鷗乃（かもの）22(2)　麟愛（りあ）24(13)　鷺夢（ろむ）24(13)

4＋8

姓の画数と例

片岡　中林　五味　中岡　丹治　中居　今枝　など

姓に合う名の画数

1字名：なし

2・3字名：3＋(2)　3＋(14)　5＋(20)　8＋(17)　8＋(25)　9＋(2)　9＋(12)　10＋(1)　10＋(3)　10＋(7)　10＋(11)　10＋(13)　10＋(19)　13＋(4)　15＋(14)　15＋(20)　16＋(1)　16＋(7)　16＋(9)　16＋(13)　16＋(17)　23＋(12)　24＋(1)　24＋(9)　24＋(11)

名前例

るい 3(2)　千種（ちぐさ）3(14)　未菜美（みなみ）5(20)　茉莉花（まりか）8(17)　歩優実（あゆみ）8(25)　美乃（みの）9(2)　美貴（みき）9(12)　純乙（すみお）10(1)

容子（ようこ）10(3)　姫花（ひめか）10(7)　夏菜（かな）10(11)　華鈴（かりん）10(13)　真樹子（まきこ）10(19)　園巴（そのは）13(4)　澄々菜（すずな）15(14)　舞結実（まゆみ）15(20)

樹乙（いつき）16(1)　樹里（じゅり）16(7)　澪南（みおな）16(9)　磨里恵（まりえ）16(17)　鑑己美（あきみ）23(12)　鷺乙（さき）24(1)　鷺音（さぎね）24(9)　麟彩（りさ）24(11)

4+9

姓の画数と例

内海 今泉 仁科 中垣 中畑 今津 中屋 など

姓に合う名の画数

1字名：なし

2・3字名：
2+3 7+9 9+9 12+20 14+11 16+2 20+19 24+1
6+2 7+25 12+4 14+2 14+21 20+4 22+13 24+11
7+1 8+27 12+12 14+4 15+9 20+12 23+12 24+21

名前例

七夕（ななせ）2+3　安七（あんな）6+2　亜一（あい）7+1　杏香（きょうか）7+9　里南（りな）7+9　佐緒理（さおり）7+25　侑樹菜（ゆきな）8+27　奏美（かなみ）9+9

結水（ゆみ）12+4　景登（けいと）12+12　葉瑞希（はずき）12+20　綾乃（あやの）14+2　鳴月（なつき）14+4　誌麻（しま）14+11　歌緒里（かおり）14+21　舞海（まみ）15+9

樹乃（きの）16+2　響水（おとみ）20+4　護葉（もりは）20+12　譲里葉（ゆずりは）20+19　讃友美（さゆみ）22+13　鱒寸美（ますみ）23+12　麟乙（りお）24+1　鷺騎子（さきこ）24+21

4+10

姓の画数と例

中島 中原 日高 片桐 木原 中根 井原 など

姓に合う名の画数

1字名：7

2・3字名：
3+20 6+9 7+4 8+9 11+4 13+12 14+7 14+19 22+11
5+12 6+17 7+14 8+13 11+20 14+1 14+9 19+4
6+1 6+19 8+3 8+17 13+2 14+3 14+11 22+3

名前例

希（のぞみ）7　千菜津（ちなつ）3+20　未琴（みこと）5+12　汐乙（しお）6+1　光南（みな）6+9　安衣菜（あいな）6+17　羽蘭（うらん）6+19　那月（なつき）7+4

希良里（きらり）7+14　怜子（れいこ）8+3　空美（くみ）8+9　茉椰（まや）8+13　幸霞（ゆきか）8+17　望月（みつき）11+4　麻結実（まゆみ）11+20　照乃（てるの）13+2

詩葉（うたは）13+12　静乙（しずき）14+1　緑子（みどりこ）14+3　瑠李（るり）14+7　聡美（さとみ）14+9　綺彩（きさ）14+11　歌梨奈（かりな）14+19　瀬戸（せと）19+4

4+11

姓の画数と例

中野 水野 天野 今野 日野 内野 丹野 など

姓に合う名の画数

1字名：2 6 10

2・3字名：
2+1 5+3 6+2 10+7 12+4 14+2 14+19 20+12 24+9
2+14 5+11 6+12 10+14 12+12 14+4 18+14 20+17
2+21 5+27 7+11 10+27 13+11 14+9 18+19 22+11

名前例

旭（あさひ）6　りく 2+1　七樺（ななか）2+14　八須美（はすみ）2+21　未夕（みゆ）5+3　加奈子（かなこ）5+11　由樹菜（ゆきな）5+27　汐七（しおな）6+2

伊久美（いくみ）6+12　里梛（りな）7+11　珠希（たまき）10+7　真由美（まゆみ）10+14　遊月（ゆづき）12+4　結葵（ゆき）12+12　鈴鹿（すずか）13+11　静乃（しずの）14+2

綾水（あやみ）14+4　綾香（あやか）14+9　綺麗（きらら）14+19　雛嘉（ひなか）18+14　藍羅（あいら）18+19　耀葉（てるは）20+12　鷗菜（かもな）22+11　鷺美（ろみ）24+9

4+12

姓の画数と例

手塚 中塚 戸塚 中森 中道 水越 犬塚 など

姓に合う名の画数

1字名：なし

2・3字名：
1+4 3+20 6+7 6+19 11+4 12+3 12+13 20+9 21+4
1+14 5+2 6+11 6+25 11+14 12+9 19+2 20+11
3+14 6+1 6+17 11+2 12+1 12+11 20+1 20+21

名前例

一心（かずこ）1+4　乙歌（いつか）1+14　万里花（まりか）3+20　千愛希（ちあき）3+20　冬乃（ふゆの）5+2　妃乙（きお）6+1　朱里（しゅり）6+7　衣都（えと）6+11

衣鞠（いまり）6+17　早祐莉（さゆり）6+19　有樹保（ゆきほ）6+25　雪乃（ゆきの）11+2　菜つみ（なつみ）11+4　深緒（みお）11+14　朝乙（あさお）12+1　翔子（しょうこ）12+3

朝香（あさか）12+9　晴菜（はるな）12+11　智聖（ちさと）12+13　麗乃（れの）19+2　懸音（かのん）20+9　護菜（もりな）20+11　馨南絵（かなえ）20+21　露水（つゆみ）21+4

4＋13

姓の画数と例

犬飼　中園　日置　など

姓に合う名の画数

1字名：12　22

2・3字名：
2＋④　3＋④　5＋⑬　10＋㉕　12＋⑫　18＋⑰　22＋⑲
2＋⑭　3＋⑬　8＋⑦　11＋④　16＋②　20＋④　24＋⑦
2＋⑲　5＋①　10＋⑭　12＋④　18＋③　22＋⑨　24＋⑰

名前例

- 葵（あおい）12
- 讃（あき）22
- このみ 2④
- 八菜子（はなこ）2⑭
- 十樹子（ときこ）2⑲
- 夕月（ゆづき）3④
- 万椰（まや）3⑬
- 由乙（ゆい）5①
- 可鈴（かりん）5⑬
- 明里（あかり）8⑦
- 真緒（まお）10⑭
- 紗緒梨（さおり）10㉕
- 萌心（もえみ）11④
- 陽水（はるみ）12④
- 琴絵（ことえ）12⑫
- 喜美子（きみこ）12⑫
- 樹十（きと）16②
- 燿子（ようこ）18③
- 織梨衣（おりえ）18⑰
- 護水（もりみ）20④
- 讃美（あきみ）22⑨
- 鷗徽乃（おきの）22⑲
- 鷺里（さぎり）24⑦
- 鷺優（さゆ）24⑰

4＋14

姓の画数と例

中嶋　比嘉　井関　手嶋　など

姓に合う名の画数

1字名：なし

2・3字名：
1＋②　2＋③　2＋⑲　3＋⑭　10＋①　10＋⑬　15＋⑭　21＋②
1＋⑫　2＋⑪　2＋㉑　7＋④　10＋③　11＋②　17＋④
1＋⑳　2＋⑬　3＋④　9＋④　10＋⑪　11＋⑫　18＋③

名前例

- のん 1②
- 一稀（かずき）1⑫
- 一都美（ひとみ）1⑳
- ことの 2③
- 十和子（とわこ）2⑪
- 二友美（ふゆみ）2⑬
- 七瀬（ななせ）2⑲
- 七結香（なゆか）2㉑
- 万友（まゆ）3④
- 夕歌（ゆうか）3⑭
- 李友（りゆ）7④
- 咲月（さつき）9④
- 恋乙（こい）10①
- 紗千（さち）10③
- 恵菜（えな）10⑪
- 真鈴（まりん）10⑬
- 彩七（あやな）11②
- 雪乃（ゆきの）11②
- 菜満（なみ）11⑫
- 麻朝（まあさ）11⑫
- 舞歌（まいか）15⑭
- 優比（ゆい）17④
- 繭己（まゆみ）18③
- 露乃（つゆの）21②

4＋16

姓の画数と例

中澤　中橋　など

姓に合う名の画数

1字名：なし

2・3字名：
1＋⑭　2＋③　2＋⑲　8＋⑦　8＋⑰　15＋②　17＋㉑
1＋⑳　2＋⑨　5＋⑫　8＋⑨　9＋②　16＋①　22＋③
2＋①　2＋⑪　8＋③　8＋⑬　9＋④　16＋⑨　23＋⑭

名前例

- 乙歌（いつか）1⑭
- 一綺（かずき）1⑭
- 一護（いちご）1⑳
- うの 2①
- 七子（ななこ）2③
- 七海（ななみ）2⑨
- 乃梨（のり）2⑪
- 八津恵（はつえ）2⑲
- 由貴（ゆき）5⑫
- 布夕香（ふゆか）5⑫
- 來々（らら）8③
- 波希（なみき）8⑦
- 実乃里（みのり）8⑨
- 明日香（あすか）8⑬
- 実優（みゆ）8⑰
- 香乃（かの）9②
- 柚水（ゆみ）9④
- 嬉乃（よしの）15②
- 蕗一（ろい）16①
- 鮎美（あゆみ）16⑨
- 懐美（なつみ）16⑨
- 霞菜莉（かなり）17㉑
- 讃子（さこ）22③
- 鑑蜜（あきみ）23⑭

4＋18

姓の画数と例

内藤　井藤　など

姓に合う名の画数

1字名：7　17

2・3字名：
3＋④　5＋⑳　6＋⑨　6＋⑲　14＋①　14＋㉑　20＋③
3＋⑫　6＋①　6＋⑪　11＋⑫　14＋③　15＋②　23＋②
3＋⑭　6＋⑦　6＋⑰　13＋④　14＋⑪　15＋⑳　23＋⑫

名前例

- 杏（あん）7
- 翼（つばさ）17
- さくら 3④
- 千晶（ちあき）3⑫
- 久美子（くみこ）3⑫
- 未彩栄（みさえ）5⑳
- 旭乙（あさお）6①
- 帆花（ほのか）6⑦
- 朱音（あかね）6⑨
- 次美（つぐみ）6⑨
- 多佳子（たかこ）6⑪
- 伊玖恵（いくえ）6⑲
- 江莉香（えりか）6⑲
- 深結（みゆ）11⑫
- 夢月（むつき）13④
- 綾乙（あやお）14①
- 綸子（りんこ）14③
- 緋菜（ひな）14⑪
- 嘉南絵（かなえ）14㉑
- 澄乃（すみの）15②
- 穂菜美（ほなみ）15⑳
- 耀女（あきな）20③
- 鑑乃（あきの）23②
- 鱒瑛（ますえ）23⑫

5

姓の画数と例

平　北　など

姓に合う名の画数

1字名：なし

2・3字名：1+⑩　2+⑭　2+⑯　3+⑩　6+⑦　6+⑫　8+⑩　8+⑯　8+㉔　10+⑥　10+㉒　10+㉓　11+②　11+㉒　12+⑥　12+⑫　12+⑳　16+②　16+⑯　18+⑥　19+⑭　20+④　20+⑫　24+㉓

名前例

画数	名前	読み
1⑩	乙夏	いつか
8㉔	奈穂美	なほみ
12⑳	満須実	ますみ
2⑭	七緒	ななお
10⑥	夏帆	かほ
16②	鮎乃	あゆの
2⑯	十愛子	とあこ
10㉒	恵梨菜	えりな
16⑥	樹梨可	きりか
3⑩	千紗	ちさ
10㉓	真裕理	まゆり
18⑥	藍吏	あいり
6⑦	安里	あんり
11②	笛乃	ふえの
19⑭	麗伊奈	れいな
6⑫	早紀子	さきこ
11㉒	彩矢霞	あやか
20④	響心	きょうこ
8⑩	佳恋	かれん
12⑥	遥名	はるな
20⑫	耀祐子	ようこ
8⑯	和可菜	わかな
12⑫	琴詠	ことえ
24㉓	鷺都貴	さつき

5＋3

姓の画数と例

石川　古川　市川　田口　北川　平山　平川　など

姓に合う名の画数

1字名：なし

2・3字名：2+①　2+⑪　3+②　3+⑫　3+⑳　4+⑬　8+⑬　10+⑬　12+⑪　13+②　13+⑧　13+⑩　13+⑫　13+⑱　13+⑳　14+①　15+②　15+⑥　15+⑧　15+⑩　15+⑯　15+㉔　18+⑬　21+⑫　22+⑪

名前例

画数	名前	読み
2①	りの	
13②	慈乃	よしの
15⑥	舞衣	まい
2⑪	七奈子	ななこ
13⑧	詩雨	しう
15⑧	遼佳	はるか
3⑫	小百合	さゆり
13⑩	詩桜	しお
15⑩	嬉恵	きえ
3⑳	千恵莉	ちえり
13⑫	蒔絵	まきえ
15⑯	穂積	ほづみ
4⑬	水楽	みら
13⑱	詩織	しおり
15㉔	璃梨愛	りりあ
8⑬	和愛	かずな
13⑳	楓悠美	ふゆみ
18⑬	観由季	みゆき
10⑬	華鈴	かりん
14①	遙乙	はるき
21⑫	鶴可沙	つかさ
12⑪	結唯	ゆい
15②	潤七	じゅんな
22⑪	讃理	あかり

5＋4

姓の画数と例

田中　石井　永井　平井　白井　玉井　正木　など

姓に合う名の画数

1字名：12　14

2・3字名：3+③　3+⑬　3+㉖　4+⑫　4+⑳　9+⑥　11+⑫　11+⑬　11+㉗　12+⑳　13+②　13+⑪　13+⑲　19+⑲　21+②　21+③　21+⑪　21+㉗

名前例

画数	名前	読み
12	結	ゆい
4⑳	比那愛	ひなえ
13②	夢十	ゆと
14	静	しずか
9⑥	香帆	かほ
13⑪	愛梨	あいり
14	遙	はるか
9⑥	海衣	みえ
13⑲	雅羅	がら
3③	えみ	
11⑫	深晴	みはる
19⑲	鏡純美	かずみ
3③	みゆ	
11⑬	菜々恵	ななえ
21②	露七	つゆな
3⑬	三園	みその
11㉗	彩騎美	あきみ
21③	露万	ろまん
3㉖	夕樹恵	ゆきえ
12⑳	賀都美	かつみ
21⑪	顧和子	みわこ
4⑫	友紀子	ゆきこ
13②	想乃	その
21㉗	露優姫	つゆき

5＋5

姓の画数と例

石田　平田　本田　永田　田辺　白石　田代　など

姓に合う名の画数

1字名：6

2・3字名：1+⑥　3+②　3+⑩　3+⑫　3+⑱　6+①　6+⑲　8+③　10+③　10+⑪　10+⑬　11+②　11+⑩　11+⑫　11+⑱　11+⑳　12+③　13+⑧　13+⑩　13+⑫　13+⑯　13+⑱　19+⑥　19+⑱　20+③

名前例

画数	名前	読み
6	凪	なぎ
8③	茉己	まみ
13⑧	夢果	ゆめか
1⑥	一帆	いちほ
10⑬	笑愛	えみな
13⑩	詩真	しま
3②	みう	
11②	毬七	まりな
13⑫	蒔絵	まきえ
3⑩	小夏	こなつ
11⑫	淳華	じゅんか
13⑯	愛美里	えみり
3⑫	夕湖	ゆうこ
11⑫	雪瑛	ゆきえ
13⑱	詩織	しおり
3⑱	久美香	くみか
11⑳	菜都希	なつき
19⑥	霧衣	きりえ
6①	汐乙	しお
11⑳	理緒名	りおな
19⑱	瀬津南	せつな
6⑲	吏瀬	りせ
12③	朝子	あさこ
20③	耀三	あきみ

5+6

姓の画数と例

本多　末吉　永吉　末次　本庄　加地　田仲　など

姓に合う名の画数

1字名：なし

2・3字名：
1+(20)　11+(10)　15+(3)　23+(1)
7+(11)　11+(13)　17+(1)
9+(28)　12+(6)　18+(6)

名前例

乙馨（いつか）1(20)　一紗恵（ひさえ）1(20)　杏梨（あんり）7(11)　希菜（きな）7(11)　風結樹（ふゆき）9(28)　美優梨（みゆり）9(28)　章恵（あきえ）11(10)　康恵（やすえ）11(10)
菜之花（なのか）11(10)　深愛（みな）11(13)　萌夢（もえむ）11(13)　萊夢（らいむ）11(13)　琴江（ことえ）12(6)　葉名（はな）12(6)　満帆（まほ）12(6)　憧子（とうこ）15(3)
舞子（まいこ）15(3)　遼子（りょうこ）15(3)　環乙（たまき）17(1)　優乙（ゆうき）17(1)　藍妃（あいき）18(6)　織衣（おりえ）18(6)　繭衣（まゆい）18(6)　鑑乙（あき）23(1)

5+7

姓の画数と例

田村　北村　古谷　市村　立花　平尾　古沢　など

姓に合う名の画数

1字名：4

2・3字名：
1+(2)　4+(1)　9+(16)　10+(11)　11+(10)　11+(24)　16+(19)　17+(12)　24+(11)
1+(12)　4+(13)　9+(24)　11+(2)　11+(12)　14+(3)　17+(6)　17+(16)
1+(16)　6+(19)　10+(1)　11+(6)　11+(18)　16+(13)　17+(8)　22+(1)

名前例

巴（ともえ）4　のん 1(2)　乙葉（おとは）1(12)　一美花（ひみか）1(16)　友乙（ゆい）4(1)　水暉（みずき）4(13)　伊都実（いつみ）6(19)　美裕稀（みゆき）9(24)
真乙（まい）10(1)　恵麻（えま）10(11)　淑乃（よしの）11(2)　毬衣（まりい）11(6)　理桜（りお）11(10)　彩智（さち）11(12)　菜穂子（なほこ）11(18)　彩津輝（さつき）11(24)
遙子（ようこ）14(3)　懐愛（なつえ）16(13)　樹理阿（じゅりあ）16(19)　優羽（ゆう）17(6)　鞠果（まりか）17(8)　優貴（ゆうき）17(12)　優香里（ゆかり）17(16)　讃乙（あき）22(1)

5+8

姓の画数と例

平松　平岡　平林　田所　石岡　北岡　加茂　など

姓に合う名の画数

1字名：10

2・3字名：
3+(2)　8+(24)　10+(8)　13+(19)　15+(10)　17+(1)　21+(18)
7+(1)　9+(2)　13+(3)　15+(1)　15+(20)　21+(3)　23+(12)
8+(8)　9+(26)　13+(11)　15+(3)　16+(8)　21+(11)　24+(11)

名前例

栞（しおり）10　三七（みな）3(2)　よしの 3(2)　里乙（りお）7(1)　知奈（ともな）8(8)　茉実（まみ）8(8)　奈穂美（なほみ）8(24)　紀乃（きの）9(2)
美風優（みふゆ）9(26)　桃果（ももか）10(8)　園子（そのこ）13(3)　勢都（せつ）13(11)　勢都奈（せつな）13(19)　澄乙（すみお）15(1)　慧子（けいこ）15(3)　璃紗（りさ）15(10)
舞優子（まゆこ）15(20)　鮎奈（あゆな）16(8)　環乙（たまき）17(1)　鶴子（かこ）21(3)　顧奈子（みなこ）21(11)　鶴南美（かなみ）21(18)　鑑己美（あきみ）23(12)　鷺菜（さぎな）24(11)

5+9

姓の画数と例

石神　田畑　古屋　石垣　布施　玉城　石津　など

姓に合う名の画数

1字名：4　24

2・3字名：
2+(19)　6+(11)　7+(18)　9+(2)　9+(16)　14+(1)　15+(6)　15+(18)　23+(10)
4+(11)　7+(8)　8+(3)　9+(8)　12+(3)　14+(11)　15+(8)　20+(3)
4+(19)　7+(16)　8+(13)　9+(12)　12+(19)　15+(2)　15+(10)　23+(8)

名前例

心（こころ）4　麟（りん）24　七稀沙（なぎさ）2(19)　友理（ゆり）4(11)　心麗（みれい）4(19)　早知子（さちこ）6(11)　那奈（なな）7(8)　杏樹（あんじゅ）7(16)
沙織（さおり）7(18)　実夕（みゆ）8(3)　奈桜子（なおこ）8(13)　海七（みな）9(2)　咲季（さき）9(8)　香央里（かおり）9(12)　美沙紀（みさき）9(16)　稀子（きこ）12(3)
裕樹子（ゆきこ）12(19)　綸里巴（りりは）14(11)　慶乃（よしの）15(2)　舞帆（まほ）15(6)　嬉奈（きな）15(8)　穂夏（ほのか）15(10)　穂麻里（ほまり）15(18)　響子（きょうこ）20(3)

5＋10

姓の画数と例：石原　田島　田原　北原　加納　矢島　北島　など

姓に合う名の画数

1字名：なし

2・3字名：1+16　6+2　7+1　11+6　13+3　15+1　15+18　21+11　23+10　3+13　6+10　7+11　11+13　13+11　15+3　19+13　21+16　3+20　6+26　8+10　11+26　14+10　15+8　19+18　23+1

名前例

乙央菜（いおな）1⑯　千滉（ちひろ）3⑬　夕梨香（ゆりか）3⑳　吉乃（よしの）6②　光紗（みさ）6⑩　名菜穂（ななほ）6㉖　沙乙（さき）7①　沙雪（さゆき）7⑪

佑由名（ゆゆな）7⑪　佳恋（かれん）8⑩　菜々子（ななこ）11⑥　深園（みその）11⑬　彩穂理（さほり）11㉖　愛夕（あゆ）13③　愛梨（あいり）13⑪　歌恋（かれん）14⑩

諒子（りょうこ）15③　嬉奈（きな）15⑧　舞理花（まりか）15⑱　鏡愛（あきえ）19⑬　霧梨花（きりか）19⑱　櫻菜（さくな）21⑪　鶴保里（かほり）21⑯　鑑恵（あきえ）23⑩

5＋11

姓の画数と例：平野　矢野　北野　石黒　永野　石崎　田崎　など

姓に合う名の画数

1字名：2

2・3字名：2+3　4+19　7+10　7+24　12+13　13+10　14+27　21+10　2+13　6+1　7+16　12+1　13+2　13+12　20+1　21+20　4+13　7+6　7+18　12+3　13+8　13+28　21+8　22+3

名前例

乃子（のこ）2③　乃楽（のら）2⑬　友起子（ゆきこ）4⑬　水羅（みら）4⑲　汐乙（しお）6①　沙羽（さわ）7⑥　希恵（きえ）7⑩　杏華（きょうか）7⑩

亜季奈（あきな）7⑯　佑莉佳（ゆりか）7⑱　亜鷺（あさぎ）7㉔　結乙（ゆい）12①　瑛子（えいこ）12③　紫園（しおん）12⑬　愛七（あいな）13②　詩雨（しう）13⑧

愛恵（めぐみ）13⑩　聖絵（きよえ）13⑫　鈴葉（すずは）13⑫　詩緒歌（しおか）13㉘　綾貴穂（あきほ）14㉗　耀一（きい）20①　露佳（ろか）21⑧　鶴恵（かえ）21⑩

5＋12

姓の画数と例：本間　古賀　石塚　甲斐　平塚　石渡　平賀　など

姓に合う名の画数

1字名：6　12　20

2・3字名：3+3　4+12　11+13　13+3　17+1　21+3　3+13　6+12　11+24　13+11　19+2　23+8　3+18　9+6　12+12　13+28　19+16　23+18

名前例

朱（あき）6　釉（ゆう）12　馨（かおる）20　みのり 3③　夕愛（ゆうな）3⑬　千南美（ちなみ）3⑱　公美子（くみこ）4⑫　早稀（さき）6⑫

光紀子（みきこ）6⑫　美帆（みほ）9⑥　麻鈴（まりん）11⑬　菜穂美（なおみ）11㉔　遥葉（はるよ）12⑫　愛己（いつき）13③　愛菜（あいな）13⑪　蓮清（はすみ）13⑪

詩織莉（しおり）13㉘　環乙（たまき）17①　鞠乙（まりい）17①　麗七（れいな）19②　瀬莉名（せりな）19⑯　露子（つゆこ）21③　顯季（あき）23⑧　鑑悠里（あゆり）23⑱

5＋13

姓の画数と例：玉置　など

姓に合う名の画数

1字名：なし

2・3字名：2+1　3+2　3+18　4+11　11+2　12+1　18+3　2+11　3+10　3+20　8+3　11+10　12+11　19+2　2+19　3+12　4+3　10+3　11+12　16+13　22+1

名前例

リノ（りの）2①　十季子（ときこ）2⑪　九留美（くるみ）2⑲　みと 3②　夕記（ゆき）3⑩　ゆずな 3⑩　万智（まち）3⑫　千織（ちおり）3⑱

万優子（まゆこ）3⑳　友万（ゆま）4③　友梨（ゆり）4⑪　歩己（あゆみ）8③　純子（じゅんこ）10③　菊乃（きくの）11②　彩姫（さき）11⑩　清絵（きよえ）11⑫

釉乙（ゆうき）12①　絵梨（えり）12⑪　皓埜（ひろの）12⑪　樹里衣（きりえ）16⑬　磨里名（まりな）16⑬　襟子（えりこ）18③　霧乃（きりの）19②　讃乙（あき）22①

5＋14

姓の画数と例：田端　田嶋　など

姓に合う名の画数

1字名：なし

2・3字名：1＋⑫　4＋②　11＋㉗　19＋⑲　23＋⑯　2＋㉗　7＋⑪　15＋③　21＋⑫　3＋③　11＋②　17＋①　23＋⑥

名前例

乙稀（いつき）1⑫　一葵（かずき）1⑫　十和瀬（とわせ）2㉗　七奈瀬（ななせ）2㉗　そら 3③　ゆみ 3③　文乃（あやの）4②　おと 4②

沙雪（さゆき）7⑪　佑梨（ゆり）7⑪　沙衣加（さえか）7⑪　毬乃（まりの）11②　梨乃（りの）11②　彩菜衛（さなえ）11㉗　琉璃湖（るりこ）11㉗　潤子（じゅんこ）15③

範子（のりこ）15③　嶺乙（みお）17①　麗羅（れいら）19⑲　艶梨奈（えりな）19⑲　露賀（ろか）21⑫　櫻久美（さくみ）21⑫　鑑妃（あき）23⑥　顕希南（あきな）23⑯

5＋15

姓の画数と例：生駒　など

姓に合う名の画数

1字名：なし

2・3字名：1＋⑫　2＋⑬　3＋⑧　6＋⑪　9＋⑧　9＋㉘　16＋①　24＋⑬　1＋⑳　2＋⑲　3＋⑩　9＋②　9＋⑫　10＋①　17＋⑧　1＋㉔　3＋②　3＋⑱　9＋⑥　9＋⑯　10＋③　23＋②

名前例

乙稀（いつき）1⑫　一都香（いつか）1⑳　一菜愛（かなえ）1㉔　乃瑚（のこ）2⑬　七都乃（なつの）2⑬　乃羅（のら）2⑲　あい 3②　小夜（さよ）3⑧

久恵（ひさえ）3⑩　小雛（こひな）3⑱　夕起奈（ゆきな）3⑱　百菜（ももな）6⑪　咲絵（さきえ）9⑫　祐里香（ゆりか）9⑯　美優梨（みゆり）9㉘　留乙（るい）10①

恭子（きょうこ）10③　薫乙（かお）16①　環奈（かんな）17⑧　優佳（ゆうか）17⑧　優芽（ゆめ）17⑧　顕七（あきな）23②　麟愛（りあ）24⑬　鷺楽（ろうら）24⑬

5＋16

姓の画数と例：石橋　本橋　古橋　市橋　古澤　田頭　など

姓に合う名の画数

1字名：16

2・3字名：1＋⑩　7＋⑪　13＋⑪　15＋③　23＋①　2＋⑯　8＋⑯　15＋①　21＋③　7＋①　13＋③　15＋②　21＋⑩

名前例

澪（みお）16　操（みさお）16　一姫（かずき）1⑩　乃利香（のりか）2⑯　希乙（きき）7①　芙実子（ふみこ）7⑪　知亜紀（ちあき）8⑯　弥佑紀（みゆき）8⑯

和可菜（わかな）8⑯　詢子（じゅんこ）13③　愛菜（あいな）13⑪　聖梛（あきな）13⑪　聖菜（せいな）13⑪　澄乙（すみお）15①　摩乙（まお）15①　舞乃（まの）15②

慶乃（よしの）15②　澄子（すみこ）15③　遼子（りょうこ）15③　櫻子（さくらこ）21③　櫻弓（さゆみ）21③　鶴恵（かえ）21⑩　露華（ろか）21⑩　顕乙（あきお）23①

5＋18

姓の画数と例：加藤　など

姓に合う名の画数

1字名：15

2・3字名：3＋⑫　6＋⑱　11＋⑱　15＋①　21＋③　23＋②　3＋⑬　7＋⑪　13＋③　15＋⑩　21＋⑧　23＋⑫　6＋②　11＋⑬　14＋②　15＋⑳　23＋①

名前例

千絵（ちえ）3⑫　三貴（みき）3⑫　小由希（さゆき）3⑫　小夢（こゆめ）3⑬　夕楽（ゆら）3⑬　光乃（みつの）6②　江莉奈（えりな）6⑱　早智衣（さちえ）6⑱

花菜（かな）7⑪　沙衣加（さえか）7⑪　麻衣花（まいか）11⑬　麻織（まおり）11⑱　愛弓（あゆみ）13③　睦弓（むつみ）13③　聡乃（あきの）14②　歌乃（うたの）14②

輝乙（きお）15①　澄夏（すみか）15⑩　凜緒名（りおな）15⑳　顧子（ここ）21③　櫻実（さくみ）21⑧　鑑乙（あき）23①　鱒乃（ますの）23②　鑑絵（あきえ）23⑫

5+19

姓の画数と例：広瀬 加瀬 永瀬 古瀬 など

姓に合う名の画数

1字名：14

2・3字名：2+(13)　6+(1)　13+(2)　14+(1)　18+(3)　4+(1)　6+(27)　13+(8)　14+(19)　4+(11)　10+(13)　13+(20)　16+(1)

名前例

綾（あや）14　翠（みどり）14　七夢（ななむ）2(13)　七桜子（なおこ）2(13)　きの 4(1)　まつ 4(1)　心菜（ここな）4(11)　友望（ゆみ）4(11)

衣乙（いお）6(1)　汐乙（しお）6(1)　早智穂（さちほ）6(27)　夏鈴（かりん）10(13)　真紗子（まさこ）10(13)　聖乃（きよの）13(2)　鈴乃（すずの）13(2)　瑞乃（みずの）13(2)

想奈（そな）13(8)　夢雨（ゆめ）13(8)　聖梨香（せりか）13(20)　綺乙（きお）14(1)　綾裕里（あゆり）14(19)　操乙（みさお）16(1)　雛女（ひな）18(3)　観久（みく）18(3)

6

姓の画数と例：辻 西 芝 仲 向 など

姓に合う名の画数

1字名：なし

2・3字名：1+(10)　5+(20)　9+(24)　11+(4)　11+(24)　15+(16)　18+(7)　19+(14)　23+(16)　1+(24)　7+(4)　10+(5)　11+(7)　12+(5)　15+(17)　18+(15)　19+(22)　2+(15)　7+(16)　10+(23)　11+(20)　12+(23)　18+(5)　19+(4)　23+(6)

名前例

乙華（おとか）1(10)　一澄美（かすみ）1(24)　七穂（ななほ）2(15)　希水（のぞみ）7(4)　沙樹（さき）7(16)　美鶴子（みつこ）9(24)　真世（まよ）10(5)　真梨絵（まりえ）10(23)

彩月（さつき）11(4)　萌花（もえか）11(7)　彩耀（さよ）11(20)　深緒莉（みおり）11(24)　稀央（きお）12(5)　葉都絵（はつえ）12(23)　穂奈実（ほなみ）15(16)　舞優（まゆ）15(17)

織永（おりえ）18(5)　襟亜（えりあ）18(7)　藍澄（あすみ）18(15)　麗水（れみ）19(4)　霧緒（きりお）19(14)　鏡樹衣（あきえ）19(22)　鱒帆（ますほ）23(6)　鑑花音（あかね）23(16)

6+3

姓の画数と例：吉川 西川 西山 江口 竹下 池上 米山 など

姓に合う名の画数

1字名：2　14　22

2・3字名：4+(2)　5+(11)　12+(11)　13+(19)　14+(18)　22+(2)　4+(12)　5+(19)　12+(12)　14+(1)　20+(18)　22+(10)　4+(25)　10+(5)　12+(26)　14+(10)　22+(1)　22+(26)

名前例

七（なな）2　滴（しずく）14　鷗（かもめ）22　月乃（つきの）4(2)　まこ 4(2)　水結（みゆ）4(12)　文優佳（ふゆか）4(25)　加菜（かな）5(11)

未麗（みれい）5(19)　真央（まお）10(5)　莉央（りお）10(5)　遥菜（はるな）12(11)　朝陽（あさひ）12(12)　智穂理（ちほり）12(26)　雅羅（がら）13(19)　楓樹子（ふきこ）13(19)

彰乙（あきお）14(1)　綺夏（あやか）14(10)　瑠璃子（るりこ）14(18)　響美紀（ひびき）20(18)　讃乙（あき）22(1)　鷗乃（かもの）22(2)　讃珠（あず）22(10)　讃優紀（さゆき）22(26)

6+4

姓の画数と例：竹内 向井 竹中 安井 臼井 吉井 池内 など

姓に合う名の画数

1字名：14

2・3字名：1+(2)　2+(9)　4+(9)　7+(18)　11+(10)　12+(9)　13+(2)　14+(11)　20+(5)　1+(10)　3+(18)　4+(11)　9+(2)　11+(12)　12+(11)　14+(7)　14+(15)　2+(5)　4+(1)　4+(17)　11+(2)　12+(1)　12+(17)　14+(9)　14+(17)

名前例

歌（うた）14　のり 1(2)　ことみ 2(5)　人美（ひとみ）2(9)　三輝子（みきこ）3(18)　友乙（ゆい）4(1)　友香（ゆうか）4(9)　比奈子（ひなこ）4(11)

心優（みゆ）4(17)　沙織（さおり）7(18)　春乃（はるの）9(2)　萌七（もえな）11(2)　梓紗（あずさ）11(10)　悠稀（ゆうき）11(12)　智咲（ちさ）12(9)　絵理（えり）12(11)

満優（まゆ）12(17)　雅乃（まさの）13(2)　翠里（みどり）14(7)　綾香（あやか）14(9)　綾菜（あやな）14(11)　歌名美（かなみ）14(15)　遙嶺（はるね）14(17)　耀生（あきみ）20(5)

6＋5

姓の画数と例

吉田　池田　西田　安田　寺田　多田　竹田　など

姓に合う名の画数

1字名

なし

2・3字名

1＋⑰　10＋㉗　13＋⑤
2＋⑲　12＋⑨　16＋②
8＋⑩　12＋⑫　19＋⑤

名前例

一鞠（いまり）1⑰　乙霞（おとか）1⑰　乃麗（のれ）2⑲　七稀沙（なぎさ）2⑲　祈恵（きえ）8⑩　朋恵（ともえ）8⑩　茉莉（まり）8⑩　阿久里（あぐり）8⑩

真優記（まゆき）10㉗　真裕穂（まゆほ）10㉗　智保（ちほ）12⑨　晴美（はるみ）12⑨　暁恵（あきえ）12⑫　紫温（しおん）12⑫　瑛美子（えみこ）12⑫　遊可里（ゆかり）12⑫

聖未（きよみ）13⑤　鈴代（すずよ）13⑤　樹乃（きの）16②　澪乃（みおの）16②　鏡未（あきみ）19⑤　蘭禾（らんか）19⑤　麗可（れいか）19⑤　麗生（れいみ）19⑤

6＋6

姓の画数と例

寺西　安西　安江　吉成　有吉　など

姓に合う名の画数

1字名

5　23

2・3字名

1＋⑩　2＋⑮　7＋⑱　10＋⑮　12＋①　12＋⑪　17＋⑫　18＋⑦
2＋①　2＋⑲　9＋⑫　10＋⑲　12＋⑤　12＋⑰　17＋⑱　18＋⑪
2＋⑪　5＋⑫　10＋⑪　11＋⑩　12＋⑨　15＋②　18＋⑤　18＋⑮

名前例

央（ひろ）5　乙姫（おとき）1⑩　ソノ（その）2①　二菜（かずな）2⑪　七魅（ななみ）2⑮　未智（みち）5⑫　沙織（さおり）7⑱　保葉（やすは）9⑫

紗菜（さな）10⑪　夏穂（かほ）10⑮　真珠美（ますみ）10⑲　雪華（ゆきか）11⑩　晴乙（はるき）12①　智代（ともよ）12⑤　琴音（ことね）12⑨　紫野（しの）12⑪

絢霞（あやか）12⑰　諄乃（あつの）15②　環葵（たまき）17⑫　優騎（ゆうき）17⑱　雛代（ひなよ）18⑤　藍那（あいな）18⑦　襟菜（えりな）18⑪　藍依里（あいり）18⑮

6＋7

姓の画数と例

西村　吉村　西尾　竹村　吉沢　西沢　早坂　など

姓に合う名の画数

1字名

4

2・3字名

1＋⑦　9＋⑦　10＋㉕　14＋⑩　16＋⑨　22＋②　24＋⑪
1＋⑮　9＋㉓　11＋⑦　14＋⑱　16＋⑲　22＋⑩
4＋①　10＋①　14＋②　16＋②　17＋⑦　22＋⑰

名前例

月（つき）4　友（とも）4　一花（いちか）1⑦　乙穂（いつほ）1⑮　はの 4①　香里（かおり）9⑦　咲希（さき）9⑦　咲良（さくら）9⑦

美奈穂（みなほ）9㉓　倫乙（りお）10①　真理緒（まりお）10㉕　菊花（きくか）11⑦　彰乃（あきの）14②　綾姫（あやき）14⑩　静恵（しずえ）14⑩　歌織（かおり）14⑱

磨七（まな）16②　薫音（かのん）16⑨　樹音（じゅね）16⑨　懐瀬（なつせ）16⑲　優里（ゆり）17⑦　讃姫（さき）22⑩　讃優（あゆ）22⑰　鷺都（ろと）24⑪

6＋8

姓の画数と例

吉岡　伊東　西岡　寺岡　安東　竹林　吉武　など

姓に合う名の画数

1字名

10　15

2・3字名

3＋⑮　7＋⑰　8＋⑰　10＋⑦　13＋②　15＋⑨　16＋⑦　17＋⑦　24＋⑨
5＋⑩　8＋⑦　9＋⑨　10＋⑪　13＋⑤　15＋⑩　16＋⑨　24＋①
7＋⑩　8＋⑮　9＋⑫　10＋⑮　13＋⑪　16＋⑤　16＋⑰　24＋⑦

名前例

桜（さくら）10　舞（まい）15　万凛（まりん）3⑮　加純（かすみ）5⑩　冴夏（さえか）7⑩　来瞳（くるみ）7⑰　知佐（ちさ）8⑦　波輝（なみき）8⑮

奈於美（なおみ）8⑰　春香（はるか）9⑨　奏絵（かなえ）9⑫　桃花（ももか）10⑦　真梨（まり）10⑪　莉穂（りほ）10⑮　愛乃（あいの）13②　鈴未（すずみ）13⑤

愛梨（あいり）13⑪　璃美（りみ）15⑨　舞姫（まき）15⑩　澪央（みお）16⑤　樹希（いつき）16⑦　澪音（みおね）16⑨　磨優（まゆう）16⑰　優里（ゆり）17⑦

6+9

姓の画数と例
大久保　守屋　小久保　西垣　安保　川久保　など

姓に合う名の画数

1字名：24

2・3字名：
2+15　7+1　7+26　12+5　14+2　15+9　16+17　22+10　24+9
4+12　7+9　8+10　12+12　14+10　16+2　20+12　22+15
4+19　7+25　9+9　12+25　15+2　16+7　20+17　23+10

名前例
鷺（さき）24　八澄（やすみ）2+15　巴絵（ともえ）4+12　友紀恵（ゆきえ）4+19　冴乙（さき）7+1　花音（かのん）7+9　佑起穂（ゆきほ）7+25　志穂理（しほり）7+26
佳那子（かなこ）8+10　美咲（みさき）9+9　暁世（あきよ）12+5　智尋（ちひろ）12+12　満理緒（まりお）12+25　聡乃（あきの）14+2　遙華（はるか）14+10　駒乃（こまの）15+2
鮎里（あゆり）16+7　澪緒子（みおこ）16+17　耀葉（てるは）20+12　馨奈美（かなみ）20+17　讃姫（さき）22+10　讃穂（あきほ）22+15　鱒恵（ますえ）23+10　鷺南（さぎな）24+9

6+10

姓の画数と例
吉原　西原　有馬　寺島　西島　西脇　竹原　など

姓に合う名の画数

1字名：7

2・3字名：
1+12　3+12　7+1　8+15　13+2　14+7　14+27　22+7　23+9
3+2　5+12　8+5　8+17　13+12　14+9　15+17　22+9
3+5　5+18　8+9　8+23　14+1　14+11　21+11　23+2

名前例
忍（しのぶ）7　みう 3+2　万由（まゆ）3+5　千晶（ちあき）3+12　由莉乃（ゆりの）5+12　史穂子（しほこ）5+18　亜一（あい）7+1　芽生（めう）8+5
和香（わか）8+9　果凛（かりん）8+15　奈緒美（なおみ）8+23　瑞乃（みずの）13+2　愛貴（いつき）13+12　歌一（かい）14+1　颯希（さき）14+7　颯南（そな）14+9
誓菜（せいな）14+11　歌鶴名（かずな）14+27　穂霞（ほのか）15+17　顧奈子（みなこ）21+11　讃花（あきか）22+7　鷗南（おうな）22+9　鑑乃（あきの）23+2　鱒美（ますみ）23+9

6+11

姓の画数と例
吉野　安部　西野　宇野　江崎　吉崎　寺崎　など

姓に合う名の画数

1字名：12

2・3字名：
4+2　5+2　7+11　12+23　14+2　20+1　22+2　24+7
4+12　5+11　10+5　13+2　14+10　20+15　22+9　24+17
4+17　5+26　12+12　13+11　14+27　21+10　22+19

名前例
絢（あや）12　まり 4+2　友湖（ともこ）4+12　友梨衣（ゆりえ）4+17　由乃（ゆの）5+2　未悠（みゆ）5+11　由梨穂（ゆりほ）5+26　杏菜（あんな）7+11
芙実子（ふみこ）7+11　莉央（りお）10+5　陽葉（はるよ）12+12　貴緒美（きおみ）12+23　靖乃（やすの）13+2　愛彩（あいさ）13+11　歌七（かな）14+2　遙華（はるか）14+10
綾貴穂（あきほ）14+27　響乙（ひびき）20+1　馨璃（かおり）20+15　露紗（ろうざ）21+10　讃衣子（さえこ）22+9　讃季菜（あきな）22+19　鷺那（さぎな）24+7　鷺霞（さぎか）24+17

6+12

姓の画数と例
五十嵐　安達　有賀　西森　伊達　多賀　羽賀　など

姓に合う名の画数

1字名：20

2・3字名：
1+2　3+18　4+11　4+25　5+10　12+1　13+10
1+10　4+1　4+17　5+1　9+2　12+9　17+12
3+10　4+9　4+19　5+2　11+2　12+11　19+2

名前例
響（ひびき）20　一乃（いちの）1+2　乙恵（おとえ）1+10　万記（まき）3+10　みなほ 3+10　小波留（こはる）3+18　心乙（こい）4+1　文音（あやね）4+9
心美（ここみ）4+9　文深（あやみ）4+11　月霞（つきか）4+17　六都実（むつみ）4+19　水輝恵（みきえ）4+25　なつ 5+1　令乃（あやの）5+2　冬華（ふゆか）5+10
宥七（ゆな）9+2　理十（りと）11+2　朝乙（あさお）12+1　晴海（はるみ）12+9　結菜（ゆな）12+11　愛紗（あいさ）13+10　鞠瑛（まりえ）17+12　瀬七（せな）19+2

6+16

姓の画数と例

吉澤　江頭　舟橋　西澤　など

姓に合う名の画数

1字名：なし

2・3字名：1+⑩　2+①　2+⑤　2+⑨　2+⑪　2+⑮　2+㉓　5+②　5+⑩　5+⑫　7+⑱　8+⑤　8+⑦　8+⑨　8+⑮　8+⑰　9+②　13+⑩　15+②　16+①　16+⑨　16+⑲　17+⑱　22+①

名前例

- 1+⑩ 一二実（ひふみ）
- 5+⑩ 加恵（かえ）
- 8+⑰ 阿優（あゆ）
- 2+① りつ
- 5+⑩ ななほ
- 9+② 眉乃（まゆの）
- 2+⑤ 七央（ななお）
- 5+⑫ 由美子（ゆみこ）
- 13+⑩ 鈴華（すずか）
- 2+⑨ ひなた
- 7+⑱ 里穂子（りほこ）
- 15+② 摩八（まや）
- 2+⑪ 乃唯（のい）
- 8+⑦ 佳代（かよ）
- 16+① 懐乙（なつき）
- 2+⑮ 十穂（とほ）
- 8+⑦ 明里（あかり）
- 16+⑨ 龍美（たつみ）
- 2+㉓ 乃栄瑠（のえる）
- 8+⑨ 知海（ともみ）
- 16+⑲ 鮎遊里（あゆり）
- 5+② 未十（みと）
- 8+⑮ 育穂（いくほ）
- 17+⑱ 優起奈（ゆきな）

6+18

姓の画数と例

伊藤　安藤　江藤　など

姓に合う名の画数

1字名：5　7　15

2・3字名：3+⑫　5+⑩　7+㉖　11+⑫　14+①　14+⑦　14+⑲　15+⑱　19+②

名前例

- 5 令（あや）
- 3+⑫ 小由希（さゆき）
- 14+① 嘉乙（かお）
- 5 礼（れい）
- 5+⑩ 可恋（かれん）
- 14+① 綴乙（つづき）
- 7 冴（さえ）
- 5+⑩ 未記（みき）
- 14+⑦ 綾沙（あやさ）
- 7 良（りょう）
- 7+㉖ 沙優紀（さゆき）
- 14+⑦ 颯希（さき）
- 15 諄（じゅん）
- 7+㉖ 志穂理（しほり）
- 14+⑲ 嘉都奈（かづな）
- 15 凛（りん）
- 11+⑫ 皐稀（こうき）
- 14+⑲ 歌梨奈（かりな）
- 3+⑫ 千尋（ちひろ）
- 11+⑫ 麻貴（まき）
- 15+⑱ 舞理花（まりか）
- 3+⑫ 弓絵（ゆみえ）
- 11+⑫ 淑絵（よしえ）
- 19+② 蘭乃（らんの）

6+19

姓の画数と例

成瀬　百瀬　早瀬　など

姓に合う名の画数

1字名：14

2・3字名：2+⑤　4+②　4+⑨　4+⑫　14+②　14+⑱　14+⑲　16+⑦　16+⑰　20+⑫　22+⑩

名前例

- 14 歌（うた）
- 4+⑫ 双葉（ふたば）
- 14+⑱ 緋花梨（ひかり）
- 14 緑（みどり）
- 4+⑫ 水森（みもり）
- 14+⑲ 綺麗（きらら）
- 2+⑤ 七生（ななお）
- 4+⑫ 友貴（ゆき）
- 14+⑲ 維津記（いつき）
- 2+⑤ ひとみ
- 4+⑫ ふゆ美（ふゆみ）
- 16+⑦ 樹希（いつき）
- 4+② 文乃（あやの）
- 14+② 静乃（しずの）
- 16+⑦ 樹里（じゅり）
- 4+② おと
- 14+② 綿七（わたな）
- 16+⑦ 懐来（なつき）
- 4+⑨ 心春（こはる）
- 14+⑱ 綾騎（あき）
- 16+⑰ 澪優（みゆう）
- 4+⑨ 友映（ともえ）
- 14+⑱ 嘉織（かおり）
- 20+⑫ 響稀（ひびき）

7

姓の画数と例

谷　角　沖　伴　沢　坂　佃　など

姓に合う名の画数

1字名：なし

2・3字名：1+⑯　4+②　4+⑳　6+⑤　6+⑩　8+⑯　8+㉔　9+⑯　9+㉒　10+⑭　10+㉒　11+⑥　11+⑭　11+⑳　14+②　14+⑩　14+⑰　17+㉔　18+⑥　18+⑭　18+⑳　18+㉓　22+②　22+⑩　22+⑯

名前例

- 1+⑯ 一葎（いちろ）
- 9+㉒ 香穂里（かほり）
- 14+⑰ 歌那恵（かなえ）
- 4+② きこ
- 10+⑭ 紗綺（さき）
- 17+㉔ 鞠麟（まりん）
- 4+⑳ 友梨香（ゆりか）
- 10+㉒ 益紗稀（みさき）
- 18+⑥ 燿妃（あき）
- 6+⑤ 光央（みお）
- 11+⑥ 彩名（あやな）
- 18+⑭ 観緒（みお）
- 6+⑩ 安珠（あんじゅ）
- 11+⑭ 毬緒（まりお）
- 18+⑳ 観菜美（みなみ）
- 8+⑯ 英里南（えりな）
- 11+⑳ 麻亜鈴（まありん）
- 18+㉓ 繭裕理（まゆり）
- 8+㉔ 奈津輝（なつき）
- 14+② 嘉乃（よしの）
- 22+② 讃七（あきな）
- 9+⑯ 咲樹（さき）
- 14+⑩ 嘉恵（かえ）
- 22+⑯ 讃樹（さき）

7＋3

姓の画数と例

村上　谷口　杉山　坂口　村山　谷川　坂下　など

姓に合う名の画数

1字名：14　22

2・3字名：
2＋1　2＋9　2＋11
3＋4　3＋8　4＋17
5＋8　5＋10　5＋16
5＋18　8＋17　10＋1
12＋9　12＋11　13＋8
13＋10　13＋16　14＋17
15＋6　15＋8　15＋10
15＋14　21＋4　21＋8
22＋1

名前例

翠（みどり）14
りく 2＋1
十胡（とおこ）2＋9
七奈子（ななこ）2＋11
三月（みづき）3＋4
夕季（ゆき）3＋8
円霞（まどか）4＋17
由芽（ゆめ）5＋8
未華（みか）5＋10
可愛子（かなこ）5＋16
左織（さおり）5＋18
実優（みゆ）8＋17
華乙（かお）10＋1
詠美（えいみ）12＋9
絵菜（えな）12＋11
夢奈（ゆめな）13＋8
愛紗（あいさ）13＋10
瑠璃乃（るりの）14＋17
舞羽（まう）15＋6
穂果（ほのか）15＋8
輝紗（きさ）15＋10
輝良利（きらり）15＋14
櫻月（さつき）21＋4
鶴奈（かな）21＋8

7＋4

姓の画数と例

坂井　村井　坂元　宍戸　赤木　沢井　村木　など

姓に合う名の画数

1字名：12　14

2・3字名：
1＋17　2＋16　3＋18
9＋9　11＋26　13＋8
13＋11　13＋28　14＋4
17＋1　20＋4

名前例

琴（こと）12
遥（はるか）12
綺（あや）14
静（しずか）14
乙瞳（おとめ）1＋17
七衛（ななえ）2＋16
乃利香（のりか）2＋16
小雛（こひな）3＋18
千織（ちおり）3＋18
郁美（いくみ）9＋9
祐香（ゆか）9＋9
麻優美（まゆみ）11＋26
愛実（あいみ）13＋8
楓奈（ふうな）13＋8
聖梛（あきな）13＋11
勢梨（せり）13＋11
愛夕奈（あゆな）13＋11
詩織莉（しおり）13＋28
颯月（さつき）14＋4
瑠水（るみ）14＋4
優乙（ゆうき）17＋1
耀予（あきよ）20＋4
響水（おとみ）20＋4
護水（もりみ）20＋4

7＋5

姓の画数と例

坂本　村田　杉本　沢田　児玉　足立　坂田　など

姓に合う名の画数

1字名：6

2・3字名：
1＋4　1＋16　1＋22
2＋9　3＋10　3＋14
3＋18　3＋26　6＋11
8＋17　11＋14　11＋22
12＋9　13＋4　13＋8
13＋10　13＋16　13＋22
16＋1　18＋11　18＋17
19＋4　19＋6　19＋10
19＋14

名前例

糸（いと）6
乙巴（おとは）1＋4
一都菜（いつな）1＋22
七香（ななか）2＋9
小桃（こもも）3＋10
千歌（ちか）3＋14
小織（さおり）3＋18
久美霞（くみか）3＋26
朱野（あけの）6＋11
茉莉花（まりか）8＋17
雪緒（ゆきお）11＋14
麻理唯（まりい）11＋22
絵美（えみ）12＋9
夢心（ゆめこ）13＋4
愛奈（あいな）13＋8
詩桜（しお）13＋10
愛積（あづみ）13＋16
聖理菜（せりな）13＋22
藍彩（あいさ）18＋11
織霞（おりか）18＋17
鏡心（あきこ）19＋4
瀬名（せな）19＋6
麗紗（れいさ）19＋10
霧里那（きりな）19＋14

7＋6

姓の画数と例

佐竹　赤羽　住吉　近江　杉江　赤池　など

姓に合う名の画数

1字名：5

2・3字名：
1＋10　1＋17　1＋24
2＋6　2＋14　10＋6
10＋22　11＋24　12＋6
15＋1　15＋9　15＋17
17＋1　17＋8　17＋18
17＋28　18＋6　23＋1
23＋9　23＋16

名前例

史（あや）5
叶（かな）5
乙珠（いつみ）1＋10
一霞（いちか）1＋17
一南穂（かなほ）1＋24
りおん 2＋6
乃綸（のり）2＋14
華江（はなえ）10＋6
恵梨菜（えりな）10＋22
理織名（りおな）11＋24
紫妃（しき）12＋6
紫帆（しほ）12＋6
舞乙（まい）15＋1
澄香（すみか）15＋9
璃美（りみ）15＋9
摩紗希（まさき）15＋17
嶺乙（みお）17＋1
輿奈（よな）17＋8
霞南美（かなみ）17＋18
優騎恵（ゆきえ）17＋28
顕帆（あきほ）18＋6
鑑乙（あき）23＋1
鱒美（ますみ）23＋9
鑑花音（あかね）23＋16

7＋7

姓の画数と例

佐伯　志村　尾形　杉村　赤坂　谷村　角谷　など

姓に合う名の画数

1字名：4

2・3字名：
1＋(6)　6＋(9)　8＋(25)　9＋(16)　10＋(1)　11＋(10)　14＋(17)　17＋(6)　22＋(1)
1＋(14)　6＋(17)　9＋(6)　9＋(22)　10＋(11)　11＋(14)　16＋(9)　17＋(8)
1＋(16)　8＋(9)　9＋(14)　9＋(24)　11＋(6)　14＋(1)　17＋(4)　17＋(16)

名前例

月 4 るな　つぐみ 1(6)　一榎 1(14) いちか　乙磨 1(16) おとま　早紀 6(9) さき　光優 6(17) みゆ　実紅 8(9) みく　歩優実 8(25) あゆみ

秋帆 9(6) あきほ　風歌 9(14) ふうか　美操 9(16) みさお　美智恵 9(22) みちえ　純乙 10(1) すみお　笑梨 10(11) えみり　菊江 11(6) きくえ　雪華 11(10) ゆきか

梨歌 11(14) りか　静乙 14(1) しずき　歌霞 14(17) うたか　澪南 16(9) みおな　優羽 17(6) ゆう　鞠奈 17(8) まりな　優樹 17(16) ゆうき　讃乙 22(1) あき

7＋8

姓の画数と例

村松　村岡　赤松　坂東　花岡　我妻　別府　など

姓に合う名の画数

1字名：10

2・3字名：
3＋(14)　8＋(8)　10＋(8)　13＋(24)　16＋(8)　17＋(16)　23＋(9)
5＋(11)　8＋(24)　13＋(4)　15＋(1)　17＋(1)　21＋(11)　23＋(14)
5＋(18)　9＋(9)　13＋(11)　15＋(9)　17＋(6)　21＋(16)

名前例

華 10 はな　千彰 3(14) ちあき　可梨 5(11) かりん　布美香 5(18) ふみか　明奈 8(8) あきな　弥智葉 8(24) みちよ　星美 9(9) ほしみ　美咲 9(9) みさき

紗歩 10(8) さほ　真実 10(8) まみ　桃佳 10(8) ももか　詩友 13(4) しゆ　愛理 13(11) あいり　詩穂美 13(24) しほみ　摩乙 15(1) まお　凛音 15(9) りのん

澪奈 16(8) みおな　鞠乙 17(1) まりい　環妃 17(6) たまき　優帆 17(6) ゆうほ　優季奈 17(16) ゆきな　露菜 21(11) つゆな　顧津希 21(16) みつき　鑑玖里 23(14) あぐり

7＋10

姓の画数と例

杉浦　杉原　児島　対馬　佐原　坂根　君島　など

姓に合う名の画数

1字名：14

2・3字名：
5＋(1)　6＋(1)　11＋(4)　14＋(10)　15＋(26)
5＋(11)　6＋(10)　13＋(11)　15＋(1)　21＋(14)
5＋(16)　8＋(10)　13＋(22)　15＋(9)　23＋(1)

名前例

緑 14 みどり　由乙 5(1) ゆい　未唯 5(11) みい　未梨 5(11) みり　可奈女 5(11) かなめ　由磨 5(16) ゆま　旭乙 6(1) あさお　圭華 6(10) けいか

和姫 8(10) かずき　朋恵 8(10) ともえ　弥起 8(10) みき　唯巴 11(4) ゆうは　悠友 11(4) ゆうゆ　愛唯 13(11) あい　鈴々瀬 13(22) すずせ　歌姫 14(10) うたき

澄乙 15(1) すみお　舞乙 15(1) まい　穂香 15(9) ほのか　舞香 15(9) まいか　凜香 15(9) りんか　輝織奈 15(26) きおな　露歌 21(14) つゆか　鑑乙 23(1) あき

7＋11

姓の画数と例

佐野　尾崎　杉野　坂野　日下部　杉崎　赤堀　など

姓に合う名の画数

1字名：6

2・3字名：
2＋(1)　4＋(17)　5＋(16)　6＋(9)　13＋(8)　18＋(11)
2＋(9)　5＋(8)　5＋(18)　10＋(1)　13＋(10)　20＋(1)
4＋(9)　5＋(10)　6＋(1)　12＋(1)　14＋(9)

名前例

有 6 ゆう　りの 2(1)　七胡 2(9) ななこ　公栄 4(9) きみえ　心美 4(9) ここみ　仁美 4(9) ひとみ　水優 4(17) みゆ　可英 5(8) かえ

加奈 5(8) かな　礼佳 5(8) れいか　由夏 5(10) ゆか　永遠子 5(16) とわこ　由梨花 5(18) ゆりか　妃乙 6(1) きお　汐音 6(9) しおね　如音 6(9) ゆきね

真乙 10(1) まい　葵乙 12(1) あおい　新奈 13(8) にいな　瑞姫 13(10) みずき　歌南 14(9) かなん　颯香 14(9) そうか　雛雪 18(11) ひなゆき　譲乙 20(1) ゆずき

7+12

姓の画数と例
芳賀　志賀　那須　赤塚　村越　杉森　など

姓に合う名の画数
1字名：6　12　20
2・3字名：1+(4)　1+(17)　3+(10)　5+(1)　9+(9)　13+(25)　17+(1)　21+(17)　23+(10)

名前例
圭（けい）6　凪（なぎ）6　晴（はる）12　森（もり）12　馨（かおる）20　耀（ひかる）20　響（ひびき）20　一水（かずみ）1(4)
レイナ（れいな）1(4)　一鞠（いまり）1(17)　乙霞（おとか）1(17)　一輿（かずよ）1(17)　夕夏（ゆうか）3(10)　みなほ 3(10)　史乙（しお）5(1)　なつ 5(1)
美香（みか）9(9)　美哉（みや）9(9)　宥紀（ゆき）9(9)　愛優佳（あゆか）13(25)　環乙（たまき）17(1)　優乙（ゆうき）17(1)　露美奈（ろみな）21(17)　鑑希子（あきこ）23(10)

7+18

姓の画数と例
佐藤　近藤　兵藤　谷藤　など

姓に合う名の画数
1字名：なし
2・3字名：3+(4)　5+(1)　5+(8)　5+(11)　15+(1)　15+(17)　15+(18)　17+(6)　17+(16)　21+(11)　23+(9)

名前例
三巴（みわ）3(4)　あき 3(4)　由乙（ゆい）5(1)　未空（みく）5(8)　由果（ゆか）5(8)　加代子（かよこ）5(8)　なつ希（なつき）5(8)　由梨（ゆり）5(11)
可奈女（かなめ）5(11)　澄乙（すみお）15(1)　嬉環（きわ）15(17)　凛霞（りんか）15(17)　璃都妃（りつき）15(17)　穂麻里（ほまり）15(18)　摩奈華（まなか）15(18)　環妃（たまき）17(6)
鞠衣（まりえ）17(6)　優帆（ゆうほ）17(6)　篠磨（しのま）17(16)　優磨（ゆま）17(16)　優季奈（ゆきな）17(16)　櫻菜（さくな）21(11)　鶴夕奈（つゆな）21(11)　鑑音（あかね）23(9)

7+19

姓の画数と例
村瀬　佐瀬　など

姓に合う名の画数
1字名：6　22
2・3字名：2+(1)　2+(9)　4+(1)　4+(9)　4+(11)　5+(6)　5+(8)　5+(10)　5+(16)　6+(1)　12+(9)　13+(8)　13+(18)　14+(1)

名前例
百（もも）6　讃（あき）22　うの 2(1)　七耶（ななか）2(9)　まの 4(1)　文香（あやか）4(9)　友映（ともえ）4(9)　心菜（ここな）4(11)
日菜（ひな）4(11)　白羽（しらは）5(6)　未妃（みき）5(6)　可英（かえ）5(8)　由佳（ゆか）5(8)　玉姫（たまき）5(10)　未也花（みやか）5(10)　未樹（みき）5(16)
由起江（ゆきえ）5(16)　汐乙（しお）6(1)　絵海（えみ）12(9)　琴美（ことみ）12(9)　詩雨（しう）13(8)　鈴佳（すずか）13(8)　稚南美（ちなみ）13(18)　静乙（しずき）14(1)

8

姓の画数と例
林　東　岡　岸　牧　金　長　など

姓に合う名の画数
1字名：なし
2・3字名：3+(2)　3+(10)　3+(22)　5+(10)　5+(20)　7+(6)　7+(10)　7+(16)　7+(17)　9+(6)　9+(12)　9+(15)　9+(22)　10+(7)　10+(15)　13+(2)　15+(10)　16+(5)　16+(7)　16+(17)　17+(6)　17+(7)　17+(16)　21+(16)

名前例
ゆい 3(2)　千晃（ちあき）3(10)　小稀夏（さきか）3(22)　由姫（ゆき）5(10)　杏名（あんな）7(6)　佐江（さえ）7(6)　花純（かすみ）7(10)　亜美里（あみり）7(16)
芙美奈（ふみな）7(17)　秋衣（あきえ）9(6)　美帆（みほ）9(6)　美稀（みき）9(12)　香穂（かほ）9(15)　海登莉（みどり）9(22)　莉花（りか）10(7)　華穂（かほ）10(15)
真穂（まほ）10(15)　夢十（ゆと）13(2)　凛桜（りお）15(10)　澪禾（れいか）16(5)　樹那（じゅな）16(7)　優衣（ゆい）17(6)　翼沙（つばさ）17(7)　鞠衛（まりえ）17(16)

8＋3

姓の画数と例

金子　松下　青山　松山　岩下　松川　金山　など

姓に合う名の画数

1字名：なし

2・3字名：2＋(16)　3＋(15)　4＋(17)　10＋(8)　12＋(25)　14＋(7)　14＋(10)　14＋(27)　15＋(3)　21＋(3)

名前例

七積（なつみ）2(16)　真歩（まほ）10(8)　遙夏（はるか）14(10)
九楽々（くらら）2(16)　莉奈（りな）10(8)　綾貴穂（あきほ）14(27)
万凛（まりん）3(15)　留奈（るな）10(8)　瑠璃絵（るりえ）14(27)
三穂（みつほ）3(15)　満理緒（まりお）12(25)　嬉子（きこ）15(3)
夕輝（ゆき）3(15)　裕記穂（ゆきほ）12(25)　遼子（りょうこ）15(3)
友霞（ともか）4(17)　綺花（あやか）14(7)　顧子（ここ）21(3)
心優（みゆ）4(17)　颯希（さき）14(7)　櫻子（さくらこ）21(3)
紗英（さえ）10(8)　歌純（かすみ）14(10)　鶴弓（たずみ）21(3)

8＋4

姓の画数と例

青木　松井　金井　岩井　茂木　武井　坪井　など

姓に合う名の画数

1字名：なし

2・3字名：2＋(3)　2＋(15)　2＋(21)　2＋(23)　3＋(8)　4＋(9)　4＋(13)　4＋(17)　4＋(25)　7＋(10)　9＋(16)　12＋(13)　12＋(21)　13＋(8)　14＋(3)　14＋(7)　14＋(9)　14＋(15)　14＋(21)　19＋(10)　19＋(16)　20＋(3)　20＋(5)　20＋(9)　20＋(13)

名前例

りか 2(3)　佑莉（ゆうり）7(10)　綺輝（きき）14(15)
七澄（なすみ）2(15)　美操（みさお）9(16)　静露（しずろ）14(21)
八須美（はすみ）2(21)　詠楽（えいら）12(13)　霧夏（きりか）19(10)
二遊菜（ふゆな）2(23)　智鶴（ちづる）12(21)　麗磨（れま）19(16)
すずか 3(8)　瑞季（みずき）13(8)　耀子（ようこ）20(3)
公美（くみ）4(9)　彰子（あきこ）14(3)　馨禾（きょうか）20(5)
心夢（ここむ）4(13)　誓花（せいか）14(7)　響美（おとみ）20(9)
比環（ひわ）4(17)　綺香（あやか）14(9)　懸帆里（かほり）20(13)

8＋5

姓の画数と例

松本　岡田　岡本　松田　和田　武田　岩田　など

姓に合う名の画数

1字名：なし

2・3字名：1＋(17)　2＋(9)　2＋(16)　2＋(23)　3＋(5)　11＋(5)　11＋(21)　12＋(23)　13＋(5)　16＋(8)　16＋(16)　18＋(7)　18＋(17)　18＋(27)　19＋(5)　24＋(8)　24＋(15)

名前例

一霞（いちか）1(17)　麻由（まゆ）11(5)　澪奈（みおな）16(8)
乙瞳（おとめ）1(17)　淑生（よしみ）11(5)　澪佑紀（みゆき）16(16)
一真里（ひまり）1(17)　理央（りお）11(5)　藍那（あいな）18(7)
七海（ななみ）2(9)　麻理恵（まりえ）11(21)　類利華（るりか）18(17)
七樹（ななき）2(16)　満由騎（みゆき）12(23)　藍意歌（あいか）18(27)
十輝依（ときえ）2(23)　鈴未（すずみ）13(5)　霧永（きりえ）19(5)
久未（くみ）3(5)　鮎実（あゆみ）16(8)　麟佳（りんか）24(8)
三冬（みふゆ）3(5)　樹佳（きか）16(8)　鷺那枝（さなえ）24(15)

8＋6

姓の画数と例

河合　河西　長江　国吉　金光　岡安　など

姓に合う名の画数

1字名：なし

2・3字名：1＋(10)　1＋(16)　2＋(5)　2＋(13)　2＋(15)　5＋(16)　7＋(8)　7＋(16)　9＋(8)　9＋(24)　10＋(5)　10＋(13)　10＋(15)　10＋(21)　10＋(23)　11＋(10)　12＋(5)　12＋(9)　12＋(13)　15＋(16)　17＋(8)　18＋(3)　18＋(5)　18＋(7)　18＋(15)

名前例

一笑（かずえ）1(10)　美雨（みう）9(8)　朝代（ともよ）12(5)
一樹（かずき）1(16)　祐騎帆（ゆきほ）9(24)　紫保（しほ）12(9)
ひより 2(13)　祥永（さちえ）10(5)　結愛（ゆな）12(13)
乃夢（のむ）2(13)　華愛（かな）10(13)　摩里香（まりか）15(16)
七輝（ななき）2(15)　紗里奈（さりな）10(15)　瞳実（ひとみ）17(8)
未蕗（みろ）5(16)　紗登美（さとみ）10(21)　櫂女（かいな）18(3)
佑奈（ゆうな）7(8)　真梨絵（まりえ）10(23)　顕代（あきよ）18(5)
花沙音（かさね）7(16)　梨紗（りさ）11(10)　雛那（ひな）18(7)

8＋7

姓の画数と例

松尾　松村　岡村　河村　長尾　金沢　長沢　など

姓に合う名の画数

1字名：なし

2・3字名：1＋(7)　1＋(15)　1＋(23)　4＋(13)　6＋(10)　6＋(17)　9＋(7)　9＋(23)　10＋(8)　11＋(7)　14＋(3)　14＋(10)　14＋(23)　16＋(8)　17＋(7)　18＋(5)　18＋(15)　22＋(10)　22＋(15)　24＋(8)　24＋(13)

名前例

乙希（いつき）1＋(7)　一久絵（いくえ）1＋(15)　一緒美（いおみ）1＋(23)　心路（こころ）4＋(13)　江真（えま）6＋(10)　有季美（ゆきみ）6＋(17)　風花（ふうか）9＋(7)　南都貴（なつき）9＋(23)

栞奈（かんな）10＋(8)　紗夜（さや）10＋(8)　彩花（あやか）11＋(7)　爽花（さやか）11＋(7)　嘉子（かこ）14＋(3)　遙夏（はるか）14＋(10)　瑠璃佳（るりか）14＋(23)　懐実（なつみ）16＋(8)

優亜（ゆあ）17＋(7)　繡可（あやか）18＋(5)　織永（おりえ）18＋(5)　顕穂（あきほ）18＋(15)　讃珠（あず）22＋(10)　讃絵子（さえこ）22＋(15)　鷺奈（さぎな）24＋(8)　鷺夢（ろむ）24＋(13)

8＋8

姓の画数と例

松岡　若林　長岡　若松　長沼　松林　知念　など

姓に合う名の画数

1字名：なし

2・3字名：3＋(10)　5＋(10)　7＋(10)　7＋(16)　10＋(3)　10＋(7)　10＋(13)　10＋(15)　10＋(21)　15＋(10)　16＋(5)　16＋(7)　16＋(9)　16＋(25)　17＋(24)　24＋(5)　24＋(7)　24＋(17)

名前例

夕姫（ゆうき）3＋(10)　礼華（あやか）5＋(10)　里紗（りさ）7＋(10)　亜樹（あき）7＋(16)　祥子（しょうこ）10＋(3)　桜花（おうか）10＋(7)　珠那（みな）10＋(7)　留那（るな）10＋(7)

恵夢（えむ）10＋(13)　華凛（かりん）10＋(15)　真凛（まりん）10＋(15)　眞葵子（まきこ）10＋(15)　益都記（みつき）10＋(21)　魅姫（みき）15＋(10)　鮎生（あゆみ）16＋(5)　磨由（まゆ）16＋(5)

蕗未（ろみ）16＋(5)　樹里（じゅり）16＋(7)　薫音（かのん）16＋(9)　鮎優季（あゆき）16＋(25)　霞澄美（かすみ）17＋(24)　鷺未（さぎみ）24＋(5)　鷺見（ろみ）24＋(7)　鷺優（さゆ）24＋(17)

8＋9

姓の画数と例

青柳　金城　板垣　和泉　岩城　長屋　河津　など

姓に合う名の画数

1字名：なし

2・3字名：6＋(10)　6＋(15)　7＋(9)　9＋(9)　12＋(3)　14＋(10)　14＋(21)　15＋(9)　16＋(8)　16＋(25)　22＋(13)

名前例

有紗（ありさ）6＋(10)　百桃（もも）6＋(10)　江里子（えりこ）6＋(10)　羽魅（うみ）6＋(15)　早穂（さほ）6＋(15)　亜美（あみ）7＋(9)　秀美（ひでみ）7＋(9)　美紀（みき）9＋(9)

保美（やすみ）9＋(9)　賀子（かこ）12＋(3)　敬子（けいこ）12＋(3)　綾姫（あやき）14＋(10)　翠莉（みどり）14＋(10)　緋名穂（ひなほ）14＋(21)　瑠璃江（るりえ）14＋(21)　輝映（きえ）15＋(9)

舞香（まいか）15＋(9)　舞衣子（まいこ）15＋(9)　曉枝（あきえ）16＋(8)　懐実（なつみ）16＋(8)　諭可子（ゆかこ）16＋(8)　鮎優季（あゆき）16＋(25)　澪紗輝（みさき）16＋(25)　讃希名（あきな）22＋(13)

8＋10

姓の画数と例

松浦　松原　松島　長島　河原　門脇　板倉　など

姓に合う名の画数

1字名：なし

2・3字名：3＋(8)　5＋(8)　5＋(16)　6＋(7)　6＋(9)　6＋(15)　6＋(17)　7＋(8)　14＋(7)　14＋(9)　15＋(8)　19＋(10)

名前例

久英（ひさえ）3＋(8)　夕佳（ゆか）3＋(8)　未苑（みその）5＋(8)　ほなみ 5＋(8)　由樹（ゆき）5＋(16)　由香里（ゆかり）5＋(16)　安寿（あんじゅ）6＋(7)　圭杜（けいと）6＋(7)

百花（ももか）6＋(7)　成美（なるみ）6＋(9)　羽魅（うみ）6＋(15)　光穂（みつほ）6＋(15)　安利紗（ありさ）6＋(17)　有季美（ゆきみ）6＋(17)　佐歩（さほ）7＋(8)　希実（のぞみ）7＋(8)

誓花（せいか）14＋(7)　遙希（はるき）14＋(7)　綾音（あやね）14＋(9)　瑠美（るみ）14＋(9)　諒奈（あきな）15＋(8)　澄佳（すみか）15＋(8)　澄々未（すずみ）15＋(8)　艶恵（よしえ）19＋(10)

8＋11

姓の画数と例

阿部　河野　岩崎　服部　岡崎　牧野　岡部　など

姓に合う名の画数

1字名：なし

2・3字名：2+(3)　2+(16)　4+(9)　10+(8)　14+(24)　22+(16)　24+(9)

名前例

- 八子（やこ）2+(3)
- 公栄（きみえ）4+(9)
- 莉佳（りか）10+(8)
- りえ 2+(3)
- 心音（ここね）4+(9)
- 真由子（まゆこ）10+(8)
- りか 2+(3)
- 巴香（ともか）4+(9)
- 綾優花（あゆか）14+(24)
- いのり 2+(3)
- 友美（ゆみ）4+(9)
- 瑠璃香（るりか）14+(24)
- ことの 2+(3)
- 日向子（ひなこ）4+(9)
- 讃樹（さき）22+(16)
- 七積（なつみ）2+(16)
- 朔來（さくら）10+(8)
- 讃佑紀（さゆき）22+(16)
- 乃磨（のま）2+(16)
- 桃果（ももか）10+(8)
- 鷺紀（さき）24+(9)
- 乃利香（のりか）2+(16)
- 泰英（やすえ）10+(8)
- 鷺美（ろみ）24+(9)

8＋12

姓の画数と例

金森　岩間　的場　松葉　門間　武智　など

姓に合う名の画数

1字名：なし

2・3字名：1+(10)　1+(24)　3+(10)　4+(9)　4+(17)　4+(21)　5+(10)　5+(16)　6+(5)　6+(7)　6+(15)　9+(8)　12+(3)　12+(5)　12+(9)　12+(13)　12+(25)　20+(5)

名前例

- 一十実（ひとみ）1+(10)
- 友梨恵（ゆりえ）4+(21)
- 景子（けいこ）12+(3)
- 乙鶴子（いつこ）1+(24)
- 未樹（みき）5+(16)
- 結加（ゆか）12+(5)
- 一理愛（いりあ）1+(24)
- 未蕗（みろ）5+(16)
- 智耶（ちか）12+(9)
- あん奈（あんな）3+(10)
- 由樹（ゆき）5+(16)
- 絵夢（えむ）12+(13)
- 心春（こはる）4+(9)
- 伊代（いよ）6+(5)
- 満理緒（まりお）12+(25)
- 手鶴（たず）4+(21)
- 有沙（ありさ）6+(7)
- 馨可（きょうか）20+(5)
- 日登美（ひとみ）4+(21)
- 羽魅（うみ）6+(15)
- 響生（ひびき）20+(5)
- 文遊美（ふゆみ）4+(21)
- 風佳（ふうか）9+(8)
- 耀禾（ようか）20+(5)

8＋14

姓の画数と例

長嶋　宗像　など

姓に合う名の画数

1字名：なし

2・3字名：1+(16)　2+(5)　2+(13)　2+(21)　2+(23)　3+(8)　4+(3)　4+(7)　4+(9)　4+(21)　7+(8)　7+(10)　9+(16)　10+(3)　10+(5)　10+(7)　10+(13)　10+(15)　15+(8)　18+(7)　18+(17)　19+(16)

名前例

- 一美花（ひみか）1+(16)
- 心春（こはる）4+(9)
- 通代（みちよ）10+(5)
- 七央（ななお）2+(5)
- 水沙緒（みさお）4+(21)
- 莉那（りな）10+(7)
- 乃楓（のりか）2+(13)
- 亜季（あき）7+(8)
- 紗暉（さき）10+(13)
- 十騎子（ときこ）2+(21)
- 那奈（なな）7+(8)
- 夏穂（かほ）10+(15)
- 乃栄瑠（のえる）2+(23)
- 更紗（さらさ）7+(10)
- 澄佳（すみか）15+(8)
- 三於（みお）3+(8)
- 美融（みゆ）9+(16)
- 襟亜（えりあ）18+(7)
- 文与（ふみよ）4+(3)
- 夏己（なつき）10+(3)
- 織梨衣（おりえ）18+(17)
- たまみ 4+(7)
- 珠生（たまお）10+(5)
- 蘭樹（らんじゅ）19+(16)

8＋16

姓の画数と例

板橋　松橋　金澤　岩橋　長澤　松澤　など

姓に合う名の画数

1字名：なし

2・3字名：1+(10)　2+(3)　2+(5)　2+(9)　2+(15)　5+(10)　7+(8)　9+(24)　16+(5)　16+(17)　17+(16)

名前例

- しずほ 1+(10)
- 七帆美（なほみ）2+(15)
- 美裕稀（みゆき）9+(24)
- 乃万（のま）2+(3)
- 可恋（かれん）5+(10)
- 祐騎帆（ゆきほ）9+(24)
- いよ 2+(3)
- 玉姫（たまき）5+(10)
- 鮎生（あゆみ）16+(5)
- ひろみ 2+(5)
- 冬華（ふゆか）5+(10)
- 諭可（ゆか）16+(5)
- りりか 2+(5)
- 由里子（ゆりこ）5+(10)
- 澪優（みゆう）16+(17)
- 七海（ななみ）2+(9)
- 花林（かりん）7+(8)
- 磨里恵（まりえ）16+(17)
- 八南（わかな）2+(9)
- 里佳（りか）7+(8)
- 澪緒子（みおこ）16+(17)
- 乃璃（のり）2+(15)
- 美鷹（みたか）9+(24)
- 鞠里香（まりか）17+(16)

8＋18

姓の画数と例：斉藤　武藤　松藤　など

姓に合う名の画数

- 1字名：なし
- 2・3字名：3＋(8)　6＋(5)　6＋(15)　14＋(17)　5＋(8)　6＋(7)　13＋(8)　5＋(10)　6＋(9)　14＋(7)

名前例

- 3＋(8) あずみ
- 3＋(8) みなみ
- 5＋(8) 未空（みく）
- 5＋(8) 由布子（ゆうこ）
- 5＋(10) 加純（かすみ）
- 5＋(10) 世莉（せり）
- 6＋(5) 朱生（あけみ）
- 6＋(5) 安民（やすみ）
- 6＋(5) 好永（よしえ）
- 6＋(7) 江里（えり）
- 6＋(7) 妃呂（ひろ）
- 6＋(9) 名美（なみ）
- 6＋(9) 百合子（ゆりこ）
- 6＋(15) 羽魅（うみ）
- 6＋(15) 光穂（みつほ）
- 6＋(15) 光輪（みわ）
- 6＋(15) 有璃（ゆり）
- 13＋(8) 詩雨（しう）
- 13＋(8) 愛佳（まなか）
- 13＋(8) 夢果（ゆめか）
- 14＋(7) 綾希（あやき）
- 14＋(7) 聡那（さとな）
- 14＋(17) 綾霞（あやか）
- 14＋(17) 瑠璃乃（るりの）

8＋19

姓の画数と例：岩瀬　長瀬　など

姓に合う名の画数

- 1字名：なし
- 2・3字名：2＋(9)　10＋(8)　16＋(15)　22＋(3)　4＋(21)　12＋(9)　18＋(3)　6＋(5)　13＋(8)　18＋(13)

名前例

- 2＋(9) 十胡（とおこ）
- 2＋(9) 七香（ななか）
- 4＋(21) 水露（みろ）
- 4＋(21) 日雛子（ひなこ）
- 4＋(21) 文遊美（ふゆみ）
- 6＋(5) 朱生（あけみ）
- 6＋(5) 帆禾（ほのか）
- 6＋(5) 光由（みゆ）
- 10＋(8) 恵実（えみ）
- 10＋(8) 紗知（さち）
- 10＋(8) 紗夜（さや）
- 12＋(9) 晶紀（あき）
- 12＋(9) 智秋（ちあき）
- 12＋(9) 遥珂（はるか）
- 13＋(8) 詩雨（しう）
- 13＋(8) 瑞季（みずき）
- 13＋(8) 夢実（ゆめみ）
- 16＋(15) 操穂（みさお）
- 16＋(15) 樹里奈（じゅりな）
- 18＋(3) 織女（おりな）
- 18＋(3) 藤之（ふじの）
- 18＋(13) 藍鈴（あいりん）
- 18＋(13) 顕誉（あきよ）
- 22＋(3) 讃与（あきよ）

9

姓の画数と例：南　星　泉　畑　柳　神　城　など

姓に合う名の画数

- 1字名：なし
- 2・3字名：2＋(4)　4＋(4)　6＋(17)　12＋(4)　14＋(10)　20＋(4)　23＋(16)　2＋(5)　6＋(2)　7＋(16)　12＋(12)　16＋(7)　20＋(12)　24＋(14)　2＋(22)　6＋(10)　8＋(7)　14＋(2)　16＋(16)　22＋(10)

名前例

- 2＋(4) いくみ
- 2＋(4) アリス（ありす）
- 2＋(5) りかこ
- 2＋(22) 二実嘉（ふみか）
- 4＋(4) 心水（ここみ）
- 6＋(2) 安乃（やすの）
- 6＋(10) 有夏（ゆか）
- 6＋(17) 光輿（みつよ）
- 7＋(16) 亜佐美（あさみ）
- 8＋(7) 茉里（まり）
- 12＋(4) 朝日（あさひ）
- 12＋(12) 紫温（しおん）
- 14＋(2) 彰七（あきな）
- 14＋(2) 綺乃（あやの）
- 14＋(10) 綺紗（きさ）
- 16＋(7) 鮎里（あゆり）
- 16＋(7) 薫里（かおり）
- 20＋(4) 響水（おとみ）
- 20＋(12) 耀瑛（あきえ）
- 20＋(12) 響右花（きょうか）
- 22＋(10) 讃姫（さき）
- 23＋(16) 鑑花音（あかね）
- 23＋(16) 顯希南（あきな）
- 24＋(14) 鷺緒（さぎお）

9＋3

姓の画数と例：秋山　前川　荒川　皆川　神山　相川　香川　など

姓に合う名の画数

- 1字名：なし
- 2・3字名：3＋(2)　3＋(22)　5＋(12)　8＋(9)　13＋(20)　15＋(6)　15＋(20)　21＋(2)　21＋(12)　3＋(14)　4＋(7)　5＋(16)　10＋(15)　14＋(7)　15＋(8)　20＋(9)　21＋(4)　3＋(20)　5＋(8)　5＋(24)　13＋(12)　15＋(2)　15＋(14)　20＋(15)　21＋(8)

名前例

- 3＋(2) ゆり
- 3＋(14) 万綺（まき）
- 3＋(20) 三奈貴（みなき）
- 3＋(22) 小南愛（さなえ）
- 4＋(7) 友里（ゆり）
- 5＋(8) 冬実（ふゆみ）
- 5＋(12) なゆ香（なゆか）
- 5＋(16) 史音里（しおり）
- 5＋(24) 左優里（さゆり）
- 8＋(9) 和音（かずね）
- 10＋(15) 華穂（かほ）
- 13＋(12) 聖葉（きよは）
- 13＋(20) 稚霞子（ちかこ）
- 14＋(7) 綾希（あやき）
- 15＋(2) 輝十（きと）
- 15＋(6) 慶江（よしえ）
- 15＋(8) 舞佳（まいか）
- 15＋(14) 璃彩子（りさこ）
- 15＋(20) 輝理香（きりか）
- 20＋(9) 耀香（あきか）
- 20＋(15) 懸穂（かほ）
- 21＋(2) 鶴七（かな）
- 21＋(4) 顧心（みこ）
- 21＋(12) 顧由希（こゆき）

9+4

姓の画数と例

荒木　荒井　浅井　柏木　畑中　秋元　春日　など

姓に合う名の画数

1字名：なし

2・3字名：
1+(2)　1+(23)　3+(15)　4+(12)　14+(4)　17+(28)　19+(26)
1+(7)　2+(16)　3+(22)　12+(4)　17+(7)　19+(6)　20+(4)
1+(15)　3+(8)　4+(4)　12+(20)　17+(15)　19+(16)

名前例

1(2) 一乃（いちの）　1(2) しん　1(7) 一希（かずき）　1(7) しほり　1(15) 一凛（かりん）　1(15) 一久絵（いくえ）　1(23) 一雛加（ひなか）　2(16) 九楽々（くらら）
3(8) あまね　3(15) 久魅（くみ）　3(22) 万凛花（まりか）　4(4) 文月（ふづき）　4(12) 水南子（みなこ）　12(4) 智巴（ともは）　12(4) 満友（みゆ）　12(20) 裕貴弥（ゆきみ）
14(4) 彰水（あきみ）　17(7) 環那（かんな）　17(15) 霞澄（かすみ）　17(28) 優騎恵（ゆきえ）　19(6) 麗名（れいな）　19(16) 霧里香（きりか）　19(26) 瀬都穂（せつほ）　20(4) 響心（きょうこ）

9+5

姓の画数と例

前田　神田　津田　浅田　柳田　秋田　飛田　など

姓に合う名の画数

1字名：なし

2・3字名：
1+(6)　2+(15)　3+(14)　8+(15)　10+(23)　11+(14)　13+(4)　16+(15)　19+(4)
1+(14)　3+(4)　6+(15)　10+(7)　11+(4)　11+(20)　13+(8)　18+(7)
1+(16)　3+(12)　8+(7)　10+(14)　11+(12)　11+(22)　13+(12)　19+(2)

名前例

1(6) つかさ　1(14) 一嘉（いちか）　1(16) 一謡（かずよ）　2(15) 七潮（なしお）　3(4) 夕心（ゆみ）　3(12) 夕稀（ゆき）　3(14) 三綺（みき）　6(15) 早穂（さほ）
8(7) 和花（わか）　8(15) 和貴子（わきこ）　10(7) 桃花（ももか）　10(14) 真緒（まお）　10(23) 夏奈穂（かなほ）　11(4) 望心（のぞみ）　11(12) 梨葉（りよ）　11(14) 萌々菜（ももな）
11(22) 悠理菜（ゆりな）　13(4) 睦水（むつみ）　13(8) 詩佳（うたか）　13(12) 愛夕美（あゆみ）　16(15) 樹里奈（じゅりな）　18(7) 曜希（あき）　19(2) 瀬十（せと）　19(4) 鏡水（あきみ）

9+6

姓の画数と例

秋吉　春名　など

姓に合う名の画数

1字名：なし

2・3字名：
1+(7)　1+(23)　2+(22)　7+(16)　11+(7)　15+(9)　18+(6)　23+(9)
1+(15)　2+(6)　5+(12)　10+(6)　12+(6)　15+(22)　19+(4)　23+(14)
1+(16)　2+(14)　7+(9)　10+(22)　15+(2)　17+(7)　19+(14)

名前例

1(7) しほり　1(15) 一輝（かずき）　1(16) 乙樹（おとき）　1(23) 一愛恵（ひなえ）　2(6) 七帆（ななほ）　2(14) 乃樺（のか）　2(22) 七遊華（なゆか）　5(12) 未結（みゆ）
7(9) 初音（はつね）　7(16) 希咲良（きさら）　10(6) 紗帆（さほ）　10(22) 真悠理（まゆり）　11(7) 理佐（りさ）　12(6) 智早（ちさ）　15(2) 黎七（れいな）　15(12) 潔音（きよね）
15(22) 澄美愛（すみな）　17(7) 優希（ゆき）　18(6) 藍名（あいな）　19(4) 鏡水（あきみ）　19(4) 瀧予（たきよ）　19(14) 艶都子（えつこ）　23(9) 鱒美（ますみ）　23(14) 鑑裕乃（あゆの）

9+7

姓の画数と例

神谷　柳沢　相沢　保坂　浅見　染谷　津村　など

姓に合う名の画数

1字名：なし

2・3字名：
1+(4)　1+(14)　1+(22)　6+(9)　11+(2)　11+(14)　17+(4)　17+(12)
1+(6)　1+(16)　1+(28)　8+(9)　11+(6)　11+(20)　17+(6)　17+(24)
1+(12)　1+(20)　4+(9)　8+(15)　11+(12)　16+(9)　17+(8)　18+(23)

名前例

1(4) 一予（かずよ）　1(6) 乙妃（いつき）　1(12) 一湖（かずこ）　1(14) 乙緒（いちお）　1(16) 一愛子（かなこ）　1(20) 乙馨（いつか）　1(22) 一翔恵（ひとえ）　1(28) 一露花（ひろか）
4(9) 仁美（ひとみ）　6(9) 朱音（あかね）　8(9) 明美（あけみ）　8(15) 佳澄（かすみ）　8(15) 実穂（みほ）　11(2) 深七（みな）　11(6) 淳名（じゅんな）　11(14) 梨々香（りりか）
11(14) 庵綺（あき）　11(20) 彩祐梨（さゆり）　16(9) 鮎美（あゆみ）　17(4) 環中（わなか）　17(6) 優妃（ゆうき）　17(8) 瞭佳（りょうか）　17(12) 嶺偉（れい）　17(24) 優美穂（ゆみほ）

9＋8

姓の画数と例
浅沼　重松　柿沼　柳沼　神林　浅岡　香取　など

姓に合う名の画数
1字名：なし
2・3字名：
3＋⑮　8＋⑧　15＋⑨　17＋⑦
7＋⑨　10＋⑧　15＋⑳　17＋㉔
7＋⑭　13＋②　16＋⑧　23＋⑫

名前例
千穂（ちほ）3⑮　夕輝（ゆき）3⑮　亜美（あみ）7⑨　妙映（たえ）7⑨　希美（のぞみ）7⑨　花緒（かお）7⑭　君歌（きみか）7⑭　昊実（あきみ）8⑧
果歩（かほ）8⑧　紗歩（さほ）10⑧　真奈（まな）10⑧　寛乃（ひろの）13②　瑞乃（みずの）13②　澄香（すみか）15⑨　璃保（りほ）15⑨　慶伊子（けいこ）15⑨
穂菜美（ほなみ）15⑳　凜緒名（りおな）15⑳　澪奈（みおな）16⑧　樹未子（きみこ）16⑧　優里（ゆり）17⑦　嶺亜（れいあ）17⑦　霞澄美（かすみ）17㉔　鑑絵（あきえ）23⑫

9＋9

姓の画数と例
神保　保科　荒巻　など

姓に合う名の画数
1字名：なし
2・3字名：
2＋⑮　6＋⑮　7＋⑭　15＋⑥
4＋⑦　7＋⑥　7＋⑯　15＋⑧
6＋⑦　7＋⑧　8＋⑦　20＋⑨

名前例
乃摩（のま）2⑮　月花（つきか）4⑦　まどか 4⑦　安佑（あゆ）6⑦　早希（さき）6⑦　凪沙（なぎさ）6⑦　安澄（あすみ）6⑮　光輪（みわ）6⑮
君会（きみえ）7⑥　志帆（しほ）7⑥　佑衣（ゆい）7⑥　亜実（あみ）7⑧　初弥（はつみ）7⑧　杏蜜（あみ）7⑭　花緒（かお）7⑭　見蕗（みろ）7⑯
明那（あきな）8⑦　苑花（そのか）8⑦　奈杜（なと）8⑦　輝妃（きき）15⑥　澄佳（すみか）15⑧　耀香（あきか）20⑨　響美（おとみ）20⑨　護美（もりみ）20⑨

9＋10

姓の画数と例
相馬　相原　前原　柳原　柏原　前島　神原　など

姓に合う名の画数
1字名：なし
2・3字名：
1＋④　3＋⑮　11＋⑦
1＋⑫　5＋⑧　15＋㉓
3＋②　6＋㉓　22＋⑦

名前例
一木（かずき）1④　一巴（かずは）1④　レイナ（れいな）1④　一絵（かずえ）1⑫　一稀（かずき）1⑫　久乃（ひさの）3②　三七（みな）3②　えり 3②
るい 3②　三穂（みつほ）3⑮　小有美（さゆみ）3⑮　加奈（かな）5⑧　なほ子（なほこ）5⑧　安須菜（あすな）6㉓　伊緒南（いおな）6㉓　彩花（あやか）11⑦
彩希（さき）11⑦　深杜（みと）11⑦　陸希（むつき）11⑦　唯那（ゆいな）11⑦　輝緒美（きおみ）15㉓　摩都葉（まつは）15㉓　讃希（あき）22⑦　讃花（あきか）22⑦

9＋11

姓の画数と例
浅野　星野　草野　狩野　海野　神野　神崎　など

姓に合う名の画数
1字名：なし
2・3字名：
2＋⑨　5＋⑧　6＋⑨　7＋⑥　13＋②　13＋⑫
2＋㉓　5＋⑯　6＋⑮　7＋⑭　13＋④　13＋㉔
4＋⑨　5＋⑳　7＋④　10＋⑦　13＋⑧　21＋④

名前例
りおな 2⑨　七穂実（なほみ）2㉓　水紀（みずき）4⑨　世奈（せな）5⑧　由美那（ゆみな）5⑯　未彩栄（みさえ）5⑳　有美（ありみ）6⑨　次美（つぐみ）6⑨
安衣子（あいこ）6⑨　充穂（みつほ）6⑮　希心（きこ）7④　里帆（りほ）7⑥　杏蜜（あみ）7⑭　桂花（けいか）10⑦　鈴七（すずな）13②　愛月（いつき）13④
詩友（しゆ）13④　夢水（ゆめみ）13④　楓奈（ふうな）13⑧　詩央里（しおり）13⑫　雅澄美（ますみ）13㉔　櫻心（さくらこ）21④　櫻文（さや）21④　鶴友（つゆ）21④

9＋12

姓の画数と例

秋葉　風間　南雲　柘植　城間　草間　など

姓に合う名の画数

1字名：なし

2・3字名：1＋②　1＋⑦　1＋⑮　1＋㉓　3＋⑭　4＋④　4＋⑫　5＋⑥　5＋㉖　6＋⑫　11＋⑦　12＋⑫　17＋⑦

名前例

1② 一十（いと）　1② のん　1⑦ しのぶ　1⑮ 乙穂（いつほ）　1⑮ 一凜（かりん）　1⑮ 一早美（いさみ）　1㉓ 一緒美（いおみ）　1㉓ 一愛恵（ひなえ）

1㉓ 一路恵（ひろえ）　3⑭ 小綾（さあや）　3⑭ 夕樺（ゆうか）　4④ 巴水（ともみ）　4④ 文月（ふづき）　4⑫ 水陽（みはる）　4⑫ 心結（みゆ）　4⑫ 友美子（ゆみこ）

5⑥ 可帆（かほ）　5㉖ 布優美（ふゆみ）　6⑫ 早絵（さえ）　11⑦ 萌那（もえな）　12⑫ 朝陽（あさひ）　12⑫ 智尋（ちひろ）　12⑫ 裕美子（ゆみこ）　17⑦ 鞠花（まりか）

9＋16

姓の画数と例

相澤　柳澤　など

姓に合う名の画数

1字名：なし

2・3字名：1＋⑥　1＋⑦　2＋④　5＋②　7＋⑥　7＋⑨　17＋⑮　17＋⑯　19＋④　19＋⑭　23＋⑨

名前例

1⑥ くらら　1⑥ くるみ　1⑥ しおり　1⑦ 乙希（いつき）　1⑦ 一甫（かずほ）　2④ 七水（ななみ）　2④ りお　2④ リホ（りほ）

5② 史七（ふみな）　5② 冬乃（ふゆの）　7⑥ 亜衣（あい）　7⑥ 花与子（かよこ）　7⑨ 亜美（あみ）　7⑨ 初海（はつみ）　17⑮ 霞澄（かすみ）　17⑮ 鞠凜（まりん）

17⑮ 嶺魅（れみ）　17⑯ 優樹（ゆうき）　17⑯ 環可菜（わかな）　19④ 鏡心（あきこ）　19④ 瀬戸（せと）　19④ 蘭心（らんこ）　19⑭ 麗歌（れいか）　23⑨ 顯紀（あき）

9＋18

姓の画数と例

後藤　など

姓に合う名の画数

1字名：なし

2・3字名：3＋⑧　3＋㉘　5＋⑳　7＋④　11＋⑦　13＋⑧　17＋⑭　19＋②　19＋⑫　23＋②

名前例

3⑧ 夕季（ゆき）　3⑧ みなみ　3⑧ わかな　3㉘ 小優梨（さゆり）　3㉘ 三遊樹（みゆき）　5⑳ 永美梨（えみり）　5⑳ 由紀菜（ゆきな）　7④ 花月（かづき）

7④ 希水（のぞみ）　11⑦ 康花（やすか）　11⑦ 雪花（ゆきか）　11⑦ 理佐（りさ）　11⑦ 麻友巳（まゆみ）　13⑧ 愛奈（あいな）　13⑧ 鈴奈（すずな）　13⑧ 夢果（ゆめか）

17⑭ 鞠歌（まりか）　17⑭ 霞菜子（かなこ）　19② 識乃（しきの）　19② 麗七（れいな）　19⑫ 艶葉（あでは）　19⑫ 麗絵（よしえ）　23② 鑑乃（あきの）　23② 鱒乃（ますの）

10

姓の画数と例

原　島　秦　浜　浦　桂　脇　など

姓に合う名の画数

1字名：なし

2・3字名：1＋④　1＋⑤　1＋⑥　1＋⑫　3＋②　3＋⑤　3＋㉒　6＋⑰　7＋⑭　8＋⑤　8＋⑮　11＋④　13＋②　13＋⑫　13＋⑯　14＋⑦　14＋⑮　15＋㉓　19＋④　19＋⑩　21＋⑭　21＋⑯　22＋⑦　23＋②　23＋⑫

名前例

1④ 乙友（おとゆ）　1⑤ のりか　1⑥ しづか　1⑫ 一葵（かずき）　3② よしの　3⑤ あかり　3㉒ 万穂伽（まほか）　6⑰ 有優（ゆうゆ）

7⑭ 里嘉（りか）　8⑤ 歩生（あゆみ）　8⑮ 知穂（ちほ）　11④ 彩水（あやみ）　13② 豊乃（とよの）　13⑫ 聖葉（きよは）　13⑯ 愛侑奈（あゆな）　14⑦ 綺花（あやか）

14⑮ 颯穂（さほ）　15㉓ 輝緒美（きおみ）　19④ 麗心（れみ）　19⑩ 鏡恵（あきえ）　21⑭ 顧緒（みお）　21⑯ 鶴保里（かほり）　22⑦ 讃斗子（さとこ）　23⑫ 鑑己美（あきみ）

10+3

姓の画数と例
高山 宮下 宮川 畠山 浜口 原口 栗山 など

姓に合う名の画数

1字名：2　22

2・3字名：
2+1　2+22　4+14　5+11　14+21　18+14　20+15
2+6　3+15　13+3　4+28　15+3　18+27　20+25
2+14　4+7　5+3　13+19　18+6　20+5　21+3

名前例
乃（のり）2　讃（あき）22　りつ（2+1）　八江（やえ）2+6　七嘉（ななか）2+14　十貴恵（ときえ）2+22　千穂（ちほ）3+15　万凛（まりん）3+15
友希（ゆき）4+7　月歌（つきか）4+14　巴留観（はるみ）4+28　冬弓（ふゆみ）5+3　由菜（ゆな）5+11　愛夕（あゆ）13+3　夢女（ゆめ）13+3　愛真美（あまみ）13+19
綾樹代（あきよ）14+21　輝子（てるこ）15+3　織衣（おりえ）18+6　観歌（みか）18+14　藍意歌（あいか）18+27　響未（おとみ）20+5　耀穂（あきほ）20+15　耀璃姫（ありき）20+25

10+4

姓の画数と例
佐々木 酒井 高木 桜井 宮内 高井 畠中 など

姓に合う名の画数

1字名：17

2・3字名：
2+5　3+8　4+11　9+6　12+3　13+8　14+11　20+5
2+13　3+14　4+13　9+14　12+11　14+3　17+14
2+15　4+3　7+14　11+6　12+13　14+7　19+6

名前例
環（たまき）17　カオリ（2+5）（かおり）　十愛（そな）2+13　七都水（なつみ）2+15　万実（まみ）3+8　夕里亜（ゆりあ）3+14　まゆ（4+3）　友梨（ゆり）4+11
文勢（あやせ）4+13　亜玖里（あぐり）7+14　美早（みさ）9+6　南緒（なお）9+14　彩妃（さき）11+6　淳名（じゅんな）11+6　遥己（はるみ）12+3　陽菜（はるな）12+11
貴莉子（きりこ）12+13　蓮佳（れんか）13+8　綺也（きや）14+3　聡那（さとな）14+7　歌菜（かな）14+11　鞠緒（まりお）17+14　艶帆（あでほ）19+6　耀永（あきえ）20+5

10+5

姓の画数と例
原田 柴田 宮本 高田 島田 浜田 宮田 など

姓に合う名の画数

1字名：6　16

2・3字名：
2+6　2+22　3+21　8+15　12+6　16+8　20+3
2+14　3+5　6+11　11+5　13+5　18+6　20+13
2+15　3+13　8+8　11+21　16+1　19+5　24+8

名前例
如（ゆき）6　樹（いつき）16　いおり（2+6）　七都子（なつこ）2+14　二玖実（ふくみ）2+15　七雨歌（なうか）2+22　三冬（みふゆ）3+5　小夢（こゆめ）3+13
小緒里（さおり）3+21　安梨（あんり）6+11　芽依（めい）8+8　佳澄（かすみ）8+15　雪世（ゆきよ）11+5　菜美瑛（なみえ）11+21　紫帆（しほ）12+6　智帆（ちほ）12+6
愛未（いつみ）13+5　樹乙（いつき）16+1　澪代子（みよこ）16+8　織名（おりな）18+6　霧可（きりか）19+5　響子（きょうこ）20+3　耀莉子（よりこ）20+13　麟佳（りんか）24+8

10+6

姓の画数と例
宮地 桑名 など

姓に合う名の画数

1字名：なし

2・3字名：
1+28　2+11　2+19　5+8　9+14　12+11　17+8　18+7
2+3　2+13　2+21　7+8　12+1　12+13　18+3　18+23
2+5　2+15　2+27　9+8　12+5　12+19　18+5　19+22

名前例
一路穂（ひろほ）1+28　とも（2+3）　ナツコ（なつこ）2+5　乃麻（のま）2+11　七夢（ななむ）2+13　二遊子（ふゆこ）2+15　乃蘭（のらん）2+19　七鶴（なつ）2+21
十和瀬（とわせ）2+27　未苑（みその）5+8　亜季（あき）7+8　奏和（そな）9+8　美歌（みか）9+14　朝乙（あさお）12+1　結布（ゆう）12+5　結唯（ゆい）12+11
絵利名（えりな）12+13　絵美留（えみる）12+19　優芽（ゆめ）17+8　雛女（ひな）18+3　類禾（るか）18+5　雛来（ひなき）18+7　織理絵（おりえ）18+23　麗葦南（れいな）19+22

10＋7

姓の画数と例

宮沢　高村　高見　島村　高尾　宮坂　梅村　など

姓に合う名の画数

1字名：14

2・3字名：1＋⑦　1＋⑮　1＋㉓　8＋⑧　8＋⑬　9＋⑦　11＋⑦　14＋①　16＋⑧　16＋⑲　17＋⑦　18＋⑥　18＋㉓　24＋⑪

名前例

名前	読み	画数
翠	みどり	14
一花	いちか	1⑦
一沙	かずさ	1⑦
一凛	かりん	1⑮
乙登女	おとめ	1⑮
一露乃	ひろの	1㉓
采奈	あやな	8⑧
若奈	わかな	8⑧
果鈴	かりん	8⑬
知聖	ちさと	8⑬
音花	おとか	9⑦
海希	みき	9⑦
毬那	まりな	11⑦
梨亜	りあ	11⑦
静乙	しずき	14①
暁枝	あきえ	16⑧
鮎奈	あゆな	16⑧
樹理阿	じゅりあ	16⑲
優杜	ゆうと	17⑦
藍妃	あいき	18⑥
織妃	おりき	18⑥
繭衣	まゆい	18⑥
繭裕理	まゆり	18㉓
麟彩	りさ	24⑪

10＋8

姓の画数と例

高松　根岸　高岡　栗林　高林　宮武　宮岡　など

姓に合う名の画数

1字名：15

2・3字名：5＋⑥　7＋⑥　7＋⑭　8＋⑤　8＋⑦　8＋⑬　8＋⑮　9＋⑥　16＋⑤　16＋⑦　17＋⑥　21＋⑧

名前例

名前	読み	画数
慧	けい	15
諒	りょう	15
未早	みさ	5⑥
由羽	ゆう	5⑥
花帆	かほ	7⑥
芙有	ふゆ	7⑥
亜夕子	あゆこ	7⑥
冴嘉	さえか	7⑭
志緒	しお	7⑭
空未	くみ	8⑤
奈央	なお	8⑤
茉央	まお	8⑤
奈那	なな	8⑦
佳代乃	かよの	8⑦
歩夢	あゆむ	8⑬
明日美	あすみ	8⑬
和穂	かずほ	8⑮
美妃	みき	9⑥
香之子	かのこ	9⑥
磨由	まゆ	16⑤
鮎希	あゆき	16⑦
霞帆	かほ	17⑥
優衣	ゆい	17⑥
顧季	みき	21⑧

10＋9

姓の画数と例

宮城　高柳　梅津　倉持　島津　高畑　高津　など

姓に合う名の画数

1字名：4　14

2・3字名：2＋③　2＋⑪　4＋①　4＋⑭　6＋⑦　6＋㉗　12＋⑥　16＋㉒　24＋⑭

名前例

名前	読み	画数
文	あや	4
心	こころ	4
颯	そよ	14
七子	ななこ	2③
りあ		2③
いのり		2③
二菜	かずな	2⑪
十彩	とさ	2⑪
七都	なつ	2⑪
乃理	のり	2⑪
まつ		4①
月歌	つきか	4⑭
文緒	ふみお	4⑭
日菜子	ひなこ	4⑭
文由美	ふゆみ	4⑭
安佑	あゆ	6⑦
早希	さき	6⑦
凪沙	なぎさ	6⑦
百花	ももか	6⑦
光優記	みゆき	6㉗
琴帆	ことほ	12⑥
椎名	しいな	12⑥
薫穂里	かほり	16㉒
麟歌	りんか	24⑭

10＋10

姓の画数と例

栗原　桑原　高島　荻原　宮島　高原　宮脇　など

姓に合う名の画数

1字名：なし

2・3字名：3＋⑧　3＋㉒　5＋⑧　6＋⑦　6＋⑮　6＋⑲　7＋⑧　7＋⑭　8＋③　8＋⑤　8＋⑬　11＋⑥　14＋①　14＋③　14＋⑦　14＋⑪　14＋㉓　22＋③

名前例

名前	読み	画数
あんじゅ		3⑧
久蘭々	くらら	3㉒
加歩	かほ	5⑧
有花	ゆか	6⑦
安佳里	あかり	6⑮
凪椰実	ななみ	6⑲
玖実	くみ	7⑧
那奈	なな	7⑧
亜矢子	あやこ	7⑧
芙美代	ふみよ	7⑭
苺子	いちこ	8③
空未	くみ	8⑤
知世	ともよ	8⑤
芽生	めい	8⑤
果鈴	かりん	8⑬
悠帆	ゆうほ	11⑥
歌一	かいち	14①
碧己	あおい	14③
綺杜	きと	14⑦
緋奈子	ひなこ	14⑪
維柘嘉	いつか	14㉓
讃子	あきこ	22③
鷗女	かもめ	22③
驍子	きょうこ	22③

10＋11

姓の画数と例
宮崎　高野　荻野　島崎　浜崎　浜野　柴崎　など

姓に合う名の画数

1字名：2、12

2・3字名：2＋(1)、2＋(22)、5＋(11)、7＋(11)、18＋(6)、2＋(6)、4＋(13)、6＋(5)、12＋(6)、2＋(14)、5＋(3)、6＋(25)、13＋(11)

名前例

乃（ゆき）2、晶（あき）12、森（しん）12、琳（りん）12、うの 2(1)、リノ（りの）2(1)、いづみ 2(6)、ひなの 2(6)

乃瑠（のる）2(14)、七津未（なつみ）2(14)、七津愛（なずな）2(22)、水園（みその）4(13)、弘子（ひろこ）5(3)、未彩（みさ）5(11)、早央（さお）6(5)、安民（やすみ）6(5)

光南衛（みなえ）6(25)、沙彩（さあや）7(11)、結衣（ゆい）12(6)、愛彩（あいさ）13(11)、鈴鹿（すずか）13(11)、勢都（せつ）13(11)、意央名（いおな）13(11)、観江（みえ）18(6)

10＋12

姓の画数と例
馬場　佐久間　高森　高須　高塚　鬼塚　能登　など

姓に合う名の画数

1字名：なし

2・3字名：1＋(14)、4＋(3)、4＋(21)、6＋(5)、6＋(19)、11＋(14)、12＋(5)、17＋(6)、21＋(14)、1＋(22)、4＋(11)、5＋(6)、6＋(7)、9＋(6)、12＋(1)、12＋(11)、20＋(5)、3＋(14)、4＋(19)、6＋(1)、6＋(11)、9＋(8)、12＋(3)、12＋(13)、20＋(15)

名前例

一綺（かずき）1(14)、一南愛（ひなえ）1(22)、千沙希（ちさき）3(14)、ふゆ 4(3)、仁菜（にな）4(11)、月瀬（つきせ）4(19)、日雛子（ひなこ）4(21)、由宇（ゆう）5(6)

衣乙（いお）6(1)、充代（みつよ）6(5)、百花（ももか）6(7)、江梨（えり）6(11)、吏瀬（りせ）6(19)、郁帆（いくほ）9(6)、南実（なみ）9(8)、菜緒（なお）11(14)

結乙（ゆい）12(1)、琴子（ことこ）12(3)、遥可（はるか）12(5)、裕梨（ゆり）12(11)、富友美（ふゆみ）12(13)、瞳妃（ひとき）17(6)、耀未（あきみ）20(5)、響右華（きょうか）20(15)

10＋16

姓の画数と例
高橋　鬼頭　倉橋　宮澤　真壁　など

姓に合う名の画数

1字名：なし

2・3字名：1＋(6)、2＋(3)、2＋(19)、7＋(8)、8＋(7)、16＋(5)、1＋(14)、2＋(5)、5＋(6)、8＋(3)、8＋(13)、16＋(15)、2＋(1)、2＋(11)、7＋(6)、8＋(5)、15＋(6)

名前例

しおん 1(6)、乙樺（おとか）1(14)、ソノ（その）2(1)、十子（とおこ）2(3)、りみ 2(3)、七生（ななお）2(5)、りほ 2(5)、りかこ 2(5)

乃菜（のな）2(11)、七瀬（ななせ）2(19)、ほづみ 5(6)、沙帆（さほ）7(6)、佑雨（ゆう）7(8)、雨弓（あゆみ）8(3)、佳子（かこ）8(3)、季子（きこ）8(3)

奈未（なみ）8(5)、佳花（よしか）8(7)、果鈴（かりん）8(13)、季楽（きら）8(13)、知聖（ちさと）8(13)、輝会（きえ）15(6)、澪央（みお）16(5)、磨貴子（まきこ）16(15)

10＋17

姓の画数と例
真鍋　など

姓に合う名の画数

1字名：20

2・3字名：1＋(5)、6＋(19)、14＋(7)、20＋(11)、4＋(7)、8＋(3)、18＋(13)、24＋(1)、4＋(27)、12＋(6)、20＋(1)

名前例

馨（かおる）20、乙未（いつみ）1(5)、しより 1(5)、のりか 1(5)、文花（ふみか）4(7)、まりな 4(7)、巴留霞（はるか）4(27)、文優姫（ふゆき）4(27)

早羅（さら）6(19)、有実菜（ゆみな）6(19)、茅己（かこ）8(3)、波子（なみこ）8(3)、來々（らら）8(3)、貴江（きえ）12(6)、晴名（はるな）12(6)、結羽（ゆう）12(6)

綾沙（あやさ）14(7)、箕玖（みく）14(7)、藍鈴（あいりん）18(13)、襟愛（えりあ）18(13)、耀一（きい）20(1)、耀菜（あきな）20(11)、護菜（もりな）20(11)、麟乙（りお）24(1)

10+19

姓の画数と例：高瀬 など

姓に合う名の画数

1字名：6

2・3字名：2+1、2+6、2+14、4+14、5+3、12+6、13+3、16+7

名前例

- 旭（あさひ）6
- 光（ひかり）6
- うの 2+1
- りく 2+1
- りの 2+1
- ことは 2+6
- 十帆（とほ）2+6
- こなつ 2+6
- 七歌（ななか）2+14
- 八菜子（はなこ）2+14
- 二三菜（ふみな）2+14
- 月歌（つきか）4+14
- 文由美（ふゆみ）4+14
- 冬子（ふゆこ）5+3
- 由女（ゆめ）5+3
- 晶江（あきえ）12+6
- 葉名（はな）12+6
- 晴名（はるな）12+6
- 満帆（まほ）12+6
- 愛夕（あゆ）13+3
- 園子（そのこ）13+3
- 聖己（きよみ）13+3
- 錦希（にしき）16+7
- 磨来（まき）16+7

11

姓の画数と例：堀 菅 梶 など

姓に合う名の画数

1字名：なし

2・3字名：2+16、4+2、4+17、4+20、5+2、6+12、6+15、7+6、7+14、10+14、12+6、12+12、13+24、13+28、14+4、14+10、18+6、20+17、21+20、22+2

名前例

- 七親（なちか）2+16
- 巴乃（ともの）4+2
- 円瞳（つぶら）4+17
- 文優子（ふゆこ）4+20
- なつの 5+2
- 百絵（ももえ）6+12
- 多美江（たみえ）6+15
- 希江（きえ）7+6
- 亜矢香（あやか）7+14
- 真里亜（まりあ）10+14
- 晴名（はるな）12+6
- 満夕美（まゆみ）12+12
- 裕未里（ゆみり）12+12
- 愛輝海（あきみ）13+24
- 愛意凛（あいり）13+28
- 詩織莉（しおり）13+28
- 緋友（ひゆう）14+4
- 遙夏（はるか）14+10
- 翠莉（みどり）14+10
- 雛妃（ひなき）18+6
- 馨奈美（かなみ）20+17
- 鶴瑞来（かずき）21+20
- 讃乃（あきの）22+2
- 鷗七（かもな）22+2

11+3

姓の画数と例：野口 細川 黒川 堀川 堀口 亀山 野上 など

姓に合う名の画数

1字名：なし

2・3字名：3+4、3+12、3+14、3+20、4+7、5+2、5+10、5+12、8+13、10+5、10+13、12+5、13+2、13+10、13+12、13+18、14+4、14+7、15+2、15+6、15+10、18+13、20+5、21+4、21+12

名前例

- みひろ 3+4
- 万百合（まゆり）3+12
- 小槙（こまき）3+14
- 万耀（まよ）3+20
- 友那（ゆな）4+7
- 卯乃（うの）5+2
- 由華（ゆか）5+10
- 未稀（みき）5+12
- 奈々恵（ななえ）8+13
- 莉代（りよ）10+5
- 華愛（かな）10+13
- 智世（ちせ）12+5
- 聖乃（きよの）13+2
- 慈華（いつか）13+10
- 楓賀（ふうか）13+12
- 愛梨沙（えりさ）13+18
- 彰予（あきよ）14+4
- 緒兎（おと）14+7
- 慶乃（よしの）15+2
- 摩名（まな）15+6
- 慶華（よしか）15+10
- 馨禾（きょうか）20+5
- 櫻日（おうか）21+4
- 鶴南子（かなこ）21+12

11+4

姓の画数と例：清水 望月 堀内 黒木 野中 亀井 笠井 など

姓に合う名の画数

1字名：なし

2・3字名：1+2、1+5、1+7、1+22、3+5、3+13、3+14、3+21、4+4、4+12、4+20、7+10、9+7、9+14、12+4、12+20、13+5、14+4、17+7、17+20、19+5、20+4、21+2、21+12

名前例

- 乙七（おとな）1+2
- しゅり 1+5
- しのぶ 1+7
- 一咲愛（ひさえ）1+22
- さゆり 3+5
- 千誉（ちよ）3+13
- 三綺（みき）3+14
- 三櫻（みお）3+21
- 心水（ここみ）4+4
- 水結（みゆ）4+12
- 水馨（みか）4+20
- 秀夏（ひでか）7+10
- 柑那（かんな）9+7
- 美沙希（みさき）9+14
- 葉月（はづき）12+4
- 絵梨香（えりか）12+20
- 靖代（やすよ）13+5
- 歌りん（かりん）14+4
- 曖花（あいか）17+7
- 優記恵（ゆきえ）17+20
- 鏡禾（きょうか）19+5
- 耀心（てるみ）20+4
- 顧十（みと）21+2
- 顧貴（みき）21+12

11+5

姓の画数と例

野田　黒田　堀田　冨田　細田　亀田　野本　など

姓に合う名の画数

1字名：なし

2・3字名：1+(4)　1+(6)　1+(14)　1+(22)　2+(27)　3+(2)　3+(4)　3+(10)　3+(12)　3+(14)　3+(26)　6+(7)　8+(7)　10+(7)　10+(13)　13+(4)　13+(10)　13+(12)　13+(18)　18+(7)　19+(2)　19+(4)　19+(6)　19+(22)　20+(21)

名前例

しま 1+(4)　乙汐（いしお）1+(6)　一菜子（ひなこ）1+(14)　一理菜（かりな）1+(22)　七鶴衣（なつえ）2+(27)　あこ 3+(2)　夕月（ゆづき）3+(4)　あおば 3+(10)

三琴（みこと）3+(12)　三嘉（みか）3+(14)　小優美（さゆみ）3+(26)　安那（あんな）6+(7)　実来（みき）8+(7)　純那（じゅんな）10+(7)　真詩（まうた）10+(13)　睦水（むつみ）13+(4)

聖恋（せれん）13+(10)　楽々美（ららみ）13+(12)　愛祐美（あゆみ）13+(18)　顕那（あきな）18+(7)　麗七（れいな）19+(2)　霧巴（きりは）19+(4)　識名（しきな）19+(6)　響裕香（きょうか）20+(21)

11+6

姓の画数と例

菊地　菊池　堀江　鳥羽　など

姓に合う名の画数

1字名：なし

2・3字名：1+(5)　1+(7)　1+(20)　2+(6)　2+(14)　2+(22)　7+(28)　9+(7)　9+(12)　10+(6)　12+(6)　17+(7)　17+(18)　18+(6)　19+(5)　19+(22)

名前例

しゅり 1+(5)　つづり 1+(5)　一甫（かずほ）1+(7)　一耀（かずき）1+(20)　ともか 2+(6)　七歌（ななか）2+(14)　乃爾（のな）2+(14)　乃瑠（のる）2+(14)

九々瀬（くくせ）2+(22)　亜優彩（あゆさ）7+(28)　美沙（みさ）9+(7)　祐希（ゆき）9+(7)　香葉（かよ）9+(12)　華帆（かほ）10+(6)　珠妃（たまき）10+(6)　智衣（ちえ）12+(6)

瞭芭（あきは）17+(7)　鞠観（まりみ）17+(18)　優騎（ゆうき）17+(18)　織妃（おりき）18+(6)　鏡未（あきみ）19+(5)　霧永（きりえ）19+(5)　麗可（れいか）19+(5)　鏡樹衣（あきえ）19+(22)

11+7

姓の画数と例

野村　渋谷　黒沢　深沢　野沢　細谷　深谷　など

姓に合う名の画数

1字名：なし

2・3字名：1+(2)　1+(4)　1+(6)　1+(12)　1+(14)　1+(20)　1+(22)　1+(28)　6+(5)　8+(5)　8+(13)　9+(4)　9+(6)　9+(12)　9+(14)　10+(5)　17+(4)　17+(6)　18+(5)

名前例

一九（いく）1+(2)　一十七（いとな）1+(4)　レイナ（れいな）1+(4)　一帆（いちほ）1+(6)　乙葉（おとは）1+(12)　乙嘉（おとか）1+(14)　一馨（ひとか）1+(20)　一南愛（ひなえ）1+(22)

一露花（ひろか）1+(28)　百代（ももよ）6+(5)　安民（やすみ）6+(5)　奈央（なお）8+(5)　拓未（ひろみ）8+(5)　歩友美（あゆみ）8+(13)　香月（かづき）9+(4)　柚月（ゆづき）9+(4)

咲帆（さほ）9+(6)　郁瑛（いくえ）9+(12)　美歌（みか）9+(14)　珠代（たまよ）10+(5)　桃代（ももよ）10+(5)　篠巴（しのは）17+(4)　霞江（かえ）17+(6)　雛代（ひなよ）18+(5)

11+8

姓の画数と例

鳥居　黒岩　菅沼　猪股　笹岡　笠松　菱沼　など

姓に合う名の画数

1字名：なし

2・3字名：3+(2)　3+(10)　3+(26)　5+(13)　7+(6)　7+(26)　13+(5)　17+(21)　23+(6)　23+(10)　24+(14)

名前例

夕七（ゆうな）3+(2)　えり 3+(2)　小桃（こもも）3+(10)　千莉（せんり）3+(10)　千紗（ちさ）3+(10)　みずほ 3+(10)　小優美（さゆみ）3+(26)　三菜穂（みなほ）3+(26)

夕樹恵（ゆきえ）3+(26)　永夢（えいむ）5+(13)　なお紀（なおき）5+(13)　亜伊（あい）7+(6)　花之子（かのこ）7+(6)　亜優美（あゆみ）7+(26)　聖民（きよみ）13+(5)　楓加（ふうか）13+(5)

雅世（まさよ）13+(5)　睦生（むつみ）13+(5)　優鶴（ゆづる）17+(21)　鑑妃（あき）23+(6)　鱒帆（ますほ）23+(6)　鑑恵（あきえ）23+(10)　鱒沙子（まさこ）23+(10)　鷺綾（さあや）24+(14)

11＋9

姓の画数と例

阿久津　猪俣　猪狩　船津　鳥海　深津　など

姓に合う名の画数

1字名：なし

2・3字名：4＋⑦　4＋㉑　6＋⑦　7＋⑥　7＋⑭　7＋⑱　8＋⑦　9＋②　9＋④　9＋⑫　9＋㉘　12＋⑤　15＋②　15＋⑥　15＋⑩　15＋㉒　23＋②

名前例

- はづき（4⑦）
- 支緒里 しおり（4㉑）
- 安佑 あゆ（6⑦）
- 芙有 ふゆ（7⑥）
- 亜由耶 あゆか（7⑭）
- 佐織 さおり（7⑱）
- 於兎 おと（8⑦）
- 実来 みき（8⑦）
- 実芳 みよし（8⑦）
- 星乃 ほしの（9②）
- 柚月 ゆづき（9④）
- 衿須 えりす（9⑫）
- 美南瀬 みなせ（9㉘）
- 遊生 ゆうき（12⑤）
- 璃乃 りの（15②）
- 舞衣 まい（15⑥）
- 輝紗 きさ（15⑩）
- 潔恵 きよえ（15⑩）
- 凛桜 りお（15⑩）
- 澄見子 すみこ（15㉒）
- 輝誉美 きよみ（15㉒）
- 摩悠理 まゆり（15㉒）
- 鑑七 かんな（23②）
- 鱒乃 ますの（23②）

11＋10

姓の画数と例

菅原　笠原　梶原　野原　曽根　野島　笹原　など

姓に合う名の画数

1字名：なし

2・3字名：3＋⑤　3＋⑬　3＋㉑　5＋⑫　6＋②　6＋⑩　7＋④　7＋㉔　8＋⑩　13＋⑤　14＋⑩　19＋⑤

名前例

- 千永 ちえ（3⑤）
- みやこ（3⑤）
- 万椰 まや（3⑬）
- 夕楽 ゆら（3⑬）
- ゆき香 ゆきか（3⑬）
- 三櫻 みお（3㉑）
- 夕鶴 ゆづる（3㉑）
- 夕海絵 ゆみえ（3㉑）
- 未琴 みこと（5⑫）
- 由貴 ゆき（5⑫）
- 糸乃 しの（6②）
- 如乃 ゆきの（6②）
- 有紗 ありさ（6⑩）
- 早記 さき（6⑩）
- 初日 はつひ（7④）
- 里月 りつき（7④）
- 亜輝海 あきみ（7㉔）
- 苑華 そのか（8⑩）
- 朋笑 ともえ（8⑩）
- 想永 そな（13⑤）
- 綺夏 あやか（14⑩）
- 歌恋 かれん（14⑩）
- 綺里子 きりこ（14⑩）
- 蘭禾 らんか（19⑤）

11＋11

姓の画数と例

菅野　野崎　清野　細野　黒崎　紺野　鹿野　など

姓に合う名の画数

1字名：なし

2・3字名：2＋⑬　2＋㉑　4＋⑬　5＋②　5＋⑩　5＋⑱　5＋⑳　6＋⑤　7＋④　7＋⑥　7＋⑩　7＋⑱　7＋㉘　10＋⑤　10＋⑦　12＋⑬　13＋②　13＋④　13＋⑩　18＋⑤　21＋④　21＋⑭　22＋⑬

名前例

- 七鈴 なすず（2⑬）
- 十繭子 とまこ（2㉑）
- 巴留己 はるき（4⑬）
- 礼七 れな（5②）
- 可桜 かお（5⑩）
- 禾唯良 かいら（5⑱）
- 未菜美 みなみ（5⑳）
- 帆白 ほしろ（6⑤）
- 玖水 くみ（7④）
- 芹帆 せりほ（7⑥）
- 花恋 かれん（7⑩）
- 芳織 かおり（7⑱）
- 倫世 ともよ（10⑤）
- 真白 ましろ（10⑤）
- 夏希 なつき（10⑦）
- 結愛 ゆな（12⑬）
- 満里衣 まりい（12⑬）
- 慈乃 よしの（13②）
- 雅水 まさみ（13④）
- 詩桜 しお（13⑩）
- 愛久里 あぐり（13⑩）
- 藍加 あいか（18⑤）
- 鶴友 つゆ（21④）
- 讃愛 あきえ（22⑬）

11＋12

姓の画数と例

堀越　野間　船越　鳥越　黒須　など

姓に合う名の画数

1字名：なし

2・3字名：1＋⑦　1＋⑭　1＋㉔　3＋⑤　3＋⑬　3＋㉑　4＋④　4＋⑫　5＋⑩　5＋⑬　6＋⑫　9＋⑥　9＋⑦　12＋⑫　13＋⑤　17＋⑦　17＋⑫　21＋④　21＋⑭

名前例

- 乙芭 おとは（1⑦）
- 一都子 いつこ（1⑭）
- 一澄美 かすみ（1㉔）
- えみり（3⑤）
- みさと（3⑤）
- 夕起子 ゆきこ（3⑬）
- 万葉香 まよか（3㉑）
- 友巴 ともは（4④）
- 双巴 ふたば（4④）
- まゆ美 まゆみ（4⑫）
- 加恵 かえ（5⑩）
- なお美 なおみ（5⑬）
- 早百合 さゆり（6⑫）
- 香帆 かほ（9⑥）
- 紀久子 きくこ（9⑥）
- 咲友子 さゆこ（9⑦）
- 海亜 みあ（9⑦）
- 美里 みさと（9⑦）
- 貴美子 きみこ（12⑫）
- 愛可 まなか（13⑤）
- 霞甫 かほ（17⑦）
- 鞠瑛 まりえ（17⑫）
- 鶴水 つるみ（21④）
- 顧都子 みつこ（21⑭）

PART 5 開運から名づける

姓の一文字め…11～12画

11＋16

姓の画数と例

都築　黒澤　船橋　深澤　八重樫　野澤　など

姓に合う名の画数

1字名：なし

2・3字名：1＋⑤　1＋⑦　1＋⑩　1＋⑳　2＋④　5＋⑥　5＋㉖　7＋⑱　9＋②　13＋⑤　15＋⑥　19＋⑫　21＋⑩

名前例

- 乙未（いつみ）1⑤　しほ 1⑤　一希（かずき）1⑦　一沙（かずさ）1⑦　一華（いちか）1⑩　乙姫（おとき）1⑩　一冨美（ひふみ）1⑳　十予（とよ）2④
- いつみ 2④　リリィ（りりい）2④　未早（みさ）5⑥　由衣（ゆい）5⑥　民美霞（たみか）5㉖　沙里菜（さりな）7⑱　佑理那（ゆりな）7⑱　秋乃（あきの）9②
- 柚乃（ゆの）9②　意央（いお）13⑤　愛未（いつみ）13⑤　摩名（まな）15⑥　舞帆（まほ）15⑥　霧瑛（きりえ）19⑫　麗瑛（よしえ）19⑫　顧希子（みきこ）21⑩

11＋18

姓の画数と例

斎藤　進藤　など

姓に合う名の画数

1字名：なし

2・3字名：3＋⑤　3＋⑬　5＋⑬　5＋㉔　6＋②　13＋⑤　14＋②　17＋⑥

名前例

- 千央（ちひろ）3⑤　三禾（みか）3⑤　さゆり 3⑤　小鈴（こすず）3⑬　千聖（ちさと）3⑬　巳鈴（みすず）3⑬　夕楽（ゆら）3⑬　加愛（かな）5⑬
- 広愛（ひろな）5⑬　左綺恵（さきえ）5㉔　由美穂（ゆみほ）5㉔　朱乃（あけの）6②　汐乃（しおの）6②　光乃（みつの）6②　愛由（あゆ）13⑤　聖未（きよみ）13⑤
- 詩央（しお）13⑤　靖代（やすよ）13⑤　彰乃（あきの）14②　綾乃（あやの）14②　聡七（さとな）14②　嘉乃（よしの）14②　鞠衣（まりえ）17⑥　優帆（ゆうほ）17⑥

11＋19

姓の画数と例

猪瀬　黒瀬　野瀬　深瀬　など

姓に合う名の画数

1字名：なし

2・3字名：2＋⑤　2＋⑬　5＋②　5＋⑥　5＋⑩　5＋⑫　6＋⑤　10＋⑬　12＋⑤　13＋②　13＋④

名前例

- ともこ 2⑤　ひとみ 2⑤　七鼓（ななこ）2⑬　乃愛（のあ）2⑬　市乃（いちの）5②　冬乃（ふゆの）5②　史帆（しほ）5⑥　弘衣（ひろえ）5⑥
- 由羽（ゆう）5⑥　世莉（せり）5⑩　由恵（よしえ）5⑩　由稀（ゆき）5⑫　未美子（みみこ）5⑫　有未（あみ）6⑤　伊代（いよ）6⑤　真愛（まな）10⑬
- 笑恵子（えみこ）10⑬　絵未（えみ）12⑤　晶礼（あきら）12⑤　愛七（あいな）13②　詩乙（しお）13②　瑞乃（みずの）13②　愛友（あゆ）13④　夢水（ゆめみ）13④

12

姓の画数と例

森　堤　奥　湊　堺　巽　など

姓に合う名の画数

1字名：なし

2・3字名：1＋②　1＋④　1＋⑩　1＋㉒　1＋㉔　3＋⑳　4＋⑰　5＋⑥　6＋⑤　6＋⑮　9＋②　11＋⑭　11＋㉔　13＋⑩　13＋⑳　17＋⑥　17＋⑫　19＋②　19＋⑯　20＋⑤　20＋⑮　21＋⑫　21＋⑭　21＋㉔　23＋⑩

名前例

- 乙乃（いつの）1②　一九乃（いくの）1④　乙華（おとか）1⑩　一翔恵（ひとえ）1㉒　一菜愛（かなえ）1㉔　夕美菜（ゆみな）3⑳　比環（ひわ）4⑰　未妃（みき）5⑥
- 有加（ゆか）6⑤　江澄（えすみ）6⑮　思乃（しの）9②　清歌（さやか）11⑭　深緒莉（みおり）11㉔　聖夏（きよか）13⑩　瑞桃紗（みもざ）13⑳　優名（ゆうな）17⑥
- 優稀（ゆき）17⑫　蘭乃（らんの）19②　艶樹（よしき）19⑯　馨可（きょうか）20⑤　耀遊子（ようこ）20⑮　顧菜子（みなこ）21⑭　鶴澄美（かすみ）21㉔　鱒恵（ますえ）23⑩

12＋3

姓の画数と例

森下 森山 森川 奥山 森口 富山 湯川 など

姓に合う名の画数

1字名: 2　22

2・3字名:
2+(1)　2+(21)　4+(13)　5+(11)　10+(6)　13+(19)　18+(6)　21+(3)
2+(4)　4+(4)　4+(20)　5+(19)　10+(13)　14+(4)　18+(19)　22+(1)
2+(6)　4+(12)　5+(3)　8+(9)　13+(3)　15+(3)　20+(4)　22+(11)

名前例

讃（あき）22　うの（う の）2+(1)　七月（なつき）2+(4)　ともみ 2+(6)　七緒見（なおみ）2+(21)　友巴（ともは）4+(4)　心由希（みゆき）4+(12)　友楽（ゆら）4+(13)

手鞠子（まりこ）4+(20)　冬弓（ふゆみ）5+(3)　未久（みく）5+(3)　未雪（みゆき）5+(11)　由理奈（ゆりな）5+(19)　知咲（ちさき）8+(9)　真帆（まほ）10+(6)　莉愛（りな）10+(13)

園子（そのこ）13+(3)　楓樹子（ふきこ）13+(19)　綾水（あやみ）14+(4)　遼子（りょうこ）15+(3)　繭吏（まゆり）18+(6)　雛菜歩（ひなほ）18+(19)　耀巴（あきは）20+(4)　露万（ろまん）21+(3)

12＋4

姓の画数と例

筒井 植木 森井 朝日 奥井 津久井 など

姓に合う名の画数

1字名: 17

2・3字名:
1+(12)　2+(13)　4+(9)　4+(17)　9+(6)　14+(3)　14+(17)　20+(3)　20+(21)
2+(3)　4+(1)　4+(11)　4+(25)　11+(6)　14+(9)　19+(6)　20+(5)
2+(5)　4+(3)　4+(13)　7+(6)　11+(12)　14+(11)　20+(1)　20+(9)

名前例

優（ゆう）17　一絵（かずえ）1+(12)　りみ 2+(3)　アリサ（ありさ）2+(5)　乃蓮（のれん）2+(13)　まの 4+(1)　文女（ふみな）4+(3)　水咲（みさき）4+(9)

手毬（てまり）4+(11)　友愛（ゆうな）4+(13)　六津実（むつみ）4+(17)　水柘樹（みつき）4+(25)　佑名（ゆな）7+(6)　郁帆（いくほ）9+(6)　雪帆（ゆきほ）11+(6)　唯葉（ゆいは）11+(12)

綺子（きこ）14+(3)　歌奈子（かなこ）14+(11)　瑠霞（るか）14+(17)　鏡光（あきみ）19+(6)　響乙（ひびき）20+(1)　鐘子（しょうこ）20+(3)　響禾（きょうか）20+(5)　馨俐（かおり）20+(9)

12＋5

姓の画数と例

渡辺 森田 飯田 久保田 森本 奥田 富田 など

姓に合う名の画数

1字名: なし

2・3字名:
1+(17)　2+(19)　3+(21)　10+(11)　18+(6)　20+(4)
2+(4)　3+(5)　8+(27)　11+(5)　18+(17)　20+(21)
2+(6)　3+(13)　10+(6)　13+(5)　19+(5)

名前例

一都江（かつえ）1+(17)　二月（きさら）2+(4)　十予（とよ）2+(4)　こころ 2+(4)　とよみ 2+(6)　七稀沙（なぎさ）2+(19)　あいみ 3+(5)　小鳩（こばと）3+(13)

夕愛（ゆうな）3+(13)　三能梨（みのり）3+(21)　侑樹菜（ゆきな）8+(27)　真妃（まき）10+(6)　真悠（まゆ）10+(11)　麻央（まお）11+(5)　愛未（いつみ）13+(5)　想永（そな）13+(5)

睦生（むつみ）13+(5)　楓加（ふうか）13+(5)　襟名（えりな）18+(6)　織梨衣（おりえ）18+(17)　譜未（ふみ）19+(5)　耀水（あきみ）20+(4)　耀巴（てるは）20+(4)　馨南絵（かなえ）20+(21)

12＋6

姓の画数と例

落合 葛西 喜多 椎名 など

姓に合う名の画数

1字名: 5　15　23

2・3字名:
1+(20)　2+(5)　2+(19)　7+(4)　10+(3)　10+(13)　18+(5)　23+(6)
2+(1)　2+(11)　2+(21)　9+(4)　10+(5)　11+(4)　18+(11)
2+(3)　2+(13)　2+(27)　9+(12)　10+(11)　18+(3)　19+(4)

名前例

汀（なぎさ）5　潤（じゅん）15　鑑（あき）23　りの 2+(1)　七三（ななみ）2+(3)　乃永（のえ）2+(5)　二美乃（ふみの）2+(11)　七楓（ななか）2+(13)

九留美（くるみ）2+(19)　乃葵珂（のきか）2+(21)　七穂稀（なほき）2+(27)　芹巴（せりは）7+(4)　美月（みつき）9+(4)　香絵（かえ）9+(12)　真夕（まゆ）10+(3)　莉子（りこ）10+(3)

倫世（ともよ）10+(5)　珠理（しゅり）10+(11)　真桜子（まおこ）10+(13)　望心（のぞみ）11+(4)　顕子（あきこ）18+(3)　繭未（まゆみ）18+(5)　織椛（おりか）18+(11)　鏡水（あきみ）19+(4)

12＋7

姓の画数と例

奥村　植村　森谷　富沢　飯村　須貝　奥谷　など

姓に合う名の画数

1字名：4、14

2・3字名：4＋(1)、4＋(9)、6＋(12)、8＋(5)、8＋(25)、14＋(4)、16＋(13)

名前例

心（こころ）4、巴（ともえ）4、文（ふみ）4、綾（あや）14、遙（はるか）14、綸（りん）14、友乙（ゆい）4＋(1)、まの 4＋(1)

心海（ここみ）4＋(9)、仁美（ひとみ）4＋(9)、日向子（ひなこ）4＋(9)、早絵（さえ）6＋(12)、百葉（ももは）6＋(12)、好詠（よしえ）6＋(12)、安紀子（あきこ）6＋(12)、多香子（たかこ）6＋(12)

和代（かずよ）8＋(5)、奈央（なお）8＋(5)、歩優実（あゆみ）8＋(25)、実優季（みゆき）8＋(25)、歌月（かづき）14＋(4)、颯月（さつき）14＋(4)、懐愛（なつえ）16＋(13)、薫留子（かおるこ）16＋(13)

12＋8

姓の画数と例

森岡　植松　富岡　飯沼　など

姓に合う名の画数

1字名：15

2・3字名：5＋(6)、5＋(20)、7＋(6)、8＋(5)、8＋(13)、8＋(17)、9＋(6)、9＋(12)、10＋(1)、10＋(3)、10＋(11)、13＋(4)、16＋(1)、16＋(5)、16＋(9)、16＋(21)、24＋(1)

名前例

遼（りょう）15、凛（りん）15、弘衣（ひろえ）5＋(6)、由布輝（ゆうき）5＋(20)、君会（きみえ）7＋(6)、芳江（よしえ）7＋(6)、育永（いくえ）8＋(5)、弥生（やよい）8＋(5)

果鈴（かりん）8＋(13)、実華子（みかこ）8＋(13)、奈緒子（なおこ）8＋(17)、秋帆（あきほ）9＋(6)、美名（みな）9＋(6)、美結（みゆ）9＋(12)、恋乙（こい）10＋(1)、悦子（えつこ）10＋(3)

姫菜（ひめな）10＋(11)、鈴予（すずよ）13＋(4)、操乙（みさお）16＋(1)、澪禾（れいか）16＋(5)、鮎香（あゆか）16＋(9)、澪音（みおね）16＋(9)、澪悠記（みゆき）16＋(21)、鷺乙（さき）24＋(1)

12＋9

姓の画数と例

湯浅　結城　渥美　など

姓に合う名の画数

1字名：14、24

2・3字名：4＋(4)、4＋(12)、4＋(20)、6＋(11)、7＋(1)、7＋(9)、8＋(3)、8＋(23)、9＋(9)、14＋(4)、15＋(9)、20＋(4)

名前例

遙（はるか）14、碧（みどり）14、麟（りん）24、双巴（ふたば）4＋(4)、まりん 4＋(4)、水貴（みき）4＋(12)、友貴（ゆき）4＋(12)、公美子（くみこ）4＋(12)

友理南（ゆりな）4＋(20)、有彩（ありさ）6＋(11)、名菜（なな）6＋(11)、冴乙（さき）7＋(1)、志音（しおん）7＋(9)、佑香（ゆうか）7＋(9)、英子（えいこ）8＋(3)、茅己（かこ）8＋(3)

佳瑞恵（かずえ）8＋(23)、玲音（れね）9＋(9)、美乃里（みのり）9＋(9)、綺月（きづき）14＋(4)、澄香（すみか）15＋(9)、穂香（ほのか）15＋(9)、舞衣子（まいこ）15＋(9)、耀心（てるみ）20＋(4)

12＋10

姓の画数と例

萩原　飯島　朝倉　塚原　森脇　森島　奥原　など

姓に合う名の画数

1字名：7

2・3字名：1＋(6)、1＋(12)、3＋(12)、5＋(11)、5＋(12)、6＋(1)、6＋(9)、6＋(17)、6＋(19)、7＋(4)、8＋(3)、8＋(5)、8＋(9)、8＋(17)、11＋(4)、11＋(6)、13＋(12)、14＋(1)、14＋(3)、14＋(9)、14＋(11)、19＋(4)、22＋(3)、22＋(13)、23＋(12)

名前例

邑（ゆう）7、くらら 1＋(6)、一瑛（かずえ）1＋(12)、千晶（ちあき）3＋(12)、未都（みと）5＋(11)、民絵（たみえ）5＋(12)、旭乙（あさお）6＋(1)、帆香（ほのか）6＋(9)

有霞（ゆか）6＋(17)、羽蘭（うらん）6＋(19)、初日（はつひ）7＋(4)、育久（いく）8＋(3)、実加（みか）8＋(5)、奈保（なほ）8＋(9)、奈柘弥（なつみ）8＋(17)、麻水（あさみ）11＋(4)

梨々子（りりこ）11＋(6)、鈴葉（すずは）13＋(12)、綾乙（あやお）14＋(1)、嘉与（かよ）14＋(3)、綾美（あやみ）14＋(9)、嘉梛（かな）14＋(11)、瀬月（せづき）19＋(4)、鷗女（かもめ）22＋(3)

12＋11

姓の画数と例

渡部　奥野　飯野　森崎　植野　森野　萩野　など

姓に合う名の画数

1字名：6　10

2・3字名：2＋⑥　2＋⑬　2＋㉓　4＋④　4＋⑫　4＋⑳　5＋③　5＋⑪　6＋⑨　6＋⑫　7＋⑪　10＋⑤　10＋⑥　13＋⑪　14＋④　18＋⑥　18＋⑪　22＋③　22＋⑬

名前例

朱（あき）6　桃（もも）10　ひなの 2＋⑥　七桜子（なおこ）2＋⑬　七都陽（なつひ）2＋㉓　巴水（ともみ）4＋④　円水（まどみ）4＋④　ふゆ美（ふゆみ）4＋⑫

友梨香（ゆりか）4＋⑳　加子（かこ）5＋③　永菜（えいな）5＋⑪　由唯（ゆい）5＋⑪　有紀（ゆき）6＋⑨　安結（あゆ）6＋⑫　佑梨（ゆり）7＋⑪　夏未（なつみ）10＋⑤

純白（ましろ）10＋⑤　莉帆（りほ）10＋⑥　詩奈子（しなこ）13＋⑪　綾水（あやみ）14＋④　雛名（ひなな）18＋⑥　櫂都（かいと）18＋⑪　讃夕（あゆ）22＋③　讃愛（あきな）22＋⑬

12＋12

姓の画数と例

飯塚　越智　須賀　塚越　など

姓に合う名の画数

1字名：なし

2・3字名：1＋④　3＋⑳　4＋①　4＋③　4＋⑨　4＋⑪　4＋⑰　4＋⑲　5＋⑥　6＋①　6＋⑤　6＋⑰　9＋⑥　11＋④　13＋⑳　17＋⑥　20＋①　20＋⑬　21＋⑫

名前例

一巴（かずは）1＋④　夕輝未（ゆきみ）3＋⑳　心乙（こい）4＋①　ふみ 4＋③　心美（ここみ）4＋⑨　友耶（ともか）4＋⑨　水咲（みさき）4＋⑨　巴萌（ともえ）4＋⑪

文菜（ふみな）4＋⑪　友梨（ゆり）4＋⑪　心真希（こまき）4＋⑰　文艶（ふみえ）4＋⑲　なおこ 5＋⑥　妃乙（きお）6＋①　有卯（ゆう）6＋⑤　名緒子（なおこ）6＋⑰

秋衣（あきえ）9＋⑥　美也子（みやこ）9＋⑥　麻水（あさみ）11＋④　詩保理（しほり）13＋⑳　鞠名（まりな）17＋⑥　耀乙（あき）20＋①　響楓（きょうか）20＋⑬　露葉（つゆは）21＋⑫

12＋16

姓の画数と例

富樫　棚橋　など

姓に合う名の画数

1字名：なし

2・3字名：1＋⑥　2＋①　2＋⑤　2＋⑨　2＋⑪　2＋㉗　5＋⑥　7＋⑥　8＋③　8＋⑤　9＋④　16＋①　16＋⑬　23＋⑥

名前例

くるみ 1＋⑥　りつ 2＋①　りりか 2＋⑤　カオリ（かおり）2＋⑤　七胡（ななこ）2＋⑨　乃梨（のり）2＋⑪　りり香（りりか）2＋⑪　七奈瀬（ななせ）2＋㉗

史帆（しほ）5＋⑥　由早（ゆさ）5＋⑥　亜妃（あき）7＋⑥　沙帆（さほ）7＋⑥　佑衣（ゆい）7＋⑥　昌子（あきこ）8＋③　苑子（そのこ）8＋③　佳世（かよ）8＋⑤

弥生（やよい）8＋⑤　泉水（いずみ）9＋④　咲月（さつき）9＋④　思月（しづき）9＋④　懐乙（なつお）16＋①　磨里名（まりな）16＋⑬　鑑妃（あき）23＋⑥　鱒帆（ますほ）23＋⑥

12＋18

姓の画数と例

須藤　など

姓に合う名の画数

1字名：5　7　15　17

2・3字名：3＋④　3＋⑫　6＋①　6＋⑤　6＋⑨　6＋⑪　7＋④　13＋④　14＋①　14＋③

名前例

冬（ふゆ）5　花（はな）7　黎（れい）15　霞（かすみ）17　あゆの 3＋④　さくら 3＋④　三琴（みこと）3＋⑫　夕媛（ゆめ）3＋⑫

小夕紀（こゆき）3＋⑫　衣乙（いお）6＋①　妃代（きよ）6＋⑤　光世（みつよ）6＋⑤　汐音（しおね）6＋⑨　光南（みな）6＋⑨　帆乃花（ほのか）6＋⑨　安梨（あんり）6＋⑪

衣都（えと）6＋⑪　沙予（さよ）7＋④　里月（りつき）7＋④　詩友（しゆ）13＋④　綺乙（きお）14＋①　遙乙（はるき）14＋①　碧子（みどりこ）14＋③　瑠万（るま）14＋③

13

姓の画数と例
楠 滝 椿 塙 新 など

姓に合う名の画数

1字名：なし

2・3字名：
2+6、4+7、8+10、10+14、12+4、16+2、18+17、20+4、20+15
3+2、4+14、8+16、10+15、12+6、16+16、19+6、20+5
4+4、5+6、10+6、11+14、12+12、18+14、19+16、20+12

名前例
ひなの 2+6
れい 3+2
まりん 4+4
巴李 ともり 4+7
巴嘉 ともか 4+14
未羽 みう 5+6
知晃 ちあき 8+10
実蕾 みらい 8+16
純名 じゅんな 10+6
莉都子 りつこ 10+14
笑舞 えま 10+15
萌歌 もえか 11+14
智巴 ともは 12+4
陽向 ひなた 12+6
晶紀子 あきこ 12+12
篤乃 あつの 16+2
樹梨可 きりか 16+16
織歌 おりか 18+14
曜霞 ようか 18+17
鏡江 あきえ 19+6
鏡楽子 あきらこ 19+16
耀予 あきよ 20+4
響可 きょうか 20+5
耀葉 てるは 20+12

13+3

姓の画数と例
溝口 福山 遠山 滝口 滝川 福士 小宮山 など

姓に合う名の画数

1字名：なし

2・3字名：
2+11、3+12、4+25、5+10、5+24、12+11、15+10、21+2、21+20
3+2、3+20、5+2、5+12、8+5、15+2、15+16、21+4
3+4、3+22、5+8、5+16、12+5、15+8、20+5、21+8

名前例
七望 ななみ 2+11
みこ 3+2
かりん 3+4
三晴 みはる 3+12
夕梨香 ゆりか 3+20
千穂里 ちほり 3+22
文優佳 ふゆか 4+25
令乃 あやの 5+2
由季 ゆき 5+8
可桜 かお 5+10
未結 みゆ 5+12
由香里 ゆかり 5+16
左綺恵 さきえ 5+24
茉央 まお 8+5
智可 ともか 12+5
陽奈子 ひなこ 12+11
澄乃 すみの 15+2
摩実 まみ 15+8
澄夏 すみか 15+10
舞佐美 まさみ 15+16
耀禾 ようか 20+5
露乃 つゆの 21+2
櫻実 さくみ 21+8
露祐梨 つゆり 21+20

13+4

姓の画数と例
鈴木 新井 福井 照井 福元 碓井 など

姓に合う名の画数

1字名：なし

2・3字名：
1+5、3+5、4+4、9+26、12+4、19+16、21+20
2+16、3+18、4+12、11+5、14+4、20+4
3+3、3+28、4+20、11+10、19+5、21+3

名前例
一代 かずよ 1+5
八寿美 はすみ 2+16
夕子 ゆうこ 3+3
そら 3+3
みゆ 3+3
みつき 3+5
小津紀 さつき 3+18
三遊樹 みゆき 3+28
まこと 4+4
水渡 みと 4+12
公美子 くみこ 4+12
比那愛 ひなえ 4+20
友理南 ゆりな 4+20
思穂理 しほり 9+26
野永 のえ 11+5
麻姫 まき 11+10
朝水 あさみ 12+4
満友 みゆ 12+4
鳴月 なつき 14+4
麗可 れいか 19+5
蘭樹 らんじゅ 19+16
護水 もりみ 20+4
櫻己 さくらこ 21+3
顧悠紀 みゆき 21+20

13+5

姓の画数と例
福田 豊田 新田 福本 福永 園田 塩田 など

姓に合う名の画数

1字名：なし

2・3字名：
1+4、1+22、3+4、3+18、8+3、11+2、11+12、19+4
1+10、2+19、3+10、3+20、10+3、11+4、12+3、20+3
1+16、3+2、3+12、3+26、10+11、11+10、19+2、24+5

名前例
乙水 いつみ 1+4
一紗 かずさ 1+10
乙都加 いつか 1+16
一都菜 いつな 1+22
十樹子 ときこ 2+19
せり 3+2
あくあ 3+4
万哩 まり 3+10
あゆ美 あゆみ 3+12
千織 ちおり 3+18
千菜津 ちなつ 3+20
三菜穂 みなほ 3+26
周子 ちかこ 8+3
笑子 えみこ 10+3
時子 ときこ 10+3
紗彩 さあや 10+11
麻乃 まの 11+2
麻予 まよ 11+4
毬笑 まりえ 11+10
深晴 みはる 11+12
絢子 あやこ 12+3
瀬七 せな 19+2
麗水 れみ 19+4
馨子 かおるこ 20+3

13+7

姓の画数と例

滝沢　新谷　塩谷　塩見　新里　鈴村　宇佐見　など

姓に合う名の画数

1字名：なし

2・3字名：1+(2)　1+(4)　1+(12)　1+(16)　1+(20)　6+(5)　8+(5)　9+(4)　9+(12)　9+(16)　9+(28)　10+(5)　11+(2)　11+(10)　14+(3)　16+(2)　17+(4)　17+(8)　17+(20)

名前例

一七（1+2）かずな　乙友（1+4）おとゆ　一巴（1+4）かずは　乙稀（1+12）いつき　一名恵（1+16）ひなえ　一都美（1+20）ひとみ　早永（6+5）さえ　佳世（8+5）かよ

奏巳（9+4）かなみ　泉琴（9+12）みこと　美陽（9+12）みはる　洋津子（9+12）みつこ　香衛（9+16）かえ　美優梨（9+28）みゆり　華生（10+5）かお　紗世（10+5）さよ

夏未（10+5）なつみ　笛乃（11+2）ふえの　彩華（11+10）あやか　翠子（14+3）みどりこ　懐十（16+2）なつと　鞠予（17+4）まりよ　優果（17+8）ゆうか　優馨（17+20）ゆうか

13+8

姓の画数と例

福岡　新妻　豊岡　など

姓に合う名の画数

1字名：なし

2・3字名：5+(3)　5+(11)　5+(19)　7+(10)　8+(8)　9+(2)　9+(22)　10+(8)　15+(3)　16+(8)　21+(3)　21+(16)

名前例

冬子（5+3）とうこ　なつこ（5+3）　可梨（5+11）かりん　禾菜（5+11）かな　由茉子（5+11）ゆまこ　加津姫（5+19）かづき　世都奈（5+19）せつな　由理奈（5+19）ゆりな

君華（7+10）きみか　冴夏（7+10）さやか　知実（8+8）ともみ　虹乃（9+2）にじの　宥七（9+2）ゆうな　玲緒奈（9+22）れおな　純奈（10+8）じゅんな　莉奈（10+8）りな

慶子（15+3）けいこ　舞夕（15+3）まゆ　鮎奈（16+8）あゆな　樹佳（16+8）きか　澪奈（16+8）みおな　鶴子（21+3）かこ　顧津希（21+16）みつき　露央彩（21+16）ろおざ

13+9

姓の画数と例

宇佐美　新垣　新保　新美　照屋　新城　新海　など

姓に合う名の画数

1字名：なし

2・3字名：2+(5)　2+(11)　4+(11)　4+(19)　6+(11)　7+(8)　7+(16)　7+(18)　8+(3)　9+(2)　9+(4)　9+(8)　9+(16)　9+(26)　12+(3)　12+(5)　14+(11)　15+(2)　15+(8)　15+(10)　20+(3)　23+(2)　23+(12)　24+(11)

名前例

八永（2+5）やえ　七悠（2+11）なゆ　比奈子（4+11）ひなこ　水蘭（4+19）みらん　安唯（6+11）あい　佐和（7+8）さわ　里磨（7+16）りま　佑莉佳（7+18）ゆりか

佳子（8+3）かこ　眉乃（9+2）まゆの　秋水（9+4）あきみ　美雨（9+8）みう　秋衛（9+16）あきえ　紀織奈（9+26）きおな　結万（12+3）ゆま　晶代（12+5）あきよ

緒都（14+11）おと　嬉乃（15+2）よしの　魅雨（15+8）みう　舞姫（15+10）まき　響女（20+3）おとめ　鑑七（23+2）かんな　鑑絵（23+12）あきえ　鷺雪（24+11）さゆき

13+10

姓の画数と例

福島　福原　豊島　福留　嵯峨　など

姓に合う名の画数

1字名：なし

2・3字名：1+(5)　1+(24)　3+(5)　3+(12)　3+(22)　5+(3)　5+(11)　5+(19)　6+(2)　6+(10)　7+(8)　7+(11)　7+(28)　8+(10)　11+(4)　11+(5)　14+(10)　15+(3)　19+(5)　19+(10)　23+(2)　23+(12)

名前例

乙加（1+5）いつか　一菜愛（1+24）かなえ　えりか（3+5）　万葉（3+12）まよ　小稀夏（3+22）さきか　なつこ（5+3）　未都（5+11）みと　世都奈（5+19）せつな

光乃（6+2）みつの　光紗（6+10）みさ　沙奈（7+8）さな　佐理（7+11）さり　沙鶴希（7+28）さつき　茉莉（8+10）まり　菊水（11+4）きくみ　麻未（11+5）あさみ

椰央（11+5）なお　理世（11+5）りせ　彰恵（14+10）あきえ　範子（15+3）のりこ　霧可（19+5）きりか　麗華（19+10）れいか　鑑乃（23+2）あきの　鱒寸美（23+12）ますみ

13＋11

姓の画数と例

塩崎　塩野　園部　新野　溝渕　など

姓に合う名の画数

1字名：なし

2・3字名：
2＋(3)　4＋(19)　5＋(2)
5＋(8)　5＋(10)　5＋(16)
5＋(18)　6＋(5)　7＋(4)
7＋(10)　10＋(5)　12＋(3)
14＋(19)　21＋(12)　22＋(11)

名前例

リサ（りさ）2(3)　由希子（ゆきこ）5(10)　珠生（たまお）10(5)
友瀬（ゆうせ）4(19)　未操（みさお）5(16)　桃代（ももよ）10(5)
市乃（いちの）5(2)　由稀江（ゆきえ）5(18)　敬子（けいこ）12(3)
史乃（しの）5(2)　光央（みお）6(5)　裕子（ゆうこ）12(3)
冬乃（ふゆの）5(2)　伴予（ともよ）7(4)　歌都奈（かづな）14(19)
加奈（かな）5(8)　希恵（きえ）7(10)　嘉梨奈（かりな）14(19)
冬実（ふゆみ）5(8)　邑夏（ゆうか）7(10)　顧葉（みよ）21(12)
未歩（みほ）5(8)　紗世（さよ）10(5)　讃和子（さわこ）22(11)

13＋12

姓の画数と例

猿渡　新開　福富　など

姓に合う名の画数

1字名：なし

2・3字名：
1＋(22)　3＋(3)　3＋(5)
3＋(10)　3＋(20)　4＋(4)
4＋(12)　4＋(28)　5＋(2)
5＋(3)　11＋(2)　11＋(5)
21＋(11)　21＋(12)　23＋(10)

名前例

一咲愛（ひさえ）1(22)　夕美菜（ゆみな）3(20)　未夕（みゆ）5(3)
あみ 3(3)　ねね 4(4)　なみ 5(3)
みち 3(3)　文夕美（ふゆみ）4(12)　雪乃（ゆきの）11(2)
あさひ 3(5)　水南瀬（みなせ）4(28)　望生（のぞみ）11(5)
かれん 3(5)　令乃（あやの）5(2)　康代（やすよ）11(5)
小夏（こなつ）3(10)　由乃（ゆの）5(2)　鶴夕奈（つゆな）21(11)
ゆり奈（ゆりな）3(10)　礼七（れな）5(2)　露満（ろまん）21(12)
みなほ 3(10)　冬弓（ふゆみ）5(3)　鱒沙子（まさこ）23(10)

13＋18

姓の画数と例

遠藤　新藤　など

姓に合う名の画数

1字名：なし

2・3字名：
3＋(4)　3＋(5)　5＋(3)
5＋(11)　6＋(2)　11＋(5)
14＋(2)　19＋(2)

名前例

久水（くみ）3(4)　央子（ひろこ）5(3)　麻白（ましろ）11(5)
みお 3(4)　由女（ゆめ）5(3)　理央（りお）11(5)
ゆま 3(4)　未唯（みい）5(11)　綾乃（あやの）14(2)
ゆりこ 3(4)　未梨（みり）5(11)　歌乃（うたの）14(2)
千冬（ちふゆ）3(5)　由麻（ゆま）5(11)　緒十（おと）14(2)
三史（みち）3(5)　可奈女（かなめ）5(11)　嘉乃（よしの）14(2)
せいら 3(5)　安七（あんな）6(2)　蘭乃（らんの）19(2)
やよい 3(5)　光乃（みつの）6(2)　麗七（れな）19(2)

14

姓の画数と例

関　境　榊　嶋　榎　など

姓に合う名の画数

1字名：なし

2・3字名：
1＋(2)　1＋(16)　2＋(5)
3＋(4)　3＋(15)　4＋(7)
7＋(4)　7＋(10)　7＋(17)
9＋(15)　9＋(16)　10＋(7)
10＋(15)　11＋(7)　11＋(12)
17＋(4)　17＋(7)　18＋(7)
18＋(15)　19＋(5)　19＋(6)
19＋(14)　21＋(10)　21＋(12)
23＋(15)

名前例

レナ（れな）1(2)　亜優（あゆ）7(17)　鞠那（まりな）17(7)
乙樹（いつき）1(16)　美由起（みゆき）9(15)　観沙（みさ）18(7)
ナツコ（なつこ）2(5)　美磨（みま）9(16)　観由起（みゆき）18(15)
かの子（かのこ）3(4)　真希（まき）10(7)　瀬央（せお）19(5)
夕輝（ゆき）3(15)　真紗代（まさよ）10(15)　霧江（きりえ）19(6)
文伽（ふみか）4(7)　梨花（りか）11(7)　麗菜子（れなこ）19(14)
亜友（あゆ）7(4)　萌絵（もえ）11(12)　躍寿子（やすこ）21(10)
杏華（きょうか）7(10)　優月（ゆづき）17(4)　露賀（ろか）21(12)

14＋3

姓の画数と例

関口　増子　増山　緑川　徳山　関川　稲川　など

姓に合う名の画数

1字名：22

2・3字名：2＋(4)　4＋(4)　5＋(3)　10＋(25)　13＋(3)　20＋(15)　22＋(19)　3＋(15)　4＋(17)　5＋(11)　12＋(4)　15＋(3)　21＋(3)　4＋(2)　4＋(27)　5＋(19)　12＋(9)　20＋(4)　22＋(2)

名前例

讃（あき）22　鷗（かもめ）22　ライム（らいむ）2(4)　夕美衣（ゆみえ）3(15)　巴七（はな）4(2)　まり 4(2)　まき 4(4)　文霞（あやか）4(17)

文優姫（ふゆき）4(27)　由巳（ゆみ）5(3)　可梨（かりん）5(11)　由菜（ゆな）5(11)　加菜枝（かなえ）5(19)　紗緒梨（さおり）10(25)　朝水（あさみ）12(4)　晴美（はるみ）12(9)

楓子（ふうこ）13(3)　徹子（てつこ）15(3)　舞夕（まゆ）15(3)　耀巴（あきは）20(4)　響輝（ひびき）20(15)　櫻子（さくらこ）21(3)　鷗七（かもな）22(2)　讃都季（さつき）22(19)

14＋4

姓の画数と例

緒方　増井　堀之内　関戸　綿引　熊木　など

姓に合う名の画数

1字名：なし

2・3字名：1＋(2)　2＋(9)　3＋(18)　4＋(11)　4＋(25)　11＋(10)　12＋(9)　19＋(10)　21＋(2)　1＋(10)　2＋(15)　4＋(3)　4＋(17)　9＋(2)　12＋(1)　12＋(11)　20＋(1)　2＋(3)　2＋(21)　4＋(9)　4＋(19)　11＋(2)　12＋(3)　13＋(2)　20＋(3)

名前例

のん 1(2)　一恵（かずえ）1(10)　りりの 2(3)　乃南（のな）2(9)　七穂（ななほ）2(15)　十騎子（ときこ）2(21)　千南美（ちなみ）3(18)　はる 4(3)

友美（ゆみ）4(9)　文菜（ふみな）4(11)　水都江（みつえ）4(17)　心麗（みれい）4(19)　水輝恵（みきえ）4(25)　秋乃（あきの）9(2)　清乃（きよの）11(2)　菊恵（きくえ）11(10)

釉乙（ゆうき）12(1)　賀子（かこ）12(3)　智海（ともみ）12(9)　紫野（しの）12(11)　靖七（やすな）13(2)　麗夏（れいか）19(10)　譲乙（ゆずき）20(1)　露七（つゆな）21(2)

14＋5

姓の画数と例

増田　榎本　徳永　窪田　嶋田　稲田　小野田　など

姓に合う名の画数

1字名：6　12

2・3字名：1＋(17)　6＋(7)　10＋(23)　2＋(4)　8＋(10)　16＋(2)　2＋(27)　10＋(3)　20＋(18)

名前例

凪（なぎ）6　光（ひかり）6　葵（あおい）12　晶（あき）12　一鞠（いまり）1(17)　このみ 2(4)　ヒカリ（ひかり）2(4)　七奈瀬（ななせ）2(27)

八詩緒（やしお）2(27)　有沙（ありさ）6(7)　早良（さら）6(7)　朱里（しゅり）6(7)　昊恵（あきえ）8(10)　和姫（かずき）8(10)　知華（ちか）8(10)　茉由可（まゆか）8(10)

桂子（けいこ）10(3)　恋子（こいこ）10(3)　夏奈穂（かなほ）10(23)　紗輝佳（さきか）10(23)　樹乃（きの）16(2)　澪七（みおな）16(2)　馨奈恵（かなえ）20(18)　響美紀（ひびき）20(18)

14＋6

姓の画数と例

小野寺　など

姓に合う名の画数

1字名：5　15

2・3字名：1＋(10)　2＋(3)　2＋(19)　9＋(4)　10＋(15)　11＋(10)　15＋(2)　18＋(19)　1＋(24)　2＋(11)　7＋(4)　10＋(3)　10＋(27)　12＋(1)　18＋(3)　2＋(1)　2＋(15)　7＋(18)　10＋(11)　11＋(4)　12＋(9)　18＋(7)

名前例

司（つかさ）5　憧（あこ）15　乙華（おとか）1(10)　一澄美（かすみ）1(24)　リノ（りの）2(1)　リサ（りさ）2(3)　七雪（なゆき）2(11)　乃璃（のり）2(15)

乃羅（のら）2(19)　希水（のぞみ）7(4)　亜花梨（あかり）7(18)　祐友（ゆうゆ）9(4)　珠巳（たまみ）10(3)　真唯（まい）10(11)　真結子（まゆこ）10(15)　真裕穂（まゆほ）10(27)

萌心（もえみ）11(4)　梢恵（こずえ）11(10)　晶乙（あき）12(1)　陽香（はるか）12(9)　諄乃（あつの）15(2)　織己（おりみ）18(3)　繡那（あやな）18(7)　櫂唯奈（かいな）18(19)

14＋7

姓の画数と例
熊谷　関谷　熊沢　稲村　野々村　嶋村　稲見　など

姓に合う名の画数

1字名：4　17

2・3字名：1+7　1+15　1+23　6+2　6+10　6+18　8+9　9+7　10+1　10+21　11+7　16+2　17+7　18+19　22+2

名前例

- 心（こころ）4
- 巴（ともえ）4
- 円（まどか）4
- 嶺（れい）17
- ノゾミ（のぞみ）1+7
- 乙澄（いずみ）1+15
- 一緒美（いおみ）1+23
- 汐七（しおな）6+2
- 百桃（もも）6+10
- 妃呂子（ひろこ）6+10
- 有希子（ゆきこ）6+10
- 早織（さおり）6+18
- 伊柘美（いつみ）6+18
- 知保（ちほ）8+9
- 咲希（さき）9+7
- 留乙（るい）10+1
- 真輝衣（まきえ）10+21
- 爽花（さやか）11+7
- 鮎乃（あゆの）16+2
- 霞甫（かほ）17+7
- 環那（かんな）17+7
- 檀李（まゆり）17+7
- 藍羅（あいら）18+19
- 讃七（あきな）22+2

14＋9

姓の画数と例
稲垣　鳴海　など

姓に合う名の画数

1字名：15　16　24

2・3字名：2+4　2+23　4+4　4+11　4+21　4+25　6+2　6+10　6+18　7+1　7+9　8+7　8+10　8+27　9+9　12+3　12+4　15+9　16+2　20+4　20+9　24+1　24+11

名前例

- 慶（けい）15
- 蕾（つぼみ）16
- 麟（りん）24
- このみ 2+4
- まお 4+4
- 水悠（みゆ）4+11
- 巴菜緒（はなお）4+25
- 糸乃（しの）6+2
- 安久里（あぐり）6+10
- 多津美（たつみ）6+18
- 冴乙（さき）7+1
- 沙保（さほ）7+9
- 明花（あきか）8+7
- 和紗（かずさ）8+10
- 奈緒愛（なおえ）8+27
- 美哉（みや）9+9
- 翔子（しょうこ）12+3
- 貴水（たかみ）12+4
- 魅哉（みや）15+9
- 樹乃（きの）16+2
- 耀水（あきみ）20+4
- 譲紀（ゆずき）20+9
- 麟乙（りお）24+1
- 鷺菜（さぎな）24+11

14＋10

姓の画数と例
小笠原　関根　榊原　熊倉　仲宗根　漆原　など

姓に合う名の画数

1字名：7

2・3字名：1+4　3+2　5+18　6+1　6+7　6+9　6+15　6+17　6+27　7+4　8+3　8+9　8+15　11+4　13+2　15+18　19+4　22+11　23+10

名前例

- 李（もも）7
- 一心（かずこ）1+4
- かこ 3+2
- 史織（しおり）5+18
- 衣乙（いお）6+1
- 汐乙（しお）6+1
- 安寿（あんじゅ）6+7
- 早良（さら）6+7
- 糸音（いとね）6+9
- 早穂（さほ）6+15
- 光優（みゆ）6+17
- 安衣菜（あいな）6+17
- 早智穂（さちほ）6+27
- 那月（なつき）7+4
- 空々（くく）8+3
- 和奏（わかな）8+9
- 佳穂（かほ）8+15
- 梓水（あずみ）11+4
- 菜月（なつき）11+4
- 鈴乃（すずの）13+2
- 穂南美（ほなみ）15+18
- 瀬戸（せと）19+4
- 讃椛（あきか）22+11
- 鑑希子（あきこ）23+10

14＋11

姓の画数と例
波多野　熊野　二階堂　綿貫　嶋崎　熊崎　綾部　など

姓に合う名の画数

1字名：6　10　12

2・3字名：2+21　4+2　4+4　4+9　4+19　5+3　5+11　5+27　6+1　6+2　12+1　12+4　12+11　12+21　22+11

名前例

- 凪（なぎ）6
- 光（ひかり）6
- 恵（めぐみ）10
- 智（とも）12
- 七結香（なゆか）2+21
- 水七（みな）4+2
- まこ 4+2
- 允予（いよ）4+4
- 天音（あまね）4+9
- 公美（くみ）4+9
- 心春（こはる）4+9
- 日向子（ひなこ）4+19
- 水紗紀（みさき）4+19
- 本子（もとこ）5+3
- 由唯（ゆい）5+11
- 未奈瀬（みなせ）5+27
- 旭乙（あさお）6+1
- 安七（あんな）6+2
- 如乃（ゆきの）6+2
- 葵乙（あおい）12+1
- 満予（みつよ）12+4
- 結水（ゆみ）12+4
- 暁菜（あきな）12+11
- 稀緒里（きおり）12+21

14＋12

姓の画数と例：稲葉 など

姓に合う名の画数

1字名：12

2・3字名：1＋②、1＋④、1＋⑩、4＋①、4＋③、4＋⑨、4＋⑪、4＋⑰、4＋㉗、5＋②、5＋⑩、6＋①、6＋⑦、6＋⑮、6＋㉕、9＋②、11＋②、11＋④、12＋①、12＋③、12＋⑨、19＋②、20＋①、20＋⑪

名前例：
- 幾（いく）12
- のり 1②
- 乙水（いつみ）1④
- しずほ 1⑩
- きの 4①
- 公子（きみこ）4③
- 友耶（ともか）4⑨
- 文音（ふみね）4⑨
- 日奈子（ひなこ）4⑪
- 月霞（つきか）4⑰
- 史乃（しの）5②
- 玉姫（たまき）5⑩
- 衣乙（いお）6①
- 有希（ゆき）6⑦
- 光穂（みつほ）6⑮
- 有樹保（ゆきほ）6㉕
- 保乃（やすの）9②
- 唯七（ゆいな）11②
- 彩予（さよ）11④
- 朝乙（あさお）12①
- 琴子（ことこ）12③
- 琴美（ことみ）12⑨
- 霧乃（きりの）19②
- 耀視（てるみ）20⑪

14＋18

姓の画数と例：齊藤 など

姓に合う名の画数

1字名：5、7、15

2・3字名：3＋④、5＋⑩、6＋①、6＋⑦、6＋⑨、6＋⑲、15＋⑩、23＋②

名前例：
- 汀（なぎさ）5
- 由（ゆう）5
- 里（さと）7
- 寿（ひさ）7
- 澄（すみ）15
- 凛（りん）15
- 久水（くみ）3④
- あやの 3④
- 民恵（たみえ）5⑩
- 由夏（ゆか）5⑩
- なずな
- 旭乙（あさお）6①
- 汐乙（しお）6①
- 帆花（ほのか）6⑦
- 有李（ゆり）6⑦
- 朱美（あけみ）6⑨
- 汐音（しおね）6⑨
- 名美（なみ）6⑨
- 吏瀬（りせ）6⑲
- 江莉香（えりか）6⑲
- 嬉恵（きえ）15⑩
- 舞華（まいか）15⑩
- 鑑七（あきな）23②
- 鱒乃（ますの）23②

15＋3

姓の画数と例：長谷川 横山 樋口 影山 など

姓に合う名の画数

1字名：14

2・3字名：2＋①、2＋⑨、3＋②、3＋⑧、3＋⑭、3＋⑳、3＋㉖、4＋⑰、5＋②、5＋⑧、5＋⑩、5＋⑯、5＋⑱、5＋㉔、10＋①、12＋①、12＋⑨、13＋②、13＋⑧、13＋⑩、14＋①、21＋②、22＋①

名前例：
- 綴（つづり）14
- ソノ（その）2①
- 七帆子（なほこ）2⑨
- あん 3②
- あやな 3⑧
- 小由紀（こゆき）3⑭
- 夕華莉（ゆかり）3⑳
- 久美霞（くみか）3㉖
- 友霞（ともか）4⑰
- 可七（かな）5②
- 永実（えいみ）5⑧
- 由真（ゆま）5⑩
- 未祐希（みゆき）5⑯
- 可織（かおり）5⑱
- 由貴瑛（ゆきえ）5㉔
- 倫乙（りお）10①
- 葵乙（あおい）12①
- 朝美（あさみ）12⑨
- 夢乃（ゆめの）13②
- 愛季（あき）13⑧
- 暖琹（はるか）13⑩
- 遙乙（はるき）14①
- 鶴乃（かの）21②
- 讃乙（あき）22①

15＋4

姓の画数と例：横井 横内 など

姓に合う名の画数

1字名：14

2・3字名：1＋⑰、2＋⑯、3＋③、3＋㉖、7＋⑥、9＋⑨、11＋②、11＋㉒、17＋①、21＋⑰

名前例：
- 静（しずか）14
- 颯（そよ）14
- 蔦（つた）14
- 乙霞（おとか）1⑰
- 一真里（ひまり）1⑰
- 七積（なつみ）2⑯
- 乃利香（のりか）2⑯
- 三夕（みゆ）3③
- かのん 3③
- みのり 3③
- 小優美（さゆみ）3㉖
- 三菜穂（みなほ）3㉖
- 佑衣（ゆい）7⑥
- 里帆（りほ）7⑥
- 紀香（のりか）9⑨
- 宥紀（ゆき）9⑨
- 玲音（れね）9⑨
- 毬乃（まりの）11②
- 悠七（ゆうな）11②
- 彩矢霞（あやか）11㉒
- 梨緒奈（りおな）11㉒
- 環乙（たまき）17①
- 櫻良華（さくらか）21⑰
- 露美奈（ろみな）21⑰

15＋5

姓の画数と例

横田　廣田　駒田　など

姓に合う名の画数

1字名：なし

2・3字名：1＋⑩　1＋㉔　3＋②　3＋⑱　10＋③　11＋⑭　12＋⑨　19＋②　1＋⑭　2＋⑨　3＋⑩　8＋③　11＋②　11＋㉖　13＋⑧　19＋⑥　1＋⑯　2＋㉓　3＋⑭　8＋⑨　11＋⑩　12＋③　16＋①　19＋⑱

名前例

名前	読み	画数
乙夏	いっか	1⑩
乙由美	いゆみ	1⑭
一謡	かずよ	1⑯
一理愛	いりあ	1㉔
乃娃	のあ	2⑨
七遊彩	なゆさ	2㉓
せり		3②
すずな		3⑩
万喜乃	まきの	3⑭
夕起奈	ゆきな	3⑱
佳巳	よしみ	8③
和音	かずね	8⑨
恵子	けいこ	10③
麻乃	まの	11②
萌笑	もえ	11⑩
梨緒	りお	11⑭
彩穂理	さほり	11㉖
結女	ゆめ	12③
絢香	あやか	12⑨
慈雨	いつめ	13⑧
薫乙	かお	16①
艶乃	よしの	19②
鏡帆	あきほ	19⑥
鏡記奈	あきな	19⑱

15＋7

姓の画数と例

横尾　海老沢　横沢　など

姓に合う名の画数

1字名：なし

2・3字名：1＋②　1＋⑯　4＋⑨　8＋⑧　9＋⑭　11＋②　11＋㉔　16＋⑨　22＋①　1＋⑥　1＋㉒　6＋⑨　8＋⑨　9＋⑯　11＋⑥　14＋①　17＋⑥　1＋⑭　4＋③　6＋⑰　9＋⑥　10＋①　11＋⑭　14＋③　17＋⑧

名前例

名前	読み	画数
レイ	れい	1②
しづか		1⑥
一歌	いちか	1⑭
一蕗	いちろ	1⑯
一翔恵	ひとえ	1㉒
まみ		4③
巴香	ともか	4⑨
成美	なりみ	6⑨
衣鞠	いまり	6⑰
実果	みか	8⑧
和香	わか	8⑨
春妃	はるひ	9⑥
衿歌	えりか	9⑭
美融	みゆ	9⑯
華乙	かお	10①
菊七	きくな	11②
彩帆	さほ	11⑥
望都子	もとこ	11⑭
彩津輝	さつき	11㉔
綴乙	つづき	14①
嘉己	よしみ	14③
龍美	たつみ	16⑨
鞠名	まりな	17⑥
曙英	あきえ	17⑧

15＋10

姓の画数と例

海老原　など

姓に合う名の画数

1字名：7　14

2・3字名：1＋⑥　5＋②　5＋⑱　6＋㉖　14＋②　23＋⑩　3＋⑳　5＋③　6＋②　7＋①　14＋⑱　5＋①　5＋⑧　6＋⑩　13＋③　23＋⑨

名前例

名前	読み	画数
杏	あん	7
芳	かおる	7
滴	しずく	14
綿	わた	14
しおん		1⑥
千恵莉	ちえり	3⑳
未乙	みお	5①
令乃	あやの	5②
未千	みち	5③
未苑	みその	5⑧
由芽	ゆめ	5⑧
ななみ		5⑧
未彩希	みさき	5⑱
吉乃	よしの	6②
吏紗	りさ	6⑩
名菜穂	ななほ	6㉖
那乙	なお	7①
愛夕	あゆ	13③
颯乃	そよの	14②
歌織	かおり	14⑱
維津紀	いつき	14⑱
緋花梨	ひかり	14⑱
鑑香	あきか	23⑨
顕華	あきか	23⑩

15＋11

姓の画数と例

長谷部　諏訪　など

姓に合う名の画数

1字名：6　12

2・3字名：2＋①　4＋⑨　5＋⑩　6＋①　7＋⑭　12＋①　13＋⑧　2＋③　4＋⑰　5＋⑯　6＋⑨　7＋㉔　12＋③　20＋①　2＋⑨　5＋②　5＋㉖　7＋⑥　10＋①　13＋②　21＋⑩

名前例

名前	読み	画数
圭	けい	6
順	じゅん	12
りく		2①
二三	ふみ	2③
人美	ひとみ	2⑨
文香	あやか	4⑨
心優	みゆ	4⑰
なつの		5②
弘笑	ひろえ	5⑩
由起江	ゆきえ	5⑯
可鶴未	かずみ	5㉖
旭乙	あさお	6①
早保	さほ	6⑨
良衣	よしえ	7⑥
見緒	みお	7⑭
亜鷺	あさぎ	7㉔
恋乙	こい	10①
結乙	ゆい	12①
敦子	あつこ	12③
暖乃	はるの	13②
想和	そわ	13⑧
路奈	ゆきな	13⑧
耀乙	あき	20①
露華	ろか	21⑩

15＋12

姓の画数と例：大須賀　樋渡　など

姓に合う名の画数

1字名：6　12　20

2・3字名：1＋⑩　1＋⑰　1＋㉔　3＋③　3＋⑱　4＋①　5＋①　5＋③　5＋⑥　5＋⑯　9＋②　9＋⑨　9＋㉒　11＋⑭　17＋①　19＋②

名前例

有（ゆう）6　さよ 3③　紀香（のりか）9⑨
森（しん）12　小波留（こはる）3⑱　恢南（ひろな）9⑨
馨（かおる）20　はの 4①　美咲（みさき）9⑨
響（ひびき）20　ほし 5①　柚唯菜（ゆいな）9㉒
乙姫（おとき）1⑩　民女（みな）5③　菜緒（なお）11⑭
一霞（いちか）1⑰　未帆（みほ）5⑥　麻綾（まあや）11⑭
一真里（いまり）1⑰　由里珂（ゆりか）5⑯　嶺乙（みお）17①
乙鶴子（いつこ）1㉔　柚乃（ゆの）9②　瀬七（せな）19②

16

姓の画数と例：橘　など

姓に合う名の画数

1字名：なし

2・3字名：1＋⑥　1＋⑦　1＋⑭　2＋⑤　2＋㉓　5＋⑩　7＋⑥　8＋⑤　8＋⑦　8＋⑮　8＋⑰　9＋④　9＋⑦　9＋⑭　13＋⑩　13＋⑯　15＋⑥　15＋⑰　17＋⑮　19＋④　19＋⑫　19＋⑬　21＋⑩　22＋⑦　23＋⑥

名前例

つぐみ 1⑥　祈沙（きさ）8⑦　舞羽（まう）15⑥
一沙（かずさ）1⑦　幸穂（ゆきほ）8⑮　凛霞（りんか）15⑰
一榎（いちか）1⑭　茉莉花（まりか）8⑰　鞠穂（まりほ）17⑮
ひみこ 2⑤　美月（みつき）9④　鏡心（あきこ）19④
七鶴乃（なつの）2㉓　香里（かおり）9⑦　艶葉（あでは）19⑬
民恵（たみえ）5⑩　柚嘉（ゆか）9⑭　瀬里名（せりな）19⑬
杏名（あんな）7⑥　慈華（いつか）13⑩　櫻莉（さり）21⑩
采加（あやか）8⑤　瑞樹（みずき）13⑯　讃花（あきか）22⑦

16＋3

姓の画数と例：橋口　など

姓に合う名の画数

1字名：2　10　22

2・3字名：2＋⑯　3＋⑮　4＋②　4＋㉕　8＋⑤　10＋⑧　12＋㉑　22＋⑯

名前例

笑（えみ）10　月乃（つきの）4②　和可（わか）8⑤
純（じゅん）10　きり 4②　恵実（えみ）10⑧
讃（あき）22　文優佳（ふゆか）4㉕　真奈（まな）10⑧
七樹（ななき）2⑯　水輝恵（みきえ）4㉕　桃果（ももか）10⑧
十愛子（とあこ）2⑯　歩未（あゆみ）8⑤　留奈（るな）10⑧
夕輝（ゆき）3⑮　朋未（ともみ）8⑤　満梨紗（まりさ）12㉑
小有美（さゆみ）3⑮　奈央（なお）8⑤　遊樹未（ゆきみ）12㉑
三奈見（みなみ）3⑮　茉央（まお）8⑤　讃樹（さき）22⑯

16＋4

姓の画数と例：橋爪　薄井　田部井　など

姓に合う名の画数

1字名：17

2・3字名：1＋②　2＋⑨　2＋⑬　2＋⑮　2＋㉓　3＋⑧　3＋㉒　4＋①　4＋⑨　4＋⑬　4＋⑰　9＋②　9＋⑯　11＋②　11＋㉑　12＋①　12＋⑨　12＋⑬　12＋㉕　13＋②　13＋⑧　14＋⑦　20＋①　20＋⑤　20＋⑰

名前例

鞠（まり）17　まの 4①　釉乙（ゆうき）12①
レナ（れな）1②　木の実（このみ）4⑨　智春（ちはる）12⑨
八江子（やえこ）2⑨　心愛（ここあ）4⑬　貴里衣（きりえ）12⑬
七楓（ななか）2⑬　友梨衣（ゆりえ）4⑰　満理緒（まりお）12㉕
二嬉（にき）2⑮　春乃（はるの）9②　愛乃（あいの）13②
乃栄瑠（のえる）2㉓　海親（みちか）9⑯　路奈（ゆきな）13⑧
かなえ 3⑧　郷十（さと）11②　緒杜（おと）14⑦
小南愛（さなえ）3㉒　彩緒里（さおり）11㉑　耀可（ようか）20⑤

16＋5

姓の画数と例

橋本　澤田　橋田　など

姓に合う名の画数

1字名：なし

2・3字名：
1+(17)　2+(16)　3+(13)　8+(16)　12+(19)
2+(9)　2+(22)　3+(21)　10+(7)　13+(5)
2+(15)　3+(5)　8+(8)　11+(5)　19+(5)

名前例

一鞠（いまり）1(17)　十妃子（ときこ）2(9)　八澄（やすみ）2(15)　乃磨（のま）2(16)　二実嘉（ふみか）2(22)　あいか 3(5)　せいら 3(5)　千聖（ちさと）3(13)

三園（みその）3(13)　夕鶴（ゆづる）3(21)　万梨紗（まりさ）3(21)　佳苗（かなえ）8(8)　侑芽（ゆめ）8(8)　欣実（よしみ）8(8)　英里南（えりな）8(16)　佳名恵（かなえ）8(16)

和佳奈（わかな）8(16)　桜花（おうか）10(7)　真佑（まゆ）10(7)　素花（もとか）10(7)　理生（りお）11(5)　稀羅（きら）12(19)　愛可（あいか）13(5)　鏡未（あきみ）19(5)

16＋18

姓の画数と例

衛藤　錦織　など

姓に合う名の画数

1字名：5　7

2・3字名：
3+(8)　6+(5)　7+(16)
5+(8)　6+(7)
6+(1)　6+(17)

名前例

央（ひろ）5　史（ふみ）5　冴（さえ）7　忍（しのぶ）7　伶（れい）7　夕季（ゆき）3(8)　あゆな 3(8)　みづほ 3(8)

みゆな 3(8)　世奈（せな）5(8)　汀和（みぎわ）5(8)　衣乙（いお）6(1)　妃乙（きお）6(1)　朱生（あけみ）6(5)　伊代（いよ）6(5)　早永（さえ）6(5)

帆白（ほしろ）6(5)　百可（ももか）6(5)　圭杜（けいと）6(7)　百花（ももか）6(7)　光優（みゆ）6(17)　有季美（ゆきみ）6(17)　邑樹（ゆうき）7(16)　希咲良（きさら）7(16)

17＋5

姓の画数と例

篠田　など

姓に合う名の画数

1字名：16

2・3字名：
1+(6)　1+(22)　3+(4)　3+(20)　8+(15)　11+(12)　13+(12)　18+(7)
1+(14)　1+(24)　3+(12)　6+(7)　10+(7)　11+(14)　13+(22)　19+(4)
1+(16)　2+(15)　3+(14)　8+(7)　11+(4)　13+(4)　16+(1)　19+(6)

名前例

薫（かおる）16　つかさ 1(6)　乙歌（いつか）1(14)　一咲愛（ひさえ）1(22)　一南穂（かなほ）1(24)　乃凛（のりん）2(15)　ちひろ 3(4)　夕美子（ゆみこ）3(12)

千種（ちぐさ）3(14)　万優子（まゆこ）3(20)　光来（みき）6(7)　明里（あかり）8(7)　於兎（おと）8(7)　佳穂（かほ）8(15)　桃那（ももな）10(7)　雪予（ゆきよ）11(4)

理香子（りかこ）11(12)　麻由香（まゆか）11(14)　雅予（まさよ）13(4)　愛友奈（あゆな）13(12)　稚穂里（ちほり）13(22)　織花（おりか）18(7)　霧巴（きりは）19(4)　霧帆（きりほ）19(6)

17＋7

姓の画数と例

磯村　など

姓に合う名の画数

1字名：14

2・3字名：
1+(4)　1+(16)　8+(15)　9+(12)　10+(1)　18+(15)
1+(6)　1+(20)　9+(4)　9+(14)　11+(6)　22+(1)
1+(14)　4+(1)　9+(6)　9+(24)　14+(1)

名前例

滴（しずく）14　碧（みどり）14　一予（かずよ）1(4)　しおり 1(6)　乙樺（おとか）1(14)　一愛子（かなこ）1(16)　乙美菜（おみな）1(20)　まつ 4(1)

奈結子（なゆこ）8(15)　泉水（いずみ）9(4)　奏巴（かなは）9(4)　祐比（ゆい）9(4)　美羽（みう）9(6)　海帆（みほ）9(6)　美也子（みやこ）9(6)　香耶子（かやこ）9(12)

音歌（おとか）9(14)　美鶴子（みつこ）9(24)　純乙（すみお）10(1)　椛衣（かえ）11(6)　綾乙（あやお）14(1)　静乙（しずき）14(1)　藍澄（あすみ）18(15)　讃乙（あき）22(1)

17+8

姓の画数と例

東海林 など

姓に合う名の画数

1字名: 10

2・3字名: 3+(4)　7+(6)　8+(24)　5+(18)　7+(16)　15+(1)　7+(1)　8+(8)

名前例

- 紋10 あや
- 紡10 つむぎ
- 夕3 水(4) ゆみ
- み3 こ(4) と みこと
- 左5 織(18) さおり
- 布5 美(18) 香 ふみか
- 亜7 一(1) あい
- 里7 乙(1) りお
- 亜7 妃(6) あき
- 沙7 名(6) さな
- 志7 帆(6) しほ
- 里7 帆(6) りほ
- 杏7 樹(16) あんじゅ
- 沙7 樹(16) さき
- 花7 沙(16) 音 かさね
- 希7 誉(16) 子 きよこ
- 歩8 実(8) あゆみ
- 知8 奈(8) ともな
- 芽8 依(8) めい
- 和8 佳(8) わか
- 実8 可(8) 子 みかこ
- 奈8 穂(24) 美 なほみ
- 実8 津(24) 輝 みつき
- 澄15 乙(1) すみお

17+10

姓の画数と例

篠原 宇都宮 鮫島 鍋島 など

姓に合う名の画数

1字名: 14

2・3字名: 1+(4)　3+(8)　5+(1)　7+(4)　11+(7)　1+(20)　3+(15)　5+(16)　7+(14)　11+(20)　1+(24)　3+(22)　7+(1)　7+(24)　13+(12)

名前例

- 歌14 うた
- 一1 木(4) かずき
- 一1 護(20) いちご
- 一1 澄(24) 美 かすみ
- 小3 夜(8) さよ
- 夕3 季(8) ゆき
- あ3 ず(8) さ あずさ
- わ3 か(8) な わかな
- 小3 有(15) 美 さゆみ
- 万3 凛(22) 花 まりか
- 史5 乙(1) しお
- 未5 乙(1) みお
- な5 つ(1) なつ
- 由5 樹(16) ゆき
- 沙7 乙(1) さき
- 李7 友(4) りゆ
- 佑7 歌(14) ゆうか
- 亜7 輝(24) 海 あきみ
- 彩11 希(7) さき
- 深11 杜(7) みと
- 萌11 花(7) もえか
- 彩11 耀(20) さよ
- 照13 詠(12) てるえ
- 楓13 美(12) 子 ふみこ

17+11

姓の画数と例

篠崎 磯部 磯野 磯崎 など

姓に合う名の画数

1字名: 10

2・3字名: 2+(1)　7+(4)　10+(1)　13+(16)　5+(8)　7+(6)　12+(1)　21+(8)　6+(1)　7+(22)　13+(4)

名前例

- 桃10 もも
- 恋10 れん
- り2 く(1) りく
- り2 の(1) りの
- 布5 弥(8) ふみ
- 未5 歩(8) みほ
- ほ5 ず(8) み ほずみ
- 衣6 乙(1) いお
- 汐6 乙(1) しお
- 花7 月(4) かづき
- 芹7 巴(4) せりは
- 亜7 衣(6) あい
- 希7 会(6) きえ
- 志7 帆(6) しほ
- 里7 鷗(22) りお
- 伽7 穂(22) 里 かほり
- 純10 乙(1) すみお
- 真10 乙(1) まい
- 葵12 乙(1) あおい
- 愛13 月(4) いつき
- 豊13 水(4) とよみ
- 稚13 衛(16) ちえ
- 瑞13 樹(16) みずき
- 櫻21 奈(8) おうな

17+18

姓の画数と例

齋藤 など

姓に合う名の画数

1字名: 6　23

2・3字名: 3+(14)　7+(16)　5+(1)　13+(4)　5+(8)

名前例

- 糸6 いと
- 百6 もも
- 有6 ゆう
- 顯23 あき
- 鑑23 かがみ
- 小3 綾(14) さあや
- 千3 歌(14) ちか
- 夕3 樺(14) ゆうか
- 史5 乙(1) しお
- 未5 乙(1) みお
- ほ5 し(1) ほし
- 世5 奈(8) せな
- 未5 空(8) みく
- 由5 佳(8) ゆか
- 礼5 佳(8) れいか
- な5 な(8) せ ななせ
- 亜7 樹(16) あき
- 沙7 樹(16) さき
- 邑7 樹(16) ゆうき
- 亜7 美(16) 里 あみり
- 愛13 友(4) あゆ
- 詩13 友(4) しゆ
- 雅13 允(4) まさみ
- 詩13 月(4) しづき

18＋3

姓の画数と例
藤川 藤山 など

姓に合う名の画数

1字名：なし

2・3字名：
2＋⑥ 4＋⑦ 4＋⑳ 5＋⑪ 10＋⑭ 14＋⑰
2＋⑭ 4＋⑬ 4＋㉗ 5＋⑲ 12＋⑤ 15＋③
3＋⑮ 4＋⑭ 5＋③ 10＋⑥ 13＋③ 21＋③

名前例
- 2⑥ こなつ ／ 5③ 冬子（とうこ） ／ 10⑭ 恵瑠（える）
- 2⑭ 七緒（ななお） ／ 5⑪ 史野（あやの） ／ 10⑭ 真亜沙（まあさ）
- 3⑮ 万那佳（まなか） ／ 5⑪ 未悠（みゆ） ／ 10⑭ 眞理子（まりこ）
- 4⑦ まふゆ ／ 5⑪ 由菜（ゆな） ／ 12⑤ 満由（まゆ）
- 4⑬ 日夏子（ひなこ） ／ 5⑲ 未麗（みれい） ／ 13③ 靖子（やすこ）
- 4⑭ 円都子（えつこ） ／ 10⑥ 夏帆（かほ） ／ 14⑰ 綾優（あゆ）
- 4⑳ 友梨香（ゆりか） ／ 10⑥ 紗衣（さえ） ／ 15③ 諄子（あつこ）
- 4㉗ 文優姫（ふゆき） ／ 10⑥ 恭江（やすえ） ／ 21③ 露弓（つゆみ）

18＋4

姓の画数と例
藤井 藤木 など

姓に合う名の画数

1字名：なし

2・3字名：
2＋⑤ 2＋㉑ 4＋③ 4＋⑲ 9＋⑭ 12＋⑪ 14＋⑪ 20＋③
2＋⑬ 2＋㉓ 4＋⑪ 7＋⑥ 11＋⑥ 12＋⑬ 14＋㉑ 20＋⑤
2＋⑮ 3＋⑭ 4＋⑬ 9＋⑥ 12＋③ 14＋③ 19＋⑥

名前例
- 2⑤ りりか ／ 4⑬ 心夢（ここむ） ／ 12⑬ 智数（ちず）
- 2⑬ 乃瑚（のこ） ／ 4⑲ 巴留香（はるか） ／ 14③ 緋女（ひめ）
- 2⑮ 七魅（ななみ） ／ 7⑥ 李名（りな） ／ 14⑪ 綾由名（あゆな）
- 2㉑ 乃衣璃（のえり） ／ 9⑥ 柚妃（ゆき） ／ 14㉑ 緋鶴（ひづる）
- 2㉓ 二遊菜（ふゆな） ／ 9⑭ 美緒（みお） ／ 19⑥ 霧衣（きりえ）
- 3⑭ 千嘉（ちか） ／ 11⑥ 悠妃（ゆうき） ／ 19⑥ 瀬名（せな）
- 4③ まりの ／ 12③ 絵子（えこ） ／ 20③ 耀子（あきこ）
- 4⑪ 水郷（みさと） ／ 12⑪ 喜彩（きさ） ／ 20⑤ 響未（おとみ）

18＋5

姓の画数と例
藤田 藤本 鎌田 織田 藤平 藤永 など

姓に合う名の画数

1字名：なし

2・3字名：
1＋⑰ 2＋㉓ 6＋⑲ 8＋㉗ 11＋⑤ 12＋㉓ 24＋⑤
2＋⑥ 3＋⑤ 8＋⑦ 10＋⑥ 12＋③ 13＋⑤
2＋⑭ 3＋⑬ 8＋⑰ 10＋⑭ 12＋⑥ 19＋⑤

名前例
- 1⑰ 一都江（かつえ） ／ 8⑦ 典花（のりか） ／ 11⑤ 毬永（まりえ）
- 2⑥ うらら ／ 8⑰ 実優（みゆ） ／ 11⑤ 唯禾（ゆいか）
- 2⑭ 七嘉（ななか） ／ 8㉗ 阿騎美（あきみ） ／ 12③ 詠子（えいこ）
- 2㉓ 十輝依（ときえ） ／ 10⑭ 晃帆（あきほ） ／ 12⑥ 紫妃（しき）
- 3⑤ ももこ ／ 10⑥ 真衣（まい） ／ 12㉓ 葉都絵（はつえ）
- 3⑬ 夕楽（ゆら） ／ 10⑥ 益也子（みやこ） ／ 13⑤ 楓加（ふうか）
- 6⑲ 早羅（さら） ／ 10⑭ 真綾（まあや） ／ 19⑤ 麗生（れいみ）
- 6⑲ 有実菜（ゆみな） ／ 11⑤ 麻白（ましろ） ／ 24⑤ 鷺未（さぎみ）

18＋7

姓の画数と例
藤沢 など

姓に合う名の画数

1字名：なし

2・3字名：
1＋⑦ 6＋⑰ 9＋⑦
1＋⑮ 8＋⑤ 9＋㉓
4＋③ 8＋⑮

名前例
- 1⑦ 一沙（かずさ） ／ 4③ まや ／ 8⑮ 佳澄（かすみ）
- 1⑦ しほり ／ 6⑰ 衣鞠（いまり） ／ 8⑮ 実穂（みほ）
- 1⑮ 一穂（かずほ） ／ 6⑰ 光優（みゆ） ／ 8⑮ 茉里依（まりえ）
- 1⑮ 一澄（かすみ） ／ 8⑤ 采加（あやか） ／ 9⑦ 映見（えみ）
- 1⑮ 一魅（ひとみ） ／ 8⑤ 佳代（かよ） ／ 9⑦ 香里（かおり）
- 1⑮ 一早美（いさみ） ／ 8⑤ 奈央（なお） ／ 9⑦ 美亜（みあ）
- 4③ 六子（むつこ） ／ 8⑤ 弥生（やよい） ／ 9㉓ 南緒美（なおみ）
- 4③ きみ ／ 8⑮ 明穂（あきほ） ／ 9㉓ 美咲緒（みさお）

18+8

姓の画数と例

藤岡　難波　藤枝　など

姓に合う名の画数

1字名：なし

2・3字名：
5+(6)　7+(6)　7+(14)
8+(5)　8+(7)　8+(13)
8+(23)　9+(6)　10+(3)
10+(11)　10+(21)　16+(5)
24+(7)

名前例

- 史帆（しほ）5+(6)
- 未妃（みき）5+(6)
- 由帆（ゆほ）5+(6)
- 亜衣（あい）7+(6)
- 伽江（かえ）7+(6)
- 花帆（かほ）7+(6)
- 佐江（さえ）7+(6)
- 沙綺（さき）7+(14)
- 里緒（りお）7+(14)
- 阿由（あゆ）8+(5)
- 知花（ともか）8+(7)
- 茉友子（まゆこ）8+(7)
- 阿有里（あゆり）8+(13)
- 奈々恵（ななえ）8+(13)
- 奈緒美（なおみ）8+(23)
- 柚妃（ゆき）9+(6)
- 宥万子（ゆまこ）9+(6)
- 透子（とうこ）10+(3)
- 祥巳（よしみ）10+(3)
- 紘菜（ひろな）10+(11)
- 栞緒里（しおり）10+(21)
- 澪央（みお）16+(5)
- 蕗未（ろみ）16+(5)
- 鷺那（さぎな）24+(7)

18+10

姓の画数と例

藤原　藤島　鎌倉　藤倉　など

姓に合う名の画数

1字名：なし

2・3字名：
6+(7)　6+(23)　8+(3)
8+(5)　8+(21)

名前例

- 有沙（ありさ）6+(7)
- 安里（あんり）6+(7)
- 朱里（しゅり）6+(7)
- 凪沙（なぎさ）6+(7)
- 有那（ゆうな）6+(7)
- 有希（ゆき）6+(7)
- 安須菜（あすな）6+(23)
- 安澄実（あすみ）6+(23)
- 伊緒南（いおな）6+(23)
- 早季穂（さきほ）6+(23)
- 多佳穂（たかほ）6+(23)
- 昌子（あきこ）8+(3)
- 苺子（いちこ）8+(3)
- 季子（きこ）8+(3)
- 幸千（さち）8+(3)
- 茉己（まみ）8+(3)
- 歩生（あゆみ）8+(5)
- 育永（いくえ）8+(5)
- 佳代（かよ）8+(5)
- 実左（みさ）8+(5)
- 芽生（めう）8+(5)
- 和鶴（かづ）8+(21)
- 知鶴（ちづる）8+(21)
- 果南絵（かなえ）8+(21)

18+11

姓の画数と例

藤野　藤崎　曽我部　など

姓に合う名の画数

1字名：なし

2・3字名：
2+(6)　2+(14)　2+(21)
4+(19)　5+(3)　5+(11)
7+(11)　10+(6)　12+(6)
12+(17)

名前例

- ともみ 2+(6)
- ひかる 2+(6)
- 七嘉（ななか）2+(14)
- 乃梨子（のりこ）2+(14)
- 八菜子（はなこ）2+(14)
- 七鶴（なつ）2+(21)
- 乃衣璃（のえり）2+(21)
- 水蘭（みらん）4+(19)
- 比奈埜（ひなの）4+(19)
- 加子（かこ）5+(3)
- 史己（あやこ）5+(3)
- 未千（みち）5+(3)
- 由女（ゆめ）5+(3)
- 由理（ゆり）5+(11)
- 加奈子（かなこ）5+(11)
- 杏菜（あんな）7+(11)
- 沙衣加（さえか）7+(11)
- 栞名（かんな）10+(6)
- 紗江（さえ）10+(6)
- 純名（じゅんな）10+(6)
- 暁妃（あき）12+(6)
- 晴妃（はるひ）12+(6)
- 絢霞（あやか）12+(17)
- 裕梨衣（ゆりえ）12+(17)

18+12

姓の画数と例

藤森　藤間　など

姓に合う名の画数

1字名：なし

2・3字名：
1+(14)　3+(14)　4+(3)
4+(11)　5+(6)　6+(5)
6+(11)　9+(6)　12+(3)
12+(5)

名前例

- 一嘉（いちか）1+(14)
- 乙樺（おとか）1+(14)
- 小綾（さあや）3+(14)
- 千種（ちぐさ）3+(14)
- たみ 4+(3)
- まち 4+(3)
- 巴萌（ともえ）4+(11)
- 水唯（みい）4+(11)
- 水郷（みさと）4+(11)
- 永衣（えい）5+(6)
- 未早（みさ）5+(6)
- 由衣（ゆい）5+(6)
- 帆白（ほしろ）6+(5)
- 如未（ゆきみ）6+(5)
- 江梨（えり）6+(11)
- 有埜（ゆの）6+(11)
- 郁帆（いくほ）9+(6)
- 奏衣（かなえ）9+(6)
- 咲帆（さほ）9+(6)
- 思帆（しほ）9+(6)
- 貴子（たかこ）12+(3)
- 温子（はるこ）12+(3)
- 智民（ともみ）12+(5)
- 結布（ゆう）12+(5)

19+3

姓の画数と例：瀬川 など

姓に合う名の画数

1字名：なし

2・3字名：3+4、3+20、5+2、5+18、10+13、13+10、15+10、21+2、3+12、3+22、5+10、8+5、12+5、13+12、15+20、21+4、3+14、4+13、5+12、10+5、13+2、15+2、20+5

名前例

- あいり 3+4
- 久瑛（ひさえ）3+12
- 三綺（みき）3+14
- 千愛希（ちあき）3+20
- 万穂伽（まほか）3+22
- 水暉（みずき）4+13
- 由乃（ゆの）5+2
- 未之里（みのり）5+10
- 未森（みもり）5+12
- 史穂子（しほこ）5+18
- 幸永（さちえ）8+5
- 真冬（まふゆ）10+5
- 姫楽（きら）10+13
- 紗里名（さりな）10+13
- 裕可（ゆうか）12+5
- 雅乃（まさの）13+2
- 愛姫（いつき）13+10
- 絹葉（きぬよ）13+12
- 摩八（まや）15+2
- 璃莉（りり）15+10
- 凜緒名（りおな）15+20
- 耀永（あきえ）20+5
- 顧十（みと）21+2
- 櫻心（さくみ）21+4

19+4

姓の画数と例：瀬戸 など

姓に合う名の画数

1字名：なし

2・3字名：1+5、3+13、4+12、9+16、11+13、13+5、20+4、2+16、3+22、7+18、9+26、12+4、13+22、3+5、4+4、9+6、11+5、13+2、14+4

名前例

- 一世（かずよ）1+5
- しほ 1+5
- 十愛子（とあこ）2+16
- ありす 3+5
- 千滉（ちひろ）3+13
- 小艶子（さえこ）3+22
- 文月（ふづき）4+4
- 心結（みゆ）4+12
- 沙耶香（さやか）7+18
- 保帆（やすほ）9+6
- 春津希（はつき）9+16
- 美風優（みふゆ）9+26
- 麻由（まゆ）11+5
- 唯禾（ゆいか）11+5
- 彩楽（さら）11+13
- 萊夢（らいむ）11+13
- 梨愛（りな）11+13
- 結比（ゆい）12+4
- 遊心（ゆうこ）12+4
- 想乃（その）13+2
- 夢可（ゆめか）13+5
- 愛遊華（あゆか）13+22
- 瑠水（るみ）14+4
- 響巴（おとは）20+4

19+7

姓の画数と例：瀬尾 など

姓に合う名の画数

1字名：なし

2・3字名：1+2、1+12、6+5、9+4、9+22、11+10、1+4、1+14、8+5、9+6、10+5、11+20、1+6、1+20、8+13、9+12、11+2、17+4

名前例

- 一七（かずな）1+2
- 乙巴（おとは）1+4
- しづか 1+6
- 乙葵（いつき）1+12
- 一菜子（ひなこ）1+14
- 一富実（ひふみ）1+20
- 有朱（あみ）6+5
- 百可（ももか）6+5
- 吉民（よしみ）6+5
- 阿由（あゆ）8+5
- 知世（ともよ）8+5
- 怜可（れいか）8+5
- 知勢（ちせ）8+13
- 眉友（まゆ）9+4
- 春江（はるえ）9+6
- 珂南子（かなこ）9+12
- 美都理（みどり）9+22
- 華生（かお）10+5
- 紗世（さよ）10+5
- 恵生（めぐみ）10+5
- 笙乃（しょうの）11+2
- 梨華（りか）11+10
- 菜都美（なつみ）11+20
- 優水（ゆみ）17+4

21+4

姓の画数と例：櫻井、露木 など

姓に合う名の画数

1字名：なし

2・3字名：1+12、4+12、11+12、3+3、9+14、12+4、4+4、11+2、12+20

名前例

- 乙稀（いつき）1+12
- 一葵（かずき）1+12
- 千与（ちよ）3+3
- 万也（まや）3+3
- あや 3+3
- さや 3+3
- 心水（ここみ）4+4
- 巴水（ともみ）4+4
- 文月（ふづき）4+4
- 友月（ゆづき）4+4
- 友湖（ともこ）4+12
- 双葉（ふたば）4+12
- 友美子（ゆみこ）4+12
- 香瑠（かおる）9+14
- 宥梨子（ゆりこ）9+14
- 萌七（もえな）11+2
- 悠七（ゆうな）11+2
- 麻結（まゆ）11+12
- 萌々音（ももね）11+12
- 梨々香（りりか）11+12
- 晶予（あきよ）12+4
- 結比（ゆい）12+4
- 絵理香（えりか）12+20
- 葉瑞希（はずき）12+20

姓の画数と例	21+5 鶴田 など	23+7 鷲見 鷲尾 など
姓に合う名の画数	1字名 なし 2・3字名 1+(4) 1+(10) 1+(14) 3+(2) 3+(4) 3+(10) 3+(12) 3+(18) 8+(3) 10+(3) 10+(11) 11+(2) 11+(4) 11+(10) 11+(20) 12+(3) 13+(8) 13+(18) 19+(2)	1字名 なし 2・3字名 1+(2) 1+(6) 1+(14) 1+(16) 4+(1) 6+(9) 8+(9) 9+(6) 10+(1) 11+(6) 14+(1)
名前例	しま 1(4) 一姫 かずき 1(10) 乙緒 いちお 1(14) けい 3(2) ゆり 3(2) あいこ 3(4) みずほ 3(10) 弓絵 ゆみえ 3(12) 小百合 さゆり 3(12) 三輝子 みきこ 3(18) 苺子 いちこ 8(3) 祈子 きこ 8(3) 紘子 ひろこ 10(3) 真理 まり 10(11) 雪乃 ゆきの 11(2) 麻りん まりん 11(4) 梨々花 りりか 11(10) 理緒名 りおな 11(20) 遥己 はるみ 12(3) 博子 ひろこ 12(3) 結女 ゆめ 12(3) 園來 そら 13(8) 意津美 いつみ 13(18) 麗七 れな 19(2)	一乃 いちの 1(2) のん 1(2) 乙妃 いつき 1(6) くらら 1(6) 一綺 かずき 1(14) 乙央菜 いおな 1(16) 一美花 ひみか 1(16) 心乙 こい 4(1) 友乙 ゆい 4(1) まつ 4(1) 衣紅 いく 6(9) 糸音 いとね 6(9) 安衣子 あいこ 6(9) 知香 ちか 8(9) 実紅 みく 8(9) 香凪 かな 9(6) 俊江 としえ 9(6) 海帆 みほ 9(6) 玲衣 れい 9(6) 華乙 かお 10(1) 留乙 るい 10(1) 麻衣 まい 11(6) 雪江 ゆきえ 11(6) 歌乙 かお 14(1)

Column

3字姓の人のための早見表

本書の吉数リストでは、3字姓の画数は（1字め＋2字め）＋3字めの画数で示されています。たとえば日比野さんの場合、日＝4　比＝4　野＝11　で、「8＋11」の吉数リストを見ればいいことになります。

以下に、主な3字姓の吉数リストの早見表を載せました。

姓	参照する吉数リスト	姓	参照する吉数リスト	姓	参照する吉数リスト
佐々木	10+4	阿久津	11+9	日下部	7+11
長谷川	15+3	小野田	14+5	小山田	6+5
五十嵐	6+12	宇都宮	17+10	大河原	11+10
久保田	12+5	大和田	11+5	小山内	6+4
大久保	6+9	波多野	14+11	小田島	8+10
小野寺	14+6	海老原	15+10	小宮山	13+3
小笠原	14+10	小久保	6+9	加賀谷	17+7
佐久間	10+12	日比野	8+11	竹之内	9+4
長谷部	15+11	東海林	17+8	仲宗根	14+10
宇佐美	13+9	宇田川	11+3	曽我部	18+11

文字資料

音のひびき・読みからひける

漢字一覧

この音にはどんな漢字を当てよう？ そんなときは、この漢字一覧が便利。赤ちゃんの名前に使える常用漢字と人名用漢字を、一般的な読みと名前によく使われる読みから調べられるよう、50音順に並べました。漢字の画数がわからないときにも役立ちます。

漢字一覧の見方と使い方

リストは50音順に並んでいます。

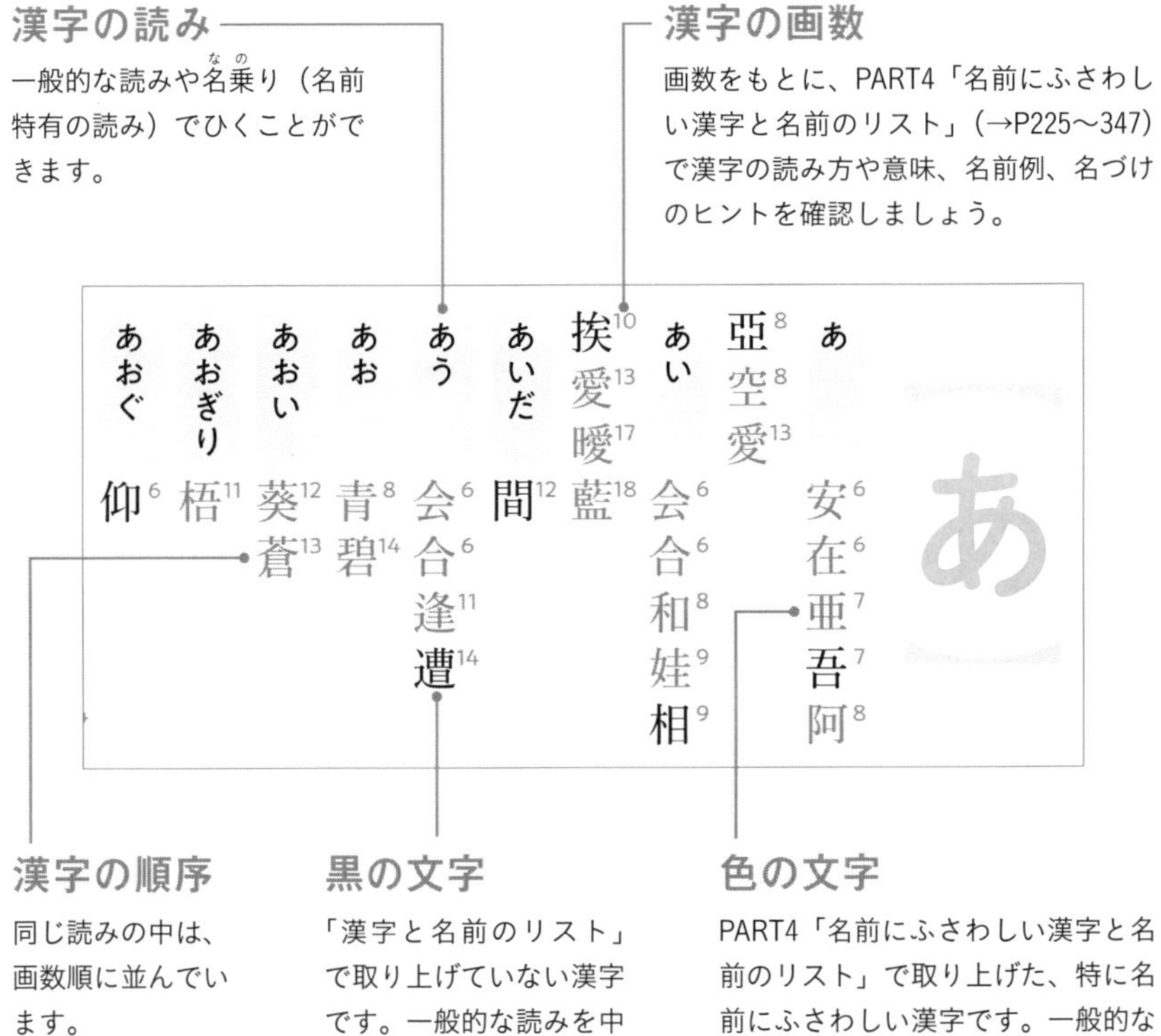

漢字の読み
一般的な読みや名乗り（名前特有の読み）でひくことができます。
漢字の画数
画数をもとに、PART4「名前にふさわしい漢字と名前のリスト」（→P225～347）で漢字の読み方や意味、名前例、名づけのヒントを確認しましょう。
あ
あ 安6 在6 亜7 吾7 阿8
亞8 空8 愛13
あい 会6 合6 和8 娃9 相9
挨10 愛13 曖17 藍18
あいだ 間12
あう 会6 合6 逢11 遭14
あお 青8 碧14
あおい 葵12 蒼13
あおぎり 梧11
あおぐ 仰6
漢字の順序
同じ読みの中は、画数順に並んでいます。
黒の文字
「漢字と名前のリスト」で取り上げていない漢字です。一般的な読みを中心に掲載しています。
色の文字
PART4「名前にふさわしい漢字と名前のリスト」で取り上げた、特に名前にふさわしい漢字です。一般的な読みや名乗りからさがせます。

＊名前には避けたい漢字（→P352）は省略しています。

あ

あ　安[6] 在[6] 亜[7] 吾[7] 阿[8] 亞[8] 空[8] 愛[13]

あい　会[6] 合[6] 和[8] 娃[9] 相[9] 挨[10] 愛[13] 曖[17] 藍[18]

あいだ　間[12]

あう　会[6] 合[6] 逢[11] 遭[14]

あお　青[8] 碧[14]

あおい　葵[12] 蒼[13]

あおぎり　梧[11]

あおぐ　仰[6]

あか　丹[4] 朱[6] 赤[7] 紅[9] 緋[14]

あかい　赤[7]

あかざ　萊[11]

あかし　丹[4]

あかつき　暁[12] 曉[16]

あかね　茜[9]

あかり　灯[6] 明[8] 燈[16]

あがる　上[3]

あかるい　明[8]

あき　士[3] 日[4] 右[5] 旦[5] 白[5] 礼[5] 旭[6] 光[6] 在[6] 成[6] 壮[6] 印[6] 亨[7] 吟[7] 見[7] 壯[7] 旺[8] 茅[8] 享[8] 尭[8] 昂[8] 昌[8] 知[8] 昊[8] 映[9] 紀[9] 研[9] 秋[9] 昭[9] 玲[9] 晃[10] 晄[10] 高[10] 晋[10] 哲[10] 紋[10] 朗[10] 晟[10] 菊[11] 郷[11] 淳[11] 章[11] 紹[11] 爽[11] 彬[11] 晨[11] 朗[11] 瑛[12] 覚[12] 暁[12] 景[12] 晶[12] 揚[12] 陽[12] 皓[12] 堯[12] 義[13] 照[13] 聖[13] 誠[13] 幌[13] 暉[13] 滉[13] 煌[13] 彰[14] 聡[14] 璃[15] 諒[15] 憲[16] 曉[16] 謙[17] 燦[17] 曙[17] 瞭[17] 観[18] 顕[18] 曜[18] 燿[18] 禮[18] 鏡[19] 耀[20] 讃[22] 顯[23] 鑑[23]

あきなう　商[11]

あきら　丹[4] 壬[4] 央[5] 旦[5] 旭[6] 名[6] 見[7] 旺[8] 果[8] 学[8] 享[8] 昂[8] 昊[8] 映[9] 秋[9] 昭[9] 省[9] 亮[9] 玲[9] 高[10] 哲[10] 朗[10] 郷[11] 爽[11] 彬[11] 朗[11] 瑛[12] 覚[12] 卿[12] 暁[12] 景[12] 晶[12] 智[12] 斐[12] 揚[12] 惺[12] 皓[12] 照[13] 聖[13] 幌[13] 暉[13] 滉[13] 煌[13] 彰[14] 翠[14] 聡[14] 輝[15] 慧[15] 徹[15] 憲[16] 曉[16] 曙[17] 瞳[17] 瞭[17] 顕[18] 曜[18] 燿[18] 鏡[19] 麗[19] 麒[19] 耀[20] 露[21] 鑑[23] 顯[23]

あきらか　明[8] 亮[9] 晃[10] 晄[10] 晟[10] 叡[16] 瞭[17]

あく　空[8] 握[12] 渥[12] 開[12]

あくた　芥[7]

あけ　旦[5] 朱[6] 南[9] 暁[12] 緋[14] 曉[16] 曙[17]

あけぼの　曙[17]

あけみ　朱[6]

あげる　挙[10] 揚[12]

あご　顎[18]

あこがれる　憧[15]

あさ　元[4] 旦[5] 旭[6] 麻[11] 晨[11] 滋[12] 朝[12] 諒[15]

あざ　字[6]

あさい　浅[9]

あさひ　旭[6]

あざやか　鮮[17]

あし　疋[5] 芦[7] 足[7] 脚[11] 葦[13]

あじ　味[8]

あした　晨[11] 朝[12]
あず　梓[11]
あずける　預[13]
あずさ　梓[11]
あずま　東[8] 春[9]
あせ　汗[6]
あせる　焦[12]
あたい　価[8] 値[10] 價[15]
あたえる　与[3] 與[14]
あたかも　恰[9]
あたたかい　温[12] 暖[13] 溫[13]
あたま　頭[16]
あたらしい　新[13]
あたり　辺[5]
あたる　当[6]
あつ　功[5] 充[6] 孝[7] 宏[7] 孜[7] 京[8] 昌[8] 忠[8] 重[9] 春[9] 純[10] 凉[10] 陸[11] 涼[11] 温[12] 貴[12] 敦[12] 暖[13] 溫[13] 斡[14] 諄[15] 篤[16]
あつい　厚[9] 淳[11] 惇[11] 渥[12] 暑[12] 敦[12] 暑[13] 醇[15] 熱[15]
あつかう　扱[6]
あづさ　椅[12]
あつむ　伍[6]
あつめる　集[12] 蒐[13] 鳩[13] 輯[16] 纂[20]
あて　宛[8] 貴[12]
あでやか　艶[19]
あてる　充[6]
あと　与[3] 後[9] 跡[13] 與[14] 蹟[18]
あな　窟[13]
あに　兄[5]
あね　姉[8]

あひる　鴨[16]
あびる　浴[10]
あふれる　溢[13]
あま　天[4] 雨[8] 海[9] 海[10]
あまい　甘[5]
あまね　周[8]
あまる　余[7]
あみ　天[4] 網[14] 編[15]
あむ　編[15]
あめ　天[4] 雨[8] 穹[8]
あや　文[4] 史[5] 礼[5] 朱[6] 英[8] 苑[8] 采[8] 郁[9] 恵[10] 純[10] 紋[10] 彩[11] 章[11] 菖[11] 琢[11] 彬[11] 理[11] 絢[12] 順[12] 斐[12] 惠[12] 琢[12] 綾[14] 彰[14] 綺[14] 操[16] 繡[18] 禮[18]
あやうい　殆[9]
あやしい　妖[7]

あやつる　操[16]
あやまる　謝[17]
あやめ　菖[11]
あゆ　鮎[16]
あゆみ　歩[8]
あゆむ　歩[7] 步[8]
あらい　荒[9]
あらう　洗[9]
あらし　嵐[12]
あらす　荒[9]
あらた　新[13]
あらためる　改[7]
あらわす　表[8] 現[11] 著[11] 著[12]

あり　也[3] 可[5] 在[6] 有[6] 作[7] 社[7] 杜[7] 茂[8] 社[8] 益[10] 惟[11] 満[12] 照[13]

ある　在[6] 有[6] 或[8]

あるく　歩[7] 步[8]

あれる　荒[9] 蕪[15]

あわ　沫[8] 粟[12]

あわい　淡[11]

あわせる　併[8]

あわれむ　怜[8] 憐[16]

あん　安[6] 行[6] 杏[7] 按[9] 案[10] 晏[10] 庵[11] 鞍[15]

あんず　杏[7]

い

い　己[3] 已[3] 井[4] 五[4] 允[4] 比[4] 以[5] 生[5] 伊[6] 夷[6] 衣[6] 亥[6] 位[7] 囲[7] 医[7] 依[8] 委[8] 易[8] 威[9] 為[9] 畏[9] 祝[9] 泉[9] 莞[10] 祝[10] 尉[11] 惟[11] 異[11] 移[11] 猪[11] 唯[11] 偉[12] 椅[12] 猪[12] 爲[12] 葦[13] 意[13] 彙[13] 維[14] 慰[15] 遺[15] 緯[16] 謂[16]

いう　云[4] 言[7] 謂[16]

いえ　家[10]

いお　庵[11]

いおり　庵[11]

いかのぼり　凧[5]

いかん　奈[8]

いき　粋[10] 息[10] 域[11] 粹[14]

いきおい　勢[13]

いきる　生[5]

いく　行[6] 如[6] 育[8] 侑[8] 郁[9] 活[9] 幾[12]

いぐさ　莞[10]

いけ　池[6]

いこい　憩[16]

いこう　憩[16]

いさ　功[5] 伊[6] 沙[7]

いさぎよい　屑[10] 潔[15]

いさご　砂[9]

いささか　些[8]

いさむ　勇[9] 湧[12]

いし　石[5]

いしずえ　礎[18]

いず　五[4] 出[5] 稜[13]

いずくんぞ　烏[10]

いずみ　泉[9]

いそ　磯[17]

いそぐ　急[9]

いそし　克[7]

いた　板[8]

いだく　抱[8]

いたす　致[10]

いただき　頂[11] 巓[19]

いただく　頂[11] 戴[17]

いたむ　戚[11]

いたる　至[6] 周[8]

いち　一[1] 市[5] 壱[7] 都[11] 都[12]

いちご　苺[8]

いちじるしい　著[11] 著[12]

いつ　一[1] 乙[1] 伍[6] 逸[11] 逸[12] 溢[13] 稜[13]

いつき　斎[11] 樹[16]

いつくしむ　慈[13]

いつつ　五[4]

いと 文[4] 糸[6] 弦[8] 純[10] 絃[11] 綸[14]
いとなむ 営[12]
いどむ 挑[9]
いな 稲[14] 稻[15]
いぬ 犬[4]
いね 禾[5] 稲[14] 稻[15]
いのしし 猪[11] 猪[12]
いのち 命[8]
いのる 祈[8] 祈[9] 祷[11] 禱[19]
いばら 茨[9] 楚[13]
いま 今[4] 未[5]

いもうと 妹[8]
いや 未[5] 弥[8] 彌[17]
いやす 癒[18]
いよいよ 弥[8] 彌[17]
いる 入[2] 居[8] 要[9] 射[10] 煎[13] 鋳[15] 鑄[22]
いろ 色[6] 采[8] 紅[9]
いろどる 彩[11]
いわ 岩[8] 磐[15]
いわう 祝[9] 祝[10]
いわお 巌[20] 巖[23]
いわし 鰯[21]
いわや 窟[13]
いん 允[4] 引[4] 印[6] 因[6] 姻[9] 胤[9] 音[9] 員[10] 院[10] 寅[11] 飲[12] 蔭[14] 韻[19]

う

う 右[5] 卯[5] 生[5] 宇[6] 羽[6] 有[6] 迂[7] 兎[7] 雨[8] 遊[12] 鵜[18]
うい 初[7]
うえ 上[3] 於[8] 高[10]
うえる 植[12]
うお 魚[11]
うかがう 伺[7] 窺[16]
うがつ 穿[9]
うかぶ 汎[6]
うく 浮[10]
うけたまわる 承[8]
うける 受[8] 稟[13] 請[15]
うごく 動[11]

うさぎ 兎[7]
うし 丑[4] 牛[4]
うじ 氏[4]
うしお 汐[6] 潮[15]
うしろ 後[9]
うす 臼[6] 碓[13]
うず 渦[12]
うすい 薄[16]
うすぎぬ 紗[10]
うずたかい 堆[11]
うすめる 薄[16]
うずめる 塡[13]
うた 吟[7] 唄[10] 唱[11] 詠[12] 詩[13] 頌[13] 歌[14] 謡[16] 謠[17]
うたい 謡[16] 謠[17]
うたう 謡[16] 謠[17]

うち 内[4] 裡[12]
うつ 打[5]
うつくしい 美[9]
うつる 写[5] 映[9] 移[11]
うつわ 器[15] 器[16]
うで 腕[12]
うな 海[9] 海[10]
うながす 促[9]
うね 采[8] 畝[10]
うばら 楚[13]
うぶ 産[11]
うま 馬[10]
うまや 厩[14]
うまれる 生[5] 産[11]
うみ 海[9] 洋[9] 海[10] 湖[12]
うめ 梅[10] 梅[11]

うやうやしい 恭[10]
うやまう 欽[12] 敬[12]
うら 浦[10] 裡[12] 裏[13]
うらなう 卜[2] 占[5]
うらやむ 羨[13]
うらら 麗[19]
うり 瓜[6]
うる 売[7] 得[11] 閏[12] 賣[15]
うるう 閏[12]
うるおう 潤[15]
うるし 漆[14]
うるわしい 麗[19]

うれい 愁[13]
うれえる 戚[11]
うれしい 嬉[15]
うれる 熟[15]
うろこ 鱗[24]
うわ 上[3]
うわぐすり 釉[12]
うわさ 噂[15]
うん 云[4] 運[12] 雲[12]

え

え 永[5] 衣[6] 会[6] 回[6] 江[6] 守[6] 依[8] 延[8] 英[8] 枝[8] 苗[8] 映[9] 栄[9] 廻[9] 重[9] 柄[9] 恵[10] 笑[10] 彗[11] 瑛[12] 詠[12] 絵[12] 惠[12] 愛[13] 園[13] 榎[14] 徳[14] 榮[14] 慧[15] 徳[15] 叡[16] 薗[16]

えい 永[5] 曳[6] 泳[8] 英[8] 映[9] 栄[9] 哉[9] 営[12] 瑛[12] 詠[12] 榮[14] 影[15] 鋭[15] 叡[16] 衛[16] 衞[16]
えがく 描[11]
えき 亦[6] 役[7] 易[8] 益[10] 駅[14]
えだ 枝[8] 幹[13] 繁[16] 繁[17]
えつ 悦[10] 越[12] 謁[15] 閲[15] 謁[16]
えのき 榎[14]
えび 蝦[15]
えびす 夷[6] 胡[9] 蕃[15]
えみ 咲[9] 笑[10]
えむ 笑[10]
えらい 偉[12]
えらぶ 撰[15] 選[15]
えり 衿[9] 襟[18]

える　得11　獲16

えん　円4　宛8　奄8　延8　沿8　炎8　苑8　宴10　俺10　淵11　堰12　援12　焰12　媛12　園13　煙13　猿13　遠13　鉛13　塩13　圓13　演14　鳶14　縁15　緣15　燕16　薗16　艶19

お　乙1　士3　小3　大3　王4　水4　央5　広5　弘5　生5　乎5　壮6　百6　牡7　尾7　良7　壯7　於8　旺8　弦8　房8　和8　音9　保9　烏10　桜10　峰10　峯10　朗10　絃11　渚11　麻11　隆11　凰11　朗11　雄12　陽12　渚12　意13　寛13　緒14　綸14　寬14　緒15　穂15　廣15　輿17　穗17　櫻21

おい　姪9　笈10　甥12

おいて　於8

おう　王4　央5　生5　応7　往8　押8　於8　旺8　欧8　皇9　追9　翁10　桜10　黄11　凰11　奥12　黃12　奧13　横15　橫16　鴨16　應17　襖18　櫻21　鷗22

おうい　於8

おうぎ　扇10

おえる　竣12

おお　大3　碩14　艶19

おおい　多6

おおう　蓋13　蔽15

おおかみ　狼10

おおきい　大3

おおせ　仰6

おおとり　凰11　鳳14　鴻17　鵬19

おおやけ　公4

おか　丘5　岡8　阜8

おかす　冒9

おがむ　拝8　拜9

おき　気6　沖7　宋7　知8　宙8　典8　恩10　隆11　幾12　陽12　意13

おぎ　荻10

おぎなう　補12

おきる　起10

おく　屋9　奥12　置13　奧13　億15　憶16　臆17

おくる　送9　贈18　贈19

おくれる　後9

おけ　桶11

おこし　起10

おごそか　厳17　嚴20

おこなう　行6

おこる　興16

おさ　正5　吏6　容10　理11　意13　廉13　種14　総14

おさえる　押8

おさない　幼5

おさめる　収4　收6　治8　修10　納10　脩11　理11

おし　忍7

おしえる　教11

おしはかる　臆17

おしむ　惜11

おす　牡7　押8　推11　捺11　雄12

おそい　晏10

おそれる　畏[9]
おだやか　穏[16]
おつ　乙[1]
おっと　夫[4]
おと　乙[1] 己[3] 吟[7] 呂[7] 音[9] 律[9] 頌[13] 響[20] 響[22]
おとうと　弟[7]
おとこ　男[7]
おとずれる　訪[11]
おとる　劣[6]
おどる　踊[14] 躍[21]
おどろく　驚[22]
おなじ　同[6]
おに　鬼[10]
おの　斧[8]
おのおの　各[6]

おのれ　己[3]
おび　帯[10] 帶[11]
おびやかす　劫[7]
おぼえる　覚[12]
おも　主[5] 面[9]
おもい　重[9]
おもう　思[9] 惟[11] 想[13] 謂[16]
おもて　表[8]
おもねる　阿[8]
おもむき　趣[15]
おもむく　赴[9]
おや　親[16]
およぐ　泳[8]
およぶ　及[3]
おり　織[18]
おりる　下[3]

おる　織[18]
おれ　俺[10]
おろか　魯[15]
おろし　卸[9]
おわる　畢[11]
おん　苑[8] 音[9] 恩[10] 温[12] 御[12] 遠[13] 溫[13] 穏[16]
おんな　女[3]

【か】

か　一[1] 下[3] 化[4] 火[4] 五[4] 日[4] 加[5] 可[5] 禾[5] 叶[5] 乎[5] 瓜[6] 仮[6] 圭[6] 何[7] 伽[7] 花[7] 芳[7] 価[8] 佳[8] 果[8] 河[8] 茄[8] 庚[8] 郁[9] 科[9] 架[9] 珂[9] 迦[9] 香[9] 神[9] 風[9] 哉[9] 耶[9] 珈[9] 夏[10] 家[10] 荷[10] 華[10] 栞[10] 菓[11] 貨[11] 椛[11] 鹿[11] 渦[12] 賀[12] 雁[12] 翔[12] 嫁[13] 暇[13] 嘩[13] 靴[13] 楓[13] 榎[14] 嘉[14] 歌[14] 箇[14] 樺[14] 稼[15] 蝦[15] 課[15] 駕[15] 價[15] 薫[16] 霞[17] 薰[17] 鍋[17] 蘭[19] 馨[20]
が　牙[4] 瓦[5] 伽[7] 我[7] 画[8] 河[8] 芽[8] 俄[9] 臥[9] 峨[10] 賀[12] 雅[13] 駕[15]
かい　介[4] 会[6] 回[6] 灰[6] 合[6] 快[7] 改[7] 芥[7] 貝[7] 廻[9] 恢[9] 海[9] 界[9] 皆[9] 海[10] 桧[10] 晦[11] 械[11] 絵[12] 開[12] 階[12] 街[12] 堺[12] 解[13] 塊[13] 楷[13] 魁[14] 諧[16] 懐[16] 檜[17] 櫂[18] 蟹[19] 懷[19]
がい　外[5] 亥[6] 崖[11] 涯[11] 凱[12] 街[12] 慨[13] 蓋[13] 該[13] 概[14] 鎧[18]

かいこ 蚕10
かいり 浬10
かう 買12 飼13
かえす 返7
かえで 楓13
かえりみる 省9 顧21
かえる 帰10
かお 貌14 顔18
かおり 匂4 香9 馨20
かおる 芳7 香9 郁9 薫16 薰17 馨20
かが 香9
かかえる 抱8

かかげる 掲11 揭12
かがみ 鏡19
かがやく 暉13 煌13 輝15 曜18 燿18 耀20
かかり 係9
かかる 掛11 斯12 繫19 懸20
かかわる 関14
かき 垣9 柿9 堵12
かぎ 勾4 鍵17
かく 各6 此6 角7 画8 拡8 革9 客9 格10 核10 書10 殻11 郭11 描11 覚12 較13 閣14 摑14 確15 獲16 穫18 鶴21
がく 学8 岳8 楽13 樂15 額18 顎18
かぐわしい 馨20
かげ 景12 蔭14 影15

がけ 崖11
かける 架9 翔12 駆14 駈15 賭16 曖17
かご 籠22
かこむ 囲7
かさ 笠11 傘12 蓋13 嵩13
かざ 風9
かさねる 重9
かざる 飾13
かし 播15 樫16
かじ 梶11 舵11
かしこい 賢16
かしら 頭16
かしわ 柏9
かす 春9 貸12
かず 一1 七2 十2 二2 八2 三3 千3 万3 五4 司5 旦5 冬5 会6 多6 年6 壱7 寿7 宗8 知8 法8 和8 紀9 研9 春9 政9 品9 起10 兼10 航10 倭10 教11 葛12 策12 順12 萬12 数13 圓13 種14 壽14 稽15 憲16 麗19

かすみ 霞17
かすめる 掠11
かぜ 吹7 風9
かせぐ 稼15
かぞえる 数13
かた 片4 方4 名6 形7 肩8 型9 兼10 結12 朝12 潟15 賢16 謙17
かたい 固8 堅12 硬12
かたち 形7 貌14
かたな 刀2
かたまり 塊13

かたまる　固[8]
かたる　語[14]
かたわら　傍[12]
かつ　万[3] 且[5] 功[5] 仔[5] 克[7] 括[9] 活[9] 品[9] 亮[9] 桂[10] 健[11] 捷[11] 割[12] 葛[12] 勝[12] 筈[12] 萬[12] 滑[13] 褐[13] 徳[14] 德[15] 轄[17] 優[17]
かっ　合[6]
がつ　月[4]
がっ　合[6]
かつぐ　担[8]
かつて　曽[11] 曾[12] 嘗[14]
かつみ　克[7]
かつら　桂[10] 葛[12] 藤[18]
かて　糧[18]
かど　圭[6] 角[7] 門[8] 葛[12] 稜[13]

かな　乎[5] 金[8] 哉[9] 奏[9] 暢[14]
かなう　叶[5] 協[8]
かなえ　鼎[13]
かなでる　奏[9]
かなめ　要[9]
かならず　必[5]
かに　蟹[19]
かぬ　兼[10] 詠[12]
かね　金[8] 周[8] 宝[8] 兼[10] 詠[12] 銀[14] 錦[16] 謙[17] 鏡[19] 鐘[20]
かねる　兼[10]
かの　彼[8]
かのう　協[8]
かのえ　庚[8]
かば　椛[11] 樺[14]

かばう　庇[7]
かばん　鞄[14]
かぶ　株[10] 蕪[15]
かぶと　兜[11]
かべ　壁[16]
かま　釜[10] 窯[15] 鎌[18] 蒲[13]
かまえる　構[14]
かまびすしい　喧[12] 嘩[13] 噌[15]
かみ　上[3] 天[4] 守[6] 昇[8] 省[9] 神[9] 紙[10] 神[10] 髪[14] 髮[15]
かみなり　雷[13]
かむ　神[9]
かめ　亀[11]

かも　鴨[16]
かもしか　羚[11]
かもす　醸[20] 釀[24]
かもめ　鷗[22]
かや　茅[8] 草[9] 萱[12]
かゆ　粥[12]
かよう　通[10]
から　空[8] 唐[10] 殻[11] 樺[14]
がら　柄[9]
からい　辛[7]
からす　烏[10]
からだ　体[7]
からむ　絡[12]
かり　仮[6] 雁[12]
かる　刈[4] 狩[9]
かるい　軽[12]

かれ　彼8

かろやか　軽12

かわ　川3 皮5 河8 革9

がわ　側11

かわく　乾11

かわす　交6

かわせみ　翠14

かわら　瓦5

かわる　代5 替12 換12

かん　干3 刊5 甘5 甲5 汗6 缶6 完7 肝7 串7 侃8 官8 函8 巻8 冠9 巻9 柑9 看9 竿9 神9 莞10 神10 栞10 乾11 勘11 貫11 菅11 紺11 寒12 喚12 堪12 換12 敢12 款12 間12 閑12 勧13 寛13 幹13 感13 漢13 寬14 慣14 漢14 管14 関14 歓15 監15 緩15 憾16 還16 館16 環17 簡18 観18 韓18 艦21 鑑23

がん　丸3 元4 含7 岸8 玩8 岩8 眼11 雁12 頑13 顔18 願19 巌20 巖23

かんがえる　考6

かんがみる　鑑23

かんなぎ　巫7

かんば　樺14

かんばしい　芳7

かんむり　冠9

【き】

き　己3 王4 木4 生5 企6 伎6 机6 気6 吉6 行6 妃6 岐7 希7 汽7 求7 芹7 玖7 芸7 来7 李7 奇8 祈8 季8 宜8 祁8 其8 東8 林8 來8 祈9 紀9 軌9 祇9 既10 帰10 記10 起10 鬼10 桔10 姫10 氣10 黄11 基11 寄11 規11 亀11 埼11 章11 絆11 葵12 黄12 喜12 幾12 揮12 期12 棋12 稀12 貴12 幹13 暉13 旗14 箕14 綺14 器15 嬉15 毅15 畿15 輝15 槻15 熙15 窺16 器16 機16 興16 樹16 橘16 磯17 徽17 騎18 藝18 麒19

ぎ　伎6 技7 芸7 宜8 祇9 義13 儀15 戯15 誼15 戲17 藝18 議20

きく　利7 効8 掬11 菊11 聞14 鞠17 聴17 聽22

きざし　兆6

きざす　萌11 萠11

きざむ　刻8

きし　岸8 研9

きずく　築16

きずな　絆11

きそう　競20

きた　北5 朔10

きたえる　鍛17

きたる　来7 來8

きち　吉6 禄12 祿13

きつ　吉6 迄7 桔10 喫12 詰13 橘16

きっさき　鋒15

きぬ　衣6 絹13

きぬた　砧10

きね　杵8

きのこ　茸9

きのと　乙[1]
きば　牙[4]
きびしい　厳[17] 嚴[20]
きみ　王[4] 公[4] 仁[4] 后[6] 江[6] 君[7] 淑[11] 卿[12]
きめる　決[7]
きも　肝[7]
きゃく　客[9] 脚[11]
きゅう　九[2] 久[3] 及[3] 弓[3] 丘[5] 旧[5] 臼[6] 休[6] 吸[6] 求[7] 汲[7] 灸[7] 究[7] 玖[7] 穹[8] 急[9] 級[9] 宮[10] 笈[10] 赳[10] 救[11] 球[11] 毬[11] 給[12] 鳩[13] 厩[14]
ぎゅう　牛[4]
きよ　人[2] 心[4] 玉[5] 白[5] 圭[6] 汐[6] 青[8] 斉[8] 研[9] 神[9] 政[9] 洋[9] 粋[10] 健[11] 淑[11] 淳[11] 雪[11] 陽[12] 聖[13] 廉[13] 静[14] 碧[14] 齊[14] 粹[14] 潔[15] 澄[15] 摩[15] 磨[16] 靜[16] 燦[17] 馨[20]
きょ　去[5] 巨[5] 居[8] 拠[8] 挙[10] 許[11] 距[12] 裾[13] 鋸[16]
ぎょ　魚[11] 御[12] 漁[14]
きよい　清[11]
きょう　叶[5] 兄[5] 共[6] 匡[6] 杏[7] 亨[7] 享[8] 京[8] 供[8] 協[8] 況[8] 恰[9] 侠[9] 峡[9] 挟[9] 香[9] 峽[10] 恭[10] 強[11] 教[11] 郷[11] 経[11] 梗[11] 卿[12] 喬[12] 境[14] 蕎[15] 橋[16] 興[16] 頬[16] 鏡[19] 馨[20] 競[20] 響[20] 響[22] 饗[22] 驚[22]
ぎょう　仰[6] 行[6] 形[7] 尭[8] 暁[12] 堯[12] 業[13] 凝[16] 曉[16] 驍[22]
きょく　旭[6] 曲[6] 局[7] 極[12]
ぎょく　玉[5]
きよみ　雪[11]
きら　晃[10] 晄[10]
きらめく　煌[13] 燦[17]
きり　桐[10] 錐[16] 霧[19]
きる　斬[11] 着[12]
きわ　際[14]
きわめる　究[7] 極[12]
きん　巾[3] 斤[4] 公[4] 今[4] 均[7] 芹[7] 近[7] 君[7] 欣[8] 金[8] 衿[9] 菫[11] 勤[12] 欽[12] 琴[12] 筋[12] 僅[13] 勤[13] 緊[15] 錦[16] 謹[17] 檎[17] 襟[18] 謹[18]
ぎん　吟[7] 銀[14]

く

く　九[2] 久[3] 口[3] 工[3] 公[4] 区[4] 句[5] 功[5] 巧[5] 玖[7] 来[7] 供[8] 空[8] 穹[8] 來[8] 紅[9] 宮[10] 矩[10] 庫[10] 貢[10] 琥[12] 鳩[13] 駆[14] 駈[15] 駒[15]
ぐ　弘[5] 具[8] 倶[10]
くい　杭[8]
くう　空[8] 食[9]
ぐう　宮[10] 偶[11] 寓[12] 遇[12] 隅[12]
くき　茎[8]
くぎ　釘[10]
くさ　色[6] 草[9] 種[14]
くさむら　叢[18]
くし　串[7] 櫛[19]

くじら 鯨19
くしろ 釧11
くす 楠13 樟15
くず 屑10 葛12
くすのき 楠13 樟15
くすり 薬16 藥18
くだ 管14
くだる 下3
くち 口3
くちすすぐ 漱14
くつ 沓8 掘11 窟13 靴13
くに 乙1 州6 地6 宋7 邦7 邑7 国8 郁9 洲9 晋10 恕10 都11 國11 葉12 都12
くばる 配10
くび 首9

くぼむ 窪14
くま 阿8 隈12 熊14
くみ 与3 伍6 組11 綸14 與14
くむ 汲7 酌10 組11
くも 雲12
くもる 曇16
くら 倉10 椋12 鞍15 蔵15 藏17
くらい 位7 味9 冥10 晦11 蒙13
くらう 食9
くらす 暮14
くらべる 比4
ぐらむ 瓦5
くり 栗10
くりや 厨12
くる 来7 來8 徠11 繰19
くるま 車7

くれ 伎6 紅9
くれない 紅9
くれる 呉7 暮14
くろ 玄5 黒11 墨15 黎15
くわ 桑10 鍬17
くわえる 加5
くわしい 詳13
くわだてる 企6
くん 君7 訓10 勲15 薫16 勳16 薰17
ぐん 軍9 郡10 群13

け

け 化4 斗4 仮6 気6 圭6 架9 家10 華10 氣10 袈11 稀12 懸20
げ 下3 外5 夏10 解13
けい 兄5 圭6 形7 系7 佳8 京8 径8 茎8 係9 型9 契9 計9 勁9 奎9 恵10 桂10 啓11 掲11 渓11 経11 蛍11 彗11 頃11 卿12 掲12 敬12 景12 軽12 恵12 携13 継13 詣13 境14 肇14 慶15 慧15 稽15 憬15 憩16 繋19 警19 鶏19 馨20 競20 鷄21
げい 芸7 迎7 藝18 鯨19
げき 戟12 隙13 劇15 激16
けさ 祇9
けた 桁10

けだし 蓋13

けつ 決7 頁9 訣11 結12 傑13 潔15 蕨15

げつ 月4

けむい 煙13

けむり 煙13

けや 槻15

ける 蹴19

けわしい 峻10 険11 險16

けん 犬4 件6 見7 券8 肩8 建9 研9 県9 倹10 兼10 剣10 拳10 軒10 栞10 健11 捲11 牽11 険11 菅11 圏11 絢12 萱12 間12 喧12 圈12 堅12 検12 硯12 献13 絹13 遣13 権15 儉15 劍15 憲16 賢16 縣16 險16 謙17 鍵17 檢17 顕18 験18 繭18 懸20 顯23 驗23

げん 元4 幻4 玄5 言7 弦8 彦9 原10 眼11 現11 絃11 舷11 源13 諺16 厳17 験18 嚴20 驗23

こ

こ 己3 三3 子3 女3 小3 戸4 公4 心4 木4 去5 乎5 古5 仔5 君7 来7 呼8 固8 虎8 來8 故9 胡9 弧9 個10 庫10 粉10 黄11 教11 袴11 黃12 琴12 湖12 雇12 琥12 誇13 跨13 鼓13 瑚13 糊15 顧21

ご 五4 互4 午4 伍6 呉7 吾7 冴7 胡9 後9 娯10 悟10 梧11 期12 御12 瑚13 碁13 語14 醐16 檎17 護20

こい 恋10 濃16 鯉18

こいねがう 倖10

こう 口3 工3 公4 勾4 孔4 功5 巧5 広5 弘5 甲5 匡6 仰6 交6 光6 向6 后6 好6 江6 考6 行6 亙6 亘6 亨7 坑7 孝7 宏7 攻7 更7 劫7 岡8 効8 幸8 庚8 昂8 杭8 肯8 肴8 昊8 穹8 恰9 後9 侯9 厚9 巷9 恒9 洪9 皇9 紅9 荒9 郊9 香9 神9 虹9 恆9 洸9 格10 桁10 候10 倖10 晃10 晄10 校10 浩10 紘10 耕10 航10 貢10 高10 神10 恋10 黄11 康11 梗11 皐11 黃12 港12 硬12 項12 皓12 溝13 鉱13 塙13 幌13 滉13 煌13 構14 綱14 酵14 閤14 稿15 請15 廣15 興16 衡16 鋼16 縞16 講17 購17 鴻17 藁17

ごう 号5 合6 劫7 昂8 剛10 強11 郷11 業13 豪14 壕17 轟21

こうむる 蒙13

こえ 吟7 声7

こえる 越12 超12

こおり 氷5

こおる 冴7 凍10

こがれる 焦12

こく 石5 克7 告7 谷7 刻8 国8 黒11 國11 黑12 穀14 穀15

こぐ 漕14

ごく 極12

こけ 苔8

こげる 焦12

ここ 心4 此6 斯12

こごえる 凍10

ここのつ 九2

こころ 心4

こころざし 志7
こころざす 志7
こころみる 試13
こころよい 快7
こし 輿17
こす 越12 超12
こずえ 梶11 梢11 槙14 槇14 櫂18
こそ 社7 社8
こたえ 答12
こたえる 応7
こち 東8
こつ 忽8 惚11 滑13
こと 士3 功5 言7 采8 事8 紀9 信9 殊10 異11 琴12 詞12 肇14
ことごとく 悉11 畢11
ことぶき 寿7 壽14

ことわざ 諺16
ことわり 理11
こな 粉10
この 之3 此6 斯12
このみ 好6
このむ 好6 喜12
こはく 琥12
こぶし 拳10
こま 駒15
こまかい 細11
こむ 込5 混11
こめ 米6
こもる 籠22
こよみ 暦14 曆16
こる 凝16
これ 之3 比4 以5 右5 伊6 此6 荘9 時10 莊10 惟11 斯12
ころ 頃11
ころぶ 転11 轉18
ころも 衣6
こわ 声7
こん 今4 金8 昆8 建9 根10 婚11 混11 紺11 渾12 献13 魂14 墾16 懇17
ごん 言7 勤12 勤13 権15 厳17 嚴20

〔さ〕

さ 二2 叉3 才3 三3 小3 左5 再6 早6 佐7 沙7 冴7 作7 些8 査9 砂9 珊9 咲9 茶9 差10 桜10 紗10 彩11 皐11 渚11 爽11 善12 朝12 渚12 嵯13 裟13 蓑13 榊14 瑳14 総14 聡14 櫻21 讃22
ざ 三3 坐7 座10
さい 才3 再6 西6 妻8 采8 哉9 宰10 栽10 財10 晒10 柴10 凄10 彩11 採11 済11 砦11 祭11 斎11 細11 菜11 最12 犀12 裁12 催13 塞13 歳13 載13 際14
ざい 在6 材7 剤10 財10
さいわい 幸8 倖10
さえ 冴7 朗10 朗11
さえる 冴7
さお 竿9 操16
さか 坂7 阪7 酒10 祥10 祥11
さかい 堺12 境14

さかえ　光6 秀7 昌8 冨11 富12 潤15
さかえる　栄9 榮14
さかき　榊14
さがす　捜10 探11 搜12
さかずき　杯8 盃9
さかな　肴8 魚11
さかのぼる　遡14
さかり　興16
さかる　盛11
さがる　下3
さかん　昌8 盛11
さき　先6 早6 幸8 岬8 咲9 祥10 崎11 埼11 祥11 福13 福14 興16
さぎ　鷺24
さきがけ　魁14

さく　冊5 作7 咲9 昨9 柵9 朔10 窄10 索10 開12 割12 策12 酢12
さくら　桜10 櫻21
さけ　酒10
さげる　提12
ささ　小3 笹11 楽13 樂15 篠17
ささえる　支4
ささげる　捧11
さざなみ　漣14
さしがね　矩10
さす　指9 差10 挿10
さずかる　授11

さそう　誘14
さた　究7
さだ　正5 安6 会6 完7 究7 治8 為9 貞9 真10 眞10 晏10 渉10 涉11 覚12 爲12 禎13 寧14 禎14 憲16
さだめる　定8
さち　士3 吉6 幸8 祐9 倖10 祥10 祐10 祥11 葛12 禎13 福13 禎14 福14
さつ　冊5 札5 刷8 刹8 拶9 察14 颯14 撮15 薩17
さっ　早6
ざつ　雑14 雜18
さと　公4 仁4 吏6 邑7 里7 学8 知8 恵10 哲10 敏10 郷11 都11 啓11 理11 敏11 覚12 暁12 達12 智12 惠12 都12 聖13 徳14 慧15 德15 賢16 諭16 識19

さとい　怜8 俐9 智12 惺12 聡14 慧15 叡16
さとし　里7 暁12
さとす　諭16
さとる　悟10
さね　人2 心4 以5 守6 壱7 志7 実8 尚8 修10 嗣13 實14 諄15
さばく　裁12
さび　錆16
さま　様14 樣15
さます　覚12 醒16
さむい　寒12
さむらい　侍8
さめ　雨8
さめる　冷7
さや　清11 爽11 鞘16

さやか　爽(11)
さら　皿(5) 更(7)
さらう　掠(11)
さらす　晒(10)
さる　去(5) 猿(13)
さわ　沢(7)
さわやか　爽(11)
さん　三(3) 山(3) 参(8) 珊(9) 桟(10) 蚕(10) 産(11) 傘(12) 算(14) 撒(15) 賛(15) 燦(17) 纂(20) 讃(22)
ざん　斬(11) 暫(15)

し

し　士(3) 子(3) 之(3) 巳(3) 支(4) 止(4) 氏(4) 仕(5) 仔(5) 司(5) 史(5) 四(5) 市(5) 示(5) 只(5) 白(5) 矢(5) 伎(6) 此(6) 旨(6) 糸(6) 至(6) 次(6) 自(6) 伺(7) 志(7) 孜(7) 私(7) 芯(7) 使(8) 始(8) 姉(8) 枝(8) 祉(8) 茂(8) 茨(9) 柿(9) 祇(9) 姿(9) 思(9) 指(9) 施(9) 祉(9) 信(9) 品(9) 師(10) 紙(10) 砥(10) 恣(10) 梓(11) 視(11) 偲(11) 斯(12) 紫(12) 視(12) 詞(12) 椎(12) 嗣(13) 獅(13) 詩(13) 試(13) 資(13) 飼(13) 誌(14) 雌(14) 賜(15) 摯(15) 諮(16)
じ　仕(5) 示(5) 字(6) 寺(6) 次(6) 而(6) 耳(6) 自(6) 地(6) 弍(6) 似(7) 児(7) 事(8) 侍(8) 治(8) 兒(8) 持(9) 時(10) 滋(12) 智(12) 道(12) 慈(13) 蒔(13) 路(13) 爾(14) 磁(14) 璽(19)
しあわせ　幸(8)
しい　椎(12)

しいる　強(11)
しお　汐(6) 塩(13) 潮(15)
しおり　栞(10)
しか　鹿(11) 然(12) 爾(14)
しかして　而(6)
しき　布(5) 式(6) 色(6) 織(18) 識(19)
じき　直(8) 食(9)
しく　滋(12) 敷(15)
じく　竺(8) 軸(12)
しげ　十(2) 木(4) 以(5) 成(6) 孜(7) 苑(8) 枝(8) 林(8) 為(9) 栄(9) 重(9) 草(9) 荘(9) 恵(10) 莊(10) 隆(11) 賀(12) 滋(12) 森(12) 達(12) 惠(12) 爲(12) 義(13) 慈(13) 維(14) 種(14) 蓬(14) 榮(14) 諄(15) 調(15) 薫(16) 樹(16) 篤(16) 繁(16) 薰(17) 繁(17) 鑑(23)
しげみ　茂(8)
しげる　秀(7) 茂(8) 萊(11) 董(12) 蒼(13) 蓄(15)

しし　鹿(11) 獅(13)
しず　玄(5) 倭(10) 康(11) 靖(13) 静(14) 寧(14) 穏(16) 靜(16) 謙(17)
しずか　康(11) 惺(12) 閑(12) 静(14) 靜(16)
しずく　雫(11) 滴(14)
しずめる　鎮(18) 鎭(18)
した　下(3)
しだ　恩(10)
したう　慕(14)
したがう　従(10) 從(11)
したしい　親(16)
したたる　滴(14)
しち　七(2) 質(15)
しつ　室(9) 疾(10) 執(11) 悉(11) 湿(12) 漆(14) 質(15) 濕(17) 櫛(19)

- じつ　日[4] 実[8] 實[14]
- じっ　十[2]
- しな　色[6] 枝[8] 品[9]
- しの　忍[7] 神[9] 要[9] 篠[17]
- しのぎ　凌[10]
- しのぐ　凌[10]
- しのぶ　忍[7] 恕[10] 偲[11]
- しば　芝[6] 柴[10]
- しぶ　渋[11] 澁[15]
- しぶき　沫[8]
- しま　島[10] 嶋[14] 縞[16]
- しみ　染[9]
- しめす　示[5]
- しめる　占[5] 湿[12] 締[15] 濕[17]

- しも　下[3] 霜[17]
- しゃ　写[5] 沙[7] 社[7] 車[7] 舎[8] 社[8] 者[8] 砂[9] 者[9] 柘[9] 射[10] 紗[10] 赦[11] 斜[11] 這[11] 煮[12] 煮[13] 謝[17]
- しゃく　勺[3] 尺[4] 石[5] 灼[7] 赤[7] 昔[8] 酌[10] 釈[11] 錫[16] 爵[17]
- じゃく　若[8] 雀[11] 惹[12] 着[12]
- しゃべる　喋[12]
- しゅ　手[4] 主[5] 守[6] 朱[6] 取[8] 狩[9] 首[9] 殊[10] 珠[10] 酒[10] 修[10] 衆[12] 須[12] 楢[13] 種[14] 趣[15] 諏[15]
- じゅ　朱[6] 寿[7] 受[8] 殊[10] 珠[10] 従[10] 授[11] 從[11] 就[12] 需[14] 竪[14] 壽[14] 儒[16] 樹[16] 濡[17]
- しゅう　収[4] 州[6] 舟[6] 收[6] 秀[7] 周[8] 宗[8] 拾[9] 洲[9] 秋[9] 祝[9] 柊[9] 修[10] 祝[10] 袖[10] 執[11] 習[11] 週[11] 脩[11] 就[12] 衆[12] 集[12] 萩[12] 葺[12] 愁[13] 蒐[13] 酬[13] 楢[13] 輯[16] 鍬[17] 繡[18] 蹴[19] 鷲[23]
- じゅう　十[2] 廿[4] 汁[5] 充[6] 住[7] 拾[9] 柔[9] 重[9] 従[10] 渋[11] 從[11] 銃[14] 澁[15] 縦[16] 縱[17]
- しゅく　叔[8] 祝[9] 祝[10] 宿[11] 淑[11] 粛[11] 粥[12] 縮[17]
- じゅく　塾[14] 熟[15]
- しゅつ　出[5]
- じゅつ　述[8] 術[11]
- しゅん　旬[6] 俊[9] 春[9] 峻[10] 隼[10] 淳[11] 竣[12] 舜[13] 駿[17] 瞬[18]
- じゅん　旬[6] 巡[6] 盾[9] 洵[9] 准[10] 隼[10] 純[10] 淳[11] 惇[11] 絢[12] 閏[12] 循[12] 順[12] 準[13] 詢[13] 楯[13] 潤[15] 遵[15] 醇[15] 諄[15]

- しょ　処[5] 初[7] 杵[8] 所[8] 書[10] 恕[10] 渚[11] 庶[11] 埜[11] 暑[12] 渚[12] 暑[13] 署[13] 緒[14] 署[14] 緒[15] 諸[15] 諸[16] 曙[17]
- じょ　女[3] 丈[3] 汝[6] 如[6] 助[7] 序[7] 叙[9] 徐[10] 恕[10] 敍[11]
- しょう　小[3] 上[3] 井[4] 升[4] 少[4] 召[5] 正[5] 生[5] 匠[6] 庄[6] 床[7] 抄[7] 肖[7] 声[7] 尚[8] 承[8] 招[8] 昇[8] 昌[8] 松[8] 沼[8] 姓[8] 青[8] 昭[9] 省[9] 政[9] 星[9] 荘[9] 相[9] 従[10] 哨[10] 宵[10] 将[10] 渉[10] 祥[10] 称[10] 笑[10] 商[11] 唱[11] 捷[11] 梢[11] 渉[11] 祥[11] 章[11] 紹[11] 菖[11] 訟[11] 清[11] 從[11] 將[11] 笙[11] 勝[12] 掌[12] 晶[12] 湘[12] 焦[12] 硝[12] 粧[12] 証[12] 詔[12] 象[12] 装[12] 翔[12] 奨[13] 照[13] 詳[13] 裝[13] 頌[13] 嘗[14] 彰[14] 蔣[14] 裳[14] 摺[14] 精[14] 奬[14] 樟[15] 蕉[15] 賞[15] 憧[15] 鞘[16] 篠[17] 礁[17] 醬[18] 鐘[20]

じょう　上3 丈3 丞6 成6 条7 杖7 状7 狀8 帖8 定8 乗9 城9 浄9 茸9 乘10 常11 情11 盛11 條11 淨11 場12 畳12 蒸13 嘗14 静14 縄15 壌16 嬢16 錠16 靜16 穣18 譲20 醸20 孃20 疊22 穰22 讓24 釀24
しょく　色6 食9 埴11 植12 殖12 飾13 嘱15 燭17 織18 職18
しら　白5
しらべる　調15
しる　汁5 知8
しるし　印6 徽17
しるす　記10 疏12
しろ　代5 白5 城9 素10
しろい　白5 皓12
しろがね　銀14

しん　心4 申5 伸7 臣7 芯7 身7 辛7 辰7 信9 神9 津9 振10 晋10 真10 眞10 神10 秦10 針10 深11 紳11 進11 晨11 森12 診12 寝13 慎13 新13 愼13 榛14 賑14 槙14 槇14 寢14 審15 震15 請15 薪16 親16
じん　人2 刃3 仁4 壬4 尽6 迅6 臣7 神9 甚9 神10 訊10 陣10 尋12 盡14

す

す　子3 主5 朱6 守6 州6 沙7 寿7 治8 為9 洲9 春9 津9 珠10 栖10 素10 進11 雀11 巣11 巢11 須12 酢12 棲12 爲12 数13 壽14 諏15

ず　子3 寿7 図7 豆7 事8 洲9 津9 逗11 瑞13 壽14 頭16 鶴21
すい　水4 出5 吹7 垂8 炊8 帥9 珀9 粋10 推11 酔11 彗11 遂12 睡13 翠14 粹14 誰15 穂15 醉15 錐16 錘16 穗17
ずい　随12 瑞13 髄19
すう　吸6 枢8 崇11 嵩13 数13 雛18
すえ　与3 末5 君7 秀7 宋7 季8 梶11 淑11 梢11 陶11 葉12 與14
すえる　据11
すが　菅11 清11 廉13

すがた　姿9
すき　隙13 鍬17
すぎ　杉7
すく　好6 透10
すくう　匡6 掬11 救11
すくない　少4
すぐれる　卓8 優17
すけ　友4 弐6 佐7 助7 佑7 亮9 輔14
すげ　菅11
すこし　少4
すこぶる　頗14
すこやか　健11
すさまじい　凄10
すじ　筋12
すす　煤13

すず 紗10 清11 鈴13 錫16
すすぐ 漱14
すずしい 凉10 涼11
すすむ 歩7 步8 晋10 進11 奨13 獎14
すずめ 雀11
すすめる 侑8 勧13 薦16
すずり 硯12
すそ 裾13

すだれ 簾19
ずつ 宛8
すでに 既10
すな 沙7 砂9
すなお 忠8 直8 純10 素10 淳11 惇11 温12 廉13 溫13
すなわち 乃2 曽11 曾12
すばる 昴9
すべ 皇9
すべて 全6
すべる 統12 滑13 綜14
すぼむ 窄10
すみ 在6 有6 究7 邑7 宜8 紀9 宣9 炭9 恭10 純10 栖10 菫11 淑11 逗11 清11 隅12 統12 遥12 誠13 維14 墨14 遙14 澄15 墨15 篤16

ずみ 泉9
すみやか 速10
すみれ 菫11
すむ 住7 栖10 済11 棲12 澄15
すめら 皇9
すもも 李7
する 刷8 摺14
するどい 鋭15
すわる 坐7 座10 据11
すん 寸3
瀬19 瀨19

〔せ〕

せ 世5 汐6 施9 勢13 醒16
ぜ 是9

せい 井4 世5 正5 生5 成6 西6 声7 制8 姓8 征8 青8 斉8 省9 政9 星9 凄10 栖10 晟10 情11 清11 盛11 甥12 晴12 棲12 婿12 貰12 惺12 歳13 勢13 聖13 誠13 靖13 精14 製14 誓14 静14 齊14 請15 錆16 整16 醒16 靜16
ぜい 税12 説14
せき 夕3 石5 汐6 赤7 昔8 析8 隻10 席10 脊10 惜11 戚11 責11 堰12 跡13 関14 碩14 錫16 積16 績17 蹟18 籍20
せち 節13 節15
せつ 刹8 拙8 屑10 接11 設11 雪11 摂13 節13 説14 綴14 節15 攝21
ぜに 銭14
せまい 窄10
せまる 迫8

せみ　蟬(18)
せめる　攻(7) 責(11)
せり　芹(7)
せる　競(20)
せん　千(3) 川(3) 仙(5) 占(5) 先(6) 尖(6) 亙(6) 亘(6) 串(7) 茜(9) 宣(9) 専(9) 泉(9) 浅(9) 洗(9) 染(9) 穿(9) 扇(10) 栓(10) 閃(10) 釧(11) 旋(11) 船(11) 專(11) 揃(12) 煎(13) 羨(13) 践(13) 詮(13) 銭(14) 銑(14) 箋(14) 撰(15) 潜(15) 線(15) 選(15) 遷(15) 薦(16) 繊(17) 鮮(17) 檀(17) 蟬(18) 纖(23)
ぜん　全(6) 前(9) 善(12) 然(12) 禅(13) 漸(14) 膳(16) 禪(17) 繕(18)

そ

そ　十(2) 三(3) 双(4) 衣(6) 狙(8) 祖(9) 奏(9) 祖(10) 租(10) 素(10) 措(11) 曽(11) 組(11) 曾(12) 疏(12) 塑(13) 楚(13) 想(13) 遡(14) 噌(15) 礎(18) 蘇(19)
そう　三(3) 双(4) 爪(4) 壮(6) 早(6) 宋(7) 走(7) 壯(7) 沿(8) 宗(8) 奏(9) 相(9) 草(9) 荘(9) 送(9) 桑(10) 倉(10) 捜(10) 挿(10) 莊(10) 曽(11) 爽(11) 掃(11) 曹(11) 巣(11) 巢(11) 窓(11) 曾(12) 創(12) 惣(12) 搜(12) 装(12) 湊(12) 僧(13) 想(13) 蒼(13) 裝(13) 僧(14) 層(14) 槍(14) 漕(14) 総(14) 綜(14) 聡(14) 遭(14) 漱(14) 颯(14) 噌(15) 層(15) 槽(15) 踪(15) 操(16) 燥(17) 霜(17) 叢(18) 贈(18) 藻(19) 贈(19)
ぞう　造(10) 象(12) 雑(14) 像(14) 増(14) 增(15) 蔵(15) 藏(17) 贈(18) 雜(18) 贈(19)
そうろう　候(10)
そえる　添(11)
そく　即(7) 束(7) 足(7) 促(9) 則(9) 卽(9) 息(10) 捉(10) 速(10) 側(11) 測(12) 塞(13)
ぞく　族(11) 粟(12) 属(12) 続(13)
そこ　底(8)
そそぐ　注(8) 漱(14)
そぞろに　坐(7)
そだつ　育(8)
そつ　卒(8) 率(11)
そで　袖(10)
そと　外(5)
そなえる　供(8) 備(12)
そなわる　詮(13)
その　苑(8) 其(8) 園(13) 薗(16)
そば　蕎(15)
そまる　染(9)
そめる　初(7)
そら　天(4) 空(8) 宙(8) 昊(8) 穹(8)
そる　反(4)
それ　其(8)
そろう　揃(12)
そん　存(6) 村(7) 孫(10) 尊(12) 巽(12) 遜(14) 噂(15) 樽(16) 鱒(23)
ぞん　存(6)

た

た　才(3) 大(3) 手(4) 太(4) 玉(5) 北(5) 他(5) 旦(5) 田(5) 民(5) 多(6) 汰(7) 為(9) 爲(12) 詑(13)

だ　打5 陀8 舵11 梛11 楕13

たい　大3 太4 代5 台5 休7
対7 苔8 耐9 待9 殆9 帯10 泰10 堆11
袋11 帯11 替12 貸12 隊12 碓13 態14 黛16
戴17 鯛19

だい　乃2 大3 内4 代5 台5
弟7 第11 醍16 題18

だいだい　橙16

たいら　平5 坦8

たいらげる　夷6

たう　忍7

たえ　才3 巧5 布5 糸6 克7
妙7 紗10

たえる　耐9 堪12

たか　子3 女3 万3 王4 公4
天4 比4 右5 立5 宇6 共6 好6 考6
竹6 位7 孝7 社7 学8 享8 尭8 空8
昂8 尚8 卓8 宝8 茂8 社8 香9 俊9
荘9 飛9 恭10 能10 峰10 峯10 涉10 莊10
教11 啓11 皐11 梢11 渉11 章11 琢11 陸11
隆11 貴12 敬12 竣12 尊12 登12 揚12 陽12
萬12 堯12 琢12 嵩13 節13 楚13 稜13 旗14
鳳14 節15 賢16 顕18 寵19 顯23 鷹24

たかい　尭8 昂8 高10 峻10 喬12
堯12

たがい　互4

たがやす　耕10

たから　宝8 聖13

たき　滝13 瀧19

たきぎ　薪16

たく　宅6 托6 択7 沢7 炊8
卓8 拓8 度9 啄10 託10 琢11 琢12 焚12
濯17 擢17 櫂18

だく　抱8 諾15

たぐい　類18

たくましい　逞11

たくみ　巧5 伎6 匠6

たくわえる　蓄13

たけ　丈3 広5 壮6 竹6 壯7
岳8 長8 建9 茸9 高10 健11 貴12 義13
嵩13 廣15

たけし　毅15

たこ　凧5

たしか　確15

たす　足7

たず　鶴21

だす　出5

たすく　匡6 奨13 奬14 翼17

たすける　丞6 助7 佑7 侑8 毘9
祐9 祐10 輔14

たずさえる　携13

たずねる　訊10 訪11 尋12

ただ　一1 土3 也3 允4 只5
矢5 由5 伊6 地6 匡6 江6 旬6 伸7
妙7 周8 忠8 迪8 祇9 貞9 品9 柾9
祥10 粋10 涉10 惟11 規11 渉11 唯11 祥11
萱12 喬12 達12 渡12 雅13 資13 禎13 維14
彰14 粹14 禎14 撫15 叡16

たたえる　湛12 讃22

たたかう 闘18
たたく 啄10
ただし 但7 按9
ただしい 正5
ただす 匡6
ただちに 直8
たたみ 畳12 疊22
ただよう 漂14
たち 立5
たちばな 橘16
たちまち 奄8 忽8
たつ 立5 辰7 建9 起10 健11 琢11 裁12 達12 琢12 樹16
だつ 捺11
たつき 樹16
たっとい 貴12 尊12

たつみ 巽12
たて 立5 盾9 律9 楯13 竪14 縦16 縱17
たてまつる 奉8
たてる 建9
たとえる 例8
たどる 辿7
たな 棚12
たに 谷7
たね 苗8 胤9 留10 種14
たのし 予4 喜12
たのしい 楽13 樂15
たのむ 頼16 賴16
たば 束7
たび 度9 旅10
たべる 食9

たま 玉5 圭6 玖7 珂9 珊9 玲9 珀9 珠10 球11 瑛12 弾12 琳12 琥12 瑞13 瑶13 碧14 霊15 彈15 環17
たまき 珠10 環17
たまご 卵7
たましい 魂14
たまる 溜13
だまる 黙15 默16
たまわる 賜15
たみ 人2 民5 在6 彩11 黎15
ため 糸6
ためす 試13
たもつ 保9
たゆ 妙7
たよる 頼16 賴16
たらす 垂8

たりる 足7
たる 立5 健11 善12 樽16
だれ 誰15
たわむれる 戯15 戲17
たわら 俵10
たん 丹4 反4 旦5 坦8 担8 単9 炭9 胆9 耽10 探11 淡11 湛12 短12 單12 端14 綻14 誕15 壇16 鍛17 簞18 灘22
だん 団6 男7 段9 弾12 暖13 楠13 團14 談15 彈15 壇16 檀17

ち

ち 千3 市5 地6 池6 茅8 治8 知8 為9 祐9 値10 致10 祐10 智12 道12 爲12 稚13 椿13 置13 馳13 質15 緻16

ちいさい 小3

ちか 子3 允4 元4 比4 央5 史5 考6 至6 次6 年6 亨7 見7 京8 周8 知8 直8 恒9 哉9 信9 恆9 恭10 時10 峻10 真10 眞10 規11 悠11 幾12 尋12 寛13 義13 慈13 慎13 新13 睦13 愼13 爾14 誓14 静14 寬14 慶15 親16 靜16

ちかい 近7

ちかう 盟13 誓14

ちから 力2

ちぎる 契9

ちく 竹6 逐10 筑12 蓄13 築16

ちち 父4

ちぢむ 縮17

ちつ 秩10

ちまた 巷9

ちゃ 茶9

ちゃく 着12 嫡14

ちゅう 丑4 中4 仲6 虫6 沖7 宙8 忠8 抽8 注8 昼9 柱9 衷10 酎10 紐10 紬11 晝11 厨12 註12 鋳15 駐15 鑄22

ちょ 猪11 著11 猪12 著12 貯12 緒14 緖15 箸15 儲18

ちょう 丁2 庁5 兆6 町7 帖8 長8 重9 挑9 挺10 帳11 張11 彫11 眺11 頂11 鳥11 釣11 喋12 朝12 超12 貼12 牒13 跳13 徴14 暢14 蔦14 肇14 澄15 徵15 潮15 蝶15 調15 聴17 鯛19 寵19 聽22 廳25

ちょく 直8 勅9 捗10

ちん 枕8 珍9 砧10 陳11 椿13 塡13 鎮18 鎭18

つ

つ 津9 柘9 通10 紬11 都11 都12 藤18 鶴21

づ 津9

つい 対7 追9 堆11 椎12 槌14

ついたち 朔10

ついばむ 啄10

つう 通10

つえ 杖7

つか 策12 塚12 緑14 綠14

つかう 使8

つかえる 仕5

つかさ 司5 吏6 長8 典8 政9

つかね 緯16

つかむ 摑14

つかわす 遣13

つき 月4 晋10 調15 槻15

つぎ 月4 次6 亜7 亞8 連10 紹11 嗣13 調15

づき 月4

つきる 尽6 盡14

つく　付5 突8 突9 就12 着12 撞15

つぐ　二2 世5 次6 亜7 更7 亞8 倫10 接11 皓12 継13 嗣13 禎13 頌13 緒14 静14 禎14 緒15 調15 諭16 静16 鞠17 譜19 麗19

つくえ　机6

つくだ　佃7

つぐみ　壬4

つくる　作7 造10 創12

つくろう　繕18

つげ　柘9

つける　就12 漬14

つげる　告7

つじ　辻6

つた　蔦14

つたえる　伝6 傳13

つたない　拙8

つち　土3 槌14

つちかう　培11

つちのえ　戊5

つつ　土3 筒12

つづく　続13

つつしむ　欽12 慎13 愼13 謹17 謹18

つつみ　堤12

つづみ　鼓13

つつむ　包5

つづら　葛12

つづる　綴14

つと　朝12

つどう　集12

つとむ　励7

つとめる　孜7 努7 務11 勤12 勤13

つな　維14 綱14 緑14 綠14

つなぐ　繋19

つね　久3 玄5 長8 典8 法8 恒9 則9 恆9 倫10 経11 常11 曽11 庸11 尋12 曾12 統12 道12 幹13 継13 識19

つの　角7

つのる　募12

つばき　椿13

つばさ　翼17

つばめ　燕16

つぶ　粒11

つぶさに　悉11

つぶら　円4 圓13

つぼ　坪8

つぼみ　蕾16

つま　妻8

つみ　摘14

つむ　万3 紡10 萬12 詰13 摘14 錘16 積16

つむぎ　紡10 紬11

つむぐ　紡10

つめ　爪4

つめたい　冷7

つめる　詰13

つもる　積16

つや　釉12 艶19

つゆ　露21

つよい　侃8 勁9 強11 毅15

つら　位[7] 面[9] 航[10] 編[15] 羅[19]
つらなる　連[10]
つらぬく　貫[11]
つる　弦[8] 絃[11] 釣[11] 敦[12] 蔓[14] 鶴[21]
つるぎ　剣[10] 劍[15]
つれ　然[12]
つれる　連[10]

て

て　手[4] 豊[13]
で　弟[7]
てい　丁[2] 汀[5] 体[7] 呈[7] 廷[7] 弟[7] 定[8] 底[8] 邸[8] 亭[9] 貞[9] 帝[9] 訂[9] 庭[10] 悌[10] 挺[10] 逓[10] 釘[10] 停[11] 偵[11] 梯[11] 逞[11] 堤[12] 提[12] 程[12] 禎[13] 艇[13] 鼎[13] 綴[14] 禎[14] 締[15] 鄭[15] 蹄[16] 薙[16] 鵜[18]
でい　祢[9] 禰[19]
てき　的[8] 迪[8] 荻[10] 笛[11] 摘[14] 滴[14] 適[14] 擢[17]
てつ　姪[9] 哲[10] 鉄[13] 綴[14] 徹[15] 撤[15]
てら　寺[6]
てる　央[5] 旭[6] 光[6] 明[8] 映[9] 珂[9] 昭[9] 毘[9] 晃[10] 晄[10] 晟[10] 瑛[12] 晶[12] 晴[12] 皓[12] 釉[12] 照[13] 煌[13] 瑳[14] 彰[14] 輝[15] 燕[16] 顕[18] 曜[18] 燿[18] 耀[20] 顯[23]
でる　出[5]
てん　天[4] 辿[7] 典[8] 店[8] 点[9] 展[10] 添[11] 転[11] 貼[12] 填[13] 殿[13] 槙[14] 槇[14] 轉[18] 顛[19] 纏[21]
でん　田[5] 伝[6] 佃[7] 淀[11] 殿[13] 電[13] 傳[13] 鮎[16]

と

と　乙[1] 十[2] 人[2] 士[3] 土[3] 戸[4] 仁[4] 斗[4] 永[5] 冬[5] 年[6] 百[6] 図[7] 兎[7] 杜[7] 利[7] 音[9] 度[9] 徒[10] 途[10] 敏[10] 鳥[11] 都[11] 敏[11] 翔[12] 達[12] 堵[12] 渡[12] 登[12] 都[12] 塗[13] 豊[13] 聡[14] 澄[15] 賭[16] 頭[16] 橙[16]
ど　土[3] 奴[5] 努[7] 度[9]
とい　問[11] 樋[15]
とう　刀[2] 永[5] 冬[5] 灯[6] 当[6] 投[7] 豆[7] 延[8] 沓[8] 宕[8] 東[8] 到[8] 桐[10] 純[10] 党[10] 凍[10] 唐[10] 套[10] 島[10] 桃[10] 透[10] 納[10] 能[10] 祷[11] 桶[11] 兜[11] 逗[11] 陶[11] 萄[11] 問[11] 登[12] 塔[12] 搭[12] 棟[12] 湯[12] 等[12] 答[12] 筒[12] 統[12] 董[12] 道[12] 稲[14] 嶋[14] 読[14] 踏[15] 樋[15] 稻[15] 燈[16] 糖[16] 頭[16] 橙[16] 謄[17] 瞳[17] 藤[18] 闘[18] 櫂[18] 禱[19] 騰[20]
どう　同[6] 洞[9] 桐[10] 動[11] 堂[11] 萄[11] 童[12] 道[12] 働[13] 銅[14] 導[15] 憧[15] 撞[15] 瞳[17]
とうげ　峠[9]
とうとい　貴[12] 尊[12]
とお　十[2] 玄[5] 更[7] 昊[8] 深[11] 野[11] 埜[11] 達[12] 遥[12] 遙[14] 遼[15]
とおい　遠[13]
とおる　亙[6] 亘[6] 亨[7] 通[10] 徹[15]

とかす　溶13

とがめる　尤4

とがる　尖6

とき　可5 世5 旬6 迅6 季8 国8 宗8 斉8 怜8 秋9 祝9 春9 信9 則9 時10 朗10 祝10 常11 隆11 國11 晨11 朗11 暁12 朝12 節13 睦13 齊14 稽15 節15 曉16

とぎ　伽7

ときわ　松8 常11

とく　啄10 匿10 特10 得11 解13 督13 説14 徳14 読14 徳15 篤16

とぐ　研9 砥10

どく　独9 読14

とける　冶7 解13 溶13

とげる　遂12

とこ　床7 常11

ところ　所8

とし　才3 子3 代5 冬5 考6 迅6 年6 寿7 甫7 利7 伶7 英8 季8 宗8 斉8 紀9 哉9 秋9 俊9 信9 星9 要9 記10 恵10 峻10 隼10 敏10 倫10 逸11 健11 淑11 淳11 章11 惇11 捺11 理11 敏11 暁12 敬12 棲12 惣12 智12 敦12 禄12 逸12 惠12 資13 準13 照13 聖13 馳13 福13 稔13 歳13 祿13 聡14 肇14 壽14 齊14 福14 慧15 叡16 穏16 憲16 賢16 繁16 曉16 繁17 駿17 鏡19

とじる　綴14

とせ　年6 歳13

とち　栃9

とつ　突8 突9

とつぐ　嫁13

とどく　届8

ととのえる　調15 整16

とどまる　逗11

とどろく　轟21

となえる　唱11

となり　隣16

との　殿13

どの　殿13

とび　鳶14

とびら　扉12

とぶ　飛9 翔12 跳13

とまる　止4 泊8

とみ　十2 吉6 多6 宝8 美9 冨11 富12 登12 禄12 寛13 福13 祿13 聡14 徳14 賑14 寛14 福14 徳15

とみに　頓13

とむ　冨11 富12

とめ　徠11

とめる　留10

とも　丈3 与3 巴4 比4 文4 友4 以5 叶5 共6 伍6 有6 作7 那7 呂7 供8 幸8 始8 知8 宝8 朋8 茂8 皆9 毘9 侶9 兼10 流10 倫10 智12 朝12 登12 寛13 幹13 義13 誠13 節13 禎13 睦13 賑14 與14 寛14 禎14 諄15 節15 興16 類18 鵬19 類19

ともえ　巴4

ともしび　燈16 燭17

ともなう　伴7
ともに　倶10
とよ　茂8 冨11 晨11 富12 豊13
とら　虎8 寅11
とらえる　捉10
とり　酉7 鳥11
とりで　砦11 塞13
とる　采8 取8 採11 執11 撮15
とん　屯4 団6 沌7 惇11 問11 敦12 遁13 頓13 團14
どん　丼5 呑7 曇16
どんぶり　丼5

な

な　七2 己3 水4 永5 多6 凪6 名6 那7 来7 声7 奈8 林8 來8 南9 納10 菜11 捺11 梛11 愛13 楠13 樹16 薙16
ない　乃2 内4 祢9 無12 禰19
なえ　苗8
なお　正5 矢5 多6 如6 亨7 君7 作7 実8 若8 尚8 斉8 真10 眞10 通10 梗11 野11 脩11 順12 董12 實14 齊14 類18 類19
なおる　治8 直8
なか　心4 中4 央5 考6 仲6 陽12 肇14
なが　久3 市5 呂7 良7 延8 直8 祥10 隆11 脩11 祥11 詠12 温12 斐12 溫13 暢14 蔓14
ながい　永5 長8

なかば　半5
ながめる　眺11
なかれ　勿4 莫10
ながれる　流10
なぎ　凪6 梛11
なぎさ　汀5 渚11 渚12
なく　鳴14
なぐ　薙16
なぐさめる　慰15
なげる　投7
なごむ　和8
なさけ　情11
なし　梨11 類18 類19

なす　茄8
なず　摩15
なぞ　謎17
なだ　灘22
なだめる　宥9
なつ　夏10 捺11
なっ　納10
なつかしい　懐16 懷19
なでる　撫15
なな　七2
ななつ　七2
ななめ　斜11
なに　何7 奈8
なの　七2
なべ　鍋17
なまず　鮎16

なまめく 妖7
なまり 鉛13
なみ 双4 比4 次6 汎6 波8
並8 南9 洋9 浪10 漣14
なめらか 滑13
なめる 嘗14
なら 楢13
ならう 倣10 習11
ならす 鳴14
ならべる 並8
なり 也3 功5 令5 考6 成6
位7 孝7 克7 作7 育8 宜8 周8 斉8
忠8 苗8 為9 哉9 政9 記10 容10 規11
教11 曽11 詞12 晴12 然12 曾12 爲12 慈13
勢13 稔13 齊14 調15 燕16 整16 響20 響22
なる 功5 匠6 成6 完7 育8
忠8 稔13 鳴14 燕16 親16
なれる 馴13 慣14
なわ 苗8 縄15
なん 何7 男7 奈8 南9 納10
軟11 楠13
なんじ 而6 汝6 爾14
なんぞ 胡9

に 二2 丹4 仁4 匂4 円4
弐6 児7 兒8 荷10 爾14
にい 新13
にえる 煮12 煮13
にお 薫16 薰17
におう 匂4
にぎる 握12
にぎわう 賑14
にし 西6
にじ 虹9
にしき 錦16
にち 日4
にな 螺17
になう 担8
にゃく 若8
にゅう 入2 柔9
にょ 女3 如6
にょう 女3
にる 亨7 似7 煮12 煮13
にわ 庭10
にわか 俄9
にわとり 鶏19 鷄21
にん 人2 任6 忍7 認14
ぬ 野11 埜11
ぬい 縫16 繡18
ぬう 縫16
ぬきんでる 擢17
ぬさ 麻11
ぬし 主5
ぬの 布5
ぬま 沼8
ぬる 塗13

ね

ぬれる	濡[17]
ね	子[3] 年[6] 音[9] 祢[9] 根[10] 値[10] 峰[10] 峯[10] 道[12] 福[13] 寧[14] 福[14] 嶺[17] 禰[19]
ねい	寧[14]
ねがう	願[19]
ねこ	猫[11]
ねじる	捻[11]
ねつ	熱[15]
ねばる	粘[11]
ねむる	眠[10]
ねらう	狙[8]
ねる	寝[13] 煉[13] 練[14] 寢[14] 練[15]
ねん	年[6] 念[8] 捻[11] 粘[11] 然[12] 稔[13] 燃[16]
ねんごろ	懇[17]

の

の	乃[2] 之[3] 能[10] 野[11] 埜[11]
のう	納[10] 能[10] 農[13] 濃[16]
のがれる	遁[13]
のき	宇[6] 軒[10]
のこぎり	鋸[16]
のせる	載[13]
のぞく	窺[16]
のぞみ	希[7] 望[11]
のぞむ	希[7] 望[11] 臨[18]
のち	後[9]
のっと	浬[10]
のどか	和[8] 温[12] 溫[13]
のばす	暢[14]
のびる	伸[7] 延[8]
のぶ	与[3] 円[4] 布[5] 江[6] 亙[6] 亘[6] 更[7] 寿[7] 伸[7] 延[8] 宜[8] 長[8] 房[8] 恒[9] 重[9] 信[9] 政[9] 宣[9] 恆[9] 洵[9] 悦[10] 将[10] 展[10] 惟[11] 啓[11] 経[11] 常[11] 進[11] 庸[11] 將[11] 脩[11] 喜[12] 喬[12] 惣[12] 達[12] 董[12] 敦[12] 揚[12] 葉[12] 遥[12] 照[13] 睦[13] 靖[13] 圓[13] 頌[13] 総[14] 聡[14] 暢[14] 蔓[14] 壽[14] 與[14] 遙[14] 諄[15] 薫[16] 整[16] 薰[17]
のべる	述[8]
のぼり	幡[15]
のぼる	上[3] 昂[8] 昇[8] 登[12]
のみ	已[3] 爾[14]
のむ	呑[7] 飲[12]
のり	乃[2] 士[3] 土[3] 文[4] 永[5] 玄[5] 功[5] 代[5] 令[5] 考[6] 行[6] 至[6] 舟[6] 位[7] 芸[7] 孝[7] 甫[7] 利[7] 里[7] 学[8] 宜[8] 尭[8] 実[8] 周[8] 宗[8] 昇[8] 知[8] 忠[8] 典[8] 法[8] 明[8] 廻[9] 紀[9] 祇[9] 祝[9] 宣[9] 則[9] 品[9] 律[9] 益[10] 記[10] 悟[10] 修[10] 恕[10] 哲[10] 能[10] 倫[10] 祝[10] 基[11] 規[11] 教[11] 郷[11] 啓[11] 経[11] 視[11] 章[11] 庸[11] 理[11] 賀[12] 幾[12] 卿[12] 敬[12] 詞[12] 順[12] 然[12] 尋[12] 智[12] 朝[12] 登[12] 統[12] 道[12] 遥[12] 堯[12] 極[12] 愛[13] 意[13] 雅[13]

寛13 義13 準13 慎13 数13 節13 稚13 稔13 路13 愼13 徳14 緑14 實14 寬14 綠14 遙14 篤15 慶15 稽15 糊15 調15 範15 節15 德15 憲16 賢16 頼16 賴16 謙17 藝18 識19 鑑23

- のる　乗9 乘10
- のん　恩10 暖13

は

- は　八2 刃3 巴4 羽6 把7 芭7 芳7 杷8 波8 房8 春9 派9 華10 琶12 葉12 頗14 端14 播15 覇19
- ば　芭7 杷8 馬10 場12 葉12
- はい　灰6 拝8 杯8 盃9 拜9 俳10 配10 輩15
- ばい　売7 苺8 唄10 倍10 梅10 培11 梅11 陪11 媒12 買12 煤13 賠15 賣15
- はいる　入2
- はう　這11
- はえる　生5 映9 栄9 榮14
- はか　博12
- はがね　鋼16
- はかま　袴11
- はかり　秤10
- はかる　図7 計9 測12 量12 詢13 諮16
- はぎ　萩12
- はく　白5 伯7 拍8 泊8 迫8 柏9 珀9 掃11 舶11 博12 箔14 履15 薄16
- ばく　麦7 莫10 博12 漠13 幕13
- はぐくむ　育8
- はげしい　激16
- はげむ　励7
- ばける　化4
- はこ　函8 箱15
- はこぶ　運12
- はさむ　挟9
- はし　端14 箸15 橋16
- はしご　梯11
- はしばみ　榛14
- はじむ　創12
- はじめ　初7 甫7 始8 東8 肇14
- はじめる　始8
- はしら　柱9
- はしる　走7
- はす　芙7 荷10 蓉13 蓮13
- はず　筈12
- はずむ　弾12 彈15
- はずれる　外5
- はせる　馳13
- はた　畑9 将10 秦10 畠10 將11 旗14 端14 綺14 幡15 機16
- はたけ　畑9 圃10
- はたす　果8
- はたらく　働13
- はち　八2 鉢13 蜂13
- はつ　初7 発9 逸11 逸12 鉢13 肇14 髪14 髮15

はっ　法[8]

ばつ　末[5]

はて　果[8]

はと　鳩[13]

はとり　織[18]

はな　花[7] 芳[7] 英[8] 華[10] 椛[11]

はなし　話[13]

はなす　話[13]

はなつ　放[8]

はなはだ　甚[9]

はなぶさ　英[8]

はなわ　塙[13]

はに　土[3] 埴[11]

はね　羽[6]

はねる　跳[13]

はは　母[5]

はば　巾[3] 幅[12]

はぶく　省[9]

はま　浜[10]

はや　迅[6] 快[7] 隼[10] 逸[11] 敬[12] 逸[12] 颯[14]

はやい　早[6] 速[10] 捷[11]

はやお　駿[17]

はやし　林[8] 馳[13]

はやて　颯[14]

はやぶさ　隼[10]

はら　原[10]

はり　針[10] 梁[11]

はる　大[3] 元[4] 日[4] 玄[5] 立[5] 令[5] 会[6] 合[6] 花[7] 良[7] 始[8] 治[8] 青[8] 東[8] 明[8] 春[9] 昭[9] 美[9] 華[10] 浩[10] 時[10] 敏[10] 流[10] 晏[10] 啓[11] 張[11] 敏[11] 脩[11] 悠[11] 絢[12] 温[12] 開[12] 喜[12] 晴[12] 貼[12] 遥[12] 陽[12] 暖[13] 溫[13] 榛[14] 遙[14]

はるか　永[5] 悠[11] 遥[12] 遙[14] 遼[15]

はれる　晴[12]

はん　凡[3] 反[4] 半[5] 氾[5] 帆[6] 汎[6] 坂[7] 阪[7] 伴[7] 判[7] 板[8] 版[8] 班[10] 畔[10] 般[10] 販[11] 絆[11] 斑[12] 飯[12] 搬[13] 頒[13] 幡[15] 範[15] 繁[16] 繁[17] 藩[18]

ばん　万[3] 伴[7] 判[7] 板[8] 挽[10] 晩[11] 晩[12] 番[12] 萬[12] 播[15] 盤[15] 磐[15] 蕃[15]

はんのき　榛[14]

ひ

ひ　一[1] 火[4] 日[4] 比[4] 禾[5] 弘[5] 皮[5] 氷[5] 灯[6] 妃[6] 庇[7] 彼[8] 披[8] 枇[8] 飛[9] 毘[9] 柊[9] 品[9] 秘[10] 桧[10] 祕[10] 菊[11] 啓[11] 扉[12] 斐[12] 琵[12] 陽[12] 碑[13] 碑[14] 緋[14] 樋[15] 燈[16] 檜[17]

び　尾[7] 枇[8] 弥[8] 毘[9] 眉[9] 美[9] 梶[11] 備[12] 琵[12] 微[13] 彌[17]

ひいでる　秀[7]

ひいらぎ　柊[9]

ひえる　冷[7]

ひがし　東[8]

ひかり　光[6] 曜[18] 燿[18] 耀[20]

ひかる　玄[5] 光[6] 晃[10] 晄[10] 皓[12] 輝[15]

ひき　疋[5]

ひきいる　率[11]

ひく　引[4] 曳[6] 挽[10] 牽[11] 惹[12] 弾[12] 彈[15]

ひこ　彦[9]
ひさ　之[3] 比[4] 央[5] 向[6] 玖[7] 寿[7] 阿[8] 尚[8] 長[8] 弥[8] 栄[9] 胡[9] 恒[9] 宣[9] 恆[9] 桐[10] 修[10] 能[10] 留[10] 常[11] 冨[11] 悠[11] 喜[12] 富[12] 壽[14] 榮[14] 藤[18]
ひざ　膝[15]
ひさご　瓢[17]
ひさし　庇[7]
ひさしい　久[3]
ひし　菱[11]
ひじ　土[3]
ひじり　聖[13]
ひそむ　潜[15]
ひたい　額[18]
ひだり　左[5]
ひつ　必[5] 畢[11] 筆[12]

ひつじ　未[5] 羊[6]
ひづめ　蹄[16]
ひで　之[3] 禾[5] 未[5] 次[6] 成[6] 求[7] 秀[7] 英[8] 季[8] 東[8] 栄[9] 毘[9] 品[9] 淑[11] 彬[11] 継[13] 嗣[13] 静[14] 榮[14] 穂[15] 薫[16] 靜[16] 穗[17] 薰[17]
ひと　一[1] 人[2] 仁[4] 史[5] 民[5] 倫[10]
ひとし　伍[6]
ひとしい　等[12]
ひとつ　一[1]
ひとみ　眸[11] 瞳[17]
ひとり　独[9]

ひな　穂[15] 穗[17] 雛[18]
ひねる　捻[11]
ひのき　桧[10] 檜[17]
ひびく　響[20] 響[22]
ひま　暇[13]
ひめ　妃[6] 姫[10] 媛[12]
ひめる　秘[10] 祕[10]
ひも　紐[10]
ひやかす　冷[7]
ひゃく　百[6]
びゃく　白[5]
ひやす　冷[7]
ひょう　氷[5] 兵[7] 拍[8] 表[8] 俵[10] 豹[10] 彪[11] 票[11] 評[12] 漂[14] 標[15] 瓢[17]
びょう　平[5] 苗[8] 秒[9] 猫[11] 描[11] 廟[15]

ひら　永[5] 平[5] 旬[6] 位[7] 拓[8] 迪[8] 開[12] 数[13]
ひらく　開[12]
ひらめく　閃[10]
ひる　干[3] 日[4] 昼[9] 晝[11]
ひるがえる　翻[18] 飜[21]
ひろ　丈[3] 大[3] 公[4] 丑[4] 央[5] 玄[5] 広[5] 弘[5] 礼[5] 光[6] 先[6] 托[6] 完[7] 宏[7] 宗[8] 拓[8] 宙[8] 明[8] 栄[9] 恢[9] 厚[9] 宥[9] 祐[9] 洋[9] 洸[9] 浩[10] 紘[10] 恕[10] 泰[10] 展[10] 容[10] 祐[10] 啓[11] 梧[11] 都[11] 野[11] 埜[11]

敬12 景12 尋12 達12 博12 裕12 皓12 都12 寛13 蒼13 豊13 滉13 嘉14 碩14 榮14 寛14 播15 廣15 優17 彌17 鴻17 禮18

ひろい 広5 汎6 宏7 浩10 廣15

ひろう 拾9

ひろし 湖12

ひん 品9 浜10 彬11 稟13 賓14 賓15 頻17 瀕19

びん 秤10 敏10 敏11 瓶11

ふ

ふ 二2 不4 双4 夫4 父4 付5 布5 吹7 巫7 扶7 芙7 歩7 甫7 府8 斧8 阜8 附8 歩8 赴9 風9 釜10 浮10 経11 婦11 冨11 符11 富12 普12 蒲13 輔14 敷15 賦15 譜19

ぶ 分4 不4 巫7 歩7 武8 歩8 奉8 部11 葡12 無12 撫15 舞15 蕪15

ふう 夫4 封9 風9 冨11 富12 楓13

ふえ 呂7 笛11

ふえる 殖12 増14 增15

ふかい 深11

ふき 吹7 英8 維14 蕗16

ぶき 吹7

ふく 伏6 吹7 服8 副11 葺12 復12 幅12 福13 福14 複14 噴15

ふくべ 瓢17

ふくむ 含7

ふくろ 袋11

ふける 更7 耽10

ふさ 芳7 弦8 房8 林8 重9 宣9 亮9 記10 倭10 紘11 幾12 滋12 惣12 葉12 維14 種14 総14 諄15 興16

ふさぐ 塞13

ふし 節13 節15

ふじ 藤18

ふす 臥9

ふすま 襖18

ふせぐ 防7

ふせる 伏6 臥9

ふた 二2 双4 蓋13

ふだ 札5 牒13

ふたたび 再6

ふたつ 二2

ふち 淵11 縁15 緣15

ふつ 沸8

ぶつ 仏4 勿4 佛7 物8

ふで 筆12

ふとい 太4

ふところ 懐16 懷19

ふとる 太4

ふな 舟6

ふなばた 舷11

ふね 舟6 船11

ふの 史5

ふみ 文4 史5 良7 典8 迪8 郁9 奎9 記10 章11 詞12

ふむ 踏15

ふもと 麓19

ふゆ　冬5 那7
ふる　雨8 振10 経11
ふるい　古5
ふるう　奮16
ふるえる　震15
ふん　分4 粉10 焚12 雰12 噴15
ぶん　分4 文4 豊13 聞14 奮16

へ

へ　経11
べ　辺5
へい　丙5 平5 兵7 併8 並8 柄9 陛10 塀12 幣15 蔽15 餅15
べい　米6

ぺーじ　頁9
へき　碧14 壁16 璧18
べつ　別7 瞥17
べに　紅9
へりくだる　遜14
へる　経11
へん　片4 辺5 返7 遍12 篇15 編15
べん　弁5 勉9 勉10

ほ

ほ　火4 帆6 秀7 歩7 甫7 芳7 歩8 宝8 保9 昴9 圃10 哺10 峰10 葡12 補12 蒲13 輔14 蓬14 鳳14 舗15 穂15 縫16 穂17

ぼ　戊5 母5 牡7 莫10 菩11 募12 慕14 暮14 模14 簿19
ほう　方4 包5 芳7 邦7 奉8 宝8 抱8 放8 朋8 法8 祝9 封9 倣10 俸10 峰10 峯10 砲10 祝10 逢11 捧11 萌11 萠11 訪11 報12 蜂13 豊13 鞄14 蓬14 鳳14 褒15 鋒15 縫16 鵬19
ぼう　卯5 坊7 防7 茅8 房8 苺8 某9 冒9 昴9 紡10 望11 眸11 傍12 帽12 棒12 貿12 貌14
ほお　頬16
ほか　外5 他5
ほがらか　朗10 朗11

ほく　北5
ぼく　卜2 木4 目5 朴6 牧8 睦13 僕14 墨14 墨15
ほこ　矛5 戟12
ほこる　誇13
ほころびる　綻14
ほし　斗4 星9
ほしい　欲11
ほす　干3
ほそい　細11
ほだし　絆11
ほたる　蛍11
ほつ　発9
ほっ　法8
ぼっ　坊7
ほっする　欲11

ほど 高10 程12

ほとけ 仏4 佛7

ほとけぐさ 菩11

ほどこす 施9

ほとんど 殆9

ほのお 炎8 焔12

ほまれ 誉13

ほめる 褒15

ほら 洞9

ほり 堀11 壕17

ほる 掘11 彫11

ほれる 惚11

ほろ 幌13

ほん 反4 本5 奔8 翻18 飜21

ぼん 凡3 盆9

【ま】

ま 丸3 万3 目5 守6 茉8 真10 眞10 馬10 麻11 間12 満12 萬12 舞15 摩15 磨16

まい 米6 毎6 每7 妹8 枚8 苺8 昧9 詣13 舞15

まいる 参8 哩10

まう 舞15

まえ 前9

まかせる 任6

まがる 曲6

まき 在6 牧8 巻8 卷9 真10 眞10 蒔13 槙14 槇14

まく 巻8 卷9 捲11 蒔13 幕13 撒15 播15

まくら 枕8

まご 孫10

まこと 允4 丹4 充6 実8 卓8 信9 亮9 洵9 純10 真10 眞10 淳11 惇11 董12 慎13 誠13 睦13 愼13 詢13 實14 諒15 諄15

まさ 上3 允4 元4 予4 正5 礼5 匡6 旬6 庄6 壮6 多6 完7 求7 芹7 芸7 甫7 利7 壯7 宜8 若8 尚8 昌8 直8 祇9 政9 荘9 昆9 柾9 祐9 修10 将10 真10 眞10 容10 連10 倭10 晟10 莊10 祐10 逸11 理11 將11 萱12 順12 晶12 董12 裕12 逸12 雅13 幹13 絹13 聖13 誠13 維14 暢14 諒15 叡16 薫16 整16 優17 薰17 禮18 藝18

まさる 果8 勝12

まじる 交6 混11

まじわる 交6

ます 丈3 斗4 升4 加5 孜7 尚8 昌8 松8 長8 弥8 益10 曽11 賀12 滋12 曾12 満12 増14 潤15 增15 錫16 鞠17 彌17 鱒23

また 又2 叉3 也3 加5 亦6 完7 俣9

またぐ 跨13

またたく　瞬18
まだら　斑12
まち　市5 町7 街12
まつ　末5 松8 沫8 茉8 待9
まったく　全6
まつり　祭11
まつりごと　政9
まつる　祷11
まで　迄7
まと　的8
まど　円4 窓11 圓13
まとう　纏21
まどか　円4 圓13
まな　愛13
まなこ　眼11
まなぶ　学8

まねく　招8
まぼろし　幻4
まめ　豆7
まもる　守6 葵12 護20
まゆ　眉9 檀17 繭18
まゆずみ　黛16
まゆみ　檀17
まり　球11 毬11 鞠17
まる　丸3
まるい　丸3 円4 圓13
まれ　希7 稀12
まろ　丸3 満12 観18 麿18
まわり　周8
まわる　回6 廻9
まん　万3 満12 萬12 漫14 蔓14

み

み　弓3 己3 三3 巳3 允4 王4 心4 仁4 壬4 水4 文4 史5 生5 未5 民5 光6 后6 好6 充6 位7 究7 見7 身7 巫7 甫7 良7 実8 味8 弥8 海9 皆9 神9 省9 泉9 眉9 美9 洋9 珠10 真10 眞10 益10 海10 梶11 規11 視11 深11 望11 登12 幹13 誠13 種14 箕14 實14 稽15 魅15 親16 彌17 観18 臨18 鏡19 顧21 鑑23
みお　澪16
みがく　琢11 琢12 瑳14 磨16
みかん　柑9
みき　幹13 樹16

みぎ　右5
みぎわ　汀5
みこ　巫7
みことのり　詔12
みさ　節13 節15
みさお　貞9 操16
みさき　岬8
みささぎ　陵11
みじかい　短12
みず　壬4 水4 泉9 瑞13
みずうみ　湖12
みずから　自6
みずのえ　壬4

みせ　店8

みそ　衣6

みぞ　溝13

みそか　晦11

みたす　満12

みたまや　廟15

みち　礼5 行6 至6 充6 成6 花7 岐7 亨7 孝7 利7 学8 享8 宙8 長8 典8 宝8 迪8 皆9 信9 祐9 峻10 恕10 通10 倫10 祐10 教11 康11 進11 理11 陸11 達12 道12 裕12 遥12 義13 路13 碩14 総14 遙14 慶15 徹15 諒15 禮18

みちびく　導15

みちる　庚8 満12 碩14

みつ　允4 円4 弘5 光6 充6 完7 秀7 実8 苗8 弥8 架9 則9 映9 美9 恭10 晃10 晄10 通10 密11 尋12 満12 照13 慎13 圓13 愼13 暢14 蜜14 實14 潤15 鞠17 彌17

みつぐ　貢10 調15

みっつ　三3

みつる　充6 庚8 爾14 暢14

みとめる　認14

みどり　翠14 碧14 緑14 綠14

みな　水4 皆9 南9 倶10 港12 湊12

みなと　港12 湊12

みなみ　南9

みなもと　源13

みぬ　敏10 敏11

みね　峻10 峰10 峯10 節13 節15 嶺17

みの　蓑13

みのる　酉4 季8 実8 秋9 豊13 稔13 實14 穂15 穗17 穣18 穰22

みみ　耳6

みや　宮10

みゃく　脈10

みやこ　京8 洛9 都11 都12 畿15

みやび　雅13

みゆき　幸8

みょう　名6 妙7 命8 明8 冥10

みる　見7 視11 視12 診12 瞥17 観18 鑑23

みわ　神9

みん　民5 眠10

む　六4 矛5 牟6 巫7 武8 務11 陸11 眸11 無12 睦13 夢13 霧19

むい　六4

むかえる　迎7

むかし　昔8

むぎ　麦7

むく　向6

むくいる　報12

むくのき　椋12

むこ　婿12
むし　虫6
むす　蒸13
むすぶ　結12
むすめ　娘10
むつ　六4 陸11 輯16
むっつ　六4
むつむ　睦13
むと　人2
むね　心4 旨6 至6 志7 宗8 梁11 棟12 統12 意13 臆17
むら　村7 邑7 宣9 紫12 群13 樹16
むらさき　紫12
むれ　群13
むれる　蒸13
むろ　室9

め

め　人2 女3 目5 芽8 海9 要9 梅10 姫10 海10 萌11 萠11 梅11 雌14 瞳17
めい　名6 芽8 命8 明8 姪9 冥10 盟13 銘14 鳴14 謎17
めぐ　愛13
めぐみ　仁4 恩10 恵10 萌11 萠11 恵12 寵19
めぐむ　恵10 萌11 萠11 惠12 愛13 徳14 德15
めぐる　巡6 周8 廻9
めし　飯12
めす　召5 雌14
めずらしい　珍9
めでる　愛13
めん　面9 綿14 麺16

も

も　百6 茂8 望11 萌11 萠11 雲12 裳14 模14 藻19
もう　孟8 望11 猛11 蒙13 網14
もうける　設11 儲18
もうす　申5
もうでる　詣13
もえ　萌11 萠11
もえる　萌11 萠11 燃16
もく　木4 目5 黙15 默16
もぐる　潜15
もしくは　若8
もち　勿4 以5 有6 茂8 保9 時10 将10 望11 庸11 將11 須12 撫15 餅15 操16
もちいる　用5
もつ　物8 持9
もっとも　尤4 最12
もっぱら　専9 專11
もてあそぶ　玩8
もと　一1 下3 元4 心4 司5 本5 民5 如6 花7 求7 孝7 志7 初7 扶7 甫7 始8 宗8 東8 林8 紀9 祇9 泉9 朔10 索10 修10 素10 倫10 基11 規11 喬12 智12 統12 意13 楽13 雅13 寛13 幹13 源13 資13 誠13 福13 肇14 寬14 福14 樂15

輪15 親16

もとい　基11

もとむ　須12

もとめる　求7

もの　者8 物8 者9

もみ　紅9 籾9

もみじ　椛11

もも　百6 李7 桃10

もやす　燃16

もゆ　萌11 萠11

もよおす　催13

もらう　貰12

もり　司5 守6 壮6 托6 名6 杜7 壯7 典8 林8 保9 容10 彬11 隆11 策12 森12 護20

もる　盛11

もろ　壱7 艶19

もん　文4 門8 紋10 問11 聞14

もんめ　匁4

や

や　八2 也3 文4 乎5 矢5 冶7 夜8 弥8 屋9 哉9 耶9 家10 泰10 野11 埜11 数13 椰13 彌17

やかた　館16

やく　灼7 役7 約9 益10 訳11 焚12 薬16 藥18 躍21

やぐら　櫓19

やさしい　易8 優17

やし　椰13

やしなう　養15

やしろ　社7 社8

やす　予4 叶5 安6 快7 求7 那7 育8 宜8 協8 庚8 夜8 弥8 和8 祇9 毘9 保9 要9 恭10 恵10 祥10 泰10 能10 容10 連10 倭10 逸11 貫11 健11 康11 庸11 祥11 温12 順12 裕12 逸12 惠12 資13 慈13 暖13 鳩13 靖13 楊13 廉13 溫13 静14 徳14 寧14 慶15 撫15 德15 燕16 穏16 憩16 賢16 錫16 靜16 彌17

やすい　安6 晏10 靖13

やすし　欣8

やすむ　休6

やっ　八2

やっつ　八2

やど　宿11

やとう　雇12 傭13

やな　柳9 梁11

やなぎ　柳9 楊13

やま　山3

やまと　倭10

やまにれ　梗11

やむ　已3

やり　槍14

やわらか　柔9 軟11

やわらぐ　和8 凱12

ゆ　弓3 夕3 水4 友4 右5

由5 有6 佑7 侑8 宥9 柚9 祐9 祐10 唯11 悠11 結12 湯12 愉12 裕12 遊12 喩12 楢13 諭16 輸16 優17 癒18

ゆい
由5 唯11 結12 遺15

ゆう
夕3 尤4 友4 右5 由5 有6 酉7 佑7 邑7 侑8 郁9 勇9 宥9 柚9 祐9 祐10 悠11 郵11 結12 湧12 猶12 裕12 遊12 雄12 釉12 楢13 熊14 誘14 融16 優17

ゆえ
故9

ゆか
床7

ゆき
乃2 千3 之3 元4 五4 以5 由5 行6 至6 先6 如6 孝7 志7 来7 亨8 幸8 侑8 來8 為9 起10 恭10 倖10 時10 恕10 将10 晋10 通10 透10 敏10 教11 章11 進11 雪11 將11 敏11 喜12 順12 爲12 詣13 廉13 維14 駕15 潔15 徹15 薫16 薫17 鵬19

ゆく
之3 水4 行6 雲12 巽12 路13

ゆず
柚9

ゆずる
譲20 讓24

ゆたか
完7 浩10 泰10 隆11 裕12 豊13 稔13 碩14 優17 穣18 穰22

ゆだねる
委8

ゆび
指9

ゆみ
弓3

ゆめ
夢13

ゆるす
宥9 恕10 許11

ゆるむ
緩15

ゆれる
揺12 搖13

よ

よ
与3 予4 四5 世5 代5 吉6 余7 依8 昌8 夜8 美9 容10 淑11 葉12 福13 誉13 預13 蓉13 與14 福14 頼16 頼16 輿17

よい
良7 宵10 善12 嘉14

よう
八2 幼5 用5 羊6 妖7 洋9 要9 容10 酔11 庸11 湧12 揚12 揺12 葉12 遥12 陽12 傭13 楊13 溶13 蓉13 搖13 瑶13 暢14 様14 踊14 遙14 窯15 養15 樣15 酔15 擁16 謡16 謠17 曜18 燿18 耀20 鷹24

よき
能10

よく
沃7 浴10 欲11 翌11 翼17

よこ
横15 橫16

よし
女3 之3 与3 允4 元4 仁4 壬4 可5 巧5 世5 正5 布5 由5 令5 礼5 伊6 吉6 圭6 好6 考6 至6 成6 如6 芦7 快7 芹7 君7 芸7 孝7 克7 佐7 寿7 秀7 甫7 芳7 利7 良7 英8 佳8 宜8 欣8 幸8 治8 若8 尚8 昌8 典8 宝8 林8 為9 栄9 架9 紀9 研9 香9 祝9 俊9 省9 宣9 南9 美9 祐9 亮9 益10 悦10 記10 恭10 恵10 桂10 時10 殊10 修10 純10 恕10 祥10 泰10 哲10 能10 敏10 容10 祝10 祐10 惟11 啓11 康11 淑11 淳11 陶11 惇11 彬11 冨11 理11 祥11 敏11 巽12 椅12 温12 賀12 覚12 喜12 貴12 敬12 善12 董12 斐12 媛12 富12 禄12 恵12

爲12 愛13 葦13 楽13 寛13 義13 源13 資13 慈13 慎13 新13 誠13 滝13 禎13 福13 豊13 睦13 愼13 祿13 頌13 溫13 嘉14 瑳14 静14 徳14 壽14 榮14 與14 寬14 禎14 福14 嬉15 慶15 慧15 稽15 潔15 撫15 樂15 德15 編15 叡16 燕16 賢16 親16 整16 頼16 靜16 賴16 謙17 燦17 類18 禮18 藝18 艶19 瀧19 寵19 麗19 類19 馨20

よしみ　好6 美9 嘉14 誼15

よせる　寄11

よそおう　装12 裝13

よつ　四5

よど　淀11

よぶ　呼8

よみがえる　蘇19

よむ　詠12 読14

よめ　嫁13

よもぎ　蓬14

より　可5 代5 由5 乎5 糸6 利7 依8 尚8 保9 時10 賀12 順12 愛13 資13 撫15 輯16 親16 頼16 賴16 麗19

よる　因6 夜8 寄11 寓12

よろい　鎧18

よろこぶ　欣8 喜12

よろず　万3 萬12

よん　四5

ら

ら　良7 来7 來8 空8 洛9 萊11 愛13 楽13 樂15 螺17 羅19

らい　礼5 来7 來8 莱11 徠11 雷13 頼16 賴16 蕾16 禮18

らく　洛9 絡12 楽13 酪13 樂15

らつ　辣14

らん　卵7 嵐12 覧17 濫18 藍18 蘭19 欄20 欄21 覽21

り

り　合6 有6 吏6 利7 李7 里7 俐9 浬10 哩10 莉10 梨11 理11 裡12 稟13 裏13 履15 璃15 凛15 鯉18 織18 麟24

りき　力2

りく　陸11

りち　律9

りつ　立5 律9 栗10 率11

りゃく　掠11 略11

りゅう　立5 柳9 流10 留10 竜10 笠11 琉11 粒11 隆11 硫12 溜13 劉15 龍16

りょ　呂7 侶9 旅10 慮15

りょう　了2 両6 良7 亮9 凌10 料10 凉10 菱11 梁11 涼11 猟11 陵11 崚11 椋12 量12 稜13 綾14 漁14 僚14 領14 寮15 諒15 遼15 霊15 燎16 療17 瞭17 糧18

りょく　力2 緑14 綠14

りん　林8 厘9 倫10 梨11 琳12 鈴13 稟13 綸14 輪15 凜15 凛15 隣16 臨18 鱗24 麟24

る

る　流10 留10 琉11 瑠14

るい　累11 塁12 類18 壘18 類19

れ

れ 令[5] 礼[5] 伶[7] 怜[8] 玲[9] 連[10] 羚[11] 禮[18] 麗[19]

れい 令[5] 礼[5] 伶[7] 冷[7] 励[7] 例[8] 怜[8] 栃[9] 玲[9] 羚[11] 鈴[13] 零[13] 霊[15] 黎[15] 澪[16] 嶺[17] 齢[17] 禮[18] 麗[19]

れき 暦[14] 歴[14] 曆[16] 歷[16]

れつ 列[6] 劣[6] 烈[10]

れん 怜[8] 恋[10] 連[10] 廉[13] 煉[13] 蓮[13] 漣[14] 練[14] 練[15] 憐[16] 錬[16] 鍊[17] 鎌[18] 簾[19]

ろ

ろ 芦[7] 呂[7] 炉[8] 朗[10] 路[13] 魯[15] 蕗[16] 櫓[19] 麓[19] 露[21] 鷺[24]

ろう 労[7] 郎[9] 朗[10] 浪[10] 狼[10] 郎[10] 朗[11] 廊[12] 稜[13] 廊[13] 楼[13] 糧[18] 瀧[19] 露[21] 蠟[21] 籠[22]

ろく 六[4] 鹿[11] 禄[12] 祿[13] 緑[14] 綠[14] 録[16] 錄[16] 麓[19]

ろん 論[15]

わ

わ 八[2] 王[4] 羽[6] 我[7] 沫[8] 和[8] 倭[10] 話[13] 窪[14] 輪[15] 環[17]

わい 隈[12]

わか 王[4] 雀[11] 湧[12] 新[13] 稚[13]

わが 吾[7]

わかい 若[8]

わかつ 八[2]

わかれる 別[7] 訣[11]

わく 或[8] 若[8] 枠[8] 沸[8] 湧[12] 稚[13]

わけ 訳[11]

わける 分[4]

わざ 伎[6] 技[7] 業[13]

わし 鷲[23]

わずか 僅[13]

わすれぐさ 萱[12]

わた 航[10] 綿[14]

わたくし 私[7]

わたし 私[7]

わたる 亙[6] 亘[6] 航[10] 渉[10] 涉[11] 渡[12]

わね 羽[6]

わびる 詫[13]

わら 藁[17]

わらう 笑[10]

わらび 蕨[15]

わらべ 童[12]

わりご 簞[18]

わる 割[12]

われ 我[7] 吾[7]

わん 椀[12] 湾[12] 腕[12] 碗[13]

ひらがな・カタカナの画数

本書で用いているひらがな・カタカナの画数です。ひらがな・カタカナの名前はここで画数を調べて、運勢を確認します。50音を駆使して名前を考えるときにも役立ちます。

ひらがな

あ 3	い 2	う 2	え 3	お 4
か 3	き 4	く 1	け 3	こ 2
さ 3	し 1	す 3	せ 3	そ 3
た 4	ち 3	つ 1	て 2	と 2
な 5	に 3	ぬ 4	ね 4	の 1
は 4	ひ 2	ふ 4	へ 1	ほ 5
ま 4	み 3	む 4	め 2	も 3
や 3		ゆ 3		よ 3
ら 3	り 2	る 3	れ 3	ろ 2
わ 3	ゐ 3		ゑ 5	を 4
ん 2				
が 5	ぎ 6	ぐ 3	げ 5	ご 4
ざ 5	じ 3	ず 5	ぜ 5	ぞ 5
だ 6	ぢ 5	づ 3	で 4	ど 4
ば 6	び 4	ぶ 6	べ 3	ぼ 7
ぱ 5	ぴ 3	ぷ 5	ぺ 2	ぽ 6

カタカナ

ア 2	イ 2	ウ 3	エ 3	オ 3
カ 2	キ 3	ク 2	ケ 3	コ 2
サ 3	シ 3	ス 2	セ 2	ソ 2
タ 3	チ 3	ツ 3	テ 3	ト 2
ナ 2	ニ 2	ヌ 2	ネ 4	ノ 1
ハ 2	ヒ 2	フ 1	ヘ 1	ホ 4
マ 2	ミ 3	ム 2	メ 2	モ 3
ヤ 2		ユ 2		ヨ 3
ラ 2	リ 2	ル 2	レ 1	ロ 3
ワ 2	ヰ 4		ヱ 3	ヲ 3
ン 2				
ガ 4	ギ 5	グ 4	ゲ 5	ゴ 4
ザ 5	ジ 5	ズ 4	ゼ 4	ゾ 4
ダ 5	ヂ 5	ヅ 5	デ 5	ド 4
バ 4	ビ 4	ブ 3	ベ 3	ボ 6
パ 3	ピ 3	プ 2	ペ 2	ポ 5

記号など

繰り返し記号	ゝ 1
繰り返し記号	ゞ 3
繰り返し記号	々 3
長音記号	ー 1

ヘボン式のローマ字表記

名づけではローマ字表記もチェックしておきたいもの。パスポートなどに使われるヘボン式のローマ字表記を一覧にしました。

あ	A	い	I	う	U	え	E	お	O
か	KA	き	KI	く	KU	け	KE	こ	KO
さ	SA	し	SHI	す	SU	せ	SE	そ	SO
た	TA	ち	CHI	つ	TSU	て	TE	と	TO
な	NA	に	NI	ぬ	NU	ね	NE	の	NO
は	HA	ひ	HI	ふ	FU	へ	HE	ほ	HO
ま	MA	み	MI	む	MU	め	ME	も	MO
や	YA			ゆ	YU			よ	YO
ら	RA	り	RI	る	RU	れ	RE	ろ	RO
わ	WA	ゐ	I			ゑ	E	を	O
ん	N (M)								

が	GA	ぎ	GI	ぐ	GU	げ	GE	ご	GO
ざ	ZA	じ	JI	ず	ZU	ぜ	ZE	ぞ	ZO
だ	DA	ぢ	JI	づ	ZU	で	DE	ど	DO
ば	BA	び	BI	ぶ	BU	べ	BE	ぼ	BO
ぱ	PA	ぴ	PI	ぷ	PU	ぺ	PE	ぽ	PO

きゃ	KYA	きゅ	KYU	きょ	KYO
しゃ	SHA	しゅ	SHU	しょ	SHO
ちゃ	CHA	ちゅ	CHU	ちょ	CHO
にゃ	NYA	にゅ	NYU	にょ	NYO
ひゃ	HYA	ひゅ	HYU	ひょ	HYO
みゃ	MYA	みゅ	MYU	みょ	MYO
りゃ	RYA	りゅ	RYU	りょ	RYO
ぎゃ	GYA	ぎゅ	GYU	ぎょ	GYO
じゃ	JA	じゅ	JU	じょ	JO
びゃ	BYA	びゅ	BYU	びょ	BYO
ぴゃ	PYA	ぴゅ	PYU	ぴょ	PYO

ヘボン式ローマ字表記の注意点

- 撥音(はつおん)（ん）→普通はNで表す。B、M、Pの前にはMを置く。
  例：あんな　ANNA
  　　さんぽ　SAMPO
- 促音(そくおん)（っ）→子音を重ねて表す。
  例：りっこ　RIKKO
- 長音(ちょうおん)（伸ばす音）→普通は母音１つで表す。「お」の長音はOかOHで表す。
  例：ようこ　YOKO ／ YOHKO
  　　おおた　OTA ／ OHTA

＊ローマ字表記には、ほかに「し」をSIとしたり、「ち」をTIとする訓令式(くんれいしき)などがある。

参考文献

『「名前」の漢字学』（阿辻哲次／青春出版社）
「人名漢字はいい漢字」
（阿辻哲次／『月刊戸籍』より／テイハン）
『部首のはなし』（阿辻哲次／中央公論社）
『漢字道楽』（阿辻哲次／講談社）
『音相で幸せになる赤ちゃんの名づけ』
（黒川伊保子著　木通隆行監修／青春出版社）
『イホコ先生の音韻姓名判断』
（黒川伊保子／双葉社）
『怪獣の名はなぜガギグゲゴなのか』
（黒川伊保子／新潮社）
『名前の日本史』（紀田順一郎／文藝春秋）
『訓読みのはなし　漢字文化圏の中の日本語』
（笹原宏之／光文社）
『月刊しにか　2003年7月号』（大修館書店）
『名前と人間』（田中克彦／岩波書店）
『苗字名前家紋の基礎知識』
（渡辺三男／新人物往来社）
『読みにくい名前はなぜ増えたか』
（佐藤稔／吉川弘文館）
『日本の「なまえ」ベストランキング』
（牧野恭仁雄ほか／新人物往来社）
『世界に通じるこどもの名前』
（加東研・弘中ミエ子／青春出版社）
『くらしの法律百科』
（鍛冶良堅・鍛冶千鶴子総監修／小学館）
『冠婚葬祭　暮らしの便利事典』（小学館）
『幸せを呼ぶインテリア風水』
（李家幽竹／ワニブックス）
『官報　号外213号』
『広漢和辞典』
（諸橋轍次・鎌田正・米山寅太郎／大修館書店）
『漢語新辞典』（鎌田正・米山寅太郎／大修館書店）
『常用字解』（白川静／平凡社）
『人名字解』（白川静・津崎幸博／平凡社）
『光村漢字学習辞典』
（飛田多喜雄・藤原宏監修／光村教育図書）
『漢字典』（小和田顯・遠藤哲夫他編／旺文社）
『全訳 漢辞海』
（戸川芳郎監修　佐藤進・濱口富士雄編／三省堂）
『漢字必携』（日本漢字能力検定協会）
『人名用漢字・表外漢字字体一覧』
（小林敏編／日本エディタースクール）
『ネーミングのための8か国語辞典』
（横井惠子編／三省堂）
『コンサイス人名事典ー日本編ー』
（上田正昭・津田秀夫他監修／三省堂）
『こども鉱物図鑑』（八川シズエ／中央アート出版社）
『月光』（林完次／角川書店）
『読んでわかる俳句　日本の歳時記』
（春、夏、秋、冬・新年号）（宇多喜代子・西村和子・中原道夫・片山由美子・長谷川櫂編著／小学館）
『日本の色』（コロナ・ブックス編集部編／平凡社）
『暦のたしなみ～しきたり・年中行事・季節のうつろいまで～』（小笠原敬承斎／ワニブックス）
『岩波　日中辞典』（倉石武四郎・折敷瀬興編／岩波書店）
『小学館　日韓辞典』（油谷幸利・門脇誠一・松尾勇・高島淑郎編／小学館）
『コンサイス和仏辞典』
（重信常喜・島田昌治・橋口守人・須藤哲生・工藤進・山岡捷利・ガブリエル・メランベルジェ編／三省堂）
『クラウン和西辞典』（カルロス・ルビオ・上田博人・アントニオ・ルイズ＝ティノコ・崎山昭編／三省堂）
『ひとり歩きの会話集27ヒンディー語』（JTBパブリッシング）
『都道府県別　日本の地理データマップ　①日本の国土と産業データ』（宮田利幸監修／小峰書店）
『新ハワイ語 - 日本語辞典』（西沢佑／千倉書房）
『広辞苑』（新村出編／岩波書店）
『ジーニアス英和辞典』
（小西友七・南出康世編／大修館書店）
『知識ゼロからの百人一首』（有吉保監修／幻冬舎）

法務省ホームページ
文化庁ホームページ
外務省ホームページ
大修館書店ホームページ「漢字文化資料館」
明治安田生命ホームページ
goo辞書ホームページ

＊**掲載しているデータは2024年4月現在のものです。**

＊**本書の漢字の扱いについて**

本書の漢字の字体は、法務省令「戸籍法施行規則」で示された人名用漢字、および内閣告示「常用漢字表」の字体にできるだけ近いものを掲載しました。画数は、これらの字体と前掲した資料をもとに、監修者と相談のうえ、決定しました。

阿辻哲次（あつじ・てつじ）
1951年大阪府生まれ。京都大学大学院文学研究科博士課程修了。京都大学大学院人間・環境学研究科教授を経て、同名誉教授。漢字ミュージアム館長。漢字を中心とした中国文化史を専門としている。著書に『図説 漢字の歴史』（大修館書店）、『漢字の文化史』（筑摩書房）、『漢字を楽しむ』『タブーの漢字学』（講談社現代新書）、『「名前」の漢字学』（青春新書）などがある。本書ではPART 4を監修。

黒川伊保子（くろかわ・いほこ）
1959年長野県生まれ。奈良女子大学理学部物理学科卒業。メーカーでAI研究に携わり、ロボットの情緒を研究したのち、語感の研究をはじめる。株式会社感性リサーチ代表取締役、日本ネーミング協会理事。著書に『日本語はなぜ美しいのか』（集英社新書）、『妻のトリセツ』『夫のトリセツ』『子どもの脳の育て方』（講談社＋α新書）ほか。本書ではPART 2、PART 3（P190～P197）、PART 4（漢字と名前のリスト「名づけのヒント」）を監修。

九燿木秋佳（くようぎ・しゅうけい）
1960年広島県生まれ。早稲田大学第一文学部卒業。国語や歴史関連の執筆・編集を経て、陰陽道や姓名判断を中心に、各国の魔術や占法を研究する。『カバラの秘密』（楓書店）など関連著書多数。本書ではPART 5を執筆。

本文デザイン　伊藤悠
本文イラスト　佐々木晶代　くぼあやこ　くさかたね　チチチ　中公路ムツヨ　こやまもえ　こにしかえ
校正　遠藤三葉
編集協力　オフィス201（羽山奈津子　新保寛子）
編集担当　ナツメ出版企画（横山美穂）

本書に関するお問い合わせは、書名・発行日・該当ページを明記の上、下記のいずれかの方法にてお送りください。電話でのお問い合わせはお受けしておりません。
・ナツメ社webサイトの問い合わせフォーム
https://www.natsume.co.jp/contact
・FAX（03-3291-1305）
・郵送（下記、ナツメ出版企画株式会社宛て）
なお、回答までに日にちをいただく場合があります。正誤のお問い合わせ以外の書籍内容に関する解説・個別の相談は行っておりません。あらかじめご了承ください。

ナツメ社Webサイト
https://www.natsume.co.jp
書籍の最新情報（正誤情報を含む）はナツメ社Webサイトをご覧ください。

最高の名前を贈る　女の子の幸せ名前事典

2024年7月5日　初版発行

監修者　阿辻哲次　Atsuji Tetsuji, 2024
黒川伊保子　Kurokawa Ihoko, 2024
九燿木秋佳　Kuyohgi Shukei, 2024
発行者　田村正隆
発行所　株式会社ナツメ社
東京都千代田区神田神保町1-52　ナツメ社ビル1F（〒101-0051）
電話　03（3291）1257（代表）　FAX　03（3291）5761
振替　00130-1-58661
制　作　ナツメ出版企画株式会社
東京都千代田区神田神保町1-52　ナツメ社ビル3F（〒101-0051）
電話　03（3295）3921（代表）
印刷所　株式会社リーブルテック

ISBN978-4-8163-7577-4　Printed in Japan
（定価はカバーに表示してあります）（落丁・乱丁本はお取り替えします）